How to TEPS 영역별 끝내기

독해

How to TEPS 영역별 끝내기 독해

지은이 김무룡 · 넥서스 TEPS연구소
펴낸이 안용백
펴낸곳 (주)넥서스

초판 1쇄 발행 2010년 11월 25일
초판 11쇄 발행 2016년 3월 30일

출판신고 1992년 4월 3일 제311-2002-2호
04044 서울시 마포구 양화로 8길 24
Tel (02)330-5500 Fax (02)330-5555

ISBN 978-89-6000-511-2 18740
ISBN 978-89-5797-415-5 세트

저자와 출판사의 허락 없이 내용의 일부를
인용하거나 발췌하는 것을 금합니다.

가격은 뒤표지에 있습니다.
잘못 만들어진 책은 구입처에서 바꾸어 드립니다.

www.nexusbook.com

서울대학교 TEPS관리위원회 기출문제 재구성

최신 출제 경향을 반영한

How to TEPS
하우 투 텝스

영역별 끝내기

독해

김무룡 · 넥서스 TEPS연구소 지음

넥서스

Preface

2000년 1월부터 현재까지 TEPS 고사장과 강의실에서 치열하게 부딪치면서 깨닫게 된 가장 중요한 교훈은, TEPS에서 원하는 점수를 얻기 위해서는 반드시 독해 영역을 정복해야 한다는 사실입니다. 이는 어떤 점수 대를 원하는 수험생이든 마찬가지인데, 왜냐하면 독해 영역에 배정되는 시간이 짧고 제시되는 내용이 다양하며 TEPS의 특성을 이해해야만 풀 수 있는 문제가 대부분이기 때문입니다. 또한 독해 영역 점수 향상은 다른 영역 점수 향상으로 이어지기 때문에, TEPS 독해 영역 정복의 중요성은 아무리 강조해도 지나치지 않을 것입니다. 이처럼 중요한 TEPS 독해 영역 정복을 위해 이 책이 기획되었습니다.

이 책은 1999년부터 2010년까지 시행된 TEPS 정기시험 문제 가운데 공개된 문제들과 공개되지 않은 문제들을 철저히 분석하여 주요 출제 사항을 파악한 다음, 내용 구성과 난이도 조정을 철저히 거친 문항들로 구성되어 있습니다. 내용 구성은 최신 경향뿐만 아니라 앞으로의 출제 방향을 가늠할 수 있도록 배려했으며, 난이도는 실제 시험과 동일하거나 다소 높은 수준이 될 수 있도록 정밀하게 조정했습니다.

이 책을 가장 효과적이고 효율적으로 활용하기 위해서 각 점수대의 수험생들이 중점을 두어야 하는 사항들은 다음과 같습니다.

625점대를 목표로 하는 수험생들은 무엇보다도 이 책의 문항들을 '정보 처리 과정'이라는 관점에서 접근하는 데 익숙해져야 합니다. 하나의 문장 또는 하나의 단락(paragraph)은 하나의 중요한 정보를 담고 있는데, 이를 뚜렷하게 전달하는 것이 글의 궁극적인 목적입니다. 따라서 주요 정보와 관련된 정보를 정확히 파악하는 법을 익히는 것이 점수 향상의 올바른 길입니다. 이와 같은 정보는 대개 명사와 동사에 포함되기 때문에, 특히 문제 해설에 제시된 어구를 중심으로 주요 명사와 동사 학습에 중점을 두어야 합니다. 형용사나 부사는 부정어가 아닌 한, 대개 중요한 정보를 담지 못한다는 점도 기억해두도록 합니다.

실제 시험과 관련해서는 Part I의 전반부, Part II의 대의 파악 및 세부 정보 문항, 그리고 Part III의 세 문항이 625점대 수험생들이 확실하게 공략해야 할 문제입니다. 이 가운데 대의 파악 문제에서는, 첫 번째 문장과 마지막 문장의 공통 부분을 파악하여 다소 빠른 속도로 문제를 풀어나가야 합니다. 대의 파악 문제는 그렇게 구성되는 경우가 대부분이기 때문입니다. 그리고 Part III에서는 대부분 첫 번째 문장이 주제문이라는 점을 명심하여, 그에 어긋나는 내용을 찾아야 합니다. 상대적으로 난이도가 높지 않기 때문에 주요 공략 대상에 해당합니다. 이 책에서는 Part III에서도 난이도 높은 문제를 일부 제시했는데, 이는 어떤 방식으로 출제되든 충분히 적응할 수 있게 하기 위해서입니다.

800점대를 목표로 하는 수험생들은 무엇보다도 이 책의 다양한 지문을 통해 여러 분야에 대한 배경지식을 확충하는 데 중점을 두어야 합니다. 이해란 이미 알고 있는 내용에 새로운 내용을 포섭하는 과정이기 때문에, 이미 알고 있는 내용이 풍부하면 풍부할수록 이해의 속도가 빨라집니다. 이는 익숙한 내용이 나오면 독해 속도가 빨라지는 경험을 통해 쉽게 확인할 수 있습니다. 이와 같은 배경지식의 중요성을 감안하여 이 책에서는 전문적인 분야에까지 이르는 다양한 영역의 지문을 풍부하게 제시했습니다.

실제 시험과 관련해서는 625점대 수험생의 공략 대상에 더하여, Part I의 후반부, 그리고 Part II 후반의 추론 유형이 주요 공략 대상입니다. Part I은 글의 논리적인 흐름을 정밀하게 측정하는 것을 목표로 하는데, 특히 후반부로 갈수록 난이도가 높아지는 경향이 있습니다. 전반적인 내용을 이해하고도 문제를 제대로 풀지 못하는 경우가 종종 있는데, 이는 문제에서 제시된 단서(clue)를 정확히 포착하지 못했기 때문입니다. 지문에는 반드시 특정 선택지가 정답이 되도록 만들어주는 단서가 포함됩니다. 대개 첫 번째 문장이나 두 번째 문장에서 글의 중심 내용이 제시되는데, 이 부분을 통해 단서를 정확히 포착하는 연습이 필요합니다.

950점대를 목표로 하는 수험생들은 무엇보다도 TEPS 독해의 특성을 정확히 파악해야 합니다. 내용을 모두 이해하고서도 잘못된 답지를 선택하는 경우가 많은데, 이는 TEPS 독해의 특성을 충분히 숙지하지 못했기 때문입니다. Part I의 후반부와 관련해서는 글에 정확하게 제시된 내용을 바탕으로 정답이 될 수 없는 것을 제외하는 방식을 택하는 것이 효과적입니다. 특히 매력적으로 보이는 오답을 고르지 않도록 해야 하는데, 이는 이 책을 통해 충분히 연습할 수 있습니다. Part II의 추론 문제에서는 특히 지문에 정확히 제시되지 않은 내용은 결코 정답이 될 수 없다는 점을 명심하도록 합니다. TEPS는 추론 문제의 정답 선정이 매우 엄격하기 때문에, 지나치다 싶을 정도로 원문에 충실해야 합니다. 이 책의 다양한 문제들을 통해 정답이 자의적으로 정해지지 않는다는 점을 깨달을 수 있으면 독해 실력이 완성 단계에 이른 것입니다.

각 점수대를 목표로 하는 수험생들이 위와 같은 사항을 명심하고 이 책을 성실히 익혀 나간다면, TEPS 목표 점수 달성의 날을 앞당길 수 있을 것이라고 확신합니다. 한 문제, 한 문제에는 TEPS 수험장에서 터득한 예리한 현장 감각, 그리고 어떤 문제가 출제되든 정확하게 문제를 풀어나갈 수 있도록 하기 위한 영어교육학적 배려가 담겨 있습니다. 또한 한 번 풀었다고 해서 내용을 완벽하게 소화한 것이 아니므로, 두고두고 착실하게 익혀나가는 정성을 기울여야 합니다. 그러면 목표에 성큼 다가선 자신의 모습을 확인하게 될 것입니다.

김무룡 · 넥서스 TEPS연구소 연구원

Contents

TEPS Q & A   8
All about the TEPS   10

정답 및 해설

Pretest   18

Actual Test 1   28

Actual Test 2   48

Actual Test 3   68

Actual Test 4   88

Actual Test 5   108

Actual Test 6   128

Actual Test 7	148
Actual Test 8	168
Actual Test 9	188
Actual Test 10	208
Actual Test 11	228
Actual Test 12	248
i-TEPS Review	268
TEPS 등급표	270

TEPS Q & A

1 / TEPS란?

❶ Test of English Proficiency developed by Seoul National University의 약자로 서울대학교 언어교육원에서 개발하고, TEPS관리위원회에서 주관하는 국가공인 영어시험
❷ 1999년 1월 처음 시행 이후 연 12~16회 실시
❸ 정부기관 및 기업의 직원 채용, 인사고과, 해외 파견 근무자 선발과 더불어 대학과 특목고 입학 및 졸업 자격 요건, 국가고시 및 자격 시험의 영어 대체 시험으로 활용
❹ 100여 명의 국내외 유수 대학의 최고 수준 영어 전문가들이 출제하고, 언어 테스팅 분야의 세계적인 권위자인 Bachman 교수(미국 UCLA)와 Oller 교수(미국 뉴멕시코대)로부터 타당성을 검증받음
❺ 말하기-쓰기 시험인 TEPS Speaking & Writing도 별도로 실시 중이며, 2009년 10월부터 이를 통합한 i-TEPS 실시

2 / TEPS 시험 구성

영역	Part별 내용	문항수	시간/배점
청해 Listening Comprehension	Part I : 문장 하나를 듣고 이어질 대화 고르기 Part II : 3문장의 대화를 듣고 이어질 대화 고르기 Part III : 6~8 문장의 대화를 듣고 질문에 해당하는 답 고르기 Part IV : 담화문의 내용을 듣고 질문에 해당하는 답 고르기	15 15 15 15	55분 400점
문법 Grammar	Part I : 대화문의 빈칸에 적절한 표현 고르기 Part II : 문장의 빈칸에 적절한 표현 고르기 Part III : 대화에서 어법상 틀리거나 어색한 부분 고르기 Part IV : 단문에서 문법상 틀리거나 어색한 부분 고르기	20 20 5 5	25분 100점
어휘 Vocabulary	Part I : 대화문의 빈칸에 적절한 단어 고르기 Part II : 단문의 빈칸에 적절한 단어 고르기	25 25	15분 100점
독해 Reading Comprehension	Part I : 지문을 읽고 빈칸에 들어갈 내용 고르기 Part II : 지문을 읽고 질문에 가장 적절한 내용 고르기 Part III : 지문을 읽고 문맥상 어색한 내용 고르기	16 21 3	45분 400점
총계	13개 Parts	200	140분 990점

☆ **IRT** (Item Response Theory)에 의하여 최고점이 990점, 최저점이 10점으로 조정됨.

3 / TEPS 시험 응시 정보

현장 접수
❶ www.teps.or.kr에서 인근 접수처 및 준비물(응시료, 사진) 확인
❷ 접수처 방문: 해당 접수기간 평일 오후 12시 ~ 오후 5시

인터넷 접수
❶ 서울대학교 TEPS관리위원회 홈페이지 접속 www.teps.or.kr
❷ 준비물: 스캔한 사진 파일, 응시료 결제를 위한 신용 카드 및 은행 계좌

4 / TEPS 시험 당일 정보

❶ 고사장 입실 완료: 9시 30분(일요일) / 3시(토요일)
❷ 준비물: 신분증, 컴퓨터용 사인펜, 수정테이프, 수험표, 시계
❸ 유효한 신분증
　성인: 주민등록증, 운전면허증, 여권, 공무원증, 현역간부 신분증, 군무원증, 주민등록증 발급 신청 확인서, 외국인 등록증
　초·중고생: 학생증, 여권, 청소년증, 주민등록증, 주민등록증 발급 신청 확인서, TEPS 신분확인 증명서
❹ 시험 시간: 2시간 20분 (중간에 쉬는 시간 없음, 각 영역별 제한시간 엄수)
❺ 성적 확인: 약 2주 후 인터넷에서 조회 가능

ALL about the TEPS

Listening Comprehension 60문항

PART I   Choose the most appropriate response to the statement. (15문항)

문제유형   질의 응답 문제를 다루며 한 번만 들려주고, 내용은 일상의 구어체 표현으로 구성되어 있다.

> W   I wish my French were as good as yours.
> M   _____

(a) Yes, I'm going to visit France.
✔ (b) Thanks, but I still have a lot to learn.
(c) I hope it works out that way.
(d) You can say that again.

번역   W   당신처럼 프랑스어를 잘하면 좋을 텐데요.
M   _____

(a) 네, 프랑스를 방문할 예정이에요.
(b) 고마워요. 하지만 아직도 배울 게 많아요.
(c) 그렇게 잘 되기를 바라요.
(d) 당신 말이 맞아요.

PART II   Choose the most appropriate response to complete the conversation. (15문항)

문제유형   두 사람이 A–B–A–B 순으로 대화하는 형식이며, 한 번만 들려준다.

> W   I wish I earned more money.
> M   You could change jobs.
> W   But I love the field I work in.
> M   _____

(a) I think it would be better.
✔ (b) Ask for a raise then.
(c) You should have a choice in it.
(d) I'm not that interested in money.

번역   W   돈을 더 많이 벌면 좋을 텐데요.
M   직장을 바꾸지 그래요?
W   하지만 난 지금 일하고 있는 분야가 좋아요.
M   _____

(a) 더 좋아질 거라고 생각해요.
(b) 그러면 급여를 올려 달라고 말해요.
(c) 그 안에서 선택권이 있어야 해요.
(d) 돈에 그렇게 관심이 있지는 않아요.

Choose the option that best answers the question. (15문항)

문제유형   비교적 긴 대화문. 대화문과 질문은 두 번, 선택지는 한 번 들려준다.

> M Hello. You're new here, aren't you?
> W Yes, it's my second week. I'm Karen.
> M What department are you in?
> W Customer service, on the first floor.
> M I see. I'm in sales.
> W So, you'll be working on commission, then.
> M Yes. I like that, but it's very stressful sometimes.

Q: Which is correct according to the conversation?
(a) The man and woman work in the same department.
✔ (b) The woman works in the customer service department.
(c) The man thinks the woman's job is stressful.
(d) The woman likes working for commissions.

번역
M 안녕하세요. 새로 오신 분이시죠?
W 예, 여기 온 지 2주째예요. 전 캐런이에요.
M 어느 부서에서 근무하시나요?
W 1층 고객 지원부에서 일해요.
M 그렇군요. 전 영업부에서 일해요.
W 그러면 커미션제로 일하시는군요.
M 네. 좋기는 하지만 가끔은 스트레스를 많이 받아요.

Q: 대화에 따르면 옳은 것은?
(a) 남자와 여자는 같은 부서에서 일한다.
(b) 여자는 고객 지원부에서 일한다.
(c) 남자는 여자의 일이 스트레스가 많다고 생각한다.
(d) 여자는 커미션제로 일하는 것을 좋아한다.

11

ALL about the TEPS

Choose the option that best answers the question. (15문항)

문제유형   담화문의 주제, 세부 사항, 사실 여부 및 이를 근거로 한 추론 등을 다룬다.

> Confucian tradition placed an emphasis on the values of the group over the individual. It also taught that workers should not question authority. This helped industrialization by creating a pliant populace willing to accept long hours and low wages and not question government policies. The lack of dissent helped to produce stable government and this was crucial for investment and industrialization in East Asian countries.

Q: What can be inferred from the lecture?
(a) Confucianism promoted higher education in East Asia.
(b) East Asian people accept poverty as a Confucian virtue.
✔ (c) Confucianism fostered industrialization in East Asia.
(d) East Asian countries are used to authoritarian rule.

번역   유교 전통은 개인보다 조직의 가치를 강조했습니다. 또한 노동자들에게 권위에 대해 의문을 제기하지 말라고 가르쳤습니다. 이것은 장시간 노동과 저임금을 기꺼이 감수하고 정부의 정책에 의문을 제기하지 않는 고분고분한 민중을 만들어 냄으로써 산업화에 도움이 되었습니다. 반대의 부재는 안정적인 정부를 만드는 데 도움이 되었고, 이는 동아시아 국가들에서 투자와 산업화에 결정적이었습니다.

Q: 강의로부터 유추할 수 있는 것은?
(a) 유교는 동아시아에서 고등교육을 장려했다.
(b) 동아시아 사람들은 유교의 미덕으로 가난을 받아들인다.
(c) 유교는 동아시아에서 산업화를 촉진했다.
(d) 동아시아 국가들은 독재주의 법칙에 익숙하다.

Grammar 50문항

Choose the best answer for the blank. (20문항)

문제유형 A, B 두 사람의 짧은 대화 중에 빈칸이 있다. 동사의 시제 및 수 일치, 문장의 어순 등이 주로 출제되며, 구어체 문법의 독특한 표현들을 숙지하고 있어야 한다.

> A Should I just keep waiting _____ me back?
> B Well, just waiting doesn't get anything done, does it?

(a) for the editor write
✔ (b) until the editor writes
(c) till the editor writing
(d) that the editor writes

번역 A 편집자가 나한테 답장을 쓸 때까지 기다리고만 있어야 합니까?
　　　　B 글쎄요, 단지 기다리고 있다고 해서 무슨 일이 이루어지는 건 아니겠죠?

Choose the best answer for the blank. (20문항)

문제유형 문어체 문장을 읽고 어법상 빈칸에 적절한 표현을 고르는 유형으로 세부적인 문법 자체에 대한 이해는 물론 구문에 대한 이해력도 테스트한다.

> All passengers should remain seated at _____ times.

(a) any
(b) some
✔ (c) all
(d) each

번역 모든 승객들은 항상 앉아 있어야 합니다.

ALL about the TEPS

Identify the option that contains an awkward expression or an error in grammar. (5문항)

문제유형 대화문에서 어법상 틀리거나 어색한 부분이 있는 문장을 고르는 문제로 구성되어 있다.

> (a)　A　Where did you go on your honeymoon?
> (b)　B　We flew to Bali, Indonesia.
> ✓ (c)　A　Did you have good time?
> (d)　B　Sure. It was a lot of fun.

번역
(a)　A　신혼여행은 어디로 가셨나요?
(b)　B　인도네시아 발리로 갔어요.
(c)　A　좋은 시간 보내셨어요?
(d)　B　물론이죠. 정말 재미있었어요.

Identify the option that contains an awkward expression or an error in grammar. (5문항)

문제유형 한 문단 속에 문법적으로 틀리거나 어색한 문장을 고르는 유형이다.

> (a) Morality is not the only reason for putting human rights on the West's foreign policy agenda. (b) Self-interest also plays a part in the process. (c) Political freedom tends to go hand in hand with economic freedom, which in turn tends to bring international trade and prosperity. (d) A world in which more countries respect basic human rights would be more peaceful place.

번역 (a) 서양의 외교정책 의제에 인권을 상정하는 유일한 이유가 도덕성은 아니다. (b) 자국의 이익 또한 그 과정에 일정 부분 관여한다. (c) 정치적 자유는 경제적 자유와 나란히 나아가는 경향이 있는데, 경제적 자유는 국제 무역과 번영을 가져오는 경향이 있다. (d) 더 많은 국가들이 기본적인 인권을 존중하는 세상은 더 평화로운 곳이 될 것이다.

Vocabulary 50문항

Choose the best answer for the blank. (25문항)

문제유형 A, B 대화 빈칸에 가장 적절한 단어를 넣는 유형이다. 단어의 단편적인 의미보다는 문맥에서 어떻게 쓰였는지 아는 것이 중요하다.

> A Let's take a coffee break.
> B I wish I could, but I'm _____ in work.

✔ (a) up to my eyeballs
(b) green around the gills
(c) against the grain
(d) keeping my chin up

번역 A 잠깐 휴식 시간을 가집시다.
B 그러면 좋겠는데 일 때문에 꼼짝도 할 수가 없네요.

(a) ~에 몰두하여
(b) 안색이 나빠 보이는
(c) 뜻이 맞지 않는
(d) 기운 내는

Choose the best answer for the blank. (25문항)

문제유형 문어체 문장의 빈칸에 가장 적절한 단어를 고르는 유형이다. 고난도 어휘의 독특한 용례를 따로 학습해 두어야 고득점이 가능하다.

> It takes a year for the earth to make one _____ around the sun.

(a) conversion
(b) circulation
(c) restoration
✔ (d) revolution

번역 지구가 태양 주위를 한 번 공전하는 데 일 년이 걸린다.
(a) 전환
(b) 순환
(c) 복구
(d) 공전

Reading Comprehension 40문항

Choose the option that best completes the passage. (16문항)

문제유형 지문의 논리적인 흐름을 파악하여 문맥상 빈칸에 가장 적절한 선택지를 고르는 문제이다.

> This product is a VCR-sized box that sits on or near a television and automatically records and stores television shows, sporting events and other TV programs, making them available for viewing later. This product lets users watch their favorite program _____. It's TV-on-demand that actually works, and no monthly fees.

✔ (a) whenever they want to
(b) wherever they watch TV
(c) whenever they are on TV
(d) when the TV set is out of order

번역 이 제품은 텔레비전 옆에 놓인 VCR 크기의 상자로 TV 쇼, 스포츠 이벤트 및 다른 TV 프로그램을 자동으로 녹화 저장하여 나중에 볼 수 있게 해준다. 이 제품은 사용자가 자신이 가장 좋아하는 프로그램을 원하는 시간 언제나 볼 수 있게 해준다. 이것은 실제로 작동하는 주문형 TV로 매달 내는 시청료도 없다.

(a) 원하는 시간 언제나
(b) TV를 보는 곳 어디든지
(c) TV에 나오는 언제나
(d) TV가 작동되지 않을 때

Choose the option that best answers the question. (21문항)

문제유형 지문에 대한 이해를 측정하는 유형으로 주제 파악, 세부 내용 파악, 논리적 추론을 묻는 문제로 구성되어 있다.

> The pace of bank mergers is likely to accelerate. Recently Westbank has gained far more profit than it has lost through mergers, earning a record of $2.11 billion in 2003. Its shareholders have enjoyed an average gain of 28% a year over the past decade, beating the 18% annual return for the benchmark S&P stock index. However, when big banks get bigger, they have little interest in competing for those basic services many households prize. Consumers have to pay an average of 15% more a year, or $27.95, to maintain a regular checking account at a large bank instead of a smaller one.

Q: What is the main topic of the passage?
(a) Reasons for bank mergers
✔ (b) Effects of bank mergers
(c) The merits of big banks
(d) Increased profits of merged banks

번역 은행 합병 속도가 가속화될 전망이다. 최근 웨스트 뱅크가 2003년 21억 1천만 달러의 수익을 기록함으로써 합병으로 잃은 것보다 훨씬 더 많은 수익을 얻었다. 웨스트 뱅크 주주들은 지난 10년간 S&P 지수의 연간 수익률 18%를 웃도는 연평균 수익률 28%를 누려왔다. 하지만 규모가 더욱 커진 대형 은행들은 많은 가구가 중요하게 생각하는 기본 서비스에 대한 경쟁에는 별 관심을 두고 있지 않다. 소비자들은 작은 은행 대신 대형 은행의 보통 당좌예금 계정을 유지하기 위해 연평균 15% 이상, 즉 27달러 95센트를 지불해야 한다.

Q: 지문의 소재는?
(a) 은행 합병의 이유
(b) 은행 합병의 영향
(c) 대형 은행의 장점
(d) 합병된 은행들의 수익 증가

Identify the option that does NOT belong. (3문항)

문제유형 한 문단에서 전체의 흐름상 어색한 내용을 고르는 유형이다.

> Communication with language is carried out through two basic human activities: speaking and listening. (a) These are of particular importance to psychologists, for they are mental activities that hold clues to the very nature of the human mind. (b) In speaking, people put ideas into words, talking about perceptions, feelings, and intentions they want other people to grasp. (c) In listening, people decode the sounds of words they hear to gain the intended meaning. ✔(d) Language has stood at the center of human affairs throughout human history.

번역 언어로 이루어지는 의사소통은 두 가지 기본적인 인간 활동인 말하기와 듣기에 의해 수행된다. (a) 이 두 가지는 심리학자들에게 각별한 중요성을 지니는데, 이는 두 가지가 인간의 심성 본질 자체에 대한 단서를 쥐고 있는 정신적 활동이기 때문이다. (b) 말할 때 사람들은 다른 사람들이 이해하기를 원하는 지각과 감정, 의도 등을 말하면서 아이디어들을 단어로 표현한다. (c) 들을 때 사람들은 의도된 뜻을 간파하기 위해 들리는 단어의 소리를 해독한다. (d) 언어는 인류의 역사를 통틀어 인간 활동의 중심에 있어 왔다.

PRETEST

Part 1	1 (d)	2 (d)	3 (b)	4 (a)	5 (b)	6 (d)	7 (c)	8 (b)
Part 2	9 (c)	10 (c)	11 (b)	12 (d)	13 (a)	14 (b)	15 (b)	16 (d)	17 (c)	18 (a)
Part 3	19 (b)	20 (c)						

PRETEST | Part 1

1

Dr. Katherine Morrison at McMaster University argues that the fasting plasma glucose test, which is widely used for detecting prediabetes in children, is _____. This is mainly because the standard test often fails to identify the disease. For instance, in her study of 172 children, the fasting plasma glucose test could not detect 17% of the cases of prediabetes.

(a) highly effective in diagnosing the disease
(b) standardized in many ways
(c) detested by a large number of doctors
(d) problematic at best

번역 맥마스터 대학교 캐서린 모리슨 박사는 아동의 당뇨병 전증(前症)을 감지하는 데 널리 쓰이는 공복 혈장 혈당 검사가 아무리 잘돼도 문제가 있다고 주장한다. 표준적인 검사인 공복 혈장 혈당 검사가 종종 당뇨병 전증을 밝혀내지 못하는 것이 그 주된 원인이다. 예컨대 172명의 아동을 대상으로 한 연구에서, 공복 혈장 혈당 검사는 당뇨병 전증 사례의 17%를 식별하지 못했다.

(a) 질병을 진단하는 데 아주 효과적인
(b) 많은 점에서 표준화된
(c) 많은 의사들이 질색을 할
(d) 아무리 잘돼도 문제가 있는

해설 글의 흐름으로 보아, 공복 혈장 혈당 검사의 문제점을 지적하는 것이 목적임을 알 수 있다. 빈칸 바로 다음 문장에서 정확히 문제점을 제시하고, 이에 따른 예가 그 다음 문장에 왔다. 따라서 정답은 (d)이다. (a)는 정반대 내용이며, (b)와 (c)는 글의 흐름에 어긋난다.
fasting 단식 **plasma** 혈장 **glucose** 포도당 **detect** 감지하다 **prediabetes** 당뇨병 전증(前症) **diagnose** 진단하다 **standardize** 표준화하다 **detest** 질색하다 **problematic** 문제가 있는

정답 (d)

2

Originally, the term "fan fiction" referred to science fiction works that were usually written by amateur writers. Such works appeared in science fiction fanzines. The _____ is, however, completely different. In the modern sense, fan fiction denotes those works that utilize the characters in TV drama series or novels to create additional stories reflecting the fans' imagination.

(a) magazine industry
(b) modern equivalent of the term
(c) Western connotation of the term
(d) modern usage of the term

번역 본래 '팬픽션'은 대개 아마추어 작가들이 쓴 공상과학 작품을 가리켰다. 그런 작품들은 공상과학 팬진에 게재되었다. 그렇지만 팬픽션의 현대적 쓰임새는 완전히 다르다. 현대적 의미의 팬픽션은 TV 드라마 시리즈나 소설의 등장인물들을 이용하여 팬들의 상상력을 반영하는 추가적 이야기를 만들어낸 작품을 뜻한다.

(a) 잡지 업계
(b) 팬픽션의 현대적 대응어
(c) 팬픽션이 서양 문화에서 갖는 함축적 의미
(d) 팬픽션의 현대적 쓰임새

해설 종종 출제되는 주제이므로 정확히 파악해두자. 첫 번째 문장과 마지막 문장에서 팬픽션의 원래 의미와 현재 쓰임새를 설명하고 있으므로 정답은 (d)가 된다. (b)는 팬픽션이라는 용어를 그대로 쓴다는 걸 감안하면 정답이 될 수 없다.
fanzine (공상과학 소설 등의) 팬 잡지 **denote** 뜻하다; 외연을 나타내다 **utilize** 이용하다 **reflect** 반영하다; 성찰하다 **equivalent** 대응어; 상응하는 **connotation** 내포적 의미

정답 (d)

3

A unique positioning strategy is an advertising strategy that makes people aware that a particular product boasts a unique feature. Of course, it _____. One of its advantages is that the strategy gets more consumers to buy the product. On the other hand, its main disadvantage lies in the fact that the original product tends to lose its uniqueness. This is mainly because other companies can copy the unique feature easily.

(a) has provoked controversy among advertisers
(b) has disadvantages as well as advantages
(c) has strategic usefulness
(d) leads to more consumption

번역 차별화 포지셔닝 전략은 사람들이 특정 제품에 독특한 특징이 있다는 것을 인식하게 만드는 광고 전략이다. 물론 이 전략에는 장단점이 있다. 그중 하나는 이 전략으로 보다 많은 소비자들이 제품을 구매하게 된다는 것이다. 반면, 주된 단점은 본래 제품이 독특한 특성을 잃는 경향이 있다는 것이다. 이는 주로 다른 회사들이 그 독특한 특징을 쉽게 모방할 수 있기 때문이다.

(a) 광고업자들 사이에 논란을 야기했다
(b) 장단점이 있다
(c) 전략적 유용성이 있다
(d) 보다 많은 소비로 이어진다

해설 차별화 포지셔닝 전략의 장단점을 말하는 것이 핵심 내용이므로 정답은 (b)이다. (c)는 글의 내용과 부분적으로만 일치하기 때문에 정답이 될 수 없다. (a), (d) 역시 글의 초점에 어긋나기 때문에 오답이다.

unique 독특한 **position** (특정한 위치에) 두다 **advertising** 광고 **aware** 인식하는 **particular** 특정한 **boast** 자랑하다; (장점으로) 갖다 **advantage** 이점 **disadvantage** 단점 **provoke** 야기하다 **controversy** 논란, 논쟁 **consumption** 소비

정답 (b)

4

According to Jimmy Dunn, the ancient Egyptians thought highly of the heart whereas they wrote the brain off as insignificant. They believed that all the important qualities of humans came from the heart through which people could hear from gods. It was also thought to connect all parts of the body together. On the other hand, the role of the brain was considered so trivial that _____.

(a) it was thrown away during mummification
(b) the Egyptians extolled its value in accumulating mucus
(c) it was thought to be immortal by the Egyptians
(d) it was believed to be closely connected with the heart

번역 지미 던에 따르면, 고대 이집트인들은 두뇌를 하찮은 것으로 치부한 반면, 심장을 높이 평가했다고 한다. 그들은 인간의 모든 중요한 특성들이 신의 계시를 들을 수 있는 심장에서 유래한다고 생각했다. 심장은 또한 신체의 모든 부분을 연결하는 것으로 생각되었다. 반면, 두뇌의 역할은 너무도 사소한 것으로 간주되어 미라를 만드는 과정에서 버려졌다.

(a) 미라를 만드는 과정에서 버려졌다
(b) 이집트인들은 점액 축적에 있어 두뇌의 가치를 칭송했다
(c) 이집트인들은 두뇌가 영원불멸하다고 생각했다
(d) 두뇌는 심장과 밀접한 관계가 있는 것으로 생각되었다

해설 종종 출제되는 내용이므로 정확히 기억해두자. 첫 문장에서 두뇌를 하찮은 것으로 보았다고 했으므로 이에 어울리는 내용을 찾아야 한다. 따라서 정답은 (a)가 된다. 나머지 선택지들은 모두 두뇌를 중요한 기관으로 여길 때 가능한 내용이기 때문에 정답이 될 수 없다.

think highly of ~를 높이 평가하다 **whereas** 한편, 반면에 **write ... off** ~를 하찮은 것으로 치부하다 **insignificant** 사소한, 하찮은 **mummification** 미라를 만드는 일 **extol** 칭송하다 **accumulate** 축적하다 **mucus** 점액 **immortal** 영원불멸하는

정답 (a)

5

In his pilot study, Dr. Gaby Badre has found that excessive use of cell phones leads to insalubrious lifestyles among youngsters, such as seeking stimulants and having irregular sleep patterns. He analyzes that young people with such lifestyles are especially vulnerable to stress and fatigue. He is also concerned that such health risks will cause cognitive malfunctions. Therefore, Dr. Badre suggests that we take measures to make young people _____.

(a) pursue more academic depth in their studies
(b) realize the health risks of intensive cell phone use
(c) take courses aimed at improving their cognitive skills
(d) learn how to reduce stress in everyday life

번역 예비 연구에서 가비 바드르 박사는 휴대폰의 과도한 사용이 젊은이들 사이에 각성제를 찾거나 수면 패턴이 불규칙하게 되는 것과 같은 불건전한 생활방식을 낳을 수 있다는 사실을 알아냈다. 바드르 박사는 그런 생활방식을 가진 젊은이들이 특히 스트레스와 피로에 취약하다고 분석한다. 박사는 또한 건강에 대한 그와 같은 위험 요소가 인지 기능 장애를 초래할 것이라고 우려한다. 따라서 바드르 박사는 젊은이들이 과도한 휴대폰 사용이 건강에 초래하는 위험을 깨닫도록 조치를 취해야 한다고 제안한다.
(a) 학업에서 학문적 깊이를 더해 나가도록
(b) 과다한 휴대폰 사용이 건강에 초래하는 위험을 깨닫도록
(c) 인지 능력 향상을 목표로 하는 과정을 이수하도록
(d) 일상생활에서 스트레스 줄이는 법을 배우도록

해설 글의 흐름에 어울리는 자연스러운 결론을 유도할 것을 요하는 문제이다. (a), (c)는 글의 내용이 학업보다는 전반적인 생활방식에 초점이 맞추어져 있으며, (d)는 일부 내용만을 언급했으므로 정답이 될 수 없다. 과도한 휴대폰 사용의 부정적 영향이 주된 내용이므로 (b)가 가장 적절하다.
pilot 예비적인 **excessive** 과도한 **insalubrious** 불건전한 **stimulant** 각성제 **irregular** 불규칙적인 **vulnerable** 취약한 **cognitive** 인지적인 **malfunction** 고장 **intensive** 집중적인

정답 (b)

6

As is widely known, the cetacean is a mammal in every sense of the word. Just like other mammals, cetaceans inhale air through their lungs and maintain a constant body temperature. In addition, they give birth to live young and feed them with their own milk. Interestingly enough, there is a difference between a cetacean and a fish in the shape of the tail. The tail of a cetacean, unlike that of a fish, forms a horizontal shape and moves vertically, which reminds us of the _____.

(a) similarities between a cetacean and a fish
(b) evolutionary features of cetaceans
(c) feeding habits of land mammals
(d) movement of the tail of a land mammal

번역 널리 알려져 있듯이, 고래류는 모든 면에서 포유류에 속한다. 다른 포유류와 마찬가지로, 고래류는 폐를 통해 공기를 흡입하며 체온을 일정하게 유지한다. 더욱이, 고래류는 살아 있는 새끼를 낳으며 자신의 젖을 먹인다. 흥미롭게도, 고래류와 어류는 꼬리 모양이 다르다. 어류의 꼬리와 달리, 고래류의 꼬리는 수평 모양을 이루어 위아래로 움직이는데, 이런 움직임은 육지에 사는 포유류의 꼬리 움직임을 상기시킨다.
(a) 고래류와 어류의 유사점
(b) 고래류의 진화적 특징
(c) 육지에 사는 포유류의 포식 습성
(d) 육지에 사는 포유류의 꼬리 움직임

해설 글의 내용을 정확히 파악해야 해결할 수 있는 고난도 문제이다. (a)는 글의 흐름에 어긋나고, (b)는 지나친 비약이며, (c)는 글의 내용과 관련이 없으므로 정답이 아니다. 고래류가 포유류에 속하는 사실에 대한 구체적 설명이 글의 주된 내용이므로 정답은 (d)가 된다.
cetacean 고래류 **mammal** 포유류 (cf. **amphibian** 양서류) **inhale** 흡입하다 **constant** 일정한 **horizontal** 수평의 (cf. **vertical** 수직의) **evolutionary** 진화적인

정답 (d)

7

For Bertolt Brecht, the alienation effect was _____. Of course, the use of distancing techniques such as exposure of stage props was aimed at "forcing" the audience to become acutely aware of the inauthenticity of theatrical performance. More importantly, however, Brecht's revolutionary methods were intended to alienate viewers from the stage performance, thus helping them analyze and understand political and social problems entailing complex relationships between reality and illusion.

(a) solely for the purpose of pursuing beauty for its own sake
(b) influenced by the political and social milieu of the 1930s
(c) not merely an aesthetic technique but also a political strategy
(d) motivated by his political ambition to revolutionize his country

번역 베르톨트 브레히트에게 소외 효과는 미학적 기교였을 뿐만 아니라 정치적 전략이기도 했다. 물론, 무대에 쓰이는 소도구의 노출과 같은, 생소하게 만드는 기법의 사용은 관객이 무대 공연의 비(非)정통성을 예리하게 인식하도록 '강제'하는 것을 목적으로 삼았다. 그렇지만 보다 중요한 것은, 브레히트의 혁명적인 방법이 관객을 무대 공연으로부터 소외시킴으로써 관객이 현실과 환상 사이의 복잡한 관계를 수반하는 정치적, 사회적 문제를 분석하고 이해할 수 있도록 돕는 것을 의도했다는 사실이다.

(a) 아름다움 자체를 추구하는 것이 유일한 목적
(b) 1930년대 정치적·사회적 환경의 영향을 받은 것
(c) 미학적 기교였을 뿐만 아니라 정치적 전략
(d) 자기 나라에 혁명을 일으키려고 하는 정치적 야심에 의해 유발된 것

해설 예술가 및 예술 기법에 대한 문제가 꾸준히 출제되기 때문에 정확한 학습이 필요하다. (a)는 정치적 측면도 있었고, (b)는 미학적 측면도 있었기 때문에 정답이 아니다. (d)는 일부 내용만을 다루고 있기에 정답이 아니다. 따라서 전체 내용을 포괄하는 (c)가 옳다.

alienation 소외   exposure 노출   prop 소도구   acutely 예리하게   inauthenticity 비(非)정통성   entail 수반하다   milieu 환경   aesthetic 미학적

정답 (c)

8

Xingu Indian villages are composed of several dwellings called "long houses." The chief of a long house is in charge of the economic activities of its members. He makes decisions on various matters associated with planting and harvesting crops. _____, the chief of a Xingu Indian village plays a symbolic role as a sponsor of rituals. With the help of the village shaman, he encourages the villagers to attend major ceremonies and contributes to maintaining the traditions of the village.

(a) In the end
(b) By contrast
(c) In fact
(d) Furthermore

번역 싱구 인디언족 마을은 '공동 주택'이라고 불리는 여러 개의 주거단위로 이루어져 있다. 공동 주택의 장(長)은 구성원들의 경제 활동을 담당한다. 그는 농작물을 심고 수확하는 것과 관련된 다양한 문제에 대한 결정을 내린다. 이와는 달리, 싱구 인디언족 추장은 의식의 후원자라는 상징적 역할을 맡는다. 그는 마을 무속인의 도움을 받아 마을 사람들이 주요 의식에 참석할 것을 독려하여 마을의 전통을 유지하는 데 기여한다.

(a) 결국엔
(b) 이와는 달리
(c) 사실은
(d) 더욱이

해설 글의 흐름에 어울리는 연결어를 고르는 문제다. 공동 주택의 장과 부족장의 역할을 대조하고 있기 때문에 정답은 (b)이다. 빈칸 앞뒤만 보고서 답을 찾을 수 있는 경우도 있긴 하지만, 첫 번째 문장을 통해 전반적인 흐름을 포착하는 습관을 들여야만 고난도 문제도 해결할 수 있음을 기억하자.

dwelling 주거   long house 공동 주택   in charge of ~을 맡고 있는   symbolic 상징적인   ritual 의식   shaman 무속인

정답 (b)

PRETEST Part 2

9

Although keenly aware of his discord with his peers, Robert Yard consistently adhered to aesthetic ideals for choosing national parks. Believing in the intrinsic value of America's national parks, Yard strongly objected to commercializing or industrializing them. Furthermore, he took part in various activities aimed at preserving wilderness areas. Thanks to these efforts, his contribution to the modern wilderness movement is now widely recognized.

Q: What is the best title for the passage?
(a) America's National Parks: Part of American Heritage
(b) Robert Yard: An Idealistic Aesthetician
(c) Robert Yard: A Pioneer of the Modern Wilderness Movement
(d) The Beginning of Revolution: America's Wilderness Movement

번역 로버트 야드는 또래 학자들과의 불협화음을 잘 인식하고 있었지만, 국립공원 선정에 있어 일관되게 미학적 이상을 고수했다. 미국 국립공원의 내재적 가치를 믿었기 때문에, 야드는 국립공원들을 상업화하거나 산업화하는 것을 강력히 반대했다. 더욱이, 그는 자연 보호 구역 보존을 목표로 하는 다양한 활동에 참가했다. 이런 노력 때문에 현대 자연 보호 운동에 대한 야드의 기여는 오늘날 널리 인정받고 있다.

Q: 제목으로 가장 적절한 것은?
(a) 문화 유산의 일부인 미국 국립공원
(b) 이상주의적 미학자 로버트 야드
(c) 현대 자연 보호 운동의 선구자 로버트 야드
(d) 혁명의 시작으로서 미국의 자연 보호 운동

해설 현대 자연 보호 운동의 선구자인 로버트 야드의 업적을 설명하는 글로, 정답은 (c)이다. (a)는 글의 초점에 어긋나고, (b)는 일부 내용의 지나친 비약이며, (d)는 지나치게 광범위하므로 정답이 될 수 없다. 전체적인 글의 흐름을 포괄하는 선택지를 골라야 함을 꼭 기억하자.
keenly 예리하게 **discord** 불협화음 **consistently** 일관되게 **adhere to** ~를 고수하다 **intrinsic** 내재적인 (cf. extrinsic 외재적인) **commercialize** 상업화하다 **industrialize** 산업화하다 **wilderness area** 자연 보호 구역 **wilderness movement** 자연 보호 운동 **recognize** 인정하다

정답 (c)

10

Here are some things you need to know when operating your air conditioner. Most experts recommend that you keep your thermostat at 78°F. You also need to set the fan switch on your air conditioner to "automatic." Plus, you should consider buying and installing programmable thermostats. They can be programmed to change temperatures according to your needs. You're also advised to use a ceiling fan. It helps to cool your home and you don't have to set your thermostat at a low temperature.

Q: What is the purpose of the passage?
(a) To advertise an energy-efficient air conditioner
(b) To criticize the profligacy of modern society
(c) To give tips about using an air conditioner
(d) To instruct how to install programmable thermostats properly

번역 에어컨을 가동할 때 알아야 하는 몇 가지 사항이 있다. 전문가들은 대부분 온도 조절 장치를 화씨 78도로 유지할 것을 권장한다. 또한 에어컨 팬 스위치를 '자동'으로 설정해야 한다. 아울러, 프로그램 작동이 가능한 온도 조절 장치를 구입해 설치하는 것을 고려해야 한다. 그런 장치는 필요에 따라 온도를 바꿀 수 있도록 프로그램 설정을 할 수 있다. 또한 천장용 환풍기를 사용할 것이 권장된다. 천장용 환풍기는 집 안을 냉각시키는 데 도움이 되어서, 온도 조절 장치를 낮은 온도로 조정할 필요가 없다.

Q: 글의 목적은 무엇인가?
(a) 에너지 효율적인 에어컨을 광고하기 위해
(b) 현대 사회의 과도한 낭비성을 비판하기 위해
(c) 에어컨 사용에 대한 도움말을 제공하기 위해
(d) 프로그램 작동이 가능한 온도 조절 장치를 제대로 설치하는 법을 알려주기 위해

해설 실용문의 출제 비중이 점차 증가하는 경향에 비추어 정확히 확인해두어야 하는 문제이다. 전반적으로 효율적인 에어컨 사용법을 다루고 있으므로 정답은 (c)이다.
operate 작동하다, 조정하다 **thermostat** 온도 조절 장치 **install** 설치하다 **programmable** 프로그램 작동이 가능한 **ceiling fan** 천장용 환풍기 **energy-efficient** 에너지 효율적인 **profligacy** 과도한 낭비 (cf. parsimony 인색)

정답 (c)

11

Dear Clara,

It is our understanding that by signing the employment contract, you agreed to "strictly comply with the Institute's policies during the period" of the contract (Clause 1 of the contract). As you may know, it is our policy not to allow a part-time instructor to enjoy the benefits of a full-time instructor. In your case, however, we have made every effort to make sure that you partly get the benefits of a regular instructor. In spite of our generosity, you have been asking for too much. For instance, you requested us to get you an airline ticket to Canada.

Q: What is the letter mainly about?
(a) How to interpret an employment contract
(b) An employee's unacceptable behavior
(c) The difference between a full-time instructor and a part-time instructor
(d) How to get the cheapest airline ticket to Canada

번역 클라라 씨에게

고용 계약서에 서명함으로써 귀하가 '계약이 존속되는 동안 연구소의 방침을 충실히 준수한다'(계약서 제1항)는 데 동의했다고 이해하고 있습니다. 아시지 모르겠지만, 시간 강사는 전임 강사의 혜택을 누리지 못하는 것이 저희 방침입니다. 그렇지만 귀하의 경우에, 저희는 전임 강사의 혜택을 부분적으로 누릴 수 있도록 하기 위해 모든 노력을 기울였습니다. 이 같은 배려에도 불구하고 너무 많은 것을 요구하시더군요. 예컨대 캐나다행 항공권을 구매해 달라고 요청하셨던 일 말입니다.

Q: 편지의 주된 내용은 무엇인가?
(a) 고용 계약서를 해석하는 방법
(b) 직원의 받아들일 수 없는 행동
(c) 전임 강사와 시간 강사의 차이
(d) 가장 싼 캐나다행 항공권을 구하는 방법

해설 글의 흐름을 정확히 포착해야만 하는데, (a)와 (c)는 부분적인 내용에 지나지 않고, (d)는 글의 흐름과 동떨어진 내용이기 때문에 모두 정답이 아니다. 편지를 통해 시간 강사인 클라라의 사리에 맞지 않는 행동을 설명했으므로 정답은 (b)이다.
contract 계약   **comply with** ~를 준수하다   **clause** 조항   **benefits** 복리후생; 특혜   **interpret** 해석하다, 통역하다

정답 (b)

12

Because tooth enamel is irrecoverable, it is very important to avoid consuming drinks capable of causing its erosion. Therefore, you should avoid soft drinks and citrus juice whenever possible. Soft drinks contain large amounts of sugar and citrus juice has citric acid in it. As is widely known, sugar and citric acid are the main culprits of tooth enamel erosion.

Q: What is the passage mainly about?
(a) The importance of preserving tooth enamel in keeping good health
(b) The chemical components of soft drinks and citrus juice
(c) The role of dentists in rebuilding tooth enamel
(d) Precautions against consuming drinks harmful to tooth enamel

번역 치아 법랑질은 원상 복구가 불가능하기 때문에 법랑질을 부식시킬 수 있는 음료의 섭취를 피하는 것이 매우 중요하다. 따라서 가급적이면 청량음료와 감귤 주스를 피해야 한다. 청량음료에는 당분이 많이 함유되어 있으며, 감귤 주스에는 구연산이 들어 있다. 널리 알려져 있듯이, 당분과 구연산은 치아 법랑질 부식의 주범이다.

Q: 글의 주된 내용은 무엇인가?
(a) 건강을 유지하는 데 있어 치아 법랑질 보존의 중요성
(b) 청량음료와 감귤 주스의 화학성분
(c) 치아 법랑질을 재구축하는 데 있어 치과 의사의 역할
(d) 치아 법랑질에 해로운 음료 소비에 대한 예방책

해설 중심 내용을 묻는 유형으로, 내용이 다소 까다로운 편에 속한다. 음료수에 든 당분과 구연산 때문에 치아 법랑질이 부식될 수 있다고 했으므로 (d)가 정답이다. (a)는 지나치게 범위가 넓고 글의 논의를 위한 전제에 해당하므로 정답이 될 수 없다.
enamel 법랑질   **irrecoverable** 원상 복구가 불가능한   **consume** 소비하다; 섭취하다   **erosion** 부식   **citrus** 감귤류   **citric acid** 구연산   **culprit** 범인; 원인   **preserve** 보존하다   **component** 성분   **precaution** 경계, 예방 조치

정답 (d)

13

On June 19, 2008, the World Bank raised China's growth forecast to 9.8% from 9.4%, commending its ability to cope with the global recession. According to its analysis, the Asian country had strong domestic demand and remained highly competitive in exports. Just two months earlier, however, the Bank had cut China's growth forecast to 9.4% from 9.6%. Many experts agreed that these changes were understandable given the uncertainty of the global economy.

Q: Which of the following is correct according to the passage?
(a) Experts were tolerant of inaccuracy in the World Bank's forecasts.
(b) China's economy was especially vulnerable in 2008.
(c) The World Bank had traditionally maintained a hostile relationship with China.
(d) The World Bank was notorious for frequently changing positions.

번역 2008년 6월 19일, 세계은행은 세계적인 불경기에 대응하는 중국의 능력을 칭송하면서 중국의 성장률 전망치를 9.4%에서 9.8%로 높였다. 세계은행의 분석에 따르면, 중국은 국내 수요가 탄탄하고 수출에 있어서도 높은 경쟁력을 유지하고 있다고 한다. 그렇지만 두 달 전만 하더라도 세계은행은 중국의 성장률 전망치를 9.6%에서 9.4%로 낮추었다. 많은 전문가들은 이런 변화가 세계 경제의 불확실성을 감안할 때 이해할 만한 것이라는 데 동의했다.

Q: 글에 따르면 다음 중 옳은 것은?
(a) 전문가들은 세계은행 전망치의 부정확성에 대해 관대했다.
(b) 중국 경제는 2008년에 특히 취약했다.
(c) 세계은행은 전통적으로 중국과 적대적 관계를 유지했다.
(d) 세계은행은 입장을 빈번하게 바꾸는 것으로 악명이 높았다.

해설 지문과 정확히 대조를 하면서 풀어나가야 하는데 글의 내용으로부터 명확히 알 수 없는 것은 결코 정답이 아님을 명심해야 한다. (b)는 반대의 내용이며, (c)와 (d)는 이 글에서 알 수 없다. 세계은행이 중국의 성장률 전망치를 낮추었다가 두 달 전에는 다시 올린 것으로 보아 정답은 (a)이다.

forecast 예측, 예상 commend 칭송하다 cope with ~에 대처하다 recession 일시적인 불경기 domestic 국내의; 가정의 tolerant 관대한 hostile 적대적인 notorious 악명 높은

정답 (a)

14

Your carpet can get wet for a variety of reasons. For instance, you may have a leak in the house. Or somebody can spill milk or water on the carpet. In the case of leaks, it is important for you to find where the water leaks and stop the water loss. In the case of spills, you had better put a towel on the spot and stand on it. Then, it is time to use a fan to dry the carpet. Adjust the fan so that it can face the wet spot. Next, turn on the fan and wait until the carpet dries completely.

Q: Which of the following is correct according to the passage?
(a) For your own safety, you should not use a carpet.
(b) A fan can be used to get rid of moisture on the carpet.
(c) Towels are not usually used to remove spills.
(d) It is advisable to use a fan sparingly.

번역 다양한 이유로 카펫이 젖을 수 있다. 예컨대, 집에서 물이 샐지도 모른다. 또는 누군가가 카펫에 우유나 물을 엎지를 수도 있다. 물이 새는 경우, 물이 어디서 새는지 알아내어 누수를 막는 것이 중요하다. 액체를 엎지른 경우, 그 자리에 수건을 놓고 그 위에 올라서는 편이 낫다. 그 다음엔, 카펫을 말리기 위해 선풍기를 써야 한다. 물에 젖은 지점을 마주보도록 선풍기를 조정하라. 그러고 나선, 선풍기를 켜고 카펫이 완전히 마를 때까지 기다려라.

Q: 글에 따르면 다음 중 옳은 것은?
(a) 안전을 위해서 카펫을 사용해서는 안 된다.
(b) 카펫의 습기를 제거하기 위해 선풍기를 이용할 수 있다.
(c) 수건은 대개 엎지른 액체를 제거하는 데 쓰이지 않는다.
(d) 선풍기를 아껴 쓰는 것이 권장된다.

해설 글의 내용에 맞는 선택지를 고르는 문제로, 꼼꼼하게 내용과 대조할 것을 요한다. (a)는 글에서 전혀 언급하지 않았고, (c)는 정반대로 설명했으며, (d)는 글의 내용으로부터 정확히 알 수 있는 내용이 아니므로 정답이 아니다. 카펫을 말리기 위해 선풍기를 쓰라고 했으므로 정답은 (b)가 된다.

a variety of 다양한 leak 새는 곳, 누수 spill 엎지름, 유출 adjust 조정하다, 맞추다 get rid of ~를 없애다 moisture 수분, 습기 advisable 권할 만한 sparingly 아껴서

정답 (b)

15

Favoring the immediacy of art, Paul Jackson Pollock chose to use household paints instead of paints for artists. In particular, Pollock relied heavily on alkyd enamels, synthetic paints made of resin, which provided a fluid viscosity needed for his "drip" technique. By pouring and dripping paint onto the canvas, he contributed to the development of action painting, which allowed artists to express themselves more freely and spontaneously.

Q: Which of the following is correct according to the passage?
(a) Paul Jackson Pollock was an American abstract painter.
(b) Paul Jackson Pollock helped start action painting.
(c) Action painting encouraged artists to seek political freedom.
(d) Alkyd enamels were well-known for their fluidity.

번역 폴 잭슨 폴록은 예술의 신속성을 선호하여 미술용 물감 대신에 가정용 물감을 쓰는 쪽을 택했다. 특히, 폴록은 수지(樹脂)로 만들어진 합성물감인 알키드 에나멜에 매우 의존했는데, 알키드 에나멜 수지는 폴록의 '(물감) 떨어뜨리기 기법'에 필요한 점착성을 제공했다. 캔버스에 물감을 쏟아붓고 떨어뜨림으로써 폴록은 행위 미술의 발달에 기여했는데, 행위 미술로 화가들은 보다 자유롭고 즉흥적으로 표현할 수 있게 되었다.

Q: 글에 따르면 다음 중 옳은 것은?
(a) 폴 잭슨 폴록은 미국 추상파 화가였다.
(b) 폴 잭슨 폴록은 행위 미술의 창시에 기여했다.
(c) 행위 미술은 화가들이 정치적 자유를 추구하도록 장려했다.
(d) 알키드 에나멜 수지는 유동성으로 잘 알려져 있었다.

해설 글의 내용과 꼼꼼하게 대조하는 습관을 들여야 한다. (a)와 (c)는 글의 내용으로부터 알 수 없고, (d)는 정반대로 설명했으므로 정답이 아니다. 마지막 문장에서 정답이 (b)임을 알 수 있다. 예술 분야의 경우, 실전에서 접하면 당황하기 쉬우므로 평소에 많은 지문을 읽어 두자.
immediacy 즉시성 household 가정용의 alkyd enamel 알키드 에나멜 synthetic 합성의, 인공의 resin 수지(樹脂) viscosity 점착성 (cf. fluidity 유동성) drip 떨어뜨리기 action painting 행위 미술 spontaneously 즉흥적으로 abstract 추상파의

정답 (b)

16

Many scientists believe that Djarthia is the ancestor of Australia's pouched mammals including kangaroos and possums. According to a new study led by Robin Beck, however, it is also a primitive relative of the Monito del Monte, which is found in the forests of Chile and Argentina. Both of them are marsupials, and it is generally understood that they moved from South America to Australia. The new study implies that the Monito del Monte may have returned to South America.

Q: Which of the following is correct according to the passage?
(a) Kangaroos and possums are radically different from marsupials.
(b) It is generally understood that Djarthia never left South America.
(c) The kangaroo is the ancestor of the Monito del Monte.
(d) The Monito del Monte lived in both Australia and South America.

번역 많은 과학자들은 다샤가 캥거루와 주머니쥐를 포함한, 호주의 주머니가 있는 포유동물들의 조상이라고 생각한다. 그렇지만 로빈 벡이 주도한 새로운 연구에 따르면, 다샤는 또한 칠로에포삼목의 원시 친척이기도 한데, 칠로에포삼목은 대개 칠레와 아르헨티나의 삼림에서 발견된다. 다샤와 칠로에포삼목은 둘 다 유대류이며, 이들은 남아메리카에서 호주로 이동했다고 일반적으로 알고 있다. 로빈 벡의 새로운 연구는 칠로에포삼목이 남아메리카로 되돌아갔을지도 모른다는 것을 암시한다.

Q: 글에 따르면 다음 중 옳은 것은?
(a) 캥거루와 주머니쥐는 유대류와는 현격하게 다르다.
(b) 다샤가 남아메리카를 떠난 적이 없다고 일반적으로 알고 있다.
(c) 캥거루는 칠로에포삼목의 조상이다.
(d) 칠로에포삼목은 호주와 남아메리카 두 지역에 살았다.

해설 (a)와 (b)는 본문 내용과 반대로 설명했고, (c)는 캥거루가 다샤의 후손으로 간주되므로 정답이 될 수 없다. 남아메리카에서 호주로 이동했기 때문에 (d)가 정답임을 알 수 있다.
pouched 주머니가 있는 mammal 포유동물 possum 주머니쥐 primitive 원시(시대)의 Monito del Monte 칠로에포삼목 marsupial 유대류(有袋類)

정답 (d)

17

Considering the fact that neuromuscular disorders tend to be caused by problems in the muscle, spinal muscular atrophy (SMA) is peculiar in that it primarily results from problems in the spinal cord. In all forms of SMA, the spinal cord cannot transmit signals to the muscles because it lacks either the motor neuron or the axon. When mutation of the SMN gene is the ultimate cause of SMA, the symptoms of the disease can range from trivial to fatal. SMA can also be caused by mutation of other genes, not all of which have been identified.

Q: What can be inferred from the passage?
(a) SMA is brought about by problems in the muscle.
(b) The axon lacks relevance with SMA.
(c) SMA is a unique form of neuromuscular disorder.
(d) Mutation of the SMN gene is the sole cause of SMA.

번역 신경근육 질환이 근육의 문제 때문에 발생하는 경향이 있다는 사실을 감안하면, 척수성 근위축증(SMA)은 주로 척수의 문제 때문에 생긴다는 점에서 특이하다. 모든 형태의 척수성 근위축증에서 척수가 근육에 신호를 전달하지 못하는데, 이는 척수에 운동신경세포나 축색돌기가 결여되어 있기 때문이다. SMN(생존운동신경원) 유전자의 돌연변이가 척수성 근위축증의 궁극적 원인일 때에는 질병의 증상이 사소한 것에서 치명적인 것까지 이를 수 있다. 척수성 근위축증은 또한 다른 유전자 변이에 의해서도 초래될 수 있는데, 이런 유전자들이 모두 확인된 것은 아니다.

Q: 글로부터 유추할 수 있는 것은?
(a) SMA는 근육 문제 때문에 발생한다.
(b) 축색돌기는 SMA와 관련이 없다.
(c) SMA는 특이한 형태의 신경근육 질환이다.
(d) SMN 유전자 돌연변이가 SMA의 유일한 원인이다.

해설 SMA는 척수 문제로 발생하고, 축색돌기 결여가 SMA 발병과 관련 있으며 다른 원인으로도 SMA가 발생할 수 있으므로 (a), (b), (d)는 정답이 될 수 없다. 첫 번째 문장에서 (c)가 정답임을 알 수 있다.

neuromuscular disorder 신경근육 질환 spinal muscular atrophy 척수성 근위축증 peculiar 특이한 spinal cord 척수 transmit 전달하다 motor neuron 운동신경세포 axon 축색돌기 mutation 돌연변이

정답 (c)

18

Researchers from Hunter College and the Max Planck Institute for Human Cognitive and Brain Sciences have found that three-month-old infants are capable of social referencing. Previously, it was thought that after twelve months of age, infants could develop the ability to social reference. The study shows, however, that three-month-old babies can process emotional signals to understand objects around them. This ability enables infants to adjust their behavior in response to social signals that transcend immediate situations.

Q: What can be inferred from the passage?
(a) Social referencing enables people to cope effectively with social situations.
(b) Twelve-month-old infants are not able to social reference.
(c) Three-month-old infants cannot effectively deal with immediate situations.
(d) An enormous number of scientists have refuted the research.

번역 헌터 대학 및 막스 플랑크 인지 및 뇌과학 연구소 연구원들은 3개월 된 유아에게 사회적 참조 능력이 있다는 것을 밝혀냈다. 이전에는 12개월이 지나야 유아들이 사회적 참조 능력을 기를 수 있다고 생각했다. 그렇지만 이 연구는 3개월 된 유아가 주위 대상을 이해하기 위해 정서적 신호를 처리할 수 있다는 것을 입증한다. 이 능력을 써서 유아는 즉각적인 상황을 넘어서는 사회적 신호에 반응하여 행동을 조정할 수 있게 된다.

Q: 글로부터 유추할 수 있는 것은?
(a) 사회적 참조 능력은 사람들로 하여금 사회적 상황에 효과적으로 대처하게 한다.
(b) 12개월 된 유아는 사회적 참조 능력이 없다.
(c) 3개월 된 유아는 즉각적인 상황을 효과적으로 다루지 못한다.
(d) 대단히 많은 과학자들이 이 연구의 허위성을 입증했다.

해설 철저하게 글 내용에 바탕을 두고 풀어야 한다. (b)와 (c)는 글 내용을 잘못 해석했고, (d)는 연구 결과가 입증되었기 때문에 정답이 아니다. 사회적 참조 능력을 통해 행동을 조정할 수 있다고 한 데에서 (a)를 유추할 수 있다.

cognitive 인지의 infant 유아 social referencing 사회적 참조 process 처리하다 signal 신호 object 물건, 물체 transcend 초월하다 enormous 막대한, 거대한 refute 허위를 입증하다

정답 (a)

PRETEST Part 3

19

Ph.D. student Jay Goldstein has found that parental "sideline rage" is closely connected with road rage. (a) Both kinds of anger are triggered by ego defensiveness. (b) Most health experts recommend that everyone express their anger in a healthy manner. (c) According to Goldstein, parents get angry when they take their situations too personally. (d) Their rage can manifest in several ways: anger toward fellow drivers or frustration with their children's soccer matches.

번역 박사과정 중인 제이 골드스타인은 부모의 '측선 분노'가 노상 분노와 밀접한 관련이 있다는 것을 밝혀냈다. (a) 두 종류의 분노는 자아방어에 의해 촉발된다. (b) 의료 전문가들은 대부분 분노를 건전한 방식으로 표출할 것을 권한다. (c) 골드스타인에 따르면, 부모들은 상황이 자신들에 대한 평가와 관계된다고 생각할 때 분노한다. (d) 부모들의 분노는 다른 운전자들에게 화를 내거나 자녀의 축구 경기에 대해 좌절감을 갖는 등 여러 가지 방식으로 드러날 수 있다.

해설 글 전체의 흐름은 측선 분노와 노상 분노의 공통점이다. 왜 분노가 발생하며 어떤 식으로 표출되는지를 말하고 있는데, (b)는 분노를 건전한 방식으로 표현해야 한다는 전혀 다른 내용이므로 글의 흐름과 일치하지 않는다. 따라서 정답은 (b)가 된다.
sideline (경기장의) 측선, 측면 경계 **rage** 분노 **road rage** 운전 중 분통 터뜨리기, 운전자 폭행 **trigger** 유발하다 **ego defensiveness** 자아방어 **manifest** 나타나다 **fellow** 같은 처지에 있는 **frustration** 좌절감

정답 (b)

20

An international team of paleontologists led by Nate Smith has found that Megaraptor shares similarities with Suchomimus and Spinosaurus. (a) Previously, it was believed to belong to the same group as Velociraptor. (b) After analyzing a fossil found at Dinosaur Cove in southern Victoria, Australia, the team concluded that Megaraptor is quite different from Velociraptor in many ways. (c) As a result of the team's findings, the relationship between Australia and South American countries became closer than before. (d) According to Smith, the conclusion implies that there must have been "interchange between the dinosaur faunas of South America and Australia during the Cretaceous."

번역 네이트 스미스가 이끄는 여러 국적의 고생물학자 팀은 메가랍토르가 수코미무스 및 스피노사우루스와 유사점이 있다는 사실을 밝혀냈다. (a) 이전에는 메가랍토르가 벨로시랩터와 동일한 집단에 속한다고 생각되었다. (b) 호주 남부 빅토리아 주의 공룡 동굴에서 발견된 화석을 분석하고 나서, 고생물학자 팀은 메가랍토르가 벨로시랩터와 많은 점에서 꽤 다르다는 결론을 내렸다. (c) 이 팀의 발견의 결과로, 호주와 남아메리카 국가들 사이의 관계가 예전보다 더 가까워졌다. (d) 스미스에 따르면, 이 결론은 '백악기 동안 남아메리카와 호주 공룡군 사이에 교류'가 있었음에 틀림없다는 것을 시사한다고 한다.

해설 글의 초점은 메가랍토르가 벨로시랩터가 아니라 수코미무스 및 스피노사우르스와 유사한 공룡이라는 사실에 있다. (c)는 글의 내용으로부터 자연스럽게 유추할 수 없을 뿐만 아니라 글의 흐름에도 어긋나므로 정답이다.
paleontologist 고생물학자 **Megaraptor** 메가랍토르 **Suchomimus** 수코미무스 **Spinosaurus** 스피노사우르스 **Velociraptor** 벨로시랩터 **cove** 동굴 **interchange** 교류 **fauna** 동물군 (cf. flora 식물군) **the Cretaceous** 백악기

정답 (c)

ACTUAL TEST 1

Part 1	1 (d)	2 (b)	3 (c)	4 (c)	5 (d)	6 (a)	7 (d)	8 (d)
	9 (a)	10 (c)	11 (b)	12 (a)	13 (a)	14 (b)	15 (d)	16 (b)
Part 2	17 (a)	18 (b)	19 (a)	20 (c)	21 (c)	22 (a)	23 (c)	24 (b)
	25 (b)	26 (a)	27 (b)	28 (c)	29 (b)	30 (d)	31 (d)	32 (c)
	33 (b)	34 (d)	35 (d)	36 (c)	37 (d)			
Part 3	38 (d)	39 (c)	40 (c)					

ACTUAL TEST 1 — Part 1

1

Many people believe that aspirin is used primarily as a painkiller. According to Dr. Joe Schwarcz, however, it is chiefly used as a "heart-attack preventer." This is mainly because aspirin can prevent blood clotting. As is widely known, blood clots are the leading cause of heart attacks, and when they are reduced by the use of aspirin, heart attacks are _____. For the same reason, small doses of aspirin are administered to heart attack patients.

(a) more likely to increase
(b) more difficult to treat
(c) less likely to heal
(d) less likely to occur

번역 많은 이들은 아스피린이 주로 진통제로 쓰인다고 생각한다. 그렇지만 조 슈워츠 박사에 따르면, 아스피린은 주로 "심장마비 예방약"으로 쓰인다고 한다. 아스피린이 혈전 생성을 예방할 수 있기 때문이다. 널리 알려져 있듯이 혈전은 심장마비의 주된 원인이며, 아스피린 복용으로 혈전이 감소될 때, 심장마비가 일어날 가능성이 보다 낮다. 마찬가지 이유로, 심장마비 환자들에게 소량의 아스피린이 투여된다.

(a) 증가할 가능성이 보다 높다
(b) 치료하기가 보다 어렵다
(c) 치유될 가능성이 보다 낮다
(d) 일어날 가능성이 보다 낮다

해설 혈전이 심장마비의 주요 원인이라고 했으므로 혈전이 감소하면 심장마비가 일어날 가능성이 낮아질 것을 쉽게 짐작할 수 있다. 따라서 정답은 (d)이다. (a)는 정답과 반대의 내용이고, (b), (c)도 (a)와 비슷한 맥락이므로 모두 오답이다.
painkiller 진통제   heart attack 심장마비   preventer 예방약   blood clot 혈전   dose 복용량   administer 투여하다; 집행하다   heal (상처 등이) 낫다

정답 (d)

2

Maturity has nothing to do with _____. It has everything to do with how open you are. If you are a truly mature person, you accept everyone and every situation with calm. This openness enables you to assess any situation accurately and respond maturely. Becoming old does not necessarily bring such openness and maturity to you. In order to become mature, you should go beyond your ego.

(a) how rich you are
(b) how old you are
(c) how calm you are
(d) what you have achieved

번역 성숙함이란 나이가 얼마인지와 아무런 관련이 없다. 성숙함이란 얼마나 개방적인가와 밀접한 관련을 맺는다. 진정으로 성숙한 사람이라면, 모든 사람과 모든 상황을 평온하게 받아들인다. 이러한 개방성은, 어떤 상황이든 정확하게 판단해서 성숙하게 반응할 수 있게 해준다. 나이가 들어가는 것이 필연적으로 그런 개방성과 성숙함을 가져다 주지는 않는다. 성숙해지기 위해서는 자아를 초월해야 한다.

(a) 얼마나 부유한지
(b) 나이가 얼마인지
(c) 얼마나 차분한지
(d) 무엇을 성취했는지

해설 끝에서 두 번째 문장의 Becoming old 이하에서 정답을 찾아낼 수 있다. 또한, 성숙함을 논의하기 때문에 나이에 대한 언급이 나올 것을 짐작할 수 있으므로 정답은 (b)이다.
maturity 성숙   mature 성숙한   assess 판단하다   accurately 정확하게   go beyond ~를 초월하다   ego 자아, 자신

정답 (b)

3

At a press conference on March 16, 2008, the Dalai Lama asked the global community to look at how China really handled Tibet. In his opinion, the Chinese government almost committed "cultural genocide" on the Tibetans. He mentioned that the recent anti-Chinese protests resulted from China's _____, not from the incitement of his exile government.

(a) trade policy toward Tibet
(b) anti-globalization policies rooted in her nationalism
(c) unfair treatment of his people
(d) genocide on minority groups in mainland China

번역 2008년 3월 16일 기자 회견에서, 달라이 라마는 중국이 실제로 어떻게 티베트를 다루는지 살펴볼 것을 전 세계에 요청했다. 그의 견해에 따르면, 중국 정부는 티베트인들에 대해 거의 '문화적 학살'을 자행한 셈이었다. 달라이 라마는 최근의 반(反)중국 시위가 망명 정부의 선동 때문이 아니라 중국의 티베트 국민에 대한 불공정한 대우에서 비롯되었다고 언급했다.

(a) 티베트에 대한 교역 정책
(b) 민족주의에 기반을 둔 반(反)세계화 정책
(c) 티베트 국민에 대한 불공정한 대우
(d) 중국 본토에서의 소수 민족 학살

해설 티베트인들에 대한 중국 정부의 조치를 문화적 학살이라고 했기 때문에 중국이 티베트인들을 불공평하게 대우했음을 쉽게 짐작할 수 있다. 따라서 정답은 (c)이다. 이 문제에서는 전체 내용이 티베트인에 집중되기 때문에 다른 소수 인종까지 망라하는 (d)는 정답이 될 수 없음에 유의해야 한다.

press conference 기자 회견 commit 저지르다 genocide 대학살 protest 항의, 시위 incitement 선동 exile 망명 rooted in ~에 뿌리를 둔 nationalism 민족주의 minority group 소수 민족 mainland 본토

정답 (c)

4

On April 8, 2008, the Soyuz TMA-12 spacecraft was launched into space, making Yi So-yeon South Korea's first astronaut in space. On board the International Space Station, Yi was expected to _____. One of them was to find out how environmental changes affect the genome of fruit flies. In order to conduct this experiment, she took a large number of fruit flies with her.

(a) take a lot of pictures of the Korean Peninsula
(b) grow various kinds of microorganisms
(c) carry out a number of bioengineering experiments
(d) find out the relationship between nature and nurture

번역 2008년 4월 8일, 우주선 소유즈 TMA-12호가 우주로 발사됨으로써 이소연씨는 한국의 첫 우주인이 되었다. 국제 우주 정거장에 머물면서, 이소연씨는 여러 생명공학 실험을 수행할 예정이었다. 그 중 하나는 환경 변화가 초파리의 게놈에 어떻게 영향을 미치는지를 알아내는 것이었다. 이 실험을 수행하기 위해 이소연씨는 많은 초파리를 우주로 가져갔다.

(a) 한반도 사진을 많이 찍을
(b) 다양한 종류의 미생물을 배양할
(c) 여러 생명공학 실험을 수행할
(d) 선천적인 것과 후천적인 것 사이의 관계를 알아낼

해설 빈칸 다음에 나오는 내용을 통해 생명공학 관련 실험임을 짐작할 수 있으므로 정답은 (c)이다. (a)는 지문의 내용과 전혀 관계가 없고, (d) 역시 지문에서 선천적인 것과 후천적인 것이 구체적으로 무엇인지 알 수 없으므로 오답이다. (b)는 초파리가 미생물이 아니기 때문에 정답이 아니다.

launch 발사하다; 출시하다 astronaut 우주 비행사 on board ~에 탑승하여 genome 게놈(전체 유전 정보) fruit fly 초파리 conduct (특정한 활동을) 하다 microorganism 미생물 bioengineering 생명공학 nurture 양육

정답 (c)

5

The Real-Life Program provided by Academic University represents what _____, and it compels me to apply to the university. In my opinion, true education is concerned with becoming a good problem solver by blending theory and practice. This unique and truly "innovative" program tries to achieve that goal through various real-world projects carried out by teams of students in close collaboration with forward-thinking faculty members.

(a) true democracy stands for
(b) innovation looks like
(c) a good theory is all about
(d) true education is all about

번역 아카데믹 대학교가 제공하는 리얼라이프 프로그램은 참된 교육의 본질을 상징하며, 그래서 이 대학에 지원하게 되었습니다. 참된 교육이란 이론과 실제를 융합함으로써 문제를 잘 해결하는 사람이 되는 것과 관련있다고 봅니다. 이 독특하고 진정으로 '혁신적인' 프로그램은, 학생 팀들이 진보적인 교직원들과 긴밀하게 협력하면서 다양한 현실적인 프로젝트를 수행하게 함으로써 그 목적을 성취하려고 합니다.

(a) 참된 민주주의가 상징하는
(b) 혁신의 모습
(c) 훌륭한 이론의 본질
(d) 참된 교육의 본질

해설 다소 까다로운 문제이다. 물론 두 번째 문장에 나오는 참된 교육이라는 말로 보아 쉽게 답을 찾을 수도 있지만 (b)나 (c)가 그 다음에서 언급되기 때문에 다소 혼란을 느낄 수 있다. (b)는 이 대학이 혁신을 추구하는 것이 아니기 때문에 정답이 될 수 없고, (c)는 이론만을 말했으므로 정답이 아니다. 참된 교육을 받기 위해 이 대학에 지원한 것이므로 빈칸에는 (d)가 알맞다.
real-life 현실의, 실생활의 **epresent** 상징하다 **compel** 강요하다 **be concerned with** ~와 연관되다 **blend** 융합하다 **theory** 이론 **innovative** 혁신적인 **real-world** 현실의 **collaboration** 협력 **forward-thinking** 진보적인 **faculty** 교직원 **democracy** 민주주의 **stand for** 나타내다, 상징하다 **innovation** 혁신

정답 (d)

6

In 1903, Maggie L. Walker founded the St. Luke Penny Savings Bank and served as its first president. As a natural leader, Walker made it possible for the bank to _____. By 1924, it became a large financial organization serving over 50,000 members. A few years later, having merged with other banks, the Penny Savings Bank became the Consolidated Bank and Trust Company, which developed into an even larger business.

(a) grow rapidly
(b) acquire other financial institutions
(c) lead other banks
(d) serve millions of customers

번역 1903년에 매기 워커는 세인트 루크 페니 저축은행을 설립하여 초대 은행장직을 맡았다. 타고난 지도자로서, 워커는 은행이 급속하게 성장할 수 있도록 했다. 1924년 무렵, 5만 명 이상의 회원에게 서비스를 제공하는 대규모 금융기관이 되었다. 몇 년 후, 다른 은행들과 합병하여 페니 저축은행은 통합 신탁은행이 되었는데, 이 회사는 훨씬 더 큰 기업으로 발전했다.

(a) 급속히 성장하다
(b) 다른 금융기관들을 인수하다
(c) 다른 은행들을 선도하다
(d) 수백만 명의 고객들에게 서비스를 제공하다

해설 주의를 요하는 유형의 문제로, 전체적인 내용을 차분히 검토해야만 정답을 찾아낼 수 있다. 빈칸 다음 문장에 나타난 내용들은 모두 은행의 성장과 관련이 있기 때문에 (a)가 정답이다. (b)는 합병에 관한 내용은 있지만 인수에 관한 내용이 없기 때문에 정답이 될 수 없다. (c) 또한 다른 은행들을 선도한다는 내용이 빈칸 이후에 분명히 드러나지 않기 때문에 정답이 아니다. (d)는 글에 제시되어 있는 사실에 어긋나기 때문에 정답이 될 수 없다.
president 사장 **financial** 금융의 **merge** 합병하다 **consolidated** 통합된 **trust** 신탁, 신탁 재산 **acquire** 인수하다 **institution** 기관, 회사

정답 (a)

7

Some archaeologists believe that men enjoyed the same status as women in Minoan society. Their judgment is based on many frescoes _____. The frescoes "show" us that they enjoyed the same sports. Based on archaeological evidence, however, other researchers claim that women played a dominant role in Minoan society. For instance, many Minoan women served as priestesses, administrators, and craftspeople.

(a) describing the kinds of religious ceremonies Minoan men and women attended
(b) describing the kinds of sports Minoan children enjoyed
(c) depicting the kinds of festivals Minoan priestesses held
(d) depicting the kinds of sports Minoan men and women took part in

번역 일부 고고학자들은 미노스 사회에서 남성이 여성과 동등한 지위를 누렸다고 생각한다. 이러한 판단은 미노스 남성과 여성이 참가한 스포츠 종류들을 묘사한 많은 프레스코 벽화를 근거로 한다. 그 프레스코 벽화들은 미노스 남성과 여성이 동일한 스포츠를 즐겼다는 것을 '보여준다.' 그렇지만 고고학적인 증거에 근거를 두어, 다른 연구자들은 여성이 미노스 사회에서 주도적인 역할을 맡았다고 주장한다. 예컨대, 미노스의 많은 여성들이 사제, 행정가, 장인(匠人) 역할을 담당했다.

(a) 미노스 남성과 여성이 참석한 종교 의식 종류들을 묘사한
(b) 미노스 아동들이 즐긴 스포츠 종류들을 묘사한
(c) 미노스 여사제들이 개최한 축제 종류들을 묘사한
(d) 미노스 남성과 여성이 참가한 스포츠 종류들을 묘사한

해설 미노스 남녀가 동일한 스포츠를 즐겼음을 입증하는 벽화이므로 (d)가 정답이다. (b)는 남녀 사이의 지위 관계와 무관한 내용이고 (c)는 여성이 우월한 지위에 있었다는 근거가 될 수 있으므로 뒤에 이어지는 내용에 어긋난다. (a)는 종교 의식에서 반드시 스포츠를 즐기는 것은 아니므로 그 다음 내용과의 연결이 부자연스럽다.
archaeologist 고고학자   Minoan 미노스[크레타] 문명의   fresco 프레스코 벽화   dominant 주도적인   priestess 여(女)사제   administrator 행정가   craftspeople 장인(匠人)   attend 참여하다   depict 묘사하다   take part in ~에 참가하다

정답 (d)

8

William Shockley is a(n) _____. Yes, he was a great engineer who contributed to the development of the transistor. The device literally revolutionized the field of electronics. To our great disappointment, however, Shockley claimed that according to standardized IQ tests, whites are superior to blacks. He even asserted that a larger black population would be detrimental to the "evolution" of the human race. These claims of his are neither scientifically valid nor ethically right.

(a) great physicist
(b) incompetent racist
(c) IQ test developer
(d) controversial figure

번역 윌리엄 쇼클리는 논쟁을 불러일으키는 인물이다. 물론, 쇼클리는 트랜지스터 개발에 공헌한 위대한 공학도였다. 그 장치는 말 그대로 전자공학 분야에 혁명을 불러일으켰다. 그렇지만 대단히 실망스럽게도, 쇼클리는 표준화된 IQ 검사에 따르면 백인이 흑인보다 우월하다고 주장했다. 심지어 흑인 인구가 늘어나는 것이 인류의 '진화'에 해로울 것이라고까지 단언했다. 이러한 그의 주장들은 과학적으로 타당하지도 않고 윤리적으로 올바르지도 않다.

(a) 위대한 물리학자
(b) 무능한 인종 차별주의자
(c) IQ 검사 개발자
(d) 논쟁을 불러일으키는 인물

해설 백인, 흑인 얘기만을 듣고 (b)를 정답으로 고르지 않도록 유의한다. 글의 전반부에서 쇼클리의 업적을 인정하고 있기 때문에 무능하다는 말은 부적절하다. 쇼클리에 대한 칭찬과 비판을 모두 언급하고 있으므로 (d)가 정답임을 알 수 있다. 또 글 전체의 흐름을 고려해야 하기 때문에 (a)도 정답이 될 수 없다. 이처럼 빈칸이 지문 앞부분에 제시되는 경우에는 특히 전체적인 흐름에 유의해야 함을 명심하자.
transistor 트랜지스터   device 장치   revolutionize 혁명을 일으키다   standardized 표준화된   assert (사실임을 강하게) 주장하다   detrimental 유해한   valid 타당한   ethically 윤리적으로   incompetent 무능한   racist 인종 차별주의자   developer 개발자   controversial 논란을 불러일으키는   figure 인물

정답 (d)

9

In his *An Inquiry into the Human Prospect*, Robert Heilbroner emphasized the importance of the roles of centralized governments in preventing people from engaging in environmentally harmful activities. He felt that the Earth would not be able to survive without radical measures. On the other hand, in *The Resourceful Earth*, Julian Simon and Herman Kahn argued that the human race would find alternative energy resources and _____.

(a) save the Earth from destruction
(b) fight against aliens from outer space
(c) topple the centralized governments
(d) prosper economically

번역 로버트 하일브로너는 자신의 저서 〈인류의 전망에 대한 탐구〉에서, 사람들이 환경에 해가 되는 활동을 하지 못하도록 하는 데 있어 중앙 집권화된 정부 역할의 중요성을 강조했다. 그는 급진적인 조치가 취해지지 않으면 지구가 살아남지 못할 것이라고 생각했다. 반면, 〈자원이 풍부한 지구〉란 책에서, 줄리안 시몬과 허먼 칸은 인류가 대체 에너지 자원을 찾아서 지구가 파괴되지 않도록 할 것이라고 주장했다.

(a) 지구가 파괴되지 않도록 하다
(b) 우주에서 온 외계인과 싸우다
(c) 중앙 집권화된 정부를 전복시킨다
(d) 경제적으로 번영하다

해설 전체 내용의 흐름이 지구 환경의 미래에 대해 상반된 두 입장을 제시했기 때문에 환경과 관련된 (a)가 정답이다. (d)는 경제적 측면만을 말하는데, 전체 글의 흐름을 놓치게 되면 고를 수 있는 오답이다. (b)는 전혀 관련 없는 내용이고, (c)는 빈칸 바로 앞의 내용과 연결되지 않기 때문에 정답이 될 수 없다.
inquiry 탐구, 물음   **centralized** 중앙 집권화된   **engage in** ~에 관여하다   **environmentally** 환경적으로   **measures** 조치   **resourceful** 자원이 풍부한   **alternative** 대체의   **alien** 외계인, 외국인, 체류자   **outer space** 우주 공간   **topple** (정부 등을) 끌어 내리다, 몰락시키다   **prosper** 번성하다

정답 (a)

10

According to the theory of comparative advantage, every country benefits from free trade and specialization. This is mainly because different countries have different opportunity costs of manufacturing the same goods. The problem is that the theory _____. For instance, labor is regarded as the only factor in production. The theory also presupposes full employment, which is extremely rare in the real world. Then, does free trade really benefit every country?

(a) is valid and realistic
(b) focuses too much on labor
(c) is based on many simplified assumptions
(d) is outmoded and old-fashioned

번역 비교우위 이론에 따르면, 모든 나라는 자유무역과 전문화로부터 이득을 얻는다. 이는 주로 동일한 제품을 생산하는 데 소요되는 기회비용이 나라마다 다르기 때문이다. 문제는 이 이론이 많은 단순화된 가정에 바탕을 두고 있다는 점이다. 예컨대, 노동이 생산에서 유일한 요소로 간주된다. 이 이론은 또한 완전 고용을 전제하는데, 완전 고용이란 현실에서는 극히 드문 현상이다. 그렇다면, 자유무역이 정말로 모든 나라에 이로운 것일까?

(a) 타당하고 현실적이다
(b) 노동에 지나치게 중점을 두고 있다
(c) 많은 단순화된 가정에 바탕을 두고 있다
(d) 시대에 뒤떨어지고 구식이다

해설 빈칸 뒤에 이 이론의 전제와 가정을 들고 있으므로 정답은 (c)이다. 빈칸 바로 다음 내용 때문에 노동에 초점이 맞추어져 있다고 생각할 수 있지만, 노동은 비교우위 이론의 가정을 예로 들기 위해 언급한 것 뿐이므로 (b)는 정답이 될 수 없다. (a)는 문제에 해당하지 않고, (d)는 지문 내용과 상관없다.
comparative advantage 비교우위   **benefit from** ~로부터 이득을 얻다   **specialization** 전문화   **manufacture** 생산하다   **presuppose** 전제하다   **full employment** 완전 고용   **simplify** 단순화하다   **assumption** 가정   **outmoded** 시대에 뒤떨어진   **old-fashioned** 구식의

정답 (c)

11

Two different assumptions are central to the Big Bang model. First, all matter interacts gravitationally with other matter according to Einstein's general theory of relativity. Second, the universe is homogeneous and isotropic. Called the cosmological principle, this assumption implies that the universe is smooth on significantly large scales. Thanks to these assumptions, scientists were able to _____.

(a) disprove Einstein's special theory of relativity
(b) trace the history of the universe
(c) find a way to launch spacecraft into the universe
(d) calculate the distance between Earth and the sun

번역 두 가지 다른 가정이 빅뱅 이론의 핵심이다. 첫째, 모든 물질은 아인슈타인의 일반 상대성 이론에 따라 다른 물질과 인력이라는 측면에서 상호작용을 한다. 둘째, 우주는 균질성과 등방성이라는 특성을 갖는다. 우주 원리라고 불리는 이 가정은, 우주가 상당히 큰 규모에서는 전체적으로 고른 상태라는 것을 함축한다. 이런 가정에 힘입어 과학자들은 우주의 역사를 규명할 수 있었다.

(a) 아인슈타인의 특수 상대성 이론이 틀렸음을 증명하다
(b) 우주의 역사를 규명하다
(c) 우주선을 우주로 발사시키는 방법을 찾아내다
(d) 지구와 태양 사이의 거리를 계산하다

해설 (a)는 아인슈타인의 이론 가운데 일반 상대성 이론만을 언급했고, (c)도 글의 내용이 우주의 특성에 중점을 두고 있기 때문에 우주선 개발과 연결될 수 있는 내용이 아니므로 정답이 될 수 없다. (d)는 글의 내용과 전혀 무관하다. 정답은 (b)이며, 물론 이것은 실제 빅뱅 모델과 일치하는 내용이기도 하다.

big bang 빅뱅, 우주 대폭발   interact 소통하다, 상호작용을 하다   gravitationally 중력[인력]으로   general theory of relativity 일반 상대성 이론   homogeneous 균질인   isotropic 등방성(等方性)의   cosmological 우주론의   principle 원리   imply 암시하다   significantly 상당히   disprove 오류임을 밝히다   special theory of relativity 특수 상대성 이론   trace 규명하다

정답 (b)

12

In order to benefit the whole world, America should lead this new era by rekindling her founding spirits. You may ask, "Why America?" The reason is that America has represented the true spirit of humanity since its birth. This, in turn, gives us moral responsibilities to better the world. In addition, leadership is not the ability to force people to behave in a particular way. Leadership means _____. Thus, American leadership is not the same as America's superiority on Earth.

(a) being ready to serve others, other countries
(b) being willing to be led by others, other countries
(c) coercing others into following any orders
(d) being capable of excelling others, other countries

번역 전 세계를 이롭게 하기 위해서 미국은 개국 정신을 되살림으로써 새로운 시대를 이끌어 나가야 한다. "왜 미국인가?"라고 물을 수도 있다. 그 이유는 미국이 탄생 이래로 진정한 인류애 정신을 상징해왔기 때문이다. 이로 인해 우리에게는 세계를 더 좋게 만들 도덕적 책임이 부여된다. 아울러 리더십이란 사람들이 특정한 방식으로 행동하도록 강요하는 능력이 아니다. 리더십이란 다른 사람들과 다른 나라들을 섬길 각오가 되어 있다는 것을 뜻한다. 따라서 미국의 리더십은 세계에서 누리는 미국의 우월성과는 다르다.

(a) 다른 사람들과 다른 나라들을 섬길 각오가 되어 있다는 것
(b) 기꺼이 다른 사람들과 다른 나라들에게 이끌리려고 하는 것
(c) 다른 사람들이 어떤 명령이라도 따르도록 강제하는 것
(d) 다른 사람들과 다른 나라들을 능가할 수 있는 것

해설 글 전반부에서 더 나은 세계를 만들어야 한다는 도덕적 책임이 미국에 부여되었다는 언급을 했기 때문에 전반적으로 섬김의 리더십과 연결되는 내용임을 알 수 있다. 따라서 정답은 (a)이다. (b)의 경우, 다른 나라들에게 이끌린다는 내용이 리더십의 본질과 일치하지 않고, 글의 흐름에도 어긋난다. (c)와 (d)는 빈칸 앞뒤의 내용과 맞지 않다.

era 시대   rekindle 되살리다, 다시 불을 지피다   founding spirit 개국 정신   humanity 인류, 인류애   in turn 결과적으로   better 더 좋게 하다   superiority 우월성   coerce 강제하다   excel ~를 능가하다

정답 (a)

13

De Clérambault's syndrome refers to a delusional disorder in which a patient believes that a person of higher social status loves them. In most cases, there is no contact between the patient and the delusional "object." Nevertheless, the patient tends to pursue his or her "love" in a persistent and relentless manner. In extreme cases, the disorder may lead to threat or harassment. There was even a case in which a patient named John Hinckley tried to assassinate former President Ronald Reagan. Hinckley believed that his assassination would make Jodie Foster _____.

(a) express her love for him
(b) aid and abet him
(c) pursue and arrest him
(d) believe that he was one of the greatest assassins in history

번역 드 클레랑보 증후군은 환자가 높은 사회적 지위에 있는 사람이 자신을 사랑한다고 생각하는 망상장애를 가리킨다. 대부분의 경우, 환자와 망상 '대상' 사이에는 아무런 접촉이 없다. 그럼에도 불구하고, 환자는 그 대상의 '애정'을 끈질기고 집요하게 추구하는 경향이 있다. 극단적인 경우, 이 장애는 협박이나 괴롭힘으로 귀결될 수도 있다. 심지어는 존 힌클리라는 환자가 로널드 레이건 전 대통령을 암살하려고 했던 사례도 있다. 힌클리는 자신의 암살로 인해 조디 포스터가 <u>그에 대한 그녀의 사랑을 표현할</u> 것이라고 생각했다.

(a) 그에 대한 그녀의 사랑을 표현하다
(b) 그를 방조하다
(c) 그를 추적하여 체포하다
(d) 그가 역사상 가장 위대한 암살자들 중 한 명이라고 생각하다

해설 호감의 근거가 될 수 있다는 점에서 (d)를 답으로 착각할 수도 있지만, 존경과 애정이 다른 감정이라는 점과, 이 망상장애의 특성을 감안할 때 정답이 될 수 없다. 또 초반부에서 설명한 것처럼 이 망상장애는 애정과 관련이 있으므로 (b), (c) 역시 오답이다. 망상 대상의 애정을 추구한다고 했으므로 (a)가 정답이다.
de Clérambault's syndrome 드 클레랑보 증후군 **delusional** 망상의 **pursue** 추구하다, 뒤쫓다 **persistent** 끈질긴 **relentless** 집요한 **harassment** 괴롭힘 **assassinate** 암살하다 **former** 이전의 **aid and abet** 방조하다 **arrest** 체포하다 **assassin** 암살자

정답 (a)

14

According to Platonism, there exist two different worlds. In one world, ordinary people can perceive things through their senses. Unfortunately, this kind of sense knowledge is unreliable in that the sense objects are continuously changing. In the other world, intellectual people can "see" true realities. This is called genuine knowledge and it is capable of liberating one's mind. In order to enter this world, ordinary people must make strenuous efforts. They need to constantly examine their beliefs and refuse to pursue sensual pleasure. When they finally reach this world, _____.

(a) their efforts will be repaid a thousandfold
(b) they will realize how illusory the sensual world is
(c) they will find out that the two worlds are almost the same
(d) they won't need the help of the intellect

번역 플라톤 철학에 따르면 두 개의 서로 다른 세계가 존재한다고 한다. 한 세계에서는, 평범한 사람들이 감각을 통해 사물을 인식한다. 유감스럽게도 이런 종류의 감각적 지식은 감각의 대상이 끊임없이 변한다는 점에서 신뢰할 수 없다. 다른 세계에서는, 지적인 사람들이 진정한 실재를 '보아서 알 수' 있다. 이것은 진정한 지식이라고 불리며, 사람의 마음을 자유롭게 만들 수 있다. 이 세계에 들어가기 위해서 평범한 사람들은 큰 노력을 해야만 한다. 끊임없이 자신의 믿음을 성찰하고, 감각적 쾌락을 추구하지 말아야 한다. 마침내 이 세계에 도달하면 <u>그들은 감각 세계가 얼마나 허상인가를 깨닫게 될 것이다.</u>

(a) 그들의 노력이 천 배 보답받을 것이다
(b) 그들은 감각 세계가 얼마나 허상인가를 깨닫게 될 것이다
(c) 그들은 그 두 세계가 거의 동일하다는 것을 알게 될 것이다
(d) 그들은 지성의 도움을 필요로 하지 않게 될 것이다

해설 논리적 사고력을 요하는 까다로운 유형이다. 글 전체 내용은 플라톤 철학에서 말하는 두 개의 서로 다른 세계이기 때문에 일관성을 감안할 때 (b)가 가장 적절하다. (c)는 글의 첫 부분이나 전반적인 흐름과 상반되는 내용이다.
Platonism 플라톤 철학 **ordinary** 평범한 **unreliable** 신뢰할 수 없는 **intellectual** 지적인 **genuine** 진정한 **liberate** 자유롭게 해주다 **strenuous** 큰 노력을 필요로 하는 **sensual** 감각적인 **thousandfold** 천 배로 **illusory** 허상인 **intellect** 지적 능력, 지적 능력이 뛰어난 사람

정답 (b)

15

Too many people believe that Paris Hilton is just a sensational actress. Maybe, they're right. But they need to become aware that she is one of the most successful businesswomen in the United States. For instance, Hilton has her own perfume brand, which is selling much better than expected. _____, she once co-owned Club Paris Orlando, which had spent over $3 million to launch its business. Hilton reportedly earned hundreds of thousands of dollars for lending her name to the club.

(a) Thus
(b) However
(c) Incidentally
(d) Moreover

번역 너무도 많은 사람들이 패리스 힐튼을 단지 관심을 자극하는 여배우로 생각한다. 어쩌면 그들이 옳을 수도 있다. 그러나 그녀가 미국에서 가장 성공한 여성 사업가 중 한 명이라는 점을 인식할 필요가 있다. 예컨대, 힐튼은 본인 이름을 내건 향수 상표가 있는데, 예상보다 훨씬 더 잘 판매되고 있다. 게다가, 힐튼은 한때 파리 올란도 클럽을 공동 소유했는데, 이 나이트클럽은 사업을 개시하기 위해 3백만 달러 이상이 들었다. 힐튼은 이 클럽에 그녀의 이름을 빌려주는 대가로 몇 십만 달러를 벌어들인 것으로 알려졌다.

(a) 따라서
(b) 그렇지만
(c) 그건 그렇고
(d) 게다가

해설 글 전반적으로 사업가로서의 패리스 힐튼의 모습을 다루고 있기 때문에 다른 화제로 전환됨을 나타내는 (c)는 부적절하다. 힐튼의 사업가적 면모를 보여주는 예가 이어지므로 (a)와 (b)는 내용상 맞지 않다. 성공적인 사업가로서의 면모를 추가하는 것이기 때문에 (d)가 자연스럽다.
sensational 관심을 자극하는, 선정적인 **co-own** 공동으로 소유하다 **reportedly** 전하는 바에 따르면

정답 (d)

16

Some people believe that *The Dr. Phil Show* can really improve their lives. So they talk about their problems with Dr. Phil, and then he gives them his "authoritative" advice on the matters. The problem is that Dr. Phil is not such an authoritative figure. According to some complaints, he "practices clinical psychology" without necessary qualifications. To make matters worse, his so-called advice is based on his prejudice and narrow-mindedness. _____, Dr. Phil cannot help other people to grow in a meaningful way. Given these considerations, in order for him to truly help others, Dr. Phil himself needs to grow up.

(a) By contrast
(b) Consequently
(c) On the contrary
(d) Likewise

번역 어떤 이들은 〈닥터 필 쇼〉라는 프로그램이 정말로 자신들의 삶을 향상시킬 수 있다고 생각한다. 그래서 그들은 필 박사에게 자신들의 문제를 말하고, 그러면 필 박사는 그들에게 문제에 관한 '권위 있는' 조언을 제공한다. 문제는 필 박사가 그렇게 권위 있는 인물이 아니라는 점이다. 일부 항의에 따르면, 그는 필요한 자격을 갖추지 않고 '임상 심리학 실습을 하고 있다.' 설상가상으로, 그의 이른바 조언은 그의 선입견과 편협한 마음에 기반을 두고 있다. 따라서, 필 박사는 다른 이들이 의미 있게 성장하는 것을 도울 수 없다. 이와 같은 점을 감안할 때, 진정으로 다른 이들을 돕기 위해서 필 박사 자신이 성숙해질 필요가 있다.

(a) 대조적으로
(b) 따라서
(c) 정반대로
(d) 마찬가지로

해설 필 박사가 다른 이들의 성장을 도울 수 없는 이유가 앞에서 제시되었기 때문에 인과 관계로 보아 (b)가 정답이다. (a)와 (c)는 글의 흐름과 상반되는 내용이므로 오답이다.
authoritative 권위 있는 **complaint** 항의, 불평 **clinical** 임상의 **to make matters worse** 설상가상으로 **narrow-mindedness** 편협한 마음

정답 (b)

ACTUAL TEST 1 Part 2

17

A volcanic eruption on a Yemeni island claimed at least eight lives. Located off the coast of Yemen, Jabal al-Tair Island has a volcano which had been dormant for 124 years. On September 30, 2007, however, the volcano erupted and hit the western part of the island. According to the Yemeni coast guard, approximately fifty Yemeni soldiers were on the island and several of them were burnt to death.

Q: What is the best title for the passage?
(a) Eruption on Island Takes Several Lives
(b) Volcano on Yemeni Island Remains Dormant
(c) Jabal al-Tair Island Becomes Major Tourist Attraction
(d) Explosion Claims at Least Fifty Lives

번역 예멘의 한 섬에서 일어난 화산 폭발이 최소 여덟 명의 생명을 앗아갔다. 예멘 해안 인근에 위치한 자발 알 테르 섬에는 124년 동안 활동하지 않은 화산이 있다. 그러나 2007년 9월 30일, 화산이 폭발하여 섬의 서부 지역을 강타했다. 예멘 해안 경비대에 따르면, 대략 50명의 예멘 군인이 섬에 있었으며 그들 중 여러 명이 불에 타 죽었다고 한다.

Q: 글의 제목으로 가장 적절한 것은?
(a) 섬의 화산 폭발이 여러 생명을 앗아갔다
(b) 예멘의 한 섬에 있는 화산이 활동을 멈춘 상태로 있다
(c) 자발 알 테르 섬이 주요 관광명소가 된다
(d) 폭발이 최소 50명의 생명을 앗아갔다

해설 첫 번째 문장과 마지막 문장만 읽어도 정답을 쉽게 고를 수 있는 문제이다. (d)는 사망 인원이 맞지 않고, (b)는 124년 만에 활동을 한 화산이므로 맞지 않으며, (c)는 글의 내용으로 보아 알 수 없는 사실이므로 정답이 될 수 없다. 화산 폭발로 인한 인명 피해를 설명하고 있으므로 (a)가 정답이다. 이처럼 전반적인 정보를 측정하는 문제는 빠른 속도로 풀어나가야 시간이 많이 소요되는 다른 유형을 풀 시간을 확보할 수 있음을 명심하자.

eruption (화산) 폭발 Yemeni 예멘의 claim (생명을) 앗아가다; 주장하다 dormant 활동을 하지 않는 erupt (화산이) 폭발하다 coast guard 해안 경비대 be burnt to death 불에 타 죽다 tourist attraction 관광명소 explosion 폭발

정답 (a)

18

As a dedicated art teacher, I have been deeply impressed by Sinclair's passion for art and design. On so many occasions, she burnt the candle at both ends to finish her works of art, which always reflect her sensitive observation and her insightful interpretation of everyday objects including industrial products. Furthermore, Sinclair tries to keep abreast of new trends in industrial design and products.

Q: Who will likely read the passage?
(a) An editor for a fashion magazine
(b) A college admissions officer
(c) A simultaneous interpreter
(d) An antique dealer

번역 저는 헌신적인 미술 교사로서, 미술과 디자인에 대한 싱클레어의 열정에 깊은 인상을 받았습니다. 그녀는 작품을 완성하기 위해 밤을 샌 적이 아주 많은데, 그녀의 작품에는 언제나 산업 제품을 포함한 일상적인 사물에 대한 예리한 관찰과 통찰력 있는 해석이 반영되어 있습니다. 더욱이, 싱클레어는 산업 디자인과 제품의 새로운 경향에 뒤쳐지지 않기 위해 노력합니다.

Q: 누가 이 글을 읽을 가능성이 높은가?
(a) 패션 잡지 편집자
(b) 대학 입학사정관
(c) 동시통역사
(d) 골동품상

해설 글의 전체 내용은 지도한 학생의 장점에 관한 것이다. 따라서 학생의 입학 추천서임을 쉽게 짐작할 수 있으므로 정답은 (b)이다. 이와 같은 유형에서는 세부 사항보다는 글의 전반적인 내용이 어떻게 전개되는가에 유의해서 빠른 속도로 문제를 풀어나가는 것이 좋다.

dedicated 헌신적인; ~전용의 passion 열정 burn the candle at both ends 밤늦게까지 일하다 work of art 예술 작품 sensitive 세심한 observation 관찰 insightful 통찰력 있는 interpretation 해석, 통역 industrial 산업의 keep abreast of ~에 뒤쳐지지 않다 admissions officer 입학사정관 simultaneous interpreter 동시통역사 antique dealer 골동품상

정답 (b)

19

At first glance, being a hero seems to be completely different from being human. Many people believe that heroes can achieve anything without much effort. But in order to perform their duties, they need to sacrifice many things, such as good relationships with others. Then, would it be better to just ignore social ills and pursue your own egoistic goals? This question applies to ordinary people as well as so-called heroes.

Q: What is the main topic of the passage?
(a) The meaning of being a hero
(b) Differences between heroes and ordinary people
(c) The importance of good relationships with others
(d) How to address social ills effectively

번역 언뜻 보기에는, 영웅으로 있는 것이 사람으로 있는 것과 완전히 다른 것 같다. 많은 이들은 영웅이 그리 노력을 기울이지 않고 어떤 것이든 성취할 수 있다고 생각한다. 그러나 영웅은 임무를 수행하기 위해 다른 사람과의 관계 등 많은 것을 희생해야 한다. 그렇다면, 그냥 사회악을 무시하고 자신의 이기적인 목표를 추구하는 것이 더 나을까? 이 질문은 이른바 영웅들뿐만 아니라 보통 사람들에게도 해당된다.

Q: 글의 주된 화제는 무엇인가?
(a) 영웅으로 있는 것의 의미
(b) 영웅과 보통 사람의 차이
(c) 다른 사람들과의 좋은 관계의 중요성
(d) 사회악을 효과적으로 다루는 방법

해설 글 전반에 걸쳐서 영웅으로 있는 것이 보통 사람과는 달라 보이나 실제로는 자신의 임무를 수행하기 위해서 많은 것을 희생해야 함을 설명했으므로 (a)가 정답이다. 마지막 문장에서 영웅과 보통 사람 모두에게 해당하는 내용을 언급했기 때문에 (b)는 정답이 될 수 없다. (d)는 본문에서 사회악이란 단어가 언급되어 있으나 중심 내용이 아니기 때문에 적절치 않다.

at first glance 언뜻 보기에는 **social ills** 사회악 **egoistic** 이기적인 **apply to** ~에 적용되다, 해당되다 **address** (문제를) 다루다; 연설하다

정답 (a)

20

At first, we felt more or less concerned about your academic records. But given your extensive experience in international business management and your superb essay, we have come to believe that you will be able to teach our students in a satisfactory and professional manner. In addition, your essay showed us that you really care about your students and their success in today's globalized world.

Q: What is the purpose of the passage?
(a) To explain how to write an effective essay
(b) To criticize a job applicant for her poor performance at college
(c) To let a job applicant know that she has been accepted
(d) To help students learn how to thrive in today's globalized world

번역 처음에, 저희는 귀하의 학업 성적에 대해 다소 우려를 느꼈습니다. 그러나 국제 경영에 대한 광범위한 경험과 뛰어난 에세이를 감안하여, 저희는 귀하가 우리 학생들을 만족스럽고도 전문적인 방식으로 가르칠 수 있을 것이라고 믿게 되었습니다. 더욱이, 귀하의 에세이는 귀하가 학생들과 오늘날의 글로벌 세계 속에서 그들의 성공에 정말로 관심을 기울이고 있다는 것을 보여주었습니다.

Q: 글의 목적은 무엇인가?
(a) 효과적인 에세이 쓰는 법을 설명하기 위해서
(b) 형편없는 대학 성적에 대해 지원자를 비판하기 위해서
(c) 지원자에게 채용되었음을 알리기 위해서
(d) 학생들이 오늘날의 글로벌 세계 속에서 성공하는 법을 배우는 것을 돕기 위해서

해설 학교에서 강사 또는 교사를 채용하는 과정에서 채용이 확정되었음을 알리는 글임을 알 수 있고, 마지막 문장에서 상대방을 긍정적으로 평가하고 있으므로 정답은 (c)이다. 이처럼 첫 번째 문장과 마지막 문장의 내용이 상반되는 경우에는 마지막 문장이 판단 기준이 된다는 점에 유의하자.

more or less 다소 **extensive** 광범위한 **superb** 뛰어난 **manner** 방식 **performance** 수행, 실적 **thrive** 번창하다, 성공하다

정답 (c)

21

Although it rarely occurs, Huntington's chorea can be fatal, thus constituting a serious disease. Its symptoms include uncontrollable movements of the muscles and cognitive impairments that occur progressively. The mutation that causes the disease is called a trinucleotide repeat expansion, which takes place in the huntingtin gene. Its malfunction prevents mitochondria in affected neurons from working properly.

Q: What is the passage mainly about?
(a) The relationship between the muscles and cognitive abilities
(b) Various kinds of serious diseases
(c) The symptoms and causes of Huntington's chorea
(d) The fatal characteristics of the huntingtin gene

번역 헌팅턴 무도병은 흔히 발생하지는 않지만 치명적일 수 있기 때문에 중병에 해당한다. 증상에는 근육이 제멋대로 움직이는 것과 점진적으로 진행되는 인지적 장애가 포함된다. 이 질병을 일으키는 돌연변이는 삼핵산 반복서열로 불리는데, 이는 헌팅틴 유전자에서 발생한다. 이 유전자의 기능 장애는 영향을 받은 신경 세포의 미토콘드리아가 기능을 제대로 발휘하지 못하게 만든다.

Q: 글의 주된 내용은 무엇인가?
(a) 근육과 인지 능력 사이의 관계
(b) 다양한 종류의 중병들
(c) 헌팅턴 무도병의 증상과 원인
(d) 헌팅틴 유전자의 치명적 특성들

해설 다소 생소한 질병에 대한 내용으로, 증상과 원인을 말하고 있으므로 정답은 (c)이다. 역시 세부 사항보다는 전반적인 내용 전개에 중점을 두어 내용을 파악해야 한다. (a)와 (d)는 지엽적이거나 관련이 없는 내용이라 정답이 될 수 없다. (b)는 본문에서 헌팅턴 무도병 외에 다른 질병은 언급되지 않았으므로 역시 어긋난다.
Huntington's chorea 헌팅턴 무도병 (몸의 일부가 갑자기 제멋대로 움직이거나 경련을 일으키는 증상) **fatal** 치명적인 **constitute** 구성하다 **uncontrollable** 제어할 수 없는 **cognitive** 인지적 **impairment** 장애 **progressively** 점진적으로 **mutation** 돌연변이 **trinucleotide repeat expansion** 삼핵산 반복서열 **gene** 유전자 **malfunction** 기능 부전, 고장 **mitochondria** 미토콘드리아 **neuron** 신경 세포

정답 (c)

22

Regarding your farewell party, my original plan was to offer you a buffet, which failed miserably. That was because during the days before your departure, I was inundated with work, having little time to make a reservation. I'm still so sorry about that. At least, however, I felt relieved that we had had an opportunity to appreciate your hard work. Since we Germans think highly of the virtue of diligence, it was only natural for us to hold a special event for a good worker like you. And your farewell party remains a particularly sweet memory for me.

Q: Why did the author write the passage?
(a) To express his heartfelt appreciation of the reader's work
(b) To make a reservation for a buffet dinner
(c) To explain how the Germans have succeeded in revitalizing their economy
(d) To let the reader know how busy a person he is

번역 제 본래 계획은 귀하의 송별 파티에 뷔페를 해드리는 것이었는데, 그 계획은 불행하게도 좌절되고 말았습니다. 그것은 귀하가 떠나시기 전 여러 날 동안 제게 너무 많은 일들이 닥쳐서 예약할 시간이 없었기 때문입니다. 그 점에 대해서는 여전히 매우 유감스럽게 생각합니다. 그렇지만, 적어도 귀하의 노고에 대해 감사를 표할 기회를 가진 것에 마음이 놓였습니다. 우리 독일인들이 근면이라는 미덕을 높이 사기 때문에 귀하와 같이 훌륭한 근로자에 대해 특별한 행사를 개최하는 것은 당연한 일이었습니다. 게다가 귀하의 송별 파티는 제게 아주 즐거운 기억으로 남아 있습니다.

Q: 필자는 왜 이 글을 썼는가?
(a) 글을 읽는 이의 일에 대해 진심 어린 감사를 표현하기 위해
(b) 뷔페 저녁식사를 예약하기 위해
(c) 독일인들이 어떻게 경제를 되살렸는지 설명하기 위해
(d) 글을 읽는 이에게 자신이 얼마나 바쁜 사람인지 알리기 위해

해설 (d)는 글의 일부에 해당하기는 하나 더 크게 송별 파티를 열지 못한 이유를 제시하는 것일 뿐, 글 전체의 목적과는 관련이 없다. (b)는 사실 관계가 맞지 않으며, 감사를 표현한다는 (a)가 정답이다.
farewell party 송별 파티 **miserably** 불쌍하게, 비참하게 **departure** 떠남, 출발 **be inundated with** ~가 쇄도하다 **relieved** 안도하는 **revitalize** 소생시키다

정답 (a)

23

In the early days of inorganic chemistry, the main task was to find simple substances, which were believed to constitute more complex substances. Such substances were called elements, and carbon was an element known to early "chemists." Interestingly enough, however, inorganic chemistry was not concerned with substances containing carbon, which were widely studied in organic chemistry. Instead, it focused on the substances containing little or no carbon.

Q: What is the passage mainly about?
(a) The difference between organic and inorganic chemistry
(b) The distinguishing characteristics of carbon as an element
(c) The major task of early inorganic chemistry
(d) Major achievements in organic chemistry

번역 무기화학 초창기 주된 과제는 더 복잡한 물질을 형성하는 것으로 생각된 간단한 물질을 찾아내는 것이었다. 그런 물질들은 원소라고 불렸는데, 탄소는 초기 화학자에게 익히 알려진 원소였다. 그렇지만 흥미롭게도, 무기화학은 탄소를 함유한 물질에 관한 것이 아니었고, 탄소를 함유한 물질은 유기화학에서 널리 연구되었다. 대신, 무기화학은 탄소를 거의 또는 전혀 함유하지 않은 물질에 중점을 두었다.

Q: 글의 주된 내용은 무엇인가?
(a) 유기화학과 무기화학의 차이
(b) 원소로서 탄소가 가지는 뚜렷한 특징
(c) 초기 무기화학의 주된 과제
(d) 유기화학의 주요 업적

해설 무기화학, 유기화학을 모두 언급했다고 해서 (a)를 정답으로 고르지 않도록 유의해야 한다. 우선 첫 번째 문장과 마지막 문장의 공통 부분은 무기화학이지 유기화학이 아니며 첫 번째 문장에서 글 전체의 중심 내용을 바로 언급했기 때문에 (c)가 가장 적절한 답이다. (b), (d)는 모두 글에서 언급하지 않은 내용이다.
inorganic chemistry 무기화학　**substance** 물질
element 원소　**carbon** 탄소　**contain** 함유하다, 포함하다
organic chemistry 유기화학　**distinguishing** 구별되게 하는
achievement 업적, 성취

정답 (c)

24

The film *Forever the Moment* is superb in many ways. More than anything else, this extraordinary movie tells us what life is all about. In essence, it is an endless struggle for survival and success. The pursuit of success is fundamentally risky in that it can sometimes jeopardize our own existence. Mi-sook Han's life provides a poignant example of this harsh reality. As Hye-kyeong Kim's passion clearly shows, however, we cannot give up following our dreams because without dreams, we are no longer human.

Q: Which of the following is correct according to the passage?
(a) Mi-sook Han's life is a blissful one.
(b) Hye-kyeong Kim's passion helps us realize who we are.
(c) The film *Forever the Moment* is quite mediocre.
(d) In order to lead a happy life, we should give up pursuing our goals.

번역 영화 <우리 생애 최고의 순간>은 많은 점에서 뛰어나다. 무엇보다도 이 훌륭한 영화는 삶이라는 것이 무엇인지 말해준다. 삶이란 본질적으로 생존과 성공을 위한 끝없는 분투이다. 성공을 추구하는 것은 근본적으로 위험한데, 그로 인해 때때로 우리의 존재가 위협받을 수 있기 때문이다. 한미숙의 삶은 이러한 가혹한 현실의 절절한 예이다. 그렇지만, 김혜경의 열정이 분명히 보여주듯이 우리는 꿈을 추구하는 것을 포기할 수 없는데, 꿈이 없으면 우리는 더 이상 사람이 아니기 때문이다.

Q: 글에 따르면 다음 중 옳은 것은?
(a) 한미숙의 삶은 지극히 행복한 삶이다.
(b) 김혜경의 열정은 우리가 누구인지 깨닫도록 도와준다.
(c) 영화 <우리 생애 최고의 순간>은 아주 평범하다.
(d) 행복하게 살기 위해서는 목적 추구를 포기해야 한다.

해설 다소 까다로운 유형으로, 내용을 하나씩 정확히 확인해 나가야 한다. (a)는 한미숙의 삶이 가혹한 현실의 예라고 했고, (c)는 첫 문장에서 뛰어나다고 했으므로 정답이 아니다. (d)는 행복에 대한 내용이 글에 없고 마지막 문장 내용과 상반된다. 마지막 문장에서 정답이 (b)임을 알 수 있다.
superb 뛰어난　**in essence** 본질적으로　**risky** 위험한
jeopardize 위협하다　**poignant** 절절한, 가슴 아픈　**blissful** 더없이 행복한　**mediocre** 보통의

정답 (b)

25

What is true knowledge? According to rationalism, one of the main epistemological theories, it is knowledge attained by the process of a priori reasoning. This basically means that only general principles can give us true knowledge. On the other hand, empiricism asserts that true knowledge can be attainable only by human experience. It fundamentally means that you can be sure about something only when you experience it personally.

Q: According to empiricism, what is true knowledge?
(a) Knowledge based on a priori reasoning
(b) Knowledge based on the human sense organs
(c) Knowledge based on generic principles
(d) Knowledge based on complex theories

번역 참된 지식이란 무엇인가? 주요 인식론 가운데 하나인 합리주의에 따르면, 참된 지식은 연역적 사유 과정을 통해 얻은 지식이라고 한다. 이는 근본적으로 일반적인 원칙만이 참된 지식을 제공할 수 있다는 뜻이다. 반면, 경험주의는 참된 지식은 인간의 경험을 통해서만 얻을 수 있다고 주장한다. 이는 근본적으로 어떤 대상을 확실히 알기 위해서는 직접 경험해 봐야 한다는 뜻이다.

Q: 경험주의에 따르면 무엇이 참된 지식인가?
(a) 연역적 사유에 바탕을 둔 지식
(b) 인간의 감각 기관에 바탕을 둔 지식
(c) 일반적인 원리에 바탕을 둔 지식
(d) 복잡한 이론에 바탕을 둔 지식

해설 까다로운 유형에 속하지만 철학의 기본적인 배경 지식을 제공하므로 정확히 익혀두도록 하자. 경험주의는 말 그대로 경험을 중시하는 입장인데, 선택지 중 경험과 연결될 수 있는 것은 (b)밖에 없다. 인간은 감각 기관을 통해 경험을 하기 때문이다. (a)와 (c)는 합리주의 입장이며, (d)는 글 내용과 관련이 없다.
rationalism 합리주의   epistemological 인식론적인   attain 얻다   a priori reasoning 연역적 사유   empiricism 경험주의   assert 주장하다   attainable 획득할 수 있는   fundamentally 근본적으로   generic 일반적인

정답 (b)

26

We are proud to announce that we have inaugurated our new line of cell phones aimed at all kinds of people. We call them "Smart Cell." Smart Cell cell phones have many features that will enable you to lead a truly amazing life. More than anything else, these exceptional products can relate to your feelings. So when you feel lonely, they automatically play bolstering songs. When you feel happy, they automatically play exhilarating songs.

Q: Which of the following is correct according to the passage?
(a) Smart Cell cell phones can process human emotions.
(b) Smart Cell cell phones are aimed at the elderly.
(c) Smart Cell cell phones can emit perfume.
(d) Smart Cell cell phones are useless for desolate people.

번역 모든 분을 겨냥한 새로운 제품 라인의 휴대폰 출시를 알려드리게 되어 자랑스럽게 생각합니다. 제품명은 '스마트 셀'입니다. 스마트 셀 휴대폰에는 정말로 놀라운 삶을 영위하게 해주는 많은 기능이 있습니다. 무엇보다도 이 뛰어난 제품은 감정을 교감할 수 있습니다. 그래서 외로울 때는 자동적으로 기운을 북돋우는 노래를 들려줍니다. 기쁠 때는 자동적으로 유쾌한 노래를 들려줍니다.

Q: 글에 따르면 다음 중 옳은 것은?
(a) 스마트 셀 휴대폰은 인간의 감정을 처리할 수 있다.
(b) 스마트 셀 휴대폰은 어르신들을 겨냥한 제품이다.
(c) 스마트 셀 휴대폰은 향수를 뿜어낼 수 있다.
(d) 스마트 셀 휴대폰은 외로운 사람들에게는 쓸모가 없다.

해설 (b)는 모든 분을 겨냥한 것이므로 정답이 아니다. (d)는 외로울 때에 자동적으로 기운을 북돋워 주는 노래가 나온다고 했으므로 역시 오답이다. 인간의 감정을 처리한다는 (a)가 정답이다. 이와 같은 유형에서는 서두르지 말고 차분하게 세부 사항을 확인해야 함을 명심하자.
inaugurate 출시하다   line 제품 라인   feature 특징, 특색   exceptional 뛰어난   relate to ~와 교감하다   bolster 기운을 북돋우다   exhilarating 유쾌한   process 처리하다   the elderly 어르신들   emit 내뿜다   desolate 쓸쓸한, 황량한

정답 (a)

27

Will research on artificial intelligence bring happiness to the human race? Or will it annihilate our whole civilization? Many movies predict that robots equipped with artificial intelligence will fight against the human race. Is that a presumptive prediction? Fortunately, technology has not advanced that much. But we need to think carefully about those thorny issues. If we can make intelligent robots, will we be able to fight against them? How will we be able to hold sway over them?

Q: Which of the following is correct according to the passage?
(a) At present, scientists can produce intelligent robots.
(b) Lots of films predict a bleak future for the human race.
(c) The human race will benefit from research on artificial intelligence.
(d) It is highly unlikely that intelligent robots will jeopardize our civilization.

번역 인공지능에 관한 연구가 인류에게 행복을 안겨 줄까? 아니면 우리 문명 전체를 멸망시킬까? 많은 영화들은 인공지능을 갖춘 로봇들이 인류에 대항할 것이라고 예측한다. 그러한 예측은 타당한 근거를 갖는가? 다행스럽게도, 과학기술이 그 정도까지 발달하진 못했다. 하지만 이 까다로운 문제들을 깊이 살펴보아야 한다. 지성을 갖춘 로봇을 만들게 되면, 우리가 그들에 대항할 수 있을까? 어떻게 하면 그들을 지배할 수 있을까?

Q: 글에 따르면 다음 중 옳은 것은?
(a) 현재 과학자들은 지성을 갖춘 로봇을 제조할 수 있다.
(b) 많은 영화들이 인류에 대해 암울한 미래를 예측한다.
(c) 인류는 인공지능 연구로부터 혜택을 볼 것이다.
(d) 지성을 갖춘 로봇이 우리의 문명을 위협할 가능성은 거의 희박하다.

해설 (a)는 아직 과학 기술이 충분히 발달하지 못했다고 했고, (c)는 첫 문장에서 의문만 제기했고 까다로운 문제들을 살펴봐야 한다고 했기 때문에 정답이 아니다. 또 (d)가 정답이라면 까다로운 문제들을 살펴볼 이유가 없으므로 오답일 수밖에 없다. 글에서 많은 영화에서 인공지능 로봇이 인류에 대항할 것으로 예측한다고 했으므로 정답은 (b)이다.
artificial intelligence 인공지능 annihilate 멸망시키다 equipped with ~을 갖춘 presumptive 타당한 근거를 갖는 thorny 까다로운 hold sway over ~를 지배하다 bleak 암울한 jeopardize 위협하다

정답 (b)

28

In a content-based syllabus, specific content is introduced, developed, and elaborated. The cyclic nature of such a syllabus has a large number of strengths. More than anything else, this type of syllabus provides ample opportunities to internalize specific content. As is widely known, internalization is the hallmark of successful learning. Therefore, it can be safely argued that a content-based syllabus significantly contributes to successful language learning. This is also partly because such a syllabus stimulates the interests of students.

Q: What is the strength of a content-based syllabus?
(a) It offers learners ample opportunities to correct their errors.
(b) It is mainly concerned with complicated concepts.
(c) It can empower learners to master a language.
(d) It does not take into account the interests of students.

번역 내용 중심 강의 계획서에서는 특정 내용이 소개되고 전개되며 상세히 설명된다. 그러한 강의 계획서의 주기적 특성에는 강점이 많다. 무엇보다도, 이런 종류의 강의 계획서는 특정 내용을 내면화하는 풍부한 기회를 제공한다. 널리 알려져 있듯이, 내면화는 성공적 학습의 징표이다. 따라서 내용 중심 강의 계획서가 성공적인 언어 학습에 상당히 기여한다고 주장해도 무방하다. 이것은 또한 부분적으로는 그런 강의 계획서가 학생들의 흥미를 자극하기 때문이다.

Q: 내용 중심 강의 계획서의 강점은 무엇인가?
(a) 학습자들에게 자신의 오류를 교정할 풍부한 기회를 제공한다.
(b) 주로 복잡한 개념에 관한 것이다.
(c) 학습자들이 언어를 숙달하도록 해줄 수 있다.
(d) 학습자들의 흥미를 고려하지 않는다.

해설 일정한 내용이 상세화된다고 해서 반드시 복잡한 개념이라고 볼 수는 없으므로 (b)는 오답이다. (a)는 글에서 알 수 없는 내용이고, 내용 중심 강의 계획서가 성공적인 언어 학습에 상당히 기여한다고 했으므로 정답은 (c)이다.
content-based 내용 중심의 syllabus 강의 계획서 elaborate 상세화하다 ample 풍부한 internalize 내면화하다 hallmark 징표 safely 무방하게, 틀림없이 empower 권한을 주다

정답 (c)

29

Laparoscopic surgery refers to the carrying out of surgical procedures with the use of a laparoscope. The instrument looks like a tube and is inserted through the abdominal wall during the surgical procedure. Attached to the laparoscope, a video camera enables the surgeon to see the internal organs of his or her patient. Since only small incisions are required for the procedure, the patient loses less blood, feels less discomfort after the surgery, and recovers much faster.

Q: What is the advantage of laparoscopic surgery?
(a) It utilizes a variety of medical instruments.
(b) It is a patient-friendly surgical procedure.
(c) It enables the surgeon to enjoy performing an operation.
(d) It has a long history.

번역 복강경 수술이란 복강경을 사용하여 수술 절차를 수행하는 것을 가리킨다. 복강경이라는 기구는 관(管)처럼 생겼는데 복강경 수술 동안에 복벽으로 삽입된다. 복강경에 부착된 비디오 카메라는 의사가 환자의 내장을 볼 수 있게 해준다. 복강경 수술에는 단지 작은 절개만이 요구되기 때문에 환자는 출혈을 덜 하게 되고, 수술이 끝난 뒤에도 불편함을 덜 느끼며, 훨씬 더 빨리 회복된다.

Q: 복강경 수술의 장점은 무엇인가?
(a) 다양한 의료 기구를 사용한다.
(b) 환자를 불편하게 하지 않는 수술 절차이다.
(c) 의사가 수술을 하는 것을 즐길 수 있게 해준다.
(d) 역사가 길다.

해설 복강경 수술의 장점에 대해서는 마지막 문장에서 집중적으로 다루고 있는데, 전체적으로 보아 환자를 배려하는 수술 방법임을 알 수 있으므로 정답은 (b)이다. (a)는 지문에서 복강경, 그리고 복강경에 부착된 비디오 카메라만이 언급되었기 때문에 정확히 알 수 없다. (c), (d)는 글을 통해 알 수 없는 내용이기 때문에 오답이다.

laparoscopic surgery 복강경 수술   procedure 절차   insert 삽입하다   abdominal wall 복벽   surgeon (외과) 의사   internal organ 내장   incision 절개   discomfort (신체적인) 불편, 가벼운 통증   patient-friendly 환자를 해치지 않는

정답 (b)

30

There has been heated controversy about whether the Sami are "aboriginal" Northern Europeans or not. What is certain is that they were an ancient tribe that inhabited Sapmi, which covers modern Norway and Finland. Some archaeologists maintain that the Sami arrived at the River Utsjoki in northernmost Finland before 8100 B.C. Comparative linguists such as Ante Aikio, however, point out that since the Sami protolanguage was formed in approximately 500 B.C., the Sami might have reached the river much later.

Q: Which of the following is correct according to the passage?
(a) The Sami have been proved to be aboriginal Northern Europeans.
(b) Archaeology and comparative linguistics share many similarities.
(c) The Sami protolanguage was created before 8100 B.C.
(d) The Sami could have reached the River Utsjoki after 8100 B.C.

번역 라플란드인들이 북유럽 원주민인가 아닌가에 대한 열띤 논쟁이 있었다. 확실한 사실은 라플란드인들이 사프미에 거주한 고대 부족이라는 점인데, 사프미는 현대 노르웨이와 핀란드에 걸친 지역이다. 라플란드인들이 기원전 8100년 이전에 핀란드 최북단에 위치한 우츠요키 강에 도달했다고 주장하는 고고학자들도 있다. 그렇지만 안티 아이키오와 같은 비교언어학자들은 라플란드인의 조어(祖語)가 대략 기원전 500년에 형성되었기 때문에 라플란드인들이 훨씬 더 늦게 우츠요키 강에 도달했을지도 모른다고 지적한다.

Q: 글에 따르면 다음 중 옳은 것은?
(a) 라플란드인들은 북유럽 원주민인 것으로 입증되었다.
(b) 고고학과 비교언어학은 많은 유사점이 있다.
(c) 라플란드인의 조어는 기원전 8100년 이전에 만들어졌다.
(d) 라플란드인들은 기원전 8100년 이후에 우츠요키 강에 도달했을지도 모른다.

해설 라플란드인의 조어가 기원전 500년 쯤에 형성되었다고 했으므로 (c)는 어긋난다. 기원전 8100년 이전에 핀란드 최북단에 도착했다는 주장이 있으나 조어 형성 시기로 보아 훨씬 더 늦게 우츠요키 강에 도달했다고 보는 의견이 있기 때문에 (d)가 정답이다.

heated 열띤   controversy 논쟁   Sami 라플란드 사람   aboriginal 원주민의   inhabit 거주하다   protolanguage 조어   comparative linguistics 비교언어학

정답 (d)

31

The hydrologic cycle refers to the cyclic movement of water on Earth. By its very nature, the cycle never begins or ends. During its continuous movement, water can freeze, liquefy, or evaporate. In particular, the water in the oceans is constantly heated up by sunlight, which is essential for evaporation. Another important part of the cycle is precipitation, which includes rain, snow, drizzle, and hail. These precipitation particles are much larger than cloud particles, so that they fall to the ground at great speed. Some of them return to the oceans.

Q: Which of the following is correct according to the passage?
(a) The hydrologic cycle began millions of years ago.
(b) Cloud particles fall to the ground at great speed.
(c) Precipitation does not constitute a part of the hydrologic cycle.
(d) Evaporation requires a certain amount of sunlight.

번역 물의 순환은 물이 지구상에서 주기적으로 움직이는 것을 가리킨다. 바로 그 본성 때문에 이 순환은 시작과 끝이 없다. 끊임없이 움직이는 동안에 물은 얼기도 하고 액체로 바뀌기도 하며 증발하기도 한다. 특히, 해양에 있는 물은 햇볕으로 끊임없이 데워지는데, 이것이 증발에 필수적인 요소이다. 이 순환의 또 다른 중요한 부분은 강수인데, 여기엔 비, 눈, 이슬비, 우박 등이 포함된다. 이 강수 입자는 구름 입자에 비해 훨씬 더 커서 지면에 빠른 속도로 떨어진다. 입자 가운데 일부는 해양으로 되돌아간다.

Q: 글에 따르면 다음 중 옳은 것은?
(a) 물의 순환은 수백만 년 전에 시작되었다.
(b) 구름 입자는 지면에 빠른 속도로 떨어진다.
(c) 강수는 물 순환의 일부를 구성하지 않는다.
(d) 증발은 일정한 양의 햇볕을 요한다.

해설 (b)는 강수 입자에 대한 설명을 구름 입자로 바꿔 놓은 경우로, 오답 함정에 빠지지 않도록 유의해야 한다. (a)는 지문에서 알 수 없고, (c)는 반대로 설명했으므로 정답이 아니다. 물이 데워지는 것이 증발에 필수적이라고 했으므로 정답은 (d)이다.
hydrologic cycle 물의 순환 **continuous** (끊어짐 없이) 지속적인 **liquefy** 액체로 바뀌다 **evaporate** 증발하다 **constantly** 끊임없이 **precipitation** 강수 **drizzle** 이슬비 **hail** 우박

정답 (d)

32

Surprisingly, several species of kangaroo are accustomed to living in trees. These tree kangaroos are quite different from the other species of kangaroo. For instance, although they are poor at hopping on the ground, tree kangaroos are very good at climbing trees. In addition, they can jump from tree to tree very easily. Interestingly enough, some tree kangaroos are nocturnal creatures and search for food at night. Finally, unlike the other species of kangaroo, they can move their feet separately.

Q: Which of the following is correct according to the passage?
(a) Tree kangaroos are accustomed to living on the ground.
(b) Tree kangaroos are quite similar to the other species of kangaroo.
(c) Not all tree kangaroos are nocturnal creatures.
(d) Tree kangaroos are incapable of moving their feet separately.

번역 놀랍게도, 여러 캥거루 종들은 나무에서 살아가는 데 익숙하다. 이 나무타기캥거루는 다른 캥거루 종들과 아주 다르다. 예컨대, 나무타기캥거루는 땅에서 뛰어다니는 데 서툴기는 하지만, 나무를 타는 데 아주 능숙하다. 게다가, 나무와 나무 사이를 아주 쉽게 뛰어다닐 수 있다. 흥미롭게도, 일부 나무타기캥거루는 야행성 동물이어서 야간에 먹이를 찾아다닌다. 마지막으로, 다른 캥거루 종들과 달리 나무타기캥거루는 발을 따로따로 움직일 수 있다.

Q: 글에 따르면 다음 중 옳은 것은?
(a) 나무타기캥거루는 땅에서의 생활에 익숙하다.
(b) 나무타기캥거루는 캥거루의 다른 종들과 아주 유사하다.
(c) 모든 나무타기캥거루가 야행성 동물은 아니다.
(d) 나무타기캥거루는 발을 따로따로 움직일 수 없다.

해설 (a)는 땅이 아니라 나무가 되어야 올바른 설명이고, (b)와 (d)는 지문의 내용과 정반대이므로 정답이 아니다. 지문의 some을 Not all로 바꿔 말한 (c)가 정답이다.
tree kangaroo 나무타기캥거루 **nocturnal** 야행성의 **be accustomed to** ~에 익숙하다 **incapable of** ~할 수 없는

정답 (c)

33

Net Impact is a global nonprofit organization that tries to improve the world by promoting corporate social responsibility. Founded in 1993, the organization has attracted more than 10,000 members, most of whom are MBAs and graduate students. Although they constitute the core of the network, virtually anyone can join this extraordinary organization. Its members are trying very hard to make the world a better place by encouraging businesses to act ethically and responsibly. In this sense, Net Impact is truly "shaping the future of society."

Q: Which of the following is correct according to the passage?
(a) Net Impact membership reached 10,000 in 1993.
(b) Net Impact encourages ethical management.
(c) Net Impact is widely criticized for its inefficiency.
(d) Net Impact is a charitable organization.

번역 넷 임펙트는 기업의 사회적 책임을 증진함으로써 세상을 개선하려고 하는 국제적인 비영리 단체이다. 1993년에 설립된 이 단체는 만 명이 넘는 회원을 끌어모았는데, 회원들 대부분이 경영학 석사들과 대학원생들이다. 그들이 이 네트워크 조직의 핵심을 구성하긴 하지만 거의 누구나 이 훌륭한 단체에 가입할 수 있다. 회원들은 기업들이 윤리적이고 책임감 있게 행동하도록 장려함으로써 세상을 더 나은 곳으로 만들기 위해 아주 열심히 노력하고 있다. 이런 의미에서, 넷 임펙트는 진정으로 '사회의 미래를 형성하고' 있다.

Q: 글에 따르면 다음 중 옳은 것은?
(a) 넷 임펙트 회원은 1993년에 만 명에 이르렀다.
(b) 넷 임펙트는 윤리 경영을 장려한다.
(c) 넷 임펙트는 비효율성 때문에 널리 비판받고 있다.
(d) 넷 임펙트는 자선 단체이다.

해설 (a)는 1993년 설립 당시 회원이 만 명이 아니라 그 이후에 끌어모아서 만 명 이상의 회원을 확보한 것이기 때문에 오답이다. (c)와 (d)는 글의 내용을 통해서는 알 수 없다. 기업들이 윤리적으로 행동하도록 장려한다고 했으므로 정답은 (b)가 된다.
nonprofit 비영리 **corporate social responsibility** 기업의 사회적 책임 **MBA** 경영학 석사(Master of Business Administration) **constitute** ~을 구성하다 **core** 핵심 **virtually** 거의 **ethically** 윤리적으로 **inefficiency** 비효율성 **charitable organization** 자선 단체

정답 (b)

34

Let's take the examples of Prohibition in the 1920s and Raskolnikov in *Crime and Punishment* by Fyodor Dostoevsky. The purpose of Prohibition might be considered ethically right. But resorting to laws and regulations, rather than social campaigns, the movement turned into a highly repressive monster, which ironically led to the illegal manufacturing of alcoholic drinks. Likewise, Raskolnikov turned into an immoral monster because he tried to achieve his "noble" ends by killing an avaricious pawnbroker. The methods in both cases cannot be justified by their ends.

Q: What is the author's attitude toward Prohibition and Raskolnikov?
(a) Favorable
(b) Non-judgmental
(c) Supportive
(d) Disapproving

번역 1920년대의 금주법과 표도르 도스토예프스키의 〈죄와 벌〉에 나오는 라스콜니코프를 예로 들어보자. 금주법의 목적은 윤리적으로 올바른 것으로 생각될지도 모른다. 그러나 사회적 운동이 아니라 법률과 규제에 의존함으로써 이 운동은 극히 억압적인 괴물로 변해 버렸는데, 이는 아이러니하게도 술의 불법 조제를 야기했다. 마찬가지로, 라스콜니코프는 탐욕스러운 전당포 주인을 살해함으로써 자신의 고귀한 목적을 이루려고 했기 때문에 부도덕한 괴물로 변해 버렸다. 두 사례 모두에서 수단은 목적에 의해 정당화될 수 없다.

Q: 금주법과 라스콜니코프에 대한 저자의 태도는 무엇인가?
(a) 우호적인
(b) 판단을 내리지 않는
(c) 지지하는
(d) 탐탁지 않게 여기는

해설 금주법의 목적은 좋았으나 결과적으로 술의 불법 조제로 이어졌고 〈죄와 벌〉 주인공도 자신의 고귀한 목적을 이루고자 범죄를 정당화하려고 했다는 의견이므로 (d)가 정답이다.
Prohibition 금주법 **resort to** (최후 수단으로) 의지하다 **repressive** 억압적인 **avaricious** 탐욕스러운 **pawnbroker** 전당포 주인

정답 (d)

35

Are some women more "equal" than others? At least, Third World women seem to feel that way. This is largely because their interests are not considered seriously by their American and European counterparts. For instance, at the International Conference on Population and Development in 1994, women from the Third World wanted to discuss the impact of underdevelopment on women. Instead, contraception and abortion were debated, which reflected the interests of women from developed countries. Unfortunately, their Asian and African counterparts couldn't afford to worry about those matters when their very survival was at stake.

Q: What can be inferred from the passage?
(a) American women have a lot in common with their African counterparts.
(b) European women feel sorry for their Asian counterparts.
(c) Third World women were interested in contraception and abortion.
(d) Third World women were struggling to survive.

번역 일부 여성들이 다른 여성들에 비해 보다 평등한가? 적어도, 제3세계 여성들은 그렇게 느끼는 것 같다. 이는 주로 그들의 이해관계가 미국이나 유럽 여성들에 의해 진지하게 고려되지 않기 때문이다. 예컨대, 1994년 인구 및 개발에 대한 국제 회의에서 제3세계 여성들은 저개발이 여성에 미치는 영향에 대해 토의하고 싶어 했다. 그 대신 피임과 낙태가 논의되었는데, 이것은 선진국 여성들의 이해관계를 반영하는 것이었다. 유감스럽게도, 아시아와 아프리카의 여성들은 그들 자신의 생존이 걸려 있는 상황에서 그와 같은 문제에 대해 걱정할 여유가 없었다.

Q: 글로부터 유추할 수 있는 것은?
(a) 미국 여성들은 아프리카 여성들과 많은 것을 공유한다.
(b) 유럽 여성들은 아시아 여성들을 불쌍히 여긴다.
(c) 제3세계 여성들은 피임과 낙태에 관심이 있었다.
(d) 제3세계 여성들은 살아남기 위해 분투하고 있었다.

해설 (a)는 선진국 여성들과 후진국 여성들 사이에 차이가 있다는 지문 내용에 비추어 볼 때 오답이다. (b)는 글의 내용만으로 정확히 판단할 수 없고, (c)는 반대의 내용이므로 정답이 아니다. 아시아와 아프리카 여성들은 생존이 위태로운 상황에 있다고 했으므로 (d)가 정답이다.

interest 이해관계 **counterpart** 상대편 **underdevelopment** 저개발 **contraception** 피임 **abortion** 낙태 **at stake** 위태로운 **have in common** 공유하다 **struggle** 고투하다, 몸부림치다

정답 (d)

36

With more and more Indian women adopting Western culture, the status of the traditional sari is being seriously threatened. Traditionally, the sari was regarded as an all-purpose garment suitable for every occasion. The Indians used to produce the sari by using fabric, and some saris were embroidered with design. With the onslaught of Western culture, however, more and more women are beginning to wear Western clothes. Indian alternatives such as the kurti are also preferred by many women. As a result, as Wendell Rodricks clearly pointed out, the sari is likely to become a garment for special occasions. In his opinion, it takes too much time to drape a sari, which makes modern women look for more practical garments.

Q: What can be inferred from the passage?
(a) Modern Indian women tend to be opposed to tradition.
(b) Conservative people are highly critical of Indian alternatives like the kurti.
(c) In choosing clothes, modern Indian women take practicality into account.
(d) Western culture has sapped the foundation of Indian society.

번역 점점 더 많은 인도 여성들이 서양 문화를 채택하면서, 전통적인 사리의 지위가 심각하게 위협받고 있다. 전통적으로 사리는 모든 경우에 어울리는 만능 의복으로 간주되었다. 인도인들은 직물을 사용하여 사리를 제작했고, 문양을 수놓기도 했다. 그렇지만 서양 문화가 급격히 들어오면서, 점점 더 많은 여성들이 서양 의복을 입기 시작했다. 쿠르타와 같은 인도식 대체 의복도 많은 여성들이 선호한다. 따라서 웬델 로드릭스가 분명히 지적했듯이, 사리는 특별한 행사를 위한 의복이 될 가능성이 높다. 그는 사리를 몸에 걸치는 데 시간이 너무 많이 소요되어 현대 여성들이 보다 실용적인 의복을 찾게 만든다고 생각한다.

Q: 글로부터 유추할 수 있는 것은?
(a) 현대 인도 여성들은 전통에 반대하는 경향이 있다.
(b) 보수적인 이들은 쿠르타와 같은 인도식 대체 의복에 대해 극히 비판적이다.
(c) 옷을 고를 때 현대 인도 여성들은 실용성을 감안한다.
(d) 서양 문화가 인도 사회의 기반을 약화시켰다.

해설 (a), (b), (d)는 의복에 대한 선호도의 변화만으로 단정할 수 없는 내용이므로 모두 정답이 아니다. 인도 여성들이 실용적인 의복을 찾는다고 했으므로 정답은 (c)이다.

all-purpose 만능의 **garment** 의류; 여성복 **embroider** 수놓다 **onslaught** 맹습 **alternative** 대안; 대체품 **drape** 몸에 걸치다 **conservative** 보수적인 **practicality** 실용성 **sap** 약화시키다

정답 (c)

37

My name is Erica Kim, and I have been serving in the Naval Academy for about three years. During my service, I have had the privilege of working for RADM Christopher Smith, who has been an outstanding role model for all the midshipmen at the Academy. He has recently submitted an article for *NCW 92 Newsletter* of Spring 2008. Since he firmly believes that sharing his thoughts and feelings with his NCW friends is of great importance, RADM Smith has been waiting for your response to his article. What do you think of it? Are you going to print his "letter" in full? Will you edit or shorten his article?

Q: How can we characterize the relationship between RADM Smith and his NCW friends?
(a) Detached
(b) Antagonistic
(c) Inimical
(d) Intimate

번역 제 이름은 에리카 김이며, 저는 약 3년 동안 해군 사관학교에서 복무해 왔습니다. 복무 기간 동안, 크리스토퍼 스미스 준장을 위해 일하는 특전을 누렸는데, 스미스 준장은 해군 사관학교의 모든 생도들에게 탁월한 역할 모델입니다. 스미스 준장은 최근 〈NCW 92년도 졸업생 소식지〉 2008년 봄 호에 기사를 기고했습니다. 스미스 준장은 NCW 동기들과 생각과 감정을 공유하는 일이 아주 중요하다고 굳게 확신하기 때문에 기사에 대한 귀하의 반응을 기다려 왔습니다. 그 기사에 대해 어떻게 생각하십니까? 스미스 준장의 글 전문을 게재하실 예정입니까? 글을 편집하거나 줄일 생각이십니까?

　Q: 스미스 준장과 그의 NCW 동기들 사이의 관계를 어떻게 특징지을 수 있는가?
　(a) 초연한
　(b) 적대적인
　(c) 적대적인
　(d) 친밀한

해설 스미스 준장이 졸업생 소식지 기고를 통해 자신의 생각과 감정을 다른 동기들과 나누고 싶어 함을 알 수 있으므로 (d)가 정답이다. 나머지 보기는 소식지 기고에 신경을 쓰지 않으리라는 것과 관계 있는 단어들이다.
serve 복무하다　**RADM** 해군 소장, 해군 준장(rear admiral)　**midshipman** 해군 사관학교 생도 (*cf.* cadet 육사, 공사 등의 생도)

정답 (d)

ACTUAL TEST 1　Part 3

38

Extreme animal rights groups seem to believe that they can do anything to achieve their purposes. (a) For instance, some members of the UCLA Primate Freedom Project have harassed Dario Ringach, a professor of neurobiology at the University of California at Los Angeles. (b) They constantly called his office and even tried to scare his children. (c) They often held demonstrations in front of his house. (d) When the general public criticized their behavior, the members expressed deep regret for what they had done.

번역 극단적인 동물 권리 보호단체들은 자신들의 목적을 성취하기 위해 무슨 일이든지 할 수 있다고 생각하는 것 같다. (a) 예컨대, UCLA 영장류 자유 프로젝트라는 단체의 일부 회원들은 UCLA 신경생물학 교수인 다리오 린가 교수를 괴롭혔다. (b) 사무실에 끊임없이 전화를 했고 심지어는 교수의 자녀들에게 겁을 주려고까지 했다. (c) 그들은 자주 그의 집 앞에서 시위를 열었다. (d) 일반 대중들이 그들의 행동을 비판하자, 회원들은 자신들이 한 일에 대해 깊은 유감을 표명했다.

해설 첫 번째 문장에서 자신들의 목적을 달성하기 위해 무엇이든 하는 극단적인 동물 권리 단체들의 입장이 나왔기 때문에 이런 입장과 성격이 다른 (d)가 정답임을 파악할 수 있다. Part 3의 경우, 판단 기준은 언제나 첫 번째 문장임을 명심해야 한다. 따라서 첫 번째 문장의 내용을 뒷받침해 주지 못하는 선택지를 고르면 된다.
animal rights group 동물 권리 단체　**primate** 영장류　**harass** 괴롭히다　**neurobiology** 신경생물학　**demonstration** 시위　**criticize** 비판하다　**regret** 유감, 후회

정답 (d)

39

Many experts believe that alcohol-free mouthwash products are better than traditional alcohol-containing ones. (a) According to them, using alcohol-containing products can lead to bad breath because they dehydrate your mouth. (b) Moreover, as is widely known, alcohol is a toxic substance that is detrimental to your health. (c) In their opinion, traditional mouthwash products such as Listerine are more effective in curing halitosis. (d) Thus, alcohol-free products such as Crest Pro-Health are highly recommended by those experts.

번역 많은 전문가들은 알코올이 들어 있지 않은 구강 세척 제품들이 알코올을 함유한 전통적인 제품들보다 낫다고 생각한다. (a) 그들에 따르면 알코올을 함유한 제품을 사용하는 것이 구취를 야기할 수 있는데, 이는 그런 제품들이 입을 건조하게 만들기 때문이다. (b) 게다가, 널리 알려져 있듯이 알코올은 건강에 해로운 유독 물질이다. (c) 그들은 리스테린과 같은 전통적인 구강 세척 제품들이 구취를 치료하는 데 보다 효과적이라고 생각한다. (d) 따라서 크레스트 프로 헬스와 같이 알코올이 들어 있지 않은 제품들이 그 전문가들에 의해 적극 권장되고 있다.

해설 전반적으로 알코올이 들어 있지 않은 구강 세척 제품의 장점을 말하고 있으므로 (c)는 지문 흐름상 어색하다. 전통적인지 여부가 아니라, 알코올을 포함하고 있는지 여부가 논의의 중심이기 때문이다.
expert 전문가 **mouthwash** 구강 청결제 **dehydrate** 건조하게 만들다 **toxic substance** 유독 물질 **detrimental** 해로운 **halitosis** 구취

정답 (c)

40

Sociolinguists such as Deborah Tannen claim that women's communicative styles are radically different from those of men. (a) According to Tannen, in communicating with others, women try to build up rapport, whereas men try to convey specific information. (b) In addition, when talking with each other, women feel that they are of equal status. (c) Tannen believes that this is mainly because women are accustomed to hierarchical structures. (d) On the other hand, whenever they start talking with others, men try to find out whether they are superior to them or not.

번역 데보라 태넌과 같은 사회언어학자들은 여성들의 의사소통 스타일이 남성들과 현격히 다르다고 주장한다. (a) 태넌에 따르면, 다른 이들과 의사소통할 때 여성들은 정서적 유대를 쌓으려고 노력하는 데 반해, 남성들은 특정한 정보를 전달하려고 노력한다. (b) 더욱이, 서로 대화할 때 여성들은 동등한 지위에 있다고 느낀다. (c) 태넌은 이것이 주로 여성들이 위계적 구조에 익숙해 있기 때문이라고 생각한다. (d) 반면, 남성들은 다른 이들과 대화를 시작할 때 남성들은 그들이 자신들보다 우월한지를 알아내려고 한다.

해설 전반적인 내용의 흐름에 비추어 볼 때, 여성은 서로 동등한 관계로 인식하고 의사소통을 하는 데 반해 남성은 상하 관계로 파악하여 의사소통함을 알 수 있다. 따라서 문맥 흐름상 어색한 (c)가 정답이다. (c)는 오히려 남성에게 적용될 수 있는 내용이다.
sociolinguist 사회언어학자 **communicative** 의사소통의 **radically** 철저히, 근본적으로 **rapport** 정서적 유대 **convey** 전달하다 **status** 지위, 신분 **hierarchical** 위계적인

정답 (c)

ACTUAL TEST 2

Part 1	1 (c)	2 (a)	3 (d)	4 (b)	5 (a)	6 (d)	7 (c)	8 (c)
	9 (d)	10 (d)	11 (d)	12 (d)	13 (b)	14 (c)	15 (a)	16 (a)
Part 2	17 (b)	18 (b)	19 (d)	20 (a)	21 (d)	22 (b)	23 (a)	24 (c)
	25 (c)	26 (d)	27 (b)	28 (a)	29 (c)	30 (d)	31 (d)	32 (b)
	33 (b)	34 (c)	35 (a)	36 (a)	37 (d)			
Part 3	38 (d)	39 (c)	40 (c)					

ACTUAL TEST 2 — Part 1

1

Too many people believe that philosophy is _____. But it is not. Philosophy requires us to judiciously think about many important subjects. It also offers us a very powerful tool for delving into the world around us. When you learn how to view your situations in a dispassionate way, you will be able to come up with more effective ways of solving your problems. In fact, that is what philosophy is all about.

(a) worth exploring
(b) good for improving one's sight
(c) a waste of time
(d) required for medical training

번역 철학이 시간 낭비라고 생각하는 이들이 너무도 많다. 하지만 그렇지 않다. 철학은 우리가 많은 중요한 주제에 대해 현명하게 사고하도록 한다. 철학은 또한 우리 주변의 세계를 집중 탐구할 수 있는 매우 강력한 도구를 제공한다. 상황을 냉철하게 바라볼 수 있게 되면, 보다 효과적인 문제 해결 방법을 생각해낼 수 있다. 사실 그것이 철학의 핵심이다.

(a) 탐구할 가치가 있는
(b) 시력을 향상시키는 데 도움이 되는
(c) 시간 낭비
(d) 의학 교육에 요구되는

해설 두 번째 문장에서 철학의 특성에 대해 많은 사람들이 가지는 생각이 틀렸음을 말하고 있다. 빈칸 다음에 But으로 시작하면서 철학의 순기능을 밝히고 있으므로 빈칸에는 부정적인 내용이 들어가야 한다. 따라서 (c)가 정답이다. (a), (b), (d)는 모두 긍정적인 내용이기 때문에 정답이 될 수 없다.
judiciously 현명하게 **delve into** (더 많은 것을 알아내기 위해) ~을 캐다 **dispassionate** 냉철한, 초연한 **come up with** (해결책 등을) 생각해내다

정답 (c)

2

Professionalism does not require you to earn a lot of money. It does require you to do your job perfectly. You may be paid handsomely. Or you may not. But that is not the issue. What matters is that you should pursue the highest quality. Only then can you be called a true professional. As William Zinsser clearly points out, "quality is its own reward." So be professional! Do your job professionally! Then you will be _____.

(a) given intrinsic rewards
(b) earning huge amounts of money
(c) invited to meet Zinsser
(d) famous all over the world

번역 프로 의식은 많은 돈을 벌 것을 요구하지 않는다. 대신 주어진 일을 완벽하게 할 것을 요구한다. 돈을 넉넉히 받을 수도 있다. 혹은 그렇지 않을 수도 있다. 그러나 그것이 중요한 것은 아니다. 중요한 것은 최상의 질(質)을 추구해야 한다는 것이다. 그때 비로소 진정한 프로라고 불릴 수 있다. 윌리엄 진서가 분명히 지적하듯이, "양질은 그 자체가 보상이다." 따라서 프로 의식을 발휘하라! 일을 프로답게 하라! 그러면 내재적 보상을 받게 될 것이다.

(a) 내재적 보상을 받게
(b) 막대한 돈을 벌게
(c) 진서를 만나도록 초대받게
(d) 세계적으로 유명하게

해설 전반적인 내용을 보면, 프로 의식을 수입의 많고 적음과는 별개로, 일에 대한 완벽주의로 파악하고 있음을 알 수 있으므로 (b)는 전체적인 주장과 정면으로 어긋난다. (d)는 유명해진다는 것이 일에 대한 완벽주의와 직접적으로 연결되지는 않기 때문에 정답이 될 수 없다. 완벽하게 일을 끝낸 상태, 즉 최상의 질을 추구하는 것 자체가 보상이라고 했으므로 정답은 (a)이다.
handsomely 넉넉하게, 후하게 **intrinsic** 내재적인, 본질적인

정답 (a)

3

Protein synthesis, also known as translation, takes place on ribosomes, which contain three RNA molecules and over fifty proteins. At the initial stage of translation, messenger RNA (mRNA) is "translated" and as a result, a particular polypeptide is created in accordance with the genetic code. In this process, an mRNA sequence is utilized to help synthesize amino acids, which _____.

(a) are translated by ribosomes
(b) do not follow the genetic code
(c) finalize the process of photosynthesis
(d) produce proteins

번역 해독으로 알려진 단백질 합성은 리보솜에서 일어나는데, 리보솜에는 세 개의 RNA 분자와 50개 이상의 단백질이 포함되어 있다. 해독의 초기 단계에서는 메신저 RNA(mRNA)가 해독되어 그 결과로 특정한 폴리펩티드가 유전자 정보에 따라 형성된다. 이 과정에서 아미노산의 합성을 촉진하기 위해 mRNA 염기서열이 활용되며, 아미노산은 단백질을 만들어낸다.

(a) 리보솜에 의해 해독된다
(b) 유전자 정보를 따르지 않는다
(c) 광합성 과정을 끝낸다
(d) 단백질을 만들어낸다

해설 글 전체가 단백질 합성에 관한 내용을 다루고 있는데, 빈칸은 전체 글의 결론에 해당하기 때문에 정답은 (d)이다. 리보솜은 해독하는 공간을 제공하지 해독의 대상은 아니므로 (a)는 틀리다. 아미노산이 유전자 정보를 따르지 않는다는 것을 알 수 있는 단서가 없기 때문에 (b)도 정답이 아니다. (c)는 전체 글의 내용과 전혀 관련이 없는 광합성을 말하고 있으므로 역시 오답이다.

protein 단백질 **synthesis** 합성 **translation** 변형, 해독 **molecule** 분자 **initial** 초기의 **in accordance with** ~와 부합되게, ~에 따라 **genetic code** 유전자 정보 **sequence** 서열, 순서 **synthesize** 합성하다 **finalize** 완료하다 **photosynthesis** 광합성

정답 (d)

4

As more and more people become aware of the importance of design in everyday life, they come to appreciate the role that it plays in bringing comfort and beauty to our ordinary lives. In fact, my interest in design, especially in industrial design, comes from my sensitivity toward everyday things. In a sense, I believe that they deserve more attention and dedication from forward-thinking industrial designers. Everyday products should be _____.

(a) sold to developing countries in Africa
(b) more user-friendly and more humane
(c) produced in large quantities
(d) designed by ordinary people

번역 점점 더 많은 사람들이 일상생활에서 디자인이 차지하는 중요성을 의식하게 됨에 따라, 우리의 일상생활에 편안함과 아름다움을 가져오는 데 있어서 디자인이 맡은 역할을 이해하게 됩니다. 사실, 디자인, 특히 산업 디자인에 대한 저의 관심은 일상적인 것들에 대한 감수성에서 비롯되었습니다. 어떤 의미에서, 일상적인 것들은 진보적인 산업 디자이너로부터 더 많은 관심과 헌신을 받을 가치가 있다고 생각합니다. 일상 제품들은 보다 사용자 친화적이고 인간적이어야 합니다.

(a) 아프리카의 개발도상국에 팔려야
(b) 보다 사용자 친화적이고 인간적이어야
(c) 대량 생산되어야
(d) 보통 사람들에 의해 디자인되어야

해설 일상생활에서 디자인이 차지하는 중요성과 디자이너의 역할에 대해서 얘기하고 있다. 글의 마지막 부분에서 특히 일상 제품들이 진보적인 디자이너의 더 많은 관심을 받아야 함을 언급했으므로 가장 관련이 깊은 (b)가 정답이다. (a)는 전체적인 글의 흐름과 전혀 상관없는 내용이며, (c)는 또 다른 측면을 다루고 있다. (d)는 글에서 디자이너의 역할을 인정하고 있음을 감안할 때 어긋나는 내용이다.

sensitivity 감수성, 민감성 **dedication** 헌신 **forward-thinking** 진보적인 **user-friendly** 사용자 친화적인 **humane** 인간적인, 자비로운

정답 (b)

5

An earthquake is when the ground is abruptly shaken by the movement of seismic waves through the Earth's crust. Seismic waves are created by the release of energy in the crust. This usually happens when that crust breaks along a geologic fault, where large masses of rock move against one another. As you might guess, some earthquakes take place in volcanic areas because volcanic eruptions _____.

(a) involve the release of enormous amounts of energy
(b) contribute to the formation of the Earth's crust
(c) throw a large number of rocks into the air
(d) affect the weather patterns in the surrounding areas

번역 지진이란 지진파가 지구의 지각을 통과해 움직임으로써 지면이 갑작스럽게 흔들리는 것을 가리킨다. 지진파는 지각 에너지가 방출되면서 생성된다. 이것은 대개 지각이 지질단층을 따라 끊어질 때 일어나는데, 지질단층에서는 거대한 바위 덩어리들이 서로 어긋나게 움직인다. 짐작할 수 있듯이, 화산 지역에서 일어나는 지진도 있는데, 이는 화산 폭발이 막대한 양의 에너지 방출을 수반하기 때문이다.

(a) 막대한 양의 에너지 방출을 수반하기
(b) 지구의 지각 형성에 기여하기
(c) 많은 바위를 공중으로 내던지기
(d) 주변 지역 기후에 영향을 미치기

해설 가장 중요한 단서는 두 번째 문장이다. 지진파는 지각 에너지가 방출되면서 생성된다고 하므로 정답은 (a)이다. 지진은 지각의 변화를 초래하지, 형성에 기여하는 것이 아니므로 (b)는 틀리다. (c), (d)는 지문에서는 알 수 없는 내용이다. 빈칸 문제는 글의 흐름을 물어보는 것이 출제 의도이기 때문에, 반드시 전체 내용의 전개에 잘 맞고, 이전 내용과 자연스럽게 이어져야만 정답이 될 수 있다.

abruptly 갑작스럽게 seismic wave 지진파 crust 지각 geologic fault 지질단층 mass 덩어리 take place 일어나다, 발생하다 eruption (화산) 폭발 release 방출 enormous 거대한 formation 형성 surrounding 주변의

정답 (a)

6

In March 1839, the Emperor of the Qing Dynasty ordered Lin Zexu, a patriotic Confucianist, to regulate the opium trade in Canton. Accordingly, Lin took tough measures against the immoral trade. First, he demanded that the British stop exporting opium to China. When British merchants ignored his demand, Lin put an embargo against Britain. Second, he wrote and sent a letter to Queen Victoria, arguing that _____.

(a) he admired the queen
(b) Britain needed to conquer the world
(c) the British had to stop consuming opium
(d) the opium trade was morally wrong

번역 1839년 3월에 청 왕조의 황제는 애국심 깊은 유학자인 임칙서에게 광저우의 아편 무역을 규제하라고 명했다. 그에 따라 임칙서는 비도덕적인 무역에 대해 엄격한 조치를 취했다. 첫째, 그는 영국인들에게 중국으로 아편 수출하는 것을 그만두라고 요구했다. 영국 상인들이 요구를 무시하자, 임칙서는 영국에 대해 통상 금지 조치를 내렸다. 둘째, 그는 빅토리아 여왕에게 아편 무역이 도덕적으로 잘못된 것이라고 주장하는 편지를 써서 보냈다.

(a) 그가 여왕을 흠모하고 있다고
(b) 영국이 세계를 정복할 필요가 있다고
(c) 영국인들이 아편 소비을 그만두어야 한다고
(d) 아편 무역이 도덕적으로 잘못된 것이라고

해설 분명한 단서는 두 번째 문장이다. 전체적으로 보아, 임칙서가 아편 무역에 대한 엄격한 조치를 취하고 있음을 알 수 있다. 임칙서가 빅토리아 여왕에게 서한을 썼다면, 그 점이 주요 내용으로 포함되어야 함을 짐작할 수 있으므로 정답은 (d)가 된다. (a)는 이전 내용에서 전혀 언급된 바 없기 때문에 정답이 될 수 없다. (b)는 논의의 범위에서 벗어난 전혀 엉뚱한 주제이며, (c)는 영국인들의 문제에 중국 관리가 관여할 이유가 없으므로 정답이 될 수 없다.

emperor 황제 the Qing Dynasty 청 왕조 patriotic 애국적인 Confucianist 유학자 regulate 규제하다 opium 아편 Canton 광저우 take measures 조치를 취하다 immoral 비도덕적인 export 수출하다 merchant 상인 embargo 통상 금지 conquer 정복하다 morally 도덕적으로

정답 (d)

7

When continually attacked by stress signals, brain cells have great difficulty recovering and are forced to reduce connections with other cells. As a consequence, the whole system that controls and harmonizes our thoughts and feelings _____. There can be cases in which some parts of the brain are enlarged or diminished. All these changes can lead to poor memory and ineffective responses to emotional stress.

(a) continues to grow rapidly
(b) loses the ability to process information concerning its environment
(c) experiences significant changes in its structure
(d) regains its power to cope with emotional stress

번역 스트레스 신호로부터 계속적으로 공격을 받게 되면, 뇌 세포는 정상으로 회복되는 데 많은 어려움을 겪고 다른 세포와의 연결을 감소시킬 수밖에 없게 된다. 그 결과, 사고와 감정을 조절하고 조화롭게 하는 전 체계가 구조에 있어 상당한 변화를 겪는다. 두뇌 일정 부분이 확대되거나 축소되는 경우가 있을 수도 있다. 이 모든 변화들은 기억력 둔화, 정서적인 스트레스에 대한 비효과적인 반응을 낳을 수 있다.

(a) 계속해서 급속히 성장한다
(b) 환경에 관한 정보를 처리하는 능력을 잃는다
(c) 구조에 있어 상당한 변화를 겪는다
(d) 정서적인 스트레스에 대처하는 능력을 회복한다

해설 가장 중요한 단서는 빈칸 다음 문장이다. 두뇌의 일정 부분이 확대되거나 축소되는 경우는 구조에 있어 상당한 변화에 해당하므로 정답은 (c)가 된다. 첫 문장에서 스트레스를 계속 받으면 뇌 세포가 정상으로 회복되기 힘들다고 했으므로 (a)는 전혀 어울리지 않는 내용이며, (b)는 내용상 그럴듯하지만 빈칸 다음 문장과 연결이 되지 않는다. (d)는 글의 내용과 정반대되는 설명이다.
consequence 결과 **harmonize** 조화를 이루다 **enlarge** 확대하다 **diminish** 축소하다 **ineffective** 비효과적인 **regain** 회복하다 **cope with** ~에 대처하다

정답 (c)

8

In a sense, Surrealism was a political movement aimed at pursuing social revolution. This was largely because for Surrealists, true art should "revolutionize" human experience and thus require artists to enable people to go beyond "false rationality" and oppressive social structures. Ironically, however, this cultural movement became linked with communism, which narrowly focused on equality at the expense of liberty, hence _____.

(a) helping Surrealists to pursue aesthetic excellence
(b) contributing to the breakout of World War II
(c) constituting an essentially oppressive ideology
(d) liberating all members of the artistic community

번역 어떤 의미에서, 초현실주의는 사회적 혁명 추구를 목표로 하는 정치 운동이었다. 초현실주의자들에게 있어 참된 예술은, 인간의 경험에 혁신을 일으키고 그래서 사람들이 거짓된 합리성과 억압적인 사회 구조를 초월할 수 있게 해주도록 예술가들에게 요구해야 하기 때문이라는 게 주된 이유였다. 그렇지만 아이러니하게도, 이 문화적 움직임은 공산주의와 연결되었다. 공산주의는 자유를 희생시켜 편협하게 평등에 초점을 맞추었고, 그래서 본질적으로 억압적인 이념에 해당했다.

(a) 초현실주의자들이 미학적 탁월성을 추구하는 것을 도왔다
(b) 제2차 세계대전 발발에 기여했다
(c) 본질적으로 억압적인 이념에 해당했다
(d) 예술계의 모든 구성원들을 해방시켰다

해설 빈칸 바로 앞부분의 '자유를 희생시켜'라는 말로부터 자유와 대립되는 내용이 선택지에 포함되어야 함을 알 수 있다. 따라서 정답은 (c)이다. (a)는 글에서 초현실주의가 사회적 혁명을 추구했다고 한 점에 비추어 볼 때, 단순히 미학적 탁월성을 추구했을 것으로 판단할 수 없으므로 정답이 아니다. (d)는 빈칸 바로 앞의 '자유를 희생시켜'라는 말에 어긋나기 때문에 정답이 될 수 없다.
Surrealism 초현실주의 **revolutionize** 혁명을 일으키다 **go beyond** ~를 초월하다 **rationality** 합리성 **oppressive** 억압적인 **ironically** 반어적으로 **communism** 공산주의 **narrowly** 편협하게 **aesthetic** 미학적 **breakout** (전쟁 등의) 발발 **liberate** 해방시키다 **the artistic community** 예술계

정답 (c)

9

You are kindly advised to think seriously about your safety, your happiness, and your precious life. You are given this life to pursue and realize your dreams. You can choose to have or not to have a boyfriend. The presence of a boyfriend does not _____. Unfortunately, in this case, the presence of your boyfriend poses a great threat to your safety and the welfare of many "special" women. You need to protect yourself and your "true" love and many precious lives of other women by leaving him. That is the wisest and smartest thing to do NOW.

(a) provide you with material wealth
(b) threaten the safety of your children
(c) mean that you should be loyal to him
(d) guarantee you any sense of true happiness

번역 귀하의 안전, 행복, 소중한 삶에 대해 진지하게 생각하실 것을 간곡히 조언해 드리는 바입니다. 귀하는 꿈을 추구하고 실현하기 위해 이 삶을 부여받았습니다. 남자친구를 가지겠다고 또는 가지지 않겠다고 결정하실 수 있습니다. 남자친구의 존재는 어떤 진정한 행복감도 보장하지 않습니다. 유감스럽게도, 이 경우에는 남자친구의 존재가 귀하의 안전과 많은 특별한 여성들의 복지에 크나큰 위협을 제기합니다. 귀하는 남자친구를 떠남으로써 귀하 자신, 귀하의 진정한 사랑, 그리고 다른 여성들의 많은 소중한 삶을 보호해야 합니다. 그것이 현재 해야 하는 가장 현명하고 똑똑한 일입니다.

(a) 물질적 부를 제공하지
(b) 자녀들의 안전을 위협하지
(c) 남자친구에게 충실해야 한다는 것을 뜻하지
(d) 어떤 진정한 행복감도 보장하지

해설 가장 중요한 단서는 빈칸 바로 다음 문장이다. 여성의 복지와 관련된 내용이 앞에 언급되어야 하므로 정답은 (d)이다. 복지이기 때문에 (a)가 정답이 아니냐고 생각할 수도 있지만, 글의 전반적인 방향이 여성이 자신의 삶의 주체가 되어야 함을 말하고 있기 때문에 물질적 부와 직접적인 관련이 없다. (b)는 부정적인 내용이기 때문에 긍정적인 내용이 들어가야 하는 빈칸에 어울리지 않는다. (c)는 전반적인 글의 흐름과 맞지 않으므로 정답이 될 수 없다.

kindly 부디   pose a threat to ~에 위협을 제기하다
precious 귀중한   material wealth 물질적 부(富)   loyal to ~에게 충실한

정답 (d)

10

Tired of antiquated methods for learning a foreign language? Tired of memorizing a bunch of boring sentences that you will never use in real life? Tired of learning grammatical concepts and rules that even a savant has a hard time understanding? Then, why not try our stupendous courses for foreign languages. Based on cognitive linguistics and the lexical approach, our courses provide you with scintillating conversations _____. After four weeks of our programs, you can communicate with any native speaker with confidence. Why not call us today? For further information, call us at 888-233-3737.

(a) capable of explaining many social phenomena
(b) between witty grammarians
(c) taking place in many developed countries
(d) aimed at creating meaning in real-life situations

번역 낡은 외국어 학습법에 질리셨나요? 실생활에 쓰지도 않을 지겨운 문장들을 암기하는 데 질리셨나요? 석학마저도 이해하는 데 어려움을 느끼는 문법 개념과 규칙을 배우는 데 질리셨나요? 놀라운 저희 외국어 코스를 한번 해보세요. 인지언어학과 어휘적 접근법에 바탕을 둔 저희 과정은 실생활에서 의미를 만들어내도록 한 아주 재미있는 대화를 제공합니다. 4주 프로그램이 끝나면 어떤 원어민과도 자신있게 대화를 나눌 수 있습니다. 오늘 바로 전화 주시는 게 어때요? 보다 자세한 정보를 원하시면 888-233-3737로 전화하세요.

(a) 많은 사회 현상을 설명할 수 있는
(b) 재치 있는 문법학자 사이의
(c) 많은 선진국에서 일어나는
(d) 실생활에서 의미를 만들어내도록 한

해설 가장 중요한 단서는 빈칸 바로 다음 문장이다. 자신있게 원어민과 대화를 나눌 수 있기 위해서는 실용성이 강조되어야 하는데, 이와 관련되는 것이 (d)이다. (a)는 이 외국어 과정이 갖는 실용성과 거리가 멀다. (b)는 문법 중심의 과정을 설명했고, (c)는 내용과 전혀 관련이 없으므로 오답이다.

antiquated 구식인   savant 석학   stupendous 굉장한
lexical 어휘의   scintillating 재기 넘치는, 아주 재미있는
communicate 의사소통하다   grammarian 문법학자

정답 (d)

11

The Creutzfeldt-Jakob disease prion is injurious to the human body in that it can disrupt the functioning of cells to a great extent. In many cases, the prion turns normal proteins into diseased ones, thus bringing death to affected cells. When the harmful prion spreads, the malfunctioning proteins attack the brain and multiply so rapidly that they can _____. Unfortunately, at present, there is no treatment to combat the fatal prion.

(a) get rid of other microbes
(b) help the affected cells to reproduce quickly
(c) encourage scientists to develop more effective methods of treating the disease
(d) bring about death in a matter of months

번역 크로이츠펠트야콥병 프라이언은 세포의 기능을 상당한 정도로 저해할 수 있다는 점에서 신체에 해롭다. 많은 경우, 프라이언은 정상적인 단백질을 병든 단백질로 바꾸는데, 이에 따라 감염된 세포를 죽이는 결과를 초래한다. 이 해로운 프라이언이 퍼지면, 비정상적으로 작용하는 단백질이 두뇌를 공격하고 너무도 급속히 늘어나서 단 몇 개월 만에 죽음을 초래할 수 있다. 유감스럽게도, 현재 이 치명적인 프라이언에 대항할 치료법이 존재하지 않는다.

(a) 다른 미생물들을 제거할
(b) 감염된 세포가 빠르게 생식하는 것을 도울
(c) 과학자들이 그 질병을 치료하는 보다 효과적인 방법을 개발하도록 장려할
(d) 단 몇 개월 만에 죽음을 초래할

해설 가장 중요한 단서는 밑줄 바로 앞부분이다. 두뇌를 공격하는 비정상적인 단백질이 급속히 늘어날 때 나타날 수 있는 결과를 생각해야 하므로 정답은 (d)가 된다. 또한 바로 다음 문장에서 치명적이라고 했기 때문에, 죽음이 언급되는 것이 자연스럽다. (a)는 앞의 논의에서 미생물이 전혀 등장하지 않았고, (b)는 앞에서 감염된 세포를 죽인다는 말이 있으므로 정답이 될 수 없다. (c)는 마지막 문장에서 치료법이 존재하지 않는다고 했기 때문에 맞지 않다.

Creutzfeldt-Jakob disease 크로이츠펠트야콥병 **prion** 프라이언(광우병, 크로이츠펠트야콥병 등의 유발 인자로 여겨지는 단백질 분자) **injurious** 해로운 **disrupt** 방해하다 **extent** 정도, 규모 **malfunction** 제대로 작동하지 않다 **multiply** 증가하다 **microbe** 미생물 **reproduce** 생식하다 **a matter of** 대충, 약

정답 (d)

12

What should religious people do in this gluttonous world? Should they choose to live in seclusion pursuing their religious goals? Or should they be actively involved in making this world a better place for all? Of course, different people have different attitudes, and there are no definitive answers to these questions. But perhaps we can come up with these answers. First of all, all religious people should work together to bring peace to our society. All religions stress the importance of empathy and largesse, and we can ask followers of religion to bring peace by realizing them in their daily lives. Second, all religious people should renew their spirituality. They must _____.

(a) study many different academic subjects
(b) learn practical knowledge and skills
(c) be conscious of the existence of various kinds of religious beliefs
(d) be aware of the harmful effects of rapaciousness

번역 이 탐욕스러운 세상에서 종교인들은 어떻게 해야 하는가? 종교적 목적을 추구하면서 은둔생활을 해야 하는가? 아니면 이 세상을 모든 이들이 살기 좋은 세상이 되도록 하기 위해 적극적으로 관여해야 하는가? 물론, 사람들마다 태도가 다르며 이에 대한 최종적인 해답이란 존재하지 않는다. 하지만 아마도 다음과 같은 해답은 생각해낼 수 있을 것이다. 무엇보다도, 모든 종교인들은 우리 사회에 평화를 가져오기 위해 협력해야 한다. 모든 종교는 공감과 관대함이 중요하다고 강조하므로, 우리는 종교인들이 일상생활에서 그 두 가지를 실현함으로써 평화를 가져오기를 요구할 수 있다. 다음으로 모든 종교인들은 영적 특성을 되살려야 한다. 그들은 탐욕의 해악을 의식해야만 한다.

(a) 다양한 학과목을 공부해야
(b) 실용적인 지식과 기능을 배워야
(c) 다양한 종류의 신앙이 존재한다는 것을 인식해야
(d) 탐욕의 해악을 의식해야

해설 영적 특성이란, 물질적 가치가 아니라 정신적 가치를 추구하는 것이기 때문에 이와 관련된 (d)가 정답이다. (b)는 순수하게 정신적 가치를 추구하는 일과는 거리가 멀다.

gluttonous 탐욕스러운 **seclusion** 은둔 **definitive** 최종적인 **come up with** ~이 생각나다 **empathy** 공감, 감정이입 **largesse** (돈에 대해) 후함 **spirituality** 영성(靈性) **rapaciousness** 탐욕

정답 (d)

13

According to Stanford University Libraries and Academic Information Resources, the purpose of copyright laws is not to "protect facts." They are designed to promote creativity, not to allow authors to monopolize a certain idea or fact. As a result, anyone can freely make use of all kinds of facts, including historical and scientific ones. There is, however, one condition that you must be aware of. You ought not to copy others' words. You should use your own words to convey such facts. Otherwise, you are likely to be charged with plagiarism with the exception that _____.

(a) you pay enormous amounts of money
(b) you cite your sources properly
(c) you know the author very well
(d) your major is physics

번역 스탠퍼드 대학교 도서관 및 학술정보 센터에 따르면, 저작권법의 목적은 '사실을 보호하는 것'이 아니라고 한다. 저작권법은 저자가 일정한 아이디어나 사실을 독점하도록 허용하는 것이 아니라, 창의성을 증진하는 데 목적이 있다. 따라서 누구든지 역사적 사실과 과학적 사실을 포함한 모든 종류의 사실을 자유롭게 이용할 수 있다. 그렇지만 잘 알고 있어야 하는 조건이 하나 있다. 다른 이의 말을 그대로 베껴서는 안 된다. 그런 사실들을 전달하기 위해 자기 고유의 말을 써야 한다. 그렇지 않으면, 출처를 제대로 인용하는 경우를 제외하고는 표절 혐의로 기소될 가능성이 있다.

(a) 막대한 액수의 돈을 지불하는
(b) 출처를 제대로 인용하는
(c) 저자를 아주 잘 알고 있는
(d) 전공이 물리학인

해설 가장 중요한 단서는 표절 혐의라는 부분이다. 표절 혐의를 받지 않기 위해서는 자신이 다른 사람의 말을 인용했음을 정확히 밝혀야 하므로 정답은 (b)가 된다. (a)는 빈칸 바로 앞의 자기 고유의 말을 써야 한다는 내용이나 표절 혐의에서 벗어나기 위한 조치를 종합해 볼 때 정답이 될 수 없다. (c)는 저자와의 친분 관계와 표절 혐의 인정 여부와는 관계 없으므로 역시 오답이다.
copyright 저작권 **design** 의도하다 **monopolize** 독점하다 **convey** 전달하다, 전하다 **be charged with** ~으로 기소되다 **plagiarism** 표절 **cite** 인용하다

정답 (b)

14

On June 30, 1908, a huge blast occurred near the Podkamennaya Tunguska River in Russia and crushed approximately 2,000 square kilometers of forest. It is estimated that the energy of the explosion was one thousand times as powerful as that of the atomic bomb detonated in Hiroshima, Japan, in 1945. The blast is generally believed to have resulted from a small asteroid, whose diameter is estimated to have been 50-100 meters. Since the explosion took place high in the sky, it produced a fireball but did not create an impact crater. As a consequence, scientists _____.

(a) have lost interest in the impact crater
(b) found it useless to explore the surrounding area
(c) have not found any fragments of the asteroid
(d) did not visit Japan to learn more about the explosion

번역 1908년 6월 30일, 러시아의 포드카메냐 퉁구스카 강 근처에서 거대한 폭발이 발생하여 대략 2,000평방 킬로미터의 숲을 뭉개버렸다. 그 폭발의 에너지는 1945년 일본 히로시마에서 폭발한 원자폭탄 에너지의 천 배나 되는 것으로 추정되었다. 그 폭발은 작은 소행성 때문에 생긴 것으로 일반적으로 생각되는데, 소행성의 직경은 50~100미터에 이르렀던 것으로 추산된다. 폭발이 하늘 높은 곳에서 일어났기 때문에 화구가 생기기는 했지만 충돌 분화구가 생기지는 않았다. 따라서 과학자들은 소행성 파편을 찾지 못했다.

(a) 충돌 분화구에 대한 관심을 잃어버렸다
(b) 주변 지역을 탐사하는 것이 쓸모없다고 느꼈다
(c) 소행성 파편을 찾지 못했다
(d) 폭발에 대해 더 많은 것을 얻기 위해 일본을 방문하지 않았다

해설 가장 중요한 단서는 빈칸 바로 앞부분인데, 하늘 높은 곳에서 폭발이 있었다고 했으므로 그 파편이 존재하지 않는 것을 말한 (c)가 문맥상 가장 자연스럽다. (a), (d)는 글의 초점에서 벗어나 있고 글 전체가 소행성의 폭발로 인한 특이 현상에 초점이 맞추어져 있기 때문에 (b)는 어색한 내용이다.
blast 폭발 **crush** 압착하다 **square kilometer** 평방 킬로미터 **detonate** 폭발시키다 **asteroid** 소행성 **diameter** 지름, 직경 **fireball** 화구(火球) **impact crater** 충돌 분화구 **fragment** 파편

정답 (c)

15

Which is correct, "Mothers' Day" or "Mother's Day?" According to Wikipedia, the former is grammatically correct, but "common usage" prefers the latter. Does this mean that the latter is grammatically incorrect? The answer is a definite no. This is mainly because in the phrase "Mother's Day," the word "mother" indicates the role of a mother, not a single mother out there. In English, when you are mentioning a role that somebody assumes, you can omit the article. _____, you can say, "She is president of our club." Thus, the phrase "Mother's Day" is grammatically acceptable.

(a) For example
(b) In contrast
(c) On the contrary
(d) In addition

번역 '어머니들의 날'과 '어머니의 날' 가운데 어느 쪽이 올바른가? 위키피디아에 보면 전자가 문법적으로는 올바르지만 '일반적인 용례'는 후자를 선호한다고 한다. 이것은 후자가 문법적으로 올바르지 않다는 것을 뜻하는가? 그에 대한 답은 단연코 "아니다"이다. 이는 주로 '어머니의 날'이라는 어구에서 '어머니'라는 단어가 세상에 존재하는 유일한 어머니가 아니라 어머니의 역할을 가리키기 때문이다. 영어에서는 사람이 맡은 역할을 언급할 때 관사를 생략할 수 있다. 예컨대, "She is president of our club(그녀는 우리 클럽의 회장이다)"라고 말할 수 있다. 따라서 '어머니의 날'이라는 어구는 문법적으로 괜찮다.

(a) 예컨대
(b) 이와는 대조적으로
(c) 정반대로
(d) 더욱이

해설 빈칸 바로 앞 문장에서 역할을 언급할 때 관사가 생략될 수 있음을 말했고 그에 대한 예를 제시했기 때문에 정답은 (a)이다. 참고로 (b)의 In contrast와 (c)의 On the contrary를 동의어로 잘못 알고 있는 경우가 있는데, (b)는 앞뒤 내용을 모두 인정하면서 그 내용들이 서로 다르다는 점을 말할 때 쓰고, (c)는 앞의 내용을 부정하고 뒤의 내용을 인정할 때 쓴다.
the former 전자 **the latter** 후자 **grammatically** 문법적으로 **indicate** 가리키다 **assume** (권력·책임을) 맡다 **omit** 생략하다 **president** 회장

정답 (a)

16

In the 1940s, the process of gas metal arc welding (GMAW) was introduced to weld aluminum. Since it required less welding time than any other method, engineers began to use GMAW for fusing steels. _____, owing to the high cost of inert gas needed for the welding process, it was not widely used for welding steels. A few years later, as semi-inert gases became available, GMAW was preferred by large numbers of engineers. During the 1950s and 1960s, the welding process was developed fully and became commonly used.

(a) Nevertheless
(b) Furthermore
(c) Therefore
(d) Incidentally

번역 1940년대에, 가스 금속 아크 용접(GMAW) 과정이 알루미늄을 용접하기 위해 도입되었다. 다른 어떤 방법보다도 용접 시간이 덜 들었기 때문에, 기술자들은 강철을 녹이는 데 가스 금속 아크 용접을 사용하기 시작했다. 그럼에도 불구하고, 이 용접 과정에 요구되는 불활성 가스의 높은 비용 때문에, 강철을 용접하는 데 널리 사용되지는 못했다. 몇 년 후, 반(半)불활성 가스를 이용할 수 있게 되면서 많은 기술자들이 가스 금속 아크 용접을 선호하게 되었다. 1950년대와 1960년대에 가스 금속 아크 용접 과정이 완전히 개발되어 일반적으로 쓰이게 되었다.

(a) 그럼에도 불구하고
(b) 더욱이
(c) 따라서
(d) 그건 그렇고

해설 빈칸 바로 앞 문장에서는 사용이 시작되었다고 했는데, 빈칸이 들어 있는 문장에서는 널리 쓰이지 않았다고 했으므로 서로 대립되는 내용이다. 따라서 정답은 (a)가 된다. (b)는 앞의 내용에 대해 밀접하게 연관되는 내용을 추가할 때, (c)는 원인과 결과 관계 또는 논리적 결론을 말할 때, (d)는 앞의 내용과 전혀 다른 내용을 말할 때 쓰는 표현이다.
arc welding 아크 용접 **aluminium** 알루미늄 **fuse** (금속을) 녹이다 **owing to** ~ 때문에 **inert gas** 불활성 가스

정답 (a)

ACTUAL TEST 2　Part 2

17

Polyunsaturated fatty acids (PUFAs) are thought to help the brain function properly, and docosahexaenoic acid (DHA) is a kind of PUFA. In fact, approximately 40% of the PUFAs in the brain are composed of DHA. As a result, when the brain does not have enough DHA, that is likely to lead to cognitive diseases such as Alzheimer's disease or depression. Based on this fact, many doctors recommend consuming oily fish containing large amounts of DHA, such as mackerel, on a daily basis.

Q: What is the passage mainly about?
(a) Various kinds of PUFAs
(b) The benefits of DHA to the functioning of the brain
(c) The health benefits of mackerel
(d) How to effectively prevent cognitive diseases in children

번역 고도 불포화 지방산은 두뇌가 제대로 기능하도록 돕는 것으로 보는데, 도코사헥사에노산(DHA)은 고도 불포화 지방산의 일종이다. 사실, 두뇌에 존재하는 고도 불포화 지방산의 대략 40%가 DHA로 구성되어 있다. 따라서 두뇌에 DHA가 충분하지 못하면, 알츠하이머병이나 우울증과 같은 인지적 질환이 발생할 수 있다. 이런 사실에 근거해서, 많은 의사들은 DHA를 다량으로 함유하고 있는, 고등어와 같이 기름기 많은 생선을 매일 섭취할 것을 권한다.

Q: 글의 주된 내용은 무엇인가?
(a) 다양한 종류의 고도 불포화 지방산
(b) DHA가 두뇌의 기능 발휘에 미치는 이점
(c) 고등어의 의학적 장점
(d) 아동의 인지적 질환을 효과적으로 예방하는 방법

해설 주된 내용을 묻는 문제는 대개 첫 번째 문장과 마지막 문장을 근거로 판단하면 된다. 고도 불포화 지방산이 두뇌 기능을 돕는다는 내용이므로 정답은 (b)이다. (a)는 본문에서 DHA 하나만 언급하고 있고, (c)는 전체 논의가 고등어를 중심으로 이루어지는 것이 아니며, (d)는 글이 아동의 인지적 질환 예방법을 다룬 것이 아니므로 정답이 될 수 없다.

polyunsaturated fatty acid 고도 불포화 지방산　be composed of ~로 이루어지다　Alzheimer's disease 알츠하이머병　depression 우울증　mackerel 고등어　on a daily basis 매일

정답 (b)

18

In my opinion, Ji Ha Kim's most puissant poem is *With a Raging Thirst for Democracy*. In this touching poem, he vividly and sadly describes his strong desire for bringing democracy to his country. He seems to stifle his strong feelings, but we can feel his tenacity and his grief. Whenever I read this poem, I cannot fight back tears. Literature is essentially free, and this longing for freedom makes poets resistant to social restraints. This free spirit ultimately finds a way of expressing itself and in many cases the way is to create a poem. Thus this beautiful poem is a poem par excellence.

Q: What is the best title for the passage?
(a) Ji Ha Kim Is the Greatest Poet in the World
(b) A Poem Reveals a Strong Yearning for Freedom
(c) Why Poems Are Harmful to Mental Health
(d) The Characteristics of Literature in Developing Countries

번역 시인 김지하의 가장 힘이 넘치는 시는 〈민주주의에 대한 타는 목마름〉이라고 생각한다. 이 감동적인 시에서 그는 자기 나라에 민주주의를 가져오고자 하는 강렬한 희망을 생생하면서도 슬프게 노래한다. 그는 강렬한 감정을 억누르려 하는 것 같지만, 우리는 그의 단호함과 비애를 느낄 수 있다. 이 시를 읽을 때마다 나는 눈물이 나는 것을 막을 수가 없다. 문학이란 본질적으로 자유로우며, 자유에 대한 갈망으로 시인은 사회적 제약에 저항하게 된다. 이처럼 자유로운 영혼은 결국엔 스스로를 표현하는 방법을 찾게 되는데, 그 방법이 시를 짓는 것이 되는 경우가 많다. 그런 점에서 이 아름다운 시는 그야말로 탁월한 작품이다.

Q: 글의 제목으로 가장 적절한 것은?
(a) 김지하는 세계에서 가장 위대한 시인이다
(b) 시가 자유에 대한 강렬한 열망을 드러내다
(c) 시가 정신 건강에 해로운 이유
(d) 개발 도상국 문학의 특성

해설 김지하의 시가 민주주의에 대한 갈망을 나타내는 탁월한 시라고 했으므로 정답은 (b)이다. (a)는 지나친 비약이며, (c)는 글의 내용을 잘못 이해한 경우이며, (d)는 글에서 다루지 않은 내용이다.

puissant 강력한　raging 격심한　stifle 억누르다　tenacity 단호함　fight back (감정을) 억제하다　longing 갈망　restraint 제약　par excellence 탁월한

정답 (b)

19

On April 16, 1996, in order to foil Pyongyang's attempts at nullifying the existing armistice regime and negotiating a separate peace treaty with Washington, Seoul and Washington announced strict principles concerning a peace-guaranteeing mechanism on the Korean peninsula. First of all, they declared, "The present Armistice arrangement should be maintained until it is succeeded by a permanent peace agreement." In addition, they stressed that separate negotiations between Washington and Pyongyang on peace-related issues could not be considered.

Q: What is the main topic of the passage?
(a) Pyongyang's efforts to bring instability to the Korean peninsula
(b) The definition of armistice and its implication for South Korea's future
(c) Many different obstacles to the reunification of Korea
(d) Seoul's and Washington's efforts to maintain peace in South Korea

번역 1996년 4월 16일, 기존의 정전 체제를 무력화하고 미국과 별도의 평화 협정 협상을 하려는 김정일 정권의 시도를 저지하기 위해, 한국과 미국은 한반도에서의 평화 보장 기제에 관한 엄격한 원칙을 발표했다. 우선 첫째로, 양측은 "현재의 정전 협정은 영속적인 평화 협정에 의해 승계될 때까지 유지되어야 한다"라고 선언했다. 덧붙여, 양측은 평화와 관련된 문제에 대해 미국과 북한이 별개의 협상을 벌이는 것은 고려될 수 없다고 강조했다.

Q: 글의 주된 화제는 무엇인가?
(a) 한반도에 불안정을 가져오려는 북한의 노력
(b) 정전의 정의와 그것이 한국의 미래에 대해 가지는 함의
(c) 한국의 통일을 가로막는 다양한 장애물들
(d) 한국의 평화 유지를 위한 한국과 미국의 노력

해설 첫 번째 문장이 주제문으로, 한국과 미국이 북한의 공세에 대응하여 평화를 지키려 한다고 했기 때문에 정답은 (d)이다. (a)는 글의 전제이고, (b)는 글에서 전혀 언급되지 않았다. (c)는 지문과의 관련성이 떨어지기 때문에 정답이 될 수 없다.
foil 좌초시키다 **nullify** 무효로 만들다 **armistice** 정전(停戰) **treaty** 협정 **mechanism** 기제(機制) **permanent** 영구적인 **negotiation** 협상 **implication** 함축, 암시 **obstacle** 장애물 **reunification** 재통합

정답 (d)

20

Although I am a male student, I firmly believe that a truly broad perspective cultivated at Boston University will definitely urge me to explore real matters associated with gender and entrepreneurship. These issues may not be new, but they affect and challenge us in serious ways. Therefore, pragmatic approaches to them are urgently needed, which can be fully developed by strenuous study at Boston University.

Q: What is the purpose of the passage?
(a) To explain why the author applied to Boston University
(b) To declare that the author decided to become a feminist
(c) To claim that Boston University is the best university in the world
(d) To explore a variety of problems affecting modern society

번역 제가 비록 남학생이긴 하지만, 보스턴 대학에서 길러진 참으로 넓은 시각으로 성(性)과 기업가 역할과 관련된 실제적인 문제를 반드시 탐구하게 되리라 봅니다. 이런 쟁점들이 새로운 것들이 아닐지도 모르지만, 이 문제들은 심각하게 우리에게 영향을 미치며 도전을 제기합니다. 따라서 그런 문제들에 대한 실용적 접근법이 급박하게 요구되는데, 그런 접근법은 보스턴 대학에서 열심히 연구하여 완전히 개발할 수 있습니다.

Q: 글의 목적은 무엇인가?
(a) 필자가 보스턴 대학에 지원한 이유를 설명하기 위해
(b) 필자가 여권 운동가가 되기로 결심했음을 선언하기 위해
(c) 보스턴 대학이 세계에서 가장 좋은 대학이라고 주장하기 위해
(d) 현대 사회에 영향을 미치는 다양한 문제를 탐구하기 위해

해설 첫 번째 문장과 마지막 문장에서 보스턴 대학 프로그램의 장점을 말했기 때문에 이와 관련되는 내용을 찾아야 한다. 따라서 정답은 (a)이며, (b)는 글에서 언급되지 않은 내용이다. (c)는 지나친 비약이며, (d)는 너무 광범위한 주제로 정답이 될 수 없다.
perspective 관점, 시각 **cultivate** 배양하다, 경작하다 **urge** 촉구하다 **associate with** ~와 연관짓다 **entrepreneurship** 기업가 역할 **strenuous** 몹시 힘든, 격렬한, 불굴의

정답 (a)

21

The Clovis culture is the oldest known American culture. Its name comes from the first important site that was found in 1929 near Clovis, New Mexico. The culture is thought to have lasted from about 9050 to 8800 B.C. The Clovis people made use of lightweight and portable tools, such as scrapers and projectile points, to hunt mammals such as mammoth and deer. Their famous projectile point looked like a leaf and its edges were slightly ground.

Q: What is the best title for the passage?
(a) The Colvis Culture: Its Origin and Its Impact on American Culture
(b) The Clovis Culture: When It Began and What It Left Behind
(c) The Clovis People: Where They Came from and Why They Disappeared
(d) The Clovis People: The Most Civilized People in Prehistoric Times

번역 클로비스 문화는 이제까지 알려진 것 가운데 가장 오래된 미국 문화이다. 클로비스 문화라는 명칭은 뉴멕시코 주 클로비스 부근에서 1929년에 발견된 최초의 중요한 유적에서 비롯되었다. 이 문화는 기원전 약 9050년부터 기원전 8800년까지 지속되었던 것으로 생각된다. 클로비스 문화 사람들은 매머드와 사슴과 같은 포유류를 사냥하기 위해 긁개와 화살촉과 같은 경량의 휴대용 도구를 사용했다. 그들의 유명한 화살촉은 나뭇잎처럼 생겼고 가장자리가 약간 연마된 형태였다.

Q: 글의 제목으로 가장 적절한 것은?
(a) 클로비스 문화: 그 기원과 미국 문화에 미친 영향
(b) 클로비스 문화: 언제 시작되었으며 무엇을 남겼는가
(c) 클로비스 문화를 이룬 사람들: 어디에서 왔으며 왜 사라졌는가
(d) 클로비스 문화를 이룬 사람들: 선사시대에 가장 개화된 민족

해설 클로비스 문화의 등장부터 지속 기간을 설명하고 긁개와 화살촉 같은 유물을 언급했으므로 정답은 (b)이다. (a)는 미국 문화에 미친 영향이 전혀 제시되어 있지 않기 때문에 정답이 될 수 없다.
lightweight 경량의 **portable** 휴대용의 **scraper** 긁개 **projectile point** (다트 등의 발사무기의) 촉 **mammal** 포유동물 **grind** 갈다 **civilized** 개화된

정답 (b)

22

A misunderstanding of the relationships between various ideas can often lead to poor writing. A variety of ideas form complex relationships, and in order to understand them correctly, one needs to develop analytic thinking skills. They help students to analyze varied relationships between ideas and organize them accordingly in their writing. If this happens, the quality of one's writing can improve significantly.

Q: What is the passage mainly about?
(a) Various relationships between ideas
(b) The importance of analytic thinking skills in writing well
(c) Many different reasons for poor writing
(d) The importance of writing letters in the information age

번역 다양한 아이디어 간의 관계를 오해하는 일은 종종 형편없는 글로 귀결된다. 다양한 아이디어들은 복잡한 관계를 형성하는데, 그런 관계들을 정확히 이해하기 위해서는 분석적 사고력을 길러야 한다. 분석적 사고력은 학생들이 다양한 아이디어 간의 관계를 분석하여 자신들의 글에서 그에 따라 관계를 조직하는 것을 도와준다. 이렇게 된다면, 글의 수준은 상당한 정도로 향상될 수 있다.

Q: 글의 주된 내용은 무엇인가?
(a) 아이디어 사이의 다양한 관계
(b) 글을 잘 쓰는 데 있어 분석적 사고력의 중요성
(c) 형편없는 글에 대한 다양한 이유
(d) 정보화 시대에 서한을 쓰는 일의 중요성

해설 첫 번째 문장과 마지막 문장을 통해서 좋은 글을 쓰기 위해 아이디어 간의 관계를 이해하는 분석적 사고가 필요함을 말하고 있으므로 정답은 (b)이다. (a)는 세부 사항에 해당하기는 하지만 전반적인 내용이 아니라는 점에 유의해야 한다. (c)는 다양한 아이디어 사이의 관계를 오해하는 것이 형편없는 글을 만든다고 했을 뿐 형편없는 글의 이유들이 제시되어 있지는 않으므로 정답이 아니다.
misunderstanding 오해 **analytic** 분석적인 **accordingly** 상응하여, 그에 맞춰 **significantly** 상당히

정답 (b)

23

McDaniel's argument cannot satisfactorily explain so many cases involving discrimination against non-whites, especially Asian Americans. For instance, how can McDaniel account for the internment of Japanese Americans during World War II? As is widely known, thanks to decades of prejudice against Asian Americans, more than 110,000 Japanese were deprived of their normal lives and forced to live in detention camps during the war. Not until 1988 were problems associated with the incarceration settled by the United States government.

Q: Why did the author write the passage?
(a) To suggest that McDaniel's assertions are flawed
(b) To criticize the United States government for its serious mistake
(c) To encourage Japanese Americans to attack McDaniel
(d) To reveal that American society is hostile to Asian Americans

번역 맥다니엘의 주장은 백인이 아닌 인종들, 특히 아시아계 미국인들에 대한 차별을 담고 있는 수많은 사례들을 만족스럽게 설명할 수 없다. 예컨대, 그가 제2차 세계대전 동안 일본계 미국인들의 강제 수용을 어떻게 설명할 수 있을까? 널리 알려져 있듯이, 수십 년에 걸친 아시아계 미국인들에 대한 편견 때문에 11만 명 이상의 일본인들이 제2차 세계대전 동안 정상적인 삶을 박탈당하고 강제 수용소에서 생활하도록 강요받았다. 이 강제 수용과 관련된 문제는 1988년이 되어서야 미국 정부에 의해 해결되었다.

Q: 필자는 이 글을 왜 썼는가?
(a) 맥다니엘의 주장에 오류가 있다는 점을 시사하기 위해
(b) 심각한 잘못에 대해 미국 정부를 비판하기 위해
(c) 일본계 미국인들이 맥다니엘을 공격하도록 장려하기 위해
(d) 미국 사회가 아시아계 미국인들에게 적대적이라는 점을 밝히기 위해

해설 첫 번째 문장이 주제문으로, 나머지 부분은 이에 대한 논거이므로 정답은 (a)이며, (b)는 글의 세부 사항이다. 맥다니엘의 주장에 오류가 있음을 지적하면서 나온 얘기들이지 단순히 미국 사회의 아시아계 차별에 관한 얘기가 아니므로 (d)도 어긋난다.
discrimination 차별 **account for** ~을 설명하다 **internment** 강제 수용 **prejudice** 편견 **be deprived of** ~을 박탈당하다 **detention camp** 강제 수용소 **incarceration** 투옥, 감금 **settle** 해결하다 **assertion** 주장 **flawed** 결함이 있는 **hostile** 적대하는

정답 (a)

24

How much sleep do we actually need? According to the National Sleep Foundation, there is no definitive answer to that question. This is mainly because sleep needs are different for different people. Of course, your age group can help to determine how much sleep you need. You need to keep in mind, however, that other factors affect the amount of sleep you need to work best. In fact, a 2005 study found that further research is needed to identify genetic traits determining sleep needs.

Q: Which of the following is correct according to the passage?
(a) Your age group has nothing to do with your sleep needs.
(b) Scientists successfully identified genetic traits affecting sleep needs.
(c) A variety of factors influence one's sleep needs.
(d) Everyone needs to sleep at least eight hours a day.

번역 실제로 얼마나 많은 수면이 필요한 걸까? 미국 국립 수면재단에 따르면, 그 질문에 대한 결정적인 해답은 없다고 한다. 이는 주로 사람들마다 필요한 수면 시간이 다르기 때문이다. 물론, 얼마나 많은 수면을 필요로 하는가를 결정하는 데 연령대가 도움이 될 수 있다. 그렇지만 기량을 가장 잘 발휘하기 위해 필요한 수면의 양에 다른 요인들이 영향을 미친다는 사실을 명심해야 한다. 사실, 2005년의 어떤 연구는 필요한 수면 시간을 결정하는 유전적 특질을 알아내기 위해서 보다 많은 연구가 필요하다는 점을 밝혀냈다.

Q: 글에 따르면 다음 중 옳은 것은?
(a) 연령대는 필요한 수면 시간과 아무 관련이 없다.
(b) 과학자들은 필요한 수면 시간에 영향을 미치는 유전적 특질을 성공적으로 밝혀냈다.
(c) 다양한 요인들이 필요한 수면 시간에 영향을 미친다.
(d) 모든 사람들은 하루에 최소 여덟 시간의 수면을 취해야 한다.

해설 (a)는 연령대가 관련이 있다고 했고, (b)는 앞으로 연구해야 한다고 했으므로 둘 다 정답이 아니다. (d)는 필요한 수면 시간에 대한 결정적인 해답이 없다고 했으므로 틀리고, 정답은 (c)가 된다.
definitive 확정적인 **genetic** 유전적인 **trait** 특질

정답 (c)

25

Papua New Guinea is a linguistically diverse country, with 820 languages currently spoken. Unfortunately, there is no one dominant language in the country and only 2 percent of its people speak English. As a result, the need for a lingua franca ought to be met in some way. Tok Pisin was developed to satisfy the need and has become widely used throughout the country, except for the southern region. Hiri Motu is the preferred language of the area.

Q: According to the passage, what is the lingua franca of Papua New Guinea?
(a) English
(b) Hiri Motu
(c) Tok Pisin
(d) Latin

번역 파푸아뉴기니는 언어적 다양성을 갖춘 나라로, 현재 820개 언어가 사용된다. 유감스럽게도, 파푸아뉴기니에는 단일 지배 언어가 존재하지 않으며, 단지 2%만이 영어를 사용한다. 따라서 어떤 식으로라도 공용어에 대한 필요가 충족되어야 한다. 그 필요를 충족시키기 위해 톡 피신어가 개발되었으며 남부 지역을 제외하고 파푸아뉴기니 전체에 걸쳐 널리 쓰이게 되었다. 히리 모투어가 남부 지역에서 선호되는 언어이다.

Q: 글에 따르면, 파푸아뉴기니의 공용어는 무엇인가?
(a) 영어
(b) 히리 모투어
(c) 톡 피신어
(d) 라틴어

해설 세부 사항을 묻는 문제로, 톡 피신어가 널리 사용된다고 했으므로 정답은 (c)이다. (a)는 2%가 사용한다고 했으므로 공용어라고 보기 힘들다. (b)는 남부 지역에서 선호되는 언어다. (d)는 지문에 전혀 언급되어 있지 않다.
linguistically 언어적으로 **diverse** 다양한 **currently** 현재, 지금 **dominant** 지배적인 **lingua franca** 공용어

정답 (c)

26

Although it is a suspense thriller, the film *Awake* reminds us of the power of motherly love. After realizing that everyone he loved deserted him, Clay loses all hope in life. In his out-of-body experience, however, his mother tells him a secret that she has kept for a long time. Out of love for him, she killed his father, who was actually an abusive and worthless person. When he comes to know the truth, Clay realizes how good a person he really is and reclaims his precious life.

Q: Which of the following is correct according to the passage?
(a) The film *Awake* is not a suspense thriller.
(b) In the end, Clay decides to give up his life.
(c) The film *Awake* is mainly concerned with child abuse.
(d) Clay's father did not lead a good life.

번역 서스펜스 스릴러이긴 하나 영화 〈어웨이크〉는 모성애의 힘을 일깨워준다. 클레이는 자신이 사랑했던 모든 이들이 자신을 저버렸음을 깨닫고 나서 삶에 대한 모든 희망을 잃는다. 그렇지만 유체이탈 체험에서, 그의 어머니는 오랫동안 간직해 온 비밀을 털어놓는다. 클레이에 대한 사랑으로, 그녀는 클레이의 아버지를 죽였는데, 아버지는 사실 학대 성향이 있는 쓸모없는 인간이었다. 이런 진실을 알게 되자, 클레이는 자신이 정말로 얼마나 좋은 사람인지 깨닫게 되어 자신의 소중한 삶을 되찾게 된다.

Q: 글에 따르면 다음 중 옳은 것은?
(a) 영화 〈어웨이크〉는 서스펜스 스릴러가 아니다.
(b) 결국 클레이는 삶을 포기하기로 결심한다.
(c) 영화 〈어웨이크〉는 주로 아동 학대에 관한 영화이다.
(d) 클레이의 아버지는 훌륭한 삶을 영위하지 못했다.

해설 (a)는 첫 번째 문장의 내용과, (b)는 마지막 문장의 내용과 일치하지 않는다. (c)는 지나친 비약으로 본문에 언급되긴 했지만 그것만으로 영화의 주제를 아동 학대로 볼 수는 없으므로 정답이 아니다. 클레이의 아버지가 쓸모없는 인간이었다고 했으므로 정답은 (d)가 된다.
motherly 어머니의 **desert** 저버리다 **out-of-body** 유체이탈 **abusive** 학대하는 **reclaim** 되찾다

정답 (d)

27

To whom it may concern:

This is Jeniffer Kim, from Canada. I subscribed to your Online Oxford English Dictionary service on 17 March 2007. According to your website, however, my subscription is on hold. Would you be so kind as to inform me why you have made this abrupt decision concerning my subscription? If there were any problems with the payment, I would be more than willing to contact my credit card company and ask them to take appropriate measures necessary for remedying the current problem. Your prompt reply would be greatly appreciated.

Q: Why did the author write the letter?
(a) To express appreciation for an online service to which she subscribes
(b) To inquire about her subscription to an online service
(c) To complain that Oxford English Dictionary is inaccurate
(d) To show off her wealth

번역 담당자님께
저는 캐나다 출신의 제니퍼 김이라고 합니다. 2007년 3월 17일에 귀사의 온라인 옥스퍼드 영어 사전 서비스를 신청했습니다. 그렇지만 귀사의 웹사이트를 보니, 제 신청이 보류 중이라고 합니다. 제 서비스 신청에 대해 왜 이런 갑작스런 결정을 내리셨는지 알려주시겠습니까? 비용 지불과 관련하여 문제가 있다면 신용카드 회사에 연락하여 현 문제를 바로잡기 위해 필요한 적절한 조치를 취하도록 요청할 의향이 충분히 있습니다. 신속하게 응답해 주시면 대단히 감사하겠습니다.

Q: 필자가 왜 이 편지를 썼는가?
(a) 자신이 신청한 온라인 서비스에 대해 감사를 표시하기 위해
(b) 자신의 온라인 서비스 신청에 대해 문의하기 위해
(c) 옥스퍼드 영어 사전이 부정확하다고 불평하기 위해
(d) 자신의 부유함을 과시하기 위해

해설 온라인 상으로 신청한 서비스가 처리되지 않고 보류 중이라서 문의하는 내용이므로 정답은 (b)이다. (a)는 마지막 문장의 appreciated라는 단어를 활용한 오답이다.
subscribe to ~을 신청하다 **on hold** 보류 중인 **abrupt** 돌연한 **take measures** 조치를 취하다 **remedy** 바로잡다 **prompt** 즉각적인 **inaccurate** 잘못된 **show off** ~을 과시하다

정답 (b)

28

Many biologists believe that genetic engineering will make it possible to select only "desirable" traits in genes. But how can we determine that certain traits are truly desirable? You might guess that it would be much easier to choose undesirable traits. Unfortunately, though, such an approach would entail a variety of ethical problems. For instance, would it be ethically right to change traits passed down from parents simply because some people think they are negative?

Q: Which of the following is correct according to the passage?
(a) Genetic engineering is a mixed blessing.
(b) Genetic engineering does not pose any ethical problems.
(c) Many biologists are opposed to genetic engineering.
(d) It would be much easier to choose desirable traits.

번역 많은 생물학자들은 유전공학 덕분에 유전자에서 바람직한 특성만을 선택하는 것이 가능할 것이라고 본다. 그러나 어떤 특성들이 정말로 바람직하다는 것을 어떻게 결정할 수 있을까? 바람직하지 않은 특성들을 선택하는 것이 훨씬 더 쉬우리라고 짐작할지도 모른다. 하지만 유감스럽게도, 그런 접근법은 다양한 윤리적 문제를 수반한다. 예컨대, 단지 몇 사람들이 부정적이라고 생각한다는 이유로 부모로부터 물려받은 특성을 변경하는 것이 윤리적으로 올바른가?

Q: 글에 따르면 다음 중 옳은 것은?
(a) 유전공학에는 좋은 면과 나쁜 면이 공존한다.
(b) 유전공학은 윤리적 문제를 전혀 제기하지 않는다.
(c) 많은 생물학자들은 유전공학에 반대한다.
(d) 바람직한 특성을 선택하는 것이 훨씬 더 쉬울 것이다.

해설 글에서는 유전공학의 성과가 바람직할 수도 있고 그렇지 않을 수도 있음을 밝혔으므로 정답은 (a)이다. (b)는 글의 내용과 정면으로 어긋나고, (d)는 글에서 바람직하지 않은 특성들을 선택하는 것이 더 쉬우리라고 짐작할 수도 있다고 했으므로 오답이다.
genetic engineering 유전공학 **trait** 특성 **entail** 일으키다 **ethical** 윤리적인 **oppose** 반대하다

정답 (a)

29

Stagflation is when stagnation and inflation occur simultaneously, and according to economists there are two leading causes of stagflation. One is an economic slowdown caused by an adverse supply shock, which can lead to inflation. The other is failures in macroeconomic policies. For instance, when the government fails to strike the right balance between growth and stability, that can lead to stagnation combined with inflation. It is widely known that both factors contributed to the global stagflation of the 1970s.

Q: What can account for the stagflation of the 1970s?
(a) Rapid economic growth
(b) America's policy mistakes
(c) An economic downturn and policy failure
(d) An economic slowdown only

번역 스태그플레이션이란 경기 침체와 인플레이션이 동시에 발생하는 것을 말하는데, 경제학자들에 따르면 스태그플레이션에는 두 가지 주된 원인이 있다고 한다. 한 가지는 부정적인 공급 충격에 의해 초래되는 경기 둔화인데, 이는 인플레이션으로 이어질 수 있다. 다른 원인은 거시경제 정책의 실패이다. 예컨대, 정부가 성장과 안정성 사이의 적절한 균형을 맞추지 못하면, 인플레이션이 결합된 경기 침체로 이어질 수 있다. 두 가지 요소가 모두 1970년대의 전 세계적인 스태그플레이션에 기여했다는 것은 널리 알려져 있다.

Q: 1970년대 스태그플레이션의 원인은 무엇인가?
(a) 급속한 경제 성장
(b) 미국의 정책 오류
(c) 경기 둔화와 정책 실패
(d) 경기 둔화 단 한 가지

해설 세부 사항을 묻는 문제로, 마지막 문장을 보아 (c)가 정답임을 알 수 있다. 경제학과 관련된 기본적인 내용이라고 할 수 있는데, 이처럼 각 학문 분야의 기초적인 지식을 평이하게 설명한 지문들이 출제되는 경우가 많다.
stagflation 스태그플레이션   stagnation 경기 침체   slowdown 경기 성장의 둔화, 태업   supply shock 공급 충격   macroeconomic 거시경제의   strike the balance between A and B A와 B 사이의 균형을 맞추다   downturn 침체

정답 (c)

30

A 2003 study by the Program on International Policy at the University of Maryland and Knowledge Networks found that one's primary source of news greatly affects one's understanding of the Iraq War. The research revealed that those who depend heavily on Fox News are likely to have incorrect information on the war. For instance, some of them even believed that the United States troops have found weapons of mass destruction in Iraq. On the other hand, those who rely on NPR or PBS are likely to have accurate information.

Q: Who are likely to have correct information on the Iraq War?
(a) Fox News viewers
(b) The faculty of the University of Maryland
(c) PBS advertisers
(d) NPR listeners

번역 메릴랜드 대학교 및 지식 네트워크의 국제 정책 프로그램에 의한 2003년 연구는, 뉴스를 얻는 주된 매체가 이라크 전쟁에 대한 이해에 크게 영향을 미친다는 사실을 밝혀냈다. 이 연구는 폭스 뉴스에 심하게 의존하는 이들이 이라크 전쟁에 대한 부정확한 정보를 얻기 쉽다는 사실을 밝혔다. 예컨대, 그런 이들 가운데 일부는 심지어 미군이 이라크에서 대량 살상 무기를 발견해 냈다고 믿었다. 반면, NPR이나 PBS에 의지하는 이들은 정확한 정보를 얻기 쉽다.

Q: 누가 이라크 전쟁에 대한 정확한 정보를 얻을 가능성이 있는가?
(a) 폭스 뉴스 시청자
(b) 메릴랜드 대학교 교직원
(c) PBS 광고주
(d) NPR 청취자

해설 세부 사항을 묻는 문제로, 마지막 문장을 보면 정답이 (d)임을 알 수 있다. 지문에서 PBS에 의지하는 사람들이라고 했기 때문에 이를 광고주로 받아들이는 것은 무리이므로 (c)는 답이 아니다.
primary 주된, 주요한   reveal 드러내다, 밝히다   heavily 아주 많이   incorrect 부정확한   troop 군대, 병력   weapon of mass destruction 대량 살상 무기(WMD)   rely on ~에 의지하다   faculty 교직원

정답 (d)

31

On July 2, 2008, *The Washington Post* claimed that Barack Obama received a huge discount on his mortgage. According to the report, because of his extremely low mortgage rate, Obama could have saved over $300 each month. The official website of Barack Obama (www.barackobama.com) argues, however, that the presidential candidate did not "get special treatment" with regard to his mortgage rate. The website mentions that Obama's rate is "consistent with" that of someone with a similar financial status.

Q: Which of the following is correct according to the passage?
(a) Barack Obama did get special treatment with regard to his mortgage rate.
(b) Barack Obama is an ethical person.
(c) Barack Obama does not have any official website.
(d) *The Washington Post* argued that Obama got special treatment.

번역 2008년 7월 2일 〈워싱턴 포스트〉지는 버락 오바마가 주택 융자를 받을 때 막대한 할인을 제공받았다고 주장했다. 보도에 따르면, 지극히 낮은 주택 융자율 때문에 오바마는 매달 300달러 이상을 아낄 수 있었다고 한다. 그렇지만 버락 오바마의 공식 웹사이트는 대통령 후보인 오바마가 주택 융자율과 관련하여 특별 대우를 받지 않았다고 주장한다. 공식 웹사이트는 오바마의 융자율이 비슷한 경제적 지위에 있는 이들과 일치한다고 말한다.

Q: 글에 따르면 다음 중 옳은 것은?
(a) 버락 오바마는 주택 융자와 관련하여 특별한 대우를 확실히 받았다.
(b) 버락 오바마는 윤리적인 인물이다.
(c) 버락 오바마는 공식 웹사이트를 갖고 있지 않다.
(d) 〈워싱턴 포스트〉지는 오바마가 특별 대우를 받았다고 했다.

해설 (a)는 양측의 주장이 엇갈리기 때문에 정확히 알 수가 없다. (b) 역시 주어진 내용만으로는 판단할 수 없다. (c)는 글 내용과 완전히 어긋나므로 정답이 아니며, 첫 번째 문장에서 (d)가 정답임을 알 수 있다.
claim (~이 사실이라고) 주장하다 **mortgage** 주택 융자 **presidential candidate** 대통령 후보 **with regard to** ~와 관련하여 **consistent with** ~와 일치하는 **status** 지위

정답 (d)

32

According to Luca Turin's theory of the olfactory system, the sensation of smell results from the response of the nasal receptors to various vibrations of a molecule. It is likely that there are many types of receptors capable of processing different ranges of vibrations. As is widely known, only three types of receptors in the eye can distinguish thousands of colors. The nose might have many more types of receptors. Turin believes that a particular smell receptor can process various ranges of vibrations, but this might not be the case.

Q: Which of the following is correct according to the passage?
(a) The nose has only three types of receptors.
(b) Turin's theory may not be accurate.
(c) Humans can distinguish only three different colors.
(d) Luca Turin developed a theory about how the eye works.

번역 루카 튜린의 후각계 이론에 따르면, 후각은 분자의 다양한 진동에 후각 수용체가 반응을 일으키는 데서 비롯된다고 한다. 다양한 범위의 진동을 처리할 수 있는 많은 유형의 수용체가 있을 가능성이 있다. 널리 알려져 있듯이, 눈 안에 있는 단 세 종류의 수용체는 수천 가지 색깔을 구별할 수 있다. 코는 훨씬 더 많은 유형의 수용체를 가지고 있을지도 모른다. 튜린은 특정한 냄새 수용체가 다양한 범위의 진동을 처리할 수 있다고 생각하지만, 이는 사실이 아닐 수도 있다.

Q: 글에 따르면 다음 중 옳은 것은?
(a) 코에는 단 세 가지 유형의 수용체만이 존재한다.
(b) 튜린의 이론은 정확하지 않을지도 모른다.
(c) 사람은 단지 세 가지 색깔만을 구별할 수 있다.
(d) 루카 튜린은 눈 기능 원리에 대한 이론을 전개했다.

해설 마지막 문장에서 말한 내용으로 보아 정답이 (b)임을 알 수 있다. (a)는 끝에서 두 번째 문장의 내용과 맞지 않고, (d)는 눈이 아니라 코로 바꾸어야 정답이 될 수 있다.
olfactory system 후각계(系) **nasal** 코의 **receptor** 수용체 **vibration** 진동 **molecule** 분자 **range** 범위 **distinguish** 구별하다

정답 (b)

33

When I began to study ballet, I was fascinated by its beautiful movements. Of course, I had to master every movement very carefully and often heard my friends complaining of difficulty in adjusting their movements. The awesome beauty of every ballet movement, however, captured my soul. I could finally understand why Isadora Duncan believed that dance is a manifestation of the essence of the human soul. It is so pure, so beautiful, so strong. That understanding has compelled me to look for pure beauty in everything. Naturally, I am eager to express it in my own way, particularly visually.

Q: Which of the following is correct according to the passage?
(a) The author complained that ballet was too difficult to master.
(b) The author has a keen interest in pure beauty.
(c) The author disagrees with Isadora Duncan.
(d) The author does not try to find beauty in everyday things.

번역 발레를 배우기 시작했을 때, 나는 그 아름다운 동작에 매료되었다. 물론 각 동작을 매우 주의 깊게 익혀야 했고 친구들이 동작을 바로 잡는 데 겪는 어려움을 불평하는 것을 종종 듣기도 했다. 그렇지만 모든 발레 동작의 빼어난 아름다움이 내 영혼을 사로잡았다. 마침내 이사도라 던컨이 왜 춤이 인간 영혼의 정수를 보여주는 것이라고 생각했는지 이해할 수 있었다. 춤은 매우 순수하고, 정말 아름다우며, 아주 강렬하다. 이런 이해 때문에 나는 모든 것에 깃들어 있는 순수한 아름다움을 찾으려고 했다. 당연히, 그 아름다움을 나만의 방식으로 특히 시각적으로 표현하기를 갈망한다.

Q: 글에 따르면 다음 중 옳은 것은?
(a) 글쓴이는 발레를 완전히 익히기가 너무 어렵다고 불평했다.
(b) 글쓴이는 순수한 아름다움에 깊은 관심을 갖고 있다.
(c) 글쓴이는 이사도라 던컨과 생각을 달리한다.
(d) 글쓴이는 일상적인 것들 안에서 미를 찾으려 하지 않는다.

해설 (a)는 글쓴이가 아니라 친구들이 동작의 어려움 때문에 불평했고, (c)는 글쓴이가 이사도라 던컨의 생각을 이해한다고 했으므로 오답이다. 모든 것에서 순수한 아름다움을 찾는다고 했으므로 정답은 (b)이다.
fascinate 매혹시키다   movement (몸·신체 부위의) 움직임
adjust 조정하다, 바로잡다   awesome 굉장한, 어마어마한
capture 포착하다, 사로잡다   manifestation 표명, 나타냄
compel 강제하다   visually 시각적으로   keen 강렬한

정답 (b)

34

The ancient Greeks believed that a cavern close to the temple of Apollo in Pamukkale was the entrance to the underworld. This was partly because many animals as well as many people disappeared right after they had entered the cavern. They never returned. According to Dr. Joe Schwarcz, however, the cavern does not lead to the "underworld." Since carbonated water can easily access the area surrounding the cave, oxygen shortage frequently occurs and this can account for the "mysterious" disappearance of animals and people inside the cavern.

Q: What can be inferred from the passage?
(a) The ancient Greeks visited the underworld on a regular basis.
(b) Dr. Joe Schwarcz agrees with the ancient Greeks.
(c) Science can help to solve mysteries.
(d) The ancient Greeks were afraid of Apollo.

번역 고대 그리스인들은 파묵칼레에 있는 아폴로 신전 부근의 동굴이 저승의 입구라고 생각했다. 많은 사람들뿐만 아니라 많은 동물들이 그 동굴에 들어가자마자 사라졌기 때문이라는 게 부분적인 이유였다. 그들은 결코 되돌아오지 않았다. 그렇지만 조 슈와츠 박사에 따르면, 그 동굴이 저승으로 이어지는 것은 아니라고 한다. 탄산수가 그 동굴 주변 지역에 쉽게 들어갈 수 있기 때문에 산소 부족이 빈번히 발생하며, 이것이 동굴 내부에서 동물들과 사람들이 불가사의하게 사라지는 것을 설명할 수 있다.

Q: 글로부터 유추할 수 있는 것은?
(a) 고대 그리스인들은 정기적으로 저승을 방문했다.
(b) 조 슈와츠 박사는 고대 그리스인들의 생각에 동의한다.
(c) 과학이 미스터리를 해결하는 데 도움이 될 수 있다.
(d) 고대 그리스인들은 아폴로를 두려워했다.

해설 (a)는 글의 내용상 알 수 없고, (b)는 오히려 박사가 고대 그리스인들의 생각을 과학적인 설명을 통해 반박하고 있으므로 정답이 아니다. (d)는 신전이 있다는 것만으로 아폴로를 두려워했다고 볼 수는 없으므로 오답이다. 탄산수가 동굴 안에서 동물과 사람이 사라지는 현상을 설명할 수 있다고 했으므로 정답은 (c)가 된다.
cavern 동굴   temple 신전, 사원   underworld 저승   partly 부분적으로, 어느 정도   carbonated water 탄산수   shortage 결핍   on a regular basis 규칙적으로

정답 (c)

35

Meditation is so powerful that it can even rekindle your health. There are two explanations for the power of meditation. First of all, it enables us to relax our bodies and minds. In everyday life, we feel colossal amounts of stress, which is thought to be the overriding cause of various diseases. Meditation teaches us to let go of stress by the simple act of observation. Meditation does not coerce anything. It just reminds us of the importance of letting go. This act leads to a deep relaxation of body and mind. Second, meditation keeps us heedful of everything. This mindfulness enables us to be truly "here and now." When we are truly here and now, we can feel true happiness and contentment. In these ways, meditation is good for our health.

Q: Which statement would the author most likely agree with?
(a) Meditation is a simple skill capable of reducing stress.
(b) Meditation is useless and misleading.
(c) It is important to endure stress over long periods of time.
(d) There is no way to reduce stress.

번역 명상은 아주 강력해서 심지어는 건강을 되살릴 수도 있다. 이런 명상의 힘에 대한 두 가지 설명이 있다. 무엇보다도, 명상으로 몸과 마음을 이완시킬 수 있다. 일상생활에서 우리는 엄청난 스트레스를 느끼는데, 이는 여러 질병의 결정적 원인으로 생각된다. 명상은 관찰이라는 단순한 행동을 통해 스트레스를 비워내라고 가르친다. 명상은 그 어떤 것도 강제하지 않는다. 명상은 단지 비워내는 것이 중요하다는 것을 일깨워준다. 이 비워냄을 통해 몸과 마음은 극히 편안한 상태에 이르게 된다. 다음으로, 명상은 모든 것을 주의 깊게 의식하도록 한다. 이러한 주의 깊음을 통해 참으로 지금 이곳에 존재하게 된다. 진정으로 현재에 머무를 때 참된 행복과 만족을 느끼게 된다. 이런 점에서 명상은 건강에 유익하다.

Q: 필자가 동의할 것 같은 진술은?
(a) 명상은 스트레스를 줄일 수 있는 간단한 기법이다.
(b) 명상은 쓸모없고 사람들을 오도한다.
(c) 오랜 기간 동안 스트레스를 감내하는 것이 중요하다.
(d) 스트레스를 줄이는 방법은 없다.

해설 저자는 명상을 하면 비워냄이라는 과정을 통해 몸과 마음이 편안한 상태에 있게 되어 스트레스를 비워낼 수 있다고 보고 있으므로 정답은 (a)가 된다.
rekindle 되살리다 **colossal** 막대한 **overriding** 결정적인 **let go of** ~를 버리다 **coerce** 강제하다 **heedful** 세심한 주의를 기울이는 **contentment** 만족 **misleading** 오도하는

정답 (a)

36

Monarchy is a form of government in which a monarch holds power as head of state. Monarchs rule until death unless they abdicate. Unfortunately, even at the beginning of the twentieth century, monarchy was a dominant form of government in most parts of the world. Given the many revolutions in the previous centuries and the unjustifiability of the political system, this seems to be too odd to explain. As Lord Acton clearly put it, "absolute power corrupts absolutely" and this can hold true for monarchy, which is easily corruptible and thus detrimental to the happiness of the people.

Q: What is the author's attitude toward monarchy?
(a) Critical
(b) Oblivious
(c) Apathetic
(d) Sympathetic

번역 군주제는 군주가 국가 원수로서 권력을 보유하는 통치 형태이다. 군주는 퇴위하지 않는 한 사망할 때까지 국가를 통치한다. 유감스럽게도, 심지어 20세기 초에도 세계 대부분의 지역에서 군주제가 지배적인 통치 형태였다. 이전 세기의 많은 혁명과 이 체제의 부당성을 감안하면, 이런 현상은 너무 이상해서 설명할 수 없는 것 같다. 액튼 경이 분명히 지적했듯이, 절대 권력은 절대적으로 부패하며, 이것은 군주제에도 적용된다. 군주제는 쉽게 부패할 수 있으며 따라서 국민의 행복에 해가 된다.

Q: 군주제에 대한 필자의 태도는 무엇인가?
(a) 비판적인
(b) 의식하지 못하는
(c) 냉담한
(d) 동정적인

해설 '부당성' '부패'라는 단어와 액튼 경의 말을 인용한 것, 국민의 행복에 해가 된다는 마지막 문장을 통해 저자가 군주제를 비판적으로 보고 있음을 알 수 있으므로 정답은 (a)이다. 글에서 저자가 적극적으로 개인적인 비판 의식을 드러내고 있으므로 (c)는 정답이 될 수 없다.
monarchy 군주제 **monarch** 군주 **head of state** 국가 원수 **rule** 군림하다 **abdicate** 퇴위하다 **unjustifiability** 정당화될 수 없음 **corrupt** 부패하다 **hold true for** ~에 적용되다 **detrimental** 해로운

정답 (a)

37

For physicists, mathematics is an essential tool for describing and explaining the physical world surrounding us. In fact, they rarely rely on intuition to explore various objects in the universe. Rather, they apply mathematical concepts to the behavior of the physical world. Although mathematical concepts are thought to be purely abstract, the history of physics has taught physicists that they are a highly reliable guide to exploring concrete phenomena in the universe. There were even cases in which mathematical reasoning led to the discovery of laws of physics. For instance, the discovery of the law of conservation of energy owed a great deal to the application of rigorous mathematical reasoning.

Q: Why does the author mention the discovery of laws of physics?
(a) To argue that physics has nothing to do with mathematical reasoning
(b) To maintain that we need to do everything in our power to find the truth
(c) To suggest that mathematical reasoning can lead to adverse consequences
(d) To show the close relationship between physics and mathematics

번역 물리학자들에게 수학은 우리를 둘러싸고 있는 물질 세계를 기술하고 설명하는 데 필수적인 도구이다. 사실 그들은 우주에 있는 다양한 사물들을 탐구하기 위해 직관에 의존하는 경우가 드물다. 도리어 그들은 물질 세계의 움직임에 수학적 개념을 적용한다. 수학적 개념이 순수하게 추상적인 것으로 생각되지만, 물리학의 역사로부터 물리학자들은 수학적 개념이 우주의 구체적인 현상을 탐구하는 데 지극히 신뢰할 만한 길잡이라는 사실을 배웠다. 심지어 수학적 사유가 물리학 법칙의 발견으로 이어진 경우들도 있었다. 예컨대, 에너지 보존 법칙의 발견은 엄격한 수학적 사유의 적용에 힘입은 바가 컸다.

Q: 필자는 왜 물리학 법칙의 발견을 언급하는가?
(a) 물리학이 수학적 사유와 전혀 관련 없음을 주장하기 위해
(b) 진리를 찾는 데 전력을 다해야 한다고 주장하기 위해
(c) 수학적 사유가 부정적인 결과로 귀결될 수 있음을 시사하기 위해
(d) 물리학과 수학의 밀접한 관계를 입증하기 위해

해설 전체 글의 흐름으로 보아, 물리학과 수학의 밀접한 관계를 설명하는 것이 목적이기 때문에 정답은 (d)가 된다.
intuition 직관 **reasoning** 사유(思惟) **conservation** 보존 **rigorous** 엄정한 **adverse** 적대하는, 반대의

정답 (d)

ACTUAL TEST 2   Part 3

38

Contrary to popular belief, quicksand is not a dangerous "creature" as is often depicted in movies. (a) Basically, it is just a mixture of sand and water, which does not support any weight. (b) As a result, if you try to forcefully escape from the quicksand, you will sink quickly. (c) On the other hand, if you just stay calm, you will float in the quicksand. (d) Most people do not like the idea of sinking in quicksand.

번역 일반적인 견해와 달리, 유사(流砂)는 영화에서 자주 묘사되는 것처럼 위험한 존재가 아니다. (a) 근본적으로, 유사는 단지 모래와 물의 혼합물인데, 이 혼합물은 무게를 떠받쳐주지 않는다. (b) 따라서 유사로부터 힘을 써서 빠져 나오려고 하면, 속으로 빠르게 가라앉게 된다. (c) 반면, 그냥 차분한 상태를 유지한다면 유사에 떠 있게 될 것이다. (d) 대부분의 사람들은 유사 속으로 가라앉는다는 생각을 좋아하지 않는다.

해설 첫 번째 문장이 주제문으로, 유사가 그리 위험하지 않음을 말하는 것이 주된 내용이다. 사람들의 기호에 대해 진술한 (d)는 이와 거리가 먼 내용으로 글의 흐름에 부합하지 않는다. (b)와 (c)는 글의 주제와 밀접하게 관련되는 내용이다.
quicksand 유사(바람이나 물에 의해 아래로 흘러내리는 모래. 사람이 들어가면 늪에 빠진 것처럼 헤어나오지 못함) **depict** 묘사하다

정답 (d)

39

The New International Version (NIV) Bible is generally thought to be an authoritative translation of the Holy Bible. (a) The NIV provides a lucid translation, striking the right balance between literal and semantic translations. (b) Recent discoveries in archaeology and linguistics were used to interpret difficult passages. (c) More people purchase the NIV than any other translation. (d) Over 100 eminent scholars, along with language experts, participated in the translation project to ensure the quality of the work.

번역 새 국제역본(NIV) 성경은 일반적으로 성경에 대한 권위 있는 번역으로 여겨진다. (a) NIV는 직역과 의역 사이의 균형을 맞추면서 명쾌한 번역을 제공한다. (b) 고고학과 언어학 분야의 최근 발견들이 어려운 글들을 해석하기 위해 쓰였다. (c) 다른 어떤 번역본보다도 NIV를 구매하는 사람들이 더 많다. (d) 언어 전문가들과 함께, 100명이 넘는 저명한 학자들이 작품의 수준을 확실하게 하기 위해 이 번역 프로젝트에 참가했다.

해설 첫 번째 문장이 주제문인데, (c)는 권위 있는 번역을 뒷받침하는 문장으로 보기에는 연관성이 떨어지며, 번역의 권위는 판매 부수에 따라 정해지는 것이 아니라, (a), (b), (d)에서 언급한 내용들이 뒷받침해주는 것이기 때문에 (c)가 정답이다.
authoritative 권위 있는 **lucid** 명쾌한 **strike a balance** 균형을 유지하다 **literal translation** 직역 **semantic translation** 의역 **archaeology** 고고학 **linguistics** 언어학 **eminent** 저명한 **ensure** 반드시 ~하게 하다

정답 (c)

40

Proponents of laissez faire disapprove of governmental intervention in the market for many reasons. (a) More than anything else, such intervention is likely to decrease productivity. (b) This is largely because no government can distribute scarce resources as fairly as the market. (c) Some supporters of laissez faire acknowledge the need for equality in society. (d) If the government tries to distribute resources according to its arbitrary standards, people will be discouraged from making full use of their talents, which can lead to reduced productivity.

번역 자유방임주의 지지자들은 많은 이유로 정부의 시장 개입을 탐탁지 않게 여긴다. (a) 무엇보다도, 그러한 개입은 생산성을 감소시킬 가능성이 높다. (b) 이는 대체로 어떤 정부도 시장만큼 공정하게 희소한 자원을 분배할 수 없기 때문이다. (c) 자유방임주의 지지자 중 일부는 사회에서 평등이 필요함을 인정한다. (d) 정부가 자의적 기준에 따라 자원을 배분하려고 한다면, 사람들이 재능을 완전히 발휘하기를 기피하게 되어 생산성 저하로 이어질 수 있다.

해설 전반적인 글의 내용은 정부가 시장에 개입하지 말아야 한다는 것인데, (c)는 정부가 개입할 수 있는 근거에 해당하므로 글의 전체 입장과 어긋난다. (a), (b), (d)가 모두 정부 개입을 비판하는 논거라는 점에도 유의할 필요가 있다.
proponent 지지자 **laissez faire** 자유방임주의 **intervention** 개입 **productivity** 생산성 **largely** 대체로, 주로 **distribute** 분배하다 **scarce** 희소한 **acknowledge** 인정하다 **arbitrary** 자의적인 **discourage** 낙담시키다

정답 (c)

ACTUAL TEST 3

Part 1	1 (c)	2 (b)	3 (b)	4 (a)	5 (d)	6 (d)	7 (c)	8 (a)
	9 (b)	10 (a)	11 (c)	12 (a)	13 (d)	14 (b)	15 (a)	16 (c)
Part 2	17 (b)	18 (d)	19 (a)	20 (a)	21 (b)	22 (a)	23 (d)	24 (d)
	25 (d)	26 (b)	27 (a)	28 (d)	29 (c)	30 (b)	31 (a)	32 (c)
	33 (b)	34 (c)	35 (c)	36 (b)	37 (a)			
Part 3	38 (c)	39 (c)	40 (d)					

ACTUAL TEST 3　Part 1

1

Many people, even policymakers, are unaware of the differences between weather forecasting and climate research. For instance, in 1994, _____, the United States government introduced the National Polar-orbiting Operational Environmental Satellite System to integrate climate research and weather forecasting systems. Instead of saving money, the introduction of the new satellite system led to more spending on collecting data on the weather and climate.

(a) overlooking their close similarities
(b) disregarding the possible consequences
(c) ignoring their essential differences
(d) determined to beat the Russians

번역　많은 이들이, 심지어 정책 입안자들조차도 일기 예보와 기후 연구의 차이를 의식하지 못한다. 예컨대, 1994년 그 둘 사이의 본질적 차이를 무시하고서, 미국 정부는 기후 연구 체제와 일기 예보 체제를 통합하기 위해 국가 극-궤도 작동 환경 인공위성 시스템을 도입했다. 새로운 인공위성 시스템 도입은 예산 절감 대신 일기와 기후 관련 자료를 수집하는 데 더 많은 비용이 드는 결과를 낳았다.

(a) 높은 유사성을 간과하고서
(b) 가능한 결과를 무시하고서
(c) 그 둘 사이의 본질적 차이를 무시하고서
(d) 러시아인들을 이기겠다고 굳게 결의하여

해설　첫 번째 문장이 주제문으로, 일기 예보와 기후 연구의 차이점을 무시해서 정부가 벌인 일이 오히려 비용을 증대시켰으므로 (c)가 정답이다. (a)는 본문과 정반대의 내용이며, (b)는 일기 예보와 기후 연구 사이의 관계뿐만 아니라 다른 사항에 대해서도 널리 쓰일 수 있기 때문에 오답이다.
policymaker 정책 입안자　**unaware of** ~를 의식하지 못하는　**integrate** 통합하다　**overlook** 간과하다　**determined** 결심이 굳은

정답　(c)

2

On July 21, 2008, Barack Obama met with several Iraqi leaders, including the prime minister, to listen to their positions on U.S. troop withdrawals from their country. They stressed that both Iraq and the United States should set out a timetable for the necessary steps in _____. According to Obama, the prime minister hoped that the American troops would leave Iraq in 2010.

(a) providing economic aid to the poor country
(b) normalizing the war-torn country
(c) strengthening the military forces of the Muslim country
(d) bringing democracy to the dictatorial country

번역　2008년 7월 21일, 버락 오바마는 미군을 이라크에서 철수하는 데 대한 입장을 듣기 위해 총리를 포함한 여러 이라크 지도자들을 접견했다. 그들은 이라크와 미국 양국이 전쟁으로 피폐된 나라를 정상화하는 데 필요한 조치에 대한 일정을 마련해야 한다는 점을 강조했다. 오바마에 따르면, 이라크 총리는 미군이 2010년에 이라크에서 철수하기를 희망했다고 한다.

(a) 그 가난한 나라에 경제 원조를 제공하는
(b) 전쟁으로 피폐된 나라를 정상화하는
(c) 그 이슬람 국가의 군대를 강화하는
(d) 그 독재 국가에 민주주의를 도입하는

해설　첫 번째 문장에서 미군의 철수를 언급했는데, 외국 군대가 철수하는 것은 주둔 국가가 정상화되는 과정으로 이해할 수 있으므로 (b)가 정답이다. (c)는 외국 군대의 철수만으로 해당 국가의 군대가 강화되는 것이 아니기 때문에 오답이다. (d)는 이 글에서 논의된 사항이 아니다.
Iraqi 이라크의　**withdrawal** 철수, 철회　**set out** ~을 마련하다　**normalize** 정상화하다　**war-torn** 전쟁으로 피폐된　**Muslim** 이슬람의　**dictatorial** 독재의, 독재적인

정답　(b)

3

Many people believe that one's memory capacity is determined entirely by how much information _____. According to Edward Vogel, a professor of cognitive neuroscience at the University of Oregon, however, it actually depends on how well you can separate out irrelevant information. He points out that the bouncer, a kind of information control mechanism, ultimately decides how good one's memory is.

(a) one loses
(b) one retains
(c) you disperse
(d) you invent

번역 얼마나 많은 정보를 보유하는가에 따라 기억력이 전적으로 결정된다고 많은 이들이 생각한다. 그렇지만 오리건 대학교의 인지 신경과학 교수인 에드워드 보겔에 따르면, 사실 기억력은 관련 없는 정보를 얼마나 잘 가려내는가에 달려 있다고 한다. 보겔 교수는 궁극적으로 일종의 정보 제어 기제인 바운서가 기억력이 얼마나 좋은지를 결정한다고 지적한다.

(a) 상실하는가
(b) 보유하는가
(c) 퍼뜨리는가
(d) 발명하는가

해설 기억력에 대해 많은 사람들이 갖고 있는 생각을 뒤집는 것이 전반적인 내용이다. 따라서 관련 없는 정보를 가려내는 것과 대조되는 내용인 (b)가 연결돼야 자연스럽다. (a)는 정보의 상실을 기억과 연결시키려고 하는데 이는 일반적인 생각과도 동떨어진다. (c)와 (d)는 기억력과 거의 상관이 없는 내용이다.
memory capacity 기억력, 기억 용량 **entirely** 전적으로 **neuroscience** 신경과학 **separate out** ~을 가려내다 **irrelevant** 관련 없는 **mechanism** 기제, 기구 **ultimately** 결국 **retain** 보유하다 **disperse** 흩어지다, 확산시키다

정답 (b)

4

When conducting job interviews, you need to bear several points in mind. First of all, taking into account the job description, try to find applicants who satisfy the minimum requirements for the job. Ask relevant questions after thoroughly explaining the job to the candidates. Second, you need to be aware of the importance of checking references. This step is extremely important in that it enables you to learn more about the applicant. Finally, never ask questions that _____.

(a) are not directly related to the job
(b) are politically sensitive
(c) can be regarded as disrespectful to the majority of Americans
(d) can stimulate intellectual discussion

번역 취업 면접을 할 때는 몇 가지 사항을 명심해야 한다. 첫째, 업무 내용을 감안하여, 업무에 요구되는 최저 사항을 충족시키는 지원자를 찾으려고 노력하라. 후보자들에게 업무를 철저하게 설명한 다음에 관련되는 사항을 질문하라. 둘째, 추천서를 확인하는 것이 중요하다는 점을 의식할 필요가 있다. 이 단계는 지원자에 대해 보다 많은 사항을 알 수 있게 해준다는 점에서 극히 중요하다. 마지막으로, 업무와 직접적으로 관련되지 않는 사항은 결코 질문하지 말라.

(a) 업무와 직접적으로 관련되지 않는
(b) 정치적으로 민감한
(c) 대다수 미국인들에게 무례하다고 간주될 수 있는
(d) 지적인 논의를 자극할 수 있는

해설 이 글은 채용하는 회사나 면접관에게 주는 취업 면접 주의 사항이다. (b)와 (c)는 글의 흐름이 업무 능력 평가에 있다는 점을 감안할 때, 관련성이 떨어진다. (d)는 글의 흐름과 동떨어진 내용이기 때문에 정답이 아니다. 따라서 자연스럽게 내용을 전개하는 (a)가 정답이다.
conduct 수행하다 **bear in mind** 명심하다 **take into account** ~을 감안하다 **applicant** 지원자 **minimum** 최저의 (cf. maximum 최대의) **relevant** 연관된 **reference** 추천서 **politically** 정치적으로 **sensitive** 민감한 **disrespectful** 무례한, 실례되는 **stimulate** 자극하다 **intellectual** 지적인

정답 (a)

5

For better or worse, adolescents are heavily dependent on the media for identity formation. Fascinated by glamorous depictions of romantic relationships in the media, they grow to believe that they should act and speak just like Hollywood stars in order to attract the opposite sex. Together with peer pressure, graphic images provided by television, movies, and magazines reinforce this belief and adolescents fail to _____, which requires exposure to meaningful real-life experiences and self-exploration.

(a) form romantic relationships with the opposite sex
(b) create a meaningful culture
(c) explore outer space
(d) form their unique identity

번역 좋든 나쁘든, 청소년은 정체성 형성을 대중매체에 심하게 의존한다. 대중매체에 나타나는 낭만적 관계의 매혹적인 묘사에 매료되어, 청소년들은 이성이 매력을 느끼도록 만들기 위해서는 할리우드 스타들처럼 행동하고 말해야 한다고 믿게 된다. 또래 집단의 압력과 함께, TV, 영화, 잡지에서 제공되는 생생한 이미지가 이런 믿음을 강화하며, 이에 따라 청소년들은 특유의 정체성을 형성하지 못하게 되는데 정체성이 형성되기 위해서는 의미 있는 실생활 경험과 자아 탐구에 노출되어야 한다.

(a) 이성과의 낭만적 관계를 형성하지
(b) 의미 있는 문화를 창조하지
(c) 외부 공간을 탐구하지
(d) 특유의 정체성을 형성하지

해설 청소년들이 대중매체를 통해 정체성을 형성하는 것에 대한 문제점과 대안을 제시하고 있는 글이므로 (d)가 정답임을 알 수 있다. (a)는 대중매체의 부정적 영향의 한 측면을 다룬 것으로, 글의 주제인 정체성 형성과의 관계가 긴밀하지 못하다.
for better or worse 좋든 싫든 adolescent 청소년 identity 정체성 glamorous 매혹적인 the opposite sex 이성 peer pressure 또래로부터 받는 사회적 압력 graphic 생생한 reinforce 강화하다 self-exploration 자아 탐구 unique 독특한

정답 (d)

6

For too many people, education is just a means of achieving their egocentric goals. They are more interested in their prerogative as the educated than in the social responsibility it requires. But these people need to realize that _____. This is mainly because true happiness consists in touching the hearts of others. In essence, education requires you to transcend your tiny self. By so doing, you will realize that you are part of a larger whole. That is the true meaning of education.

(a) money automatically brings happiness
(b) others may be selfish too
(c) they have noble purposes
(d) their attitudes betray their purposes

번역 너무도 많은 이들에게 교육은 그저 자신들의 이기적인 목적을 달성하기 위한 수단일 뿐이다. 이들은 교육이 요구하는 사회적 책임보다는 교육받은 이로서의 특권에 관심이 더 많다. 하지만 이들은 그런 태도가 그들의 목적을 배반한다는 점을 깨우쳐야 한다. 진정한 행복은 다른 이들의 마음을 감동시키는 데 있기 때문이다. 본질적으로, 교육은 작은 자아를 초월할 것을 요구한다. 그렇게 함으로써 자신이 보다 큰 전체의 일부임을 깨닫게 된다. 그것이 교육의 진정한 의미이다.

(a) 돈이 자동적으로 행복을 가져온다
(b) 다른 이들도 이기적일 수 있다
(c) 그들에게 숭고한 목적이 있다
(d) 그런 태도가 그들의 목적을 배반한다

해설 빈칸이 들어간 문장 앞뒤 관계를 보면 앞부분과 상반되는 내용이 전개되고 있다. 따라서 (d)가 가장 적절하다. (a)는 글 전체에서 말하고자 하는 내용과 다르기 때문에 정답이 될 수 없다. (b)는 앞의 문장을 부정하는 것이 아니기 때문에 역시 오답이다. (c)는 바로 다음 문장과의 연결이 부자연스럽다.
egocentric 이기적인 prerogative 특권 consist in ~에 있다 transcend 초월하다 betray 배반하다

정답 (d)

7

On August 3, 2008, Kathy Hilton severely criticized the McCain campaign's advertisement which tried to write Barack Obama off as just a celebrity figure like Paris Hilton. In her blog on the Huffington Post (http://www.huffingtonpost.com/kathy-hilton/), she wrote that the campaign advertisement was a "complete waste of the country's time and attention" at an economically difficult time. Some analysts believed that Kathy Hilton was simply harboring resentment toward McCain for _____.

(a) squandering his money in such a careless way
(b) attacking the Democratic presidential candidate so harshly
(c) humiliating her daughter in such an obnoxious way
(d) displaying ignorance about economic issues

번역 2008년 8월 3일, 케이시 힐튼은 버락 오바마를 패리스 힐튼 같은 유명 인사로 폄하하는 매케인의 선거 운동 광고를 격렬히 비난했다. 힐튼은 허핑턴 포스트에 개설한 자신의 블로그에서(http://www.huffingtonpost.com/kathy-hilton/) 그 선거 광고가 경제적으로 어려운 시기에 '미국의 시간과 관심을 완전히 허비한 것'이라는 글을 남겼다. 일부 전문가들은 케이시 힐튼이 자신의 딸을 그토록 불쾌하게 모욕한 데 대해 매케인에게 그야말로 분노를 품고 있다고 생각했다.

(a) 그토록 부주의하게 자신의 돈을 낭비한 데
(b) 그토록 심하게 민주당 대통령 후보를 공격한 데
(c) 자신의 딸을 그토록 불쾌하게 모욕한 데
(d) 경제 문제에 대한 무지를 드러낸 데

해설 이 글로 보아 케이시 힐튼과 패리스 힐튼이 모녀 관계라는 점을 짐작할 수 있는데, 글 전체의 흐름을 감안하면 정답은 (c)가 된다. (b)는 대통령 후보에 대한 자유로운 비판이 가능하다는 점을 케이시 힐튼도 알고 있었음을 고려할 때 정답이 아니다. (d)는 글과 전혀 관련이 없는 내용이다. 특히 본문에서 분노를 품은 것 같다고 표현한 점에 유의할 필요가 있다.
severely 심하게 **write off** 폄하하다 **celebrity figure** 유명 인사 **harbor** (감정 등을) 품다 **resentment** 분개, 분노 **squander** 허비하다 **presidential candidate** 대통령 후보 **humiliate** 모욕하다 **obnoxious** 불쾌한 **display** 드러내다

정답 (c)

8

In his landmark paper *A Possible Origin of the Hawaiian Islands*, John Tuzo Wilson argued that the Hawaiian Islands were originally tectonic plates moving over a hotspot in the mantle of the Earth. Unfortunately, however, his paper was not accepted by an American geophysical journal largely because his arguments were drastically different from the mainstream view. Unlike the American journal, the Canadian Journal of Physics agreed to publish his paper, which continued to _____.

(a) baffle geophysicists for thirty years
(b) be accepted by major geophysical journals
(c) be supported by mainstream scientists
(d) criticize American geophysical journals

번역 〈하와이 제도 기원의 한 가능성〉이라는 획기적인 논문에서, 존 투조 윌슨은 하와이 제도가 본래는 지구 맨틀의 열점 위에서 움직이는 지각판이었다고 주장했다. 그렇지만 유감스럽게도, 그의 논문은 미국의 지구 물리학 학술지에 게재되지 못했는데, 주된 이유는 그의 주장이 주류의 입장과 현격하게 다르다는 것이었다. 미국 학술지와 달리 캐나다 물리학 학술지는 윌슨의 논문을 출간하는 데 동의했으며, 그의 논문은 30년 동안이나 지구 물리학자들이 골머리를 앓게 만들었다.

(a) 30년 동안이나 지구 물리학자들이 골머리를 앓게
(b) 주요 지구 물리학 학술지에 받아들여지게
(c) 주류 과학자들에 의해 지지되게
(d) 미국의 지구 물리학 학술지를 비판하게

해설 글의 흐름으로 보아, 존 투조 윌슨의 주장이 지구 물리학계에 매우 진보적이었음을 짐작할 수 있는데, 이런 흐름과 부합하는 것은 (a)이다. (b)와 (c)는 존 투조 윌슨의 논문에 대한 미국 측의 태도를 감안할 때 정답이 될 수 없다. 본문에서 윌슨의 주장이 주류의 입장과 현격하게 다르다고 한 것이 가장 중요한 단서임에 유의하자.
landmark 획기적인 사건 **tectonic plate** 지각판 **hotspot** 열점 **mantle** 맨틀 **geophysical** 지구 물리학의 **mainstream** 주류 **baffle** 골머리를 앓게 하다, 당황하게 만들다

정답 (a)

9

The film *Copycat* is an excellent depiction of what is going on in a copycat killer's head. On the one hand, they are trying to be "original" in terms of executing their crimes. On the other hand, they are just copying other infamous murderers. In this sense, they are inferior to the original villains. For this reason, Daryll Lee Cullum, the copycat killer, gets mad when Dr. Helen Hudson mentions his inferiority. Incidentally, as Carl Van Vechten clearly put it, "copy cat [*sic*] is _____."

(a) a namesake because a large number of cats have the same name
(b) a misnomer because cats never copy anybody
(c) an example of onomatopoeia because a cat goes "copycat"
(d) a neologism because the term was coined quite recently

번역 영화 〈카피캣〉은 모방 살인자가 머릿속에서 무슨 생각을 하고 있는지 탁월하게 그려낸 작품이다. 한편으로, 그들은 범죄를 저지를 때 독창적이고자 애쓴다. 다른 한편으로는, 단지 악명 높은 다른 살인자를 모방할 뿐이다. 이런 점에서 모방 범죄자들은 본래의 악한에 비해 열등하다. 이런 이유 때문에, 모방 살인자 데릴 리 컬럼은 헬렌 허드슨 박사가 그의 열등성을 언급할 때 화를 낸다. 말이 나와서 하는 말이긴 하지만, 칼 반 베첸이 분명하게 말했듯이, "카피 캣은 [원문 그대로] 고양이가 결코 다른 이를 모방하지 않기 때문에 부적절한 명칭이다."

(a) 많은 고양이들이 이름이 같기 때문에 이름이 같은 것
(b) 고양이들이 결코 다른 이를 모방하지 않기 때문에 부적절한 명칭
(c) 고양이가 '카피캣'이라고 울기 때문에 의성법의 예
(d) 용어가 아주 최근에 지어진 것이기 때문에 신조어

해설 글의 흐름으로 보아, 카피캣이라는 말 자체에 대한 평가가 나와야 하는데, 글의 도입부로 보아 카피캣이 모방과 관련 있는 단어라는 점을 짐작할 수 있다. 그런데 고양이가 꼭 모방을 한다고 할 수는 없으므로 정답은 (b)이다. (a), (c), (d)는 사실 관계가 맞지 않을 뿐만 아니라 글의 흐름과도 동떨어져 있다.
copycat 모방자, 모방의 depiction 묘사, 서술 execute 실행하다 infamous 악명 높은 villain 악한 inferiority 열등성 sic 원문 그대로 namesake 이름이 같은 것 misnomer 부적절한[부정확한] 명칭 onomatopoeia 의성법 neologism 신조어 coin (신조어 등을) 지어내다

정답 (b)

10

According to pluralists, power is closely related to the _____. When you can utilize resources to compel others to do what you want, you are assumed to be powerful. Pluralists understand that there are a large number of resources available: Legitimacy, money, knowledge, etc. They also distinguish between actual and potential power. Whereas actual power refers to the ability to coerce other people to do something, potential power denotes the possibility of using resources to have actual power.

(a) availability of various resources
(b) ability to resist coercion
(c) distinction between reality and fantasy
(d) possibility of revolution

번역 다원론자들에 따르면, 권력은 다양한 자원 이용 가능성과 밀접하게 관련을 맺는다고 한다. 원하는 대로 다른 이들을 강제하기 위해 자원을 이용할 수 있을 때, 권력을 가진 것으로 추정된다. 다원론자들은 적법성, 돈, 지식 등 이용 가능한 자원이 많은 것으로 이해한다. 그들은 또한 실제적 권력과 잠재적 권력을 구분한다. 실제적 권력이 다른 사람들이 어떤 일을 하도록 강제할 수 있는 능력을 가리키는 데 반해, 잠재적 권력은 실제적 권력을 갖기 위해 자원을 이용할 수 있는 가능성을 뜻한다.

(a) 다양한 자원 이용 가능성
(b) 강제력에 저항할 능력
(c) 현실과 환상의 구별
(d) 혁명 가능성

해설 이 글에서 다원론자라는 이름과 다원론자들이 권력을 위해 이용할 수 있는 자원으로 적법성, 돈, 지식 등을 보고 있는 것으로 보아 정답은 (a)가 된다. (b)는 권력의 의미를 (b)로만 제한하게 되면 잠재적 권력을 전혀 설명할 수 없을 뿐만 아니라 세 번째 문장과의 연결이 자연스럽지 않기 때문에 정답이 될 수 없다. (c)와 (d)는 글에서 전혀 언급되지 않은 사항이다.
pluralist 다원론자 compel 강제하다 legitimacy 적법성 potential 잠재적인 coerce 강압하다, 강제하다 denote 뜻하다 availability 이용 가능성 coercion 강제력, 강압 fantasy 공상, 환상

정답 (a)

11

With the publication of *The Structure of Scientific Revolutions*, Thomas Kuhn introduced the term "paradigm" to the general public, thus helping deepen our understanding of the progress of science. According to Kuhn, a paradigm refers to a general agreement on how scientific inquiry is conducted and as such, it dictates the direction of scientific research. In his opinion, a specific science develops as a result of paradigm shifts, which enable scientists to _____.

(a) publish many more papers on the concept of paradigm
(b) define what progress really means
(c) approach their field in a thoroughly different way
(d) adhere to the old-fashioned principles

번역 〈과학 혁명의 구조〉를 출간하면서, 토머스 쿤은 '패러다임'이라는 용어를 일반 대중에게 소개하여 과학의 진보에 대한 이해를 심화시키는 데 기여했다. 쿤에 따르면, 패러다임이란 과학 연구가 수행되는 방식에 대한 전반적인 합의를 가리키는데, 그러한 것으로서 패러다임은 과학 연구의 방향을 지시한다고 한다. 그의 견해에 따르면, 패러다임 전환의 결과로 특정한 과학 분야가 발전하는데, 이는 과학자들로 하여금 완전히 다른 방식으로 자신들의 분야에 접근할 수 있게 한다.

(a) 패러다임이라는 개념에 관해 훨씬 더 많은 논문을 출간할
(b) 진보가 진정으로 무엇을 뜻하는지를 정의할
(c) 완전히 다른 방식으로 자신들의 분야에 접근할
(d) 구시대적인 원칙을 고수할

해설 빈칸 바로 앞에 패러다임 전환이라는 단서가 있기 때문에 정답은 (c)가 된다. 전환이 이루어졌으므로 기존 방식에 변화가 일어나야만 하기 때문이다. (a)는 지엽적인 사항으로, 앞 부분과의 연결 관계가 미약하다. (b) 역시 글 전체가 패러다임이라는 개념을 다루고 있다는 점에서 연관성이 뚜렷하지 못하고, (d)는 전환이라는 개념과 거리가 멀기 때문에 정답이 될 수 없다.

publication 출간 **paradigm** 패러다임 **general public** 일반 대중 **deepen** 심화시키다 **inquiry** 연구, 조사, 질문 **dictate** 지시하다 **shift** 변화 **thoroughly** 완전히, 철저히 **adhere to** ~를 고수하다 **old-fashioned** 구시대적인

정답 (c)

12

Forgiveness is a positive attitude that makes it possible for us to grow as human beings. Since nobody is perfect, we all make mistakes, which requires us to constantly forgive and forget. Otherwise, we would get trapped in the vicious circle of _____. We also need to keep in mind that we should learn to forgive ourselves. This is largely because unless we forgive ourselves, we cannot truly forgive others. If we can truly forgive others, we will be able to expand our boundaries and touch everyone's heart.

(a) remorse and resentment
(b) rapture and euphoria
(c) lethargy and lassitude
(d) penitence and torpor

번역 용서는 우리가 인간으로서 성숙할 수 있게 해주는 긍정적인 태도이다. 완벽한 사람은 아무도 없기 때문에 우리 모두는 실수를 저지르는데, 따라서 끊임없이 용서하고 잊어버릴 필요가 있다. 그렇지 않으면, 자책과 분개의 악순환에 빠지게 될 것이다. 또한 우리는 자신을 용서할 줄 알아야 한다는 걸 명심할 필요가 있다. 이는 주로 우리가 자신을 용서하지 않는 한, 진정으로 다른 이들을 용서할 수 없기 때문이다. 우리가 진정으로 다른 이들을 용서할 수 있다면, 우리의 경계를 확장하여 모든 이들의 마음에 닿을 수 있게 될 것이다.

(a) 자책과 분개
(b) 환희와 행복감
(c) 무기력과 권태
(d) 회개와 마비 상태

해설 용서하고 잊어버리는 일과 대조를 이루는 가장 적절한 내용을 찾아야 하므로 정답은 (a)이다. (b)는 앞의 내용과 대조를 이루고 있지 않고, 용서를 하지 않았을 때 무기력이나 마비 상태가 오는 것이 아니기 때문에 (c)와 (d)도 오답이다.

forgiveness 용서 **constantly** 끊임없이 **vicious circle** 악순환 **expand** 확대하다 **boundary** 경계 **remorse** 자책 **rapture** 환희 **euphoria** 행복감 **lethargy** 무기력 **lassitude** 권태 **penitence** 회개 **torpor** 마비 상태

정답 (a)

13

In many ways, Ellen G. White is _____. Her supporters think of her as an outstanding prophet who pioneered health reform movements. They stress that White contributed to the establishment of the Western Health Reform Institute in Battle Creek, Michigan, in 1866. On the other hand, her detractors point out that many of her "prophetic" ideas came from other reformers. For instance, Ronald Numbers, one of her opponents, argues that her ideas on health reform were merely copied from those of other health reformers.

(a) an outstanding clairvoyant with many years of experience
(b) a misleading prophet with many followers
(c) a pioneering health reformer of the 19th century
(d) a controversial figure in American history

번역 여러 면에서 엘렌 화이트는 미국 역사에서 논란이 많은 인물이다. 그녀를 지지하는 이들은 그녀를 의료 개혁 운동을 선도한 뛰어난 예언자로 간주한다. 이들은 그녀가 1866년 미시간 주 배틀크리크에 서부 의료 개혁 요양원이 설립되는 데 기여했다는 점을 강조한다. 반면, 비판자들은 그녀의 예언적인 아이디어의 상당수가 다른 개혁가들로부터 비롯된 것이라고 지적한다. 예컨대, 반대자들 중 한 명인 로널드 넘버스는 의료 개혁에 대한 그녀의 아이디어들이 다른 의료 개혁가들의 아이디어를 단지 모방한 것이라고 주장한다.

(a) 수년의 경험과 천리안을 가진 뛰어난 인물
(b) 추종자들이 많은 현혹하는 예언자
(c) 19세기의 선도적인 의료 개혁가
(d) 미국 역사에서 논란이 많은 인물

해설 글 전체의 흐름으로 보아 엘렌 화이트에 대한 평가가 엇갈리고 있음을 알 수 있다. 따라서 이런 흐름에 어울리는 (d)가 정답이다. (a)는 지지자들의 입장과 통하기는 하지만 반대자들도 언급되었다는 사실을 볼 때, 정답이 될 수 없다. (b)는 글에서 분명하게 밝힌 사항이 아니며, (c)는 지지자들만의 입장이므로 정답이 아니다.

prophet 예언자 **pioneer** 선도하다 **health reform** 의료 개혁 **stress** 강조하다 **establishment** 설립 **detractor** 헐뜯는 사람 **opponent** 반대자 **clairvoyant** 천리안이 있는 인물 **figure** 인물

정답 (d)

14

In a floating exchange rate system, the value of a currency is primarily determined by the foreign exchange market. In other words, exchange rates are vulnerable to supply and demand imbalances. By contrast, in a fixed exchange rate system, exchange rates are fixed by the government. According to economists, floating exchange rates are _____ in that they can cope with abrupt changes in the foreign exchange market much more effectively. Even in a floating exchange rate system, however, the government is likely to intervene when its currency appreciates or depreciates too sharply.

(a) usually preferred by developing countries
(b) generally superior to fixed exchange rates
(c) dependent upon fixed exchange rates
(d) gaining popularity among autocratic countries

번역 변동 환율제에서는 통화의 가치가 주로 외환시장에 의해 결정된다. 바꿔 말하면, 환율이 수요와 공급의 불균형에 영향을 받기 쉽다. 이와 대조적으로, 고정 환율제에서는 정부가 환율을 고정시킨다. 경제학자들에 따르면, 외환시장에서의 갑작스러운 변화에 훨씬 더 효과적으로 대응할 수 있다는 점에서 변동 환율제가 일반적으로 고정 환율제에 비해 우월하다고 한다. 그렇지만 변동 환율제에서조차 통화가 너무 급격하게 오르내리면 정부가 개입할 가능성이 있다.

(a) 대개 개발도상국들이 선호한다
(b) 일반적으로 고정 환율제에 비해 우월하다
(c) 고정 환율제에 의존한다
(d) 독재국가들 사이에서 인기를 얻고 있다

해설 빈칸 앞부분을 보면 외환시장의 갑작스러운 변화에 대해 변동 환율제가 더 효과적이라는 것을 볼 때 (b)가 답이다. (a)는 글에 전혀 언급되지 않은 사항이다. (c)는 글의 내용에 비추어 볼 때, 변동 환율제가 고정 환율제와 현격하게 다르다는 점을 알 수 있으므로 정답이 아니다.

floating[fixed] exchange rate system 변동[고정] 환율제 **currency** 통화 **vulnerable** 영향받기 쉬운, 취약한 **imbalance** 불균형 **abrupt** 갑작스러운 **intervene** 개입하다 **appreciate** (시세가) 오르다 **depreciate** (시세가) 내리다 **autocratic** 독재의

정답 (b)

15

The dodo is an extinct bird that used to live in Mauritius. It is generally believed that its extinction resulted from two main factors. First of all, despite being a bird, the dodo could not fly. It possessed relatively small wings incapable of flight. _____, dodos were not afraid of human beings or other animals largely because they lived in a comparatively safe environment. Owing to these two factors, the dodo became easy prey to people and other predators.

(a) On top of that
(b) Nonetheless
(c) Subsequently
(d) Likewise

번역 도도새는 모리셔스에 살았던 멸종된 새이다. 도도새가 멸종한 것은 두 가지 주된 요인 때문이라고 일반적으로 생각된다. 첫째, 조류임에도 불구하고 날지 못했다. 도도새는 비행을 할 수 없는, 상대적으로 작은 날개가 있었다. 더욱이, 도도새는 대개 비교적 안전한 환경에서 살았기 때문에 사람들이나 다른 동물들을 두려워하지 않았다. 이 두 가지 요인 때문에, 도도새는 사람들과 다른 포식 동물들의 손쉬운 먹잇감이 되었다.

(a) 더욱이
(b) 그럼에도 불구하고
(c) 이후에
(d) 마찬가지로

해설 도도새의 멸종 원인을 설명하고 있는 글이다. 원인을 하나 더 추가하는 것이므로 정답은 (a)이다. (b)는 앞의 내용과 대조를 이뤄야 하고, (c)는 전후 관계가 아니기 때문에 정답이 아니다. (d)는 날지 못한다는 것과 사람들을 두려워하지 않는다는 것을 동일한 관계라고 보기는 어렵기 때문에 역시 오답이다.
dodo 도도새 **extinct** 멸종된 **factor** 요인 **possess** 소유하다 **relatively** 상대적으로 **incapable of** ~할 능력이 없는 **prey** 먹잇감 **predator** 포식 동물

정답 (a)

16

Some people believe that music is an ancient form of language. According to them, music can transcend any restraints such as time and place. They even aver that before the advent of language, music was a dominant form of human communication. Their arguments have an element of truth. Even today, we are beguiled by songs whose lyrics we cannot understand. This is because our souls intuitively relate to those feelings expressed by such songs. _____, we need to consider the fact that music was used to venerate ancient gods. This implies that music can enable us to enter an altered state of consciousness. In these ways, music is truly a special kind of language.

(a) By contrast
(b) In short
(c) In addition
(d) By and large

번역 음악이 언어의 아주 오래된 형태라고 생각하는 이들도 있다. 그들에 따르면, 음악은 시간이나 공간과 같은 어떠한 제약도 초월할 수 있다고 한다. 심지어 그들은 언어가 도래하기 전에 음악이 인간의 의사소통의 지배적인 형태였다고 단언한다. 그들의 주장에 일리가 있다. 오늘날에도 우리는 가사를 이해하지 못하는 노래에 한없이 끌린다. 이것은 우리의 영혼이 그런 노래들이 표현하는 감정을 직관적으로 이해하기 때문이다. 또한, 음악이 고대 신들을 숭배하기 위해 쓰였다는 점을 고려해야 한다. 이는 음악을 통해 변성된 의식 상태에 이를 수 있음을 뜻한다. 이렇게 음악은 참으로 특별한 종류의 언어이다.

(a) 이와는 대조적으로
(b) 요컨대
(c) 또한
(d) 일반적으로

해설 음악이 언어의 아주 오래된 형태라고 보면서 근거를 설명하고 있는데 내용이 추가되고 있으므로 정답은 (c)이다. (a)는 앞의 내용과 대조를 이뤄야 한다. (b)는 전체 내용을 요약하는 경우에 쓰며, (d)는 이 문장의 의도가 단순히 일반적인 경우를 말하는 것이 아니라 앞 문장에 덧붙여서 주장을 강화하는 것이기 때문에 정답이 될 수 없다.
transcend 초월하다 **aver** 단언하다 **advent** 도래, 출현 **an element of truth** 일리 **beguile** 매혹하다 **venerate** 경외하다, 숭배하다 **altered** 변성된

정답 (c)

ACTUAL TEST 3 — Part 2

17

As an online company, we feel that Yahoo!'s web services are indispensable to any small business interested in reaching many more customers. In addition to providing "unlimited data transfer," Yahoo!'s Small Business offers a great many services specifically aimed at making small businesses succeed in this increasingly competitive world. Visit http://smallbusiness.yahoo.com/ and find out more about these excellent services.

Q: What is the passage mainly about?
(a) Finding out more about Yahoo!
(b) Web services aimed at small businesses
(c) Fierce competition among small businesses
(d) How to satisfy all kinds of customers

번역 인터넷 업체로서 저희는 더 많은 고객들에게 다가가려고 하는 어떤 소기업에든 야후의 웹 서비스가 필수불가결하다고 생각합니다. 야후 소기업 서비스는 무제한 자료 전송 서비스를 제공할 뿐만 아니라, 이처럼 경쟁이 심화되는 세상에서 소기업이 성공할 수 있게 하는 데 분명하게 목표를 둔 많은 훌륭한 서비스를 제공합니다. http://smallbusiness.yahoo.com/을 방문하여 이 탁월한 서비스에 대해 보다 많은 사항을 알아보십시오.

Q: 글의 주된 내용은 무엇인가?
(a) 야후에 대해 보다 많은 사항을 알아내는 것
(b) 소기업을 겨냥한 웹 서비스
(c) 소기업들 사이의 격심한 경쟁
(d) 모든 다양한 고객들을 만족시키는 방법

해설 글의 중심 내용을 묻는 문제로, 정답은 (b)이다. (a)는 이 글이 야후의 전체 서비스가 아니라 그 가운데 소기업을 겨냥한 서비스만을 언급하고 있기 때문에 정답이 아니다. (c)는 글에서 언급되긴 했지만 전반적인 내용이 아니기 때문에 역시 오답이다.
indispensable 필수불가결한   **unlimited** 무제한의
specifically 분명하게   **fierce** 격심한

정답 (b)

18

On October 26, 1973, the Yom Kippur War ended and fundamentally changed the relationship between Israel and the Arab World. Since it was defeated completely, the Arab World had no choice but to accept the existence of a Jewish state. As a result, Egypt normalized its relations with Israel, which marked the beginning of a new era for Israel and its neighboring countries.

Q: What is the best title for the passage?
(a) Why Egypt Was Defeated in the Yom Kippur War
(b) The Demise of a Jewish State
(c) The Importance of Diplomacy in an Increasingly Interdependent World
(d) Why Israel Formed New Relationships with Neighboring Countries

번역 1973년 10월 26일, 제4차 중동전쟁이 종결되어 이스라엘과 아랍 세계 사이의 관계를 근본적으로 바꿔 놓았다. 아랍 세계는 완전히 패배했기 때문에 유대국가의 존재를 받아들일 수밖에 없었다. 따라서 이집트는 이스라엘과의 관계를 정상화했는데, 이는 이스라엘과 그 주변국들에 있어 새로운 시대의 시작을 알리는 것이었다.

Q: 글의 제목으로 가장 적절한 것은?
(a) 제4차 중동전쟁에서 이집트가 패한 이유
(b) 유대국가의 종말
(c) 점차 상호의존적인 세계에서 외교가 갖는 중요성
(d) 이스라엘이 주변국과 새로운 관계를 형성한 이유

해설 글 전반에 대한 이해를 요하는 문제로, 정답은 (d)이다. 첫 번째 문장과 마지막 문장에서 모두 제4차 중동전쟁으로 이스라엘과 주변국들과의 관계가 달라졌음을 언급하고 있다. (a)는 글에서 다루고 있지 않고, (b)는 글과 정반대의 내용이며, (c)는 지나치게 일반적인 내용으로 역시 정답이 될 수 없다.
the Yom Kippur War 제4차 중동전쟁   **fundamentally** 근본적으로   **Jewish** 유대인[유대교]의   **normalize** 정상화하다   **neighboring** 인접해 있는   **defeat** 패배시키다   **demise** 종말   **diplomacy** 외교   **interdependent** 상호의존적인

정답 (d)

19

I must mention that Amanda and her husband held a splendid wedding here last October with a view to introducing themselves to their relatives who had not been able to attend their wedding ceremony in the States. Hundreds of their relatives came to the wedding, remembering the meaning of Amanda's and her husband's "commitment to love, honor, and respect" each other. That was quite an event for all of us.

Q: What is the main topic of the passage?
(a) An additional wedding ceremony held by Amanda and her husband
(b) Complaints against those relatives who did not attend the wedding in the States
(c) The true meaning of being husband and wife
(d) The importance of holding a traditional wedding ceremony in America

번역 나는 아만다와 그녀의 남편이 미국에서 올린 결혼식에 참석하지 못한 친척들에게 자신들을 소개하기 위해 이곳에서 지난 10월 근사한 결혼식을 올린 사실을 말해야만 한다. 수백 명의 친척들이 결혼식에 와서, 아만다와 그녀의 남편이 서로를 사랑하고 예우하며 존중하겠다고 한 약속의 의미를 마음에 새겼다. 그건 우리 모두에게 굉장한 행사였다.

Q: 글의 주된 화제는 무엇인가?
(a) 아만다와 그녀의 남편이 추가적으로 올린 결혼식
(b) 미국 결혼식에 참석하지 않은 친척들에 대한 불만
(c) 부부의 참된 의미
(d) 미국에서 전통 결혼식을 올리는 것의 중요성

해설 역시 첫 번째 문장이 중요한 단서이다. 미국에서 했던 결혼식에 참석하지 못한 친척들을 위해 다시 한번 결혼식을 했다는 내용이므로 정답은 (a)가 된다. (b)는 글에서 불만을 드러내는 것이 아니기 때문에 맞지 않다. (c), (d)는 지문과 무관한 일반적인 내용이므로 오답이다.
splendid 근사한 with a view to ~할 목적으로 relative 친척 commitment 약속, 헌신 honor 예우하다 additional 추가적인 hold 개최하다, 열다 complaint 불평, 불만

정답 (a)

20

When Ms. Pete first expressed her desire to learn coloring, I was hesitant. This was because, as you are keenly aware, coloring requires a profound understanding of color harmony and an instinctive skill in creating colorful images. Despite my initial concern, however, she rapidly mastered all the essential skills in mixing colors, largely because of her aspiration to add artistic depth to her drawings. She learned not only traditional color combinations, but also how to express her inspiration more creatively.

Q: What is the purpose of the passage?
(a) To commend Ms. Pete's abilities in coloring
(b) To maintain that coloring is extremely difficult to master
(c) To argue that Ms. Pete is the best artist in the world
(d) To explain how to teach a gifted student in an effective way

번역 피트 씨가 처음으로 염색을 배우고 싶다는 생각을 보였을 때, 저는 망설였습니다. 여러분께서도 명확히 인식하고 계시듯이, 이는 염색이 색채 조화에 대한 깊은 이해와 다채로운 이미지를 만들어내는 직관적인 능력을 요하기 때문이었습니다. 그렇지만 처음의 우려에도 불구하고, 피트 씨는 주로 자신의 그림에 미술적인 깊이를 더하고자 하는 열망 때문에 색을 혼합하는 데 있어 필수적인 모든 기법들을 빠르게 습득했습니다. 전통적인 색 배합뿐만 아니라 자신의 영감을 보다 창의적으로 표현하는 법까지 배웠습니다.

Q: 글의 목적은 무엇인가?
(a) 피트 씨의 염색 실력을 칭찬하기 위해
(b) 염색을 완전히 익히는 것이 매우 어렵다고 주장하기 위해
(c) 피트 씨가 세계에서 가장 뛰어난 화가라고 주장하기 위해
(d) 재능 있는 학생을 효과적으로 가르치는 방법을 설명하기 위해

해설 처음의 우려와 달리 피트 씨가 염색 방법을 잘 습득한 것을 칭찬하고 있으므로 정답은 (a)이다. (b)는 글 전체의 흐름과 어긋나고, (c)는 과장된 설명이며, (d)는 지나치게 일반적인 내용이기 때문에 정답이 아니다.
coloring 염색, 채색 hesitant 망설이는 keenly 예리하게 instinctive 직관적인 initial 초기의 aspiration 열망 depth 깊이 combination 배합, 조합 argue 주장하다

정답 (a)

21

On March 14, 1930, Falconer Madan spotted an interesting story in *The Times*, which dealt with a newly found planet. According to the article, it had not been named yet. When Madan told his granddaughter Venetia Phair about the planet, she suggested that they name it "Pluto." Thinking that it was a great idea, he mentioned it to his friend Herbert Hall Turner. Turner sent a telegram to the Lowell Observatory, which had found the planet. The astronomers at the observatory agreed to adopt the name "Pluto."

Q: What is the best title for the passage?
(a) Falconer Madan: The Man Who Taught Astronomy to His Granddaughter
(b) Venetia Phair: The Girl Who Named a Planet
(c) Herbert Hall Turner: The Man Who Remained a True Friend
(d) The Lowell Observatory: One of the Best Observatories in the World

번역 1930년 3월 14일, 펠코너 매던은 〈타임즈〉지에서 재미있는 이야기를 찾아냈는데, 그 이야기는 새롭게 발견된 행성에 관한 것이었다. 기사에 따르면, 그 행성은 아직까지 이름이 붙여지지 않았다. 매던이 손녀 베네샤 페어에게 그 행성에 대해 말했을 때, 그녀는 그 행성에 '명왕성'이라는 이름을 붙일 것을 제안했다. 좋은 생각이라 여겨, 매던은 친구인 허버트 홀 터너에게 손녀의 제안에 대해 말했다. 터너는 로웰 천문대에 전보를 보냈다. 로웰 천문대의 천문학자들은 '명왕성'이라는 이름을 채택하는 데 동의했다.

Q: 글의 제목으로 가장 적절한 것은?
(a) 손녀에게 천문학을 가르친 남자 펠코너 매던
(b) 행성에 이름을 붙인 소녀 베네샤 페어
(c) 진정한 친구로 남은 남자 허버트 홀 터너
(d) 세계 최고의 천문대 중 하나인 로웰 천문대

해설 글 전체의 내용은 결국 누가 새로 발견된 행성에 명왕성이라는 이름을 붙였는가 하는 것이기 때문에 정답은 (b)이다. (a), (c), (d)는 모두 글을 통해 정확히 알 수 있는 내용이 아니다.
spot 찾아내다   newly found 새롭게 발견된   telegram 전보   observatory 천문대   adopt 채택하다   astronomy 천문학

정답 (b)

22

We are an educational institute dedicated to improving the lives of poor children throughout Malaysia. Many volunteers at our institute commit themselves to teaching English skills to underprivileged students, focusing on developing their phonemic and spelling skills. We are fully aware of the importance of integrating four language skills in a coherent manner. We do, however, pay attention to forming foundational skills, which are so often the major weaknesses of underprivileged children.

Q: What is the passage mainly about?
(a) An introduction to a Malaysian charity
(b) The role of volunteers in improving four language skills
(c) How to support underprivileged students in Malaysia
(d) The harsh realities of underprivileged children

번역 우리는 말레이시아 전역에 걸쳐 가난한 아동들의 삶을 향상시키는 데 헌신하는 교육 기관입니다. 우리 기관의 많은 자원봉사자들은 혜택을 누리지 못하는 학생들에게 영어 능력을 길러주는 데 전념하며, 학생들이 발음을 알아듣는 능력과 철자를 습득하는 능력을 발달시키는 데 초점을 맞추고 있습니다. 우리는 4개의 언어 기능을 일관된 방식으로 통합하는 일의 중요성을 아주 잘 알고 있습니다. 그렇지만 우리는 기초 능력 형성에 정말로 신경을 쓰고 있는데, 이 기초 능력은 혜택을 누리지 못하는 아이들의 핵심적인 취약 부분인 경우가 아주 많습니다.

Q: 글의 주된 내용은 무엇인가?
(a) 말레이시아의 한 자선 단체에 대한 소개
(b) 4개의 언어 기능을 향상시키는 데 있어 자원봉사자들의 역할
(c) 혜택을 누리지 못하는 말레이시아 학생들을 지원하는 방법
(d) 혜택을 누리지 못하는 아이들의 가혹한 현실

해설 첫 번째 문장을 통해 (a)가 정답임을 알 수 있다. (b)는 이 단체가 중점을 두는 사항이 아니고, (c)는 글에서 명확히 밝힌 사항이 아니며, (d)는 글의 내용과 관련이 없으므로 모두 오답이다.
commit oneself to ~에 전념하다   underprivileged (사회·경제적으로) 혜택을 누리지 못하는   phonemic 발음에 따른; 음성의   coherent 일관된   manner 방식   foundational 기초적인   charity 자선 단체   harsh 가혹한

정답 (a)

23

In their *Newsweek* article of April 14, 2008, Joseph Contreras and Owen Matthews write that experts generally agree that the death penalty is useless for serving justice or deterring criminals. I disagree. First of all, capital punishment does serve justice in that it requires criminals to be responsible for their serious crimes. Second, the purpose of the death penalty is not to deter criminals from committing crime. Its main purpose is to let criminals know that society can deprive them of their lives. Further, realistically speaking, nothing can deter criminals from committing crime.

Q: Why did the author write the passage?
(a) To suggest that there is no way to prevent crime from occurring
(b) To criticize *Newsweek* for its erroneous ideas
(c) To discourage readers from subscribing to *Newsweek*
(d) To argue that the death penalty is a useful form of punishment

번역 2008년 4월 14일자 〈뉴스위크〉 기사에서, 조셉 콘트레라스와 오웬 매슈스는 일반적으로 전문가들이 사형이 정의를 구현하거나 범죄 예방에 도움이 되지 않는다는 데에 동의한다고 썼다. 나는 이에 동의하지 않는다. 첫째, 사형은 범죄자들이 중죄에 대해 책임을 지도록 요구한다는 점에서 정말로 정의를 구현한다. 둘째, 사형의 목적은 범죄자들이 범죄를 저지르는 것을 막는 데 있지 않다. 그것의 주된 목적은, 범죄자에게 사회가 그들의 생명을 박탈할 수 있음을 알리는 것이다. 더욱이 현실적으로 말해서, 범죄자들이 범죄를 저지르는 것을 막을 수 있는 것은 아무것도 없다.

Q: 필자는 이 글을 왜 썼는가?
(a) 범죄 발생을 예방할 방법이 없다는 것을 암시하기 위해
(b) 〈뉴스위크〉가 그릇된 생각을 가졌다고 비판하기 위해
(c) 독자들이 〈뉴스위크〉를 구독하는 것을 막기 위해
(d) 사형이 유용한 형태의 처벌임을 주장하기 위해

해설 〈뉴스위크〉에 실린 기사와 달리 글쓴이는 사형 제도를 찬성하는 입장에서 논거를 펼치고 있으므로 정답은 (d)가 된다. (a)는 마지막 문장과 연결되긴 하지만, 글쓴이의 전반적인 주장은 아니므로 정답이 될 수 없다. (b)는 기사가 실렸다는 것만으로 〈뉴스위크〉가 그릇된 생각을 가졌다고 보기는 힘들다.
death penalty 사형(capital punishment) **serve justice** 정의를 구현하다 **deter** 막다 **deprive A of B** A에게서 B를 박탈하다 **erroneous** 그릇된

정답 (d)

24

According to LivePerson, Inc. (http://www.liveperson.com), its revenue for the second quarter of 2008 reached an incredible $18.6 million. This was partly because of its acquisition of Kasamba, Inc. in October 2007. More importantly, however, its revenue growth resulted from three major factors. First, more and more enterprise customers in the United Kingdom chose LivePerson solutions. Second, high-tech sector companies continued to adopt LivePerson's "proactive chat solution." Finally, more and more small businesses relied on LivePerson products.

Q: Which of the following is correct according to the passage?
(a) LivePerson Inc. acquired Kasamba, Inc. in 2008.
(b) Kasamba Inc. provides proactive chat solutions.
(c) Small businesses became disillusioned with LivePerson products.
(d) LivePerson solutions gained popularity among enterprise customers in Britain.

번역 라이브퍼슨 사(http://www.liveperson.com)에 따르면, 2008년 2분기 수익은 놀랄 정도로 많은 1,860만 달러에 달했다고 한다. 이는 부분적으로는 라이브퍼슨 사가 2007년 10월에 카삼바 사를 인수했기 때문이었다. 그렇지만 보다 중요한 사항으로, 수익 성장은 세 가지 주된 요인에서 비롯되었다. 첫째, 영국에서 점점 더 많은 기업 고객들이 라이브퍼슨 사의 솔루션을 선택했다. 둘째, 하이테크 분야 회사들이 지속적으로 라이브퍼슨 사의 선행적 채팅 솔루션을 채택했다. 마지막으로, 점점 더 많은 소기업들이 라이브퍼슨 사의 제품에 의존했다.

Q: 글에 따르면 다음 중 옳은 것은?
(a) 라이브퍼슨 사는 2008년에 카삼바 사를 인수했다.
(b) 카삼바 사는 선행적 채팅 솔루션을 제공한다.
(c) 소기업들은 라이브퍼슨 사의 제품들에 환멸을 느끼게 되었다.
(d) 라이브퍼슨 사의 솔루션은 영국 기업 고객들 사이에서 인기를 얻었다.

해설 (a)는 인수 시기가 2007년이기 때문에 맞지 않다. (b)는 카삼바 사가 아니라 라이브퍼슨 사가 제공하는 것이고, (c)는 글과 정반대의 내용이므로 정답은 (d)가 된다.
revenue 수익 **acquisition** 인수 **proactive** 선행적 **disillusioned** 환멸을 느낀

정답 (d)

25

On June 16, 2008, the Bureau of Land Management announced that an excavation team from the Burpee Museum of Natural History had discovered dinosaur fossils in southeastern Utah, near Hanksville. Known as the Hanksville-Burpee Quarry, the site is estimated to be 150 million years old. The excavation team believed that they had found four long-necked sauropods together with two carnivorous dinosaurs and a herbivorous Stegosaurus.

Q: According to the passage, how many dinosaur fossils were found by the excavation team?
(a) Four
(b) Five
(c) Six
(d) Seven

번역 2008년 6월 16일, 토지관리국은 버피 자연사 박물관 소속 발굴팀이 유타 주 동남부 행크스빌 부근에서 공룡 화석을 발견했다고 발표했다. 행크스빌-버피 채굴장으로 알려진 그곳은 1억 5천만 년 된 것으로 추정된다. 발굴팀은 육식 공룡 화석 2개, 초식 스테고사우루스 화석 1개와 함께 긴 목 사우로포드 화석 4개를 발견했다고 생각했다.

Q: 글에 따르면 발굴팀은 얼마나 많은 공룡 화석을 발견했는가?
(a) 4개
(b) 5개
(c) 6개
(d) 7개

해설 구체적인 정보를 요하는 유형의 대표적인 예로, 마지막 문장을 보면 정답이 (d)임을 알 수 있다.
Bureau of Land Management 토지관리국 **excavation** 발굴 **fossil** 화석 **quarry** 채굴장 **sauropod** 사우로포드, 용각류 공룡 **carnivorous** 육식의 **herbivorous** 초식의 **Stegosaurus** 스테고사우루스, 검룡

정답 (d)

26

According to James Galloway, a professor of environmental sciences at the University of Virginia, nitrogen can be harmful to the environment. Galloway points out that a single nitrogen atom "released to the environment" can cause damage to our ecosystems. In fact, nitrogen is a constituent of nitric acid, which can kill many kinds of animals. Further, many experts believe that nitrogen atoms are partly responsible for red tides and ozone depletion.

Q: Which of the following is correct according to the passage?
(a) James Galloway is an expert in astronomy.
(b) The environment can be negatively affected by nitrogen.
(c) Nitric acid can destroy a variety of plant species.
(d) Red tides and ozone depletion occur mainly because of nitrogen atoms.

번역 버지니아 대학교의 환경과학 교수인 제임스 갤러웨이에 따르면, 질소가 환경에 해로울 수 있다고 한다. 갤러웨이 교수는 환경에 방출된 질소 원자 1개가 우리 생태계에 피해를 입힐 수 있다고 지적한다. 사실, 질소는 질산의 구성 요소인데, 질산은 여러 종류의 동물을 죽일 수 있다. 더욱이, 많은 전문가들은 질소 원자가 적조와 오존층 파괴에 일부 책임이 있다고 생각한다.

Q: 글에 따르면 다음 중 옳은 것은?
(a) 제임스 갤러웨이는 천문학 전문가이다.
(b) 질소는 환경에 부정적인 영향을 끼칠 수 있다.
(c) 질산은 다양한 종의 식물들을 파괴할 수 있다.
(d) 적조와 오존 파괴는 주로 질소 원자 때문에 발생한다.

해설 세부 사항 파악을 요하는 문제로, 글의 내용을 정확히 확인할 필요가 있다. (a)는 환경과학 전문가이기 때문에 오답이고, (c)는 글에서 동물을 죽일 수 있다고만 했으며, (d)는 부분적인 원인이라고 했기 때문에 정답이 아니다. 질소가 생태계에 피해를 줄 수 있다고 했으므로 정답은 (b)가 된다.
environmental sciences 환경과학 **nitrogen** 질소 **release** 방출하다 **ecosystem** 생태계 **constituent** 구성 요소 **nitric acid** 질산 **red tide** 적조 **ozone depletion** 오존층 파괴 **astronomy** 천문학

정답 (b)

27

On August 11, 2008, South Korean Nam Hyun-hee won silver in the women's individual foil at the Beijing Olympics. Nam was defeated by Valentina Vezzali, who led the final match by three points, 3-0. But Nam's counterattacks turned the score around to 5-4. Vezzali continued her attacks and managed to tie the score. With just four seconds left, Vezzali succeeded in breaking the tie and won by one point, 6-5. Given her relatively young age, however, a silver medal is a good start for the South Korean fencer.

Q: Which of the following is correct according to the passage?
(a) Nam Hyun-hee is expected to grow as a fencer.
(b) Valentina Vezzali was defeated by Nam Hyun-hee.
(c) Valentina Vezzali won the final match by three points.
(d) Nam Hyun-hee is much older than Valentina Vezzali.

번역 2008년 8월 11일, 한국인 남현희는 베이징 올림픽 여자 개인 플뢰레 종목에서 은메달을 따냈다. 남현희는 발렌티나 베잘리에 패했는데, 베잘리는 결승전을 3점차인 3대 0으로 앞서 갔다. 그러나 남현희의 반격이 점수를 5대 4로 역전시켰다. 베잘리는 공격을 계속하여 동점을 이끌어냈다. 단 4초를 남겨 놓고, 베잘리는 동점 상태를 깨뜨리는 데 성공하여 1점차인 6대 5로 이겼다. 그렇지만 상대적으로 어린 나이를 감안할때, 한국 펜싱 선수 남현희에게 은메달은 좋은 출발이다.

Q: 글에 따르면 다음 중 옳은 것은?
(a) 남현희는 펜싱 선수로 성장할 것으로 기대된다.
(b) 발렌티나 베잘리는 남현희에게 패했다.
(c) 발렌티나 베잘리는 3점차로 결승전에서 이겼다.
(d) 남현희는 발렌티나 베잘리보다 훨씬 나이가 많다.

해설 마지막 문장의 취지에 해당하는 (a)가 정답이다. (b)는 남현희가 패한 것이므로 틀리다. (c)는 1점차라고 했고, (d)는 마지막 문장에서 베잘리가 남현희보다 나이가 많음을 알 수 있으므로 역시 오답이다.
foil 플뢰레   final match 결승전   counterattack 반격   tie the score 동점을 만들다   fencer 펜싱 선수

정답 (a)

28

According to existentialism, it is up to individuals to "create the meaning of their lives." Consequently, existentialists do not believe that gods or other forces have the authority to determine the meaning of individuals' lives. This absence of higher authorities implies that individuals are at liberty to do what they want. From an existential perspective, however, such freedom entails personal responsibility which ultimately enables individuals to find universal meaning in this absurd world.

Q: Which of the following is correct according to the passage?
(a) Existentialists are opposed to all religious beliefs.
(b) Existentialists believe that gods can determine the fates of individuals.
(c) Existentialism acknowledges the role of gods in modern society.
(d) Existentialism stresses the importance of individual responsibility.

번역 실존주의에 따르면, 삶의 의미를 창조하는 것은 개인의 몫이라고 한다. 따라서 실존주의자들은 신이나 다른 세력이 개인의 삶의 의미를 결정할 권한이 있다고 믿지 않는다. 이처럼 상위 권한이 없다는 것은 개인이 원하는 것을 자유롭게 할 수 있다는 것을 의미한다. 그렇지만 실존주의 관점에서, 그러한 자유에는 궁극적으로 개인적 책임이 필연적으로 수반되며, 이 개인적 책임은 부조리한 세상에서 보편적인 의미를 찾을 수 있게 한다.

Q: 글에 따르면 다음 중 옳은 것은?
(a) 실존주의자들은 모든 종교에 반대한다.
(b) 실존주의자들은 신이 개인의 운명을 결정할 수 있다고 믿는다.
(c) 실존주의는 현대 사회에서 신이 갖는 역할을 인정한다.
(d) 실존주의는 개인적 책임의 중요성을 강조한다.

해설 (a)는 지나친 비약으로, 주어진 글로부터 명확히 알 수 없으며, (b)는 글의 내용과 정면으로 어긋난다. (c) 역시 글의 내용만으로 알 수 없고 글의 마지막 부분을 보면 자유에는 개인적 책임이 수반된다고 했으므로 정답은 (d)이다.
existentialism 실존주의   individual 개인   consequently 따라서   perspective 관점   entail 수반하다   absurd 부조리한   be opposed to ~에 반대하다   fate 운명

정답 (d)

29

In a controlled trial featured in *The Lancet* in 1990, Dr. Dean Ornish and colleagues tried to prove that lifestyle changes could bring many health benefits such as deterring the progression of coronary artery disease. The changes included stopping smoking, exercising regularly, and eating a vegetarian diet. The results of the trial showed that patients adopting such changes became healthier. Furthermore, their coronary atherosclerosis was reversed to some extent, which meant that the health benefits of lifestyle changes could be much greater than expected.

Q: In the trial mentioned above, which was NOT included in the lifestyle changes?
(a) Working out on a regular basis
(b) Consuming only fruit and vegetables
(c) Stopping drinking
(d) Avoiding cigarettes

번역 1990년, 영국 의학 잡지 〈랜셋〉에 특집으로 게재된 통제 실험에서, 딘 오니쉬 박사와 동료 학자들은 생활 양식 변화가 관상동맥 질환의 진행을 억제하는 것과 같은 많은 건강상의 이득을 가져온다는 것을 증명하려고 했다. 생활 양식 변화에는 담배를 끊는 것, 규칙적으로 운동하는 것, 채식을 하는 것 등이 포함되었다. 실험 결과는 그러한 변화를 채택한 환자들이 더 건강해졌다는 사실을 입증했다. 더욱이 환자들의 관상동맥 질환이 어느 정도 역전되기도 했는데, 이는 생활 양식 변화가 건강에 주는 이득이 예상보다 훨씬 클 수도 있다는 것을 뜻했다.

Q: 언급된 실험에서, 생활 양식 변화에 포함되지 않은 것은?
(a) 규칙적으로 운동하는 것
(b) 과일과 채소만을 섭취하는 것
(c) 금주하는 것
(d) 금연하는 것

해설 두 번째 문장에서 답을 찾을 수 있다. 금주에 대해선 언급되지 않았으므로 정답은 (c)이다.
controlled trial 통제 실험 **feature** (특집으로) 게재하다 **deter** 억제하다 **progression** 진행 **coronary artery** 관상동맥 **diet** 식사 **coronary atherosclerosis** 관상동맥 질환 **reverse** 뒤바꾸다, 역전시키다 **extent** 크기, 규모

정답 (c)

30

In 1885, Preston North End won a friendly soccer match with Aston Villa 5-0. Enraged by the result, the fans started to throw a lot of stones at the two teams. Some of them punched and kicked one of the Preston players so hard that he passed out. Since the fans were totally out of control, they were called "howling roughs" by the media. Unfortunately, this was just the beginning of soccer hooliganism in England.

Q: Which of the following is correct according to the passage?
(a) Preston North End was defeated by Aston Villa.
(b) Soccer hooliganism continues to occur in England.
(c) One of the Aston players fainted.
(d) The media was successful in controlling the enraged fans.

번역 1885년 프레스턴 노스 엔드 팀은 애스턴 빌라 팀과의 친선 축구 경기를 5대 0으로 이겼다. 결과에 격분한 팬들이 양 팀에 많은 돌을 던지기 시작했다. 그들 중 몇 명이 프레스턴 노스 엔드 팀의 한 선수를 너무 심하게 주먹으로 치고 발로 차서 그 선수는 기절하고 말았다. 팬들이 완전히 통제력을 상실했기 때문에 대중매체는 그들을 미친 폭력배들이라고 불렀다. 유감스럽게도, 이것은 영국 축구 난동 행태의 시작일 뿐이었다.

Q: 글에 따르면 다음 중 옳은 것은?
(a) 프레스턴 노스 엔드 팀은 애스턴 빌라 팀에 패했다.
(b) 축구 난동 행태는 영국에서 지속적으로 일어난다.
(c) 애스턴 빌라 팀의 한 선수가 기절했다.
(d) 대중매체는 격분한 팬들을 통제하는 데 성공했다.

해설 (a)는 경기 결과를 반대로 말했고, (c)는 선수의 소속 팀이 잘못 제시되어 있으며, (d)는 글의 내용과 어긋난다. 정답은 (b)로, 마지막 문장을 통해 논리적으로 짐작할 수 있는 내용이다.
friendly match 친선 경기 **enraged** 격분한 **pass out** 기절하다 **howling** 울부짖는, 극심한 **rough** 불량자, 깡패 **hooliganism** 난동 행태 **faint** 기절하다

정답 (b)

31

On April 17, 2008, Tunisia and South Korea agreed to build several air quality monitoring stations in Tunisia in an effort to improve air quality in the African country. The three-year construction project is estimated to cost $2.5 billion, which will be provided by South Korea. At the signing ceremony, Environment Minister Nadhir Hamada expressed his gratitude toward South Korea for its contribution. The minister also announced that he wished to forge close ties with the Asian country with a view to dealing with other issues such as water quality.

Q: Which of the following is correct according to the passage?
(a) Tunisia wanted to form close relationships with South Korea.
(b) The construction project is expected to last for 2.5 years.
(c) Environment Minister Nadhir Hamada attacked South Korea for its arrogance.
(d) Tunisia has been a strong ally of South Korea for many years.

번역 2008년 4월 17일, 튀니지와 한국은 아프리카 국가인 튀니지의 공기 질을 향상시키기 위한 노력의 일환으로 튀니지에 대기 측정소를 여러 군데 세우기로 합의했다. 3년이 소요되는 이 건설 공사에 25억 달러가 들 것으로 추산되는데, 이는 한국이 제공할 것이다. 조인식에서 나드히르 하마다 환경부 장관은 이와 같은 한국의 기여에 감사를 표명했다. 장관은 또한 수질과 같은 다른 문제를 다루기 위해 아시아의 한국과 긴밀한 유대 관계를 맺고 싶다고 밝혔다.

Q: 글에 따르면 다음 중 옳은 것은?
(a) 튀니지는 한국과 긴밀한 관계를 맺고 싶어 했다.
(b) 건설 공사는 2년 반 동안 지속될 것으로 예상된다.
(c) 나드히르 하마다 환경부 장관은 한국의 오만을 비난했다.
(d) 튀니지는 오랫동안 한국의 강력한 동맹국이었다.

해설 마지막 부분 튀니지 환경부 장관의 말로 보아 (a)가 정답임을 알 수 있다. (b)는 건설 공사가 3년이 소요되므로 틀리고, (c)는 튀니지 환경부 장관이 한국의 기여에 감사했으므로 정답이 아니다.
signing ceremony 조인식 **forge** 형성하다 **water quality** 수질 **arrogance** 오만 **ally** 동맹

정답 (a)

32

The existence and wide use of ghostwriters is a disgrace to modern society, which is supposed to cultivate authenticity and creativity in order to heal its many wounds. In principle, writing should contribute to the "healing" process by allowing individuals to explore their true selves. Further, writing is essentially a creative process requiring you to produce a coherent whole. Nobody can carry out those two interrelated tasks for you; only you can reveal who you really are. Exploiting ghostwriters conveniently caters to greedy celebrities, but ultimately it does a disservice to all of us by depriving us of the chance to be authentic and creative.

Q: What is the author's attitude toward those celebrities who use ghostwriters?
(a) Empathetic
(b) Indifferent
(c) Hostile
(d) Covetous

번역 대필 작가들이 존재하고 이들을 널리 이용한다는 사실은 현대 사회의 수치이다. 오히려, 현대 사회가 가진 많은 상처를 치유하기 위해 현대 사회는 진정성과 창의성을 배양해야 한다. 원칙적으로 글쓰기는 개인이 진정한 자아를 탐구할 수 있도록 함으로써 치유 과정에 기여해야 하는 법이다. 더욱이, 글쓰기는 본질적으로 일관된 전체를 만들어내도록 요구하는 창의적인 과정이다. 누구도 다른 이를 대신해서 그 두 가지 상호 연관된 과제를 수행할 수는 없는데, 자신만이 진정한 자신의 모습을 드러낼 수 있기 때문이다. 대필 작가들을 착취하는 것은 탐욕스러운 유명 인사들의 구미를 맞춰주는 일이겠지만, 궁극적으로는 진정성을 갖추면서도 창의적인 사람이 될 수 있는 기회를 박탈함으로써 우리 모두에게 해를 끼칠 뿐이다.

Q: 대필 작가들을 이용하는 유명 인사들에 대한 필자의 태도는 무엇인가?
(a) 공감하는
(b) 무관심한
(c) 적대적인
(d) 시샘하는

해설 필자는 대필 작가들이 널리 이용되는 현실에 대해 부정적인 태도를 취하고 있다. 이들을 이용하는 탐욕스러운 유명 인사들이 사회에 끼치는 해를 언급했으므로 정답은 (c)이다.
ghostwriter 대필 작가 **disgrace** 수치 **cultivate** 배양하다 **authenticity** 진정성 **in principle** 원칙적으로 **coherent** 일관된 **exploit** 착취하다 **cater to** ~의 구미에 맞추다 **disservice** 해, 폐 **empathetic** 공감하는 **covetous** 시샘하는

정답 (c)

33

According to the National Institute of Mental Health, patients with borderline personality disorder seem to have defective brain mechanisms, which can lead to impulsiveness, mood instability, and aggression. The patients' neural circuits have great difficulty regulating negative emotion. Neurotransmitters such as serotonin, norepinephrine, and acetylcholine can improve the functioning of these circuits by enabling them to more effectively process emotional stimuli. Behavioral interventions can also help the neural circuits to work properly.

Q: What can be inferred from the passage?
(a) Patients with borderline personality disorder tend to be poised.
(b) Acetylcholine can help control negative feelings.
(c) Defective brain mechanisms can lead to substance abuse.
(d) Behavioral interventions have nothing to do with controlling emotions.

번역 미국 국립 정신 보건원에 따르면, 경계선 인격 장애 환자들은 두뇌 기제에 결함이 있는 것 같은데, 이러한 결함은 충동성, 불안한 기분, 공격성을 낳을 수 있다고 한다. 이런 환자들의 신경 회로는 부정적인 감정을 조절하는 데 큰 어려움을 겪는다. 세로토닌, 노르에피네프린, 아세틸콜린과 같은 신경 전달 물질이 신경 회로가 정서적인 자극을 보다 효과적으로 처리할 수 있도록 함으로써 이들 회로의 기능을 향상시킬 수 있다. 행동 중재 또한 신경 회로가 제대로 작동하는 데 도움을 줄 수 있다.

Q: 글로부터 유추할 수 있는 것은?
(a) 경계선 인격 장애 환자들은 차분한 경향이 있다.
(b) 아세틸콜린은 부정적인 감정 조절에 도움이 될 수 있다.
(c) 두뇌 기제의 결함은 약물 남용으로 귀결될 수 있다.
(d) 행동 중재는 감정을 조절하는 것과는 전혀 관련이 없다.

해설 글의 내용을 바탕으로 논리적으로 분명하게 이끌어낼 수 있는 결론을 찾아야 한다. 아세틸콜린이 신경 회로 기능을 향상시킬 수 있다는 데에서 정답이 (b)임을 알 수 있다. (a)는 글의 내용으로 미루어 볼 때 차분하지 못한 경향이 나타날 것이 예상되므로 반대되는 내용이다. (c)는 글의 내용만 봐서는 명확히 알 수 없다.
borderline personality disorder 경계선 인격 장애 **defective** 결함이 있는 **impulsiveness** 충동성 **aggression** 공격성 **neural circuit** 신경 회로 **neurotransmitter** 신경 전달 물질 **behavioral intervention** 행동 중재 **poised** 차분한 **substance abuse** 약물 남용

정답 (b)

34

Thank you for requesting us to express our views on restricting cell phone use while driving. As a nonprofit organization aimed at improving the lives of Boston's citizens, the Boston Council on Citizens and Communities wholeheartedly supports regulations on cell phone use while driving. As is widely known, distractions during driving can lead to serious, or even fatal, accidents, and cell phone use is no exception. Therefore, we can safely draw the conclusion that cell phone use while driving should be completely banned. Such measures are likely to decrease traffic accidents to a great extent.

Q: Which of the following would the writer most likely agree with?
(a) Cell phone use while driving does not lead to distractions.
(b) Her organization has to improve road conditions in Boston.
(c) Cell phone use while driving should be discouraged.
(d) Distractions during driving are not that dangerous.

번역 운전 중 휴대폰 사용 제한과 관련한 의견을 표명하도록 요청해 주셔서 감사합니다. 보스턴 시민 공동체 협의회는 보스턴 시민들의 더 나은 삶을 위한 비영리 단체로서, 운전 중 휴대폰 사용 규제를 적극 지지합니다. 잘 알려진 대로, 운전 중 주의가 산만해지면 심각한, 심지어는 치명적인 사고가 일어날 수 있으며 휴대폰 사용도 예외가 아닙니다. 따라서 저희는 운전 중 휴대폰 사용이 전면 금지되어야 한다는 결론을 내려도 무방하리라 봅니다. 그러한 조치로 교통사고를 꽤 많이 줄일 것입니다.

Q: 저자가 가장 동의할 것으로 생각되는 바는 무엇인가?
(a) 운전 중 휴대폰 사용 때문에 주의가 산만해지는 않는다.
(b) 자신의 단체가 보스턴의 도로 여건을 향상시켜야 한다.
(c) 운전 중 휴대폰 사용은 억제되어야 한다.
(d) 운전 중 주의 산만은 그리 위험하지 않다.

해설 전반적인 내용을 볼 때 운전 중 휴대폰 사용 규제를 지지하는 저자의 입장과 일치하는 (c)가 정답이다.
restrict 제한하다 **wholeheartedly** 적극적으로 **distraction** 주의 산만 **draw the conclusion** 결론을 내리다 **ban** 금지하다

정답 (c)

35

In 1956, George Armitage Miller observed that short-term memory can process about seven elements or chunks. Miller suggested that we can improve our memory by converting information into chunks. Around this period, the field of artificial intelligence emerged through the work of Allen Newell, Herbert Simon, John McCarthy, and Marvin Minsky. In the field of linguistics, Noam Chomsky attacked the behaviorist approaches to language and instead proposed a cognitive approach to studying linguistic issues. All these six scholars helped to establish the field of cognitive science.

Q: What can be inferred from the passage?
(a) George Armitage Miller contributed to the development of artificial intelligence.
(b) The field of artificial intelligence emerged in the 1590s.
(c) Cognitive science is an interdisciplinary field of research.
(d) Noam Chomsky was opposed to conservatism.

번역 1956년, 조지 아미티지 밀러는 단기 기억이 대략 7개 요소 또는 덩어리를 처리할 수 있다는 사실을 알아냈다. 밀러는 정보를 덩어리로 변환함으로써 기억력을 향상시킬 수 있다고 제안했다. 이 무렵, 앨런 뉴웰, 허버트 사이먼, 존 맥카시, 마빈 민스키의 연구를 통해 인공지능 분야가 태동했다. 언어학 분야에서는 노암 촘스키가 언어에 대한 행동주의적 접근을 비판하고, 대신 언어 문제 연구에서 인지적인 접근법을 제안했다. 이 여섯 명의 학자들은 인지과학 분야 확립에 기여했다.

Q: 글로부터 유추할 수 있는 것은?
(a) 조지 아미티지 밀러는 인공지능 분야의 발전에 기여했다.
(b) 인공지능 분야는 1590년대에 태동했다.
(c) 인지과학은 통합 학문적 연구 분야이다.
(d) 노암 촘스키는 보수주의에 반대했다.

해설 글의 내용에 비추어 볼 때 여러 학문 분야가 통합되어 인지과학을 이룬다고 할 수 있으므로 정답은 (c)이다. 조지 아미티지 밀러가 인공지능 분야의 발전을 이끌었다는 내용은 본문에 나와 있지 않으며, (b)는 1950년대가 되어야 맞는 내용이다.
observe 알다 short-term memory 단기 기억 chunk 뭉치, 덩어리 convert 변환하다 artificial intelligence 인공지능 emerge 태동하다 behaviorist 행동주의자 interdisciplinary 통합 학문적 conservatism 보수주의

정답 (c)

36

On October 15, 2007, Doc Burkhart launched the so-called "Wiki Bible Project," whose goal is "to provide a forum for the examination and discussion of The Holy Bible." According to its guidelines, even ordinary people "without qualifications of any kind" can take part in the project. But is this really a good idea? First of all, we need to take into account that translating the Bible requires considerable expertise and dedication. Needless to say, not everyone is an expert in Biblical Hebrew or classical Greek. Further, we need to realize that any mistranslation will lead to severe consequences because the project is concerned with religious and essentially sensitive matters.

Q: What is the author's attitude toward the Wiki Bible Project?
(a) Advocating
(b) Disapproving
(c) Welcoming
(d) Touting

번역 2007년 10월 15일, 독 버크하트는 이른바 '위키 성경 프로젝트'를 시작했는데, 그 목적은 성경의 검토와 논의를 위한 포럼을 제공하는 것이다. 그 지침에 따르면, 심지어 어떤 자격이 없는 일반 사람들도 이 프로젝트에 참가할 수 있다고 한다. 그러나 이것이 정말로 좋은 아이디어일까? 첫째, 성경을 번역하는 것이 상당한 전문성과 헌신을 요한다는 점을 감안할 필요가 있다. 말할 필요도 없이, 모든 이들이 성서 히브리어나 고전 그리스어 전문가는 아니다. 더욱이, 이 프로젝트가 종교적이고 본질적으로 민감한 문제에 관한 것이기 때문에 어떠한 오역도 심각한 결과로 이어질 것이라는 것을 깨달아야 한다.

Q: 위키 성경 프로젝트에 대한 필자의 태도는 무엇인가?
(a) 옹호하는
(b) 탐탁지 않게 여기는
(c) 환영하는
(d) 적극 칭찬하는

해설 전반적인 글의 흐름에 비추어 볼 때, 위키 성경 프로젝트에 대해 부정적인 태도를 갖고 있음을 알 수 있으므로 정답은 (b)이다. 위키 성경 프로젝트가 좋은 아이디어인가 하는 의문을 제기하고 나서, 그를 비판하는 논거를 제시했으므로 이 프로젝트를 좋지 않게 여기고 있음을 추론할 수 있다.
take into account 감안하다 expertise 전문성 Biblical Hebrew 성서 히브리어 mistranslation 오역 advocate 옹호하다 disapprove 탐탁지 않게 여기다 tout 적극 칭찬하다

정답 (b)

37

Do scientific breakthroughs ensure that humans live happily and meaningfully on Earth? From the scientific viewpoint, how is our existence defined? Are we just an amalgamation of machine-like parts? Or are we intelligent beings who can feel? Does scientific inquiry play a major role in exploring the meaning of our lives? Has science brought positive changes to many parts of the world? What is science? Why do we have to invest our time and efforts in it? Do we really need it to survive? How have scientists contributed to society? Are they conscientious people? Are they avaricious people hankering after fame and mammon? How are science and scientists different? Where is science heading?

Q: What would the author most likely agree with?
(a) Scientists may not be conscientious.
(b) Science brings happiness to the human race.
(c) We must invest more money in science.
(d) Scientific inquiry is worthy of praise.

번역 과학의 혁신이 인류로 하여금 지구 상에서 행복하고 의미 있게 살아갈 수 있도록 해주는가? 과학적 관점에서 우리의 존재는 어떻게 정의되는가? 우리는 단지 기계적인 부분을 합쳐 놓은 것인가? 아니면 감정을 가진 지적 존재인가? 과학적 탐구가 우리 삶의 의미를 탐색하는 데 있어 주요한 역할을 하는가? 과학은 세계 여러 지역에 긍정적인 변화를 가져왔는가? 과학이란 무엇인가? 왜 우리의 시간과 노력을 과학에 쏟아야 하는가? 우리가 살아남기 위해 과학이 필요한가? 과학자들은 사회에 어떻게 기여해 왔는가? 과학자들은 양심적인가? 과학자들은 명성과 부를 갈망하는 탐욕적인 사람들인가? 과학과 과학자는 어떻게 다른가? 과학은 어디를 향하고 있는가?

Q: 필자가 가장 동의할 것으로 생각되는 바는 무엇인가?
(a) 과학자들은 양심적이지 않을지도 모른다.
(b) 과학은 인류에게 행복을 가져온다.
(c) 보다 많은 돈을 과학에 투자해야 한다.
(d) 과학적 탐구는 칭찬받을 만하다.

해설 까다로운 추론 문제 유형이다. 과학, 그리고 과학자에 대해 끊임없이 의문을 제기하는 저자의 태도로 볼 때 정답은 (a)가 된다. 전반적으로 과학, 과학자들이 인류에 대해 가지는 의미와 역할에 대해 광범위하게 의문을 제기하고 있으므로 (b), (c), (d)는 정답이 될 수 없다.
breakthrough 혁신   **amalgamation** 융합   **conscientious** 양심적인   **avaricious** 탐욕적인   **hanker after** ~를 갈망하다   **mammon** 부(富)

정답 (a)

38

Vitamins are essential for the proper functioning of the body. (a) This is largely because they are involved in all the major bodily processes. (b) Each vitamin participates in a particular bodily function. (c) Lipids are instrumental in absorbing fat-soluble vitamins. (d) The classification of vitamins is mainly based on their biological activities.

번역 비타민은 인체가 제대로 기능하기 위해 필수적이다. (a) 이는 주로 비타민이 인체에서 일어나는 모든 주요 과정에 수반되기 때문이다. (b) 각각의 비타민은 특정한 인체 기능에 관여한다. (c) 지방질은 지용성 비타민을 흡수하는 데 크게 기여한다. (d) 비타민의 분류는 각 비타민이 맡는 생물학적 활동에 바탕을 둔다.

해설 글의 전체 흐름은 비타민에 대한 개괄적 소개이다. 비타민의 역할과 분류를 설명하므로 정답은 이에 어긋나는 (c)이다. 앞부분이나 뒷부분에서 지용성 비타민을 다루는 내용이 전혀 없기 때문에 (c)는 글의 흐름에 맞지 않는다.
essential 필수적인   **lipid** 지방질   **instrumental** 크게 기여하는, 중요한   **fat-soluble** 지용성의   **classification** 분류

정답 (c)

39

In a paper published in *Annals of Internal Medicine*, Esther Lopez-Garcia, Ph.D., showed that death rates among coffee drinkers are lower than those of non-drinkers. (a) If women drink a couple of cups of coffee every day, they can lower the risk of death from heart disease by 25%. (b) They can also reduce the risk of death from factors other than cancer or heart disease by 18%. (c) Some studies show that tea brings more health benefits than coffee. (d) Lopez-Garcia concluded that coffee consumption generally has a positive effect on human health.

번역 〈내과 연보〉에 게재된 논문에서, 에스더 로페즈 가르시아 박사는 커피를 마시는 사람들의 사망률이 커피를 마시지 않는 사람들에 비해 낮다는 사실을 입증했다. (a) 여성이 매일 커피 두세 잔을 마시면, 심장 질환으로 인한 사망 위험을 25%까지 줄일 수 있다. (b) 여성들은 또한 암이나 심장 질환이 아닌 다른 요인으로 인한 사망 위험을 18%까지 낮출 수 있다. (c) 일부 연구는 차가 커피보다 더 많은 건강상의 혜택을 가져온다는 점을 보여준다. (d) 로페즈 가르시아 박사는 커피 섭취가 일반적으로 건강에 긍정적인 영향을 미친다고 결론지었다.

해설 첫 번째 문장에서 커피 섭취의 긍정적인 효과를 말했으므로 이에 어긋나는 예를 찾으면 된다. (c)에서는 커피보다 차가 건강상의 혜택이 많다고 말했는데, 이는 커피의 긍정적인 효과를 말하는 것이 아니므로 글의 흐름에 맞지 않는다. 나머지 내용은 모두 커피 섭취를 통해 수명을 늘리는 등 건강상의 혜택이 있음을 말하고 있으므로 일관성이 있다.

annals 연보(흔히 학회지 명칭에 쓰임) **internal medicine** 내과 **heart disease** 심장 질환 **consumption** 섭취; 소비

정답 (c)

40

It seems that even experts are not sure about how to punish Russia for "invading" Georgia. (a) On the one hand, analysts such as Clifford G. Gaddy are opposed to economic sanctions against Russia. (b) In their opinion, Russia is such an integral part of the global economic system that any economic measures against the country will endanger the whole system. (c) On the other hand, experts such as Jeffrey Garten argue that the global community should impose severe economic sanctions on the Russians to teach them a lesson. (d) Military options are not on the table at the moment.

번역 심지어 전문가들조차 그루지야를 침략한 데 대해 어떻게 러시아를 처벌해야 하는가에 대해 확실히 알지 못하는 것 같다. (a) 한편으로, 클리퍼드 가디와 같은 전문가들은 러시아에 대한 경제 제재 조치에 반대한다. (b) 그들의 견해로는, 러시아가 세계 경제 체제의 핵심 부분이어서 러시아에 대한 어떠한 경제 조치도 경제 체제 전체를 위협할 것이라고 한다. (c) 다른 한편으로, 제프리 가튼과 같은 전문가들은 지구 공동체가 러시아를 응징하기 위해 러시아인들에 대해 가혹한 경제 제재 조치를 취해야 한다고 주장한다. (d) 군사적 방안은 현재 고려되지 않고 있다.

해설 첫 번째 문장에서 전문가들 사이에 러시아에 대한 대처 방안이 합의되지 않았다고 했으므로 이와 어긋나는 예를 찾으면 된다. 경제 제재 조치에 대한 논점들을 소개하다가 군사적 방안에 대해 언급한 (d)는 어색하다. 나머지는 전문가들 사이에 완전히 대립되는 두 가지 견해를 다룬 것으로, 그만큼 합의가 이루어져 있지 않다는 것을 말하기 때문에 일관성에 기여하는 선택지이다. 언제나 판단 기준이 첫 번째 문장임을 명심하자.

expert 전문가 **invade** 침략하다 **sanctions** 제재 조치 **integral** 핵심적인 **endanger** 위협하다 **teach ... a lesson** ~을 응징하다, 한 수 가르치다 **on the table** 고려되는

정답 (d)

ACTUAL TEST 4

Part 1	1 (d)	2 (a)	3 (d)	4 (b)	5 (d)	6 (d)	7 (d)	8 (c)
	9 (b)	10 (a)	11 (a)	12 (b)	13 (c)	14 (c)	15 (a)	16 (a)
Part 2	17 (b)	18 (c)	19 (b)	20 (c)	21 (b)	22 (c)	23 (a)	24 (a)
	25 (d)	26 (c)	27 (b)	28 (b)	29 (d)	30 (b)	31 (b)	32 (c)
	33 (a)	34 (a)	35 (a)	36 (c)	37 (d)			
Part 3	38 (c)	39 (d)	40 (d)					

ACTUAL TEST 4 Part 1

1

Will Kim Jong-il's death ultimately change North Korea? According to some experts, such a drastic change is not likely mainly because of the nature of the North Korean regime. The notoriously cruel regime has just a single goal: Its survival at all costs. The ruling elite has no choice but to stick to its guns so as to prolong its existence. Otherwise, _____.

(a) the two Koreas would be reunified
(b) the North Korean regime would become more cruel
(c) Kim Jong-il would lose more power
(d) its very survival would be in grave danger

번역 김정일의 사망으로 북한이 궁극적으로 변화할 것인가? 일부 전문가들에 따르면, 주로 북한 정권의 본질로 인해 그런 현격한 변화는 일어날 것 같지 않다고 한다. 악명 높게 잔혹한 북한 정권에는 한 가지 목표만이 있는데, 그것은 어떤 대가를 치르든 정권이 살아남는 것이다. 지배 엘리트들은 계속 살아남기 위해 기존 입장을 고수할 수밖에 없다. 그렇지 않으면 생존 자체가 심각한 위험에 처하게 될 것이다.

(a) 한국과 북한이 통일이 될 것이다
(b) 북한 정권이 보다 잔혹해질 것이다
(c) 김정일이 보다 많은 권력을 잃을 것이다
(d) 생존 자체가 심각한 위험에 처하게 될 것이다

해설 주어진 글에서 북한 정권의 유일한 목표가 정권의 생존이라고 했기 때문에, 이에 어울리는 (d)가 정답이다. (a)는 글에서 다루고 있는 내용이 아니다. (b)는 기존 입장을 고수한다는 설명과 맞지 않고, (c)는 첫 문장에서 김정일의 사망을 전제로 했기 때문에 오답이다.

drastic 격심한   stick to one's guns 입장을 고수하다
prolong 연장하다   regime 정권   grave 심각한

정답 (d)

2

Dear Mr. Perguson:

This is Jennifer Palo, from Canada. I got your shipment today and found that you had shipped the wrong book. As you can see from my email to you a few weeks ago, I placed an order for *How the Mind Works*, not for *Current Issues in Linguistic Theory*. I can _____ in no time, and hope that you will ship the right book to me. Your prompt reply would be greatly appreciated.

Best regards,
Jennifer Palo

(a) send the wrong book to you
(b) sell the wrong book to other buyers
(c) ship the wrong book to the publisher
(d) keep the wrong book

번역 퍼거슨 씨께

캐나다의 제니퍼 팔로입니다. 오늘 배송품을 받고 나서 책을 잘못 배송하신 것을 알았습니다. 몇 주 전 보내 드린 제 이메일에서 보시다시피, 저는 <언어학 이론의 현안>이 아니라 <마음이 어떻게 작용하는가>를 주문했습니다. 곧 잘못 보내신 책을 보내 드릴 수 있으니, 주문한 책을 제대로 배송해 주시기 바랍니다. 신속히 답변 주시면 대단히 감사하겠습니다.

제니퍼 팔로

(a) 잘못 보내신 책을 보내 드릴
(b) 잘못 보내신 책을 다른 구매자에게 팔
(c) 잘못 보내신 책을 출판사에 보낼
(d) 잘못 보내신 책을 가질

해설 글쓴이가 잘못 배송된 책을 갖고 있지 않을 것임을 알 수 있으므로 정답은 (a)이다.

shipment 배송   place an order 주문하다   in no time 곧
publisher 출판자, 신문 발행인

정답 (a)

3

According to Michael Thun, M.D., estradiol, created by fat cells, tends to make cells divide rapidly and that is why _____. An increase in the rate of cell division may lead to a random genetic error, which could result in cancer. Moreover, insulin and insulin-like growth factors in the blood can be increased by fat accumulated around the abdomen, which contributes to cancer development.

(a) obesity has nothing to do with cancer
(b) obesity results from cancer
(c) cancer affects obesity negatively
(d) obesity increases cancer risk

번역 의학박사 마이클 턴에 따르면, 지방 세포에 의해 만들어지는 에스트라디올은 세포가 급속히 분열하도록 하는데, 그 때문에 비만이 암의 위험을 증가시킨다고 한다. 세포 분열 속도 증가는 임의적 유전자 오류를 낳을 수 있는데, 이로 인해 암이 발생할 수 있다. 더욱이, 혈액 속 인슐린 및 인슐린 유사 성장 인자가 복부 주위에 축적된 지방 때문에 증가될 수 있는데, 이것이 암의 발병에 기여한다.

(a) 비만이 암과 아무런 관계가 없다
(b) 비만이 암 때문에 생긴다
(c) 암이 비만에 부정적인 영향을 미친다
(d) 비만이 암의 위험을 증가시킨다

해설 글의 전반적인 흐름에서 지방 세포에 의해 만들어지는 에스트라디올이 암 발생에 기여한다는 점을 알 수 있으므로 정답은 (d)가 된다. (a)는 글의 흐름에 어긋나며, (b), (c)는 인과 관계가 바뀌었으므로 오답이다.
divide 나누다 **rapidly** 급속하게 **cell division** 세포 분열 **random** 임의적 **insulin-like growth factor** 인슐린 유사 성장 인자 **accumulate** 축적하다 **abdomen** 복부 **contribute to** ~에 기여하다 **obesity** 비만

정답 (d)

4

After Charles Darwin published *On the Origin of Species* in 1859, many scientists began to _____. William Thomson was one of them, and he argued that the Earth was not old enough to allow evolution to occur. In other words, the planet had a relatively short period to enable living things to exist and develop. Thomson estimated that the Earth's age ranged from 20 million to 40 million years.

(a) provide evidence to support his theory
(b) question the validity of his theory
(c) copy his revolutionary idea
(d) ruin his reputation as a scientist

번역 1859년 찰스 다윈이 〈종의 기원〉을 출간하고 나서, 많은 과학자들이 그의 이론의 타당성에 의문을 제기하기 시작했다. 윌리엄 톰슨도 그 중 한 명이었는데, 지구가 진화가 일어날 정도로 오래되진 않았다고 주장했다. 다시 말해, 지구 역사는 생명체가 존재하고 발달하기에는 비교적 짧다. 톰슨은 지구 나이가 2천만 년에서 4천만 년쯤 된 것으로 추정했다.

(a) 그의 이론을 뒷받침하는 증거를 제공하기
(b) 그의 이론의 타당성에 의문을 제기하기
(c) 그의 혁명적인 아이디어를 모방하기
(d) 과학자로서 그의 명성을 파멸시키기

해설 글의 흐름으로 보아, 찰스 다윈의 진화론에 대한 비판적 입장이 주로 논의되고 있으므로 정답은 (b)이다. (a)는 이런 글의 흐름과 정반대의 내용을 말하고 있으므로 맞지 않다. (c)는 언급되지 않은 내용이며, 이런 비판이 다윈의 명성까지 파멸시킨다는 (d)는 지나친 비약이다.
evolution 진화 **relatively** 비교적 **range** (범위가) ~에 이르다 **validity** 타당성 **revolutionary** 혁신적인 **ruin** 파멸시키다 **reputation** 평판, 명성

정답 (b)

5

Running a successful business requires a deep knowledge of business practices and real-life experience in carrying out formidable tasks, which the Syracuse program guarantees to provide for its students. More importantly, this innovative program makes us think about _____. Courses such as *Discovering the Entrepreneur Within* reflect on our identity and innermost desires. Courses such as *Visiting Executives in Entrepreneurship* provide us with golden opportunities to discuss serious matters with successful entrepreneurs.

(a) how to make more profits with less effort
(b) the true meaning of being human
(c) how to contribute to society
(d) the true meaning of running a business

번역 사업체를 성공적으로 운영하기 위해서는 사업상 관행에 대한 깊이 있는 지식과 엄청난 일을 수행한 실제 경험이 필요한데, 시러큐스 프로그램은 학생들에게 그와 같은 지식과 경험을 제공할 것을 보장합니다. 더 중요한 것은, 이 혁신적인 과정을 통해 사업체 운영의 진정한 의미에 대해 생각할 수 있습니다. 〈내면의 기업가 정신 발견〉과 같은 강좌는 우리의 정체성과 가장 사적인 욕구를 성찰하게 합니다. 〈기업가 정신을 발휘하고 있는 임원 탐방〉과 같은 강좌는 성공한 기업가와 깊이 있는 문제를 토의하는 귀한 기회를 제공합니다.

(a) 보다 적은 노력으로 보다 많은 수익을 거두는 방법
(b) 인간이라는 것의 진정한 의미
(c) 사회에 기여하는 방법
(d) 사업체 운영의 진정한 의미

해설 핵심 단서는 빈칸 다음에 나오는 두 문장이다. 그 부분에서 정체성, 인간의 욕구, 성공한 기업가 등이 언급되는데, 이런 내용과 가장 자연스럽게 이어질 수 있는 선택지를 골라야 하므로 정답은 (d)이다. (a)는 글의 흐름이 수익 창출에만 있지 않기 때문에 맞지 않다. (b)는 지나친 비약이며, (c)는 글에서 분명하게 언급한 내용이 아니므로 정답이 될 수 없다.

business practice 사업상 관행 **formidable** 엄청난, 어마어마한 **innovative** 혁신적인 **entrepreneur** 기업가 **within** 내부, 안쪽 **identity** 정체성, 독자성 **innermost** 가장 사적인, 내밀한 **executive** 임원, 경영진 **golden** 귀한, 전성기의

정답 (d)

6

When treating someone who gets stung by a box jellyfish, bear in mind that its tentacles can still sting even if they are detached or the invertebrate dies. For this reason, experts recommend that you _____ when getting rid of a box jellyfish's tentacles. In addition, be reminded that vinegar makes it possible to remove the tentacles instantly. The liquid is also useful for incapacitating the box jellyfish's nematocysts which can be harmful to the bloodstream.

(a) protect the jellyfish
(b) use your own hands
(c) avoid touching the patient
(d) use a glove

번역 박스 해파리에 쏘인 사람을 치료할 때, 촉수가 분리되거나 무척추동물인 박스 해파리가 죽는다 하더라도 그 촉수가 여전히 사람을 쏠 수 있다는 점을 명심하십시오. 이 때문에 전문가들은 박스 해파리의 촉수를 제거할 때 장갑을 사용할 것을 권합니다. 덧붙여, 식초를 사용하면 박스 해파리의 촉수를 즉각 떼어낼 수 있다는 것을 기억하십시오. 식초는 또한 혈류에 해로울 수 있는 박스 해파리의 가시 세포를 무력화하는 데에도 유용합니다.

(a) 해파리를 보호할 것
(b) 자신의 손을 사용할 것
(c) 환자와 접촉하지 말 것
(d) 장갑을 사용할 것

해설 박스 해파리의 특수성을 감안할 때, 박스 해파리에 쏘인 환자 치료 시 그 촉수에 쏘이지 않도록 주의해야 한다는 점을 짐작할 수 있다. 따라서 이와 자연스럽게 연결될 수 있는 (d)가 정답이다. 글 전체의 내용이 해파리 보호가 아니라 환자 치료를 다루고 있으므로 (a)는 맞지 않다. (b)는 박스 해파리 특성을 감안할 때 위험한 방법임을 예상할 수 있다. (c)는 환자 치료 자체가 불가능하므로 역시 정답이 아니다.

sting 쏘다 **box jellyfish** 박스 해파리 **bear in mind** 명심하다 **tentacle** 촉수 **detach** 떼어내다 **invertebrate** 무척추동물 **vinegar** 식초 **instantly** 즉각, 즉시 **incapacitate** 무력화하다 **nematocyst** 가시 세포 **bloodstream** 혈류

정답 (d)

7

In the Asch conformity experiments, participants were asked quite easy questions. Therefore, without any outside pressure to fit in, the probability of wrong answers was approximately 3%. By contrast, _____, the subjects gave incorrect responses to about 40% of the questions. Further, some 80% of the respondents provided a wrong answer to at least one question. These results clearly showed that groups tend to exert a considerable amount of pressure on individuals to conform.

(a) given the freedom to choose
(b) faced with pressure to stand on your own feet
(c) given the freedom to retreat
(d) faced with pressure to conform

번역 애쉬 동조 실험에서 참가자들은 아주 쉬운 질문을 받았다. 따라서 동조하라는 외부 압력이 없을 때 오답률은 대략 3%였다. 이와는 대조적으로, 동조하라는 압박이 가해졌을 때 피험자들은 질문의 40% 정도에 잘못 응답했다. 더욱이, 대략 80%의 응답자들이 적어도 하나의 질문에 오답을 냈다. 이런 결과는 집단이 개인에게 동조하라는 압박을 상당한 정도로 행사하는 경향이 있다는 사실을 입증했다.

(a) 선택의 자유가 주어졌을 때
(b) 자립하라는 압박에 직면했을 때
(c) 물러날 수 있는 자유가 주어졌을 때
(d) 동조하라는 압박이 가해졌을 때

해설 By contrast라는 표현이 분명한 단서를 제공한다. 외부에서 가하는 압박이 없을 때는 쉽게 정답을 맞히는데, 동조에 대한 압박이 커지면 오답률이 높아진다는 결론을 말하는 것이므로 정답은 (d)가 된다. (a)는 빈칸 앞의 상황에 해당되며, (b) 역시 일정 부분 (a)와 통하기 때문에 정답이 아니다. (c)는 글의 흐름과 거리가 멀다.
conformity 동조, 순응 **fit in** 어울리다 **probability** 확률, 가능성 **subject** 피험자 **respondent** 응답자 **exert** (힘 등을) 행사하다 **considerable** 상당한 **conform** 순응하다 **stand on your own feet** 자립하다 **retreat** 물러나다

정답 (d)

8

Approximately 3,000 years ago, Micronesian and Polynesian people started to settle Nauru. The exact date of their arrival on the island is, however, unknown to historians. Based on the uniqueness of the native language, they assume that the island _____. Its isolation was broken only in the early 18th century, when Europeans reached the island for the first time. In the 1830s, Nauruans had contact with enormous numbers of Europeans.

(a) thrived throughout much of its history
(b) was exposed to many different cultures
(c) remained isolated for much of its history
(d) developed its own unique culture

번역 대략 3천 년 전, 미크로네시아인들과 폴리네시아인들이 나우루에 정착하기 시작했다. 그렇지만 역사학자들은 그들이 정확히 언제 나우루 섬에 왔는지 알지 못한다. 토착어가 독특하다는 점을 근거로 역사학자들은 나우루 섬이 오랜 역사에 걸쳐 고립돼 있었다고 추정한다. 이러한 고립은 18세기 초반에 이르러서야 깨졌는데, 그때 유럽인들이 처음으로 나우루 섬에 도착했다. 1830년대에 나우루인들은 엄청난 수의 유럽인들과 접촉했다.

(a) 오랜 역사에 걸쳐 번창했다
(b) 다양한 문화에 노출되었다
(c) 오랜 역사에 걸쳐 고립돼 있었다
(d) 독특한 문화를 발전시켰다

해설 빈칸 바로 앞뒤 문장이 결정적인 단서를 제공한다. 빈칸 바로 앞 부분에서 토착어가 독특하다고 했고, 빈칸 다음 문장에서는 고립이 깨졌다고 했으므로 정답은 (c)이다. (a)는 글의 내용만으로 정확히 알 수 없고, (b)는 뒷부분에 있는 고립이라는 내용과 어울리지 않으며, (d)는 빈칸 다음 문장과 자연스럽게 연결되지 않기 때문에 정답이 될 수 없다.
Micronesian 미크로네시아의 **Polynesian** 폴리네시아의 **settle** 정착하다 **uniqueness** 독특함 **native langage** 토착어 **assume** 가정하다, 추정하다 **isolation** 고립 **thrive** 번창하다

정답 (c)

9

In the summer of 1999, a dead crow was found at the Bronx Zoo in New York City, which marked the first occurrence of West Nile virus in the Western hemisphere. Within three months, many cases of encephalitis, which is usually caused by the destructive virus, had been reported among humans and animals. As the virus continued to spread to other parts of the United States, tens of thousands of birds were killed, which only _____.

(a) encouraged scientists to develop effective anti-virus vaccines
(b) added to the infamy of the deadly virus
(c) prevented the Americans from moving to other countries
(d) worsened the existing problem of poor sanitation

번역 1999년 여름, 뉴욕 브롱크스 동물원에서 죽은 까마귀가 한 마리 발견되었는데, 이 때문에 웨스트 나일 바이러스가 서반구에서 최초로 발생했다는 사실이 알려졌다. 3개월 이내, 이 파괴적인 바이러스가 주로 일으키는 뇌염 발병 사례가 사람들과 동물들에서 여러 건 보고되었다. 그 바이러스가 미국 다른 지역으로 계속 퍼지면서 수만 마리의 새들이 죽었는데, 이 때문에 이 치명적인 바이러스의 악명이 더 높아졌다.

(a) 과학자들이 효과적인 바이러스 퇴치 백신을 개발하도록 장려했다
(b) 이 치명적인 바이러스의 악명이 더 높아졌다
(c) 미국인들이 다른 나라로 이주하지 못하도록 했다
(d) 위생 불량이라는 기존 문제를 악화시켰다

해설 (a)는 글의 흐름이 웨스트 나일 바이러스의 발생과 전파에 집중되어 있고, 또한 새가 많이 죽었다고 해서 바이러스 퇴치 백신 개발이 용이해지는 것은 아니므로 정답이 될 수 없다. (c)는 글의 내용과 관련이 없고, (d)는 위생 불량에 대해 전혀 언급되지 않았기 때문에 정답이 아니다. 정답은 (b)로, 파괴력이 강한 바이러스라는 점이나 수만 마리의 새가 죽었다는 내용과 어울린다.
crow 까마귀 mark (변화를) 알리다 occurrence 발생
the Western hemisphere 서반구 encephalitis 뇌염
infamy 악명 deadly 치명적인 worsen 악화시키다
existing 기존의 sanitation 위생

정답 (b)

10

In the first half of the 1920s, influenced by rapid economic growth, a large number of people began to regard Florida as an ideal place for investment. In particular, many investors became interested in Miami's real estate, partly due to Carl Fisher's publicity efforts. Consequently, land prices increased sharply and development projects began. As Forbes magazine warned, however, Florida's real estate boom was motivated largely by speculation. In 1925, the inevitable happened and _____.

(a) the real estate bubble burst
(b) Fisher left Miami for good
(c) Forbes magazine failed to attract readers
(d) Miami house prices continued to rise rapidly

번역 1920년대 상반기, 급속한 경제 성장에 영향을 받아 많은 사람들이 플로리다를 이상적인 투자처로 여기기 시작했다. 특히 많은 투자자들이 부분적으로는 칼 피셔의 홍보 노력 때문에 마이애미의 부동산에 관심을 갖게 되었다. 그 결과, 땅값이 급격히 상승했고 개발 계획들이 시작되었다. 그렇지만 〈포브스〉지가 경고했듯이, 플로리다의 부동산 호황은 주로 투기로 인한 것이었다. 1925년, 예고된 일이 일어나 부동산 거품이 식었다.

(a) 부동산 거품이 식었다
(b) 피셔가 마이애미를 영원히 떠났다
(c) 〈포브스〉지가 독자를 끌어들이지 못했다
(d) 마이애미의 집값이 급속한 상승을 거듭했다

해설 빈칸 바로 앞 문장에서, 한 경제 전문가가 경고했듯이 플로리다의 부동산 호황이 투기에 의한 것이었다고 했으므로, 부동산 거품 붕괴가 불가피했음을 알 수 있다. 따라서 정답은 (a)가 된다. (c)는 부동산 거품 붕괴를 계기로 오히려 〈포브스〉지의 신뢰도가 높아졌을 것을 예상할 수도 있기 때문에 정답이 될 수 없다. (d)는 글의 내용과 정면으로 어긋난다.
rapid 급속한 in particular 특히 real estate 부동산
publicity 홍보 sharply 급격히 boom 호황, 급등
motivate (행동 등의) 원인이 되다 speculation 투기; 추정
inevitable 불가피한 for good 영원히

정답 (a)

11

According to Michael Craig Miller, M.D., we can find out whether someone's smile is sincere or not by checking the existence of wrinkles around his or her eyes. This is mainly because when we give a sincere smile, the muscles around our eyes shrink automatically, forming wrinkles called Duchenne lines. Miller points out that it is _____. After all, only sincere people can give a genuine smile.

(a) virtually impossible to feign a sincere smile
(b) always possible to remove wrinkles on your face
(c) virtually impossible to discern a fake smile
(d) always possible to contract eye muscles

번역 의학박사 마이클 크레이그 밀러에 따르면, 어떤 사람의 미소가 진실한지 그렇지 않은지는 눈가에 주름이 있는지를 살펴보면 알아낼 수 있다고 한다. 이것은 주로 진실한 미소를 지을 때 눈가의 근육이 자동적으로 수축하여 뒤센느 주름살이라고 불리는 주름을 형성하기 때문이다. 밀러 박사는 진실한 미소를 가장하는 것이 거의 불가능하다고 지적한다. 결국, 진실한 사람들만이 진정한 미소를 지을 수 있는 것이다.

(a) 진실한 미소를 가장하는 것이 거의 불가능하다
(b) 얼굴의 주름살을 없애는 것이 항상 가능하다
(c) 가짜 미소를 가려내는 것이 거의 불가능하다
(d) 눈 근육을 수축시키는 것이 항상 가능하다

해설 첫 번째 문장과 글의 전체적인 흐름으로부터 진실한 미소에 관한 내용임을 알 수 있으므로 (a)가 정답이다. (b)는 글의 내용이 미소의 진실성을 가려내는 것이기 때문에 관련성이 떨어진다. (c)는 글의 내용과 어긋나며, (d)는 글에서 말하는 것이 눈가에 생기는 주름이기 때문에 역시 정답이 될 수 없다.
sincere 진실한   wrinkle 주름   shrink 움츠러들다   point out ~을 지적하다   virtually 거의   feign 가장하다   discern 가려내다   fake 가짜의   contract 수축시키다

정답 (a)

12

Takaki's arguments are quite persuasive and plausible. After all, education is a process by which a student gets to "see old things in a new way," and such a process is possible only when he or she understands and accepts a different way of thinking. Takaki's arguments hold true for history education as well; in particular, instances involving racial discrimination should be taught as they really happened. This kind of education will enable students to _____.

(a) criticize whites for discriminating against African Americans
(b) perceive American society from a totally different perspective
(c) become law-abiding citizens of our society
(d) understand the long history of racial tension in American society

번역 타카키의 주장은 대단히 설득력 있고 믿을 만하다. 결국 교육이란, 학생이 익숙한 것을 새롭게 바라보도록 하는 과정이며, 그러한 과정은 학생이 다른 사고방식을 이해하고 받아들일 때에만 가능하다. 타카키의 주장은 또한 역사 교육에 대해서도 유효한데, 특히 인종차별에 관한 사례들을 실제 일어났던 대로 가르쳐야 하는 것이다. 이런 교육은 학생들이 미국 사회를 완전히 다른 시각에서 인식할 수 있게 해줄 것이다.

(a) 흑인들을 차별한 데 대해 백인들을 비판할
(b) 미국 사회를 완전히 다른 시각에서 인식할
(c) 법을 준수하는 우리 사회의 시민이 될
(d) 미국 사회 인종 갈등의 오랜 역사를 이해할

해설 (a)나 (d)를 정답으로 고르지 않도록 유의해야 한다. 글의 전체 흐름은 교육을 통해 학생들이 새로운 시각을 갖출 것을 요구하는 것이기 때문에, 단순히 비판을 가하거나 역사를 이해하는 것이 정답이 될 수 없다. 따라서 글 초반부에 교육의 목적이 익숙한 것을 새롭게 바라보도록 하는 것에 있다고 한 것을 감안할 때 정답은 글 전체의 흐름에 가장 잘 어울리는 (b)가 된다.
persuasive 설득력 있는   plausible 믿을 만한   hold true 유효하다   perceive 인식하다   law-abiding 준법의   tension 긴장; 갈등

정답 (b)

13

According to Sera Markoff of the Astronomical Institute, University of Amsterdam, black holes, regardless of their sizes, show "very similar" feeding patterns, which helps support the implications of Einstein's theory of General Relativity. One such implication is that the simplicity of black holes can exhibit itself irrespective of environmental differences. Markoff and her colleagues found out that M81's black hole, one of the largest black holes, "feeds" just like stellar mass black holes, relatively small black holes, even though _____.

(a) they exhibit similar properties
(b) Einstein's theory of General Relativity is invalid
(c) their environments are significantly different
(d) their sizes are identical

번역 암스테르담 대학교 천문 연구소의 세라 마코프에 따르면, 블랙홀은 크기에 상관없이 아주 유사한 흡입 양상을 나타내는데, 이것이 아인슈타인의 일반 상대성 이론이 함의하는 바를 뒷받침하는 데 도움이 된다고 한다. 그중 하나는 블랙홀의 단일성이 환경이 다르더라도 나타날 수 있다는 것이다. 마코프와 동료 학자들은 가장 큰 블랙홀 중 하나인 M81 블랙홀이 환경이 상당히 다른데도 불구하고, 상대적으로 작은 블랙홀인 항성질량 블랙홀과 똑같은 방식으로 흡입한다는 사실을 밝혀냈다.

(a) 유사한 속성을 나타내는
(b) 아인슈타인의 일반 상대성 이론이 타당하지 않은
(c) 환경이 상당히 다른
(d) 크기가 동일한

해설 첫 번째 문장에서 크기에 상관없이 흡입 양상이 아주 유사하다고 했으므로 정답은 (c)이다. (a)는 빈칸 앞부분과 역접 관계를 이루지 못하므로 답이 아니며, (b)는 글의 내용과 정면으로 어긋난다. (d)는 주어진 글에서 두 블랙홀의 크기가 다르다는 것을 금방 알 수 있기 때문에 맞지 않다.
black hole 블랙홀 **feed** (흘러) 들어가다 **implication** 함축, 암시 **simplicity** 단일성, 단순성 **exhibit** 드러내다 **stellar mass black hole** 항성질량 블랙홀 **invalid** 타당성이 없는

정답 (c)

14

Dear Editor:

This is Erica Smith, from South Korea. I've happily subscribed to *Newsweek* for two consecutive years and I've always been amazed by your inspiring and enlightening articles from a balanced, global perspective. Recently, however, I've spotted a grammatical mistake in one of your articles. In the article entitled *Conventional Wisdom* of September 15, 2008, you wrote: "At the Republican National Convention, GOP foreign-policy men made recommendations to whomever will be the next American President, on the most pressing issues abroad." Since "whomever" needs to play the role of a subject, not that of an object, in its relative clause, it should change to "whoever." Given the reputation of *Newsweek*, _____.

(a) grammatical matters can be ignored completely
(b) not all reporters are versed in traditional grammar
(c) such grammatical mistakes are completely unacceptable
(d) grammar remains tricky for many writers including journalists

번역 편집자님께

저는 한국의 에리카 스미스입니다. 2년째 즐겁게 〈뉴스위크〉를 구독 중이며, 균형 잡힌 국제적 시각으로 영감을 불러일으키고 일깨움을 주는 기사를 읽으며 항상 놀라워합니다. 하지만 근래에 〈뉴스위크〉 기사에서 문법적 실수를 찾아냈습니다. 2008년 9월 15일자 〈전당 대회의 지혜〉라는 제목의 기사에서 다음과 같이 쓰셨더군요: "공화당 전당 대회에서 공화당 외교정책가들은 가장 시급한 해외 문제에 대해 미국의 차기 대통령이 되는 누구에게든(whomever) 정책 권고를 했다." "whomever"가 관계절에서 목적어가 아니라 주어의 역할을 해야 하기 때문에, 이는 "whoever"로 바꾸어야 합니다. 〈뉴스위크〉의 명성을 감안할 때, 그런 문법적 실수는 전혀 받아들일 수 없습니다.

(a) 문법적 문제는 완전히 무시될 수 있습니다
(b) 기자들이 모두 전통 문법에 정통하지는 않습니다
(c) 그런 문법적 실수는 전혀 받아들일 수 없습니다
(d) 기자를 포함해 많은 저자들에게 문법은 여전히 까다롭습니다

해설 〈뉴스위크〉의 명성을 인정하는 독자가 문법적 실수를 알려주기 위해 쓴 편지이므로 (c)가 가장 적절하다.
consecutive 연속적인 **enlightening** 일깨움을 주는 **spot** 알아차리다 **GOP** 공화당(Grand Old Party) **pressing** 시급한 **versed** 정통한 **tricky** 까다로운

정답 (c)

15

According to C. Nandini and C.N. Ravi Kumar, gait identification can become a new branch of biometrics which recognizes people based on how they walk. Individuals have their unique gait types, and a camera with a side view may enable law enforcement agents to identify suspects at a distance. Bill Marshall points out, however, that gait identification systems may fail to recognize individuals. _____, he tries to develop a radar system that helps identify people behaving suspiciously.

(a) Instead
(b) Nonetheless
(c) Likewise
(d) Indeed

번역 낸디니와 라비 쿠마에 따르면, 걸음걸이 인식은 보행 방식을 바탕으로 사람들을 인지하는 생물 측정학의 새로운 분과가 될 수 있다고 한다. 개인마다 독특한 걸음걸이 유형이 있어서, 측경이 장착된 카메라를 이용하면 법 집행요원들이 먼 거리에서 용의자를 식별할 수 있다. 그렇지만 빌 마셜은 걸음걸이 인식 시스템이 개개인을 인지하지 못할 수 있다고 지적한다. 대신에, 그는 의심이 가는 행동을 하는 사람들을 인식하는 데 도움이 되는 레이더 시스템을 개발하려고 노력한다.

(a) 대신에
(b) 그럼에도 불구하고
(c) 마찬가지로
(d) 실은

해설 걸음걸이 인식에 대해 빌 마셜이 다른 입장을 갖고 있음을 알 수 있으므로 정답은 (a)이다. (b)는 빌 마셜이 일관된 입장을 갖고 있기 때문에 정답이 될 수 없다. (c)는 앞뒤 문장이 비슷한 상황을 말하는 것이 아니고, (d)는 대체로 앞의 내용을 보다 강하게 제시할 때 쓰이기 때문에 주어진 맥락에 어울리지 않는다.
gait 걸음걸이   **identification** 인식   **branch** 분과   **biometrics** 생물 측정학   **side view** 측경(側景)   **law enforcement agent** 법 집행요원   **suspiciously** 의심스럽게

정답 (a)

16

It is necessary to determine whether we can imagine a situation in which high levels of diffuse support would correlate with high levels of antisystem political behavior. Such a situation is impossible mainly because the concept of diffuse support presupposes support for the existing political system. More specifically, the stability of a democratic society is simply a direct result of diffuse political support for the society. _____, the instability of a democratic society results from lack of diffuse support for the society. Therefore, the concept of diffuse support is useless for specifying major factors in stabilizing a democratic society.

(a) By the same token
(b) On top of that
(c) To top it all
(d) That said

번역 높은 수준의 포괄적 지지가 높은 수준의 반체제적 정치 행동과 상관관계가 있는 상황을 상상할 수 있는가에 대한 판단을 내려야 한다. 그런 상황은 주로 포괄적 지지라는 개념이 현존하는 정치 체제에 대한 지지를 전제하기 때문에 불가능하다. 보다 구체적으로, 민주사회 안정성은 그 사회에 대한 포괄적·정치적 지지의 직접적인 결과일 뿐이다. 마찬가지 이유로, 민주사회의 불안정성은 그 사회에 대한 포괄적 지지 결여 때문에 발생한다. 따라서 포괄적 지지라는 개념은 민주사회에 안정을 가져오는 주요 요인을 명시하는 데 유용하지 않다.

(a) 마찬가지 이유로
(b) 게다가
(c) 훨씬 더 심한 일로
(d) 그럼에도 불구하고

해설 앞뒤 문장으로 보아 유사한 관계를 설명하고 있으므로 정답은 (a)이다. (b)는 앞의 내용에 다른 내용을 추가할 때 쓰는 표현인데, (a)에 비해 적합성이 떨어진다. (c)는 대체로 좋지 않은 일 중 최종적으로 겪게 되는 일을 나타낼 때 쓰며, (d)는 내용 전환을 나타낸다.
diffuse 널리 퍼진   **correlate** 상관관계를 가지다   **antisystem** 반체제적   **presuppose** 전제하다

정답 (a)

ACTUAL TEST 4 | Part 2

17

Different scholars have different ideas about what word the term "Baroque" originated from. Some argue that the term came from "barocco," an Italian word meaning "contorted idea." Others claim that the term derived from "barroco," a Portuguese word denoting "irregularly shaped pearl." Merriam-Webster supports the latter view and explains that "Baroque" originated from the Portuguese word.

Q: What is the passage mainly about?
(a) Merriam-Webster's explanation of barocco
(b) The origin of the word Baroque
(c) Differences between Italian and Portuguese
(d) Relationships between ideas and pearls

번역 바로크라는 용어가 어떤 단어에서 유래했는가에 대해 학자들마다 생각이 다르다. 어떤 학자들은 그 용어가 '곡해된 아이디어'를 뜻하는 이탈리아어 barocco에서 유래했다고 주장한다. 다른 학자들은 그 용어가 '생김새가 특이한 진주'를 뜻하는 포르투갈어 barroco에서 유래했다고 주장한다. 메리엄 웹스터는 후자의 견해를 지지하여 바로크가 포르투갈어 단어에서 비롯되었다고 설명한다.

Q: 글의 주된 내용은 무엇인가?
(a) barocco에 대한 메리엄 웹스터의 설명
(b) Baroque라는 단어의 유래
(c) 이탈리아어와 포르투갈어의 차이
(d) 아이디어와 진주 사이의 관계

해설 첫 번째 문장을 통해 (b)가 정답임을 알 수 있다. (a)는 메리엄 웹스터의 설명이 주된 내용은 아니기 때문에 답이 아니다. (c)는 너무 광범위한 주제로 글에서 다루고 있지 않으며, (d)는 전혀 엉뚱한 내용이다.

term 용어 originate 유래하다 contort 왜곡하다 derive ~에서 비롯되다 denote 나타내다, ~의 명칭이다 irregularly 특이하게

정답 (b)

18

In the summer of 2006, "Tim McGraw," Taylor Swift's debut single, was released and she turned into an instant star. Interestingly enough, Swift wrote the song when she was a freshman in high school. She wanted her high school sweetheart to remember her forever and thought of everything that could help remind him of her. She mentioned that what first came to her mind was that Tim McGraw is her favorite country singer.

Q: What is the best title for the passage?
(a) Taylor Swift Will Remember Her High School Sweetheart Forever
(b) Tim McGraw Is Taylor Swift's Favorite Country Singer
(c) High School Romance Turns into Successful Single Album
(d) Taylor Swift Earned Her Fame throughout the United States

번역 2006년 여름, 테일러 스위프트의 데뷔 싱글 "팀 맥그로"가 발매되어 스위프트는 바로 스타가 되었다. 흥미롭게도, 그녀는 고등학교 1학년 때 그 노래를 작곡했다. 그녀는 고등학교 시절 애인이 자신을 영원히 기억하길 원했고, 그래서 애인에게 자신을 상기시킬 수 있는 모든 것을 생각했다. 스위프트는 가장 먼저 떠오른 것이 자신이 가장 좋아하는 컨트리 가수가 팀 맥그로라는 사실이었다고 말했다.

Q: 글의 제목으로 가장 적절한 것은?
(a) 테일러 스위프트는 고등학교 때 애인을 영원히 기억할 것이다
(b) 팀 맥그로는 테일러 스위프트가 가장 좋아하는 컨트리 가수이다
(c) 고등학교 시절 연애가 성공적인 싱글 앨범으로 변모하다
(d) 테일러 스위프트가 미국 전역에 걸쳐 명성을 얻었다

해설 글 전체의 내용을 포괄할 수 있는 제목을 골라야 한다. 따라서 글의 전체 흐름을 가장 잘 표현한 (c)가 정답이다. (a)는 글로부터 정확히 알 수 있는 내용이 아니고, (b)는 사실 관계가 맞지만 글 전체의 주제가 아니며, (d)는 (a)와 마찬가지 이유로 역시 정답이 될 수 없다.

debut single 데뷔 싱글 (앨범) release 발매하다 fame 명성

정답 (c)

19

As a long-time teacher and a curriculum developer, I am fascinated by your Phonics and Poetry series. I am particularly interested in making the most of the Benchmark, Decodable, and Nursery Rhymes series. All the series are professionally written, highly engaging, and systematically organized. I firmly believe that they are of the highest quality available in the market.

Q: What is the main topic of the passage?
(a) The author's high qualification as a language teacher
(b) Judgments about some phonics-related materials
(c) How to write professional journals
(d) The changing nature of the market

번역 오랫동안 교사와 교과 과정 개발자로 일한 사람으로서, 귀사의 발음 교수법과 시집 시리즈에 매력을 느낍니다. 특히 표준 시리즈, 해독 가능 시리즈, 전래 동요 시리즈를 최대한 활용하는 데 관심이 있습니다. 세 시리즈는 모두 전문적으로 쓰여졌고, 대단히 흥미로우며, 체계적으로 구성되어 있습니다. 세 시리즈가 시판되고 있는 교재들 중 가장 우수한 교재라고 확신합니다.

Q: 글의 주된 화제는 무엇인가?
(a) 언어 교사로서 글쓴이의 뛰어난 자격
(b) 발음 교수법 관련 자료에 대한 평가
(c) 전문적 저널을 저술하는 방법
(d) 시장의 변화하고 있는 특성

해설 첫 번째 문장과 마지막 문장에서 발음 교수법 관련 자료에 대한 호의적인 평가를 제시하고 있으므로 정답은 (b)이다. (a)는 단지 오랫동안 종사했다고 해서 뛰어나다고 할 수 없다는 점과, 무엇보다도 글쓴이의 자격이 글의 초점이 아니라는 점에서 정답이 될 수 없다. (c)는 글의 내용과 전혀 거리가 멀고, (d) 역시 글의 흐름과 동떨어진다.
long-time 오랫동안 종사한 **fascinate** 매혹시키다
benchmark 표준 **decodable** 해독할 수 있는
nursery rhyme 전래 동요 **engaging** 흥미를 자아내는
systematically 체계적으로 **firmly** 확고하게 **qualification** 자격

정답 (b)

20

In formulating a theory of justice, Aristotle makes a distinction between general justice and particular justice. General justice is mainly concerned with observing laws. In contrast, particular justice is related to unjust gains from a particular kind of action. Such an action is not vicious in itself; nevertheless, it can be characterized as wicked.

Q: What is the best title for the passage?
(a) Aristotle: The Greatest Philosopher in History
(b) Obeying Laws: The Most Important Purpose of Aristotle's Theory
(c) Two Kinds of Justice: A Foundation for Aristotle's Theory
(d) General Justice: Its Nature and Implications

번역 정의에 대한 이론을 체계화하면서, 아리스토텔레스는 일반 정의와 특수 정의를 구별한다. 일반 정의는 주로 법을 준수하는 것과 관련된다. 이와는 대조적으로, 특수 정의는 특정한 종류의 행동을 통해 부당하게 취하는 이득과 관련된다. 그런 행동이 그 자체로서 사악하진 않지만, 그럼에도 불구하고 부도덕한 것이라고 특징지을 수 있다.

Q: 글의 제목으로 가장 적절한 것은?
(a) 아리스토텔레스: 역사상 가장 위대한 철학자
(b) 법의 준수: 아리스토텔레스 이론의 가장 중요한 목적
(c) 두 가지 종류의 정의: 아리스토텔레스 이론의 기반
(d) 일반 정의: 그 본질과 함의

해설 첫 번째 문장과 글 전체의 흐름으로 보아 (c)가 정답임을 알 수 있다. (a)는 글의 내용만으로 정확히 알 수 없다. (b)는 글의 일부 내용이긴 하지만, 사실 관계가 정확하지 않으므로 정답이 될 수 없다. (d)는 일부 내용만 다루었고, 주어진 글에서 일반 정의가 함의하는 바가 제시돼 있지 않기 때문에 오답이다.
formulate 체계화하다 **observe** 준수하다 **unjust** 부당한
gain 이득 **vicious** 사악한 **in itself** 그 자체로 **wicked** 사악한, 부도덕한

정답 (c)

21

In *The Brothers Karamazov*, the omniscient narrator plays such an important role that his existence compels literary critics to regard the novel as modern. Although the narrator knows what the main characters think, his unique narration enables him to become an important character in the novel. At the same time, his "voices" are often difficult to distinguish from those of the protagonists, adding to the subjectivity of the splendid work.

Q: What is the purpose of the passage?
(a) To maintain that *The Brothers Karamazov* is the best novel ever written
(b) To explain the modern elements of *The Brothers Karamazov*
(c) To suggest that *The Brothers Karamazov* is highly objective
(d) To recommend that modern readers read *The Brothers Karamazov*

번역 〈카라마조프 가의 형제들〉에서 전지적 서술자가 너무도 중요한 역할을 하여, 그의 존재 때문에 문학평론가들은 그 소설을 현대 소설로 보게 되었다. 서술자는 주요 인물들이 어떤 생각을 하는지 알고 있지만, 독특한 서술로 인해 그 소설에서 중요한 인물이 될 수 있었다. 동시에, 그의 목소리는 종종 주인공들의 목소리와 구별하기 힘든데, 이 때문에 탁월한 작품의 주관성을 더해 준다.

Q: 글의 목적은 무엇인가?
(a) 〈카라마조프 가의 형제들〉이 현존 소설 중 최고라고 주장하기 위해
(b) 〈카라마조프 가의 형제들〉의 현대적 요소를 설명하기 위해
(c) 〈카라마조프 가의 형제들〉이 지극히 객관적이라고 암시하기 위해
(d) 현대 독자들이 〈카라마조프 가의 형제들〉을 읽도록 권고하기 위해

해설 문학 평론에 해당하는 글로, 최근 자주 출제되는 유형이다. (a)는 지나친 비약이며, 글의 내용만으로는 알 수 없다. (c)는 글의 내용과 정반대이다. (d)는 꼭 읽을 것을 요구한다고 볼 만한 단서가 없으므로 역시 오답이다. 정답은 글 전체 흐름에 잘 맞는 (b)로, 첫 문장에 언급되어 있다.
omniscient 전지적 **narrator** 서술자 **literary critic** 문학 평론가 **protagonist** 주인공 **subjectivity** 주관성 **splendid** 뛰어난 **objective** 객관적인

정답 (b)

22

"Experts" such as Fareed Zakaria seem to believe that a Vice President should be an expert in everything. For instance, criticizing Sara Palin's lack of foreign policy experience, Zakaria even argues that what Palin has to say is "gibberish." I disagree. A good Vice President is not necessarily an expert on everything. What he or she needs to do is to "listen to" experts and make sound judgments that will reflect common sense and traditional values.

Q: What is the purpose of the passage?
(a) To claim that Fareed Zakaria is too arrogant
(b) To argue that a Vice President ought to know everything
(c) To suggest that Sara Palin might become a good Vice President
(d) To contend that Sara Palin is actually a very intelligent woman

번역 파리드 자카리아와 같은 전문가들은 부통령이 모든 분야에 있어 전문가여야 한다고 생각하는 것 같다. 예컨대, 사라 페일린의 외교 정책 경력 부족을 비판하면서 자카리아는 심지어 페일린의 말이 터무니없는 말이라고 주장한다. 나는 그렇게 생각하지 않는다. 훌륭한 부통령이 반드시 모든 분야에 대한 전문가는 아니다. 훌륭한 부통령이 해야 하는 바는 전문가들의 의견을 경청하여 상식과 전통적 가치를 반영하는 건전한 판단을 내리는 것이다.

Q: 글의 목적은 무엇인가?
(a) 파리드 자카리아가 너무 오만하다고 주장하기 위해
(b) 부통령이 모든 것을 알아야 한다고 주장하기 위해
(c) 사라 페일린이 훌륭한 부통령이 될 수 있다는 점을 시사하기 위해
(d) 사라 페일린이 실제로는 매우 지적인 여성이라고 주장하기 위해

해설 (a)는 지나친 비약으로, 글쓴이는 단지 부통령의 자격 요건에 대해 의견을 달리할 뿐이기 때문에 정답이 될 수 없다. (b)는 글쓴이의 입장과 정면으로 어긋난다. (d)는 그에 대한 근거가 제시되어 있지 않다. 따라서 글의 흐름을 가장 충실히 반영한 (c)가 정답이다.
Vice President 부통령 **gibberish** 터무니없는 말 **sound** 건전한 **arrogant** 오만한

정답 (c)

23

An actress's tragic death raises a serious question: Is our society a healthy one? In my opinion, it is "sick" in many ways. First of all, so many of us are accustomed to speaking ill of others just because they are "inferior" in some way. For instance, not many of us are willing to accept the simple fact that nobody can be perfect. As a result, when someone fails or makes a mistake, we are ready to hurl abuse at them. Why not try to accept them as they really are? Why not try to let them make a mistake and grow at their own pace? Why not try to embrace them warmly?

Q: What is the best title for the passage?
(a) An Actress's Tragedy: A Symptom of a Sick Society
(b) An Inferiority Complex: A Cause of the Ills of Modern Society
(c) Perfectionism: The Ultimate Cause of Evil
(d) Substance Abuse: A Serious Threat to Modern Society

번역 한 여배우의 비극적 죽음은 다음과 같은 심각한 의문을 제기한다. 우리 사회는 건강한 사회인가? 많은 점에서 우리 사회가 병들어 있는 것 같다. 우선, 너무도 많은 이들이 단지 어떤 점에서 열등하다는 이유로 다른 사람들을 험담하는 데 익숙하다. 예컨대, 완벽한 사람은 아무도 없다는 단순한 사실을 받아들이려고 하는 이들이 많지 않다. 그래서 누군가가 실패하거나 실수를 저지를 때, 우리는 기꺼이 그에게 욕설을 퍼붓는다. 왜 그 사람을 있는 그대로 받아들이려 하지 않는가? 왜 그 사람이 실수를 하고 스스로에게 맞는 속도로 성장할 수 있도록 허용하지 않는가? 왜 그 사람을 따뜻하게 껴안으려고 하지 않는가?

Q: 글의 제목으로 가장 적절한 것은?
(a) 한 여배우의 비극: 병든 사회의 증상
(b) 열등감: 현대 사회 병폐의 원인
(c) 완벽주의: 악의 궁극적 원인
(d) 약물 중독: 현대 사회에 대한 심각한 위협

해설 (a)가 전반적인 글의 흐름에 가장 충실하다. (b)는 지나치게 일반적인 내용이면서 글의 내용과도 어울리지 않는다. (c)는 지나친 비약이며, (d)는 전혀 엉뚱한 내용이므로 역시 오답이다.
hurl abuse 욕설을 퍼붓다   **embrace** 껴안다, 받아들이다
symptom 증상   **inferiority complex** 열등감   **ill** 병폐
perfectionism 완벽주의   **substance abuse** 알코올[마약] 중독

정답 (a)

24

Like many other geologists, Alfred Wegener thought that a "supercontinent" had comprised all the contemporary continents in the Late Paleozoic era. Wegener named the supercontinent "Pangaea." He speculated that the distribution of the present-day continents could be explained by the process called "continental displacement." By this term, he meant that parts of Pangaea had separated from each other over long periods of time. That idea led to the theory of continental drift.

Q: What is the passage mainly about?
(a) The birth of the theory of continental drift
(b) Alfred Wegener's relationship with other geologists
(c) What happened in the Late Paleozoic era
(d) Who coined the term Pangaea

번역 다른 지질학자들처럼 알프레드 베게너는 고생대 후기에 초대륙이 현대의 모든 대륙을 포함했다고 생각했다. 베게너는 그 초대륙을 '판게아'라고 불렀다. 그는 대륙의 현재 분포가 대륙 이동이라는 과정으로 설명될 수 있다고 추측했다. 이 용어로, 그는 판게아의 부분들이 오랜 세월에 걸쳐 서로에게서 분리되었다는 것을 나타내려 했다. 그 아이디어는 대륙 이동설로 이어졌다.

Q: 글의 주된 내용은 무엇인가?
(a) 대륙 이동설의 탄생
(b) 알프레드 베게너와 다른 지질학자들 사이의 관계
(c) 고생대 후기에 발생했던 일들
(d) 판게아라는 용어를 만들어 낸 인물

해설 마지막 문장에서 (a)가 정답임을 명확히 알 수 있다. (b)는 주어진 글에 언급돼 있지 않다. (c)와 (d)는 일부 내용이긴 하지만 글의 초점이 아니므로 정답이 될 수 없다.
geologist 지질학자   **supercontinent** 초(超)대륙   **comprise** ~으로 구성되다   **the Paleozoic era** 고생대   **name** 명명하다   **speculate** 추측하다   **displacement** 이동   **continental drift** 대륙 이동   **coin** (새로운 용어를) 지어내다

정답 (a)

25

According to Marcel Just at Carnegie Mellon University, human thought is mainly concerned with perception and action. As a result, when we think of concrete nouns, areas of our brains responsible for recognizing or operating them are activated. Just takes the example of an apple. When we think about an apple, areas of our brains which take charge of tasting, smelling, and chewing are triggered. Based on this fact, Just says, "An apple is what you do with it."

Q: Which of the following is correct according to the passage?
(a) Concrete nouns are concerned with abstract ideas.
(b) Most people cannot taste, smell, or chew apples.
(c) Marcel Just points out that an apple is what you think about it.
(d) Perception and action constitute human thought.

번역 카네기 멜론 대학교의 마셀 저스트에 따르면, 인간의 사고는 주로 인식과 행동에 관한 것이라고 한다. 따라서 구상 명사를 생각하면, 그것들을 인지하거나 조작하는 것을 담당하는 두뇌 영역이 활성화된다. 저스트는 사과를 예로 들고 있다. 사과에 대해 생각하면, 맛을 보고, 냄새를 맡고, 씹는 것을 담당하는 두뇌 영역이 작동하기 시작한다. 이 사실에 바탕을 두어, 저스트는 "사과는 사람이 조작하는 대상이다"라고 말한다.

Q: 글에 따르면 다음 중 옳은 것은?
(a) 구상 명사는 추상적인 아이디어와 관련된다.
(b) 사람들은 대부분 사과를 맛보고, 냄새를 맡으며, 씹을 수 없다.
(c) 마셀 저스트는 사과가 사람이 생각하는 대상이라고 지적한다.
(d) 인식과 행동이 인간의 사고를 구성한다.

해설 (a)는 글에서 예로 든 사과만 생각해도 정답이 아님을 알 수 있다. (b)는 글의 내용과 다르다. (c)는 마지막 문장에서 조작하는 대상이라고 했으므로 정답이 아니다. 따라서 정답은 (d)로, 첫 번째 문장에서 언급된 내용이다.
perception 인식   concrete noun 구상 명사, 구체 명사   activate 활성화하다   trigger ~을 일으키다   abstract 추상적인   constitute 구성하다

정답 (d)

26

To whom it may concern:

This is Kristen Davis, from Togo. My Second Life name is Hayden Dancer. I've had some difficulty utilizing the Second Life Viewer. I have tried all the viewers provided at your website, but nothing has worked. Would you be so kind as to let me know how to fix the problem? For your reference, whenever I try to open the Second-Life viewer, there appears the message telling me "Second Life appears to have crashed." And I need to mention that I use Windows XP as an OS.

Q: Which of the following is correct according to the passage?
(a) The author makes use of Windows Vista as an OS.
(b) The author's Second Life name is the same as her real name.
(c) The author failed to use the Second Life Viewer.
(d) The author is a professional dancer.

번역 담당자께

토고의 크리스틴 데이비스입니다. 제 세컨드 라이프 이름은 해이든 댄서입니다. 세컨드 라이프 뷰어를 사용하는 데 어려움을 겪었습니다. 귀사의 웹사이트에 제공된 모든 뷰어를 시도해 봤지만 어떤 것도 소용이 없었습니다. 이 문제를 해결하는 법을 좀 알려주시겠습니까? 참고로 세컨드 라이프 뷰어를 열려고 할 때마다 "세컨드 라이프가 다운된 것 같습니다"라는 메시지가 뜹니다. 그리고 제가 운영체제로 윈도우 XP를 쓴다는 점을 말씀드려야겠네요.

Q: 글에 따르면 다음 중 옳은 것은?
(a) 필자는 운영 체제로 윈도우 비스타를 사용한다.
(b) 필자의 세컨드 라이프 이름은 실제 이름과 같다.
(c) 필자는 세컨드 라이프 뷰어를 사용하지 못했다.
(d) 필자는 전문 댄서이다.

해설 (a)는 마지막 문장에서 말한 내용과 다르다. (b)는 처음 두 문장에서 두 이름이 서로 다르다는 것을 알 수 있으므로 정답이 될 수 없다. (d)는 세컨드 라이프 이름이 댄서라고 해서 정말로 댄서라고는 할 수 없기 때문에 정답이 아니다. 세컨드 라이프 뷰어를 사용하는 데 어려움을 겪었다고 했으므로 (c)가 정답이다.
fix (문제 등을) 해결하다   crash (컴퓨터가) 다운되다   OS 운영체제(operating system)

정답 (c)

27

Over the years, Egypt has been known to be a country "ignorant" of the health risks of smoking. But it is likely to change soon. Starting from August 1, 2008, the Egyptian government will require cigarette companies to attach images of the impact of smoking on health to cigarette labels. These images will include a dying man wearing an oxygen mask and a child suffering from coughing. According to some experts, however, it remains to be seen whether this anti-smoking campaign will succeed.

Q: Which of the following is correct according to the passage?
(a) The Egyptians are well aware of the health risks of smoking.
(b) Egypt's anti-smoking campaign may or may not succeed.
(c) Cigarette companies will be banned from selling cigarettes.
(d) The anti-smoking campaign will begin on September 1, 2008.

번역 오랫동안 이집트는 흡연이 건강에 미치는 위험에 대해 무지한 나라로 알려졌다. 그러나 그런 상황이 곧 바뀔 것 같다. 2008년 8월 1일부터, 이집트 정부는 담배 회사에 흡연이 건강에 미치는 영향을 보여주는 이미지를 담배 라벨에 부착할 것을 요구할 것이다. 이 이미지에는 산소 마스크를 쓰고 죽어가는 남자와 기침으로 고생하는 아이가 포함될 것이다. 그렇지만 일부 전문가들에 따르면, 이 반(反)흡연 운동이 성공할지는 두고봐야 한다고 한다.

Q: 글에 따르면 다음 중 옳은 것은?
(a) 이집트인들은 흡연이 건강에 미치는 위험을 잘 인식하고 있다.
(b) 이집트의 반흡연 운동은 성공할 수도 있고 그렇지 않을 수도 있다.
(c) 담배 회사들이 담배를 파는 것이 금지될 것이다.
(d) 반흡연 운동은 2008년 9월 1일에 시작될 것이다.

해설 (a)는 첫 번째 문장의 내용과 어긋난다. (c)는 글에서 담배 판매 금지를 말한 것이 아니므로 역시 정답이 아니다. (d)는 날짜가 8월 1일이어야 맞다. 마지막 문장의 내용과 일치하는 (b)가 정답이다.
attach 부착하다   **oxygen** 산소   **cough** 기침하다   **anti-smoking** 반(反)흡연   **ban** 금지하다

정답 (b)

28

By arguing that the military forces are the root of violence, idealists only betray ignorance about the roles of social institutions in our lives. Just like other social institutions, the military forces "institutionalize" violence; thus, they prevent unwarranted violence from occurring. Without such social organizations, the world would be filled with uncontrolled violence. Furthermore, the true root of violence is human greed, not an external entity.

Q: Which of the following is correct according to the passage?
(a) Idealists are keenly aware of the roles of social institutions in our society.
(b) The author does not believe that the military forces cause violence.
(c) The author believes that we do not need the military forces.
(d) Human greed does not lead to unwarranted violence.

번역 이상주의자들은 군대가 폭력의 근원이라고 주장함으로써 단지 사회 제도가 우리 삶에서 담당하는 역할에 대한 무지를 드러낼 뿐이다. 다른 사회 제도와 마찬가지로 군대는 폭력을 제도화하며, 이에 따라 부당한 폭력이 일어나지 못하도록 한다. 그 같은 사회 제도가 없다면 세상은 통제되지 않은 폭력으로 가득할 것이다. 더욱이, 폭력의 진정한 근원은 외부의 실체가 아니라 인간의 탐욕이다.

Q: 글에 따르면 다음 중 옳은 것은?
(a) 이상주의자들은 사회 제도가 우리 사회에서 맡는 역할을 명확히 인식한다.
(b) 필자는 군대가 폭력을 초래한다고 생각하지 않는다.
(c) 필자는 군대가 필요 없다고 생각한다.
(d) 인간의 탐욕은 부당한 폭력으로 귀결되지 않는다.

해설 (a)는 첫 번째 문장의 내용과 정반대이다. (c)는 글쓴이의 생각이 아니라 이상주의자들의 생각일 수 있지만, 글에서 분명히 알 수 없다. (d)는 글쓴이의 입장과 어긋나므로 정답이 아니다. 군대가 부당한 폭력을 막는다고 했으므로 정답은 (b)이다.
betray ignorance 무지를 드러내다   **institutionalize** 제도화하다   **unwarranted** 부당한, 불필요한   **uncontrolled** 제어되지 않은   **entity** 실체

정답 (b)

29

According to Laughter Yoga International, our bodies cannot distinguish between fake and genuine laughter. As a result, even if we fake laughter, we gain the same health benefits. That is the basic principle of Laughter Yoga, which was developed by Dr. Madan Kataria in 1995. Mixing laughter with yoga breathing techniques, this "revolutionary" yoga has attracted tens of thousands of people from more than sixty countries. After all, "laughter is the best medicine."

Q: Which of the following is correct according to the passage?
(a) Our bodies do not respond to fake laughter.
(b) Laughter Yoga is based on an ancient idea.
(c) Laughter Yoga has failed to attract a large number of people.
(d) We can still get health benefits from fake laughter.

번역 국제 웃음 요가 클럽에 따르면, 우리의 신체는 가짜 웃음과 진짜 웃음을 구별하지 못한다고 한다. 따라서 웃음을 가장한다고 하더라도, 똑같은 건강상의 이득을 얻게 된다. 그것이 웃음 요가의 기본 원리인데, 웃음 요가는 1995년 매던 캐터리아 박사가 개발했다. 웃음을 요가 호흡법과 혼합해서, 이 혁명적인 요가는 60개국 이상의 나라에서 수만 명을 끌어들였다. 결국, 웃음이 최고의 명약이다.

Q: 글에 따르면 다음 중 옳은 것은?
(a) 신체는 가짜 웃음에 반응을 나타내지 않는다.
(b) 웃음 요가는 고대 아이디어에 기초한 것이다.
(c) 웃음 요가는 많은 사람들을 끌어들이지 못했다.
(d) 가짜 웃음으로부터도 건강상의 이득을 얻을 수 있다.

해설 (a)는 첫 번째 문장의 내용과 정반대로 설명되어 있다. (b)는 알 수 없는 내용이고, (c)는 수만 명을 끌어들였다고 했으므로 오답이다. 답은 (d)인데, 두 번째 문장의 내용과 정확히 일치한다.
Laughter Yoga 웃음 요가 **fake** 가짜의 **genuine** 진짜의 **revolutionary** 혁명적인

정답 (d)

30

The film *Shin Suk-ki Blues* explores the theme of transformation from evil to good. By a quirk of fate, the evil Shin Suk-ki switches his body with the good Shin Suk-ki, who is ugly but warm-hearted. Confined in his new body and touched by his admirer Seo Jin-yeong, the wicked Shin becomes a new person and realizes the true meaning of life: To empathize with other people. This superb movie reminds us that love, the ultimate form of empathy, is the driving force behind transformation.

Q: Which of the following is correct according to the passage?
(a) The film *Shin Suk-ki Blues* is mediocre.
(b) Love can lead us to change ourselves.
(c) The theme of *Shin Suk-ki Blues* is hatred.
(d) Love is not capable of transforming people.

번역 영화 〈신석기 블루스〉는 악에서 선으로의 변모를 탐색한다. 악한 신석기는 운명의 장난으로 착한 신석기와 몸을 바꾸는데, 착한 신석기는 못생겼지만 따뜻한 마음을 지녔다. 새로운 몸에 갇혀서, 그리고 자신을 흠모하는 서진영에게서 감동을 받아 악한 신석기는 새로운 사람이 되어 다른 이와 공감하는 것이 삶의 참된 의미임을 깨닫는다. 이 뛰어난 영화는 공감의 궁극적인 형태인 사랑이 변화의 원동력임을 일깨워준다.

Q: 글에 따르면 다음 중 옳은 것은?
(a) 영화 〈신석기 블루스〉는 평범하다.
(b) 사랑은 우리가 변화하게 만들 수 있다.
(c) 〈신석기 블루스〉의 주제는 증오이다.
(d) 사랑은 사람들을 변화시킬 수 없다.

해설 (a)는 지문 내용으로만 속단하기에 무리가 있고, (d)는 마지막 문장과 어긋나므로 정답이 될 수 없다. (c) 역시 첫 번째 문장이나 마지막 문장에 비추어 볼 때 정답이 아니다. 마지막 문장의 내용과 일치하는 (b)가 정답이다.
explore 탐구하다 **transformation** 변화 **by a quirk of fate** 운명의 장난으로 **confined in** ~에 갇힌 **admirer** 흠모하는 사람 **empathy** 공감 **driving force** 원동력 **mediocre** 평범한

정답 (b)

31

According to Adrian Furnham at the University of London, creativity does not show a normal distribution. Everyone is understood to have an ample amount of creativity; therefore, people can develop creativity to a great extent. In order to achieve that, however, enormous amounts of effort are required. In this regard, Furnham agrees with Edison that "genius is one percent inspiration and ninety-nine percent perspiration." As Furnham clearly points out, "creatives" are basically "hard-working" people.

Q: Which of the following is correct according to the passage?
(a) Not everyone is creative.
(b) Effort is a requirement of achieving creativity.
(c) Creatives do not have to work hard.
(d) Furnham criticizes Edison for misleading people.

번역 런던 대학교의 에이드리언 펀햄에 따르면, 창의력은 정규 분포를 나타내지 않는다고 한다. 모든 사람들은 창의력이 풍부한 것으로 이해되며, 따라서 창의력을 크게 개발할 수 있다. 그렇지만 그것을 성취하기 위해서는 막대한 노력이 필요하다. 이 점에서 펀햄은, "천재성은 1%의 영감과 99%의 노력이다"라는 에디슨의 생각에 동의한다. 펀햄이 명확히 지적하듯이, 창의적인 사람들은 근본적으로 열심히 노력하는 사람들이다.

Q: 글에 따르면 다음 중 옳은 것은?
(a) 모든 사람이 창의적이지는 않다.
(b) 창의력은 노력을 요한다.
(c) 창의적인 사람들은 열심히 노력할 필요가 없다.
(d) 펀햄은 에디슨이 사람들을 오도했다고 비판한다.

해설 (a)는 두 번째 문장의 내용과, (c)는 마지막 문장의 내용과, (d)는 네 번째 문장의 내용과 어긋나므로 정답이 될 수 없다. 따라서 세 번째 문장의 내용과 일치하는 (b)가 정답이다.

normal distribution 정규 분포 ample 풍부한 to a great extent 크게 inspiration 영감 perspiration (격심한) 노력, 땀 creative 창의적인 사람 mislead 오도하다

정답 (b)

32

Does the new SAT writing exam actually measure students' writing abilities? According to some experts, the controversial exam has a number of weaknesses as a measuring instrument. For instance, it often gets students to follow certain patterns of exposition without thinking deeply about the issues given to them. Such weaknesses result from the fact that the SAT writing exam ignores the creative nature of writing which reflects the productive aspect of human thought.

Q: What is the author's attitude toward the new SAT writing exam?
(a) Accepting
(b) Approving
(c) Negative
(d) Apathetic

번역 새로운 SAT 작문 시험이 실제로 학생의 작문 능력을 측정하는가? 일부 전문가들에 따르면, 논란이 많은 그 시험은 평가 도구로서 여러 약점이 있다고 한다. 예컨대, 그 시험으로 인해 종종 학생들은 주어진 문제에 대해 깊이 생각하지 않고 일정한 설명 패턴을 따르기만 한다. 그와 같은 약점은 SAT 작문 시험이 인간의 사고가 갖는 생산적인 측면을 반영하는 작문의 창의적 특성을 무시했기 때문에 생긴 것이다.

Q: 새로운 SAT 작문 시험에 대한 필자의 태도는 무엇인가?
(a) 수용적인
(b) 긍정적인
(c) 부정적인
(d) 무관심한

해설 두 번째 문장과 마지막 문장을 통해서 글쓴이의 태도를 분명히 알 수 있다. 글쓴이는 작문의 특성을 무시했다는 이유로 새로운 SAT 작문 시험을 비판하는 입장이므로 정답은 (c)이다. 약점이라는 말이나, 무시했다는 표현을 통해서도 글쓴이의 입장이 분명히 드러난다.

controversial 논란이 많은 instrument 도구 exposition (상세한) 설명 productive 생산적인 apathetic 무관심한, 냉담한

정답 (c)

33

In selecting equipment for getting rid of airborne particles from a contaminated airstream, one needs to take into account a variety of factors. Of course, the characteristics of such particles, such as density and corrosivity, ought to be considered. In particular, special attention should be paid to size distribution, which refers to how many different sizes of particles the airstream has. In addition, the characteristics of the airstream, such as pressure and viscosity, must be taken into consideration.

Q: What can be inferred from the passage?
(a) The act of removing airborne particles is a complicated one.
(b) Airborne particles have a number of characteristics like pressure and viscosity.
(c) The characteristics of the airstream can be ignored entirely.
(d) Size distribution does not affect the process of selecting the devices.

번역 오염된 기류에서 부유 입자를 제거하는 장치를 선택할 때, 다양한 요소를 고려해야 한다. 물론, 밀도와 부식성과 같은 부유 입자들의 특성을 감안해야 한다. 특히, 입도 분포에 각별히 주의해야 하는데, 입도 분포는 기류에 얼마나 다양한 크기의 입자가 있는가를 나타낸다. 덧붙여 압력과 점도와 같은 기류의 특성도 고려되어야 한다.

Q: 글로부터 유추할 수 있는 것은?
(a) 부유 입자 제거는 복잡하다.
(b) 부유 입자에는 압력과 점도와 같은 여러 특성이 있다.
(c) 기류의 특성은 완전히 무시해도 된다.
(d) 입도 분포는 장치를 선정하는 과정에 영향을 미치지 않는다.

해설 (b)는 부유 입자의 특성이 아니라 기류의 특성이기 때문에 정답이 아니다. (c)는 글의 내용과 정반대되며, (d) 역시 글의 내용과 정면으로 어긋난다. 첫 번째 문장을 통해 (a)를 유추할 수 있다.
airborne 공기 중의, 하늘에 떠 있는 **particle** 입자 **contaminate** 오염시키다 **airstream** 기류 **density** 밀도 **corrosivity** 부식성 **size distribution** 입도 분포 **viscosity** 점도(粘度)

정답 (a)

34

In his *Newsweek* article of September 15, 2008, Steven Weinberg argues that as science continues to advance, "there will be less room for religion." Unfortunately, however, Weinberg doesn't seem to understand the essential nature of religion. Unlike what he believes, explaining natural phenomena is not the purpose of religion. Rather, explaining the true meaning of our lives is what religion is all about. By providing such explanations, it allows us to go beyond our everyday experience and touch the very heart of our souls. Science can never, ever, do that.

Q: What is the author's attitude toward religion?
(a) Deferential
(b) Censorious
(c) Sneering
(d) Disparaging

번역 2008년 9월 15일자 〈뉴스위크〉 기사에서 스티븐 와인버그는 과학이 지속적으로 진보함에 따라 "종교에 대한 여지가 점점 더 사라질 것이다"라고 주장한다. 그렇지만 유감스럽게도, 와인버그는 종교의 본질적 특성을 이해하지 못하는 것 같다. 그의 생각과 달리, 자연 현상을 설명하는 것은 종교의 목적이 아니다. 도리어 삶의 참된 의미를 설명하는 것이 종교의 본질이다. 종교는 그러한 설명을 제공함으로써 우리로 하여금 일상적인 경험을 초월하여 우리 영혼의 핵심에 닿을 수 있게 한다. 과학은 결단코 그런 일을 해내지 못한다.

Q: 종교에 대한 필자의 태도는 무엇인가?
(a) 공경하는
(b) 극히 비판적인
(c) 경멸하는
(d) 멸시하는

해설 전체 글을 통해 과학과 종교가 서로 다른 목적을 갖고 있음을 분명히 하면서, 종교가 갖는 보다 깊은 의미를 설명하고 있다. 마지막 문장에서도 과학에 대해 비판적 입장을 견지함이 드러나기 때문에, 이와 대조되는 종교에 대해 공경하는 태도를 가졌음을 추론할 수 있다. 따라서 정답은 (a)이다.
advance 진보하다 **phenomenon** 현상 **rather** 도리어 **go beyond** 초월하다

정답 (a)

35

According to William Fielding Ogburn, social change and cultural progress occur mainly because of what he calls "invention," which takes place when the current cultural elements are combined in an innovative manner. Since many aspects of culture are inextricably intertwined, an invention in a cultural area is likely to affect other areas and require adaptation. When there are delays in adjustments to invention, Ogburn refers to it as "a cultural lag." He explains that cultural lags can sometimes threaten the whole structure of a society.

Q: What can be inferred from the passage?
(a) Some cultural lags do not cause major problems.
(b) Ogburn believes that inventions result from cultural progress.
(c) Inventions rarely occur in modern society.
(d) A cultural lag refers to rapid adjustments.

번역 윌리엄 필딩 오그번에 따르면, 사회 변화와 문화 발전은 주로 그가 '발명'이라고 부른 현상 때문에 생기는데, 발명은 기존의 문화적 요소들이 혁신적으로 결합될 때 일어난다. 문화의 다양한 측면들이 불가분의 관계로 얽혀 있기 때문에, 하나의 문화 영역에서의 발명은 다른 영역에 영향을 미치고 적응을 요구할 가능성이 있다. 발명에 대한 조정이 지체될 때, 오그번은 그것을 '문화 지체'라고 지칭한다. 그는 문화 지체가 때로는 사회 구조 전체를 위협할 수 있다고 설명한다.

Q: 글로부터 유추할 수 있는 것은?
(a) 주요 문제를 초래하지 않는 문화 지체도 있다.
(b) 오그번은 발명이 문화 발전에서 유래한다고 설명한다.
(c) 현대 사회에서는 발명이 거의 일어나지 않는다.
(d) 문화 지체는 신속한 조정을 가리킨다.

해설 마지막 문장에 sometimes라는 말이 있음에 착안하면 (a)가 정답임을 쉽게 추론할 수 있다. (b)는 인과 관계가 거꾸로 설명돼 있으므로 정답이 될 수 없다. (c)는 상식적으로 현대 사회에서 발명이 일어나는 경우가 훨씬 더 많을 것이라고 예상할 수 있지만 글의 내용만으로는 정확히 알 수 없다. (d)는 문화 지체를 잘못 설명했으므로 역시 정답이 아니다.
combine 결합시키다   innovative 혁신적인   aspect 측면
inextricably 불가분의 관계로   intertwine 얽히게 하다
adaptation 적응   cultural lag 문화 지체

정답 (a)

36

On October 29, 2006, a fire broke out and devastated North County Plating and Polishing, a metal plating company located in California. The cause is unknown, but the blaze left a variety of toxic materials including cyanide and muriatic acid, which prevented firefighters from entering the building. Instead, they tried to protect the surrounding areas, at the same time containing the contaminated water. Because of the plant's lethal materials, the firefighters had no choice but to let the blaze burn out itself. Although the resulting damage was estimated to reach $1 million, no casualties were reported.

Q: What can be inferred from the passage?
(a) The firefighters did not do their best to put out the fire.
(b) The firefighters entered the plant and extinguished the blaze.
(c) The cause of the fire is still under investigation.
(d) The blaze claimed many lives.

번역 2006년 10월 29일, 화재가 발생하여 캘리포니아 주 소재 금속 도금회사, 노스 카운티 플레이팅 & 폴리싱 사를 황폐하게 만들었다. 원인은 알려지지 않았지만, 이 대형 화재로 청산칼리와 염산을 포함한 다양한 유독 물질들이 남아서, 소방관들이 건물에 들어갈 수 없었다. 대신 소방관들은 주변 지역을 보호하려고 노력했고, 동시에 오염된 물이 퍼지지 않도록 애썼다. 공장의 치명적인 물질 때문에 소방관들은 불길이 스스로 타 없어지도록 할 수밖에 없었다. 화재로 인한 피해가 백만 달러에 이를 것으로 추산됐지만 사상자는 보고되지 않았다.

Q: 글로부터 유추할 수 있는 것은?
(a) 소방관들은 화재 진압을 위해 최선의 노력을 다하지 않았다.
(b) 소방관들은 공장으로 들어가서 불길을 진압했다.
(c) 화재 원인은 아직 조사 중이다.
(d) 대형 화재가 많은 생명을 앗아갔다.

해설 (a), (d)는 유독 물질이 공장 내에 있었다는 점과 인명 피해가 없었다는 점을 감안할 때 정답이 될 수 없다. (b)는 두 번째 문장의 내용과 어긋난다. 따라서 정답은 (c)로, 두 번째 문장을 통해 자연스럽게 추론할 수 있다.
break out (화재 등이) 발생하다   devastate 황폐화시키다
plating 도금   polishing 연마   blaze 불길, 대형 화재   toxic material 유독 물질   cyanide 청산칼리   muriatic acid 염산
contain 억제하다   lethal 치명적인   casualty 사상자   put out (불을) 끄다   claim 생명을 앗아가다

정답 (c)

37

In the broader sense, the term "Chilkat weaving" refers to any clothing produced by the Chilkat, North American Indians who resided in the northernmost part of the Pacific Coast. In the narrower sense, however, the term denotes the robes knitted by the Indian tribe. Compared with other Native Americans, the Chilkat have produced higher quality robes and their designs have reflected a keener sense of beauty. Interestingly enough, men and women played separate roles in weaving the Chilkat robes. While men produced designs describing living creatures, women attached animal or spirit symbols to the designs.

Q: What can be inferred from the passage?
(a) Chilkat robes were woven by all Native Americans.
(b) Chilkat weaving does not refer to outer garments.
(c) The Chilkat are not an artistic people.
(d) The term "Chilkat weaving" has several meanings.

번역 보다 넓은 의미에서 '칠캇 직물'이란 용어는 칠캇 부족이 생산한 어떤 직물에 대해서든 쓸 수 있는데, 칠캇 부족은 태평양 연안 최북단 지역에 거주했던 북아메리카 인디언들이다. 그렇지만 보다 좁은 의미에서, 그 용어는 그 인디언 부족이 짠 예복을 뜻한다. 다른 인디언들에 비해, 칠캇 부족은 품질이 보다 뛰어난 예복을 생산했고, 그들의 디자인은 보다 세련된 미적 감각을 반영했다. 흥미롭게도, 칠캇 예복을 짜는 일에 있어 남자와 여자는 각자의 역할을 맡았다. 남자가 생물을 묘사하는 디자인을 만들어낸 반면, 여자는 그 디자인에 동물이나 영혼을 상징하는 문양을 더했다.

Q: 글로부터 유추할 수 있는 것은?
(a) 모든 인디언들이 칠캇 예복을 직조했다.
(b) 칠캇 직물은 겉옷을 가리키지는 않는다.
(c) 칠캇 부족은 예술적인 민족이 아니다.
(d) '칠캇 직물'이란 용어에는 여러 의미가 있다.

해설 (a)는 글의 내용으로 보아 정확히 알 수 없으므로 정답이 아니다. (b)는 예복이 겉옷에 해당하기도 하기 때문에 역시 정답이 될 수 없다. (c)는 세 번째 문장의 내용과 어긋난다. 보다 넓은 의미나 보다 좁은 의미 등이 논의된 점에 비추어 정답은 (d)임을 알 수 있다.
Chilkat 칠캇 (부족)   **weaving** 직물   **reside** 거주하다
northernmost 최북단의   **the Pacific Coast** 태평양 연안
denote 의미하다   **robe** 예복   **outer garment** 겉옷

정답 (d)

ACTUAL TEST 4 | **Part 3**

38

Guillaume Apollinaire influenced, and was influenced by, a number of artists. (a) For instance, he made his contemporary artists appreciate Henri Rousseau's paintings. (b) He also befriended André Derain and Raoul Dufy, both of whom later became successful painters. (c) Apollinaire actively participated in the avant-garde movements in the 20th century. (d) He even collaborated with Pablo Picasso to establish the principles of Cubism.

번역 기욤 아폴리네르는 여러 화가들에게 영향을 주었고 또한 영향을 받았다. (a) 예컨대, 그는 동시대 화가들이 앙리 루소의 그림이 지니는 가치를 이해하게 만들었다. (b) 그는 또한 앙드레 드랭과 라울 뒤피와도 사귀었는데, 두 화가 모두 이후에 화가로서 성공했다. (c) 아폴리네르는 20세기 전위예술 운동에 활발하게 참여했다. (d) 그는 심지어 입체파 원칙을 확립하기 위해 파블로 피카소와 공동 작업을 하기도 했다.

해설 첫 번째 문장이 주제문이므로 다른 화가들에게 영향을 주거나 받은 내용이 나와야 한다. (a), (b), (d)는 이 조건을 모두 충족시키지만, (c)는 아폴리네르 자신이 전위예술 운동에 적극 참여했음을 말하는 것이기 때문에 글의 흐름에 어긋난다. 따라서 정답은 (c)가 된다.
contemporary 동시대의, 현대의   **appreciate** 높이 평가하다
avant-garde 전위예술   **collaborate** 공동으로 작업하다
cubism 입체파

정답 (c)

39

Nathan Hale's sacrifice is noteworthy, but this alone cannot explain his popularity. (a) In my opinion, most people are moved by Hale's selfless spirit reflected in his final words. (b) This spirit is capable of rekindling patriotism in any serious people. (c) In many ways, his final words sum up what patriotism is all about: The willingness to lay down our lives for our country on which the very foundation of our existence is based. (d) Without our country, we cannot create a meaningful culture or ensure economic prosperity.

번역 네이선 헤일의 희생은 주목할 만하지만, 이것만으로는 그의 인기가 설명되지 않는다. (a) 대부분의 사람들이 그가 남긴 마지막 말에 반영된 사심 없는 정신에 감동을 받는 것 같다. (b) 이 정신은 진지한 사람이면 누구에게서든 애국심을 되살릴 수 있다. (c) 그의 마지막 말은 많은 점에서 애국심의 본질을 요약하는데, 그것은 우리 존재의 기반이 바탕을 두고 있는, 조국을 위해 기꺼이 목숨을 바치려는 마음이다. (d) 조국이 없다면, 의미 있는 문화를 창조하거나 경제적 번영을 보장할 수 없다.

해설 다소 까다로운 유형이기 때문에, 글의 전체 흐름을 정확히 파악해야 함에 유의하자. (a), (b), (c)는 네이선 헤일의 인기 이유를 애국심과 관련지어 일관성 있게 설명했다. 반면 (d)는 애국심과의 관련이 미약해 보이는 의미 있는 문화 창조나 경제적 번영을 다뤘기 때문에 글 전체 흐름에 어긋나므로 정답에 해당한다.
noteworthy 주목할 만한   **popularity** 인기   **selfless** 사심 없는   **rekindle** 되살리다   **patriotism** 애국심   **sum up** 요약하다   **lay down one's life** 목숨을 바치다   **foundation** 토대   **prosperity** 번영

정답 (d)

40

In an article published in *Nature*, Paul Garrity and his colleagues show that flies have "internal thermosensors" to help them find the best place for survival. (a) Unlike people, flies do not have the ability to control the temperature of their surroundings. (b) As a result, they need to find the ideal place whose temperature is suitable for their growth. (c) The "heat-responsive neurons" found in the brains of flies are capable of spotting such a place. (d) It has been widely known that neural mechanisms are used to ensure the survival of mammals.

번역 〈네이처〉지 기사에서, 폴 개러티와 동료 학자들은 파리가 생존을 위한 최고의 장소를 찾는 것을 도와주는 내부 열 감지기관을 갖고 있다는 사실을 입증한다. (a) 인간과 달리, 파리에게는 주변 온도를 조절할 수 있는 능력이 없다. (b) 따라서 파리는 온도가 성장에 적합한 이상적인 장소를 찾아야 한다. (c) 파리의 뇌에서 발견되는 열 반응 신경 세포들이 그런 장소를 찾아낼 수 있다. (d) 신경 기제가 포유류의 생존을 보장하기 위해 활용된다는 것은 널리 알려진 사실이다.

해설 글 전체가 파리의 내부 열 감지기관에 대한 설명이라는 점을 감안하면, (d)가 정답임을 알 수 있다. (c)에서 언급한 신경 세포라는 말과 연결되는 신경 기제라는 표현 때문에 다소 혼란을 느낄 수 있는데, 파리가 포유류에 해당하는 않는다는 사실과 파리와 포유류의 관계가 긴밀하지 않다는 점에 착안하면 정답을 찾을 수 있다.
internal 내부의   **thermosensor** 열 감지기관   **surroundings** 주변 환경   **neuron** 신경 세포   **spot** 찾아내다   **neural** 신경의   **mammal** 포유류

정답 (d)

ACTUAL TEST 5

Part 1	1 (d)	2 (c)	3 (b)	4 (c)	5 (d)	6 (b)	7 (b)	8 (d)
	9 (c)	10 (c)	11 (a)	12 (b)	13 (a)	14 (d)	15 (c)	16 (c)
Part 2	17 (a)	18 (d)	19 (d)	20 (c)	21 (c)	22 (b)	23 (c)	24 (d)
	25 (d)	26 (b)	27 (b)	28 (b)	29 (a)	30 (a)	31 (a)	32 (a)
	33 (d)	34 (d)	35 (a)	36 (a)	37 (c)			
Part 3	38 (b)	39 (c)	40 (c)					

ACTUAL TEST 5 — Part 1

1

Indiana University researchers Susan Herring and Asta Zelenkauskaite have found that in technology-based communication, women tend to express themselves more forcefully than men. This finding is in stark contrast to previous theories which argue that women are _____. According to the researchers, when text messaging, women are not hesitant about using non-standard language such as abbreviations and emoticons.

(a) extremely defensive in relationships
(b) becoming more assertive
(c) considered linguistically deficient
(d) generally polite in communication

번역 인디애나 대학교의 연구원 수잔 헤링과 아스타 젤렌쿠스케이트는 기술 기반의 의사소통에서는 여성이 남성보다 더 강력하게 자기 표현을 한다는 사실을 발견했다. 이러한 발견은 의사소통 시, 여성이 일반적으로 예의를 중시한다고 주장하는 이전 이론들과 현저한 대조를 이룬다. 연구원들에 따르면, 문자 메시지를 보낼 때 여성은 약어와 이모티콘과 같은 비표준적인 언어 사용을 주저하지 않는다고 한다.

(a) 연인 관계에서 매우 방어적이다
(b) 보다 자기 주장이 강해지고 있다
(c) 언어 능력에 결함이 있다고 간주된다
(d) 일반적으로 예의를 중시한다

해설 주어진 글과 대조되는 내용이 정답이 되어야 함에 착안하면 쉽게 풀 수 있다. (a)는 글에서 다루는 주제가 아니고, (b)는 주어진 글과 같은 방향이며, (c)는 관련이 없는 내용이기 때문에 정답이 아니다. 따라서 여성의 강력한 자기 표현과 반대되는 내용인 (d)가 정답이다.
forcefully 강력하게 stark 뚜렷한 hesitant 주저하는 abbreviation 약어 defensive 방어적인 assertive 자기 주장이 강한 deficient 결함이 있는

정답 (d)

2

With Obama elected as the next American President, will Washington form a "friendly" relationship with Pyongyang? Some experts have analyzed that such a scenario is unlikely because both of them are _____. Democratic administrations are good at manipulating other countries to their advantage, and the Obama administration is no exception. Pyongyang is also second to none for that matter.

(a) laissez-faire entities
(b) Marxist regimes
(c) tough cookies
(d) collateral damage

번역 미국의 차기 대통령으로 선출된 오바마로 인해, 미국이 북한과 친밀한 관계를 형성할 것인가? 일부 전문가들은 양쪽 모두 만만치 않은 상대이기 때문에 그런 시나리오가 불가능할 것 같다고 분석했다. 민주당 행정부는 다른 나라들을 자신에게 유리하게 조정하는 데 능한데, 오바마 행정부도 예외가 아니다. 북한도 또한 그런 문제에 관해서는 둘째가라면 서러워할 정도이다.

(a) 자유방임주의 독립체
(b) 마르크스 체제
(c) 만만치 않은 상대
(d) 부수적인 손해

해설 글의 흐름에서 미국과 북한이 모두 상대를 조정하는 데 능하다는 점을 확인할 수 있으므로 정답은 (c)이다.
unlikely 있음직하지 않은 Democratic 민주당의 administration 행정부 manipulate 조정하다 be second to none 누구에게도 뒤지지 않다 laissez-faire 자유방임주의 tough cookie 자신만만하고 늠름한 사람 collateral 부수적인

정답 (c)

3

As I grew up in a traditionally Japanese way, I firmly believe that people are part of nature and should be in harmony with it. Just like other Japanese people, I also think highly of harmonious relationships among different people. This emphasis on harmony among various things has made me look for every possible way to achieve it. This _____ has also helped me succeed in many different areas of my life.

(a) hostile attitude toward others
(b) harmony-seeking attitude
(c) focus on success
(d) sustained effort for growth

번역 전통적인 일본식으로 성장했기 때문에, 저는 인간이 자연의 일부이기에 자연과 조화를 이뤄야 한다고 굳게 믿습니다. 다른 일본인과 같이 저 또한 서로 다른 사람들 사이의 조화로운 관계를 존중합니다. 이와 같은 다양한 대상들 사이의 조화에 대한 강조는, 조화를 이루는 가능한 모든 방법을 찾아보게 했습니다. 이처럼 조화를 추구하는 자세는 삶의 다양한 분야에서 성공하도록 돕기도 했습니다.

(a) 다른 사람에 대한 적대적인 태도가
(b) 조화를 추구하는 자세는
(c) 성공에 초점을 맞추는 것이
(d) 성장을 위한 지속적인 노력이

해설 글의 전체 흐름을 파악하면 쉽게 풀 수 있는 문제이다. 전체적으로 조화의 중요성을 강조하고 있으므로 정답은 (b)이다. (a)는 내용에 어긋나고, (c)와 (d)는 글의 내용과 직접적 연관성이 떨어지므로 정답이 될 수 없다.
think highly of ~을 존중하다 **hostile** 적대적인 **sustained** 지속적인

정답 (b)

4

Patients with Williams syndrome exhibit various symptoms ranging from _____. Although they seem to command a large vocabulary, their speech often makes no sense. Likewise, even though they appear to make friends with people easily, they display awkward behavior when communicating with others. In addition, cardiovascular problems such as transient hypercalcaemia are common among individuals with the neurodevelopmental disorder.

(a) emotional distress to developmental problems
(b) physical abnormalities to respiratory problems
(c) mental retardation to cardiovascular problems
(d) social isolation to acrophobia

번역 윌리엄스증후군 환자는 정신 지체에서 심혈관 질환에 이르기까지 다양한 증상을 보인다. 풍부한 어휘를 구사하는 것 같지만, 그들의 말은 종종 의미가 통하지 않는다. 마찬가지로, 사람들을 쉽게 사귀는 것처럼 보이지만, 다른 사람들과 의사소통을 할 때 어색한 행동을 보인다. 또한 일시적 과칼슘혈증과 같은 심혈관 질환이 신경발달 질환인 윌리엄스증후군 환자들에게 흔히 발생한다.

(a) 정서적 고통에서 발달 문제에 이르기까지
(b) 신체적 기형에서 호흡기 문제에 이르기까지
(c) 정신 지체에서 심혈관 질환에 이르기까지
(d) 사회적 고립에서 고소 공포증에 이르기까지

해설 다소 생소한 주제일 수 있지만, 빈칸 다음 문장들을 잘 검토해 보면 주로 정신적 측면과 심혈관 질환에 대해 말하고 있음을 알 수 있다. 따라서 정답은 (c)이고, 나머지는 전후 관계에 맞지 않다.
exhibit 보이다 **range** (~의) 범위에 이르다 **command** 통솔하다 **cardiovascular** 심혈관의 **transient** 일시적인 **hypercalcaemia** 과칼슘증 **neurodevelopmental** 신경발달의 **distress** 고통 **abnormality** 기형 **respiratory** 호흡의 **retardation** 지체 **acrophobia** 고소 공포증

정답 (c)

5

Too many companies dare to "guarantee" you can earn lots of money with little effort. Sound too good to be true? Unfortunately, it is, so _____. As an ethical company, we do not promise quick gains. But we can assure you that we will adequately reward your blood, sweat, and tears. In addition, we will provide you with ample opportunities to realize your potential. So, what are you waiting for? Just visit http://www.honestwork.com and find your ideal job today!

(a) be ready to make quick money
(b) learn to be content with your current situation
(c) take ethics classes
(d) beware of those unscrupulous firms

번역 너무나 많은 회사들이 감히 쉽게 많은 돈을 벌 수 있다고 보장합니다. 뭔가 수상하지 않나요? 유감스럽게도 그렇습니다. 따라서 그런 비양심적인 회사들을 조심하세요. 윤리적인 회사로서, 저희는 단기간의 수익을 약속하지 않습니다. 그러나 저희는 귀하의 피와 땀과 눈물을 충분히 보상할 것을 장담할 수 있습니다. 더욱이, 귀하의 잠재력을 실현시킬 충분한 기회를 제공할 것입니다. 그러니 무엇을 망설이시나요? http://www.honestwork.com을 방문하여 오늘 귀하의 이상적인 일자리를 찾으세요!

(a) 손쉽게 돈 벌 준비를 하세요
(b) 현 상황에 만족하는 법을 배우세요
(c) 윤리학 수업을 받으세요
(d) 그런 비양심적인 회사들을 조심하세요

해설 글 전후 관계에 특히 유의해서 풀어야 한다. 빈칸 앞에서 쉽게 돈을 많이 벌 수 있다고 보장하는 회사들이 수상하다고 했으므로 흐름상 (d)가 맞다. (a)는 글의 방향과 어긋나며, (b)는 현재 내용과 관련이 없고, (c)는 다소 관련성이 있지만 비약이라는 느낌이 강하다.
dare 감히 ~하다 with little effort 쉽게 ethical 윤리적인 assure 장담하다 adequately 충분히 potential 잠재력 be content with ~에 만족하다 beware 조심하다 unscrupulous 비양심적인

정답 (d)

6

Even from today's standpoint, the Shakers were _____. For instance, they interpreted God as having both masculine and feminine features; thus, in referring to God, they used Mother as well as Father. Believing that women are equal to men, they were willing to provide women with leadership opportunities, which provoked suspicion among mainstream Christians in the nineteenth century. Further, supporting racial equality, the Shakers often harbored African-American slaves in order to help them find the freedom they deserved.

(a) "conservative" in every way
(b) "radical" in many ways
(c) "pious" in many ways
(d) "sensible" in every way

번역 오늘날의 관점에서조차, 셰이커 교도들은 많은 점에서 급진적이었다. 예컨대, 그들은 하나님이 남성과 여성의 특성을 모두 가졌다고 해석하여 하나님을 지칭할 때 아버지라는 말뿐만 아니라 어머니라는 말도 사용했다. 셰이커 교도들은 여성이 남성과 평등하다고 믿었기 때문에 여성에게 지도자로서의 기회를 기꺼이 주려고 했는데, 이로 인해 19세기 주류 기독교인들 사이에 의혹이 일어났다. 또한 셰이커 교도들은 인종적 평등을 지지하면서 흑인 노예들이 마땅히 누려야 하는 자유를 찾는 것을 돕기 위해 자주 흑인 노예들에게 거처를 제공해 주었다.

(a) 모든 면에서 보수적이었다
(b) 많은 점에서 급진적이었다
(c) 많은 점에서 독실했다
(d) 모든 면에서 현명했다

해설 글 전체 흐름에 충실해야 문제를 정확히 풀 수 있다. 빈칸은 셰이커 교도들을 설명하고 있으며, 그 예로 그들의 남녀 평등적, 인종 평등적 성향을 들고 있다. 따라서 (b)가 가장 적절하다. (d)를 답으로 고르기 쉽지만, 노예 은닉에 대해 현명하다고 평가하기는 힘들다는 점을 고려해야 한다.
standpoint 관점 masculine 남성적인 feminine 여성적인 provoke 불러 일으키다 suspicion 의혹, 의심 mainstream 주류 harbor 숨겨 주다 conservative 보수적인 radical 급진적인 pious 독실한 sensible 현명한

정답 (b)

7

As Paul Kurtz, chairman of Prometheus Books, clearly pointed out, Uri Geller's alleged psychic powers do not seem to work properly whenever the "psychic" _____. For instance, Geller recently lost a lawsuit against Cindy Hazen and Mike Freeman, who used to own Elvis Presley's pre-Graceland house. Even with his "psychic" powers, Geller couldn't prevent Judge Jon McCalla from ruling against him.

(a) buys a house owned by a famous singer
(b) tries to use his powers for financial gain
(c) comes across Judge Jon McCalla
(d) tries to prove his supernatural powers

번역 프로메테우스 출판사의 회장 폴 쿠르츠가 분명히 지적했듯이, 유리 겔러가 주장하는 초자연적 능력은 이 초능력자가 재정적 이득을 얻기 위해 자신의 힘을 사용하려고 할 때마다 제대로 작동되지 않는 것 같다. 예컨대, 유리 겔러는 최근 신디 헤이즌과 마이크 프리먼을 상대로 한 소송에서 패했는데, 이들은 엘비스 프레슬리가 그레이스랜드로 이주하기 전에 거처했던 주택을 소유했다. 초자연적 능력을 갖고 있어도, 유리 겔러는 존 맥칼라 판사가 자신에게 불리하게 판결을 내리는 것을 막지 못했다.

(a) 유명 가수가 소유한 집을 살
(b) 재정적 이득을 얻기 위해 자신의 힘을 사용하려고 할
(c) 존 맥칼라 판사와 마주칠
(d) 자신의 초능력을 증명하려고 할

해설 소송을 제기할 때 패하는 유리 겔러의 모습을 말하고 있으므로 이와 연결되는 (b)가 정답이다. (d)는 주택 소유권을 둘러싼 재판과 관련 없으므로 오답이다.
alleged 주장된 psychic power 초자연적 능력 psychic 초능력자, 심령술사 lawsuit 소송 rule 판결하다 come across (우연히) 마주치다 supernatural 초자연의

정답 (b)

8

Dear Christine Pasdar:

This is Hayden Kring, at Faith International. First of all, I'd like to thank you for coming to the interview for the position of Head Consultant. We were all impressed by your superb analytical skills and extensive experience in the industry. Unfortunately, however, some of us have expressed concern over your over-ambition. It seems to us that you want to assume too many responsibilities at the expense of your private life, which is not _____. We firmly believe that your family life is as important as your career.

(a) governed by our employee manual
(b) consonant with the current trend
(c) reflective of your own needs
(d) compatible with our philosophy of management

번역 크리스틴 패스더 양께

페이스 인터내셔널 사의 해이든 크링입니다. 무엇보다도, 수석 컨설턴트직 면접에 와주신 데 대해 감사드립니다. 저희 모두 패스더 양의 뛰어난 분석력과 폭넓은 업계 경력에 깊은 인상을 받았습니다. 그렇지만 유감스럽게도, 일부 인사들이 패스더 양의 과도한 포부에 대해 우려를 표했습니다. 패스더 양은 사생활을 희생하면서까지 너무도 많은 책임을 떠맡으려고 하는 것 같은데, 그것은 저희 경영 철학과 부합하지 않습니다. 저희는 가정 생활이 경력만큼 중요하다고 확신합니다.

(a) 저희 직원 가이드에 의해 관할되지
(b) 현 추세와 부합하지
(c) 패스더 양 자신의 필요를 반영하지
(d) 저희 경영 철학과 부합하지

해설 however 이후로 패스더 양에 대해 우려하는 바를 말하고 있다. 빈칸 뒤에 가정 생활을 중시하는 회사 신념을 밝혔으므로, 논리 전개상 (d)가 가장 적절하다. 사적인 글이 아니라는 점에서 (c)가 정답이 아님을 유의하자.
superb 뛰어난 analytical 분석적인 extensive 폭넓은 at the expense of ~를 희생하여 consonant with ~과 일치하는 reflective of ~를 반영하는 compatible 양립할 수 있는

정답 (d)

9

Based on the advice from our Advisory Panel, we will launch a new line of computers in stages. However, they have expressed concern over whether such computers with simple features are appealing to American consumers accustomed to handling extremely complicated computer work. To overcome this obstacle, they have pointed out that we should _____. That will limit the size of our potential market, but it will ensure we capture a majority of that market.

(a) reduce costs dramatically at the expense of quality
(b) launch an aggressive advertising campaign
(c) target specific customers with specific needs
(d) release the computers all at once

번역 자문위원회의 권고에 따라, 새로운 컴퓨터 라인을 단계적으로 출시할 계획이다. 그러나, 위원회는 그와 같이 단순한 기능을 지닌 컴퓨터가 매우 복잡한 컴퓨터 작업에 익숙한 미국 소비자들에게 호소력이 있을까 하는 우려를 나타냈다. 그들은 이러한 문제를 극복하기 위해서는 특정 요구를 지닌 특정 고객을 겨냥해야 한다고 지적했다. 그렇게 하면, 잠재적 시장은 제한되지만 그 시장의 대다수를 확보하도록 보장해줄 것이다.

(a) 품질을 희생하고서 비용을 과감하게 줄여야
(b) 공격적인 마케팅전을 펼쳐야
(c) 특정 요구를 지닌 특정 고객을 겨냥해야
(d) 컴퓨터를 동시에 출시해야

해설 제품 라인에 대한 출시 계획을 조정한다는 내용이기 때문에 (a)나 (b)는 적합하지 않고, (d)는 단계적으로 출시한다는 내용에 어긋난다. 바로 앞부분에 소비자층에 대한 내용이 제시되어 있으므로 정답은 (c)이다.
advisory 자문의   launch 출시하다, 시작하다   appealing 호소하는   complicated 복잡한   obstacle 장애, 방해   point out ~을 지적하다

정답 (c)

10

The film *Battle in Seattle* has _____. Some critics commended its coverage of the "criminal" activities of the WTO, and added that the film realistically depicted the changes anti-globalization protesters experienced after the events of November 1999. On the other hand, others pointed out that the film erroneously glamorized a mainstream media figure. According to them, it is well-known that mainstream media gave negative coverage of the protesters, leading to the birth of indymedia.

(a) been highly acclaimed by all critics
(b) revealed the negative aspects of globalization
(c) attracted both praise and criticism
(d) been warmly accepted by mainstream media

번역 영화 〈배틀 인 시애틀〉은 찬사와 비판을 모두 받았다. 일부 평론가들은 세계 무역 기구의 범죄 활동을 다룬 점을 호평했으며, 이 영화가 1999년 11월 사건 이후 반세계화 시위자들이 겪은 변화를 실감나게 묘사했다고 덧붙였다. 반면, 다른 이들은 이 영화가 주류 미디어 인물을 잘못 미화했다고 지적했다. 그들에 따르면, 주류 미디어가 시위자들을 부정적으로 보도하는 바람에 인디미디어가 탄생된 것은 널리 알려진 사실이라고 한다.

(a) 모든 평론가들로부터 극찬을 받았다
(b) 세계화의 부정적 측면을 드러냈다
(c) 찬사와 비판을 모두 받았다
(d) 주류 미디어가 호의적으로 받아들였다

해설 전반적으로 호평과 악평이 공존했음을 알 수 있으므로 정답은 (c)이다. (a)는 글의 내용과 다르며, (b)는 내용과 일치하지만 글 전체를 포괄하지 못한다. (d)는 주어진 글만으로는 정확히 알 수 없으므로 정답이 될 수 없다.
commend 칭찬하다   coverage 보도, 취재   realistically 사실적으로   depict 묘사하다   protester 항의자   erroneously 잘못되게   glamorize 미화하다   mainstream 주류   indymedia 인디미디어   acclaim 칭송하다

정답 (c)

11

When Lê Lợi rebelled against the Ming Dynasty in 1418, many Vietnamese people were hesitant about joining the revolt, largely because they were afraid of the formidable forces of the Chinese dynasty. One of his strategists, Nguyễn Trãi, came up with a political stratagem to _____. His ploy was to spread the legend that a god had given his sword to Lê Lợi for the purpose of helping him defeat the Chinese forces. The ruse turned out to be a success, and more and more people joined Lê Lợi in his fight against the Chinese.

(a) legitimize Lê Lợi as a resistance leader
(b) conquer the Chinese territory
(c) gloss over Lê Lợi's weaknesses as a politician
(d) preserve oral tradition

번역 1418년, 레 러이가 명 왕조에 대항하여 반란을 일으켰을 때, 많은 베트남인들은 대체로 명 왕조의 막강한 군대를 두려워하여 반란에 합류하기를 망설였다. 레 러이의 전략가 중 한 명인 응웬 짜이는 레 러이를 저항 운동 지도자로 정당화하는 정치적 책략을 생각해 냈다. 그의 책략은 신이 레 러이가 중국 군대를 물리치는 것을 돕는 목적으로 자신의 검을 주었다는 전설을 퍼뜨리는 것이었다. 그 책략은 성공적인 것으로 드러나, 점점 더 많은 사람들이 중국인에 대한 레 러이의 투쟁에 합류했다.

(a) 레 러이를 저항 운동 지도자로 정당화하는
(b) 중국 영토를 정복하는
(c) 정치가로서 레 러이의 약점에 대한 언급을 회피하는
(d) 구전을 보존하는

해설 전설을 퍼뜨려 중국인들을 레 러이의 투쟁에 합류시켰으므로 (a)가 정답이다. 중국 영토 정복이 목적이 아니기 때문에 (b)는 정답이 될 수 없으며, (c)와 (d)는 내용으로부터 정확히 알 수 없다.
rebel 반란을 일으키다 **revolt** 반란, 폭동 **formidable** 강력한 **come up with** (해답·돈 등을) 찾아내다 **stratagem** 책략 **ploy** 책략, 계략 **legend** 전설 **ruse** 책략, 계략 **legitimize** 정당화하다 **gloss over** 얼버무리다 **oral tradition** 구전

정답 (a)

12

Dissociative identity disorder (DID) _____. While some psychiatrists believe that the disorder seems to be prevalent in North America, many North American experts doubt the validity of DID, criticizing the subjectivity of dissociation. They point out that DID does not have any objectively observable symptoms. On the other hand, those who accept the validity of DID continue to report cases involving the disorder. Their views are partly supported by psychiatrists in other countries who publish papers dealing with cases of DID.

(a) is severely criticized by health experts
(b) continues to be a controversial subject
(c) is definitely confined to North America
(d) has many easily identifiable symptoms

번역 해리성 정체감 장애(DID)는 여전히 논란의 대상이 되고 있다. 일부 정신과 의사들은 이 장애가 북아메리카에 만연한 것 같다고 생각하지만, 북아메리카의 많은 전문가들은 해리의 주관성을 비판하면서 해리성 정체감 장애의 타당성을 의심한다. 그들은 해리성 정체감 장애에는 객관적으로 관찰할 수 있는 증상이 없다고 지적한다. 반면, 해리성 정체감 장애의 타당성을 수용하는 이들은 그 장애를 수반한 사례를 계속해서 보고한다. 이들의 견해는 해리성 정체감 장애 사례를 다루는 논문을 출간한 다른 나라의 정신과 의사들에 의해 부분적으로 뒷받침된다.

(a) 의료 전문가들로부터 심한 비판을 받는다
(b) 여전히 논란의 대상이 되고 있다
(c) 단연코 북아메리카에 국한되어 있다
(d) 쉽게 확인할 수 있는 증상들이 많다

해설 전반적으로 DID의 존재를 긍정하는 쪽과 부정하는 쪽의 대립을 말하고 있으므로 정답은 (b)이다. (a)는 한 쪽만의 입장이며, (c)와 (d)는 주어진 글의 내용과 다르므로 정답이 될 수 없다.
dissociative identity disorder 해리성 정체감 장애 **psychiatrist** 정신과 의사 **prevalent** 만연한 **validity** 타당성 **dissociation** 해리, 분리 **symptom** 증상 **severely** 심하게 **controversial** 논쟁의 **definitely** 분명히 **confine** 제한하다 **identifiable** 인식 가능한

정답 (b)

13

On April 17, 2007, Zachary Moore took part in a drill led by Allison Gibson, a certified diving instructor in Tuscaloosa, Alabama. Part of the exercise was to descend to a great depth with the help of regulators. Instead of monitoring the participants, Gibson gave a private lesson to Lewis Fitts, with her two unqualified assistants supervising the drill. Unfortunately, after finishing the exercise, Moore lost consciousness and died. His parents accused Gibson of paying no attention to her students and _____.

(a) appointing inexperienced people to look after them
(b) teaching diving to teenagers
(c) making her students compete against each other
(d) forcing Moore to take part in the exercise

번역 2007년 4월 17일, 재커리 무어는 앨라배마 주 터스컬루사의 공인 다이빙 교관 앨리슨 깁슨이 지도하는 훈련에 참가했다. 훈련의 일부는 조정기의 도움을 받아 아주 깊은 곳까지 내려가는 것이었다. 깁슨은 참가자들을 직접 주시하지 않고 두 명의 자격 없는 조교가 연습을 관찰하도록 한 채 루이스 피츠에게 개인 교습을 해주었다. 유감스럽게도, 연습을 마치고 나서 무어는 의식을 잃고 숨졌다. 그의 부모는 주의를 기울이지 않고 미숙한 이들이 학생들을 돌보도록 했다는 혐의로 깁슨을 고소했다.

(a) 미숙한 이들이 학생들을 돌보도록 했다는
(b) 10대에게 다이빙을 가르쳤다는
(c) 학생들이 서로 경쟁하게 만들었다는
(d) 무어가 훈련에 참가하도록 강요했다는

해설 글의 흐름에 비추어 볼 때 (a)가 정답이다. (b)는 혐의 사항이 될 수 없고, (c)와 (d)는 내용으로부터 정확히 알 수 없을 뿐 아니라 글의 흐름과도 맞지 않는다.
drill 훈련   **certified** 공인을 받은   **descend** 내려가다   **regulator** 조정기   **monitor** 주시하다   **unqualified** 자격이 없는   **appoint** 임명하다

정답 (a)

14

These days, too many people believe that popular opinions are real solutions to the problems facing our society. What they overlook is that without addressing real issues, popular beliefs often cater down to the public's taste. For instance, in trying to overcome the current economic crisis, many popular politicians advocate protectionism as part of a recovery strategy. The ripple effects of such policies are likely to be injurious to international trade, which will ultimately hurt our domestic economy to a great extent. Thus, in order to effectively tackle our serious problems, we need to _____.

(a) stop voting for popular politicians
(b) make efforts to overcome the current crisis
(c) adopt a more idealistic approach to them
(d) stop confusing popularity with authority

번역 요즘에는 너무 많은 사람들이 여론이 우리 사회가 직면한 문제에 대한 진정한 해결책이라고 생각한다. 그들이 간과하는 것은 진정한 문제를 다루지 않으면, 일반적인 생각은 종종 대중의 취향에 영합한다는 사실이다. 예컨대, 현 경제 위기를 극복하려고 노력할 때 많은 인기 정치인들은 회복 전략의 일환으로 보호주의를 옹호한다. 그런 정책의 파급 효과는 국제 무역에 손상을 줄 가능성이 있는데, 이는 궁극적으로 우리 국내 경제에 크게 해를 끼칠 것이다. 따라서 심각한 문제를 효과적으로 다루기 위해서는 대중성을 권위와 혼동하지 말아야 한다.

(a) 인기 정치인들에게 투표하지 말아야
(b) 현재 위기를 극복하기 위해 노력해야
(c) 그것들에 대해 보다 이상적인 접근법을 택해야
(d) 대중성을 권위와 혼동하지 말아야

해설 '여론' 또는 '일반적인 생각'의 한계점에 대한 비판이 주가 되므로 이에 대한 대안이 제시되어야 한다. 따라서 정답은 (d)이다.
(a)는 지나치게 세부적이고, (b)는 빈칸 앞부분과 같은 내용이며, (c)는 논리적 비약이기 때문에 정답이 될 수 없다.
popular opinion 여론   **overlook** 간과하다   **cater down to** ~에 영합하다   **taste** 취향   **advocate** 옹호하다   **protectionism** 보호주의   **ripple effect** 파급 효과   **to a great extent** 크게   **tackle** (일 따위에) 달려들다

정답 (d)

15

As one of the foundations of sociology, microsociology deals mainly with individual social interactions at a micro level. It is generally understood to have originated from the philosophy of phenomenology. _____, macrosociology largely concerns itself with societies and social systems at a macro level. Even when dealing with individuals and families, it approaches them from a broader perspective. It is often the case that macrosociology analyzes large "collectives" such as communities and states.

(a) Generally
(b) Consequently
(c) In contrast
(d) In addition

번역 사회학의 토대 중 하나로서, 미시 사회학은 주로 개인의 사회적 상호 작용을 미시적 수준에서 다룬다. 미시 사회학은 일반적으로 현상학적 철학에 기원을 두고 있는 것으로 여겨진다. 이와는 대조적으로, 거시 사회학은 주로 거시적 수준에서 사회와 사회 제도에 관여한다. 개인과 가족을 다룰 때조차 거시 사회학은 보다 넓은 관점에서 접근한다. 거시 사회학은 공동체와 국가와 같은 거대 집단을 분석하는 경우가 잦다.

(a) 일반적으로
(b) 따라서
(c) 이와는 대조적으로
(d) 게다가

해설 글은 미시 사회학과 거시 사회학을 대조하고 있다. 따라서 (c)가 가장 적합하다. 나머지는 모두 주어진 관계에 어긋나기 때문에 오답이다.
foundation 토대 microsociology 미시 사회학 interaction 상호 작용 phenomenology 현상학 macrosociology 거시 사회학 concern 관여하다 collective 집단

정답 (c)

16

Being a leading advocate of abolition, General David Hunter did not accept the attitude that regarded African-American fugitives as property obtained by Northern forces. Thus, he liberated all the "contrabands" in the Port Royal district. Surprisingly, though, President Abraham Lincoln reproached Hunter for his "premature" measures. This was largely because Lincoln was not ready to implement emancipation of the slaves in the Southern states. _____, according to some historians, he was, at that time, unwilling to consider abolishing slavery in the United States.

(a) In short
(b) For instance
(c) In fact
(d) Nevertheless

번역 노예 제도 폐지의 선두적인 지지자였던 데이빗 헌터 장군은, 흑인 탈주자들을 북군이 획득한 재산으로 여기는 태도를 수용하지 않았다. 그래서 그는 포트 로열 지구의 모든 흑인 노예들을 해방시켰다. 하지만 놀랍게도, 에이브러햄 링컨 대통령은 시기상조의 조치를 취한 것에 대해 헌터 장군을 비난했다. 링컨이 남부 주의 노예들에 대한 해방을 시행할 준비가 되어 있지 않았기 때문이라는 게 주된 이유였다. 실은, 일부 역사가들에 따르면, 링컨은 그 당시 미국에서 노예제를 폐지하는 방안을 고려하는 것을 꺼려했다고 한다.

(a) 요컨대
(b) 예컨대
(c) 실은
(d) 그럼에도 불구하고

해설 이 유형은 문장과 문장 사이의 관계를 물어보는 것이므로 관계를 정확히 따져보면 문제를 해결할 수 있다. 빈칸 앞 문장을 뒷받침하면서, 다소 의외의 사실을 말하는 것이므로 정답은 (c)이다.
abolition 노예 제도 폐지 fugitive 탈주자 liberate 해방시키다 contraband (남북전쟁 당시 북군 편으로 도망친) 흑인 노예 reproach 책망하다 implement 실행하다 emancipation 해방

정답 (c)

ACTUAL TEST 5 — Part 2

17

According to Dr. Benny Hochner, octopuses are thought to be the most intelligent of the invertebrates in that their brains are relatively large. Interestingly enough, they can even be trained to perform a variety of memory tasks. In fact, they can carry out highly complex learning tasks and compete with advanced vertebrates in learning and memory to some extent.

Q: What is the passage mainly about?
(a) The learning and memory abilities of octopuses
(b) Dr. Benny Hochner's eccentric behavior
(c) The intelligence of invertebrates
(d) The importance of memory training

번역 베니 호크너 박사에 따르면, 문어의 뇌가 상대적으로 크다는 점에서 무척추동물 가운데 가장 지능이 뛰어난 것으로 여겨진다. 흥미롭게도, 문어는 심지어 다양한 기억 과제를 수행하도록 훈련받을 수도 있다. 사실상, 문어는 아주 복잡한 학습 과제를 수행하여 학습과 기억 영역에서 고등 척추동물과 어느 정도 경쟁할 수 있다.

Q: 글의 주된 내용은 무엇인가?
(a) 문어의 학습 및 기억 능력
(b) 베니 호크너 박사의 별난 행동
(c) 무척추동물의 지능
(d) 기억력 훈련의 중요성

해설 중심 내용을 묻는 문제는 대개 첫 문장과 마지막 문장의 공통 부분을 생각하며 접근하면 쉽게 해결할 수 있다. 글의 첫 문장과 마지막 문장에서 문어의 뛰어난 지능과 학습 및 기억력에 대해 설명하고 있으므로 정답은 (a)이다. (b)와 (d)는 지문에 없는 내용이므로 오답이다.
octopus 문어 invertebrate 무척추동물 relatively 상대적으로 eccentric 별난

정답 (a)

18

In order to effectively develop listening skills, we need to become highly sensitive to the sounds of English, which are radically different from those of the Korean language. Thus, in these programs, we begin our listening components by getting students to pay attention to subtle differences in sounds. It is also advisable to conduct the class without relying on the letters of English, which are not directly related to English sounds.

Q: What is the main topic of the passage?
(a) Differences between English and Korean
(b) The role of listening comprehension in language learning
(c) The development of the English alphabet
(d) How a program sharpens listening skills

번역 청취력을 효과적으로 개발하기 위해서는 영어 소리에 아주 민감해져야 하는데, 영어 소리는 한국어 소리와 근본적으로 다르다. 따라서, 이 프로그램에서는 학생들이 소리의 미묘한 차이에 주의를 기울이도록 함으로써 청취 부분을 시작한다. 또한, 소리와 직접적으로 관련이 없는 영어 글자에 의존하지 않고 수업을 진행할 것을 권장한다.

Q: 글의 주된 소재는 무엇인가?
(a) 영어와 한국어의 차이
(b) 언어 학습에서 청취력의 기능
(c) 영어 알파벳의 발달
(d) 청취력을 향상시키는 방법

해설 역시 첫 번째 문장과 마지막 문장의 조합으로 쉽게 해결할 수 있다. 첫 문장 In order to 이하에 지문의 핵심 내용이 담겨 있다. 따라서 정답은 (d)이다. (a)는 중간에 언급된 지엽적인 내용이고, (c)는 본문에 없는 내용이다.
sensitive 민감한 radically 근본적으로 component 구성요소 subtle 미묘한 conduct 수행하다 letter 글자, 문자 sharpen 향상시키다

정답 (d)

19

Many theories have been proposed about what causes attention-deficit hyperactivity disorder (ADHD), but none of them has succeeded in finding the real cause of the disease. At least, however, it is fairly clear that ADHD is hereditary. A very high percentage of affected individuals have parents with ADHD, and family members often manifest the symptoms.

Q: What is the best title for the passage?
(a) The Definition and Symptoms of ADHD
(b) How to Treat ADHD
(c) The Percentage of ADHD Patients
(d) What We Know about the Cause of ADHD

번역 주의력 결핍 과잉 행동장애(ADHD)의 원인에 대해 많은 이론이 제기되었지만, 어떤 이론도 이 질환의 진짜 원인을 밝혀내지 못했다. 그렇지만 적어도, ADHD가 유전성이라는 것은 꽤 분명하다. 이 질환에 걸린 사람들 상당수의 부모가 ADHD를 갖고 있고, 가족 구성원들은 종종 ADHD 증상을 나타낸다.

Q: 글의 제목으로 가장 적절한 것은?
(a) ADHD의 정의와 증상
(b) ADHD 치료법
(c) ADHD 환자의 비율
(d) ADHD의 원인에 대해 알려진 것들

해설 제목을 고르는 문제도 역시 첫 번째 문장과 마지막 문장이 가장 중요한 단서이다. ADHD의 진짜 원인은 알지 못해도 유전성이 있다는 알려진 근거를 제시하고 있으므로 정답은 (d)이다.
attention-deficit hyperactivity disorder 주의력 결핍 과잉 행동장애   **fairly** 꽤   **hereditary** 유전성의   **affected** (병 등에) 걸린   **manifest** 나타내다, 명시하다   **treat** 치료하다

정답 (d)

20

In 1994, Dave Levin and Mike Feinberg launched KIPP (Knowledge Is Power Program) Academy for fifth graders in Houston, Texas. Before enrolling in the innovative program, most students did poorly in English and mathematics. After attending only one year at the academy, over 90% of the students were able to pass the Texas Fifth Grade Exams in English and mathematics.

Q: What is the best title for the passage?
(a) Dave Levin and Mike Feinberg: The Men Who Changed the World
(b) The Texas Fifth Grade Exams in English and Mathematics
(c) The Extraordinary Success of KIPP Academy
(d) Poor Children in the State of Texas

번역 1994년에 데이브 레빈과 마이크 페인버그는 텍사스 주 휴스턴에서 5학년 학생들을 위해 KIPP(아는 것이 힘이다 프로그램) 아카데미를 발족했다. 이 혁신적인 프로그램에 등록하기 이전에 학생들 대부분은 영어와 수학 실력이 형편없었다. 이 아카데미에 1년만 다니고도, 90% 이상의 학생들이 텍사스 주 5학년 영어 및 수학 시험에 합격할 수 있었다.

Q: 글의 제목으로 가장 적절한 것은?
(a) 세상을 바꾼 데이브 레빈과 마이크 페인버그
(b) 텍사스 주 5학년 영어 및 수학 시험
(c) KIPP 아카데미의 놀라운 성공
(d) 텍사스 주의 불우 아동들

해설 글 전체에 걸쳐 KIPP 아카데미의 성공을 다루고 있다. 따라서 정답은 (c)이다. (a)는 KIPP를 설립한 인물로 이름만 잠시 처음에 언급되었고, (d)는 글에 없는 내용이다.
enroll 등록하다   **innovative** 혁신적인   **poorly** 형편없이   **extraordinary** 놀라운

정답 (c)

21

It was once widely believed that Abner Doubleday invented baseball in 1839. There was, however, practically no evidence supporting this claim. For one thing, Doubleday had never claimed that he started the popular sport. In none of his letters and papers did he ever suggest that he was influential in the development of baseball. Similarly, an encyclopedia article dealing with Doubleday did not contain any information about the sport.

Q: What is the best title for the passage?
(a) Abner Doubleday: Baseball's First Real Pitcher
(b) How the Game of Baseball Was Born in 1839
(c) A Popular Myth Surrounding the Origin of Baseball
(d) The Controversy over Who Baseball's True Founder Was

번역 한때는 애브너 더블데이가 1839년에 야구를 창안했다고 널리 믿었다. 그렇지만 이 주장을 뒷받침하는 증거는 거의 없었다. 첫째로, 더블데이는 자신이 그 대중적인 스포츠를 창시했다고 주장한 적이 전혀 없었다. 그의 서한과 문서 가운데 어느 곳에서도 야구 발전에 영향을 미쳤다고 시사하지 않았다. 마찬가지로 더블데이를 다룬 백과사전의 글에도 야구에 대한 어떠한 정보도 담겨 있지 않았다.

Q: 글의 제목으로 가장 적절한 것은?
(a) 야구 최초의 진정한 투수 애브너 더블데이
(b) 1839년에 야구가 어떻게 탄생했는가
(c) 야구의 기원을 둘러싼 일반적인 잘못된 믿음
(d) 누가 야구의 진정한 창시자였는지에 대한 논쟁

해설 애브너 더블데이에 대한 잘못된 믿음에 대해 설명하고 있으므로 (c)가 정답이다. (a)는 글의 내용과 어긋나며, (b)는 글의 초점과 다르다. (d)는 미국이 글의 중심 내용이 아니므로 정답이 될 수 없다.

practically 거의, 사실상 **claim** 주장, 주장하다 **popular** 대중적인 **suggest** 시사하다 **influential** 영향력 있는 **encyclopedia** 백과사전 **myth** 신화, 잘못된 믿음 **founder** 창설자

정답 (c)

22

Although there are some similarities between flathead catfish and bullheads, there are greater differences between them. For instance, as the name implies, the flathead has a flat head, and its lower lip sticks out farther than its upper lip. In addition, their feeding habits are quite different. Flatheads usually eat living things, whereas bullheads feed on dead fish or other prey. While flatheads generally live in gravel pits, bullheads prefer more brackish areas.

Q: What is the purpose of the passage?
(a) To assert that flathead catfish and bullheads share many similarities
(b) To show the differences between flathead catfish and bullheads
(c) To prove that flatheads are the ancestor of the bullhead
(d) To explain that the names of fish are difficult to memorize

번역 넓적머리 메기와 불헤드 사이에는 몇몇 유사점이 있지만, 차이점이 더 크다. 예컨대 이름이 암시하듯이, 넓적머리 메기는 머리가 넓적하고, 아랫입술이 윗입술보다 더 튀어 나와 있다. 게다가 식성도 꽤 다르다. 넓적머리 메기가 대개 살아 있는 것을 먹는 데 반해, 불헤드는 죽은 고기나 다른 먹이를 먹는다. 넓적머리 메기는 대개 자갈층에서 살아가는데, 불헤드는 보다 소금기 없는 지역을 선호한다.

Q: 글의 목적은 무엇인가?
(a) 넓적머리 메기와 불헤드가 많은 유사점을 공유한다고 주장하기 위해
(b) 넓적머리 메기와 불헤드 사이의 차이점을 보여주기 위해
(c) 넓적머리 메기가 불헤드의 조상임을 입증하기 위해
(d) 물고기 이름이 외우기 어렵다는 것을 설명하기 위해

해설 글 전체가 넓적머리 메기와 불헤드의 차이점을 설명하고 있으므로 정답은 (b)이다. (a)는 첫 문장에 나온 내용일 뿐이고, (c)와 (d)는 전혀 언급되지 않았다.

flathead catfish 넓적머리 메기 **bullhead** 불헤드(메기류) **stick out** 튀어나오다 **feed on** ~을 먹다 **prey** 먹이 **gravel pit** 자갈층 **brackish** 소금기 있는

정답 (b)

23

As a form of philosophical inquiry, the Socratic Method is aimed at promoting reason in this seemingly irrational world. This dialectical method requires us to painstakingly examine the implications of our "valid" beliefs, thus revealing all the contradictions hidden in our thoughts. In so doing, the critical approach makes it possible to bring rational thinking to our chaotic lives.

Q: What is the main topic of the passage?
(a) Many different forms of philosophical inquiry
(b) The greatness of Socrates
(c) The aims of the Socratic Method
(d) The chaotic nature of our lives

번역 철학적 탐구의 한 형태로서, 소크라테스식 문답법은 이 불합리해 보이는 세계에서 이성을 장려하는 것을 목적으로 한다. 이 변증법적인 방법은 우리의 타당한 생각이 함의하는 바를 꼼꼼히 검토할 것을 요구하는데, 이에 따라 우리의 생각 속에 숨겨져 있는 모든 모순이 드러난다. 그렇게 해서 이 비판적 접근법은 우리의 무질서한 삶에 합리적 사고를 가져오는 것을 가능케 한다.

Q: 글의 주된 소재는 무엇인가?
(a) 다양한 형태의 철학적 탐구
(b) 소크라테스의 위대함
(c) 소크라테스식 문답법의 목적
(d) 우리 삶의 무질서한 본성

해설 소재를 묻는 경우, 주어진 내용을 정확히 포착해야 함에 유의하자. 소크라테스식 문답법의 목적과 역할을 설명하고 있으므로 정답은 (c)이다. (a)는 범위가 너무 넓기 때문에 정답이 될 수 없다. (b)는 내용과 관련이 없으며, (d)는 글의 일부에 해당된다.
inquiry 탐구 **Socratic Method** 소크라테스식 문답법
promote 장려하다 **seemingly** 겉으로는 **dialectical** 변증법적인 **painstakingly** 꼼꼼하게 **chaotic** 무질서한

정답 (c)

24

According to the Global Amphibian Assessment, amphibian species are disappearing at an alarming rate, which reflects the deteriorating health of the Earth. The study shows that approximately a third of all amphibian species are facing extinction, with 122 species of amphibians already extinct. As is widely known, the state of amphibians is a key indicator of the overall "health" of an ecosystem because their skin is extremely sensitive to environmental changes. Therefore, their steep decline is widely understood to show that the health of the Earth is significantly degraded.

Q: What is the passage mainly about?
(a) The importance of the Global Amphibian Assessment in preventing pollution
(b) Why amphibian species flourished in America
(c) The health of the Earth
(d) The significance of the extinction of amphibian species

번역 세계 양서류 조사에 따르면, 양서류 종들이 급속히 사라지고 있다고 하는데, 이는 지구 건강 악화를 나타낸다. 이 연구는 양서류의 대략 삼분의 일이 멸종 위기에 직면했고, 122종은 이미 멸종되었다는 사실을 보여준다. 널리 알려져 있듯이, 양서류의 상태는 그 피부가 환경 변화에 극히 민감하기 때문에 생태계의 전반적인 건강에 대한 주요 지표이다. 따라서 양서류의 급격한 감소는 지구의 건강이 상당히 악화되었음을 나타내는 것으로 널리 이해된다.

Q: 글의 주된 내용은 무엇인가?
(a) 오염 예방에 있어 세계 양서류 조사가 갖는 중요성
(b) 양서류 종들이 미국에서 번성한 이유
(c) 지구의 건강
(d) 양서류 종들의 멸종이 갖는 의미

해설 양서류의 멸종이 생태계, 그리고 지구의 상태 악화를 뜻함을 경고하는 것이므로 정답은 (d)이다. 시사적이면서도 출제 가능성이 높은 문제이므로 정확히 확인해두자.
amphibian 양서류 **assessment** 평가; 과세 **deteriorate** 악화하다 **extinction** 멸종 **indicator** 지표 **degrade** 저하시키다 **flourish** 번성하다 **significance** 의미

정답 (d)

25

According to Jessie M. Van Swearingen, Ph.D. and her colleagues, a large number of patients with facial neuromuscular disorders suffer from depressive symptoms. In particular, the risk for depression is increased by a "specific impairment in the ability to smile." Since such patients cannot express positive emotion, they are less likely to receive physiological feedback and emotional support, which can lead to various degrees of depression.

Q: Which of the following is correct according to the passage?
(a) Few patients with facial neuromuscular disorders suffer from depression.
(b) Smiles do not affect human emotion.
(c) Dr. Jessie M. Van Swearingen is a patient with a neuromuscular disorder.
(d) The absence of smiles might lead to depression.

번역 제시 반 스웨린젠 박사와 그녀의 동료들에 따르면, 안면 신경 근육 장애 환자의 상당수가 우울증을 앓는다고 한다. 특히 우울증에 걸릴 위험은 미소 짓는 능력의 특수한 장애에 의해 증가된다. 그런 환자들은 긍정적인 감정을 표현하지 못하기 때문에, 생리적 피드백과 정서적 지원을 받을 가능성이 떨어지고, 이는 다양한 수준의 우울증으로 이어질 수 있다.

Q: 글에 따르면 다음 중 옳은 것은?
(a) 안면 신경 근육 질환자 가운데 우울증을 앓는 환자는 거의 없다.
(b) 미소는 인간 정서에 영향을 미치지 않는다.
(c) 제시 반 스웨린젠 박사는 신경 근육 장애 환자이다.
(d) 미소가 없으면 우울증으로 이어질 수도 있다.

해설 글 전체를 통해 미소가 갖는 정서적 역할을 설명하고 있고, 이에 따라 우울증까지 걸릴 수 있음을 경고하므로 정답은 (d)이다.
neuromuscular disorder 신경 근육 질환 **depressive** 우울증의 **specific** 특수한 **impairment** 장애 **physiological** 생리적인

정답 (d)

26

As the Earth's only natural satellite, the moon orbits the planet once a month. Interestingly enough, the visible side of the moon was mapped in detail by Galileo in 1609. Using his first telescope, he found that the surface of the moon is not perfectly smooth. We now know that the heavily cratered surface of the moon is a record of the heavy bombardment of asteroids and comets that the moon experienced. Contrary to the Earth, the moon is geologically inactive.

Q: Which of the following is correct according to the passage?
(a) Galileo did not know of the presence of the moon.
(b) Geologically speaking, the moon is dead.
(c) The bombardment of asteroids did not change the surface of the moon.
(d) Geologically speaking, the Earth is inactive.

번역 지구의 유일한 자연 위성으로서, 달은 한 달에 한 번 지구 주위를 공전한다. 흥미롭게도, 지구에서 보이는 달의 측면에 대한 상세한 지도가 1609년 갈릴레오에 의해 그려졌다. 갈릴레오는 그의 첫 망원경으로 달의 표면이 완벽하게 매끄럽지 않다는 사실을 알아냈다. 분화구가 많은 달의 표면이 소행성과 혜성이 달에 극심하게 충돌한 기록이라는 사실이 현재 알려져 있다. 지구와 달리, 달은 지질학적으로 비활성이다.

Q: 글에 따르면 다음 중 옳은 것은?
(a) 갈릴레오는 달의 존재를 몰랐다.
(b) 지질학적으로 말해서, 달은 죽어 있다.
(c) 소행성의 충돌은 달의 표면을 변화시키지 않았다.
(d) 지질학적으로 말해서, 지구는 비활성이다.

해설 세부 사항을 묻기 때문에 하나씩 정확히 확인해 나가야 한다. (a)는 달을 관찰하고 달을 상세히 그렸으므로 틀리다. (c)와 (d) 역시 글의 내용과 정반대이므로 정답이 아니다. 마지막 문장에서 달은 지질학적으로 비활성이라고 했으므로 정답은 (b)이다.
orbit 공전하다 **map** 지도로 그리다 **telescope** 망원경 **crater** ~에 구멍을 내다 **bombardment** 폭격 **asteroid** 소행성 **comet** 혜성 **geologically** 지질학적으로 **inactive** 비활성의

정답 (b)

27

It may sound strange, but I have found many similarities between the Buddha's teachings and Wiccan beliefs. Fundamentally, the two ideas share the belief that you should not do anything harmful to anyone. Unfortunately, some Buddhists have a rigid state of mind and do not tolerate other belief systems, but this is a shame. I don't think such an attitude is in accordance with the Buddha's teachings that emphasize peace, compassion, and wisdom.

Q: Which of the following is correct according to the passage?
(a) The author does not approve of Wiccan beliefs.
(b) The author is tolerant of other belief systems.
(c) Buddhism promotes the use of violence as a means of achieving peace.
(d) We do not have any choice but to harm others.

번역 이상하게 들릴지 모르지만, 부처의 가르침과 이교 주술 사이에 유사점이 많다는 것을 알아냈다. 근본적으로 이 두 사상은 누구에게든 해로운 일을 해서는 안 된다는 믿음을 공유한다. 유감스럽게도, 일부 불교도들은 완고한 마음을 가져 다른 종교 체계를 용인하지 않는데, 이는 안타까운 일이다. 내 생각엔 그와 같은 태도는 평화, 자비, 그리고 지혜를 강조하는 부처의 가르침에 부합하지 않는 것 같다.

Q: 글에 따르면 다음 중 옳은 것은?
(a) 필자는 이교 주술을 인정하지 않는다.
(b) 필자는 다른 종교 체계에 대해 관대하다.
(c) 불교는 평화를 이루는 방법으로 폭력 사용을 장려한다.
(d) 우리는 다른 사람을 해칠 수밖에 없다.

해설 글에서 일부 불교도들의 완고함에 대해 안타깝다고 했으므로 정답은 (b)이다. (a)는 필자의 관용적 태도와 어울리지 않으며, (c)와 (d)는 글이 의미하는 바와 다르므로 정답이 될 수 없다.
Wiccan belief 이교 주술　**rigid** 완고한　**tolerate** 용인하다　**in accordance with** ~에 부합되게　**compassion** 동정심, 자비　**approve** 인가하다　**tolerant** 관대한

정답 (b)

28

The Autonomous Robotics and Systems Research Team at the University of the Basque Country (UPV/ EHU) is currently working on improving the autonomy of robots. In particular, they are trying to enable robots to explore various places on their own. Instead of relying on GPS navigation systems, the UPV/ EHU researchers take advantage of biomimetic systems in order to develop a robot capable of moving from one place to another without any trouble.

Q: Which of the following is correct according to the passage?
(a) The UPV/ EHU researchers are developing a simpler robot.
(b) The UPV/ EHU researchers prefer to use biomimetic systems.
(c) At present, robots can explore many different places without any trouble.
(d) GPS navigation systems are more efficient than biomimetic systems.

번역 바스크 대학의 자율 로봇 공학 및 시스템 연구팀(UPV/ EHU)은 현재 로봇의 자율성을 향상시키기 위해 애쓰고 있다. 특히 그들은 로봇이 다양한 장소를 스스로 탐험할 수 있게 하기 위해 노력하고 있다. UPV/ EHU 연구자들은 GPS 내비게이션 시스템에 의존하는 대신 아무 어려움 없이 장소를 이동할 수 있는 로봇을 개발하기 위해 생체 모방 시스템을 이용한다.

Q: 글에 따르면 다음 중 옳은 것은?
(a) UPV/ EHU 연구자들은 보다 단순한 로봇을 개발하고 있다.
(b) UPV/ EHU 연구자들은 생체 모방 시스템 사용을 선호한다.
(c) 현재 로봇은 아무 어려움 없이 많은 다양한 장소를 탐험할 수 있다.
(d) GPS 내비게이션 시스템이 생체 모방 시스템보다 효율적이다.

해설 각 내용을 정확히 파악해서 비교해야 한다. (a)는 글의 내용으로부터 직접 유도할 수 없으며, 오히려 보다 복잡한 로봇을 개발할 가능성이 있다. (c), (d)는 모두 글의 내용에 부합하지 않으므로 정답이 아니다. 마지막 문장에서 정답이 (b)임을 알 수 있다.
autonomous 자치적인, 독자적인　**robotics** 로봇 공학　**autonomy** 자율성　**GPS** 전지구 위치 파악 시스템(Global Positioning System)　**navigation** 항해, 항법　**biomimetic** 생체 모방의

정답 (b)

29

On August 10, 1793, the Louvre Museum opened, exhibiting more than 500 paintings. During the latter half of the 1790s, the museum was closed due to defects in its structure. Under the reign of Napoleon, its name was changed to the Musée Napoléon, and at the same time, the collection of the museum was enlarged to a great extent. From that time on, the collection continued to grow, and during the Second Empire, the museum obtained 20,000 new pieces.

Q: Which of the following is correct according to the passage?
(a) The Louvre Museum once changed its name.
(b) At present, the Louvre Museum houses 20,000 pieces.
(c) Napoleon was the founder of the Louvre Museum.
(d) The Louvre Museum has never been closed until now.

번역 1793년 8월 10일, 500점 이상의 미술품을 전시하는 루브르 박물관이 개관했다. 1790년대 후반에는 구조적 결함 때문에 폐관했다. 나폴레옹 재위 기간 동안에는 명칭이 나폴레옹 박물관으로 변경되었으며, 동시에 박물관의 소장품이 크게 늘어났다. 그때 이래로 소장품 규모가 지속적으로 성장하여, 프랑스 제2제정 동안에는 2만 점의 예술품을 새로 획득했다.

Q: 글에 따르면 다음 중 옳은 것은?
(a) 루브르 박물관은 한때 명칭을 변경했다.
(b) 현재 루브르 박물관은 2만 점의 예술품을 소장한다.
(c) 나폴레옹은 루브르 박물관의 창립자였다.
(d) 루브르 박물관은 이제까지 한 번도 폐관된 적이 없었다.

해설 (b)는 프랑스 제2제정 동안 새로 획득한 예술품 수에 해당한다. (c)와 (d)는 내용에 어긋나며, 나폴레옹 재위 기간 동안 명칭이 변경되었으므로 정답은 (a)이다.

the latter half 후반부 defect 결함 under the reign of ~의 치세에 enlarge 확대시키다 Second Empire 프랑스 제2제정 house 소장하다

정답 (a)

30

All these prestigious awards clearly show us that Megan is a natural, a natural singer. I also need to mention that her numerous awards include Award for Avid Readers (October 10, 2007), 1st Place at Newspaper in Education Activities (May 5, 2008), and 2nd Place at School Science Project Contest (June 19, 2008). Even though these subject areas are not directly related to music, Megan and I are fully aware that in order to become a truly great musician, one needs to take interdisciplinary approaches to music. It seems to me that Megan instinctively understands the importance of various disciplines in delving into the essential nature of the human soul.

Q: Which of the following is correct according to the passage?
(a) The author thinks highly of Megan.
(b) Megan is very good at drawing pictures.
(c) Megan is unwilling to adopt an interdisciplinary approach to music.
(d) Megan is not a good reader.

번역 이 모든 훌륭한 상은 메건이 타고난 인물, 즉 타고난 가수라는 것을 분명하게 입증합니다. 또한 저는 메건의 수많은 상에는 독서왕상(2007년 10월 10일), 신문 활용 교육 활동 대상(2008년 5월 5일), 교내 과학 프로젝트 경연대회 은상(2008년 6월 19일) 등이 포함된다는 점을 언급하고 싶습니다. 이런 교과 분야가 음악과 직접적으로 관련 있진 않지만, 메건과 저는 참으로 위대한 음악가가 되기 위해서는 음악에 대해 학제적으로 접근해야 한다는 점을 충분히 알고 있습니다. 메건은 본능적으로 인간 영혼의 본성을 천착하는 데 있어 다양한 학문 분야의 중요성을 이해하는 것 같습니다.

Q: 글에 따르면 다음 중 옳은 것은?
(a) 필자는 메건을 높이 평가한다.
(b) 메건은 그림을 아주 잘 그린다.
(c) 메건은 음악에 대해 학제적 접근법을 취하려고 하지 않는다.
(d) 메건은 책을 잘 읽지 않는다.

해설 세부 사항 문제의 경우, 첫 문장을 통해 전체적인 방향을 잡고 선택지와 비교해서 읽는 방법을 생각할 수 있다. 다만 이때에도 글의 흐름을 정확히 파악해야 함에 유의하자. 메건이 타고난 가수라고 말하는 첫 문장과 전체 맥락을 통해 볼 때 (a)가 정답이다. (c)와 (d)는 내용에 어긋나며, (b)는 알 수 없으므로 정답이 아니다.

prestigious 영예로운 natural 타고난 명인 avid 열광적인 aware 알고 있는 interdisciplinary 학제적인 instinctively 본능적으로 discipline 학문 분야 delve into ~을 철저히 조사하다 unwilling 꺼리는

정답 (a)

31

Even today, rural areas are not perceived as an ideal place for providing economic opportunities mainly because there are still many conditions that cannot be controlled by human efforts. Further, a variety of natural disasters can threaten the very survival of country people. Industrialization has also deprived many rural laborers of work. As a consequence, a large number of people move to the city for the purpose of ensuring their subsistence and seizing economic opportunities.

Q: Which of the following is correct according to the passage?
(a) Industrialization has negatively affected rural areas.
(b) Technology has enabled rural people to conquer nature.
(c) Rural areas provide many different economic opportunities.
(d) Rural people are not concerned about their survival.

번역 오늘날까지도 시골 지역은 주로 인간의 노력으로 제어될 수 없는 조건들이 여전히 많기 때문에 경제적 기회를 제공하는 이상적인 곳으로 인식되지 않는다. 더욱이, 다양한 자연재해들이 시골 사람들의 생존 자체를 위협할 수 있다. 또한 산업화로 인해 많은 시골 근로자들이 일을 빼앗겼다. 그 결과, 많은 이들이 생존을 보장하고 경제적 기회를 잡기 위한 목적으로 도시로 이주한다.

Q: 글에 따르면 다음 중 옳은 것은?
(a) 산업화는 시골 지역에 부정적인 영향을 미쳤다.
(b) 기술로 인해 시골 사람들은 자연을 정복할 수 있었다.
(c) 시골 지역은 다양한 경제 기회를 제공한다.
(d) 시골 사람들은 생존에 대해 우려하지 않는다.

해설 산업화가 시골 지역에 미친 영향을 다룬 글이다. 중요한 주제이므로 정확히 익혀두자. 글의 내용에서 유도할 수 있는 (a)가 정답이다. 나머지 내용들은 모두 글의 내용과 어긋난다.
rural 시골의 industrialization 산업화 deprive 빼앗다 consequence 결과; 중요성 ensure 보장하다 subsistence 생존 seize 잡다 be concerned about ~에 대해 우려하다

정답 (a)

32

Animal rights activists are strongly opposed to fox hunting, maintaining that all animals should have the right to life and happiness. They are also concerned about the appalling cruelty of the activity on the grounds that it can promote violence toward animals. On the other hand, proponents of fox hunting claim that the "sport" is not as cruel as is generally thought. According to them, foxes are either killed instantly or escape unharmed. They even go so far as to say that fox hunting is a less cruel method of controlling fox populations.

Q: Which of the following is correct according to the passage?
(a) Supporters of fox hunting believe that we need to control fox populations.
(b) Animal rights activists are interested in the history of fox hunting.
(c) Proponents of fox hunting are violent criminals.
(d) Fox hunting does not affect the rights of animals.

번역 동물 권리 운동가들은 모든 동물이 생명과 행복에 대한 권리를 누려야 한다고 주장하면서 여우 사냥에 강력히 반대한다. 그들은 또한 여우 사냥이 동물에 대한 폭력을 조장할 수 있다는 근거에서 그 끔찍한 잔인성에 대해 우려를 나타낸다. 반면, 여우 사냥의 지지자들은 스포츠인 여우 사냥이 일반적으로 생각되는 것만큼 잔인하지 않다고 주장한다. 그들에 따르면, 여우는 즉시 죽임을 당하거나 혹은 다치지 않고 도망간다고 한다. 심지어 여우 사냥이 여우 집단을 통제하는 보다 덜 잔인한 방법이라고까지 말한다.

Q: 글에 따르면 다음 중 옳은 것은?
(a) 여우 사냥 지지자들은 여우 집단을 통제해야 한다고 생각한다.
(b) 동물 권리 운동가들은 여우 사냥의 역사에 대해 관심이 있다.
(c) 여우 사냥 지지자들은 난폭한 범죄자들이다.
(d) 여우 사냥은 동물들의 권리에 영향을 미치지 않는다.

해설 동물 권리 운동은 중요한 주제이므로 관련 근거를 숙지해 두는 것이 좋다. 내용으로부터 자연스럽게 유도되는 (a)가 정답이다. (b), (c)는 글로부터 알 수 없으며, (d)는 글의 내용에 어긋난다.
right 권리 activist 운동가 maintain 주장하다 appalling 끔찍한 cruelty 잔인성 proponent 지지자, 옹호자 criminal 범죄자

정답 (a)

33

Cardinal Stephen Kim Sou-hwan passed away on February 16, 2009, leaving tens of millions of Koreans to bring back peace and harmony to their ideologically polarized society. Kim had been instrumental in democratizing his country by criticizing and resisting the military dictatorship in South Korea. Once the East Asian country was democratized, he tried to build social unity through his exceptional humanity. Kim was widely recognized as a sage who could bring the Koreans together; thus, his absence could pose a serious challenge to the unity of his country.

Q: What can be inferred from the passage?
(a) The absence of Cardinal Stephen Kim Sou-hwan poses an economic crisis.
(b) Cardinal Stephen Kim Sou-hwan was influential in reunifying the two Koreas.
(c) Military dictators were hostile toward Cardinal Stephen Kim Sou-hwan.
(d) Unification of the Koreas will be more difficult than before.

번역 2009년 2월 16일, 김수환(스테파노) 추기경이 선종하여, 관념적으로 분열된 사회에 평화와 화합을 되살리는 일이 수천만 명의 한국인들에게 맡겨졌다. 김 추기경은 한국의 군사 독재를 비판하고 그에 저항함으로써 한국 민주화에 크게 기여했다. 한국이 민주화되고 나서는, 뛰어난 자애로 사회적 통합을 이뤄내려 했다. 김 추기경은 한국인을 한데 모을 수 있는 현인으로 널리 인정받아 왔기 때문에, 그의 부재는 한국의 통합에 심각한 도전을 제기할 수 있다.

Q: 글로부터 유추할 수 있는 것은?
(a) 김수환 추기경의 부재는 경제적 위기를 제기한다.
(b) 김수환 추기경은 남북 통일에 영향력을 미쳤다.
(c) 군사 독재자들은 김수환 추기경에 대해 적대적이었다.
(d) 한국 통일이 전보다 더 어려워질 것이다.

해설 시사적인 주제로, 사회 분석과 관련돼 있으므로 숙지를 요한다. 마지막 문장을 통해 (d)가 정답임을 유추할 수 있다. (c)는 상식적으로 옳다고 하더라도 글로부터 정확히 유도할 수 없기 때문에 정답이 될 수 없다.

cardinal 추기경 polarize 분열시키다 instrumental 도움이 되는 democratize 민주화하다 dictatorship 독재 humanity 자애 sage 현자 pose ~을 불러일으키다 reunify (재)통일하다 hostile 적대하는, 냉담한

정답 (d)

34

Contrary to popular belief, the word "man" was not originally gender-biased. It originated from the word "mann," which meant "person." Therefore, the word was widely used to refer to people in general. At the same time, however, "mann" replaced the word "wer," which meant "male." Since the word "man" has these two different meanings, many feminists object to its use as a general term for people. Given the fact that language helps to form human perception, it is advisable not to use the word "man" to refer to the general public. That would make women feel marginalized in our society.

Q: What is the author's attitude toward women?
(a) Insolent
(b) Condescending
(c) Antagonistic
(d) Supportive

번역 일반적인 생각과 달리, man이라는 단어는 본래 성차별적 용어가 아니었다. 이 단어는 mann이라는 단어에서 유래했는데, 이는 '사람'을 뜻했다. 따라서 일반인을 가리키는 용도로 널리 쓰였다. 그렇지만 그와 동시에, mann은 wer라는 단어를 대신했는데, wer는 '남성'을 뜻했다. man이라는 단어가 이 두 가지 다른 의미를 가지기 때문에, 많은 여권주의자들은 이 단어를 사람을 나타내는 일반 용어로 쓰는 것에 반대한다. 언어가 인간의 인식을 형성하는 데 기여한다는 사실을 감안할 때, 일반 대중을 가리키는 용도로 man이라는 단어를 사용하지 않는 것이 바람직하다. 사용하면 여성이 사회적으로 무시된다고 느끼게 만들 것이다.

Q: 여성에 대한 필자의 태도는?
(a) 무례한
(b) 겸손한
(c) 적대적인
(d) 지지하는

해설 여성에 대한 저자의 태도는 마지막 부분에 잘 나타나 있다. 여성이 사회적으로 무시되지 않아야 한다는 입장이므로 정답은 (d)이다. 이 글의 경우, 마지막 문장이 첫 번째 문장에서 제시한 설명과 차이가 있는데 이럴 때는 반드시 마지막 입장을 따라야 한다. 논리 전개를 생각해보면, 첫 문장이 마지막 문장을 부정할 수 없기 때문이다.

gender-biased 성차별적인 originate 유래하다 replace 대신하다 advisable 바람직한 marginalize 사회적으로 무시하다 insolent 무례한, 오만한 condescending 겸손한 antagonistic 적대하는

정답 (d)

35

Professor Lidia Morawska at Queensland University of Technology has revealed the origin of harmful particles released from common laser printers. Professor Morawska stated that the ultrafine particles are a by-product of the printing process. In that process, when toner becomes hot, some compounds "evaporate and condense in the air," thus producing extremely fine particles. While such particles are more likely to be formed by hotter printers, the rate of change of the temperature is also understood to be a contributing factor in producing them.

Q: What can be inferred from the passage?
(a) Various factors influence the emission of ultrafine particles.
(b) Common laser printers are completely harmless.
(c) Hotter printers are generally safer than colder ones.
(d) Professor Lidia Morawska disapproves of the printing industry.

번역 퀸즐랜드 공과 대학의 리디아 모러스카 교수는 일반 레이저 프린터에서 배출되는 해로운 입자가 어떻게 생겨나는지를 밝혀냈다. 모러스카 교수는 초미립자가 인쇄 과정의 부산물이라고 말했다. 인쇄 과정에서 토너가 뜨거워지면 일부 화합물이 공기 중에서 증발하고 응결하여 지극히 미세한 입자를 만들어낸다. 그런 입자들은 보다 열기가 많은 프린터에 의해 형성될 가능성이 높지만, 온도 변화 속도 또한 그런 입자를 형성하는 데 기여하는 요소로 인식된다.

Q: 글로부터 유추할 수 있는 것은?
(a) 다양한 요소가 초미립자 배출에 영향을 미친다.
(b) 일반 레이저 프린터는 전혀 해롭지 않다.
(c) 보다 뜨거운 프린트가 일반적으로 보다 차가운 프린터에 비해 안전하다.
(d) 리디아 모러스카 교수는 인쇄업을 탐탁지 않게 여긴다.

해설 (b)와 (c)는 글의 내용에 어긋나고, (d)는 글로부터 정확히 알 수 없기 때문에 정답이 아니다. 마지막 문장에서 온도 변화 속도 또한 초미립자 형성 요소라고 했으므로, 더 많은 요소가 있음을 추론할 수 있다. 따라서 정답은 (a)이다.
ultrafine particle 초미립자 **by-product** 부산물 **compound** 화합물 **evaporate** 증발하다 **condense** 응결하다 **emission** 발산, 방출

정답 (a)

36

According to Kenneth Waltz, the international community is in a state of perpetual anarchy resulting from the lack of a "central enforcer." This is dramatically different from the domestic realm in which every political unit must conform to the rules dictated by the state or government. In many respects, the existence of such entities guarantees law and order in a country. In contrast, since the international realm has no such source of order, each state must secure its survival and prosperity on its own. This ruthless competition for survival necessarily brings anarchy to the international community.

Q: What can be inferred from the passage?
(a) Kenneth Waltz accepts the inevitability of anarchy in the international realm.
(b) All the states in the world should cooperate in order to survive.
(c) The United Nations can be regarded as a "central enforcer."
(d) The international community is more stable than the domestic realm.

번역 케네스 월츠에 따르면, 국제사회는 중앙 집행자의 결여로 인한 끊임없는 무정부 상태에 있다고 한다. 이는 모든 정치 단위가 국가 또는 정부가 명하는 규정을 준수해야만 하는 국내 영역과 현격하게 다르다. 많은 점에서, 그와 같은 독립체의 존재는 국가의 치안을 보장한다. 이와는 대조적으로, 국제 영역에는 그와 같은 질서의 원천이 없기 때문에, 각 국가는 스스로 생존과 번영을 확보하지 않으면 안 된다. 이와 같은 생존을 위한 냉혹한 경쟁은 국제사회에 필연적으로 무정부 상태를 가져온다.

Q: 글로부터 유추할 수 있는 것은?
(a) 케네스 월츠는 국제 영역에서 무정부 상태의 필연성을 인정한다.
(b) 세계 모든 국가들이 생존을 위해 협력해야 한다.
(c) 국제 연합은 중앙 집행자로 간주될 수 있다.
(d) 국제사회는 국내 영역에 비해 보다 안정적이다.

해설 가장 자연스럽게 이끌어낼 수 있는 결론은 (a)이다. (b)는 글의 내용과 반대이다. (c)는 글에 언급되지 않았을 뿐만 아니라 그런 실체가 없다고 했으므로 정답이 아니다. (d) 역시 글의 내용에 어긋난다.
perpetual 영속적인 **anarchy** 무정부 상태 **enforcer** (법률 등의) 집행자 **realm** 영역 **entity** 실체 **ruthless** 냉혹한

정답 (a)

37

The age of exploration required Westerners to understand the various peoples of Africa and the Americas. Such understandings often came from Christian missionaries, and one of their study topics was animism. Of course, most missionaries dismissed the belief as "primitive superstition." Some of them, however, approached animism academically and analyzed that it constituted an early form of religion. In their opinion, animism was a lower form of religion, but at the same time, it was a necessary step in the process of developing more sophisticated and complicated belief systems, which came to be known as religion.

Q: What can be inferred from the passage?
(a) Before the age of exploration, Westerners were not interested in religion.
(b) Animism did not play any role in the development of religion.
(c) Some Christian missionaries recognized the importance of animism.
(d) Christianity and animism share the same values.

번역 탐험의 시대로 인해 서양인들은 아프리카와 아메리카의 다양한 민족을 이해해야만 했다. 그러한 이해는 종종 기독교 선교사들로부터 비롯되었는데, 그들이 연구한 주제 중 하나가 애니미즘이었다. 물론, 선교사들은 대부분 애니미즘을 원시적 미신으로 치부해 버렸다. 그러나 그들 중 일부는 학문적으로 접근하여 애니미즘이 종교의 초기 형태라고 분석했다. 그들 생각에 애니미즘은, 저급한 형태의 종교이지만 동시에 보다 정교하고 복잡한 신념 체계를 개발하는 과정의 필연적 단계였으며, 그런 신념 체계가 종교로 알려지게 되었다.

Q: 글로부터 유추할 수 있는 것은?
(a) 탐험의 시대 이전에, 서양인들은 종교에 관심이 없었다.
(b) 애니미즘은 종교 발전에 있어 아무런 역할도 하지 않았다.
(c) 일부 기독교 선교사들은 애니미즘의 중요성을 인정했다.
(d) 기독교와 애니미즘은 가치를 공유한다.

해설 선교사들 중 일부가 애니미즘에 학문적으로 접근한 데에서 (c)를 유추할 수 있다. (a)는 글로부터 알 수 없고, (b)는 글의 내용에 어긋나며, (d)는 글을 통해서 확실하게 알 수 있는 사항이 아니다.
missionary 선교사 **dismiss** 폄훼하다, 묵살하다 **primitive** 원시적인, 초기의 **superstition** 미신 **sophisticated** 세련된, 정교한

정답 (c)

38

Many different characteristics are found in chemical compounds. (a) For instance, different compounds have different colors. (b) Compounds are defined as substances composed of two or more different types of atoms. (c) They also have different states of matter: solid, liquid, and gas. (d) While some are of high toxicity to humans, others are useful for everyday life.

번역 화합물에는 다양한 특성들이 발견된다. (a) 예컨대, 화합물마다 색깔이 다르다. (b) 화합물은 둘 또는 그 이상의 서로 다른 종류의 원자로 구성된 물질로 정의된다. (c) 화합물은 또한 고체, 액체, 기체와 같이 물질의 상태가 다르다. (d) 어떤 화합물은 사람들에게 유독성이 높지만, 다른 화합물은 일상생활에 유용하다.

해설 글 전체는 화합물의 다양한 특성을 다루고 있다. (b)는 화합물의 정의로서, 글의 내용과 어울리지 않는다. 또한 화합물의 정의를 말했다면 다른 개념과의 비교가 오는 것이 자연스럽기 때문에 정답은 (b)이다.
chemical compound 화합물   **composed of** ~으로 구성된
toxicity 독성

정답 (b)

39

Abbott Handerson Thayer has been particularly influential in the study of camouflage. (a) In fact, Thayer was the first naturalist to extensively explore cryptic coloration in nature. (b) He paid special attention to countershading, in which an animal's pigmentation is adjusted so that its lower body can become less conspicuous. (c) Further, Thayer was vehemently opposed to the use of military camouflage. (d) His findings were so convincing that they became known as Thayer's Law.

번역 애벗 핸더슨 사이어는 위장술에 대한 연구에 특히 큰 영향을 미쳤다. (a) 사실, 사이어는 자연계에 존재하는 위장색을 광범위하게 탐구한 최초의 박물학자였다. (b) 그는 방어피음에 각별한 관심을 기울였는데, 이 경우 하체가 덜 보이게 하기 위해 동물의 색소가 조절된다. (c) 더욱이, 사이어는 군사적 위장술의 사용을 격렬히 반대했다. (d) 그의 발견은 매우 설득력 있어서 사이어의 법칙으로 알려졌다.

해설 전체적으로 동물의 위장술을 다루고 있는데, (c)는 군사적 용도의 위장술로 전혀 거리가 먼 내용이다. 내용 자체가 생소할 수 있는데, 주요 사항이므로 정확한 내용을 확인해두자.
influential 영향력이 큰 camouflage 위장술 naturalist 박물학자 cryptic (동물의 몸을) 보호하는 데 쓰이는 coloration (생물의) 천연색 countershading 방어피음 (防禦被陰) pigmentation 색소 형성 conspicuous 두드러진 vehemently 격렬히 convincing 설득력 있는

정답 (c)

40

Not all critics were impressed by the novel *For Whom the Bell Tolls*. (a) For instance, Edmund Wilson pointed out the archaic nature of Hemingway's novel. (b) In particular, Wilson observed that "a strange atmosphere of literary medievalism" characterized the relationship between Robert Jordan and Maria. (c) Hemingway even depended on foul language to increase the dramatic effects of the novel. (d) At the heart of this criticism lay Hemingway's wide use of archaisms and transliterations.

번역 모든 평론가들이 〈누구를 위해 종은 울리나〉에 감명받은 것은 아니었다. (a) 예컨대, 에드먼드 윌슨은 헤밍웨이 소설의 고풍적 특성을 지적했다. (b) 특히 윌슨은 문학적 중세주의의 묘한 분위기가 로버트 조던과 마리아 사이의 관계를 특징짓는다고 말했다. (c) 헤밍웨이는 소설의 극적 효과를 높이기 위해 심지어 욕설에 의존했다. (d) 이와 같은 비판의 핵심은, 헤밍웨이가 고어와 바꿔 쓰기를 널리 사용했다는 데 있다.

해설 헤밍웨이 작품의 문제점을 언급하는 글로, 핵심은 (a)에 있다. 따라서 이와 비슷한 비판이 따라야 하는데, 욕설에 대해 언급한 (c)는 고풍적인 느낌과는 다르다. 따라서 (c)가 정답이다.
critic 평론가, 비평가 toll (종을) 치다, 울리다 archaic 고풍의 observe (논평·의견을) 말하다 medievalism 중세주의 foul language 욕설 heart 핵심 archaism 고어 transliteration 바꿔 쓰기, 음역

정답 (c)

ACTUAL TEST 6

Part 1	1 (d)	2 (b)	3 (d)	4 (c)	5 (a)	6 (c)	7 (a)	8 (a)
	9 (c)	10 (b)	11 (d)	12 (d)	13 (d)	14 (b)	15 (b)	16 (d)
Part 2	17 (c)	18 (c)	19 (a)	20 (c)	21 (b)	22 (c)	23 (a)	24 (a)
	25 (a)	26 (a)	27 (b)	28 (d)	29 (b)	30 (d)	31 (b)	32 (a)
	33 (d)	34 (c)	35 (d)	36 (a)	37 (d)			
Part 3	38 (c)	39 (d)	40 (c)					

ACTUAL TEST 6 | Part 1

1

Since it was turned down by several publishing houses, Chinua Achebe's novel was _____ the executives of Heinemann. Its value was, however, recognized by Donald MacRae, an educational adviser, who encouraged Heinemann to publish the novel. On June 17, 1958, the publisher published Achebe's novel entitled *Things Fall Apart*, and since then, it has attracted millions of readers.

(a) regarded as offensive by
(b) deemed too expensive by
(c) considered a masterpiece by
(d) not that appealing to

번역 여러 출판사로부터 퇴짜를 맞았기 때문에, 치누아 아체베의 소설은 하이네만 사 임원들에게 그다지 호소력 있지 않았다. 그렇지만 그 소설의 가치는 교육 분야 고문인 도날드 맥라에로부터 인정받았으며, 그는 하이네만 사에 출판을 종용했다. 1958년 6월 17일, 하이네만 사는 〈모든 것이 산산이 부서지다〉라는 제목의 아체베의 소설을 출판했고, 그 이후로 그 소설은 수백만 명의 독자들을 매료시켰다.

(a) 불쾌한 것으로 여겨졌다
(b) 비용이 많이 든다고 판단되었다
(c) 대작으로 간주되었다
(d) 그다지 호소력 있지 않았다

해설 글의 흐름을 정확히 파악해야 함에 유의하자. 다른 출판사로부터 퇴짜를 맞았다는 점과 안목 있는 이의 도움이 필요했다는 점을 감안하면 (d)가 정답이다. (a)와 (b)는 글의 흐름과 맞지 않고, (c)는 확실하게 알 수 없는 사항이므로 정답이 될 수 없다.
turn down 거절하다 **executive** 중역 **offensive** 불쾌한 **deem** 판단하다 **masterpiece** 대작, 걸작 **appealing** 호소력 있는, 매력적인

정답 (d)

2

In developing the curriculum for the project, we firmly believe that it is vital to meet the needs and interests of our students. Thus, we need to make sure that they are well prepared for major language tests such as the TEPS. That does not mean, however, that the course materials are primarily aimed at _____. It does mean that they need to offer ample opportunities to hone language skills.

(a) developing theories of language learning
(b) developing skills for such tests
(c) instilling perseverance in our students
(d) providing highly intriguing content

번역 프로젝트를 위한 교과 과정 개발에 있어, 학생들의 수요와 흥미를 충족시키는 것이 매우 중요하다고 굳게 믿습니다. 따라서, 학생들이 반드시 텝스와 같은 주요 언어 시험에 충분히 준비하도록 해야 합니다. 그렇지만 그렇다고 해서, 교과 자료의 주된 목적이 그런 시험에 대비한 기술 개발에 있다는 뜻은 아닙니다. 교과 자료가 언어 기능을 연마하는 기회를 충분히 제공할 필요가 있다는 뜻입니다.

(a) 언어 학습 이론 개발
(b) 그런 시험에 대비한 기술 개발
(c) 학생들에게 인내력을 심어주는 것
(d) 대단히 흥미를 자아내는 내용 제공

해설 바로 앞에서 시험 준비에 대한 배려가 언급되어서 그와 같은 방향에서 논의해야 한다. 따라서 이를 충족시키는 선택지는 (b)밖에 없다. (a)는 비약이 심하다.
curriculum 교과 과정 **vital** 극히 중요한 **ample** 충분한; 넓은 **hone** (기능 등을) 연마하다 **instill** 심어주다 **perseverance** 인내력 **intriguing** 흥미를 자아내는

정답 (b)

128

3

On March 11, 2009, a 30-something man fell into Niagara Falls, and surprisingly survived! For an unknown reason, the man refused rescue attempts, but rescue workers eventually succeeded in pulling him out of the water. He was immediately taken to a hospital. According to Niagara Parks Police Chief Doug Kane, the man "voluntarily" entered the water and resisted assistance. He was reported to _____.

(a) have recovered fully and thanked the rescue workers
(b) have suffered from pneumonia
(c) have attacked the doctors and nurses
(d) have suffered from hypothermia and a head injury

번역 2009년 3월 11일, 30대 남자가 나이아가라 폭포에 떨어졌는데, 놀랍게도 생존했다! 어떤 이유에서인지 모르지만, 그 남자는 구조 시도를 거부했는데, 결국엔 구조대원들이 물 밖으로 끌어내는 데 성공했다. 그는 즉시 병원으로 이송되었다. 나이아가라 공원 경찰서장 덕 케인에 따르면, 남자가 스스로 물에 들어갔으며 한사코 도움을 받지 않으려 했다고 한다. 그는 저체온증을 앓고 있으며, 머리에 부상을 입은 것으로 알려졌다.

　(a) 완전히 회복되어 구조대원들에게 감사를 표시한 것
　(b) 폐렴을 앓았던 것
　(c) 의사와 간호사를 공격한 것
　(d) 저체온증을 앓고 있으며, 머리에 부상을 입은 것

해설 글의 흐름을 정확히 파악해 자연스럽게 이어질 수 있는 내용을 선택해야 한다. (a)는 내용과 다르며, (b)는 관련성이 떨어지고, (c)에 대한 언급은 없다. 폭포에 빠져서 구조된 상황이므로 (d)가 가장 자연스럽게 연결된다.
rescue 구조하다　**pull A out of** ~에서 A를 꺼내다　**voluntarily** 자발적으로, 스스로　**pneumonia** 폐렴　**hypothermia** 저체온증

정답 (d)

4

Solar textiles, whose designs have been developed by Sheila Kennedy, are expected to contribute to industrializing solar cell technology. The new materials are capable of transforming sunlight into electricity. If solar textiles become widely available, buildings will be able to _____. Kennedy analyzes that the distinction between traditional walls and utilities is beginning to blur.

(a) reap health benefits from the sun and the moon
(b) provide ventilation for many rooms simultaneously
(c) produce and distribute energy in an efficient way
(d) turn into living organisms capable of photosynthesis

번역 쉴라 케네디가 디자인을 개발한 태양 직물이 태양 전지 기술을 산업화하는 데 기여할 것으로 예상된다. 이 새로운 재료는 햇빛을 전기로 변환할 수 있다. 태양 직물이 널리 이용 가능해진다면, 건물은 효율적으로 에너지를 생산하고 분배할 수 있게 될 것이다. 케네디는, 전통적인 벽과 공익 설비 사이의 구별이 모호해지기 시작하고 있다고 분석한다.

　(a) 해와 달로부터 건강상의 이득을 거둘
　(b) 많은 방에 일제히 통풍을 제공할
　(c) 효율적으로 에너지를 생산하고 분배할
　(d) 광합성이 가능한 살아 있는 유기체로 변할

해설 글의 흐름을 정확히 포착하는 것이 핵심임을 명심하자. 주로 에너지 공급에 대해 논의하고 있으므로 정답은 (c)이다. (a)와 (b)는 글의 흐름에 어긋나고, (d)는 지나친 비약으로 정답이 될 수 없다.
textile 직물　**industrialize** 산업화하다　**transform** 변환하다　**blur** 흐릿해지다　**reap** 수확하다, 얻다　**ventilation** 통풍　**simultaneously** 동시에　**photosynthesis** 광합성

정답 (c)

5

Juan J. A. Getino and Alberto Escapa are developing a new model of the movements of the moon for the purpose of facilitating future NASA missions to the Earth's natural satellite. Their research is unique in that it is based on multi-layered theories. In their opinion, the moon is a two-layered system, with a "solid external layer and a fluid internal core." They understand that this approach will make it possible for them to _____.

(a) accurately explain the movements of the moon
(b) earn quick money by offering easy solutions
(c) accurately predict the movements of the Earth
(d) analyze the structure of the Earth

번역 후안 제티노와 알베르토 에스카파는 지구의 자연 위성으로 가는 장래의 나사 우주 비행을 촉진하기 위한 목적으로 달의 움직임에 대한 새로운 모델을 개발하고 있다. 이들 연구는 다층 이론에 기반을 두고 있다는 점에서 독특하다. 두 연구자는 달을 고체 상태의 외층과 액체 상태의 내핵으로 이루어진 이중층 체계로 생각한다. 이들은 이와 같은 접근법이 달의 움직임을 정확히 설명할 수 있게 할 것이라고 추측한다.

(a) 달의 움직임을 정확히 설명할
(b) 손쉬운 해결책을 제공하여 빨리 돈을 벌
(c) 지구의 움직임을 정확히 예측할
(d) 지구의 구조를 분석할

해설 빈칸 문제는 언제나 글의 자연스러운 흐름을 포착하는 것이 관건이라는 점을 되새기자. 첫 번째 문장에서 밝혔듯이, 새로운 비행을 촉진하기 위한 목적으로 달의 움직임에 대해 설명하고 있으므로 정답은 (a)이다. (b)는 엉뚱한 내용이며, (c), (d)는 글의 초점에 어긋난다.
facilitate 촉진하다 **layer** 겹, 층 **external** 외부의 **internal** 내부의 **accurately** 정확히

정답 (a)

6

Natural selection is one of the mechanisms that can bring about evolution. By the process of natural selection, hereditary traits suitable for survival and reproduction become prevalent in a given population, whereas undesirable traits become rarer. This results from the fact that individuals with desirable traits are _____. Consequently, those traits can continue to be transmitted to future generations. Over time, a combination of random changes in traits leads to adaptations, which are a basis for evolution.

(a) less likely to survive competition
(b) less likely to predominate their groups
(c) highly likely to survive and thrive
(d) highly likely to become extinct

번역 자연 도태는 진화를 야기할 수 있는 기제 중 하나이다. 자연 도태라는 과정을 통해, 생존과 생식에 적합한 유전 형질이 특정 개체군에서 일반적이게 되는 반면, 바람직하지 않은 형질은 발생 빈도가 감소한다. 이는 바람직한 형질을 지닌 개체가 살아남아 번성할 가능성이 훨씬 높다는 사실에서 기인한다. 따라서 그런 형질은 지속적으로 후대에 전해질 수 있다. 시간이 흐르면서, 형질의 임의적 변이의 조합이 적응으로 이어지는데, 이것이 바로 진화의 기반이다.

(a) 경쟁에서 살아남을 가능성이 보다 낮다
(b) 집단을 지배할 가능성이 보다 낮다
(c) 살아남아 번성할 가능성이 훨씬 높다
(d) 멸종될 가능성이 훨씬 높다

해설 다소 까다로운 내용을 다루고 있다. 글의 자연스러운 흐름으로 보아 정답은 (c)이다. 나머지 선택지들은 모두 정반대로 기술되면 정답이 될 수 있다. 진화론은 여전히 중요한 주제이므로 관련 사항들을 미리 알아두자.
hereditary 유전적인 **trait** 형질 **reproduction** 생식 **prevalent** 지배적인 **transmit** 전하다 **predominate** 우세하다

정답 (c)

7

For a variety of reasons, elephants can produce sounds with low frequencies. First of all, their large bodies can function as a large resonating chamber capable of creating low frequency sounds. Second, the hyoid apparatus of elephants contains five bones, which are connected with the skull by muscles and ligaments. This makes it possible for the larynx to _____, thus helping produce sounds with low frequencies.

(a) move much more flexibly
(b) create high frequency sounds
(c) become stable
(d) hinder the movements of the vocal cords

번역 여러 가지 이유로, 코끼리는 저주파음을 낼 수 있다. 첫째, 코끼리의 큰 몸은 저주파음을 낼 수 있는 거대한 공명실로 기능할 수 있다. 둘째, 코끼리의 설골 장치에는 뼈가 다섯 개 들어 있는데, 이 뼈들은 근육과 인대에 의해 두개골과 연결되어 있다. 이 때문에, 후두가 훨씬 더 유연하게 움직일 수 있어서 저주파음을 내는 데 도움이 된다.

(a) 훨씬 더 유연하게 움직일
(b) 고주파음을 낼
(c) 안정화될
(d) 성대의 운동을 방해할

해설 글 전체는 어떻게 코끼리가 저주파음을 내는가에 있다. 첫 번째 이유로부터 소리가 공명할 수 있는 공간이 많이 요구된다는 것을 짐작할 수 있다. 따라서 이에 어울리는 (a)가 정답이다. (b)는 내용에 어긋나며, (d)는 저해 요인이므로 정답이 될 수 없다.
frequency 주파수 **function** 기능을 수행하다 **resonate** 공명하다 **chamber** (생물체 내의) 실(室) **hyoid** 설골(舌骨) **apparatus** 장치 **skull** 두개골 **ligament** 인대 **larynx** 후두 **flexibly** 유연하게 **vocal cords** 성대

정답 (a)

8

Covering an area of 3,468 square miles, Yellowstone National Park boasts lakes, rivers, and canyons. In particular, situated at a high altitude, Yellowstone Lake is centered over the Yellowstone Caldera, which is surprisingly an active volcano. According to geologists, it has experienced several violent eruptions in the last two million years. The constant volcanism accounts for many geothermal features found in the national park. In fact, the land area of Yellowstone is _____.

(a) covered with lava flows and rocks
(b) filled with freshwater
(c) covered with sedimentary rocks
(d) filled with saltwater

번역 3,468평방 마일에 걸쳐 있는 옐로스톤 국립공원은 호수, 강, 그리고 협곡을 자랑한다. 특히, 고도에 위치한 옐로스톤 호수는 옐로스톤 칼데라 위쪽 중앙에 자리잡고 있는데, 이것은 놀랍게도 활화산이다. 지질학자들에 따르면, 옐로스톤 칼데라는 지난 2백만 년 동안 몇 번의 격렬한 화산 폭발을 겪었다고 한다. 끊임없는 화산 활동이 국립공원에서 발견되는 많은 지열적 특징의 원인이다. 사실, 옐로스톤의 토지는 용암 분출과 바위로 덮여 있다.

(a) 용암 분출과 바위로 덮여
(b) 담수로 가득 차
(c) 퇴적암으로 덮여
(d) 염수로 가득 차

해설 전체 글을 통해 화산 활동과 관련된 내용이 이어져야 함을 알 수 있으므로 정답은 (a)이다. (b)와 (d)는 글의 내용과 무관하며, (c)는 화산 활동과 관련되지 않으므로 정답이 될 수 없다.
boast (바람직한 특성을) 갖추다 **canyon** 협곡 **altitude** 고도 **eruption** 폭발, 분출 **volcanism** 화산 활동 **account for** ~의 이유가 되다 **geothermal** 지열의 **lava flows** 용암류(鎔巖流) **freshwater** 담수 **sedimentary rock** 퇴적암 **saltwater** 염수

정답 (a)

9

According to the Jain theory, what determines the effects of karmas is how intensely engaged we are when we are bound by them. The Jains claim that it can take several lifetimes for the karmas to bear fruit. This does not mean, however, that we cannot change our karmas. When we _____, we can escape from the karmas. For this reason, a life of austerity is highly regarded by the Jains, who have detailed knowledge of the impacts of our karmas on our souls.

(a) do not believe in Jainism
(b) accumulate knowledge and power
(c) purify our conduct and intentions
(d) achieve an unprecedented success

번역 자이나교 이론에 따르면, 업의 영향을 결정하는 것은 그것에 구속될 때 얼마나 강렬하게 관여하는가에 있다고 한다. 자이나교도들은 업이 결실을 맺는 데 몇몇 생애가 걸릴 수도 있다고 주장한다. 그렇지만 업을 바꿀 수 없다는 뜻은 아니다. 행실과 목적을 정화하면 업으로부터 벗어날 수 있다. 이런 이유로, 금욕 생활이 자이나교도들 사이에서는 높이 평가되는데, 이들은 업이 영혼에 미치는 영향에 대해 상세한 지식을 갖고 있다.

(a) 자이나교를 믿지 않으면
(b) 지식과 힘을 축적하면
(c) 행실과 목적을 정화하면
(d) 전례 없는 성공을 거두면

해설 글에 나타난 단서를 최대한 활용해야 한다. 금욕 생활과 연관성이 있는 선택지를 골라야 하므로 (c)가 정답이다. (b)와 (d)는 금욕 생활과 거리가 멀고, (a)는 엉뚱한 내용이다.
Jain 자이나교의, 자이나교도 **karma** 업(業) **intensely** 강렬하게 **bear fruit** 결실을 맺다 **austerity** 금욕 **accumulate** 축적하다 **purify** 정화하다 **unprecedented** 전례 없는

정답 (c)

10

Many types of climates are found in desert fringes, which contain microclimates. Unfortunately, these areas are constantly threatened by human activities, with the land severely degraded. In particular, livestock are likely to decrease the filtration rate of the soil, accelerating erosion on the land. Grazing and firewood gathering also facilitate erosion by _____. A tendency to settle in a single area worsens the situation.

(a) promoting the widespread use of pesticide
(b) getting rid of plants that can bind the soil
(c) supporting the growth of plants that can survive in a desert
(d) depriving people of the opportunity to explore microclimates

번역 사막 주변에는 많은 유형의 기후가 발견되는데, 이곳은 미기후를 포함한다. 유감스럽게도, 이들 지역은 인간 활동에 의해 끊임없이 위협을 받으며, 지질이 심하게 악화되고 있다. 특히, 가축은 토양 침식을 가속화시키면서 토양의 여과율을 떨어뜨릴 가능성이 있다. 방목과 장작 모으기 또한 토양을 결속시킬 수 있는 식물을 제거함으로써 침식을 촉진한다. 한 지역에 정착하려고 하는 경향이 상황을 악화시킨다.

(a) 살충제의 광범위한 사용을 장려함으로써
(b) 토양을 결속시킬 수 있는 식물을 제거함으로써
(c) 사막에서 살아남을 수 있는 식물의 성장을 뒷받침함으로써
(d) 사람들이 미기후 지역을 탐험할 수 있는 기회를 빼앗음으로써

해설 침식을 촉진하는 것과 관련이 있어야 하므로 정답은 (b)이다. (a)는 침식과 직접적 관련성이 떨어지며, (c)는 오히려 침식을 막는 것에 관한 내용이므로 정답이 될 수 없다.
fringe 주변부 **microclimate** 미기후(微氣候) **degrade** 악화시키다 **livestock** 가축 **filtration** 여과 **erosion** 침식 (cf. corrosion 부식) **widespread** 광범위한 **pesticide** 살충제 **deprive** 박탈하다

정답 (b)

11

In the early 12th century, the confederations of Mongol tribes turned into a statehood, forming the Mongol ulus. Khabul Khan, from the Borjigin Clan, became the first "khan" of the country. During his reign, he defeated the invasions of the Jin Dynasty. His successor was Ambagai Khan, from the Taichuud Clan. After he was captured by the Tatars and executed by the Jurchens, Khutula Khan became the third khan of the Mongol ulus and fought many battles with the Tatars _____.

(a) in order to conquer the Jin Dynasty
(b) in support of the Mongol ulus
(c) for the purpose of assassinating his rivals
(d) in revenge for Ambagai Khan's misfortune

번역 12세기 초반, 몽골 부족 연합은 국가로 변모하여 몽골 울루스를 형성했다. 보르지긴 씨족 출신인 카불칸이 그 국가의 첫 칸이 되었다. 통치 기간 동안 카불칸은 진나라의 침략을 물리쳤다. 그의 후계자는 타이치우드 씨족 출신의 암바가이칸이었다. 암바가이칸이 타타르족에 붙잡혀 여진족에 의해 처형된 이후, 쿠툴라칸이 몽골 울루스의 3대 칸에 등극하여 암바가이칸의 불운에 대한 보복으로 타타르족과 많은 전투를 치렀다.

(a) 진나라를 정복하기 위해
(b) 몽골 울루스를 지지하여
(c) 자신의 경쟁 상대를 암살하기 위한 목적으로
(d) 암바가이칸의 불운에 대한 보복으로

해설 주어진 글의 흐름에 충실하되, 앞뒤 내용 전개를 꼼꼼하게 확인해야 한다. 암바가이칸이 타타르족에 붙잡혀 처형당했으므로 문맥상 (d)가 정답이다. 타타르족과의 전투이기 때문에 (a)와 (c)는 정답이 될 수 없다. 또 이미 몽골 울루스의 칸의 지위에 있으므로 (b)도 맞지 않다.
confederation 연합 **statehood** 국가로서의 지위 **clan** 씨족, 일가 **reign** 통치 기간 **successor** 후계자, 상속자 **execute** 사형에 처하다 **in support of** ~을 지지하여 **assassinate** 암살하다 **in revenge for** ~에 대한 보복으로

정답 (d)

12

According to Jean Lhermitte, hallucinations can occur when the sleep-wake cycle is severely disturbed. In order to prove his hypothesis, Lhermitte reported a case of a 72-year-old woman suffering from visual hallucinations. The hallucinations included strange-looking animals and people dressed in costume. He postulated that her hallucinations resulted from _____.

(a) nocturnal depression and claustrophobia
(b) daytime insomnia and somnolence
(c) daytime amnesia and bulimia
(d) nocturnal insomnia and somnolence

번역 장 레르미트에 따르면, 환각은 수면-각성 주기가 심하게 교란될 때 생긴다고 한다. 그의 가설을 입증하기 위해, 레르미트는 환시(幻視)에 시달리는 72세 여성의 사례를 제시했다. 그녀의 환시에는 이상하게 생긴 동물과 무대의상을 차려입은 사람들이 포함되었다. 레르미트는 그녀의 환각이 야행성 불면증과 졸림 때문에 발생한 것이라고 가정했다.

(a) 야행성 우울증과 밀실 공포증
(b) 주간 불면증과 졸림
(c) 주간 기억상실증과 폭식증
(d) 야행성 불면증과 졸림

해설 첫 번째 문장에서 수면-각성 주기의 교란을 말하고 있으므로 이에 부합하는 선택지를 택해야 한다. (b)의 주간 불면증은 정상적인 상황이며, 수면-각성 주기의 교란을 나타내는 상황은 (d)이다. 나머지 선택지들은 직접적 관련성이 떨어지기 때문에 정답이 될 수 없다.
hallucination 환각 **hypothesis** 가설 **postulate** 가정하다 **nocturnal** 야행의 **claustrophobia** 밀실 공포증 **insomnia** 불면증 **somnolence** 졸림 **amnesia** 기억상실증 **bulimia** 폭식증 (cf. anorexia 거식증)

정답 (d)

13

The Sedna myth is mainly concerned with _____. In one version of the myth, a shaman travels to the bottom of the sea with a view to meeting Takánakapsâluk, who is the Iglulik equivalent of Sedna. The shaman's mission is to request the sea spirit to show sympathy for his tribespeople and let them live. When the shaman returns to his normal state, he informs the tribespeople that someone ought to confess their "sins" and resolve not to commit the sins again. In this way, the shaman connects the world of gods and the world of humans.

(a) the spitefulness of the sea spirit
(b) the precariousness of tribal life
(c) the role of an altered state of consciousness
(d) the intermediary role of the shaman

번역 세드나 신화는 주로 무속인의 중개자로서의 역할에 관한 것이다. 신화의 한 버전은, 무속인이 이글룰리크 마을에서 세드나와 동등한 신으로 여겨지는 타카나캅살루크를 만나기 위해 해저로 간다. 무속인의 임무는 바다 신에게 자신의 부족민들을 불쌍히 여겨 살려 달라고 요청하는 것이다. 정상 상태로 돌아오면, 무속인은 부족민들에게 누군가가 죄를 자백하고 다시는 죄를 짓지 않겠다고 결심해야 한다고 알려준다. 이렇게 하여 무속인은 신들의 세계와 인간 세계를 이어준다.

(a) 바다 신의 앙심
(b) 부족 생활의 불안정
(c) 의식 변성 상태의 역할
(d) 무속인의 중개자로서의 역할

해설 생소한 내용이기 때문에 당황할 수 있는데, 전체적인 글의 흐름에 초점을 맞추면 정답을 찾아낼 수 있다. 전체 글과 마지막 문장에서 확인할 수 있듯이, 이 신화는 무속인의 중개자로서의 역할에 초점을 맞춘 것이므로 정답은 (d)이다.
myth 신화 shaman 무속인 equivalent 동등한 대상
spitefulness 앙심 precariousness 불안정성
altered state of consciousness 의식 변성(變性) 상태
intermediary 중개의

정답 (d)

14

According to Dr. Eric DeMaria and his colleagues, weight loss contributes significantly to diabetes improvement. While recognizing the role of gastric bypass surgery in the fight against diabetes, they stress that to gain better results, patients need to try to lose weight after surgery. According to Dr. DeMaria, the restructuring of the gastrointestinal tract appears to be associated with diabetes improvement, but weight loss is _____. He mentioned that those patients who "lost the most weight" were the ones who recovered fully from the disease.

(a) not adequately researched by health professionals
(b) the determining factor in overcoming the disease
(c) susceptible to changes in the climate
(d) determined by a variety of factors

번역 에릭 데마리아 박사와 동료들에 따르면, 체중 감소가 당뇨병 호전에 상당히 기여한다고 한다. 당뇨병을 이겨내는 데 위장 접합술의 역할을 인정하면서도, 그들은 더 나은 결과를 얻기 위해 환자들이 수술 후 살을 빼야 한다고 강조한다. 데마리아 박사에 의하면, 위장관의 재구성이 당뇨 개선과 관계 있긴 하지만, 체중 감소가 당뇨병 치료의 결정적인 요인이라고 한다. 그는 가장 살이 많이 빠진 환자들이 당뇨병에서 완전히 회복된 환자들이라고 언급했다.

(a) 의료 분야 전문가들에 의해 충분히 연구되지 않은
(b) 당뇨병 치료의 결정적인 요인
(c) 기후 변화에 민감한
(d) 다양한 요인들에 의해 결정되는

해설 전체적으로 체중 감소의 중요성을 강조하고 있으므로 정답은 (b)이다. (a)는 명확히 알 수 없으며, (c)는 글 내용과 무관하다. 또 (d)는 글의 흐름과 관련이 없다.
diabetes 당뇨병 gastric bypass 위장 접합술
gastrointestinal tract 위장관 adequately 충분히
susceptible to ~에 민감한

정답 (b)

15

According to the Food Supplements Directive, all supplements must be proved to be safe. As is widely known, large doses of some vitamins can be harmful to human health; therefore, only safe supplements are made available without prescription. _____, nutritional supplements should offer health claims, not drug claims. However, the regulations governing this matter vary from country to country.

(a) Despite this
(b) In addition
(c) Instead
(d) In the end

번역 식품 보충제 훈령에 따르면, 모든 보충제는 안전이 입증되어야 한다고 한다. 널리 알려져 있듯이, 일부 비타민의 다량 복용은 건강에 해로울 수 있기 때문에, 안전한 보충제만이 처방전 없이 시판된다. 또한 영양 보충제는 약품 관련 내용이 아니라 건강 관련 내용을 제공해야 한다. 그렇지만 이 문제를 관리하는 규정은 나라마다 다르다.

(a) 이럼에도 불구하고
(b) 또한
(c) 그 대신
(d) 결국엔

해설 식약품 관련 사항을 다룬 지문으로, 기본적인 사항을 익혀 두어야 한다. 글에서는 보충제에 대한 규제 사항을 추가하고 있으므로 정답은 (b)이다. 글의 방향이 바뀌는 것이 아니기 때문에 (a)나 (c)는 정답이 될 수 없다. (d)도 흐름에 어긋난다.
supplement 보충제 **directive** 훈령, 명령 **prescription** 처방, 지시 **nutritional** 영양의 **claim** 품질 설명 **regulation** 규정, 규제 **govern** 관할하다

정답 (b)

16

The theory of American exceptionalism still provokes controversy among intellectuals, with more and more scholars questioning its validity. _____, Leftist theoreticians are strongly opposed to the idea, pointing out the "jingoistic" nature of the claim. Many historians such as Thomas Bender are also concerned about the revival of American exceptionalism, regarding it as the negative legacy of the Cold War. In addition, scholars such as Joseph Lepgold and Timothy McKeown disprove the implication of the theory, observing that US foreign policy shows great similarity with that of other nations.

(a) By contrast
(b) In short
(c) Consequently
(d) In particular

번역 미국 예외주의론은 여전히 지식인들 사이에서 논란을 야기하는데, 점점 더 많은 학자들이 그 타당성에 의문을 제기한다. 특히, 좌파 이론가들은 미국 예외주의의 주전론적인 특징을 지적하면서 강하게 반대한다. 토마스 벤더와 같은 많은 역사학자들 또한 미국 예외주의를 냉전의 부정적인 유산으로 간주하여 이것이 다시 유행할까 걱정한다. 또한 조셉 렙골드와 티모시 매코운과 같은 학자들은 미국의 외교정책이 다른 국가의 외교정책과 상당한 유사성을 나타낸다고 말하면서, 이론이 함축하는 바를 반박한다.

(a) 이와는 대조적으로
(b) 요컨대
(c) 따라서
(d) 특히

해설 학자들 가운데 특히 좌파 이론가에 대한 내용을 전개하려고 했으므로 정답은 (d)이다. 나머지는 연결 관계가 맞지 않는다.
exceptionalism 예외주의 **provoke** 야기하다 **controversy** 논란, 논쟁 **validity** 타당성 **theoretician** 이론가 **jingoistic** 주전론적인, 대외 강경론의 **revival** 부활 **legacy** 유산 **disprove** 반박하다

정답 (d)

ACTUAL TEST 6 — Part 2

17

On February 10, 2009, a tornado blew through the small community of Lone Grove, causing widespread damage and claiming nine lives. According to Oklahoma Department of Emergency Management, emergency personnel tried to rescue survivors but had great difficulty because of damaged power lines. Lone Grove is located approximately 100 miles south of Oklahoma City.

Q: What is the best title for the passage?
(a) Lone Grove: A Safe Haven for Refugees
(b) The Geography of Lone Grove
(c) A Small Town Hit Hard by a Twister
(d) Oklahoma City: A Symbol of Hope

번역 2009년 2월 10일, 토네이도가 론 그로브라는 작은 지역을 관통하여, 광범위한 피해를 야기하고 9명의 목숨을 앗아갔다. 오클라호마 주 재난관리부에 따르면, 구급대원들이 생존자를 구하려고 했지만, 손상된 전력선 때문에 큰 어려움을 겪었다고 한다. 론 그로브는 오클라호마 시 남단으로 약 100마일 떨어진 곳에 위치해 있다.

Q: 글의 제목으로 가장 적절한 것은?
(a) 론 그로브: 난민을 위한 안전한 피난처
(b) 론 그로브의 지리
(c) 회오리바람에 강타당한 작은 마을
(d) 희망의 상징인 오클라호마 시

해설 전반적인 정보를 요하는 유형으로, 보통 첫 번째 문장이나 마지막 문장을 통해 정답을 짐작할 수 있다. 회오리바람이 강타한 마을의 참상을 설명한 글이므로 정답은 (c)이다. 나머지 선택지들은 모두 부정적인 내용과 어울리지 않는다.
tornado 회오리바람 **claim** (목숨을) 앗아가다 **haven** 피난처 **refugee** 난민, 피난자

정답 (c)

18

Although it can affect the bowel and the eye, melanoma occurs mainly in skin, causing tens of thousands of deaths each year in the world. It is a rare form of cancer, largely caused by uncontrollable growth of pigment cells. Despite numerous efforts, the only effective treatment is surgical resection of the primary tumor before it becomes thicker than 1mm.

Q: What is the passage mainly about?
(a) The danger of skin cancer
(b) Efforts to cure rare forms of cancer
(c) The cause and treatment of melanoma
(d) The abnormal growth of pigment cells

번역 흑색종은 창자와 눈에 영향을 미칠 수 있긴 하지만, 주로 피부에 발생하며 매년 전세계적으로 수만 명의 목숨을 앗아간다. 흑색종은 드문 형태의 암으로, 대개 색소 세포가 통제할 수 없을 정도로 성장하는 것이 원인이다. 수많은 노력에도 불구하고, 유일하게 효과적인 치료법은 원발성 종양이 1mm보다 두꺼워지기 전에 절제술을 하는 것밖에 없다.

Q: 글의 주된 내용은 무엇인가?
(a) 피부암의 위험성
(b) 드문 형태의 암을 치료하기 위한 노력
(c) 흑색종의 원인과 치료법
(d) 색소 세포의 비정상적인 성장

해설 글 전체 내용을 요약하는 선택지를 골라야 함에 유의하자. 흑색종의 영향, 원인, 치료법을 설명하고 있으므로 정답은 (c)이다. (a)는 범위가 너무 넓다. (b) 또한 여러 암으로 범위가 늘어났으므로 정답이 아니다. (d)는 범위가 너무 좁아서 전체 내용을 포괄하지 못한다.
bowel 내장 **melanoma** 흑색종 **pigment cell** 색소 세포 **resection** 절제 **primary tumor** 원발성 종양 **abnormal** 비정상적인

정답 (c)

19

In 1704, on the order of King Louis XIV, the brothers Iberville and Bienville LeMoyne set sail to North America for the purpose of protecting French territories on the continent. They reached what is now the Mississippi River and, after sailing upstream, found the ideal place to construct a colony. The LeMoyne brothers called the area Point du Mardi Gras, where a culture of French immigrants came to flourish. This rich culture gave birth to the traditions of Mardi Gras.

Q: What is the best title for the passage?
(a) The Humble Beginning of Mardi Gras
(b) King Louis XIV: An Invincible King
(c) The Mississippi River: Where It Came from
(d) French Culture: The Best in the World

번역 1704년 루이 14세의 명령에 따라 형제인 이베르빌 르무안과 비앵빌 르무안은 프랑스 영토를 지키기 위해 북아메리카로 출항했다. 현재의 미시시피강에 도착하여 강을 거슬러 올라간 후, 식민지를 건설하기에 이상적인 지역을 찾아냈다. 르무안 형제는 이 지역을 푸앙 듀 마르디 그라라고 명명했는데, 이곳에서 프랑스 이민자들의 문화가 번창하게 되었다. 그 화려한 문화가 마르디 그라의 전통을 낳았다.

Q: 글의 제목으로 가장 적절한 것은?
(a) 마르디 그라의 수수한 시작
(b) 무적의 왕 루이 14세
(c) 미시시피강의 발원지
(d) 세계 최고의 프랑스 문화

해설 이 글에서는 마지막 문장에 주제가 잘 드러나 있다. 마르디 그라 전통의 기원에 대해 말하고 있으므로 정답은 (a)이다. (b)와 (c)는 글의 내용을 통해 정확히 알 수 없으므로 정답이 될 수 없다. (d)는 지문 내용만으로는 판단할 수 없다.
set sail 출항하다 upstream 강을 거슬러 올라가서 colony 식민지 flourish 번창하다 invincible 무적의

정답 (a)

20

Dear Sylvia,

This is Abigail, at Transnational Publishers. I have read your manuscript very carefully. The general idea behind the story is highly imaginative. The characters are well-conceived and the plot is enticing. I have some concern over the manuscript, though. Your first book is supposed to deal with speech politeness. The manuscript, however, seems to betray its own purpose in that it introduces many offensive words.

Q: What is the purpose of the passage?
(a) To commend the author for her excellent work
(b) To discuss the characters in the story
(c) To express concern over the manuscript
(d) To emphasize the importance of speech politeness

번역 실비아에게
트랜스내셔널 출판사의 애비게일이에요. 원고를 꼼꼼하게 읽어봤어요. 이야기 배경을 이루는 전반적인 아이디어가 아주 상상력이 풍부하네요. 등장인물의 구상도 좋고 줄거리도 매혹적이에요. 하지만 원고에 대해 우려되는 바가 있어요. 당신의 첫 번째 책은 대화 예절을 다루어야 해요. 그런데 원고에 모욕적인 말이 많이 소개되고 있다는 점에서, 본래 목적에 위배되는 것 같아요.

Q: 글의 목적은 무엇인가?
(a) 뛰어난 작품에 대해 작가를 칭찬하기 위해
(b) 이야기 속 등장인물에 대해 논의하기 위해
(c) 원고에 대한 우려를 표명하기 위해
(d) 대화 예절의 중요성을 강조하기 위해

해설 글의 초점은 (c)에 있다. (a)는 I have some 이하에서 반박했고, (d)는 원고에 대한 평가의 일부 사항이라 정답이 될 수 없다. (a)나 (d)를 정답으로 혼동하지 않도록 유의하자.
conceive 생각해내다, 상상하다 enticing 매혹적인 betray 배반하다 offensive 모욕적인, 화나게 하는 commend 칭송하다

정답 (c)

21

According to a new study from the University of Minnesota, non-aggressive males as well as aggressive ones can secure food and females in the world of chimpanzees. The study has found that while larger male chimpanzees tend to depend on force to rule their groups, smaller ones rely on grooming behavior to maintain their supremacy. This is truly remarkable given the fact that the most aggressive males tend to dominate their groups in the world of mammals.

Q: What is the main topic of the passage?
(a) Differences between aggressive males and non-aggressive females
(b) How non-aggressive male chimpanzees rule their groups
(c) The importance of grooming behavior in the world of mammals
(d) How to secure food and females in the world of animals

번역 미네소타 대학의 새로운 연구에 따르면, 공격적인 수컷뿐만 아니라 그렇지 않은 수컷도 침팬지 세계에서는 먹이와 암컷을 보호할 수 있다고 한다. 이 연구는, 몸집이 더 큰 수컷 침팬지들이 자기 집단을 지배하기 위해 힘에 의존하는 반면, 몸집이 더 작은 수컷 침팬지들이 패권을 보존하기 위해 털 손질에 의존한다는 것을 밝혀냈다. 이는 포유류 세계에서 가장 공격적인 수컷이 집단을 지배하는 경향이 있다는 사실을 감안할 때 정말로 주목할 만한 사항이다.

Q: 글의 주된 소재는 무엇인가?
(a) 공격적인 수컷과 비공격적인 암컷의 차이
(b) 비공격적인 수컷 침팬지가 집단을 다스리는 방법
(c) 포유류 세계에서 털을 손질하는 행동이 갖는 중요성
(d) 동물 세계에서 먹이와 암컷을 보호하는 방법

해설 글 전체는 (b)에 초점이 맞추어져 있다. (a)는 비교 대상이 틀렸고, (c)와 (d)는 지문에서 일부 다루어진 내용으로 정답이 될 수 없다. 글의 내용을 정확히 요약한 선택지를 골라야 함을 명심하자.
aggressive 공격적인 **secure** 보호하다 **grooming** 몸단장, (동물의) 털 손질 **supremacy** 주도권 **dominate** 지배하다 **mammal** 포유 동물

정답 (b)

22

Despite existing at great distances from one another, many petroglyphs exhibit significant similarity, compelling researchers to offer explanations for the extraordinary phenomenon. Some of them argue that it might have been sheer coincidence. Relying on Jungian psychology, others claim that the similarity can be explained by the "genetically inherited structure of the human brain." Still others maintain that while in an altered state of consciousness, shamans in various cultures created petroglyphs.

Q: What is the passage mainly about?
(a) How to apply Jungian psychology to everyday life
(b) The definition of an altered state of consciousness
(c) Various explanations for the similarities between petroglyphs
(d) The nature of an extraordinary phenomenon

번역 서로 아주 먼 거리에 있음에도 불구하고 많은 암각화 사이에 상당한 유사성이 드러나자, 연구자들은 이 놀라운 현상에 대한 설명을 찾게 되었다. 일부 연구자들은 순전히 우연의 일치였을지도 모른다고 주장한다. 융 심리학에 의존하여, 다른 연구자들은 유사성이 유전적으로 물려받은 인간의 두뇌 구조로 설명될 수 있다고 주장한다. 또 다른 이들은 다양한 문화권의 무속인들이 의식 변성 상태에서 암각화를 그렸다고 주장한다.

Q: 글의 주된 내용은 무엇인가?
(a) 융 심리학을 일상생활에 적용하는 방법
(b) 의식 변성 상태의 정의
(c) 암각화 사이의 유사성에 대한 다양한 설명
(d) 놀라운 현상의 본질

해설 역시 전체 글의 흐름을 정확히 포착해야 하는 유형이다. 전체적으로 암각화 사이의 유사성에 대한 연구자들의 주장을 다루고 있으므로 정답은 (c)이다. (a)와 (b)는 글을 통해 정확히 알 수 있는 사항이 아니다. (d)는 지나치게 일반적이다.
petroglyph 암각화 **exhibit** 드러내다 **sheer** 순전한 **coincidence** 우연의 일치 **inherit** 물려받다

정답 (c)

23

Modern Chinese literature evolved in the late Qing period, when serious intellectual efforts were made to cope with a national crisis. Many intellectuals believed that Western ideas could provide them with solutions to their country's problems. Naturally, they endeavored to translate Western literature, which in turn stimulated the writing of fiction. Major works of fiction during this period combined the Chinese novelistic tradition and Western narrative styles.

Q: What is the main topic of the passage?
(a) The birth of modern Chinese literature
(b) The influence of Western literature on modern China
(c) Major works of fiction during the late Qing period
(d) The Chinese novelistic tradition and Western narrative styles

번역 현대 중국 문학은 청조 시대 후반에 발달했는데, 이 시기에는 국가적 위기에 대처하기 위해 중대한 지적 노력이 이루어졌다. 많은 지식인들은 서양 사상이 중국의 문제에 대한 해결책을 줄 수 있으리라 생각했다. 당연하게도, 이들은 서양 문학을 번역하려고 노력했는데, 이것이 픽션 창작을 자극하는 계기가 되었다. 이 시기의 주요 픽션 작품들은 중국 소설풍의 전통과 서양의 서사 양식을 결합했다.

Q: 글의 주된 소재는 무엇인가?
(a) 현대 중국 문학의 태동
(b) 서양 문학이 현대 중국에 미친 영향
(c) 청조 시대 후반의 주요 픽션 작품들
(d) 중국 소설풍의 전통과 서양의 서사 양식

해설 (b)는 범위가 너무 넓고, (c)와 (d)는 세부적인 사항이기 때문에 정답이 될 수 없다. 전체 글은 현대 중국 문학의 태동에 초점이 맞추어져 있으므로 정답은 (a)이다.
evolve 발달하다   cope with ~에 대처하다   endeavor 노력하다   novelistic 소설의   narrative 서사의 (cf. lyric 서정의)

정답 (a)

24

Dear Buffy Carpenters:

This is Paget Vangsness, and I am the new deputy director of Hope Foundation. I have heard a lot about your superb service and it is a great pleasure to work with your company. One of my responsibilities is to make sure that we employ highly qualified employees. Thus, if you want to discuss matters with regard to our recruitment process, contact me by emailing me at pagetv@hope.org. As for your inquiry about the preferred date of Ms. Groeller's arrival, we feel that August 23 is most convenient for her. We understand that she will need some time to adjust herself to new circumstances.

Q: What is the purpose of the passage?
(a) To introduce the writer to the reader
(b) To request a meeting with Ms. Groeller
(c) To criticize the reader for her miscalculation
(d) To welcome a new employee

번역 버피 카펜터스 씨께

제 이름은 패짓 뱅스니스이며, 호프 재단의 새로운 부대표입니다. 귀사의 뛰어난 업무 처리에 대해 많이 들었는데, 함께 일하게 되어 매우 기쁩니다. 제 책무 가운데 하나는 뛰어난 자격을 갖춘 직원을 채용할 수 있도록 하는 것입니다. 따라서 저희의 채용 과정과 관련해 상의하길 원하시면 pagetv@hope.org로 이메일을 보내 연락해 주세요. 문의하신 그룰러 씨의 도착 선호 날짜에 대해서는, 8월 23일이 가장 편한 날짜가 되리라 생각됩니다. 새로운 환경에 적응할 시간이 어느 정도 필요할 것으로 이해하는 바입니다.

Q: 글의 목적은 무엇인가?
(a) 글쓴이를 독자에게 소개하기 위해
(b) 그룰러 씨와의 회의를 요청하기 위해
(c) 독자의 잘못된 계산을 비판하기 위해
(d) 새로운 직원을 환영하기 위해

해설 글의 흐름을 놓치면 잘못 판단하기 쉬우므로 유의해야 한다. 도착일에 대해 논의한 것이지, 회의 요청이 아니므로 (b)는 정답이 아니다. (c)는 글과 관련 없는 내용이고, (d) 또한 버피 카펜터스가 새 직원이 아니므로 맞지 않다. 함께 일하게 된 회사에 자신을 소개하고 있으므로 정답은 (a)이다.
deputy 대리인, 부(副)의   superb 뛰어난   recruitment 채용   inquiry 문의   miscalculation 오산, 오판

정답 (a)

25

The history of Graco has been a victorious one. Since it manufactured the world's first automatic swing for infants, Graco has been one of the most successful infant products companies. In 1987, the firm launched Pack N' Play Portable Playard, which turned out to be a huge success. Graco has recently introduced the Travel System, which enables parents to move their sleeping child to their cars without any trouble. This product is also expected to achieve a tremendous success.

Q: Which of the following is correct according to the passage?
(a) Graco has been prospering as an infant products company.
(b) Graco produced the world's second automatic swing.
(c) Graco manufactured the world's first automatic swing in 1987.
(d) The Travel System has been a tremendous success.

번역 그라코 사의 역사는 승리의 역사였습니다. 세계 최초로 유아를 위한 자동 그네를 제조한 이래로, 그라코 사는 가장 성공한 유아 제품 회사 중 하나였습니다. 1987년 그라코 사는 팩 앤 플레이 포터블 플레이야드를 출시했는데, 이 제품은 큰 성공을 거두었습니다. 최근에는 트레블 시스템을 시판했는데, 이 제품으로 부모는 자고 있는 아이를 아무 문제 없이 자동차로 옮길 수 있습니다. 이 제품 또한 엄청난 성공을 거둘 것으로 예상됩니다.

Q: 글에 따르면 다음 중 옳은 것은?
(a) 그라코 사는 유아 제품 회사로 번성해왔다.
(b) 그라코 사는 세계에서 두 번째로 자동 그네를 생산했다.
(c) 그라코 사는 1987년에 세계 최초의 자동 그네를 제조했다.
(d) 트레블 시스템은 막대한 성공을 거두어왔다.

해설 일단 글의 흐름을 포착한 다음 하나씩 대조하는 것이 기본적인 풀이 기법이다. (b)는 두 번째가 아닌 첫 번째이고, (c)는 연도가 나와 있지 않아 확인할 수 없으며, (d)는 아직 알 수 없고 단지 예상이기 때문에 정답이 될 수 없다. 그라코 사가 가장 성공한 유아 제품 회사 중 하나라고 했으므로 정답은 (a)이다.
swing 그네 **launch** 출시하다 **tremendous** 막대한

정답 (a)

26

According to Professor Talma Hendler at Tel Aviv University, early diagnosis is instrumental in treating people with schizophrenia. At present, identifying mental illness before it manifests is almost impossible. Professor Hendler believes that her revolutionary work on facial recognition and brain imaging will enable doctors to diagnose and tailor treatments for a variety of mental diseases. She adds that if that becomes possible, the lives of those patients will improve greatly.

Q: Which of the following is correct according to the passage?
(a) Professor Hendler recognizes the importance of early diagnosis.
(b) Professor Hendler can diagnose mental illness before it begins.
(c) Professor Hendler has created treatments for mental diseases.
(d) Professor Hendler has been able to improve patients' lives.

번역 텔아비브 대학교의 탈마 헨들러 교수에 의하면, 조기 진단이 정신분열증 환자를 치료하는 데 도움이 된다고 한다. 현재는 정신병을 발병 전에 진단하는 것은 거의 불가능하다. 헨들러 교수는 안면 인식과 두뇌 촬영에 관한 자신의 획기적인 연구가 의사들이 다양한 정신병을 진단하고 각각에 맞는 치료법을 찾을 수 있게 할 것이라고 생각한다. 그녀는 그것이 가능해지면 정신병 환자들의 삶이 크게 개선될 것이라고 덧붙인다.

Q: 글에 따르면 다음 중 옳은 것은?
(a) 헨들러 교수는 조기 진단의 중요성을 인정한다.
(b) 헨들러 교수는 정신병을 발병 전에 진단할 수 있다.
(c) 헨들러 교수는 정신병 치료법을 개발했다.
(d) 헨들러 교수는 환자의 삶을 개선시킬 수 있다.

해설 하나씩 확인이 필요한 문제 유형이다. (b)는 현재 불가능하므로 정답이 아니다. (c)는 환자들의 삶에 대해 우려하는 교수의 모습에 비추어 역시 정답이 아니고, (d)는 글을 통해 정확히 알 수 없다. 조기 진단이 정신분열증 환자 치료에 도움이 된다고 했으므로 정답은 (a)이다.
diagnosis 진단 **instrumental** 결정적인 역할을 하는 **schizophrenia** 정신분열증 **manifest** 나타나다 **revolutionary** 획기적인 **facial recognition** 안면 인식 **brain imaging** 두뇌 촬영 **tailor** (쓰임새에) 맞추다

정답 (a)

27

In 2007, a Neanderthal hyoid bone was discovered, which suggested that Neanderthals may have been able to speak like modern humans. While accepting the possibility that they could produce sounds similar to those of modern language, Richard G. Klein doubts that the Neanderthals developed a completely modern language. Based on his extensive study of ancient stone tools, Klein argues that the Neanderthal brain was not developed enough to create a fully modern language.

Q: Which of the following is correct according to the passage?
(a) The Neanderthals developed a highly sophisticated language.
(b) Richard G. Klein is skeptical of the communication ability of the Neanderthals.
(c) The Neanderthals could not produce human sounds.
(d) Richard G. Klein is an expert on the linguistic abilities of early humans.

번역 2007년, 네안데르탈인의 설골(舌骨)이 발견되어 네안데르탈인이 현대인처럼 말을 했을지도 모른다는 것을 암시했다. 그들이 현대 언어와 유사하게 소리를 냈을 가능성을 인정하면서도, 리처드 클라인은 네안데르탈인이 완전히 현대적인 언어를 개발했는가에 대해서는 의구심을 갖는다. 고대 석기 도구에 대한 그의 광범위한 연구를 바탕으로, 클라인은 네안데르탈인의 두뇌가 현대적인 언어를 창조할 만큼 충분히 발달하지 못했다고 주장한다.

Q: 글에 따르면 다음 중 옳은 것은?
(a) 네안데르탈인은 매우 세련된 언어를 개발했다.
(b) 리처드 클라인은 네안데르탈인의 의사소통 능력에 대해 회의적이다.
(c) 네안데르탈인은 인간의 말소리를 내지 못했다.
(d) 리처드 클라인은 초기 인류의 언어 능력에 대한 전문가이다.

해설 리처드 클라인은 네안데르탈인의 언어 개발에 의구심을 갖는다고 했으므로 정답은 (b)이다. (a)는 아직 논쟁 중이므로 정답이 될 수 없다. (c)는 회의론자인 리처드 클라인마저 인정하는 사항이므로 역시 맞지 않다. (d)는 지문만으로는 판단할 수 없다.
Neanderthal 네안데르탈인 **hyoid bone** 설골(舌骨) **extensive** 광범위한 **sophisticated** 정교한 **skeptical** 회의적인

정답 (b)

28

In her groundbreaking work entitled *A Vindication of the Rights of Woman: With Strictures on Political and Moral Subjects*, Mary Wollstonecraft criticized the narrow-minded theorists of the eighteenth century who objected to education of women. Wollstonecraft's essential argument was that women should be recognized as equal members of society. She stressed that women are human beings, not "property" available to men. Thus, in her opinion, women should be given an education compatible with their position in society.

Q: Which of the following is correct according to the passage?
(a) Mary Wollstonecraft was not aware of the importance of education.
(b) Mary Wollstonecraft was a beloved wife.
(c) Mary Wollstonecraft was a shrewd politician.
(d) Mary Wollstonecraft was strongly opposed to male chauvinism.

번역 메리 울스톤크래프트는 〈여성의 권리 옹호: 정치 및 도덕적 주제에 대한 혹평과 함께〉라는 제목의 혁신적인 작품을 통해 여성 교육을 반대하는 18세기 편협한 이론가들을 비판했다. 울스톤크래프트의 핵심 주장은, 여성이 사회의 동등한 구성원으로서 인정받아야 한다는 것이었다. 여성은 남성이 이용할 수 있는 소유물이 아니라 인간이라는 점을 강조했다. 따라서, 그녀의 견해는 여성이 사회적 지위에 부합하는 교육을 받아야 한다는 것이다.

Q: 글에 따르면 다음 중 옳은 것은?
(a) 메리 울스톤크래프트는 교육의 중요성을 인식하지 못했다.
(b) 메리 울스톤크래프트는 사랑받는 아내였다.
(c) 메리 울스톤크래프트는 노련한 정치가였다.
(d) 메리 울스톤크래프트는 남성 우월주의를 강력히 반대했다.

해설 글의 내용과 일치하는 내용을 하나하나 찾아나가야 함에 유의하자. (a)는 글의 내용과 어긋나며, (b)와 (c)는 글의 내용에서 명확히 알아낼 수 없다. 메리 울스톤크래프트가 남성 우월주의를 비판한 것이 맞으므로 (d)가 정답이다.
groundbreaking 혁신적인 **vindication** 옹호, 정당화 **stricture** 혹평 **narrow-minded** 편협한 **property** 소유물, 재산 **compatible with** ~에 부합하는 **shrewd** 노련한 **male chauvinism** 남성 우월주의

정답 (d)

29

On February 11, 1942, Secretary of War Henry L. Stimson met with President Franklin Delano Roosevelt to persuade him to intern more than 100,000 Japanese nationals and Japanese Americans residing in California. From the confidential evidence provided by Stimson, Roosevelt concluded that the Japanese in California could be a serious threat to national security. On February 19, 1942, he signed Executive Order 9066, which led to the Japanese American internment.

Q: Which of the following is correct according to the passage?
(a) Secretary of War Stimson did not have evidence against Japanese Americans.
(b) Japanese Americans were interned as a result of Roosevelt's decision.
(c) Secretary of War Stimson failed to persuade Roosevelt.
(d) Roosevelt was a firm supporter of human rights.

번역 1942년 2월 11일, 전시국방장관 헨리 스팀슨은 프랭클린 델라노 루즈벨트 대통령을 만나 캘리포니아 주에 거주하고 있는 10만 명 이상의 일본 국적자들과 일본계 미국인들을 강제 수용할 것을 설득하려 했다. 스팀슨이 제공한 기밀 증거를 통해 루즈벨트 대통령은 캘리포니아 주의 일본인들이 국가 안보에 심각한 위협이 될 수 있다고 결론을 내렸다. 1942년 2월 19일, 그는 마침내 대통령령 9066에 서명했는데, 이는 일본계 미국인들의 강제 수용으로 귀결되었다.

Q: 글에 따르면 다음 중 옳은 것은?
(a) 전시국방장관 스팀슨은 일본계 미국인들에게 불리한 증거를 갖고 있지 않았다.
(b) 일본계 미국인들은 루즈벨트 대통령의 결정에 따라 강제 수용되었다.
(c) 전시국방장관 스팀슨은 루즈벨트 대통령을 설득하지 못했다.
(d) 루즈벨트 대통령은 인권을 확고히 지지하는 인물이었다.

해설 스팀슨의 기밀 증거로 일본계 미국인들의 강제 수용이 결정되었기 때문에 (a)는 글의 내용에 어긋난다. (c) 역시 글에 어긋나는 내용이며, (d)는 인권 옹호자라 하더라도 국가 안보와 관련해서 달리 생각할 수 있기 때문에 명확히 알 수 없다. 마지막 문장을 통해 (b)가 정답임을 알 수 있다.
intern 강제 수용하다 reside 거주하다 confidential 기밀의 national security 국가 안보

정답 (b)

30

The Mediterranean Beach Hotel is celebrating its 100th anniversary by offering the discounted rate of $100 per night during the months of March and April. Located on the sandy shores of Flamingo Beach, the luxurious hotel retains a quaint atmosphere, while providing state-of-the-art accommodations. The in-house Corfu Restaurant serves Mediterranean cuisine, exposing you to the many regional variations existing in the areas surrounding the Mediterranean Sea.

Q: Which of the following is correct according to the passage?
(a) The hotel opens only in March and April.
(b) The hotel targets low-income families.
(c) The hotel does not boast any modern features.
(d) You can enjoy Mediterranean cuisine without leaving the hotel.

번역 메디터레이니안 비치 호텔은 3월과 4월 동안 1박에 100달러라는 할인 금액으로 100주년을 기념합니다. 플라밍고 해변의 모래 해안에 위치한 저희 고급 호텔은 최첨단 숙박시설을 제공하면서도 예스러운 분위기를 가집니다. 호텔 내에 위치한 코푸 레스토랑은 지중해 요리를 선보이며, 지중해를 둘러싼 지역의 많은 지역적 차이를 경험하게 해드립니다.

Q: 글에 따르면 다음 중 옳은 것은?
(a) 호텔은 3월과 4월에만 영업한다.
(b) 호텔은 저소득 가정을 대상으로 한다.
(c) 호텔에는 현대적 특성이 전혀 없다.
(d) 호텔을 떠나지 않고도 지중해 요리를 즐길 수 있다.

해설 (a)는 할인 요금이 적용되는 기간이므로 오답이다. (b)는 고급 호텔이라고 했으므로 맞지 않다. (c)는 현대적 특성을 언급했으므로 역시 정답이 될 수 없다. 호텔 내에 레스토랑이 있으므로 정답은 (d)이다.
retain 유지[보수]하다 quaint 예스러운 state-of-the-art 최첨단의 in-house 조직 내의 cuisine 요리

정답 (d)

31

Different scholars have different opinions as to whether or not IQ differences between races can be explained by genetic factors. For instance, scholars such as Charles Murray have supported the genetic explanation, whereas other scholars have sharply criticized their approach. The American Psychological Association has stated that there is no conclusive evidence that IQ is genetically determined. The American Anthropological Association has taken a further step and claimed that the concept of race has no relevance to the discussion.

Q: Which of the following is correct according to the passage?
(a) Charles Murray sharply criticizes the genetic explanation.
(b) Some scholars still believe that IQ is influenced by genetic factors.
(c) Scholars tend to agree that IQ is genetically determined.
(d) All psychologists agree that race has no relevance to the discussion.

번역 인종 간 지능지수 차이가 유전적 요인으로 설명될 수 있는지에 대해서는 학자들마다 의견이 다르다. 예컨대, 찰스 머레이와 같은 학자들은 유전적 설명을 지지한 반면, 다른 학자들은 그런 접근법을 날카롭게 비판했다. 미국 심리학회는 지능지수가 유전적으로 결정된다는 것을 뒷받침하는 확실한 증거가 없다고 표명했다. 미국 인류학회는 한 걸음 더 나아가, 인종이라는 개념이 이 논의와 관련이 없다고 주장했다.

Q: 글에 따르면 다음 중 옳은 것은?
(a) 찰스 머레이는 유전적 설명을 날카롭게 비판한다.
(b) 일부 학자들은 여전히 지능지수가 유전적 요인의 영향을 받는다고 생각한다.
(c) 학자들은 지능지수가 유전적으로 결정된다는 데 대해 동의하는 경향이 있다.
(d) 심리학자들은 모두 인종이 이 논의와 관련 없다는 데 동의한다.

해설 (a)는 글과 반대되는 내용이고, (c)는 동의가 이루어진 상태가 아니기 때문에 옳지 않다. (d)는 미국 인류학자들에 대해선 적용될 수 있겠지만 심리학자들에 대해선 알 수 없으므로 역시 맞지 않다. 찰스 머레이 같은 학자들은 유전적 설명을 지지한다고 했으므로 정답은 (b)이다.
genetic 유전적인 **sharply** 예리하게 **conclusive** 결정적인 **anthropological** 인류학적인 **have relevance to** ~와 관련 있다

정답 (b)

32

Historically, there were two varieties of Latin: Classical Latin and Vulgar Latin. The former was preferred by the upper class, whereas the latter was adopted by the lower class, used mainly in everyday speech. Even after the demise of the Roman Empire, Vulgar Latin survived as a spoken language and later diverged into different Romance languages such as French and Spanish. Latin also influenced other languages such as English by providing them with advanced vocabulary used in various fields of academic study.

Q: What can be inferred from the passage?
(a) Some English words originated from Latin.
(b) Classical Latin was widely used in everyday speech.
(c) Classical Latin gave birth to Romance languages.
(d) Latin-derived words in English tend to be informal.

번역 역사적으로 라틴어에는 고전 라틴어와 통속 라틴어라는 두 가지 종류가 있었다. 전자는 상류층이 선호한 반면, 하류층은 후자를 채택하여 일상 대화에 주로 사용했다. 로마제국이 멸망한 이후에도 통속 라틴어는 구어로 존속해서 이후 프랑스어와 스페인어와 같은 다양한 로망스어로 나뉘었다. 라틴어는 또한 영어와 같은 다른 언어에 다양한 학문 분야에서 사용되는 고급 어휘를 제공함으로써 영향을 미쳤다.

Q: 글로부터 유추할 수 있는 것은?
(a) 일부 영단어들은 라틴어에서 유래했다.
(b) 고전 라틴어는 일상 대화에서 널리 쓰였다.
(c) 고전 라틴어는 로망스어를 낳았다.
(d) 라틴어에서 유래한 영단어들은 비격식체에서 쓰이는 경향이 있다.

해설 마지막 문장에서 (a)가 정답임을 알 수 있다. (b)와 (c)는 통속 라틴어에 해당하는 내용이다. (d)는 마지막 문장에서 고급 어휘라고 한 점에 비추어 볼 때 격식체로 간주하는 것이 타당하므로 역시 맞지 않다.
vulgar 통속적인, 저속한 **demise** 종말 **diverge** 분기하다 **originate from** ~로부터 유래하다 **give birth to** ~을 낳다

정답 (a)

33

After years of study, a research team led by Joseph Ecker, Ph.D. has found how the ethylene signaling pathway is "regulated." Ecker mentions that EIN2, forming the heart of the ethylene signaling pathway, is negatively affected by protein degradation. As a result, ethylene responses such as flower fading are activated. According to their research, reinforced by ethylene, EIN2 can transmit ethylene signals to various parts of plant cells. When that happens, the physiology of the cells is accelerated, which eventually leads to fruition.

Q: What can be inferred from the passage?
(a) The ethylene signaling pathway is positively influenced by protein degradation.
(b) Ethylene signals decelerate the physiology of the cells.
(c) The research team does not understand how the ethylene pathway works.
(d) Ethylene responses include fruition.

번역 수년 동안의 연구 결과로, 조셉 에커 박사가 이끄는 연구팀은 에틸렌 신호 전달 경로가 어떻게 통제되는가를 밝혀냈다. 에커 박사는 에틸렌 신호 전달 경로의 중심부를 형성하는 EIN2가 단백질 분해로부터 부정적인 영향을 받는다고 한다. 그 결과, 꽃이 퇴색하는 것과 같은 에틸렌 반응이 활성화된다. 이들의 연구에 따르면, 에틸렌에 의해 강화된 EIN2가 식물 세포의 다양한 부분에 에틸렌 신호를 전달할 수 있다고 한다. 그런 현상이 발생하면 세포의 생리 기능이 가속화되는데, 이는 결국 결실로 이어진다.

Q: 글로부터 유추할 수 있는 것은?
(a) 에틸렌 신호 전달 경로는 단백질 분해로부터 긍정적인 영향을 받는다.
(b) 에틸렌 신호는 세포의 생리 기능을 감속시킨다.
(c) 연구팀은 에틸렌 경로가 어떻게 운용되는지 이해하지 못한다.
(d) 에틸렌 반응에는 결실도 포함된다.

해설 글의 내용에 철저히 충실해서 문제에 접근할 때, (a), (b), (c)가 모두 반대로 설명하고 있음을 알 수 있다. 에틸렌 신호 전달이 결실로 이어진다고 했으므로 정답은 (d)이다.
ethylene 에틸렌 signaling pathway 신호 전달 경로
protein degradation 단백질 분해 activate 활성화하다
reinforce 강화하다 physiology 생리, 생리학 accelerate 가속하다 fruition 결실 decelerate 감속하다

정답 (d)

34

It is a misconception that sorority hazing is necessary for developing a strong sisterhood. On the contrary, it is often the case that rifts are formed between different members of a sorority. In many cases, cliques are created and become ingrained in the sorority. To make matters worse, since sorority hazing involves a kind of survival of the fittest, it can frequently lead to injuries and deaths. Therefore, it is urgent that you rectify the misconception that sorority hazing facilitates unity among "sisters."

Q: What is the author's attitude toward sorority hazing?
(a) Complimentary
(b) Apathetic
(c) Censorious
(d) Satiated

번역 여학생 동아리의 입회 신고식이 강한 자매관계를 형성하는 데 필수적이라는 것은 잘못된 생각이다. 그와는 정반대로, 여학생 동아리 구성원들 사이에 균열이 생기는 경우가 빈번하다. 많은 경우, 파벌이 생겨나서 해당 동아리에 깊이 뿌리내린다. 설상가상으로, 여학생 동아리 입회 신고식이 일종의 적자생존을 수반하기 때문에, 부상이나 사망으로 이어지는 경우마저 빈번하다. 따라서, 여학생 동아리 입회 신고식이 자매들 사이의 단합을 촉진한다고 하는 잘못된 생각을 바로잡는 일이 시급하다.

Q: 여학생 동아리 입회 신고식에 대한 저자의 태도는 무엇인가?
(a) 칭찬하는
(b) 무관심한
(c) 비판적인
(d) 충분히 만족한

해설 생소한 소재로 여겨지겠지만, 출제되는 분야이므로 꼭 확인해 두어야 한다. 글 전반에 걸쳐서 여학생 동아리 신고식의 문제점을 조목조목 지적하고 있으므로 (c)가 정답임을 알 수 있다.
misconception 잘못된 생각 sorority 여학생 동아리
hazing 입회 신고식 rift 균열 clique 파벌 ingrained 깊이 뿌리내린 survival of the fittest 적자생존 rectify 바로잡다
apathetic 무관심한, 냉담한 censorious 비판적인, 까다로운
satiated 충분히 만족한; 물린

정답 (c)

35

From 1770 to 1784, the Sturm und Drang movement dominated German literature, marking the beginning of Romanticism. The name originated from the title of a play by F. M. von Klinger, *Wirrwarr; oder, Sturm und Drang*. Partly influenced by Rousseau's ideas, the movement was triggered by the ideas of Herder and Lessing. During the movement, German writers produced works that relied heavily on subjectivity and revealed the inevitable anxiety of modern life. Their literary works were also characterized by their revolt against accepted standards and their genuine fervor for nature.

Q: What can be inferred from the passage?
(a) The Sturm und Drang movement was critical of Rousseau's ideas.
(b) The Sturm und Drang movement had an optimistic view of modern life.
(c) The Sturm und Drang movement did not recognize the importance of nature.
(d) The Sturm und Drang movement disapproved of objectivity.

번역 1770년부터 1784년까지, 질풍노도 운동이 독일 문학을 지배하면서 낭만주의의 시작을 알렸다. 이 명칭은 본 클링거의 희곡 제목인 〈뒤죽박죽 또는 질풍노도〉에서 유래했다. 부분적으로 루소 사상의 영향을 받았지만, 이 운동은 헤르더와 레싱의 사상에 의해 촉발되었다. 질풍노도 운동 기간 동안, 독일 작가들은 주관성에 크게 의존하면서 현대 생활의 불가피한 불안을 나타내는 작품들을 창작했다. 그들의 문학 작품은 또한 일반적으로 인정되는 기준에 대한 반발과 자연에 대한 진심 어린 열정으로 특징지어지기도 했다.

Q: 글로부터 유추할 수 있는 것은?
(a) 질풍노도 운동은 루소의 사상에 대해 비판적이었다.
(b) 질풍노도 운동은 현대 생활에 대해 낙관적인 견해를 지녔다.
(c) 질풍노도 운동은 자연의 중요성을 인정하지 않았다.
(d) 질풍노도 운동은 객관성을 탐탁지 않아 했다.

해설 추론 문제라고 하더라도 글에 충실해서 판단해야 함을 잊지 말자. (a)는 일부 영향을 받았다고 했으므로 정답이 아니다. (b)는 글의 내용에 어긋난다. (c)는 자연에 대한 진심 어린 열정이 특징이라고 말했으므로 역시 맞지 않다. 주관성에 크게 의존했다는 데서 (d)를 유추할 수 있다.
trigger 촉발하다 **subjectivity** 주관성 **inevitable** 불가피한 **revolt** 반발, 반란 **fervor** 열정 **disapprove of** ~을 탐탁지 않게 여기다

정답 (d)

36

It is generally understood that the ecosystem of ponds is negatively impacted by human activities. In particular, the combustion of fossil fuels causes airborne emissions of harmful compounds, which can lead to acid rain. When it enters lentic systems, the acidic precipitation upsets the pH balance of a pond, thus causing the extinction of many different species. Likewise, phosphorus from wastewater treatment facilities can penetrate into ponds, posing a substantial threat to submerged plant life.

Q: What can be inferred from the passage?
(a) Even submerged plant life is not immune to harmful effects.
(b) It has often been the case that human activities improve ponds.
(c) Acid rain is not capable of penetrating into lentic systems.
(d) The pH balance of a pond does not affect the survival of species.

번역 연못 생태계는 인간 활동으로부터 부정적인 영향을 받는 것으로 보통 이해된다. 특히, 화석 연료 연소로 유해 화합물이 대기로 배출되는데, 이는 산성비로 이어질 수 있다. 산성비가 정수(靜水) 생태계에 진입하면, 연못의 산성 농도 균형을 교란하여 다양한 종의 멸종을 초래한다. 마찬가지로, 폐수 처리시설에서 나오는 인(燐)도 연못에 침투하여 수중 식물에 상당한 위험이 될 수 있다.

Q: 글로부터 유추할 수 있는 것은?
(a) 심지어 수중 식물도 해로운 영향으로부터 안전하지 않다.
(b) 인간 활동이 연못을 개선하는 경우가 종종 있다.
(c) 산성비는 정수(靜水) 생태계에 침투하지 못한다.
(d) 산성 농도 균형은 종의 생존에 영향을 미치지 않는다.

해설 (b)는 글의 내용과 어긋나며, (c)는 글에서 산성비의 정수 생태계 침투에 대해 말했으므로 정답이 아니다. (d)는 글과 반대 내용으로 역시 오답이다. 인간 활동이 연못 생태계에 미치는 부정적 영향에 대한 설명을 통해 (a)를 유추할 수 있다.
ecosystem 생태계 **combustion** 연소 **fossil fuel** 화석 연료 **airborne** 공기로 전해지는 **emission** 배출 **lentic** 정수(靜水)의 **acidic** 산성 물질을 포함한 **precipitation** 강수(降水) **phosphorus** 인(燐) **wastewater** 폐수 **penetrate** 침투하다 **pose a treat to** ~에(게) 위험을 가하다 **substantial** 상당한 **submerged plant** 수중 식물

정답 (a)

37

In 1913, Margaret Todd coined the term isotope, which denoted "the homogeneous place" in Greek. Frederick Soddy accepted the term and used it in relation to unstable elements. In the same year, J. J. Thomson succeeded in observing different isotopes for a stable element as a result of his study of the composition of canal rays. In his study, Thomson noticed that in passing through a magnetic field, a stream of ionized neon resulted in two different parabolas of deflection. Thanks to the efforts of these scientists, we now know that both stable and unstable elements contain isotopes.

Q: What can be inferred from the passage?
(a) Margaret Todd was well versed in Greek.
(b) J. J. Thomson observed different isotopes for an unstable element.
(c) Frederick Soddy was keenly interested in the composition of canal rays.
(d) Neon is an example of a stable element.

번역 1913년, 마가렛 토드는 동위 원소라는 용어를 만들었는데, 이는 그리스어로 '같은 장소'를 뜻한다. 프레더릭 소디는 그 용어를 받아들여 불안정 원소와 관련하여 사용했다. 같은 해, 제이제이 톰슨은 양극선 구조에 관한 그의 연구 결과로서 안정 원소에 존재하는 서로 다른 동위 원소를 관찰하는 데 성공했다. 연구를 통해, 톰슨은 자기장을 통과할 때 이온화된 네온의 흐름이 두 개의 다른 포물선으로 진행하는 편향 현상을 보이는 것에 주목했다. 이 과학자들의 노력 덕택에, 현재 안정 원소와 불안정 원소 모두에 동위 원소가 존재함을 알게 되었다.

Q: 글로부터 유추할 수 있는 것은?
(a) 마가렛 토드는 그리스어에 조예가 깊었다.
(b) 제이제이 톰슨은 불안정 원소에 존재하는 서로 다른 동위 원소를 목격했다.
(c) 프레더릭 소디는 양극선 구조에 깊은 관심이 있었다.
(d) 네온은 안정 원소의 예이다.

해설 (a)는 하나의 예로 일반화할 수 있는 것이 아니므로 정답이 아니다. (b)는 불안정 원소가 아니라 안정 원소이며, (c)는 제이제이 톰슨에 관한 내용이므로 역시 맞지 않다. 따라서 정답은 현재 관점에서 볼 때 올바른 내용에 해당하는 (d)이다.
coin (신어 따위를) 만들어 내다; (화폐를) 주조하다   **isotope** 동위 원소   **denote** 의미하다   **homogeneous** 동종의   **unstable element** 불안정 원소   **canal ray** 양극선   **parabola** 포물선   **deflection** 편향   **versed in** ~에 조예가 깊은

정답 (d)

ACTUAL TEST 6 | Part 3

38

Contrary to popular belief, insurance has a long history. (a) In ancient times, some societies had practices similar to modern-day life insurance. (b) Since those societies thought highly of the afterlife, their members needed to prepare for their burial ceremonies and a form of insurance was practiced. (c) Many experts agree that insurance tends to change gradually. (d) In other societies, another kind of insurance was provided to protect cargo owners from losses due to ship accidents.

번역 일반적인 견해와 달리, 보험은 오랜 역사를 가지고 있다. (a) 고대 일부 사회에서는 현대의 생명보험과 비슷한 관행이 존재했다. (b) 그 사회들이 사후 세계를 중시했기 때문에 구성원들은 장례식을 준비할 필요가 있었으며, 보험의 한 형태가 시행되었다. (c) 많은 전문가들은 보험이 차츰 변화하는 경향이 있다는 점에 동의한다. (d) 다른 사회에서는, 선박 사고로 인한 손실로부터 화물주를 보호하기 위해 또 다른 종류의 보험이 제공되었다.

해설 보험의 기원에 대한 내용이 주를 이루고 있다. (c)에서는 보험의 일반적인 특성을 말하고 있는데, 글 전체가 보험의 오랜 역사에 대한 근거에 초점이 맞추어져 있다는 점에서 글의 흐름에 어긋난다.
life insurance 생명보험   **the afterlife** 사후 (세계)   **cargo** 화물

정답 (c)

39

Dr. Walter Willett and his colleagues have concluded that calcium intake is not related to weight gain. (a) Their 12-year study was concerned with approximately 20,000 males of various age groups. (b) When taking into account age and lifestyle factors, there was no correlation between calcium consumption and weight increase. (c) These findings are consonant with the 2005 Dietary Guidelines for Americans, which implies that calcium intake does not lead to weight gain. (d) Those studies found that dairy consumption is conducive to elevated cholesterol levels.

번역 월터 윌렛 박사와 동료들은 칼슘 섭취가 체중 증가와 관련이 없다고 결론지었다. (a) 12년에 걸친 그들의 연구는 약 2만 명의 다양한 연령 집단의 남성을 대상으로 한 연구였다. (b) 연령과 생활방식 요인을 감안할 때, 칼슘 섭취와 체중 증가 사이에는 상관관계가 없었다. (c) 이 연구 결과는 미국인들을 위한 2005 식단 지침서와 일치하는데, 이 지침서는 칼슘 섭취가 체중 증가로 귀결되지 않음을 시사한다. (d) 그 연구들은 유제품 섭취가 콜레스테롤 수치 증가를 조장한다는 사실을 밝혀냈다.

해설 전반적으로 칼슘 섭취가 체중 증가와 관련이 없다는 점을 설명하고 있다. (d)는 유제품 섭취와 콜레스테롤 수치 증가의 관계를 말하고 있으므로 글의 전반적인 흐름에 어긋난다.
intake 섭취 **correlation** 상관관계 **consonant with** ~와 일치하는 **dairy** 유제품의 **conducive to** ~에 기여하는 **elevate** 높이다

정답 (d)

40

Two distinct populations of Canada geese can be found in North America: "Migrant-goose" and "resident-goose" populations. (a) According to Richard A. Dolbeer and John L. Seubert, the overall Canada geese population experienced a fivefold growth from 1970 to 2005. (b) This was mainly because the resident-goose population size increased fifteen times. (c) The geese population was severely hit by industrialization sweeping Canada. (d) In contrast, the migrant-goose population size remained relatively steady.

번역 북아메리카에서는 두 가지 서로 다른 종류의 캐나다 기러기 개체군이 발견되는데, 하나는 이주성 기러기이고 다른 하나는 정주성 기러기 개체군이다. (a) 리처드 돌비어와 존 슈버트에 따르면, 전반적인 캐나다 기러기 개체군은 1970년에서 2005년 사이 다섯 배가 늘어났다고 한다. (b) 이는 주로 정주성 기러기 개체군의 크기가 15배로 늘어났기 때문이다. (c) 이 기러기 개체군은 캐나다를 휩쓴 산업화로 인해 심한 타격을 입었다. (d) 이와는 대조적으로, 이주성 기러기 개체군의 크기는 상대적으로 안정된 상태를 유지했다.

해설 전반적으로 캐나다 기러기 개체군의 증감에 대해 설명한 글이다. (c)는 이러한 흐름과 어울리지 않을 뿐만 아니라, (c)가 사실이라면 개체군이 증가할 수 없으므로 글에 어긋나는 내용이다.
distinct (성질·종류가) 별개인, (전혀) 다른 **population** 개체군 **migrant** 이주[이동]성의 **resident** 정주성의, 텃새의 **fivefold** 다섯 배로 **sweep** 휩쓸다 **steady** 안정된

정답 (c)

ACTUAL TEST 7

Part 1	1 (d)	2 (c)	3 (d)	4 (c)	5 (b)	6 (d)	7 (d)	8 (c)
	9 (b)	10 (a)	11 (a)	12 (b)	13 (c)	14 (a)	15 (b)	16 (d)
Part 2	17 (a)	18 (a)	19 (c)	20 (d)	21 (a)	22 (a)	23 (a)	24 (b)
	25 (d)	26 (d)	27 (a)	28 (c)	29 (b)	30 (a)	31 (b)	32 (c)
	33 (b)	34 (a)	35 (d)	36 (b)	37 (c)			
Part 3	38 (d)	39 (c)	40 (c)					

ACTUAL TEST 7 — Part 1

1

During the Iron Age, steel and wrought iron were widely used to make various tools and weapons. Steel was used for _____ largely because they were stronger than bronze weapons. In contrast, wrought iron was widely used to make a large number of tools mainly because it was much easier to produce than steel.

(a) everyday tools
(b) farming equipment
(c) ornamental products
(d) sophisticated weapons

번역 철기시대에는 강철과 연철이 다양한 도구와 무기를 제작하기 위해 널리 쓰였다. 청동 무기보다 더 튼튼하기 때문에 강철은 정교한 무기를 만드는 데 쓰였다. 이와는 대조적으로, 연철은 강철보다 제조하기 훨씬 쉬웠기 때문에 많은 도구를 만드는 데 널리 쓰였다.

 (a) 일상 도구
 (b) 농업장비
 (c) 장식용 제품
 (d) 정교한 무기

해설 글의 내용으로 보아, 강철 제조가 쉽지 않아서 일상 도구가 아닌 이와 대조되는 도구, 또는 무기 제작에 쓰였음을 알 수 있다. 따라서 정답은 (d)이다. (c)는 청동 무기와 대조하는 맥락을 감안할 때 정답이 될 수 없다.
wrought iron 연철(鍊鐵) **bronze** 청동 **ornamental** 장식용의 **sophisticated** 정교한

정답 (d)

2

A majority of early community colleges _____ in that they were perceived as "an extension of high schools." The primary goal of these community colleges lied in helping students to transfer to four-year colleges. As a result, they placed emphasis on liberal arts education. Traditional values and good citizenship were also focused on by these institutions.

(a) set clear goals
(b) focused on traditional values
(c) lacked a unique identity
(d) were committed to research and development

번역 대다수 초기 전문대학은 고등학교의 연장으로 인식되었다는 점에서 고유의 독자성이 부족했다. 이 지역 전문대학들의 일차적 목적은 학생들이 4년제 대학으로 편입하는 것을 돕는 데 있었다. 그 결과, 교양과목 교육에 중점을 두었다. 전통적인 가치관과 훌륭한 시민의식 또한 이들 학교에서 중시했다.

 (a) 분명한 목표를 정했다
 (b) 전통적인 가치관에 중점을 두었다
 (c) 고유의 독자성이 부족했다
 (d) 연구 및 개발에 전념했다

해설 일부 내용에 치우쳐서 잘못 판단하지 않도록 주의해야 한다. 바로 이어지는 말에서 단순히 고등학교의 연장이라고 말했기 때문에, 일반 대학과 같은 독자성이 없었음을 알 수 있다. 따라서 정답은 (c)이며, 나머지 선택지들은 모두 글의 흐름에 어긋난다.
extension 연장, 확장 **transfer** 편입하다; 이전하다 **liberal arts** 교양과목 (cf. **elective** 선택과목) **citizenship** 시민의식 **identity** 정체성 **commit to** ~에 전념하다

정답 (c)

3

The United States and the Soviet Union had exactly opposite ideas about the post-World War II world. While the US tried to _____, the Soviet Union promoted Communist revolution in many parts of the world. Their rivalry emerged first in Europe and spread to the other continents. Historians refer to the rivalry as the "Cold War."

(a) practice imperialism
(b) stimulate economic growth
(c) make humanitarian efforts
(d) contain the spread of communism

번역 미국과 소련은 제2차 세계대전 이후 세계에 대해 생각이 완전히 정반대였다. 미국이 공산주의 확산을 봉쇄하려고 한 반면, 소련은 세계 여러 지역에서 공산주의 혁명을 부추겼다. 미국과 소련의 대립은 유럽에서 처음 생겨나 다른 대륙으로 확산되었다. 역사가들은 이 대립을 냉전이라고 지칭한다.

(a) 제국주의를 실천하려고
(b) 경제 성장을 자극하려고
(c) 인도주의적 노력을 기울이려고
(d) 공산주의 확산을 봉쇄하려고

해설 바로 앞 문장에서 완전히 정반대라고 했기 때문에 소련의 태도와 정반대되는 태도를 찾아야 한다. 따라서 정답은 (d)이다. (a)를 정답으로 고르지 않도록 유의해야 하는데, 제국주의가 공산주의의 반대되는 이념이 아니기 때문이다.
promote 증진하다 **rivalry** 대립 **imperialism** 제국주의
humanitarian 인도주의적 (cf. altruistic 이타적인) **contain** 봉쇄하다 **spread** 확산, 확장

정답 (d)

4

_____ characterized Yugoslavia in the 1980s. Its foreign debt amounted to almost $20 billion, which forced many companies to restructure their operations. As a result, a large number of people lost their jobs and faced economic hardship. Commodity prices continued to rise rapidly, while living standards continued to deteriorate. These economic situations led to political instability, which jeopardized the poor country.

(a) Cultural diversity and social progress
(b) An optimistic atmosphere
(c) Economic failure and political turmoil
(d) Inept foreign policies

번역 1980년대 유고슬라비아는 경제 파탄과 정치 혼란으로 특징지어졌다. 유고슬라비아 외채는 거의 200억 달러에 이르렀는데, 이에 따라 많은 회사들이 구조조정을 강요당했다. 그 결과, 많은 사람들이 직장을 잃고 경제적 난관에 봉착했다. 물가는 계속해서 급속히 상승했고, 이에 반해 생활수준은 지속적으로 악화되었다. 이와 같은 경제 상황은 정치적 불안정으로 이어져, 이 가난한 나라를 위태롭게 했다.

(a) 문화적 다양성과 사회 진보
(b) 낙관적인 분위기
(c) 경제 파탄과 정치 혼란
(d) 서투른 외교 정책

해설 글의 전반적인 흐름을 정확히 포착해야 하는 유형이다. 글에서는 크게 경제 파탄과 정치 혼란에 중점을 두어 서술했다. 따라서 정답은 (c)이다. (d)는 경제 파탄이 무능한 외교 정책의 결과라고 단정할 수 없기 때문에 정답이 될 수 없다.
characterize 특징짓다 **restructure** 구조조정하다
operation 경영, 운용 **commodity** 상품 **deteriorate** 악화되다 **instability** 불안정성 **jeopardize** 위태롭게 하다
turmoil 혼란 **inept** 무능한

정답 (c)

5

Saltation is another way in which _____. Saltation is when sand particles move without touching the ground. When these particles land on the ground, they are combined with other particles. When the wind becomes stronger, the combined particles form sheet flows. Such sheet flows can move sand dunes tens of meters from their initial position.

(a) particles are formed
(b) sand dunes can move
(c) sheet flows are created
(d) deserts spread

번역 도약은 모래 언덕이 움직일 수 있는 또 다른 방편이다. 도약이란 모래 입자가 지면에 닿지 않고 움직이는 것을 가리킨다. 이 입자들이 지면에 닿으면, 다른 입자들과 결합한다. 바람이 강해지면, 결합한 입자들은 면상류(面狀流)를 형성한다. 그러한 면상류는 사구를 처음 위치로부터 수십 미터 떨어진 곳으로 이동시킬 수 있다.

(a) 입자가 형성되는
(b) 모래 언덕이 움직일 수 있는
(c) 면상류가 형성되는
(d) 사막이 확산되는

해설 글의 전반적인 흐름을 포착해야 한다. 초점은 두 번째 문장과 마지막 문장에서 드러나듯이, 모래 언덕의 움직임에 있다. 따라서 정답은 (b)이다. (a), (c)는 주어진 내용에 어긋나며, (d)는 내용의 비약이기 때문에 정답이 될 수 없다.
saltation 도약 **particle** 입자 **form** 형성하다 **sheet flow** 면상류, 포상류(布狀流) **sand dune** 사구 **initial** 처음의

정답 (b)

6

When bacteria exist in the bloodstream, you can use the term septicemia to describe the condition. Bear in mind, however, that _____. In order to refer to an infection accompanied by the systemic inflammatory response, you need to use the term sepsis. To call a condition severe sepsis, you need to check whether the systemic inflammatory response coincides with organ dysfunction such as encephalopathy.

(a) the term originated from Latin
(b) many people are offended by the term
(c) many doctors no longer use the term
(d) the term is an imprecise one

번역 세균이 혈류에 존재할 때, 그 상태를 묘사하기 위해 septicemia(패혈증)라는 용어를 쓸 수 있다. 그렇지만 그 용어가 부정확한 용어라는 점을 명심해야 한다. 전신성 염증 반응이 수반되는 감염을 가리키기 위해서는 sepsis(패혈증)라는 용어를 써야 한다. 어떤 상태를 중증 패혈증으로 명명하기 위해서는, 전신성 염증 반응이 뇌 질환과 같은 기관 기능 장애와 함께 발생하는지를 확인해야 한다.

(a) 그 용어가 라틴어에서 유래했다는
(b) 많은 이들이 그 용어로 인해 기분이 상한다는
(c) 많은 의사들이 더 이상 그 용어를 쓰지 않는다는
(d) 그 용어가 부정확한 용어라는

해설 비슷해 보이는 세 용어의 정확한 쓰임새를 설명하는 글이다. 따라서 이에 부합하는 (d)가 정답이다. (c)는 굳이 용례 설명에 넣을 이유가 없으므로 오답이다.
bloodstream 혈관 **septicemia** 패혈증 **systemic inflammatory response** 전신성 염증 반응 **sepsis** 패혈증 **coincide** 동시에 발생하다 **dysfunction** 기능 장애 **encephalopathy** 뇌 질환 **originate from** ~로부터 유래하다 **imprecise** 부정확한

정답 (d)

7

Opinion was divided about Bernhard Schlink. Some critics acclaimed him as a talented novelist, whereas others questioned his ability to convey meaningful messages. At least, the publication of *Flights of Love* seems to have refuted the claim that Schlink is a poor storyteller. This collection of short stories shows that he can tell stories _____. It also tells us that Schlink can reflect deeply on major issues surrounding us.

(a) that put readers to sleep
(b) that reveal human nature
(c) about which readers are concerned
(d) to which readers can relate

번역 베른하르트 슐링크에 대해 의견이 나뉘었다. 일부 평가들은 재능 있는 소설가라고 칭송한 데 반해, 다른 이들은 그가 의미심장한 메시지를 전달할 수 있는지에 대해 의문을 가졌다. 어쨌든 〈사랑의 도피〉의 출간으로 슐링크가 이야기를 잘 전달하지 못한다는 주장은 반박이 된 듯하다. 이 단편 소설 선집은 그가 독자들이 공감할 수 있는 이야기를 할 수 있다는 사실을 입증한다. 또한 슐링크가 우리를 둘러싼 중요한 문제에 대해 깊이 생각할 수 있다는 사실도 보여준다.

(a) 독자들을 잠들게 할
(b) 인간의 본성을 드러내는
(c) 독자들이 우려하는 것에 대한
(d) 독자들이 공감할 수 있는

해설 내용의 자연스러운 흐름에 유의해서 문제를 풀어야 한다. 바로 앞에서 이야기 전달에 대해 말했으므로 이와 부합하는 내용을 찾아야 한다. 따라서 정답은 (d)이다. 나머지는 내용 흐름에 맞지 않기 때문에 정답이 될 수 없다.
acclaim 칭송하다 **convey** 전달하다 **refute** 반박하다
reflect on ~를 깊이 생각하다 **relate to** ~에 공감하다

정답 (d)

8

Immigration is a heated issue in many developed countries. In the case of Japan, the "traditional" approach was to restrict immigration as much as possible. However, the influences of globalization have compelled the country to abandon its traditional policy. In the case of EU countries, almost no regulation on immigration is _____. In particular, such countries as Italy are faced with too many immigrants from poor neighboring countries.

(a) helping them to address immigration-related issues
(b) preventing foreigners from entering the region
(c) posing a "threat" to the unity of each member country
(d) promoting economic growth in those countries

번역 이민은 많은 선진국에서 열띤 쟁점이다. 일본의 경우, 전통적인 접근법은 가능한 한 이민을 제한하는 것이었다. 그러나 세계화의 영향으로 일본은 전통적인 정책을 단념할 수밖에 없었다. EU 국가의 경우에는 각 회원국의 단일성을 위협하는 이민에 대한 규제가 거의 없다. 특히, 이탈리아와 같은 국가는 인근 빈민국에서 너무 많은 이민자들이 몰려오는 문제에 직면해 있다.

(a) 이민 관련 문제를 처리하는 데 도움을 주는
(b) 외국인들이 그 지역에 들어가는 것을 막는
(c) 각 회원국의 단일성을 위협하는
(d) 그 나라의 경제 성장을 촉진하는

해설 글의 흐름으로 보아, 부정적인 내용이 들어가야 하므로 정답은 (c)이다. (b)는 바로 앞에서 말한 내용에 정면으로 위배되기 때문에 정답이 될 수 없다.
heated 열띤 **restrict** 제한하다 **compel** 강제하다
regulation 규제, 규정 **address** (문제 등을) 다루다 **unity** 단일성

정답 (c)

9

Of course, the main purpose of homeless advocates is to get rid of homelessness. But there are too many things to be done to achieve this ultimate goal. As a result, many organizations focus on helping homeless people to exercise their rights. Homeless people also play a part by coming up with better ways of addressing their everyday problems. These activities are expected to pave the way for the day when _____.

(a) homeless people will become politicians
(b) homelessness is ended once and for all
(c) homelessness becomes unacceptable to society
(d) homeless people will vote for Democratic candidates

번역 물론 노숙인 봉사자들의 주된 목적은 노숙을 없애는 것이다. 그러나 최종 목적을 성취하기 위해서 해야 할 일들이 너무 많다. 그 결과, 많은 단체들은 노숙자들의 권리 행사를 돕는 데 중점을 둔다. 노숙자들도 일상적인 문제를 해결하는 보다 나은 방법을 모색하는 역할을 맡는다. 이 활동들은 노숙이 완전히 끝을 맺는 날을 촉진하는 발판이 될 것으로 기대된다.

(a) 노숙자들이 정치인이 되는
(b) 노숙이 완전히 끝을 맺는
(c) 노숙이 사회에 받아들여질 수 없게 되는
(d) 노숙자들이 민주당 후보에 투표하는

해설 글의 자연스러운 흐름에 부합하는 것은 (b)이다. (a)는 내용의 비약이며, (c)는 부정적인 내용이므로 정답이 될 수 없다.
homeless 노숙인 **advocate** 옹호자, 지지자 **get rid of** ~을 제거하다 **exercise** 행사하다 **come up with** ~을 생각해내다 **pave the way for** ~을 촉진하다 **once and for all** 영구적으로

정답 (b)

10

In designing our website, we have made every effort to ensure that you can easily upload your personal data and perform job searches comfortably. Our user-friendly design enables you to edit your job profile with no hassle. Just by clicking the My Career tab, you can do whatever you want with your profile. To search job advertisements, just click the Career Opportunities tab. Our Smart searching program will _____.

(a) automatically find the ideal job for you
(b) realistically determine whether you will be hired
(c) scientifically examine your personality
(d) accurately explain why you will be employed

번역 웹사이트를 디자인할 때, 저희는 손쉽게 개인 자료를 올리고 수월하게 구인 광고를 검색할 수 있도록 모든 노력을 다했습니다. 사용하기 쉬운 디자인으로 번거로움 없이 직무 명세서를 편집하실 수 있습니다. 내 경력 탭을 클릭하시면, 프로필을 원하는 대로 만드실 수 있습니다. 구인 광고를 검색하시려면, 경력 기회 탭을 클릭하십시오. 저희 스마트 검색 프로그램이 여러분에게 꼭 맞는 일자리를 자동적으로 찾아드릴 것입니다.

(a) 여러분에게 꼭 맞는 이상적인 일자리를 자동적으로 찾아드릴
(b) 고용될 것인지를 현실성 있게 결정해드릴
(c) 과학적으로 인성을 검사해드릴
(d) 왜 고용될 것인지를 정확히 설명해드릴

해설 첫 문장에서 구인 광고를 검색할 수 있다고 했으므로 이와 자연스럽게 연결되는 (a)가 정답이다. 나머지 선택지들은 모두 글의 흐름에 어긋나는 내용들이다.
make every effort to ~하려고 온갖 노력을 다하다 **perform** 수행하다 **user-friendly** 사용하기 쉬운 **hassle** 번거로움 **automatically** 자동적으로 **realistically** 현실적으로 **accurately** 정확하게

정답 (a)

11

A study by London School of Hygiene and Tropical Medicine blames obese people for _____. The study has found that compared with normal-weighted people, obese people consume approximately 20% more calories. As a result, more food is needed to feed them, which is likely to lead to higher food prices. In addition, obese people tend to depend heavily on transportation, which will ultimately result in more emissions. This will, in turn, bring about climate change.

(a) food crisis and climate change
(b) food consumption and traffic jams
(c) food production and global warming
(d) food crisis and emission reduction

번역 런던 대학 위생 및 열대 의과대의 한 연구에 따르면, 비만인 사람들이 식량 위기와 기후 변화에 책임이 있다고 한다. 이 연구는 정상 체중인 사람들에 비해, 비만인 사람들이 약 20퍼센트 더 많은 칼로리를 섭취한다는 점을 밝혀냈다. 그 결과, 그들을 먹여 살리기 위해 보다 많은 식량이 필요한데, 이것은 식량 가격 상승으로 이어질 가능성이 있다. 게다가 비만인 사람들은 교통수단에 크게 의존하는 경향이 있는데, 궁극적으로 보다 많은 배기가스를 야기할 것이다. 이는 결국, 기후 변화를 초래할 것이다.

(a) 식량 위기와 기후 변화
(b) 식량 소비와 교통 정체
(c) 식량 생산과 지구 온난화
(d) 식량 위기와 배기가스 감소

해설 글 전체 내용을 요약할 수 있는 선택지를 골라야 하므로 정답은 (a)이다. (c)는 식량 생산 자체가 부정적인 사항은 아니므로 정답이 될 수 없다. (d) 역시 배기가스 감소는 긍정적인 요소이므로 오답이다.
hygiene 위생학; 위생 **obese** 비만인 **heavily** 심하게 **result in** ~을 야기하다 **emission** 배기가스, 배출 **bring about** 초래하다, 야기하다 **traffic jam** 교통 정체 **global warming** 지구 온난화

정답 (a)

12

Helen Keller was _____ such as suffrage and pacifism. In 1920, she contributed to the founding of the American Civil Liberties Union, whose mission was to defend individual rights and liberties provided by the laws of the United States, including the Constitution. Keller was also a radical Socialist and joined the Socialist Party, advocating the rights of the working classes.

(a) surprisingly a Socialist indifferent to political issues
(b) actively involved in promoting political causes
(c) actually an economist who happened to deal with political matters
(d) originally a scholar who studied political topics

번역 헬렌 켈러는 투표권이나 평화주의와 같은 정치적 대의명분을 증진하는 데 활발하게 관여했다. 1920년, 그녀는 미국 시민 자유 연합 창립에 기여했는데, 이 연합의 사명은 헌법을 포함한 미국의 법률이 부여하는 개인의 권리와 자유 수호였다. 켈러는 또한 급진적 사회주의자였으며, 사회당에 가입하여 노동자 계층의 권리를 옹호했다.

(a) 놀랍게도 정치 문제에 무관심한 사회주의자였다
(b) 정치적 대의명분을 증진하는 데 활발하게 관여했다
(c) 실제로는 정치 문제를 우연히 다루게 된 경제학자였다
(d) 본래 정치적 주제를 연구한 학자였다

해설 글의 흐름에 자연스럽게 어울리는 선택지는 (b)이다. 나머지는 글의 흐름과 어울리지 않을 뿐만 아니라, 글의 내용을 통해 정확히 알아낼 수 없으므로 적절하지 않다.
suffrage 투표권, 참정권 **pacifism** 평화주의 (cf. pacific 평화적인) **founding** 창립 **Constitution** 헌법 **radical** 급진적인 **socialist** 사회주의자 **indifferent** 무관심한 **cause** 대의명분

정답 (b)

13

A figurine containing an image of a bearded man's head was excavated in the walls around Jerusalem National Park. Dr. Doron Ben-Ami and Yana Tchekhanovets, who jointly directed the excavation, point out that the image on the figurine was meticulously crafted with great attention to detail. According to them, the features of the image seem to have been influenced by Greek culture. They add that the figurine was probably made in the time of the Emperor Hadrian, when _____.

(a) Roman literature was influenced by Judaism
(b) Roman artists paid no attention to detail
(c) the art of Roman sculpture flourished
(d) the Romans destroyed all works of art

번역 턱수염을 기른 남자의 머리 모양이 새겨진 소형 입상이 예루살렘 국립공원 주위 벽에서 발굴되었다. 공동으로 발굴을 지휘한 도론 벤 아미 박사와 야나 체카노베츠는 소형 입상에 새겨진 이미지가 세부 양식에까지 매우 신경을 써서 꼼꼼하게 만들어졌다고 지적한다. 그들에 따르면, 이미지의 특징들이 그리스 문화의 영향을 받은 듯하다고 한다. 그들은 소형 입상이 로마의 조각술이 번성했던, 하드리아누스 황제가 군림한 시대에 제작됐을지도 모른다고 덧붙인다.

(a) 로마 문학이 유대교의 영향을 받았던
(b) 로마 미술가들이 세부 양식에 유의하지 않았던
(c) 로마 조각술이 번성했던
(d) 로마인들이 모든 예술작품을 파괴했던

해설 글의 흐름에 자연스럽게 어울리는 선택지를 골라야 하므로 정답은 (c)이다. (a)는 지나친 비약이며, (b)는 소형 입상이 세부 양식에도 신경을 썼다고 했으므로 정답이 아니다. (d)는 그런 경우 유물이 남지 않게 되므로 정답이 아니다.
figurine 작은 입상 bearded 턱수염을 기른 excavate 발굴하다 jointly 공동으로 meticulously 세심하게 craft 정교하게 만들다 Judaism 유대교 flourish 번성하다

정답 (c)

14

The publication of the book entitled *Margaret Mead and Samoa: The Making and Unmaking of an Anthropological Myth*, has _____. Derek Freeman, the author of the book, questions Mead's major findings by asserting that they were based on false information provided by her original informants. His claim seems to be supported by the utterances of Mead's surviving informants. According to them, without doubting the validity of their stories, Mead took them too seriously and believed that they were true. They add that Samoan women are good at joking.

(a) seriously challenged Margaret Mead's status as an influential anthropologist
(b) shed light on how Margaret Mead established the field of anthropology
(c) attracted attention from Samoan women as well as anthropologists
(d) ironically revealed that Margaret Mead was an excellent anthropologist

번역 〈마가렛 미드와 사모아 제도: 인류학적 통념의 형성과 해체〉라는 책의 출간으로 영향력 있는 인류학자로서 마가렛 미드의 지위는 심각한 도전에 직면했다. 책의 저자인 데릭 프리먼은 마가렛 미드의 주요 연구 결과가 초기 정보 제공자의 잘못된 정보에 근거했다고 주장함으로써 이에 이의를 제기한다. 그의 주장은 생존해 있는 미드의 정보 제공자들의 진술에 의해 뒷받침되는 것 같다. 그들에 따르면, 미드가 이야기의 타당성에 대해 아무런 의심 없이 자신들의 말을 너무 심각하게 받아들여 진실이라고 믿었다고 한다. 그들은 사모아 제도의 여성들은 농담에 능하다고 덧붙인다.

(a) 영향력 있는 인류학자로서 마가렛 미드의 지위는 심각한 도전에 직면했다
(b) 마가렛 미드가 인류학 분야를 어떻게 확립했는가를 조명했다
(c) 인류학자들뿐만 아니라 사모아 제도 여성들의 관심을 불러일으켰다
(d) 마가렛 미드가 훌륭한 인류학자였다는 것을 풍자적으로 나타냈다

해설 프리먼의 저작은 마가렛 미드의 업적을 부정하는 것이기 때문에 이와 자연스럽게 연결되는 (a)가 정답이다. (d)는 글의 내용만으로는 판단할 수 없으므로 정답이 될 수 없다.
myth 잘못된 생각 assert 주장하다 informant 정보 제공자 (*cf.* mole 첩자) utterance 말, 진술 validity 타당성 anthropologist 인류학자 shed light on 분명하게 밝히다 ironically 반어적으로

정답 (a)

15

As is widely known, marine mammals have succeeded in adjusting themselves to life in the water. _____, most marine mammals maintain a constant body temperature with the help of blubber. Since it contains large amounts of lipids, blubber is capable of providing the animals with heat and energy. It is noteworthy that polar bears have a "thick layer of fur" in addition to a blubber layer.

(a) Instead
(b) As an illustration
(c) On top of that
(d) Consequently

번역 널리 알려져 있듯이, 해양 포유류들은 해양 생활에 적응하는 데 성공했다. 일례로, 대부분의 해양 포유류들은 지방질의 도움을 받아 체온을 일정하게 유지한다. 지방질은 많은 양의 지질을 함유하기 때문에, 해양 포유류에게 열과 에너지를 제공할 수 있다. 북극곰은 지방질 층과 함께, 두꺼운 모피 층이 있다는 사실이 주목할 만하다.

(a) 대신에
(b) 일례로
(c) 게다가
(d) 따라서

해설 앞뒤 문장의 관계를 고려하면 실례를 들고 있는 것이므로 정답은 (b)이다. (c)는 앞의 내용과 대등한 내용을 추가하는 것이 아니라, 앞의 내용에 해당하는 보기를 들어 보다 정확히 내용을 전달하려는 것이므로 글의 흐름에 부합하지 않는다.
marine mammal 해양 포유류 **adjust oneself** 적응하다 **constant** 일정한 **blubber** 지방질 **lipid** 지질(脂質) **noteworthy** 주목할 만한 **layer** 층 **illustration** 예증, 설명

정답 (b)

16

It is generally understood that composting accelerates the process of decomposition largely because of the increased heat produced. The heat encourages microorganisms to exchange the energy and nutrients more actively. This process of composting is sometimes regarded as a kind of automatic process. _____, in order for composting to occur properly, it is important to provide and control the "best possible circumstances." This is largely because uncontrolled heat is likely to fail to trigger the process of composting.

(a) In addition
(b) In short
(c) Likewise
(d) However

번역 퇴비화는 그것이 만들어내는 열의 증가로 인해 분해 과정을 가속화하는 것으로 대부분의 사람들이 알고 있다. 그 열은 미생물이 에너지와 영양분을 보다 활발하게 주고받도록 촉진한다. 이런 퇴비화 과정은 때때로 일종의 기계적인 과정으로 간주된다. 그렇지만, 퇴비화가 올바로 일어나기 위해서는 가능한 한 가장 좋은 환경을 제공하고 통제하는 일이 중요하다. 이는 주로 통제되지 않은 열이 퇴비화 과정을 유발하지 못할 가능성이 있기 때문이다.

(a) 더욱이
(b) 요컨대
(c) 마찬가지로
(d) 그렇지만

해설 앞의 내용을 부정하는 것이기 때문에 정답은 (d)이다. 요약하거나 비슷한 사례를 제시하는 것이 아니므로 (b), (c)는 정답이 될 수 없다. (a) 역시 대등한 내용을 추가하는 것이 아니므로 틀리다.
composting 퇴비화 **accelerate** 가속하다 **decomposition** 분해 **microorganism** 미생물 **nutrient** 영양분 **trigger** 촉발하다

정답 (d)

ACTUAL TEST 7 Part 2

17

Ordinary people and philosophers displayed differences in explaining the origin of gemstones. The general public tended to rely on "divine intervention," whereas philosophers tried to come up with a more "realistic" explanation. For instance, Plato claimed that fermentation in the stars gave birth to gemstones. He also believed that a diamond was an essential element of gold.

Q: What is the passage mainly about?
(a) Different explanations of the origin of gemstones
(b) Plato's erroneous ideas about the origin of diamonds
(c) Differences between realism and idealism
(d) Fermentation in the stars

번역 일반인들과 철학자들은 보석의 기원을 설명하는 데 차이를 보였다. 일반 대중들이 신의 간섭에 의존하는 경향이 있는 반면, 철학자들은 보다 현실적인 설명을 찾아내려고 노력했다. 예를 들어, 플라톤은 별에서의 발효 작용으로 보석이 생겨났다고 주장했다. 그는 또한 다이아몬드가 금의 필수적인 요소라고 생각했다.

Q: 글의 주된 내용은 무엇인가?
(a) 보석의 기원에 대한 서로 다른 설명들
(b) 다이아몬드의 기원에 대한 플라톤의 잘못된 생각
(c) 현실주의와 이상주의의 차이
(d) 별에서의 발효 작용

해설 글의 전반적인 내용을 요약하는 선택지를 골라야 하므로 정답은 (a)이다. (b)와 (d)는 모두 세부 사항에 지나지 않으며, (c)는 글에 언급된 내용이 아니다. 이처럼 글에 정확히 제시되지 않은 내용은 결코 정답이 될 수 없음을 명심하자.
display 나타내다 gemstone 보석 divine 신의, 신성한 intervention 간섭 fermentation 발효 erroneous 그릇된 realism 현실주의, 사실주의

정답 (a)

18

In many respects, the term electoral fraud is a vague one. It is generally understood to refer to interfering illegally with an election process. The problem is that the term also applies to "morally unacceptable" acts. They can include a variety of "lawful" activities. As a consequence, there are many cases in which we have difficulty determining whether a specific activity constitutes electoral fraud.

Q: What is the main idea of the passage?
(a) The term electoral fraud is not clearly defined.
(b) There are many different forms of electoral fraud.
(c) Electoral fraud is morally unacceptable.
(d) Electoral fraud is a lawful activity.

번역 여러 측면에서 선거 부정이라는 용어는 애매한 용어이다. 선거 부정은 일반적으로 선거 절차에 불법적으로 관여하는 것을 가리킨다고 이해된다. 문제는 그 용어가 도덕적으로 용인할 수 없는 행동에도 적용된다는 것이다. 그런 행동에는 다양한 합법적 활동이 포함될 수 있다. 따라서 특정한 활동이 선거 부정에 해당하는지 여부를 결정하는 데 어려움을 겪는 경우가 많다.

Q: 글의 요지는 무엇인가?
(a) 선거 부정이라는 용어는 명확히 정의되지 않는다.
(b) 다양한 형태의 선거 부정 행위가 있다.
(c) 선거 부정은 도덕적으로 용인될 수 없다.
(d) 선거 부정은 합법적인 활동이다.

해설 첫 번째 문장에서 정확히 밝히고 있듯이, 핵심 내용은 '선거 부정'이라는 용어의 모호성이다. 따라서 정답은 (a)가 된다. (b)와 (c)는 내용의 흐름에 맞긴 하지만, 요지가 아님에 유의해야 한다. (d)는 틀린 설명이므로 역시 정답이 아니다.
electoral 선거의 fraud 부정, 사기 vague 막연한 unacceptable 용인할 수 없는 lawful 합법적인 constitute 구성하다

정답 (a)

19

Based on her brain-imaging study, Nicole Speer mentions that reading is a highly active process. When reading a book, readers integrate their background knowledge with the events in the text, "experiencing" what is happening in the textual narrative. Then, brain regions responsible for processing similar data are activated, thus blurring the distinction between reality and imagination.

Q: What is the main topic of the passage?
(a) The importance of reading in language learning
(b) The distinction between reality and imagination
(c) The active nature of reading
(d) The joys of reading

번역 뇌 영상 연구에 기반하여, 니콜 스피어는 독서가 매우 적극적인 활동이라고 말한다. 책을 읽을 때, 독자는 글에서 일어나는 일들을 자신의 배경 지식과 통합하여 본문의 이야기에서 발생하는 일을 경험한다. 그때에 비슷한 자료를 처리하는 두뇌 영역이 활성화되는데, 이에 따라 현실과 상상의 구별이 모호해진다.

Q: 글의 소재는 무엇인가?
(a) 언어 학습에 있어 독서의 중요성
(b) 현실과 상상의 구별
(c) 독서의 활발한 성질
(d) 독서의 기쁨

해설 글의 흐름을 정확히 포착한 (c)가 정답이다. (b)는 내용에서 언급이 되긴 했지만, 단편적인 세부 사항에 지나지 않으므로 정답이 될 수 없다.
brain-imaging 뇌 영상 기법 integrate 통합하다 activate 활성화하다 blur 흐리게 하다 distinction 구별, 차이

정답 (c)

20

According to some analyses, Socrates does not clearly define the concept of justice in the book entitled *The Republic*. Rather, he gives us different versions of justice throughout his "dialogues." Partly influenced by the "earthborn" myth, Socrates interprets justice as developing the skills at which one is best. He also points out that justice complements the other virtues such as temperance and wisdom.

Q: What is the main idea of the passage?
(a) Justice complements the other virtues.
(b) There are various versions of justice.
(c) Socrates tries to avoid examining justice.
(d) Socrates does not provide a clear-cut definition of justice.

번역 일부 분석에 따르면, 소크라테스는 〈국가론〉이라는 책에서 정의라는 개념을 명확하게 정의하지 않는다. 도리어, 그는 '대화편' 전체에 걸쳐 정의의 다양한 형태를 제시한다. 속세의 신화에 부분적으로 영향을 받아서, 소크라테스는 정의를 자신이 가장 뛰어난 기술을 개발하는 것으로 해석한다. 그는 또한 정의가 절제나 지혜와 같은 다른 미덕을 보완한다고 지적한다.

Q: 글의 요지는 무엇인가?
(a) 정의는 다른 미덕을 보완한다.
(b) 다양한 형태의 정의가 있다.
(c) 소크라테스는 정의에 대한 검토를 피하려고 한다.
(d) 소크라테스는 정의에 대한 명쾌한 정의를 제공하지 않는다.

해설 첫 문장에서 밝히고 있듯이, 글의 전반적인 내용은 〈국가론〉에서 소크라테스가 정의를 어떻게 바라보는가이다. 따라서 정답은 (d)이다. 소크라테스가 검토 자체를 피하는 것은 아니므로 (c)는 정답이 될 수 없다.
justice 정의 The Republic (플라톤의) 국가론 earthborn 속세의, 땅에서 태어난 interpret 해석하다 complement 보완하다 temperance 절제 clear-cut 명쾌한

정답 (d)

21

The Mini-SAR instrument has made it possible for scientists to explore the craters on the moon, some of which are not visible from the Earth. The aperture radar has already sent its first data to American scientists. The images showed the Haworth crater and the Seares crater. The scientists understand that the bright areas in the images indicate surface roughness. With the help of Mini-SAR, they will find out whether ice deposits exist in the craters on the moon.

Q: What is the main idea of the passage?
(a) Mini-SAR helps scientists to study the craters on the moon.
(b) Mini-SAR sent its first data to the Earth.
(c) The moon has the Haworth crater and the Seares crater.
(d) Mini-SAR will enable scientists to explore the stars in the universe.

번역 소형 합성개구레이더로 과학자들은 달의 분화구를 탐구할 수 있게 되었는데, 그 중 몇몇은 지구에서 볼 수 없다. 그 개구레이더가 이미 첫 자료를 미국인 과학자들에게 전송했다. 영상들은 하워스 분화구와 세레스 분화구를 보여주었다. 과학자들은 영상에서 밝은 부분이 표면이 거친 정도를 나타낸다고 생각한다. 소형 합성개구레이더의 도움으로, 과학자들은 달의 분화구에 얼음 침전물이 존재하는지 여부를 알아낼 것이다.

Q: 글의 요지는 무엇인가?
(a) 소형 합성개구레이더는 과학자들이 달의 분화구를 연구하는 데 도움이 된다.
(b) 소형 합성개구레이더가 첫 자료를 지구에 보냈다.
(c) 달에는 하워스 분화구와 세레스 분화구가 있다.
(d) 소형 합성개구레이더로 과학자들은 우주의 별을 탐구할 수 있게 될 것이다.

해설 글의 전체 흐름을 요약한 (a)가 정답이다. (b), (c)는 세부 사항일 뿐이다. (d)의 경우엔 달이 별이 아님에 유의할 필요가 있다. 스스로 빛을 내는 천체를 별이라고 하므로, 태양계에서 별에 해당하는 것은 태양밖에 없다. 또한 내용의 비약이라는 점에서도 정답이 될 수 없다.
Mini-SAR 소형 합성개구레이더 **crater** 분화구 **visible** (육안으로) 볼 수 있는 **aperture** 개구 **deposit** 퇴적물

정답 (a)

22

The Great Saltpeter Cave, situated in Rockcastle County in southeastern Kentucky, played a major part in the history of saltpeter production in America. Being a limestone cave, it provided the Americans with saltpeter, which was used to make gunpowder. With the help of torchlights, a large number of workers mined the saltpeter, which was then sent to Lexington, Kentucky. The process of its production was scientifically described by Doctor Samuel Brown in 1806.

Q: Which of the following is correct according to the passage?
(a) The interior of the Great Saltpeter Cave is relatively dark.
(b) Saltpeter is mainly used for peaceful purposes.
(c) Doctor Samuel Brown objected to the use of saltpeter.
(d) The Great Saltpeter Cave is a major tourist attraction in Kentucky.

번역 켄터키 주 동남부 록캐슬 카운티에 위치한 대초석 동굴은 미국의 초석 생산 역사에서 주요한 역할을 했다. 석회 동굴이기도 한 대초석 동굴은 미국인들에게 초석을 제공했는데, 초석은 화약을 만드는 데 쓰였다. 횃불의 힘을 빌려, 수많은 근로자들이 초석을 채굴했는데, 이것은 켄터키 주 렉싱턴으로 보내졌다. 초석 생산 과정은 1806년 사무엘 브라운 박사에 의해 과학적으로 설명되었다.

Q: 글에 따르면 다음 중 옳은 것은?
(a) 대초석 동굴의 내부는 상대적으로 어둡다.
(b) 초석은 주로 평화적인 용도로 사용된다.
(c) 사무엘 브라운 박사는 초석의 사용에 반대했다.
(d) 대초석 동굴은 켄터키 주의 주요 관광명소이다.

해설 세부 사항 문제이기 때문에 각 선택지의 내용을 하나씩 확인해야 한다. 횃불의 힘을 빌린다는 내용으로 보아 정답이 (a)임을 알 수 있다. (b)는 화약을 만드는 데 쓰인다고 했으므로 맞지 않으며, (c)와 (d)는 주어진 내용만으로는 정확히 알 수 없다.
saltpeter 초석 **situate** 위치시키다 **limestone cave** 석회 동굴 **gunpowder** 화약 **torchlight** 횃불 **tourist attraction** 관광명소

정답 (a)

23

Contrary to popular belief, a large number of weddings occur in the autumn. In fact, autumn weddings account for approximately 25% of all weddings. This is largely because they provide couples with many different advantages. For one thing, a wedding in the fall gives you a beautiful environment. Autumnal flowers and leaves create a romantic atmosphere, which will definitely make your wedding a memorable one. In addition, more wedding venues are likely to be found in the autumn.

Q: Which of the following is correct according to the passage?
(a) In the autumn, it is relatively easy to find a place for a wedding.
(b) Autumn weddings are preferred by the wealthy.
(c) Autumn weddings have too many disadvantages.
(d) In the autumn, few people hold weddings because of the weather.

번역 일반적인 생각과 달리, 수많은 결혼식이 가을에 치러진다. 사실, 가을에 올리는 결혼식이 전체 결혼식의 약 25퍼센트를 차지한다. 이것은 주로 가을 결혼식이 커플들에게 다양한 이점을 제공하기 때문이다. 우선, 가을에 치르는 결혼식은 아름다운 환경을 제공한다. 가을의 꽃들과 나뭇잎들은 낭만적인 분위기를 자아내는데, 이로 인해 확실히 기억에 남는 결혼식이 될 것이다. 게다가, 가을에는 결혼식을 올릴 장소를 더 많이 찾을 수 있다.

Q: 글에 따르면 다음 중 옳은 것은?
(a) 가을에는 결혼식을 올릴 장소를 찾기가 상대적으로 쉽다.
(b) 부유층들은 가을 결혼식을 선호한다.
(c) 가을 결혼식은 단점이 너무 많다.
(d) 가을에는 날씨 때문에 결혼식을 올리는 사람들이 거의 없다.

해설 역시 하나하나의 내용을 정확히 확인해야 한다. (b)는 주어진 내용만으로는 알 수 없으며, (c)와 (d)는 글에 언급된 내용에 어긋난다. 마지막 문장을 통해 (a)가 정답임을 알 수 있다.
account for ~을 차지하다, 구성하다 **autumnal** 가을의 **atmosphere** 분위기 **memorable** 기억에 남을 만한 **venue** 장소

정답 (a)

24

Some scholars argue that cultural imperialism takes two different forms. One is when a powerful country coerces another country into adopting its culture. The other is when a country willingly embraces a foreign culture. In the former case, foreign cultural elements are perceived as a menace to the recipient culture. In the latter case, foreign elements are interpreted as a complement to the original culture. Since these two forms of cultural imperialism are drastically different from each other, many scholars question the validity of the concept.

Q: Which of the following is correct according to the passage?
(a) No country would deliberately embrace another culture.
(b) Cultural imperialism may not be a valid concept.
(c) Cultural imperialism takes too many different forms.
(d) No country can force another country to accept its culture.

번역 일부 학자들은 문화 제국주의가 두 가지 서로 다른 형태를 띤다고 주장한다. 한 형태는, 강력한 나라가 다른 나라에게 그 문화를 채택하도록 강요하는 경우이다. 다른 형태는, 한 나라가 외국 문화를 자발적으로 받아들이는 경우이다. 전자의 경우에는, 외국 문화 요소가 그 문화를 수용하는 문화에게 위협으로 인식된다. 후자의 경우에는, 외국 요소가 본래 문화의 보완물로 해석된다. 이 두 가지 형태의 문화 제국주의가 서로 현격하게 다르기 때문에 많은 학자들은 그 개념의 타당성을 문제 삼는다.

Q: 글에 따르면 다음 중 옳은 것은?
(a) 어떤 나라도 의도적으로 다른 문화를 받아들이려고 하지 않을 것이다.
(b) 문화 제국주의는 타당한 개념이 아닐 수도 있다.
(c) 문화 제국주의는 너무 다양한 형태를 띤다.
(d) 어떤 나라도 다른 나라에 문화 수용을 강요할 수 없다.

해설 글의 내용으로부터 명확히 알아낼 수 있는 (b)가 정답이다. 나머지 선택지들은 모두 글의 내용에 어긋난다.
cultural imperialism 문화 제국주의 **coerce** 강요하다, 억압하다 **embrace** 껴안다, 받아들이다 **menace** 위협 **recipient** 수용하는 **complement** 보완물

정답 (b)

25

Professor Daniel Goldman at the Georgia Institute of Technology points out that in order to successfully move on granular surfaces, robots need to "move their legs more slowly." Based on his experiments with SandBot, Goldman has found that on granular media, the fast movement of robot legs tends to result in a much slower motion. His study is expected to shed light on how to improve the movement of robots on sand and other granular media.

Q: Which of the following is correct according to the passage?
(a) Even on granular surfaces, robots need to move fast.
(b) Goldman invented SandBot.
(c) Robots have no difficulty moving on granular surfaces.
(d) Goldman's research is likely to improve the movement of robots.

번역 조지아 공과대학 다니엘 골드먼 교수는 로봇들이 과립형 표면에서 잘 움직이기 위해서는, 다리를 더 천천히 움직여야 한다고 지적한다. 샌드봇을 가지고 한 실험에 근거하여, 골드먼 교수는 로봇 다리의 빠른 움직임이 과립형 매체에서 훨씬 더 느린 동작을 초래하는 경향이 있다는 것을 밝혀냈다. 그의 연구는 모래를 비롯한 다른 과립형 매체에서 로봇의 움직임을 개선하는 법을 밝힐 것으로 예상된다.

Q: 글에 따르면 다음 중 옳은 것은?
(a) 과립형 표면에서조차 로봇은 빨리 움직여야 한다.
(b) 골드먼이 샌드봇을 발명했다.
(c) 로봇은 과립형 표면에서 움직이는 데 아무런 어려움이 없다.
(d) 골드먼의 연구는 로봇의 움직임을 향상시킬 것 같다.

해설 (a)와 (c)는 글의 내용에 어긋나며, (b)는 글의 내용으로부터 정확히 알 수 없기 때문에 정답이 아니다. 단순히 다른 사람이 발명한 것을 대상으로 실험할 수도 있기 때문이다. 마지막 문장에서 정답이 (d)임을 확인할 수 있다.

granular 과립형 medium 매체 (pl. media) shed light on ~에 해결의 빛을 던지다; 보다 분명하게 하다

정답 (d)

26

Some accounts claim that between 1560 and 1690, Spanish explorers mined gold in north Georgia. They were allegedly motivated by Native Americans, who told them that large amounts of gold were deposited in the north Georgia mountains. As Yeates clearly pointed out, however, these accounts were groundless in that the Spaniards were not likely to abandon gold mines. If there had been gold in Georgia, the Spaniards would have tried every way to obtain it.

Q: Which of the following is correct according to the passage?
(a) The Spaniards killed all the Native Americans in Georgia.
(b) The Spaniards abandoned gold mines in Georgia in 1690.
(c) Spanish explorers found gold in north Georgia.
(d) The Spaniards did not mine gold in north Georgia in 1600.

번역 일부 사람들의 주장에 따르면, 1560년과 1690년 사이에, 스페인 탐험가들이 조지아 주 북부에서 금을 채굴했다고 한다. 들리는 바에 의하면, 탐험가들은 많은 양의 금이 조지아 주 북부의 산에 쌓여 있다는 말을 해준 아메리카 원주민들에 의해 채굴 동기를 갖게 되었다고 한다. 그렇지만 예이츠가 명확히 지적했듯이, 이런 이야기들은 스페인 사람들이 금광을 버리고 떠났을 것 같지 않다는 점에서 근거가 없었다. 조지아 주에 금이 있었더라면, 스페인 사람들이 금을 획득하기 위해 모든 방법을 다 썼을 테니 말이다.

Q: 글에 따르면 다음 중 옳은 것은?
(a) 스페인 사람들은 조지아 주의 아메리카 원주민들을 몰살시켰다.
(b) 1690년에 스페인 사람들은 조지아 주의 금광을 버리고 떠났다.
(c) 스페인 탐험가들은 조지아 주 북부에서 금을 찾아냈다.
(d) 1600년에 스페인 사람들은 조지아 주 북부에서 금을 채굴하지 않았다.

해설 처음에는 스페인 사람들의 금광 채굴 가능성을 얘기했지만, 이에 대한 반박이 중심 내용이다. 따라서 정답은 (d)이다. 나머지는 모두 글의 내용에 어긋난다.

account 이야기, 설명 allegedly 알려진 바로는 deposit 놓다, 침전시키다 groundless 근거 없는

정답 (d)

27

Last month, the South African government dismissed Deputy-Minister Nozizwe Madlala-Routledge, enraging the international community. Many experts believe that her dismissal resulted from her "rational" approach to the HIV/ AIDS epidemic in South Africa. Unlike Health Minister Manto Tshabalala-Msimang, Madlala-Routledge significantly contributed to the development of a more effective system to curb the HIV/ AIDS epidemic. Her efforts were scorned by President Thabo Mbeki as well as Minister Tshabalala-Msimang.

Q: Which of the following is correct according to the passage?
(a) Deputy-Minister Madlala-Routledge tried to rationally address the HIV/ AIDS epidemic in South Africa.
(b) Deputy-Minister Madlala-Routledge maintained a good relationship with President Mbeki and Minister Tshabalala-Msimang.
(c) The international community was pleased with the dismissal of Deputy-Minister Nozizwe Madlala-Routledge.
(d) Minister Tshabalala-Msimang and Deputy-Minister Madlala-Routledge adopted the same approach to the HIV/ AIDS epidemic in South Africa.

번역 지난달, 남아프리카 공화국 정부가 상급 공무원 노지즈웨 마들랄라 루트레드게를 파면해서 국제 사회를 격분시켰다. 많은 전문가들은 파면이 남아프리카 공화국 내의 에이즈 전염에 대한 합리적인 접근법 때문이라고 생각한다. 보건부 장관인 만토 챠발랄라 음시망과 달리, 마들랄라 루트레드게는 에이즈 전염을 억제하기 위한 보다 효과적인 체제 개발에 상당히 기여했다. 그녀의 노력은 챠발랄라 음시망 장관뿐만 아니라 타보 음베키 대통령에게도 멸시당했다.

Q: 글에 따르면 다음 중 옳은 것은?
(a) 상급 공무원 마들랄라 루트레드게는 남아프리카 공화국 내의 에이즈 전염 문제를 합리적으로 다루고자 노력했다.
(b) 상급 공무원 마들랄라 루트레드게는 음베키 대통령 및 챠발랄라 음시망 장관과 좋은 관계를 유지했다.
(c) 국제 사회는 상급 공무원 마들랄라 루트레드게 파면에 기뻐했다.
(d) 챠발랄라 음시망 장관과 상급 공무원 마들랄라 루트레드게는 남아프리카 공화국 내의 에이즈 전염 문제에 대해 동일한 접근법을 채택했다.

해설 글의 내용에 부합하는 (a)가 정답이다. 나머지 선택지들은 글의 내용에 어긋난다.
dismiss 파면하다 **enrage** 격분케 하다 **scorn** 멸시하다

정답 (a)

28

Writers International is a unique website that provides you with a powerful tool for becoming a professional writer. In collaboration with thousands of accomplished writers, we offer you ample chances to practice writing various genres of literature. The writers will look meticulously at your manuscripts and provide appropriate feedback. Together with us, they will provide you with various ways of publishing your own books. For more information, visit our website at http://www.writers-in.com.

Q: Which of the following is correct according to the passage?
(a) Writers International is aimed at people who like to write for fun.
(b) Thousands of accomplished writers are opposed to the website.
(c) Writers International helps people create literary works.
(d) Writers International helps people to read books more efficiently.

번역 라이터스 인터내셔널은 전문 작가가 되는 데 필요한 효과적인 도구를 제공하는 독특한 웹사이트입니다. 수천 명의 뛰어난 작가들과 협력하여, 다양한 문학 장르를 쓰는 연습을 할 풍부한 기회를 제공합니다. 작가들이 꼼꼼히 원고를 살핀 뒤 적절한 피드백을 제공할 것입니다. 저희와 함께, 작가들은 여러분 자신의 책을 출판하는 다양한 방법을 제공할 것입니다. 보다 자세한 정보를 원하시면, 저희 사이트 http://www.writer-in.com을 방문하세요.

Q: 글에 따르면 다음 중 옳은 것은?
(a) 라이터스 인터내셔널은 재미 삼아 글쓰기를 즐기는 사람들을 대상으로 한다.
(b) 수천 명의 뛰어난 작가들이 이 웹사이트에 반대한다.
(c) 라이터스 인터내셔널은 문학 작품 창작을 돕는다.
(d) 라이터스 인터내셔널은 사람들이 보다 효율적으로 책을 읽는 데 도움을 준다.

해설 내용과 일치하는 설명을 골라야 하므로 정답은 (c)이다. (d)의 경우, 내용으로부터 정확히 알 수 없기 때문에 정답이 아니다. 글쓰기를 잘하기 위해서 효율적인 독서가 필요하다고 생각할 수도 있지만, 주어진 내용에서 분명하게 말한 사항이 아니므로 정답이 될 수 없음에 유의하자.
collaboration 협동 **accomplished** 재능이 뛰어난 **ample** 풍부한; 넓은 **meticulously** 꼼꼼히 **appropriate** 적절한 **literary** 문학의 (*cf*. literal 말 그대로의)

정답 (c)

29

A Rockefeller University study has found that young canaries can learn to sing without any help from neighboring adults. In the study, the birds are exposed to a computer-generated song that is quite different from an adult canary melody. They learn to copy the song, but as time goes by, they turn it into a song typically sung by an adult canary. It is understood that an "innate program" makes it possible for the young canaries to learn to sing like adults.

Q: Which of the following is correct according to the passage?
(a) Young canaries need neighboring adults to learn to sing.
(b) Young canaries can successfully mimic a computer-generated song.
(c) Young canaries have no innate programs to help them to sing.
(d) Young canaries love computer-generated songs.

번역 록펠러 대학의 연구 결과, 어린 카나리아가 주변의 다 자란 카나리아의 도움을 전혀 받지 않고도 지저귀는 법을 배울 수 있음이 밝혀졌다. 연구에서, 어린 카나리아는 다 자란 카나리아가 내는 곡조와는 사뭇 다른, 컴퓨터가 만들어낸 노래에 노출된다. 그 노래를 따라하게 되지만, 시간이 흐르면서 카나리아는 그 노래를 다 자란 카나리아가 전형적으로 지저귀는 소리로 바꾼다. 선천적인 프로그램이 어린 카나리아를 다 자란 카나리아처럼 지저귈 수 있게 하는 것으로 이해된다.

Q: 글에 따르면 다음 중 옳은 것은?
(a) 어린 카나리아는 지저귀는 법을 배우는 데 주변의 다 자란 카나리아의 도움이 필요하다.
(b) 어린 카나리아는 컴퓨터가 만들어낸 노래를 성공적으로 흉내 낼 수 있다.
(c) 어린 카나리아에게는 지저귈 수 있도록 돕는 선천적인 프로그램이 없다.
(d) 어린 카나리아는 컴퓨터가 만들어낸 노래를 아주 좋아한다.

해설 글의 내용과 일치하는 선택지는 (b)이다. (a)와 (c)는 글의 내용에 어긋나며, (d)는 글의 내용을 통해 명확히 알 수 있는 사항이 아니므로 정답이 될 수 없다. 꼭 좋아해야만 모방할 수 있는 것은 아니기 때문이다.

canary 카나리아 neighboring 인접한 expose 노출시키다 innate 선천적인 mimic 흉내 내다

정답 (b)

30

Dear Tawny Roberts:

It is with great regret that we inform you that we have decided to dismiss you from employment effective May 5, 2009. This decision has not been an easy one and every effort has been made to avoid it. Unfortunately, however, because of our financial difficulties, we have no choice but to let go of contract workers like you. We must mention that it has been a great pleasure to work with you. Your passion and professionalism will be greatly missed. We sincerely hope that you find a financially stable company.

Q: Which of the following is correct according to the passage?
(a) Roberts was a passionate worker.
(b) Roberts did not show professionalism in her work.
(c) The company has no financial difficulties.
(d) Roberts had a strained relationship with the company.

번역 토니 로버츠에게

2009년 5월 5일부로 해직될 것을 알려드리게 되어 매우 유감입니다. 이러한 결정이 쉽지 않았으며, 이를 피하기 위해 모든 노력을 다했습니다. 그렇지만 유감스럽게도, 재정적 어려움으로 인해 귀하와 같은 계약직 근로자들을 해고할 수밖에 없습니다. 함께 일했던 것이 크나큰 기쁨이었음을 꼭 말씀드리고 싶습니다. 귀하의 열정과 전문성을 많이 그리워할 것입니다. 재무 구조가 탄탄한 회사를 찾으시기를 진심으로 기원합니다.

Q: 글에 따르면 다음 중 옳은 것은?
(a) 로버츠는 열정적인 근로자였다.
(b) 로버츠는 일에 있어 전문성을 보이지 않았다.
(c) 회사는 재정적인 어려움이 없다.
(d) 로버츠는 회사와 불편한 관계였다.

해설 글의 내용에 정확히 부합하는 선택지를 골라야 하므로 정답은 (a)이다. (b)와 (c)는 글의 내용에 어긋난다. (d)는 일단 서한의 내용에서 회사가 로버츠를 아주 우호적으로 판단하고 있다는 점을 감안할 때 정답이 될 수 없다.

dismiss 해고하다 추방하다 effective 유효한 let go of ~을 놓아 주다, 해방하다 contract worker 계약직 사원 professionalism 전문성 passionate 열정적인 strained 불편한

정답 (a)

31

A University of Michigan research team has successfully created artificial bone marrow that is capable of producing red and white blood cells. According to Professor Nicholas Kotov, the marrow can reproduce blood stem cells and create B cells, which play a leading role in fighting against diseases. The substance, however, cannot be implanted in the body. Its main purpose is to enable researchers to closely examine immune system defects and test pharmaceutical drugs more easily.

Q: Which of the following is correct according to the passage?
(a) The artificial bone marrow cannot produce B cells.
(b) B cells are essential for combating diseases.
(c) Researchers will implant the artificial bone marrow in the body.
(d) The artificial bone marrow cannot produce red blood cells.

번역 미시간 대학교 연구팀은 적혈구와 백혈구를 생산할 수 있는 인공 골수를 만들어내는 데 성공했다. 니콜라스 코토브 교수에 의하면, 골수는 혈액 줄기 세포를 번식시킬 수 있고 B세포를 만들어낼 수 있다고 하는데, B세포는 질병과 싸우는 데 선두적인 역할을 한다. 그렇지만 이 물질이 인체에 이식될 수는 없다. 인공 골수의 주된 목적은, 연구자들이 면역 체계 결함을 면밀히 조사하고 보다 쉽게 의약품을 시험할 수 있도록 하는 데 있다.

Q: 글에 따르면 다음 중 옳은 것은?
(a) 인공 골수는 B세포를 만들어내지 못한다.
(b) B세포는 질병을 방지하는 데 꼭 필요하다.
(c) 연구자들은 인공 골수를 인체에 이식할 것이다.
(d) 인공 골수는 적혈구를 만들어내지 못한다.

해설 글의 내용과 부합하는 (b)가 정답이다. 나머지 선택지들은 모두 글의 내용과 맞지 않다.
bone marrow 골수 **red blood cell** 적혈구 **white blood cell** 백혈구 **implant** ~을 심다 **pharmaceutical drug** 의약품

정답 (b)

32

Kristen Grunberg is a prolific novelist, who is well-known for her realistic approach to international politics. Last Friday, I attended her lecture on foreign policy recommendations for President Barack Obama. In the lecture, Grunberg emphasized that when dealing with North Korea, the United States should take necessary measures to ensure that her policy does not conflict with the interests of China. Although some members of the audience showed disapproval of her ideas, I was deeply impressed by her expertise on the issue and her keen insight into the nature of international politics.

Q: What can be inferred from the passage?
(a) Grunberg does not write many novels.
(b) Grunberg prefers a hostile approach to North Korea.
(c) The writer thought highly of Grunberg.
(d) Grunberg believes that China is America's worst enemy.

번역 크리스틴 그룬버그는 다작하는 소설가인데, 국제 정치에 대한 현실적인 접근으로 유명하다. 지난 금요일, 나는 버락 오바마 대통령을 위한 외교 정책 권고에 관한 강연에 참석했다. 강연에서, 그룬버그는 미국이 북한을 대할 때, 미국 스스로의 정책이 중국의 이해관계와 충돌하지 않도록 필요한 조치를 취해야 한다고 강조했다. 일부 청중은 그룬버그의 아이디어를 탐탁지 않게 여기는 태도를 보였지만, 나는 그 문제에 대한 그룬버그의 전문 지식과 국제 정치의 본질에 대한 날카로운 통찰력에 깊은 감명을 받았다.

Q: 글로부터 유추할 수 있는 것은?
(a) 그룬버그는 소설을 많이 쓰지 않는다.
(b) 그룬버그는 북한에 대한 적대적인 접근을 선호한다.
(c) 글쓴이는 그룬버그를 높이 평가했다.
(d) 그룬버그는 중국이 미국의 숙적이라고 생각한다.

해설 글의 내용으로부터 정확히 추론할 수 있는 (c)가 정답이다. (a)는 글의 내용에 어긋나며, (b)와 (d)는 다른 나라의 이해관계를 배려하는 태도 등을 감안할 때 정답이 될 수 없다.
prolific 다작의, 다산의 **expertise** 전문성 **hostile** 적대하는

정답 (c)

33

According to Dr. Peter Glynn and Dr. Andrew Baker, coral bleaching has negatively impacted marine ecosystems. Coral bleaching is when corals release their symbiotic algae and lose their pigmentation. It is generally believed to be caused by increased ocean temperatures. Dr. Glynn points out that coral bleaching has led to widespread loss of corals. He adds that since it results in the loss of other marine animals, the loss of the corals constitutes an obstacle to the maintenance of biodiversity in marine ecosystems.

Q: What can be inferred from the passage?
(a) Coral bleaching is not associated with the loss of pigmentation.
(b) Coral bleaching negatively affects biodiversity.
(c) Marine animals are not affected by coral bleaching.
(d) Many land animals are killed by increased ocean temperatures.

번역 피터 글린 박사와 앤드류 베이커 박사에 의하면, 산호의 백화 현상이 해양 생태계에 나쁜 영향을 미쳤다고 한다. 산호의 백화 현상이란, 산호가 공생 관계인 조류를 방출하면서 색소를 잃는 것이다. 백화 현상은 일반적으로 해양 온도 상승 때문에 발생하는 것으로 생각된다. 글린 박사는 백화 현상이 산호의 광범위한 손실을 초래했다고 지적한다. 또한, 그로 인해 다른 해양 동물들도 감소하므로 산호 손실이 해양 생태계의 생물학적 다양성을 유지하는 데 장애가 된다고 덧붙인다.

Q: 글로부터 유추할 수 있는 것은?
(a) 산호의 백화 현상은 색소 유실과는 관련이 없다.
(b) 산호의 백화 현상은 생물학적 다양성에 부정적인 영향을 미친다.
(c) 해양 동물들은 산호의 백화 현상에 영향받지 않는다.
(d) 해양 온도 상승으로 많은 육지 동물들이 죽는다.

해설 (a)와 (c)는 글의 내용에 어긋나며, (d)는 글의 내용으로부터 명확히 추론할 수 없다. 따라서 정답은 (b)이다.
coral bleaching 산호의 백화 현상 ecosystem 생태계 symbiotic 공생 관계의 alga 조류(藻類) pigmentation 색소 biodiversity 생물학적 다양성

정답 (b)

34

Many experts point out that in order to properly evaluate worker productivity, you should take into account both objective and subjective indicators. As can be easily seen, objective measurements are comparatively easy to make. For instance, you can check how many products have been sold or how many calls have been made. On the other hand, subjective measurements are quite difficult to make. Most experts agree that employee involvement is essential for identifying subjective indicators. This is largely because employees have in-depth knowledge about the everyday operation of a company.

Q: What can be inferred from the passage?
(a) Measuring worker productivity is a demanding task.
(b) Subjective measurements of worker productivity are relatively easy to make.
(c) Identifying subjective indicators is not a productive process.
(d) Employees do not know how their company works on a daily basis.

번역 많은 전문가들이 노동생산성을 제대로 평가하기 위해서는 객관적인 지표와 주관적인 지표를 모두 고려해야 한다고 지적한다. 쉽게 알 수 있듯이, 객관적인 측정은 비교적 쉽게 할 수 있다. 예를 들어, 얼마나 많은 제품이 팔렸는지, 또는 얼마나 많이 전화 통화를 했는지를 확인할 수 있다. 반면, 주관적인 측정은 수행하기가 꽤 어렵다. 전문가들 대부분은 직원 참여가 주관적 지표를 확인하기 위해 필수적이라는 데 동의한다. 이것은 주로 직원들이 회사의 일상적인 운용에 대해 깊은 지식을 가지고 있기 때문이다.

Q: 글로부터 유추할 수 있는 것은?
(a) 노동생산성 측정은 많은 노력을 요하는 일이다.
(b) 노동생산성의 주관적인 측정은 상대적으로 수행하기 쉽다.
(c) 주관적 지표를 확인하는 것은 생산적인 과정이 아니다.
(d) 직원들은 회사가 일상적으로 어떻게 운용되는지를 알지 못한다.

해설 글의 내용으로부터 정답이 (a)임을 알 수 있다. (b)와 (d)는 글의 내용에 어긋나며, (c)는 글로부터 정확히 알아낼 수 없다.
worker productivity 노동생산성 take into account ~을 고려하다 in-depth 깊이 있는 demanding 많은 노력을 요하는

정답 (a)

35

Unfortunately, there are too many patients who do not realize the importance of listening to doctors and pharmacists. For instance, when taking antibiotics, they do not follow the instructions given to them. Too often, the moment they feel that they have recovered health, they stop taking the antibiotics. This decision is likely to lead to the worsening of the infection, thus reducing the effectiveness of the medication. Since most doctors and pharmacists give proper instructions about the use of medicines including antibiotics, patients are advised to faithfully follow the instructions for the best results.

Q: What can be inferred from the passage?
(a) Doctors and pharmacists should respect patients.
(b) Today's patients are well-informed about medicine.
(c) Too many doctors give improper instructions about the use of medicines.
(d) Antibiotics are used to treat infections.

번역 애석하게도, 의사와 약사의 말을 경청하는 것이 얼마나 중요한지를 깨닫지 못하는 환자들이 너무 많다. 예컨대, 항생제를 복용할 때, 환자들은 주어진 지시사항을 따르지 않는다. 건강이 회복되었다고 느끼자마자, 항생제 복용을 중단하는 일이 비일비재하다. 이런 결정은 감염을 악화시켜 약물 치료 효과를 떨어뜨릴 수 있다. 의사와 약사들이 대부분 항생제를 포함한 의약품 사용에 대해 적절한 지시사항을 전달하므로, 환자는 최선의 결과를 얻기 위해 지시사항을 충실히 따르는 것이 바람직하다.

Q: 글로부터 유추할 수 있는 것은?
(a) 의사와 약사는 환자를 존중해야 한다.
(b) 오늘날 환자들은 의학에 대해 박식하다.
(c) 너무 많은 의사들이 의약품 사용에 대해 잘못된 지시사항을 제공한다.
(d) 항생제는 감염을 치료하는 데 쓰인다.

해설 글의 내용으로부터 명확히 추론할 수 있는 (d)가 정답이다. (a)는 상식적인 내용이긴 하지만, 주어진 글을 통해서 분명하게 추론할 수 없으므로 정답이 될 수 없다.
pharmacist 약사 antibiotics 항생제 infection 감염
well-informed 박식한

정답 (d)

36

ITV Wales announced that starting on February 9, 2009, it would discontinue sign language interpretation of news headlines. The decision was made without any consultation with the deaf community, which incensed politicians and deaf people alike. Jocelyn Davies, a member of the Welsh Assembly Government, mentioned that the measure would deprive deaf viewers in Wales of the opportunity to watch local news. Eleanor Burnham decried it as an "outrageous decision." The Wales Deaf Broadcasting Council pointed out that the decision was a "severe blow [to the deaf community]."

Q: What can be inferred from the passage?
(a) Many politicians welcomed ITV Wales's decision.
(b) ITV Wales will likely have a stormy relationship with the deaf community.
(c) Not many deaf people had depended on ITV Wales for local news.
(d) ITV Wales frequently discussed matters with the deaf community.

번역 ITV 웨일즈는 2009년 2월 9일부터 뉴스 헤드라인에 대한 수화 통역을 중단한다고 발표했다. 이 결정은 청각 장애인 공동체의 상의 없이 내려진 것이어서 정치인들과 청각 장애인들을 모두 격분시켰다. 웨일즈 의회정부 의원인 조슬린 데이비스는 그 조치로 인해 웨일즈의 청각 장애인 시청자들이 지역 뉴스를 볼 기회가 박탈될 것이라고 언급했다. 엘리노어 번햄은 그 결정을 터무니없는 결정이라고 비난했다. 웨일즈 청각 장애인 방송위원회는 그 결정이 (청각 장애인 공동체에) 심한 타격이라고 지적했다.

Q: 글로부터 유추할 수 있는 것은?
(a) 많은 정치인들이 ITV 웨일즈의 결정을 환영했다.
(b) ITV 웨일즈는 청각 장애인 공동체와 험악한 관계를 갖게 될 것으로 보인다.
(c) 지역 뉴스를 보려고 ITV 웨일즈에 의존했던 청각 장애인들은 많지 않았다.
(d) ITV 웨일즈는 청각 장애인 공동체와 자주 문제를 논의했다.

해설 (a)와 (c)는 글의 내용에 어긋나며, (d)는 글에서 언급된 결정과 관련하여 청각 장애인들과 협의가 없었다고 한 점만으로 추론할 수 있는 사항이 아니다. 따라서 정답은 (b)이다.
discontinue 중단하다 interpretation 통역, 해석
consultation 상의 incense 격분시키다 decry 힐난하다
outrageous 극악무도한 stormy 험악한

정답 (b)

37

According to Juliet Zhu at the University of British Columbia, both red and blue can enhance mental functions. They are, however, different in what brain performance they can boost. When exposed to red, people tend to perform detail-oriented tasks such as proofreading much more effectively. In contrast, blue improves performance on creativity-oriented tasks such as brainstorming. Zhu points out that learned associations can account for those differences, acknowledging the influence of colors on cognitive abilities. These findings are likely to have a profound impact on the field of advertising.

Q: What can be inferred from the passage?
(a) Zhu doubts the influence of colors on brain function.
(b) Advertisers will likely ignore Zhu's research findings.
(c) Novelists will likely benefit from the color blue.
(d) The color red cannot be used in advertising.

번역 브리티시 컬럼비아 대학교의 줄리엣 주에 의하면, 빨간색과 파란색 모두 정신적 기능을 향상시킬 수 있다고 한다. 그렇지만 두 색깔은 어떤 두뇌 성능을 향상시킬 수 있는가 하는 점에서 다르다. 빨간색에 노출되면, 사람들은 교정과 같이 세부 지향적인 과제를 훨씬 더 효과적으로 수행하는 경향이 있다. 이와는 대조적으로, 파란색은 브레인스토밍과 같이 창의성 지향 과제에 대한 수행 능력을 향상시킨다. 주는 색깔이 인지 능력에 미치는 영향을 인정하면서, 학습된 연상 작용이 그런 차이의 이유가 될 수 있다고 지적한다. 이러한 연구 결과는 광고 분야에 엄청난 영향을 미칠 가능성이 있다.

Q: 글로부터 유추할 수 있는 것은?
(a) 주는 색깔이 두뇌 기능에 미치는 영향에 대해 의문을 제기한다.
(b) 광고업자들은 주의 연구 결과를 무시할 것 같다.
(c) 소설가들은 파란색으로 득을 볼 것 같다.
(d) 빨간색은 광고에 쓰일 수 없다.

해설 소설 창작이 창의적인 과제이므로 (c)가 정답임을 알 수 있다. (a)와 (b)는 글의 내용에 어긋나고, (d)는 글에서 밝힌 사항이 아니며, 세부 지향적인 사람들을 향한 광고도 생각할 수 있기에 정답이 될 수 없다.
enhance (정도를) 올리다, 강화하다 **proofreading** 교정 **association** 연상 **account for** ~의 이유가 되다 **profound** (영향·느낌·경험 등이) 엄청난[깊은]

정답 (c)

ACTUAL TEST 7 | Part 3

38

According to Hinduja and Patchin, cyberbullying is defined as "willful and repeated harm inflicted through the medium of electronic text." (a) As such, it can take many different forms. (b) For instance, sending emails with threats is an example of cyberbullying. (c) Spreading a false rumor on the Internet is another example. (d) Children need to report any suspicious emails to the police.

번역 힌두자와 패친에 따르면, 사이버 집단괴롭힘은 '전자 텍스트라는 매체를 통해 의도적·반복적으로 괴롭히는 폐해'로 정의된다. (a) 그러한 것으로서, 사이버 집단괴롭힘은 다양한 형태를 띨 수 있다. (b) 예컨대, 협박하는 이메일을 보내는 것은 사이버 집단괴롭힘의 한 예이다. (c) 인터넷으로 헛소문을 퍼뜨리는 것이 또 다른 예이다. (d) 아동은 수상한 이메일은 어떤 것이든 경찰에 신고해야 한다.

해설 사이버 집단괴롭힘의 정의와 형태를 다루고 있는 글로, (d)는 이와 관련이 없는 내용이다. 비교적 쉽게 정답을 찾을 수 있긴 하지만, 내용을 꼼꼼하게 확인해 둘 필요가 있다.
cyberbullying 사이버 집단괴롭힘 **willful** 의도적인 **inflict** (해를) 가하다 **suspicious** 의심스러운

정답 (d)

39

Between 1453 and 1566, the Ottoman Empire continued to expand its territory through military conquests. (a) Its disciplined and advanced military greatly contributed to the conquests. (b) The Ottoman navy also played a major part in conquering neighboring countries. (c) During this period, the empire enjoyed political stability and economic prosperity. (d) In addition, the navy successfully defended sea routes used for trading.

번역 1453년과 1566년 사이에 오스만 제국은 군사 정복을 통해 영토를 계속해서 확장시켰다. (a) 훈련받은 우수한 육군은 이웃국가 정복에 크게 기여했다. (b) 오스만 해군도 인접 국가들을 정복하는 데 주요한 역할을 했다. (c) 이 시기에 오스만 제국은 정치적 안정과 경제적 번영을 누렸다. (d) 더욱이, 오스만 해군은 교역에 쓰이는 해로를 성공적으로 방어했다.

해설 글의 전체적인 흐름은 오스만 제국의 군사 정복에 있다. 따라서 이에 어긋나는 (c)가 정답이다. (d)가 흐름상 어색하다고 잘못 생각할 수도 있지만, 해군의 군사 활동 일부라는 점에서 흐름에 부합한다는 점에 유의하자.
disciplined 훈련된, 규율이 잡힌 **military** 육군의 **sea route** 해로

정답 (c)

40

Despite its sensationalism, the novel *Ravelstein* was not that successful in attracting huge readership. (a) It fictionalized the life of Alan Bloom, who seemed to be conservative in public, but "liberated" in private. (b) His dual identity led to media hype and devastated the conservative circle. (c) Saul Bellow, the author of the novel, committed himself to finding the objective truth about Bloom. (d) Nevertheless, the novel was not so widely read by the general public.

번역 소설 〈라벨스타인〉은 선정주의적 요소에도 불구하고 큰 독자층을 확보하는 데 그리 성공하지 못했다. (a) 이 소설은 앨런 블룸의 삶을 각색했는데, 그는 대중 앞에서는 보수적인 것 같았지만 사적으로는 자유분방했던 것 같다. (b) 그의 이중 정체성은 언론의 대대적인 보도로 이어졌고, 보수층에게 엄청난 충격을 주었다. (c) 소설 저자인 솔 벨로우는 블룸에 대한 객관적 진실을 찾는 일에 전념했다. (d) 그럼에도 불구하고, 이 소설은 일반 대중에게 그렇게 널리 읽히지 않았다.

해설 글의 전체 흐름은 소설 〈라벨스타인〉이 독자층 확보에 문제를 보였다는 데 있다. 또 선정주의적 요소가 있다고 했으므로 (c)는 그와 같은 특성에 비추어 적합하지 않다.
sensationalism 선정주의 **readership** 독자층 **fictionalize** 허구로 각색하다 **liberated** 자유분방한 **dual** 이중적인 **media hype** 언론의 과잉 보도 **devastate** 망연자실하게 만들다

정답 (c)

ACTUAL TEST 8

Part 1	1 (b)	2 (d)	3 (b)	4 (a)	5 (c)	6 (d)	7 (b)	8 (c)
	9 (b)	10 (a)	11 (a)	12 (d)	13 (c)	14 (b)	15 (b)	16 (c)
Part 2	17 (b)	18 (a)	19 (d)	20 (d)	21 (b)	22 (a)	23 (d)	24 (a)
	25 (c)	26 (d)	27 (c)	28 (b)	29 (a)	30 (d)	31 (c)	32 (d)
	33 (a)	34 (b)	35 (a)	36 (c)	37 (b)			
Part 3	38 (b)	39 (b)	40 (c)					

ACTUAL TEST 8 — Part 1

1

Wendell Cox at the Heartland Institute believes that the general public has a lot to _____. He argues that if America depended more on trucks than on trains to carry its freight, prices would rise and congestion would worsen. On the other hand, better mobility resulting from improving the nation's freight system would lead to higher productivity for consumers and producers alike.

(a) learn from the sea freight industry
(b) gain from the rail freight industry
(c) lose from the air freight industry
(d) commend about the land freight industry

번역 하트랜드 연구소의 웬델 콕스는 일반 대중이 철도 화물 산업으로부터 얻을 것이 많다고 생각한다. 그는 미국이 화물을 운송하는 데 기차보다 트럭에 더 의존하면, 물가가 상승하고 교통 정체가 악화될 것이라고 주장한다. 반면, 국가의 화물 운송 체계를 개선해서 얻게 되는 보다 나은 이동성은 소비자와 생산자 모두에게 보다 높은 생산성으로 귀결될 것이다.

(a) 해상 화물 산업으로부터 배울 것이
(b) 철도 화물 산업으로부터 얻을 것이
(c) 항공 화물 산업으로부터 잃을 것이
(d) 육상 화물 산업에 대해 칭찬할 것이

해설 글의 전반적인 흐름은 화물 운송 시 트럭이 아니라 기차를 이용하는 것이 대중에게 도움이 된다는 데 있다. 따라서 정답은 (b)이다. (a)와 (c)는 글에서 다루지 않은 내용이며, (d)는 트럭 이용에 대해 비판하고 있으므로 정답이 아니다.
freight 화물 **congestion** 교통 정체 **mobility** 이동성 **commend** 칭찬하다

정답 (b)

2

Dear Derek Jareau,

This is Emily Garcia, at Pasada International. I heard from our CFO that you are going to start work with us next Monday. Can you confirm the work schedule? With regard to your housing, you can share an apartment with Jason Greenaway, one of our employees. He is an easy-going person who is wonderful to everybody. I believe he can help you _____. Alternatively, you can find your own apartment, which I think will take some time and effort. Anyway, welcome aboard! I hope you enjoy your work with us and your stay here in Prague.

(a) learn how to become a good person
(b) find a good place to stay
(c) improve your job performance
(d) adjust yourself to our workplace

번역 데릭 자로 씨께
파사다 인터내셔널 사의 에밀리 가르샤입니다. 다음 주 월요일부터 근무를 시작한다고 자금 관리 이사에게 들었습니다. 업무 일정을 확인해 주시겠습니까? 주거와 관련해서는, 직원인 제이슨 그린어웨이 씨와 아파트를 같이 쓰실 수 있습니다. 모든 이들에게 친절하고 소탈한 사람입니다. 저희 직장에 적응하는 데 도움을 줄 수 있을 겁니다. 개인 아파트를 찾으실 수도 있는데, 시간과 노력이 좀 들 거라고 생각됩니다. 어쨌든, 입사를 축하합니다! 저희와 함께 일하는 것, 이곳 프라하에 머무는 것이 즐거우시길 바랍니다.

(a) 좋은 사람이 되는 법을 배우는 데
(b) 머물기 좋은 곳을 찾는 데
(c) 업무 수행력을 향상시키는 데
(d) 저희 직장에 적응하는 데

해설 신입 사원을 환영하는 내용이므로 정답은 (d)이다. (a)는 지나친 비약이고, (b)는 같이 머물게 되면 불필요한 사항이며, (c)는 아직 신입 사원의 업무 수행력을 모르기 때문에 정답이 될 수 없다.
CFO 자금 관리 이사(chief financial officer) **easy-going** 느긋한

정답 (d)

3

According to Dr. Fred Schroeder, American society does not _____. For instance, while sighted children have full access to a variety of resources to help them read and write, blind children have only limited access to such resources. As a result, merely ten percent of blind children learn to read Braille. What is worse, only 45 percent of blind children graduate from high school, whereas most sighted children earn a high school diploma.

(a) care about the quality of education for children
(b) pay enough attention to blind children
(c) discriminate against blind children
(d) realize the importance of reading skills

번역 프레드 슈뢰더 박사에 따르면, 미국 사회는 시각 장애 아동에게 충분히 관심을 기울이지 않는다고 한다. 예컨대, 시력이 정상인 아동이 읽고 쓰는 법을 배우는 데 도움이 되는 다양한 자원을 접할 기회가 많은 반면, 시각 장애 아동은 그런 자원에 대해 제한적으로만 접근할 수 있다. 그 결과, 시각 장애 아동의 10%만이 점자를 읽는 법을 배운다. 설상가상으로, 시력이 정상인 대부분의 아이들이 고등학교 졸업장을 받는 반면, 시각 장애 아이들은 45%만이 고등학교를 졸업한다.

(a) 아동 교육 수준에 대해 신경을 쓰지
(b) 시각 장애 아동에게 충분히 관심을 기울이지
(c) 시각 장애 아동을 차별하지
(d) 독해력의 중요성을 깨닫지

해설 글의 전체 흐름은 미국 사회가 시각 장애 아동을 충분히 배려하지 않는다는 것이므로 정답은 (b)이다. (a)는 글의 초점에 어긋나고, (c)는 정반대되는 내용이다. (d)는 부분적 사항이므로 정답이 될 수 없다.
sighted 눈이 보이는   **access** 사용 권리   **Braille** 점자(법)
diploma 졸업장   **discriminate against** ~를 차별하다

정답 (b)

4

One day in 1856, Nongqawuse, a 16-year-old girl, went to look for water near the Gxarha River. On the banks of the river, she allegedly "saw" the deceased ancestors. They told her that if the Xhosa people killed all their cattle, the spirits would expel the British settlers from the land and give the people healthier cattle. Nongqawuse conveyed the message to her uncle, who spread the prophecy to the Xhosa people. At first, the Xhosa were not sure what to do, but later they slaughtered their cattle. Unfortunately for them, however, the prophecy was not fulfilled, _____.

(a) leaving many to starve
(b) enriching their culture
(c) leading them to kill Nongqawuse
(d) resulting in a revolution

번역 1856년 어느 날, 16세 소녀 농가우세는 물을 구하러 카르하 강 근처로 갔다. 강둑에서 농가우세는 사망한 조상들을 보았다. 조상들은 농가우세에게 코사족이 소를 모두 죽이면, 혼령들이 영국인 정착민들을 땅에서 몰아내고 코사족에게 더 건강한 소를 줄 것이라고 말했다. 농가우세는 이 메시지를 삼촌에게 전했고, 삼촌은 이 예언을 코사족에게 퍼뜨렸다. 처음에 코사족은 어떻게 해야 할지 몰랐지만, 나중에는 소를 도살했다. 그렇지만 유감스럽게도, 예언이 실현되지 않아서 그들 가운데 상당수가 굶어 죽었다.

(a) 그들 가운데 상당수가 굶어 죽었다
(b) 그들 문화가 풍성해졌다
(c) 그들이 농가우세를 죽이게 되었다
(d) 혁명을 초래했다

해설 글의 흐름을 정확히 포착해야 한다. (b)는 관련이 없는 내용이고, (d)는 비약이기 때문에 정답이 될 수 없다. 바로 앞 문장의 내용인 가축의 도살과 관련되어야 하기 때문에 정답은 (a)이다.
bank 강둑; 은행   **allegedly** 주장되는 바로는   **deceased** 사망한   **cattle** 소   **expel** 내쫓다   **convey** 전하다
prophecy 예언   **slaughter** 도살하다   **starve** 굶어 죽다, 굶겨 죽이다   **enrich** 풍부하게 만들다

정답 (a)

5

In *The Media and Body Image: If Looks Could Kill*, Maggie Wykes and Barrie Gunter argue that the female images "promoted by the mass media" can contribute to an increase in eating disorders among women. They point out that in order to achieve an idealized femininity in the mass media, women turn to extreme weight loss strategies. Consequently, they suffer from eating disorders much more often than men. The authors lament that the mass media tend to _____.

(a) support such extreme weight loss strategies
(b) cater to the desires of men
(c) focus foremost on women's appearance
(d) overlook the intrinsic value of femininity

번역 〈대중 매체와 신체상: 외모가 죽음을 초래할 수 있다면〉이라는 저서에서 매기 웍스와 베리 군터는 대중 매체가 조장하는 여성 이미지가 여성들 사이에서 식이장애가 증가하는 원인이 될 수 있다고 주장한다. 그들은 대중 매체에서 이상화된 여성다움을 이루기 위해 여성이 극단적인 체중 감소 전략에 의존한다고 지적한다. 따라서 여성은 남성보다 훨씬 더 빈번하게 식이장애로 고통받는다. 저자들은 대중 매체가 여성의 외모에 가장 관심을 집중하는 경향이 있다고 한탄한다.

(a) 그런 극단적인 체중 감소 전략을 지지하는
(b) 남성의 욕망을 채워주는
(c) 여성의 외모에 가장 관심을 집중하는
(d) 여성다움의 본질적인 가치를 간과하는

해설 글의 내용을 자연스럽게 정리하는 (c)가 정답이다. (a)와 (b)는 글에서 정확히 이끌어낼 수 없는 사항이며, (d)도 정확히 알 수 없는 내용이므로 오답이다.
idealize 이상화하다 **femininity** 여성성 (*cf.* masculinity 남성성)
lament 한탄하다 **cater to** ~을 충족시키다

정답 (c)

6

Supporters of illegal immigration maintain that many states, including California, gain economic benefits from "illegal" immigrants. This is mainly because they contribute significantly to the competitiveness of local businesses. Even though they are paid much less than American citizens, immigrants tend to work really hard. Furthermore, by consuming American products, they help the American economy to grow. It is often the case that their purchasing power helps _____.

(a) decrease the crime rate
(b) America reduce its trade deficits
(c) America become financially responsible
(d) spur the creation of more jobs

번역 불법 이민 지지자들은 캘리포니아 주를 포함해 많은 주들이 불법 이민자들로부터 경제적 이득을 얻는다고 주장한다. 이는 주로 불법 이민자들이 지역 업체의 경쟁력에 상당히 이바지하기 때문이다. 이민자들은 미국 시민들보다 급여가 훨씬 낮지만 매우 열심히 일하는 경향이 있다. 더욱이, 미국 제품을 소비함으로써 미국 경제가 성장하는 데 도움을 준다. 이민자들의 구매력이 보다 많은 일자리 창출의 원동력이 되는 경우가 흔하다.

(a) 범죄율을 낮추는
(b) 미국이 무역 적자를 줄이는
(c) 미국이 재정적 책임을 갖추는
(d) 보다 많은 일자리 창출을 자극하는

해설 바로 앞의 내용과 자연스럽게 연결되어야 하므로 미국 경제 성장과 관련되어야 한다. 따라서 정답은 (d)이다. (a)는 관련 없는 내용이고, (b)는 수출입에 관한 사항이므로 어울리지 않으며, (c)는 재정 운영에 관한 내용이어서 글의 흐름에 벗어난다.
maintain 주장하다; 유지하다 **deficit** 적자 (*cf.* surplus 흑자)
spur 자극하다

정답 (d)

7

Not until the nineteenth century was economics established as an independent discipline. Before that time, scholars from various backgrounds tried to address economic matters. For instance, Aristotle deliberated on whether individuals should possess property. Medieval scholars such as Thomas Aquinas tried to apply ethics to business activities. On the other hand, mercantilist theory prevailed during the Renaissance, arguing that _____. During the Industrial Revolution, Adam Smith contributed to the establishment of modern economics.

(a) regulations should be imposed to promote ethical business practices
(b) trade policy should be aimed at promoting the national interest
(c) agricultural product prices should be determined arbitrarily
(d) politicians should deal with economic matters more idealistically

번역 경제학은 19세기에 이르러서야 독립된 학문으로 확립되었다. 그 전에, 다양한 배경의 학자들이 경제 문제를 다루려 했다. 그 예로, 아리스토텔레스는 개인이 재산을 소유해야 하는가에 대해 숙고했다. 토마스 아퀴나스와 같은 중세 시대 학자들은 윤리를 상업 활동에 적용하려고 했다. 반면, 르네상스 시대에는 무역 정책이 국익 증진을 목표로 해야 한다고 주장하는 중상주의가 풍미했다. 산업 혁명기에는 애덤 스미스가 근대 경제학 확립에 기여했다.

(a) 윤리적 사업 관행을 장려하기 위해 규제가 가해져야 한다
(b) 무역 정책이 국익 증진을 목표로 해야 한다
(c) 농산물 가격이 자의적으로 정해져야 한다
(d) 정치가들이 경제 문제를 보다 이상주의적으로 다루어야 한다

해설 글의 흐름으로 볼 때, 바로 앞의 중세 시대와 대조를 이루는 내용이 와야 한다. 따라서 정답은 (b)이다. (a)는 중세 시대와 비슷한 입장이고, (c)는 중세 시대와 뚜렷한 대조를 이루지 못하며, (d)는 관련성이 없기 때문에 정답이 될 수 없다.
discipline 학문 deliberate on ~에 대해 숙고하다
medieval 중세의 mercantilist 중상주의, 중상주의자
impose (세금·형벌·의무 따위를) 지우다 arbitrarily 자의적으로

정답 (b)

8

Anthropologists have postulated that _____. As John C. Caldwell and Bruce K. Caldwell clearly point out, this was partly because increased populations would have led to greater human populations "than now exist." In order to support the postulation, the scholars hypothesize that mortality, together with fertility, had increased substantially. They understand that in the post-Neolithic world, many more people died from epidemic diseases.

(a) prehistoric populations continued to fluctuate substantially
(b) prehistoric cultures developed highly advanced medicine
(c) prehistoric populations remained constant
(d) epidemic diseases influenced the post-Neolithic world

번역 인류학자들은 선사 시대 인구가 일정했다고 가정해왔다. 존 콜드웰과 브루스 콜드웰이 분명히 지적하듯이, 이것은 부분적으로는 선사 시대 인구가 늘어났더라면 현재 존재하는 것보다 인구가 훨씬 더 많아야 하기 때문이다. 가정을 뒷받침하기 위해, 두 학자는 출생률과 함께 사망률이 상당히 증가했다는 가설을 세운다. 그들은 신석기 시대 이후 훨씬 더 많은 사람들이 전염병으로 사망한 것으로 이해한다.

(a) 선사 시대 인구가 계속해서 오르내렸다
(b) 선사 시대 문화가 높은 수준의 의학을 발전시켰다
(c) 선사 시대 인구가 일정했다
(d) 전염병이 신석기 시대 이후 세계에 영향을 미쳤다

해설 출생률과 사망률의 동시 증가로 인구가 일정했음을 알 수 있으므로 정답은 (c)이다. (a)는 글의 내용과 어긋나며, (b)는 관련성이 떨어지고, (d)는 지문 마지막 부분에서 신석기 시대에 대해 나오기는 하지만 지나치게 일반적인 내용이므로 정답이 될 수 없다.
anthropologist 인류학자 postulate 가정하다
hypothesize 가설을 세우다 mortality 사망률 fertility 출생률 post-Neolithic 신석기 시대 이후의 epidemic disease 전염병 fluctuate 변동하다

정답 (c)

9

In 1947, Dr. Ethel Percy Andrus established the National Retired Teachers Association (NRTA) in order to meet the needs of retired teachers. A decade later, she founded the American Association of Retired Persons (AARP) by permitting anyone over 50 to join the organization. At present, NRTA makes up part of AARP. In retrospect, unfortunately for Andrus, Leonard Davis invested $50,000 in establishing AARP, predicting that he would benefit greatly from selling medical insurance to senior citizens including retired teachers. Many critics point out that Davis has _____.

(a) contributed significantly to the commercial success of the organization
(b) exploited the positive image of the organization for personal gains
(c) embezzled substantial amounts of money from the organization
(d) turned the organization into a farce

번역 에델 퍼시 앤드러스 박사는 퇴직 교사들의 필요에 응하기 위해 1947년에 전국 퇴직 교원협회를 설립했다. 10년 후, 그녀는 50세 이상의 누구든 가입을 허용함으로써 미국 퇴직자 협회를 창립했다. 현재 전국 퇴직 교원협회는 미국 퇴직자 협회의 일부를 구성한다. 돌이켜 보면, 앤드러스 박사에게 불운하게도, 퇴직 교사들을 포함한 노인들에게 의료 보험을 판매함으로써 크게 이득을 볼 것으로 예측한 레너드 데이비스가 미국 퇴직자 협회 설립에 5만 달러를 투자했다. 많은 비평가들은 데이비스가 개인적 이득을 위해 단체의 긍정적인 이미지를 부당하게 이용했다고 지적한다.

(a) 단체의 상업적 성공에 크게 기여했다
(b) 개인적 이득을 위해 단체의 긍정적인 이미지를 부당하게 이용했다
(c) 단체로부터 상당한 액수의 돈을 횡령했다
(d) 단체를 웃음거리가 되게 했다

해설 바로 앞에서 데이비스의 이기적 성향을 알 수 있으므로 정답은 (b)이다. (a)는 조직에 대한 기여이고, (c)는 범죄 행위를 했다는 단서가 없으며, (d)는 지나친 비약이기 때문에 정답이 될 수 없다.
in retrospect 돌이켜 보면   exploit 부당하게 이용하다
embezzle 횡령하다   farce 웃음거리

정답 (b)

10

Since released in 1970, the film *The Cruise* has been widely regarded as a magnum opus. The screenplay was co-written by Marek Piwowski and Janusz Głowacki. Basically, the film is a(n) _____. A stowaway gets on a ship, whose captain mistakes him for a Communist Party official. Taking advantage of his new role, the fare-dodger exploits the crew and the passengers. He eventually succeeds in bringing dictatorship to the people.

(a) parody of the communist system
(b) diatribe against capitalism
(c) example of hyperbole about an ambitious person
(d) satire on the gullibility of the governed

번역 1970년 개봉된 이래로, 영화 〈항해〉는 걸작으로 널리 간주되었다. 마렉 피보프스키와 야누쉬 그오바츠키가 공동으로 시나리오를 썼다. 기본적으로, 이 영화는 공산주의 체제에 대한 패러디이다. 밀항자가 승선하는데, 선장은 그를 공산당 간부로 착각한다. 그 무임 승선자는 새로운 역할을 이용하여 선원과 승객들을 착취한다. 그는 결국 사람들에게 독재권을 강제하는 데 성공한다.

(a) 공산주의 체제에 대한 패러디
(b) 자본주의에 대한 비판
(c) 야심가에 대한 과장법의 일례
(d) 피지배자들의 잘 속는 속성에 대한 풍자

해설 (b)는 글의 내용과 전혀 관련이 없으며, (c)와 (d)는 밀항자가 처음부터 속이거나 독재자의 지위에 오르려고 했다는 단서가 없으므로 오답이다. 밀항자가 오히려 공산당 간부 역할을 하며 사람들을 착취하는 데에서 정답이 (a)임을 알 수 있다.
magnum opus 걸작   screenplay 영화 각본, 시나리오
stowaway 밀항자   fare-dodger 무임 승선자   dictatorship 독재   diatribe 통렬한 비난   hyperbole 과장법   satire 풍자
gullibility 잘 속는 속성

정답 (a)

11

In his essay entitled *Politics as a Vocation*, Max Weber defines politics as any activity in which the state may get involved to selectively distribute force. In this respect, politics is closely associated with power, thus requiring politicians to _____. Weber points out that a politician cannot observe the "true Christian ethic." This is largely because such an ethic is understood to be appropriate only for highly religious people. Since politics is radically different from religion, a politician should strike a right balance between ideals and realities.

(a) adopt realistic approaches to their vocation
(b) distinguish between politics and religion
(c) completely disregard ethical principles
(d) relentlessly pursue the acquisition of power

번역 〈직업으로서의 정치〉라는 글에서 막스 베버는 정치를 국가가 힘을 선택적으로 분배하기 위해 관여하는 활동으로 정의한다. 이 점에서 정치는 권력과 밀접한 관련이 있어서 정치인들이 그들의 직업에 대해 현실적인 접근법을 택하도록 요구한다. 베버는 정치인은 진정한 기독교 윤리를 준수할 수 없다고 지적한다. 이는 주로 그런 윤리가 신앙심이 매우 깊은 사람들에게만 적합한 것으로 이해되기 때문이다. 정치는 종교와 근본적으로 다르기 때문에 정치인은 이상과 현실 사이의 적절한 균형을 찾아야 한다.

(a) 그들의 직업에 대해 현실적인 접근법을 택하도록
(b) 정치와 종교를 구별하도록
(c) 윤리 원칙을 완전히 무시하도록
(d) 권력 획득을 집요하게 추구하도록

해설 글의 전체 맥락을 정확히 읽어내야 한다. 마지막 문장에서 이상과 현실의 균형을 말했으므로 (a)가 가장 알맞다. (c), (d)는 균형과 반대되는 내용이므로 정답이 아니다. (b)는 지나치게 포괄적이면서 또한 그렇게 요구하는 것으로 볼 근거가 없으므로 정답이 될 수 없다.

appropriate 적합한 **strike** 발견하다 **vocation** 천직, 직업 **disregard** 무시하다 **relentlessly** 집요하게

정답 (a)

12

Lawsone is a red-orange dye molecule produced by the henna plant. For thousands of years, people have used lawsone to dye skin and hair because it shows _____. In fact, by way of the Michael addition, lawsone is combined with the protein keratin in skin and hair. When that happens, the skin and hair are fortified with their colors enriched. In addition, lawsone absorbs ultraviolet light to help protect the skin. Interestingly enough, the leaves of the henna plant contain the highest amounts of lawsone.

(a) high absorbability of carbohydrates
(b) low resistance to absorption of keratins
(c) low opposition to transmission
(d) high binding affinity with protein

번역 로손은 헤나 식물이 만들어내는 붉은 빛 오렌지색의 염료 분자이다. 수천 년 동안 사람들은 피부와 머리카락을 염색하기 위해 로손을 사용했는데, 이는 로손이 단백질과 높은 결합 친화성을 보이기 때문이다. 사실 마이클 부가반응에 의해 로손은 피부와 머리카락의 각질층과 결합한다. 그렇게 되면, 피부와 머리카락이 튼튼해지고 색상이 풍부해진다. 또한 로손은 피부 보호를 위해 자외선을 흡수한다. 흥미롭게도, 헤나 식물의 잎은 로손 성분을 많이 함유한다.

(a) 탄수화물에 대한 높은 흡수성
(b) 각질 흡수에 대한 낮은 저항성
(c) 유전에 대한 낮은 저항성
(d) 단백질과 높은 결합 친화성

해설 생소한 내용으로 당황하기 쉬운데, 앞뒤 맥락을 정확히 파악해야 한다. 바로 다음 부분에서 각질층과의 결합을 말하기 때문에 (d)가 가장 적절하다. (b)는 흡수가 아니라 결합 관계라는 점에서 오답이다.

molecule 분자 **henna plant** 고벨화 **addition** 부가 (반응); 첨가물 **protein keratin** 각질층 **fortify** 강화하다 **absorbability** 흡수성 **carbohydrate** 탄수화물 **transmission** 전달 (*cf.* diffusion 확산) **affinity** 친화도

정답 (d)

13

In the field of criminology, the term "criminality" usually refers to the actual characteristics of a criminal. Some experts such as M. Kimberly MacLin, Ph.D., however, use the term to indicate the extent to which we can _____. It is widely known that people tend to make judgments based on a person's appearance, but we know little about the stereotype of criminality. It is necessary to identify "stereotypes of criminal appearance" because they can greatly affect the legal process. Given the fact that many decisions are made based on the appearance of a suspect, measures should be taken to minimize the effects of criminal stereotypes on those decisions.

(a) associate the characteristics of an individual with criminal tendency
(b) create stereotypes of violent criminals
(c) associate the appearance of an individual with criminal behavior
(d) determine the appropriateness of stereotypes of criminal appearance

번역 범죄학 분야에서, 범죄성이라는 용어는 대개 범죄자의 실제 특성을 가리킨다. 그렇지만 킴벌리 맥린 박사와 같은 일부 전문가들은 개인의 외모를 범죄 행위와 연관지을 수 있는 정도를 가리키기 위해 범죄성이라는 용어를 사용한다. 사람들이 외모에 근거하여 판단하는 경향이 있다는 사실은 널리 알려져 있지만, 범죄성의 전형에 대해서는 알려진 바가 거의 없다. 소송 절차에 크게 영향을 미칠 수 있기 때문에 범죄자의 전형적인 외모를 확인할 필요가 있다. 많은 결정이 용의자 외모에 기반해 내려진다는 사실을 감안할 때, 범죄자의 전형이 그런 결정에 미치는 영향을 최소화하기 위한 조치가 취해져야 한다.

(a) 개인의 특성을 범죄 경향과 연관지을
(b) 폭력 범죄자의 전형을 만들어낼
(c) 개인의 외모를 범죄 행위와 연관지을
(d) 범죄자의 전형적인 외모의 적합성을 결정할

해설 전반적으로 외모를 범죄 행위와 연관짓는 경향을 다루고 있으므로 정답은 (c)이다. (a)는 너무 광범위하고, (b)는 폭력 범죄자에 국한된 것이 아니며, (d)는 적합성이 문제가 아니기 때문에 정답이 될 수 없다.

criminology 범죄학   criminality 범죄성   minimize 최소화하다 (cf. maximize 최대화하다)   appropriateness 적합성

정답 (c)

14

Notoungulates were mammals that originated from South America. They emerged after the extinction of the dinosaurs and evolved into hundreds of species. Unfortunately for paleontologists, all of them became extinct. It is widely believed that most notoungulates disappeared from South America long before primitive people reached the continent. Back then, it was disconnected from Antarctica and North America, forming an island. In addition to the notoungulates, many groups of mammals, including marsupials and rodents, inhabited the continent. Approximately two to three million years ago, South America was reconnected to North America, thus allowing the mammals to migrate between the two continents. As a result, the _____.

(a) notoungulates suddenly vanished from North and South America
(b) types of mammals occupying South America drastically changed
(c) groups of mammals dominated the entire North and South America region
(d) genetic composition of mammals changed dramatically

번역 노토웅굴라타는 남아메리카에서 기원한 포유류였다. 공룡이 멸종한 후에 나타나 수백 종으로 진화했다. 고생물학자들에게는 유감스럽게도, 모든 종이 멸종되었다. 대부분의 노토웅굴라타는 원시인들이 남아메리카 대륙에 도달하기 오래 전에 사라진 것으로 널리 알려져 있다. 그때 남아메리카는 남극 및 북아메리카와 분리되어 섬을 형성했다. 노토웅굴라타뿐만 아니라, 유대류와 설치류를 포함한 다양한 포유류 집단들이 남아메리카에 거주했다. 약 2백만 또는 3백만 년 전에 남아메리카는 북아메리카와 다시 연결되어, 포유류들이 두 대륙 사이를 이동할 수 있게 되었다. 그 결과, 남아메리카를 점유했던 포유류 종류가 현격하게 바뀌었다.

(a) 노토웅굴라타가 갑자기 북아메리카와 남아메리카에서 사라졌다
(b) 남아메리카를 점유했던 포유류 종류가 현격하게 바뀌었다
(c) 포유류 집단들이 북아메리카와 남아메리카 전역을 지배했다
(d) 포유류의 유전자 구조가 급격하게 바뀌었다

해설 남아메리카와 북아메리카 연결의 결과가 나와야 하므로 (b)가 가장 적절하다. (a)는 사라질 이유가 제시되어 있지 않고, (c)는 두 대륙의 연결만으로 가능한 사항이 아니며, (d)는 관련이 없는 내용이라서 정답이 될 수 없다.

notoungulate 노토웅굴라타   paleontologist 고생물학자   Antarctica 남극 대륙   marsupial 유대류(有袋類)   rodent 설치류(齧齒類)   migrate 이주하다, 이동하다   vanish 사라지다   composition 구조, 구성

정답 (b)

15

All Americans need passports in order to visit foreign countries, and babies are no exception. _____, even newborn babies are required to have their own passports. The regulations for applying for baby passports are not the same as those for adults. To obtain passports, babies must visit a passport office in person. In addition, both parents or legal guardians ought to be present at the office. They must complete a Form DS-11. The parents should remember to sign the form only after they are told to do so by a passport agent.

(a) Despite this
(b) In fact
(c) By contrast
(d) As an illustration

번역 모든 미국인들은 외국을 방문하기 위해 여권이 필요한데, 아기도 예외가 아니다. 사실, 신생아조차 자신의 여권을 소지해야 한다. 아기 여권을 신청하는 규정은 성인 여권을 신청하는 규정과 동일하지 않다. 여권을 발급받기 위해, 아기는 직접 여권 사무소에 방문해야만 한다. 또한 부모나 법적 보호자 모두 사무소에 출석해야 한다. 부모나 보호자가 DS-11양식을 작성해야 한다. 부모는 여권 담당 직원이 요청한 이후에만 양식에 서명해야 한다는 점을 명심해야 한다.

(a) 그럼에도 불구하고
(b) 사실
(c) 이와는 대조적으로
(d) 일례로

해설 글의 전후 맥락에 어울리는 접속 표현을 찾아야 한다. 앞에 나온 내용과 다소 의외에 속하는 내용을 추가하여 강조하므로 정답은 (b)이다. 일반적인 사실에 대한 예가 아니기 때문에 (d)는 정답이 될 수 없다는 점에 유의하자.
exception 예외   **obtain** 획득하다   **guardian** 보호자

정답 (b)

16

The shopping center is strategically located on Route 37, which is a local highway connecting Villetown to Asheville. Attracting a significant volume of traffic, the property remains a retail hub serving customers in the surrounding communities. _____, the population is expected to grow exponentially, thus promising lucrative business opportunities. Located close to the residential areas, the shopping center also provides easy access to the nearby apartment complexes. Due to the convenience and accessibility of the asset, a large number of buyers are contacting our office. So, if you want to seize a once-in-a-lifetime chance, call us immediately at 1-800-555-2323.

(a) Instead
(b) Generally
(c) On top of that
(d) Consequently

번역 쇼핑센터는 전략적으로 37번 도로에 위치해 있는데, 37번 도로는 빌타운을 애슈빌과 연결하는 지역 간선도로입니다. 상당한 교통량을 유인하며 주변 지역사회 고객들에게 서비스를 제공하는 소매 중심지입니다. 게다가, 인구가 급격히 성장할 것으로 예상되어, 수익성이 좋은 사업 기회를 보장합니다. 또한 주거 지역에 가깝게 위치하여 인근 아파트 단지에 쉽게 접근할 수 있습니다. 쇼핑센터의 편의성과 접근 가능성 때문에 많은 매입자들이 저희 사무실에 연락하고 있습니다. 그러니 일생에 한 번뿐인 기회를 잡고자 하신다면, 즉시 1-800-555-2323으로 전화 주십시오.

(a) 대신에
(b) 일반적으로
(c) 게다가
(d) 따라서

해설 실용문의 출제 비중이 점점 높아지고 있기 때문에 꼼꼼하게 확인해 두어야 하는 지문이다. 전후 맥락을 감안할 때, (c)가 가장 자연스럽다. 소매 중심지라고 해서 반드시 인구 증가라는 결과가 발생하는 것은 아니므로 (d)는 정답이 될 수 없다.
strategically 전략적으로   **highway** 간선도로   **retail** 소매   **hub** 허브, 중심지   **exponentially** 기하급수적으로   **lucrative** 수지 맞는   **residential** 주거의   **complex** 단지, 복합 빌딩   **asset** 자산; 이점   **once-in-a-lifetime** 일생에 한 번의

정답 (c)

ACTUAL TEST 8　Part 2

17

According to Zoroastrianism, an individual is expected to be actively involved in the battle between truth and falsehood during his or her life. The individual gets help and protection from his or her guardian spirit called fravashi. Four days after death, the experiences of the individual are recorded for the benefit of the spiritual world. Contrary to Jainism, Zoroastrianism does not adopt the concept of reincarnation.

Q: What is the passage mainly about?
(a) Differences between Jainism and Zoroastrianism in understanding reincarnation
(b) Human life and death according to Zoroastrianism
(c) The meaning of life according to Zoroastrianism
(d) The never-ending battle between truth and falsehood

번역　조로아스터교에 따르면, 사람은 살아 있는 동안 진실과 거짓 사이의 싸움에 활발하게 연루될 것으로 예상된다고 한다. 사람은 프라바시라고 불리는 수호령으로부터 도움과 보호를 받는다. 사후 4일째에, 개인의 경험이 영혼계를 위해 기록된다. 자이나교와 달리, 조로아스터교는 윤회라는 개념을 채택하지 않는다.

Q: 글의 주된 내용은 무엇인가?
(a) 윤회에 대한 이해에서 나타나는 자이나교와 조로아스터교의 차이
(b) 조로아스터교에서 말하는 인간의 삶과 죽음
(c) 조로아스터교에서 말하는 삶의 의미
(d) 진실과 거짓의 끝없는 싸움

해설　생소한 내용으로 여겨질 수 있지만, 중요한 사항이므로 정확히 확인해 두자. 전반적으로 윤회를 포함한 삶과 죽음의 문제를 다루고 있으므로 정답은 (b)이다. 글에서 삶의 의미를 구체적으로 밝히지 않았고 또한 사후 세계를 다루었기 때문에 (c)가 정답이 아님에 유의하자.
Zoroastrianism 조로아스터교　Jainism 자이나교
reincarnation 윤회　never-ending 끝없는

정답　(b)

18

Unfortunately, too many people believe that learning literacy skills is the single most important element in early childhood education. In order to "succeed" in school and in society, however, children need to develop other characteristics such as intellectual curiosity and cooperative spirit. These traits are likely to motivate children to learn many different subjects. It should also be noted that the development of the characteristics is greatly influenced by a child's sense of self.

Q: What is the main idea of the passage?
(a) Skills other than literacy should also be developed.
(b) Literacy is the most important element in early childhood education.
(c) A child's sense of self affects the development of various characteristics.
(d) Children should be motivated to learn a variety of subjects.

번역　유감스럽게도, 너무나 많은 사람들이 읽고 쓰는 법을 배우는 것이 조기 유아 교육에서 가장 중요한 단 하나의 요소라고 생각한다. 그렇지만 학교와 사회에서 성공하기 위해서 아동은 지적 호기심이나 협동심과 같은 다른 특성을 개발해야 한다. 이런 특성은 아동에게 다양한 과목을 배우도록 동기를 부여할 것이다. 또한 그런 특성 개발이 아동의 자의식으로부터 많은 영향을 받는다는 사실에도 주목할 필요가 있다.

Q: 글의 요지는 무엇인가?
(a) 읽고 쓰는 능력 이외의 능력도 개발되어야 한다.
(b) 읽고 쓰는 능력이 조기 유아 교육에서 가장 중요한 요소이다.
(c) 아동의 자의식은 다양한 특성 발달에 영향을 미친다.
(d) 아동은 다양한 과목을 배우도록 동기를 받아야 한다.

해설　다양한 특성 개발이 아동에게 필요하다는 것이 주된 내용이므로 정답은 (a)이다. (b)는 글에서 반박하려는 내용이고, (c)와 (d)는 지나치게 세부적인 내용이기 때문에 정답이 될 수 없다. 이런 유형은 단서가 첫 부분에 있음을 명심하자.
literacy 읽고 쓰는 능력　intellectual 지적인　cooperative 협동적인　trait 특성

정답　(a)

19

On October 20, 2008, Anne Pressly was hospitalized after being beaten by an intruder inside her home. Her family and friends had difficulty understanding why such a terrible thing happened to such a loving person. According to Mallory Hardin, one of her close friends, Pressly had no enemies because she was so kind to everybody, including strangers. The police were trying to find out whether her celebrity status had led to the attack.

Q: What is the main topic of the passage?
(a) How popular Anne Pressly was
(b) Why bad things always happen to good people
(c) Why popularity can be fatal
(d) Why Anne Pressly was attacked

번역 2008년 10월 20일, 앤 프레슬리는 자신의 집에서 침입자로부터 폭행을 당한 후 병원으로 옮겨졌다. 그녀의 가족과 친구들은 왜 그렇게 끔찍한 일이 그토록 다정한 사람에게 일어났는지 이해하기 어려웠다. 친한 친구 중 한 명인 맬로리 하딘에 따르면, 프레슬리는 낯선 사람을 포함해 모든 이들에게 매우 친절했기 때문에 적이 없었다고 한다. 경찰은 프레슬리의 유명인사라는 지위가 폭행 사건을 유발한 것인지 밝혀내려고 노력 중이었다.

Q: 글의 소재는 무엇인가?
(a) 앤 프레슬리가 얼마나 인기 있었는가
(b) 좋은 사람들에게 항상 나쁜 일이 생기는 이유
(c) 인기가 죽음을 초래할 수 있는 이유
(d) 앤 프레슬리가 폭행당한 이유

해설 주어진 글의 내용을 올바르게 정리한 선택지를 골라야 하므로 정답은 (d)이다. (a)는 글에 정확히 나타나 있지 않고, (b)와 (c)는 지나치게 비약한 내용이라서 정답이 될 수 없다.
hospitalize 입원시키다 **intruder** 침입자 **celebrity** 유명인사
fatal 치명적인

정답 (d)

20

The Nobel laureate Amartya Sen criticizes the theory of the "clash of civilizations," observing that it inevitably leads to a narrow-minded approach to human identity. Unlike Samuel Huntington, who has developed the theory, Sen pays keen attention to the diversity of human identity. He points out that one's so-called "civilizational identity" does not determine one's true identity and that "civilizational partitioning" does not explain the complexity of the world.

Q: What is the main idea of the passage?
(a) Huntington's theory inevitably leads to civilizational partitioning.
(b) Civilizational partitioning is too simplistic.
(c) Huntington cannot account for the diversity of human identity.
(d) Amartya Sen attacks the concept of clash of civilizations.

번역 노벨상 수상자 아마티아 센은 '문명 충돌' 이론이 필연적으로 인간 정체성에 대한 편협한 접근법으로 이어진다고 평하면서 이를 비판한다. 그 이론을 개발한 새뮤얼 헌팅턴과 달리, 센은 인간 정체성의 다양성에 예리하게 주목한다. 그는 이른바 문명적 정체성이 진정한 정체성을 결정하지 않으며 문명에 따른 구획화가 세계의 복잡성을 설명하지 못한다고 지적한다.

Q: 글의 요지는 무엇인가?
(a) 헌팅턴의 이론은 필연적으로 문명에 따른 구획화로 귀결된다.
(b) 문명에 따른 구획화는 지나치게 단순화한 것이다.
(c) 헌팅턴은 인간 정체성의 다양성을 설명하지 못한다.
(d) 아마티아 센은 문명 충돌이라는 개념을 비판한다.

해설 생소한 내용으로 당황할 수 있는데, 정확한 내용을 확인해 두어야 한다. 글의 핵심은 (d)이다. (a)와 (b)는 글에서 추론할 수 있는 내용이긴 하지만 글의 중심 내용이 아니다. (c)는 글에서 정확히 확인할 수 없으므로 정답이 될 수 없다.
laureate 수상자 **clash** 충돌, 땡땡 (울리는 소리) **inevitably** 불가피하게 **narrow-minded** 편협한 **keen** 날카로운, 예리한 **partitioning** 구획화 **simplistic** 단순화한

정답 (d)

21

According to Paul Ehrlich at Stanford University, most people are not aware that the human economy relies heavily on the "economy of nature." Without the services it provides for us, we humans cannot maintain normal economic activities. By offering "ecosystem services" such as supplying air and water, nature allows us to enjoy economic prosperity. As Ehrlich has clearly pointed out, however, we actually know little about our "natural capital."

Q: What is the main idea of the passage?
(a) Paul Ehrlich is strongly critical of ordinary people.
(b) People do not realize the importance of natural resources.
(c) Nature enables us to prosper economically.
(d) The economy of nature plays a major role in bringing wealth to the country.

번역 스탠포드 대학교의 폴 에를리히에 따르면, 대부분의 사람들은 인간 경제가 자연 경제에 크게 의존한다는 사실을 모른다고 한다. 자연 경제가 우리에게 주는 편익이 없다면, 우리 인간은 정상적인 경제 활동을 유지할 수 없다. 공기와 물의 공급처럼 생태계 편익을 제공함으로써, 자연은 인간이 경제적 번영을 향유할 수 있게 한다. 그렇지만 에를리히가 분명히 지적했듯이, 실제로 인간은 자연 자본에 대해 아는 바가 거의 없다.

Q: 글의 요지는 무엇인가?
(a) 폴 에를리히는 일반인에 대해 강하게 비판적이다.
(b) 사람들은 천연 자원의 중요성을 인식하지 못한다.
(c) 자연은 인간이 경제적으로 번영하게 해준다.
(d) 자연 경제가 국가를 부유하게 하는 데 주요한 역할을 한다.

해설 글의 첫 번째와 마지막 문장의 공통 부분이 정답으로, (b)가 이에 해당한다. (a)는 무조건적인 비판이 아니므로 정답이 될 수 없다. (c)는 올바른 내용이긴 하지만 중심 내용이 아니며, (d) 역시 추론이 가능하나 중심 내용이 아니다.
prosperity 번영 capital 자본; 수도

정답 (b)

22

It is widely acknowledged that digital technologies facilitate learning. Unfortunately, however, they do not seem to make full use of kinesthetic intelligence. Since a great many learners benefit from kinesthetic interaction, a method should be developed to enable computers to understand and respond to human gestures. That will in turn allow people to enhance their intelligence to a great extent, thus making it possible for them to internalize knowledge more effectively.

Q: Which of the following is correct according to the passage?
(a) The importance of kinesthetic intelligence is not fully appreciated.
(b) Kinesthetic interaction tends to hinder learning.
(c) Digital technologies are rapidly improving.
(d) Emotional intelligence is likely to help learners internalize knowledge.

번역 디지털 기술이 학습을 촉진한다는 사실은 널리 인정된다. 그렇지만 유감스럽게도, 디지털 기술은 운동 감각 지능을 충분히 활용하지 않는 듯하다. 아주 많은 학습자들이 운동 감각적 상호 작용으로 혜택을 얻기 때문에 컴퓨터가 인간의 몸짓을 이해하여 반응할 수 있도록 하는 방법이 개발되어야 한다. 그렇게 되면 사람들이 자신의 지능을 상당히 향상시켜 보다 효과적으로 지식을 내면화할 수 있게 될 것이다.

Q: 글에 따르면 다음 중 옳은 것은?
(a) 운동 감각 지능의 중요성이 충분히 인정받지 못하고 있다.
(b) 운동 감각적 상호 작용은 학습을 저해하는 경향이 있다.
(c) 디지털 기술이 급속히 향상되고 있다.
(d) 감성 지능은 학습자가 지식을 내면화하는 데 도움이 될 것 같다.

해설 생소한 내용으로 느껴질 수 있는데, 출제 분야이므로 꼼꼼하게 확인해 두어야 한다. (b)는 글의 내용에 어긋나며, (c)와 (d)는 글에 정확히 나타나 있지 않기 때문에 정답이 될 수 없다. 운동 감각 지능이 충분히 활용되지 못한다는 데에서 (a)가 정답임을 알 수 있다.
facilitate 촉진하다 kinesthetic 운동 감각적 internalize 내면화하다 (cf. externalize 외면화하다) hinder 저해하다

정답 (a)

23

Earlier in January, Queen Fabiola of Belgium was given a treatment for a thyroid problem. The Queen was eventually hospitalized on January 16 due to pneumonia. Since her condition was reported to be serious, VRT, the national broadcaster in Belgium, published an obituary of Queen Fabiola on their website. After realizing that they had made a ghastly mistake, state television issued a public apology. The Queen was widely admired for pursuing social causes associated with rural women in developing countries.

Q: Which of the following is correct according to the passage?
(a) Queen Fabiola was hospitalized because of a thyroid problem.
(b) VRT was known for infallibility.
(c) Not many people knew about Queen Fabiola.
(d) VRT once believed that Queen Fabiola passed away.

번역 1월 초, 벨기에 파비올라 왕비는 갑상선 질환 치료를 받았다. 왕비는 폐렴으로 1월 16일에 결국 입원하게 되었다. 상태가 심각한 것으로 알려져서 벨기에 국영 방송사인 VRT는 자사 웹사이트에 파비올라 왕비의 부고를 게재했다. 국영 방송은 끔찍한 실수를 저질렀다는 사실을 깨닫고 나서 공식적으로 사과했다. 왕비는 개발도상국의 시골 여성과 관련된 사회적 대의명분을 추구하여 많은 사람들 사이에서 높이 평가되었다.

Q: 글에 따르면 다음 중 옳은 것은?
(a) 파비올라 왕비는 갑상선 질환 때문에 입원했다.
(b) VRT는 실수가 없기로 유명했다.
(c) 파비올라 왕비에 대해 아는 사람들은 많지 않았다.
(d) VRT는 한때 파비올라 왕비가 사망했다고 생각했다.

해설 주어진 내용에 맞는 정답은 (d)이다. (a)는 폐렴 때문에 입원한 것이므로 정답이 아니다. (b)는 실수를 인정했고, (c)는 널리 존경을 받는다고 했으므로 정답이 될 수 없다.

thyroid 갑상선　**pneumonia** 폐렴　**obituary** 부고　**ghastly** 끔찍한　**infallibility** 무과실성

정답 (d)

24

When left with a single "functional heart pumping chamber," the patient needs to go through multiple heart surgeries. One of the most difficult parts of the surgeries, a Fontan procedure connects the veins directly with the arteries that carry deoxygenated blood to the lungs. Consequently, the veins and the arteries form a T-shaped junction, which gets around the heart. When this happens, the single functional chamber is most optimally used.

Q: Which of the following is correct according to the passage?
(a) A Fontan procedure helps optimize a functioning ventricle.
(b) The veins carry deoxygenated blood to the lungs.
(c) The T-shaped junction does not bypass the heart.
(d) A Fontan procedure is the most difficult part of heart surgeries.

번역 기능하는 심실이 하나만 남게 되면, 환자는 복합적인 심장 수술을 받아야 한다. 수술 가운데 가장 어려운 부분 중 하나인 폰탄 절차는, 탈산소화된 혈액을 폐로 보내는 동맥을 정맥과 직접 연결한다. 따라서 정맥과 동맥이 T자형의 접합을 형성하는데, 이 접합부는 심장을 우회한다. 이렇게 될 때, 가동되는 단 하나의 심실이 가장 최적으로 쓰인다.

Q: 글에 따르면 다음 중 옳은 것은?
(a) 폰탄 절차는 기능하는 심실을 최대한 활용하는 데 도움을 준다.
(b) 정맥은 탈산소화된 혈액을 폐로 보낸다.
(c) T자형의 접합부는 심장을 우회하지 않는다.
(d) 폰탄 절차는 심장 수술 가운데 가장 어려운 부분이다.

해설 생소한 내용으로 당황할 수 있는데, 출제 분야이므로 정확히 확인해 두자. (b)는 동맥이 하는 일이기 때문에 틀린 설명이다. (c)는 글에서 심장을 우회한다고 했고, (d)는 어려운 수술 가운데 하나라고 했기 때문에 정답이 아니다. 마지막 문장에서 (a)가 정답임을 알 수 있다.

heart pumping chamber 심실(心室)　**vein** 정맥　**artery** 동맥　**deoxygenate** 산소를 제거하다　**junction** 접합　**get around** 우회하다　**optimally** 최적으로

정답 (a)

25

A piece of land was given to Egyptian soldiers so that they might support their families. After discharged from the military, the soldiers were permitted to own the plot of land. Although exerting considerable influence over political matters, generals were not so influential in military issues as the king. In fact, he exercised complete control over the Egyptian military. The military was also characterized by its recruitment of foreign mercenaries. Their nationalities included Nubian, Libyan, Greek, and Jewish.

Q: Which of the following is correct according to the passage?
(a) Egyptian soldiers fought for their country to the death.
(b) Egyptian kings did not exercise control over political issues.
(c) Private ownership of land was well established in Egypt.
(d) The Egyptian military was characterized by xenophobia.

번역 이집트 병사에게는 가족을 부양할 수 있도록 토지가 지급되었다. 제대한 이후에 병사들은 작은 토지를 소유하도록 허용되었다. 장군은 정치 문제에 대해 상당한 영향력을 행사했지만, 군사 문제에 대해 왕만큼 영향력 있지 않았다. 사실, 왕이 이집트 군대를 완전히 장악했다. 이집트 군대는 또한 외국인 용병을 선발했다는 특징이 있었다. 국적에는 누비아인, 리비아인, 그리스인, 유태인 등이 포함되었다.

Q: 글에 따르면 다음 중 옳은 것은?
(a) 이집트 병사들은 죽을 때까지 나라를 위해 싸웠다.
(b) 이집트 왕은 정치 문제에 대해 지배력을 발휘하지 않았다.
(c) 이집트에는 개인이 땅을 소유하는 제도가 확립되어 있었다.
(d) 이집트 군대는 외국인 혐오증이라는 특징이 있었다.

해설 (a)는 제대가 인정되었다는 점에서 틀린 설명이다. (b)는 왕의 영향력이 장군보다 컸을 것으로 추론할 수 있지만 확실히 알 수 없으므로 정답이 될 수 없다. (d) 역시 정확히 판단할 수 없으므로 정답이 아니다. 병사들의 토지 소유가 허용되었으므로 정답은 (c)이다.
discharge 제대시키다 plot 소구획, 소지구 exert 행사하다 recruitment 선발 mercenary 용병 xenophobia 외국인 혐오증

정답 (c)

26

According to the Economic Stimulus Package, the United States will invest more than $16 billion in various forms of research, including biomedical research, in order to provide job security to researchers and boost the nation's economic potential. Pleased with the new funding, Ralph J. Cicerone expected that the science agencies would provide funding for a variety of projects that remained unfunded. He also stressed the importance of distributing the funds fairly with an effort to ensure previous commitments.

Q: Which of the following is correct according to the passage?
(a) Even without sufficient funds, researchers will not lose their jobs.
(b) Ralph J. Cicerone expected too much from the United States government.
(c) The government needs to pay particular attention to biomedical research.
(d) Scientific research is likely to promote economic growth.

번역 경기부양책에 따르면, 미국은 연구자들에게 고용 보장을 제공하고 국가의 경제적 잠재력을 신장시키기 위해 생의학 연구를 포함한 다양한 형태의 연구에 160억 달러 이상을 투자할 것이라고 한다. 랄프 시세론은 이런 새로운 자금 지원에 기뻐하며, 과학 단체들이 자금 지원을 받지 못한 다양한 프로젝트에 자금을 제공해주길 기대했다. 그는 또한 이전에 약속된 지원을 보장하기 위해 자금을 공정하게 배분하는 것이 중요하다고 강조했다.

Q: 글에 따르면 다음 중 옳은 것은?
(a) 충분한 자금 없이도 연구자들은 일자리를 잃지 않을 것이다.
(b) 랄프 시세론은 미국 정부로부터 너무 많은 것을 기대했다.
(c) 정부는 생의학 연구에 각별한 주의를 기울여야 한다.
(d) 과학 연구는 경제 성장을 촉진시킬 것으로 보인다.

해설 (a)는 연구자들의 직업 안정성도 고려되었다는 점에서, (b)와 (c)는 주어진 내용만으로는 정확히 판단할 수 없다는 점에서 정답이 아니다. 따라서 첫 번째 문장에 드러나 있는 (d)가 정답이다.
package 종합 대책 biomedical 생의학 security 안정성 boost 격려하다, ~을 증대시키다 commitment 약속, 책임 sufficient 충분한

정답 (d)

27

When disturbances occur around their hive, Africanized bees become agitated and in many cases attack the disturber. Interestingly enough, their agitation can last for days. In an effort to assault the intruder, the killer bees usually sting, which inevitably leads to their death. This is largely because when trying to get away from the victim, they rip their abdomens out. Although they can become highly aggressive, the Africanized bees do not pose a serious threat to humans.

Q: Which of the following is correct according to the passage?
(a) Africanized bees are famous for their peaceful lifestyle.
(b) Humans do not pose a threat to Africanized bees.
(c) For Africanized bees, attacking the intruder means killing themselves.
(d) No animal dares to disturb the hive of killer bees.

번역 아프리카 꿀벌은 벌집 주위에 소란이 일어나면 불안을 느껴 많은 경우 소란을 일으킨 대상을 공격한다. 흥미롭게도, 아프리카 꿀벌의 불안은 며칠 동안 지속될 수도 있다. 이 살인벌은 방해자를 공격하려는 시도로 대개 침을 쏘는데, 이는 불가피하게 자신의 죽음으로 귀결된다. 왜냐하면 대체로 침에 쏘인 대상으로부터 벗어나려다가 자신의 복부를 찢기 때문이다. 아프리카 꿀벌은 매우 공격적이 될 수도 있지만 사람에게 심각한 위협을 주지는 않는다.

Q: 글에 따르면 다음 중 옳은 것은?
(a) 아프리카 꿀벌은 비폭력적인 생활 방식으로 유명하다.
(b) 사람들은 아프리카 꿀벌에게 위협을 주지 않는다.
(c) 아프리카 꿀벌에게 있어, 방해자를 공격하는 것은 자신의 죽음을 의미한다.
(d) 어떤 동물도 살인벌의 벌집에 소란을 일으키지 못한다.

해설 글의 내용을 정확히 염두에 두고 문제를 풀어야 한다. (a)는 마지막 문장과 어긋나고, (b)는 내용이 거꾸로 제시되어 있으며, (d)는 이미 소란을 가정했기 때문에 정답이 아니다. 방해자를 공격하려고 침을 쏘면 죽게 된다고 했으므로 정답은 (c)이다.
disturbance 소란 **hive** 벌집 **Africanized bee** 아프리카 꿀벌 **agitate** 흥분시키다 **assault** 공격하다, 맹공 **sting** (바늘·가시 따위로) 찌르다 **abdomen** 복부 **aggressive** 공격적인, 의욕적인 **intruder** 침입자

정답 (c)

28

Experts disagree over whether global warming contributes to the spread of infectious diseases. Eminent health experts such as Donald S. Burke point out that there is no conclusive evidence that climate change can facilitate the spread of many diseases, including dengue fever. On the other hand, medical experts such as Paul R. Epstein argue that since warmer environments are advantageous to various vectors, global warming is a major factor in the spread of contagious diseases, including malaria. They understand that by influencing the environment, "extreme weather changes" affect human health to a considerable extent.

Q: Which of the following is correct according to the passage?
(a) Dengue fever is not an infectious disease.
(b) It is not certain whether weather changes help spread contagious diseases.
(c) Colder environments are proved to be advantageous to many different vectors.
(d) Global warming cannot affect human health.

번역 지구 온난화가 전염병 확산에 기여하는가에 대해 전문가들의 의견이 다르다. 도날드 버크와 같은 저명한 의료 전문가들은 기후 변화가 뎅기열을 포함한 많은 질병의 확산을 촉진할 수 있다는 결정적인 증거가 없다고 지적한다. 반면 폴 엡스타인과 같은 의학 전문가들은 보다 온난한 환경이 다양한 질병 매개체에 유리하기 때문에, 지구 온난화가 말라리아를 포함한 전염병 확산의 주요 요인이라고 주장한다. 그들은 극단적인 기후 변화가 환경에 영향을 줌으로써 인간의 건강에 무시 못할 정도로 영향을 미친다고 이해한다.

Q: 글에 따르면 다음 중 옳은 것은?
(a) 뎅기열은 전염병이 아니다.
(b) 기후 변화가 전염병 확산에 도움이 되는가는 확실하지 않다.
(c) 보다 차가운 환경이 다양한 질병 매개체에 유리한 것으로 입증되었다.
(d) 지구 온난화는 인간의 건강에 영향을 미칠 수 없다.

해설 중요한 내용이므로 꼼꼼하게 확인해 두자. (a)는 글이 전염병에 관한 논의라는 점을 감안할 때 정답이 아니다. (c)는 보다 차가운 환경이 아니라 보다 온난한 환경으로 바뀌어야 한다. (d)는 논쟁 중인 사안이기 때문에 역시 정답이 될 수 없다. 첫 번째 문장에서 (b)가 정답임을 알 수 있다.
infectious disease 전염병 **eminent** 저명한 **conclusive** 결정적인 **dengue fever** 뎅기열 **vector** 질병 매개체

정답 (b)

29

In many respects, Emily Elizabeth Dickinson was an unconventional and extraordinary poet. She disregarded the poetic rules of her time, making use of slant rhyme and "non-standard" punctuation. Consequently, her poems were published only after significant revision. Being a brilliant poet, however, Dickinson addressed a variety of themes including immortality with "extraordinary grasp and insight" as pointed out by Thomas Wentworth Higginson. Maurice Thompson also noticed that her poetry reflected "rare individuality and originality."

Q: Which of the following is correct according to the passage?
(a) Emily Dickinson's poetry reflected her personality.
(b) Emily Dickinson was keenly aware of the importance of convention.
(c) Maurice Thompson rarely recognized the brilliance of Emily Dickinson.
(d) Emily Dickinson's poems required no editing.

번역 많은 점에서 에밀리 엘리자베스 디킨슨은 독특하고 비범한 시인이었다. 그녀는 시에 관한 당시의 규칙을 무시하고, 불완전운과 비표준적인 구두법을 사용했다. 따라서 그녀의 시는 상당히 수정을 본 이후에야 출간되었다. 그렇지만 디킨슨은 뛰어난 시인이었기에 불멸을 포함한 다양한 주제를 토머스 웬트워스 히긴슨이 지적한 것처럼 비범한 이해력과 통찰력을 발휘하여 다루었다. 모리스 톰슨 또한 그녀의 시가 보기 드문 개성과 독창성을 반영했다는 점에 주목했다.

Q: 글에 따르면 다음 중 옳은 것은?
(a) 에밀리 디킨슨의 시는 그녀의 개성을 반영했다.
(b) 에밀리 디킨슨은 관습의 중요성을 예리하게 인식했다.
(c) 모리스 톰슨은 좀처럼 에밀리 디킨슨이 뛰어나다는 사실을 인정하지 않았다.
(d) 에밀리 디킨슨의 시는 편집을 요하지 않았다.

해설 생소한 내용일 수 있지만 정확히 확인해 두어야 하는 중요 지문이다. (b)는 디킨슨이 관습을 거부했고, (c)와 (d)는 내용과 정반대이기 때문에 정답이 될 수 없다. 따라서 마지막 문장에서 확인할 수 있는 (a)가 정답이다.
unconventional 인습에 얽매이지 않은 slant rhyme 불완전운 punctuation 구두법, 구두점 revision 수정 immortality 영원불멸 grasp 이해력 originality 독창성

정답 (a)

30

Many medical researchers believe that using protease inhibitors in conjunction with other anti-HIV medicines may make it possible to completely cure some HIV-positive people. Those patients who manage to maintain a strong immune system have a good chance for a full recovery. Of course, it remains to be seen whether the medicines will actually be effective in treating such patients. It has been discovered, however, that early diagnosis and treatment are important to enable HIV patients to live much longer than previously expected.

Q: Which of the following is correct according to the passage?
(a) Protease inhibitors are effective in treating cancer.
(b) Anti-HIV medicines are likely to cure most HIV-positive patients.
(c) No HIV-positive patients have been found to maintain an intact immune system.
(d) Early diagnosis and treatment can prolong the lives of HIV-positive patients.

번역 많은 의학 연구자들은 단백질 분해 효소 억제제를 다른 항AIDS 약품과 함께 사용하면 몇몇 AIDS 감염자를 완전히 치유할 수도 있다고 생각한다. 겨우 강한 면역 체계를 유지하는 환자는 완치 가능성이 높다. 물론, 그 약품들이 환자를 치료하는 데 정말로 효과적인지는 지켜봐야 할 사항이다. 그러나 AIDS 환자들이 이전에 예상했던 것보다 훨씬 더 오래 살 수 있도록 하기 위해 조기 진단과 치료가 중요하다는 사실이 밝혀졌다.

Q: 글에 따르면 다음 중 옳은 것은?
(a) 단백질 분해 효소 억제제는 암 치료에 효과적이다.
(b) 항AIDS 약품들이 대부분의 AIDS 감염자들을 치유할 가능성이 높다.
(c) 면역 체계가 손상되지 않은 채로 유지한 AIDS 감염자는 발견된 적이 없다.
(d) 조기 진단과 치료가 AIDS 감염자의 삶을 연장할 수 있다.

해설 각 선택지의 내용을 정확히 확인해야 한다. (a)는 AIDS 치료와 관계되고, (b)는 일부 환자들이며, (c)는 가능성을 말하고 있기 때문에 정답이 아니다. 마지막 문장에서 (d)가 정답임을 알 수 있다. 살짝 내용을 바꾸어 놓았음에 유의해야 한다.
protease inhibitor 단백질 분해 효소 억제제 in conjunction with ~와 함께 positive (반응의 결과가) 양성인 immune system 면역체계 diagnosis 진단 (cf. prognosis 병의 경과에 대한 예상) previously 이전에는 intact 손상되지 않은 prolong 연장하다

정답 (d)

31

Cerebral palsy (CP) causes many different diseases including attention deficit disorder. It is estimated that every year, approximately 6,000 patients are diagnosed with CP. Unfortunately, there is no way to completely cure CP; thus, most forms of treatment are aimed at alleviating the symptoms to help the patient to partly recover physical ability. For instance, quite a few patients use physical therapy to reduce muscle spasticity. Other patients turn to the Alexander Technique, which provides them with ample opportunities to practice bodily movements. Many types of drug therapy are also intended to enhance physical ability.

Q: Which of the following is correct according to the passage?
(a) Drug therapies are not effective in relieving the symptoms of CP.
(b) Physical therapy enables patients with CP to fully recover physical ability.
(c) The Alexander Technique improves physical ability.
(d) Each month, approximately 600 patients are diagnosed with CP.

번역 뇌성 마비는 주의력 결핍 장애를 포함한 다양한 질환을 초래한다. 해마다 약 6,000명의 환자들이 뇌성 마비 진단을 받는 것으로 추산된다. 유감스럽게도, 뇌성 마비를 완치할 방법이 없기 때문에 대부분의 치료는 환자가 신체 기능을 부분적으로 회복하는 것을 돕기 위해 증상을 완화하는 것을 목표로 한다. 예컨대, 꽤 많은 환자들이 근육 경련을 줄이기 위해 물리 치료를 받는다. 다른 환자들은 알렉산더 테크닉에 의존하는데, 이것은 환자들에게 신체 운동을 연습할 풍부한 기회를 제공한다. 많은 유형의 약물 치료도 신체 기능을 향상시키는 목적을 갖는다.

Q: 글에 따르면 다음 중 옳은 것은?
(a) 약물 치료는 뇌성 마비 증상을 완화하는 데 효과가 없다.
(b) 뇌성 마비 환자들은 물리 치료로 신체 기능을 완전히 회복할 수 있다.
(c) 알렉산더 테크닉은 신체 기능을 향상시킨다.
(d) 매달 약 600명의 환자들이 뇌성 마비 진단을 받는다.

해설 역시 꼼꼼한 학습을 요하는 지문이다. (a)와 (b)는 글에 어긋나며, (d)는 6,000명으로 바뀌어야 한다. 따라서 글의 내용으로부터 정확히 알 수 있는 (c)가 정답이다.
cerebral palsy 뇌성 마비 **attention deficit disorder** 주의력 결핍 장애 **diagnose** 진단하다 **alleviate** 완화하다 **muscle spasticity** 근육 경련 **the Alexander Technique** 알렉산더 테크닉(호흡법의 일종) **ample** 풍부한; 넓은

정답 (c)

32

On February 9, 2009, three skinheads allegedly assaulted a pregnant Brazilian woman outside of a train station in Zurich. The woman claimed that because of the attack, she miscarried and was scarred with the initials of a Swiss right-wing party. Zurich police approached the case cautiously and mentioned that the details of the assault were not "clear." On the other hand, Brazil's foreign minister strongly suggested that the attack was motivated by xenophobia. Some Swiss politicians, however, said that there might be a possibility that the woman had made up the story. They expected that a forensic investigation would reveal the facts about the assault.

Q: What can be inferred from the passage?
(a) The Brazilian woman disapproved of the Swiss right-wing party.
(b) Brazil and Switzerland have had a tense relationship.
(c) Xenophobic crimes are prevalent in Zurich.
(d) The forensic investigation was criticized by Brazil's foreign minister.

번역 2009년 2월 9일, 3명의 스킨헤드족이 취리히 소재 기차역 밖에서 임신한 브라질 여성을 폭행했다고 한다. 그 여성은 폭행 때문에 유산했고 스위스 우익 정당의 첫 글자들이 흉터로 남았다고 주장했다. 취리히 경찰은 신중하게 사건에 착수해 폭행의 구체적인 내용이 분명하지 않다고 말했다. 반면, 브라질 외무부 장관은 폭행 사건이 외국인 혐오증 때문에 일어난 것이라고 강력히 추정했다. 그렇지만 스위스 일부 정치인들은 그 여성이 이야기를 지어냈을 가능성이 있다고 말했다. 그들은 과학 수사가 폭행 관련 사실을 밝혀주기를 기대했다.

Q: 글로부터 유추할 수 있는 것은?
(a) 브라질 여성은 스위스 우익 정당을 탐탁지 않게 여겼다.
(b) 브라질과 스위스는 긴장 관계에 있었다.
(c) 취리히에는 외국인 혐오증으로 인한 범죄가 만연해 있다.
(d) 브라질 외무부 장관은 과학 수사를 비난했다.

해설 브라질 여성, 스위스 우익 정당, 브라질 외무부 장관, 과학 수사 등의 어휘들이 모두 지문에 등장하기 때문에 다소 난이도 높은 추론 문제이다. On the other hand 이하와 마지막 문장을 통해 (d)를 유추해 낼 수 있다.
skinhead 스킨헤드족 **allegedly** 들리는 바에 의하면 **assault** ~을 공격하다 **miscarry** 유산하다 **scar** 흉터를 남기다 **right-wing** 우익의 **xenophobia** 외국(인) 공포[혐오]증 **forensic investigation** 과학 수사 **disapprove of** ~을 탐탁지 않게 여기다 **xenophobic** 외국인 혐오증의 **prevalent** 만연한

정답 (d)

33

Style is an elusive entity, defying a conclusive definition. Most writers, however, seem to agree that it is closely associated with the ability to express meaning in a form that closely reflects it. In other words, a writer with good style can express his or her intention in a clear and comprehensible manner. Thus, some authors even believe that style reflects the "spirit" of a writer. According to them, an author with a strong spirit is likely to prefer forceful style. On the other hand, an author with a weak spirit will likely favor feeble style. Further, it needs to be pointed out that a writer with "poor style" is not capable of revealing his or her spirit in an effective way.

Q: What can be inferred from the passage?
(a) Poor style is likely to be incomprehensible to most readers.
(b) No definitive definition exists for the spirit of a writer.
(c) Feeble style is incapable of conveying the spirit of a writer.
(d) Forceful style is recommended to aspiring writers.

번역 문체란 규정하기 힘든 실체여서 확실히 정의하기가 매우 어렵다. 그렇지만 대부분의 작가들은, 문체가 의미를 충실히 반영하는 형태로, 그 의미를 나타내는 능력과 밀접한 관련이 있다는 데 동의하는 듯하다. 다시 말해서, 문체가 훌륭한 작가는 분명하고 포괄적인 방식으로 자신의 의도를 표현할 수 있다. 따라서 문체가 작가의 정신을 반영한다고 생각하는 작가들도 있다. 그들에 따르면, 정신이 강한 작가는 힘찬 문체를 선호할 가능성이 있다고 한다. 반면, 정신이 약한 작가는 유약한 문체를 선호할 것이다. 더 나아가, 문체가 빈약한 작가는 효과적으로 자신의 정신을 드러낼 수 없다는 사실을 지적할 필요가 있다.

Q: 글로부터 유추할 수 있는 것은?
(a) 빈약한 문체는 대부분의 독자들이 이해하지 못할 가능성이 있다.
(b) 작가의 정신에 대한 명확한 정의는 존재하지 않는다.
(c) 유약한 문체는 작가의 정신을 전달할 수 없다.
(d) 힘찬 문체가 작가 지망생에게 권장된다.

해설 글의 내용을 정확히 파악해야 풀 수 있는 고난도 유형이다. 작가의 정신이 아니라 문체에 대한 내용이므로 (b)는 맞지 않다. (c)는 글의 내용에 어긋나며, (d)는 글의 내용으로부터 정확히 추론할 수 없다. 마지막 문장에서 (a)를 추론할 수 있다.
elusive 포착하기 힘든   entity 실체   defy 저항하다   feeble 연약한   definitive 최종적인   aspiring writer 작가 지망생

정답 (a)

34

Militarily speaking, using cluster bombs might make sense because they can kill a large number of "enemies." The bombs spread widely and, therefore, they are capable of destroying wide areas. When they detonate, an enormous number of fragments will be ejected, creating a lethal zone. Because of the high velocity of the fragments, they are extremely harmful to the human body, causing rupture or explosion of organs. The problem is that they are not a precise weapon. In other words, cluster bombs may not detonate where you want them to. Unfortunately, it is often the case that unexploded cluster bombs pose a serious threat to civilians as well as military personnel. Then, does it really make sense to utilize such a dangerous weapon?

Q: What can be inferred from the passage?
(a) Unexploded cluster bombs are considered hazardous to avian species.
(b) The author questions the desirability of cluster bombs.
(c) No cluster bombs remain unexploded today.
(d) The cluster bombs need to be controlled by the United Nations.

번역 군사적 입장에서는, 집속탄을 쓰는 것이 많은 적들을 죽일 수 있기 때문에 일리가 있을지도 모른다. 집속탄은 널리 퍼지기 때문에 넓은 지역을 파괴할 수 있다. 집속탄이 폭발하면, 엄청난 양의 파편이 쏟아져 나와 사망 위험 구역을 만들어낸다. 매우 빠른 속도로 움직이기 때문에, 파편은 인체에 몹시 위험해서 장기가 터지거나 파열되게 한다. 문제는 집속탄이 정밀한 무기가 아니라는 데 있다. 바꿔 말하면, 집속탄은 폭발하길 원하는 위치에서 폭발하지 않을 수도 있다. 유감스럽게도, 폭파되지 않은 집속탄이 군인들뿐만 아니라 민간인들에게 심각한 위협을 초래하는 사례가 빈번하다. 그렇다면, 그처럼 위험한 무기를 이용하는 것이 정말로 일리 있는 것일까?

Q: 글로부터 유추할 수 있는 것은?
(a) 폭파되지 않은 집속탄은 조류에 속하는 종들에게 위험한 것으로 간주된다.
(b) 저자는 집속탄이 바람직한가에 대해 의문을 제기한다.
(c) 오늘날 폭파되지 않은 집속탄은 존재하지 않는다.
(d) 집속탄은 UN이 통제해야 한다.

해설 (a)는 인체에 위험하다는 내용에 어긋나며, (c)는 폭파되지 않은 집속탄의 위험을 말한 내용과 맞지 않으며, (d)는 글로부터 판단할 수 없다. 전체적으로 집속탄의 위험성을 말하고 있으며 마지막 문장에서 그 사용에 의문을 제기하므로 정답은 (b)가 된다.
cluster bomb 집속탄, 확산탄   detonate 폭발하다   fragment 파편   eject 분출하다   lethal 치명적인   velocity 속도   rupture 갈라짐   explosion 폭발, 파열   avian 조류의

정답 (b)

35

In a study published in *The Lancet*, Dr. David Ludwig and his colleagues have found that soft-drink intake increases the risk of obesity. The two-year study tracked 548 children in Massachusetts and concluded that an increased intake of soft drinks could raise the risk of obesity by 60%. Although the researchers cautioned that the link between soft drinks and obesity is independent of other contributing factors, many experts agree that the findings are "enormously important" in that they have clearly shown that consumption of soft drinks is a major factor in causing obesity. Dr. Ludwig has pointed out that extra calories obtained from soft drinks are not likely to be burnt by "cutting back on eating."

Q: What can be inferred from the passage?
(a) Many factors contribute to causing obesity.
(b) Only soft-drink intake can cause obesity.
(c) The link between soft drinks and obesity is tenuous.
(d) Extra calories obtained from soft drinks are burnt by strenuous exercise.

번역 〈랜셋〉에 게재된 한 연구에서 데이빗 루드비히 박사와 동료 학자들은 탄산음료 섭취가 비만 위험을 증가시킨다는 사실을 알아냈다. 2년 동안 연구하면서 매사추세츠 주의 548명 아동들을 추적했고, 탄산음료 섭취를 늘리면 비만 위험이 60% 늘어날 수 있다는 결론을 내렸다. 연구자들이 탄산음료와 비만 사이의 관계가 다른 관련 변수와는 독립적이라고 주의를 주었지만, 많은 전문가들은 이 연구 결과가 탄산음료 섭취가 비만을 일으키는 주요 요인이라는 사실을 분명하게 입증했다는 점에서 대단히 중요하다는 데 동의한다. 루드비히 박사는 탄산음료에서 얻는 추가 열량이 식사를 줄인다고 해서 소모되지는 않는 것 같다고 지적했다.

Q: 글로부터 유추할 수 있는 것은?
(a) 많은 요인들이 비만을 초래하는 데 기여한다.
(b) 탄산음료 섭취만이 비만을 초래할 수 있다.
(c) 탄산음료와 비만 사이의 관계는 빈약하다.
(d) 탄산음료에서 얻는 추가 열량은 격렬한 운동으로 소모된다.

해설 (b)는 다른 변수들의 존재를 말했고, (c)는 글의 내용으로부터 상당히 긴밀한 관계가 있음을 알 수 있으며, (d)는 내용으로부터 추론할 수 없기 때문에 정답이 아니다. 탄산음료 섭취가 비만의 주요 요인이라는 데에서 다른 요인들이 존재함을 추론할 수 있으므로 정답은 (a)이다.

soft-drink 탄산음료 **intake** 섭취 **obesity** 비만 **track** 추적하다 **cut back on** ~를 줄이다 **tenuous** 빈약한 **strenuous** 격렬한

정답 (a)

36

In the past, the commercial whaling industry tried to catch as many blue whales as possible because of the large amount of meat and oil. As a result, the population experienced a sharp decline. At present, however, since no business is allowed to commercially hunt blue whales, human threats to them have been greatly reduced. Nevertheless, the blue whale population has not recovered as quickly as expected. According to whale experts, this is mainly because various natural factors make the population vulnerable to decrease in size. For instance, due to its small size, the blue whale population is highly susceptible to stochastic events. In addition, it takes up to three years for blue whales to produce young, which hampers the growth of their population.

Q: What can be inferred from the passage?
(a) The meat of blue whales is more delectable than that of sharks.
(b) Businesses are free to kill blue whales for scientific purposes.
(c) The blue whale population is not likely to increase sharply in the near future.
(d) Human activities do not constitute a threat to the blue whale population any more.

번역 과거에 상업적 포경업은 많은 양의 고기와 기름 때문에 흰긴수염고래를 가능한 한 많이 포획하려고 했다. 그 결과 개체수가 급격하게 감소했다. 그렇지만 현재 어떤 기업도 상업적인 목적으로 흰긴수염고래를 사냥하는 것이 허용되지 않기 때문에, 흰긴수염고래에 대한 인간의 위협은 크게 감소했다. 그럼에도 불구하고, 흰긴수염고래 개체수는 기대한 만큼 빠르게 회복되지 않았다. 고래 전문가들에 따르면, 이는 주로 다양한 자연적 요인으로 인해 흰긴수염고래 개체수의 규모가 줄어들기 쉽게 되었기 때문이라고 한다. 예컨대, 흰긴수염고래 개체수는 규모가 작아서 확률 사건에 매우 취약하다. 또한 흰긴수염고래가 새끼를 낳는 데 3년까지 걸리는데, 이로 인해 개체수의 성장이 저해된다.

Q: 글로부터 유추할 수 있는 것은?
(a) 흰긴수염고래 고기가 상어 고기보다 더 맛있다.
(b) 기업들은 과학적 목적으로 흰긴수염고래를 자유롭게 죽일 수 있다.
(c) 흰긴수염고래 개체수가 가까운 장래에 급격하게 증가할 것 같지는 않다.
(d) 인간의 활동은 흰긴수염고래 개체군에 더 이상 위협을 주지 않는다.

해설 글의 마지막 부분에서 (c)를 유추할 수 있다. (a)는 글에서 비교되지 않고, (b)는 이 내용에 대한 언급이 없으며, (d)는 감소한 것이지 사라진 것이 아니기 때문에 정답이 아니다.

whaling industry 포경업 **vulnerable** 취약한 **stochastic** 확률적인, 무작위의 **young** (동물의) 새끼 **hamper** ~를 훼방하다 **delectable** 맛있는

정답 (c)

37

By the 9th century, the population of the Tang Dynasty had reached an estimated 80 million. This enormous population made it possible for the dynasty to build strong armies and expand its territory. Thanks to its skilled military, the Tang were successful in conquering Inner Asia and securing trade routes, which were later known as the Silk Road. Consequently, many countries in those days had to form unequal relationships with the Tang, some of which became protectorates of the mighty dynasty. In these ways, it achieved political and military hegemony in East Asia. According to historians, it is noteworthy that the Tang Dynasty was also influential in the field of culture. It integrated various cultures and created its own identity, spreading them to adjacent countries such as Korea and Japan.

Q: What can be inferred from the passage?
(a) The population growth led to the integration of various cultures.
(b) The Tang Dynasty was the most hegemonic country in East Asia.
(c) Korea and Japan were not culturally influenced by the Tang Dynasty.
(d) The Tang Dynasty was faced with numerous revolts.

번역 9세기 무렵, 당나라 인구는 8천만 명에 이른 것으로 추정된다. 이 거대한 인구로 인해, 당나라는 강력한 군대를 만들어 영토를 확장할 수 있었다. 숙련된 군대 덕분에 당나라는 내륙 아시아를 정복하고 교역로를 확보하는 데 성공했는데, 이 교역로는 훗날 실크로드로 알려졌다. 그 결과, 당시 많은 나라들은 당나라와 불평등한 관계를 맺어야 했는데, 그 중 일부는 강력한 왕조의 보호국이 되었다. 이렇게 당나라는 동아시아에서 정치적, 군사적 패권을 쟁취했다. 역사가들에 따르면, 당나라가 문화 분야에서도 영향력이 있었다는 사실은 주목할 만하다. 당나라는 다양한 문화를 통합하여 고유의 정체성을 형성했으며, 한국이나 일본과 같은 인접국에 전파했다.

Q: 글로부터 유추할 수 있는 것은?
(a) 인구 성장은 다양한 문화의 통합을 야기했다.
(b) 당나라는 동아시아 패권국이었다.
(c) 한국과 일본은 당나라로부터 문화적 영향을 받지 않았다.
(d) 당나라는 수많은 반란에 직면했다.

해설 (a), (d)는 내용상 알 수 없고, (c)는 글의 내용에 어긋난다. 당나라 확장에 대한 전체적 내용을 통해 (b)를 유추할 수 있다.
hegemony 패권   **adjacent** 인접한   **revolt** 반란

정답 (b)

ACTUAL TEST 8   Part 3

38

Speaking Like an American is an innovative program aimed at enabling you to master spoken English. (a) Unlike other old-fashioned programs, the course motivates and empowers you to improve speaking skills. (b) In fact, American English has many different dialects. (c) Based on the communicative approach to language learning, the program offers you ample opportunities to practice speaking with native speakers. (d) Further, by helping you think just like native speakers, the course will make it possible for you to express your thoughts naturally and confidently.

번역 미국인처럼 말하기는 구어체 영어 통달을 가능하게 하는 것을 목표로 하는 혁신적인 프로그램입니다. (a) 다른 구식 프로그램들과 달리, 이 과정은 말하기 능력을 향상시키도록 동기와 능력을 줍니다. (b) 사실, 미국식 영어에는 다양한 방언이 있습니다. (c) 언어 학습에 대한 의사소통적 접근법에 기반하여, 이 프로그램은 원어민과 말하는 연습을 할 기회를 풍부하게 제공합니다. (d) 더욱이, 원어민처럼 생각하도록 도와줌으로써, 생각을 자연스럽고 자신감 있게 표현하는 것을 가능하게 할 것입니다.

해설 주어진 글은 말하기 능력 향상 프로그램 광고이다. 따라서 이와 어긋나는 내용을 찾으면 된다. (b)는 이 프로그램에 대한 소개가 아니라 미국식 영어에 대한 설명으로 글의 흐름과 거리가 멀기 때문에 정답은 (b)이다.
innovative 혁신적인   **aimed at** ~를 목표로 하는   **old-fashioned** 구식의   **empower** 자율권을 주다, 권한을 부여하다   **dialect** 방언   **communicative** 의사소통적   **ample** 풍부한   **confidently** 자신감 있게

정답 (b)

39

Unlike his contemporary writers, James Russell Lowell did not feel the need to establish "a new national literature." (a) Just like Longfellow, Lowell believed in the universality of literature. (b) This was partly because he was deeply influenced by Swedenborgianism, which allegedly enabled him to see spirits. (c) Lowell advocated the concept of natural literature, which could transcend national boundaries. (d) Consequently, he was deeply concerned that the so-called national literature might hinder the growth of brotherhood among all people.

번역 제임스 러셀 로웰은 동시대 작가들과 달리, 새로운 국민 문학을 확립할 필요를 느끼지 못했다. (a) 롱펠로와 마찬가지로, 로웰은 문학의 보편성을 믿었다. (b) 이는 부분적으로 로웰이 스베덴보리주의의 영향을 깊이 받았기 때문인데, 로웰은 이로 인해 영혼을 볼 수 있었다고 한다. (c) 로웰은 자연 문학이라는 개념을 옹호했는데, 자연 문학은 국경을 초월할 수 있다. (d) 따라서 로웰은 소위 국민 문학이 모든 사람들 사이에 인류애가 성장하는 것을 방해할 가능성을 깊이 우려했다.

해설 글의 전체 흐름은 로웰이 문학의 보편성을 옹호했다는 것이다. (b)는 이와 전혀 관련이 없는 내용이므로 정답이다. (b)가 글의 흐름에 어울리기 위해서는 스베덴보리주의가 어떻게 문학의 보편성을 옹호하는가가 제시되어야만 한다.
contemporary 동시대의   **universality** 보편성
Swedenborgianism 스베덴보리주의   **allegedly** 들리는 바에 의하면   **transcend** 초월하다   **brotherhood** 동포애
(*cf.* fellowship 동료 의식)

정답 (b)

40

The research findings of University of Utah biologists raise concern that southern right whales may not adapt themselves to new environments in which global warming is prevalent. (a) The study has found that mother southern right whales teach their babies how to find a good place to catch their prey. (b) According to Vicky Rowntree, one of the biologists, the location of their prey will be changed because of global warming. (c) In order to show the relationship between mother southern right whales and their calves, the researchers utilized chemical isotope evidence. (d) Rowntree is concerned that they may not develop the ability to find new places to feed their young.

번역 유타 대학교 생물학자들의 연구 결과는 남부 참고래가 지구 온난화가 널리 퍼진 새로운 환경에 적응하지 못할 수도 있다는 우려를 제기한다. (a) 이 연구로 어미 남부 참고래가 새끼 고래에게 먹이를 잡기 좋은 장소를 찾는 법을 가르쳐준다는 사실이 밝혀졌다. (b) 생물학자 중 한 명인 비키 론트리에 의하면, 먹이 위치가 지구 온난화로 인해 바뀔 것이라고 한다. (c) 어미 남부 참고래와 새끼 고래 사이의 관계를 입증하기 위해, 연구자들은 동위 원소라는 증거를 이용했다. (d) 론트리는 어미 남부 참고래가 새끼들을 먹일 수 있는 새로운 장소를 찾아내는 능력을 기르지 못할 수도 있다고 우려한다.

해설 까다로운 유형으로, 정확하게 내용을 파악해야 함에 유의하자. 전체 내용은 남부 참고래의 적응력 감소에 초점이 맞추어져 있다. 이를 자연스럽게 뒷받침하는 내용이어야 하기 때문에 정답은 이에 어긋나는 (c)가 된다.
southern right whale 남부 참고래   **prevalent** 널리 퍼진, 우세한   **prey** 먹잇감 (*cf.* quarry 사냥감)   **calf** (고래·코끼리·기린 등의) 새끼   **isotope** 동위 원소

정답 (c)

ACTUAL TEST 9

Part 1	1 (c)	2 (b)	3 (b)	4 (b)	5 (c)	6 (d)	7 (d)	8 (a)
	9 (b)	10 (c)	11 (d)	12 (d)	13 (c)	14 (d)	15 (a)	16 (a)
Part 2	17 (d)	18 (d)	19 (c)	20 (d)	21 (b)	22 (c)	23 (b)	24 (b)
	25 (a)	26 (a)	27 (a)	28 (a)	29 (d)	30 (b)	31 (d)	32 (d)
	33 (b)	34 (d)	35 (c)	36 (b)	37 (b)			
Part 3	38 (c)	39 (d)	40 (c)					

ACTUAL TEST 9 Part 1

1

All workout facilities offer weightlifting and cardiovascular equipment, but not all offer vistas like those you'll find at Wooded Valley Gym. Perched atop a cliff overlooking scenic Muir Valley, our floor-to-ceiling windows open onto a breathtaking view. Why stare at televisions while you're working out when you have gorgeous rock formations and lush green trees to look at? We think the choice is obvious, especially when you consider we are situated a mere five minute drive from the center of Watson City. Forget other gyms. Instead, enjoy _____.

(a) attractively placed outdoor workout equipment
(b) a better workout with more professional staff
(c) our unparalleled scenery while exercising
(d) the benefits of the largest gym in town

번역 모든 운동 시설이 웨이트 리프팅과 심혈관 장비를 제공하지만, 우디드 밸리 헬스 클럽에서 볼 수 있는 경치를 제공하지는 않습니다. 아름다운 뮤어 계곡이 내려다보이는 절벽 꼭대기에 자리 잡고 있어서, 전면 유리로 된 창을 통해 기막힌 전경이 펼쳐집니다. 멋진 기암 절벽과 초목이 우거져 푸른 경치가 있는데, 운동하면서 텔레비전을 보게 되겠어요? 특히 왓슨 시 도심에서 차로 단 5분 거리에 위치하고 있다는 것을 고려한다면, 선택은 분명할 거라 생각합니다. 다른 헬스 클럽은 잊으세요. 그 대신에 운동하면서 저희의 비할 데 없는 경치를 즐기세요.

(a) 매력적으로 배치된 야외 운동 시설
(b) 보다 전문적인 직원들과 함께 좀 더 나은 운동
(c) 운동하면서 저희의 비할 데 없는 경치
(d) 도심의 가장 큰 헬스 클럽의 혜택

해설 아름다운 전망을 다른 헬스 클럽과 차별되는 우수한 특징으로 강조하는 광고 글이다. 절벽 위에 위치하고 있어 운동할 때 전면 유리창으로 아름다운 전망을 볼 수 있다는 내용이므로 (c)가 적절한 답이다.

정답 (c)

2

With very few exceptions, we treat Chinese immigrants unfairly who come into this country under the auspices of learning a trade. Businesses promise them a better life but force them into conditions so bad that they are kept hidden from the native population. Workers suffer from long hours and inhospitable work environments where their eyes and throats burn constantly. Shouldn't the Japanese government have greater oversight on things like this? It is time it stopped _____.

(a) practicing its immoral business activities
(b) allowing these crimes against imported labor
(c) offering government-sponsored trade schools
(d) being soft on immigrants exploiting the system

번역 극히 일부의 예외가 있기는 하지만, 우리는 산업 연수의 후원으로 이 나라에 들어온 중국 이민자들을 부당하게 대우하고 있다. 사업장에서는 이들에게 더 나은 삶을 약속하지만, 자국민들에게는 알려지지 않은 매우 열악한 근무 환경을 그들에게 강요하고 있다. 노동자들은 오랜 노동 시간과 눈·목이 계속 화끈거리는 견디기 힘든 노동 환경에 시달린다. 일본 정부는 이와 같은 일에 보다 철저한 관리를 해야 하지 않을까? 정부는 외국인 노동자에 대한 이러한 범죄를 묵인하는 것을 멈춰야 할 때이다.

(a) 비도덕적인 사업 행위를 시행하는 것
(b) 외국인 노동자에 대한 이러한 범죄를 묵인하는 것
(c) 정부 보조의 산업 학교를 제공하는 것
(d) 이민자들이 체제를 악용하는 것에 관대한 것

해설 바로 앞 문장에서 일본 정부가 이 문제에 관해서 감독을 더 잘해야 한다고 지적하고 있으므로 외국인 노동자들에게 자행되는 범죄를 묵인하지 말아야 한다는 (b)의 내용이 들어가야 적절하다. it은 일본 정부를 가리키므로 (a)는 내용상 맞지 않는다.

auspice 원조, 찬조 **trade** 산업 **inhospitable** 사람이 지내기[살기] 힘든 **oversight** 감시, 감독 **exploit** 악용하다

정답 (b)

188

3

Attention deficit hyperactivity disorder (ADHD) is a developmental condition which affects approximately 5% of children worldwide. The disorder affects children's home and school life, with symptoms including an inability to focus, forgetfulness, and fidgeting. Studies involving twins indicate that the condition is highly heritable with about 75% of cases due to genetic factors. Treatments for the condition are controversial due to the age of the patients and the fact that they include high dosages of drugs. Altogether, it is _____.

(a) likely to lead to a child's improvement in school
(b) a highly disruptive and controversial condition
(c) cured with early detection in affected children
(d) made worse by the divisive use of drugs

번역 주의력 결핍 및 과잉 행동 장애(ADHD)는 전세계적으로 약 5%의 아이들에게 영향을 끼치고 있는 발달 질환이다. 이 장애는 집중 불가능과 건망증, 가만히 있지 못함을 포함하는 증상 때문에 가정이나 학교 생활에 영향을 준다. 쌍둥이를 다룬 연구는 그 질환이 유전적인 요인으로 인해 발병한 경우, 75퍼센트나 유전 가능하다고 지적한다. 질환의 치료법과 관련하여 환자 나이와 복용 약이 많다는 점 때문에 논란이 많다. 전체적으로 보아, 그것은 <u>매우 지장을 주고 논란이 되는 질환이다</u>.

(a) 아이가 학교에서 우수해지도록 만들 가능성이 있다
(b) 매우 지장을 주고 논란이 되는 질환이다
(c) 발병한 아이들에게 조기 발견으로 치료된다
(d) 약의 엇갈리는 사용으로 악화된다

해설 빈칸 앞의 it은 the condition, 즉 ADHD를 가리키는 말이다. 이 질환의 증상 때문에 아이들은 가정이나 학교 생활이 힘들어지고, 치료법에 대해 논란이 많다고 설명하고 있다. 결론 문장으로는 이 질환이 매우 지장을 주고 논란이 많다는 (b)가 적절하다.
deficit 결핍 **hyperactivity** 과잉 행동 **disorder** 장애 **symptom** 증상 **fidget** 가만히 있지 못하다 **indicate** 제시하다 **heritable** 유전 가능한 **genetic** 유전적인 **factor** 요인 **controversial** 논란이 많은 **dosage** 복용 **disruptive** 지장을 주는 **detection** 발견 **divisive** 구분하는; 불화를 일으키는

정답 (b)

4

Beginning at middle age for humans, cognitive changes take place which alter the speed at which stimuli are processed. Specially designed exercises aimed at improving mental functions may well benefit those whose brains are already in decline. Work with rats yielded results which show intense auditory training was able to improve aural perception among rats which previously manifested common, age-related decline. Thus, with rats, scientists have proven that brain elasticity can continue on through old age. If similar studies were conducted with human test subjects, they would undoubtedly _____.

(a) elicit slower cortex transmissions, too
(b) demonstrate improved neural processing
(c) prove elasticity is actually all in the mind
(d) find that older people were happier doing it

번역 인간에게 있어 자극이 처리되는 속도가 바뀌는 인지적 변화는 중년에 시작된다. 정신 능력을 증진할 목표로 특별히 고안된 이 운동이 이미 뇌가 쇠퇴기에 있는 사람들에게 도움이 된다는 것은 당연하다. 쥐를 가지고 한 연구에서 일반적으로 나이가 들어감에 따라 쇠퇴를 나타낸 쥐들이 집중적인 청각 훈련으로 청각이 좋아질 수 있다는 결과가 나왔다. 따라서, 과학자들은 쥐에게 있어 뇌의 유연성은 노년까지도 지속될 수 있다는 것을 입증했다. 비슷한 연구가 인간을 실험 대상으로 실행된다면, 그것은 틀림없이 <u>향상된 신경 처리 과정을 입증하게 될 것이다</u>.

(a) 보다 느린 대뇌 피질 송신도 이끌어낼 것이다
(b) 향상된 신경 처리 과정을 입증하게 될 것이다
(c) 유연성이 사실 정신에 있다는 것을 입증할 것이다
(d) 노년층이 그것을 하면서 더 행복하다는 것을 알게 될 것이다

해설 마지막 문장은 가정법 문장임에 유의한다. 쥐를 통한 실험에서 훈련을 통해 노년에도 청각이 좋아질 수 있다는 결과를 얻었고, 이를 인간에게 적용하는 실험 결과가 지속되어 발전해 간다는 것을 가정해 볼 수 있으므로 답은 (b)이다.
cognitive 인지의 **take place** 발생하다 **alter** 바꾸다 **stimuli** 자극(stimulus의 복수형) **decline** 쇠퇴 **yield** 내놓다 **intense** 강한 **auditory** 청각의 **aural** 청각의 **perception** 감지, 감각 **manifest** 나타내다 **elasticity** 유연성 **subject** 피험자 **elicit** (반응을) 끌어내다 **cortex** (대뇌) 피질 **demonstrate** 입증하다 **neural** 신경의

정답 (b)

5

Amandine Dupin was scandalous by 19th century French social standards, yet _____. She wore men's clothing and smoked in public. Such irreverence for social codes granted her entrée into venues from which women were barred. These experiences helped her when she penned novels under the pseudonym George Sand. But having been born into a family of landed nobility, her actions caused her to lose many of the privileges of a baroness. Nonetheless, her mannerisms as well as her novels resulted in her fame across much of the continent.

(a) commanded respect in high society
(b) she had no idea of the harm caused
(c) it led to her eventual renown
(d) she had a good excuse for it

번역 아망딘 뒤팽의 물의를 빚은 행동들이 19세기 당시 프랑스의 사회 규범에 맞춰 볼 때는 어긋나지만, <u>그것들이 그녀에게 명성을 가져다 주었다</u>. 그녀는 남자 옷을 입고 공공연히 담배를 피웠다. 사회적 관례에 대한 그런 불손함은 여성이 금지된 장소에 그녀가 출입할 수 있게 해주었다. 이러한 경험들은 그녀가 조르주 상드라는 가명으로 소설을 집필했을 때 도움이 되었다. 지주 귀족 가문에서 태어났으나, 그녀의 행동으로 인해 남작 부인으로서의 많은 특권을 잃었다. 그렇기는 하지만, 그녀의 소설과 이러한 독특한 특징이 대륙 멀리까지 그녀를 유명하게 만들었다.

(a) 상류 사회에서 존경을 불러모았다
(b) 그녀는 자신이 입힌 해에 대해 전혀 몰랐다
(c) 그것들이 그녀에게 명성을 가져다 주었다
(d) 그녀는 그럴 충분한 이유가 있었다

해설 당시 사회 규범에 어긋나는 독특한 행동들로 물의를 빚었으나, 결과적으로 유명세를 얻게 되었다는 내용이다. 마지막 문장의 요약을 참고하면 명성을 가져왔다는 (c)가 정답임을 알 수 있다.
scandalous 불명예스러운 **irreverence** 불손함 **code** 관례 **grant** 주다, 승인하다 **entrée** 출입 **venue** 장소 **bar** 금지하다 **pseudonym** 가명 **landed nobility** 지주 귀족 **privilege** 특권 **baroness** 남작부인 **mannerism** 일부러 꾸밈; 버릇 **command** (동정·존경 등을) 모으다, 일으키다 **eventual** 결과로서 일어나는 **renown** 명성 **excuse** 변명, 핑계

정답 (c)

6

Cuisenaire rods are a set of blocks of differing length and color which have been effectively utilized in language classrooms. The rods were developed to aid in math instruction but were brought into language lessons by Caleb Gattegno. In his view, too many methodologies emphasized the teacher but did not aid in eliciting answers from the students. In attempting to limit the time teachers spent talking and increase student responding time, he invented the use of the colored rods. The rods take the place of lengthy teacher instructions and _____.

(a) stimulate the student's visual learning
(b) aid in retention of math concepts
(c) extensive writing on the board
(d) allow students to speak more

번역 퀴즈네르 막대는 다른 길이와 색깔의 블록 세트로, 효과적으로 언어 수업에서 활용되어 왔다. 막대는 수학 교육을 돕기 위해 개발되었는데, 갈렙 가테노에 의해 언어 수업에 도입되었다. 그의 견해는 수많은 방법론들이 교사의 역할을 강조하고 있으나, 학생들로부터 답을 끌어내는 데는 도움이 되지 않았다는 것이다. 교사가 말하는 시간을 제한하고 학생들의 응답 시간을 늘리려는 시도로, 그는 색깔 막대의 사용을 창안했다. 막대는 길게 말하는 교사의 지도를 대신하며, <u>학생들이 더 많이 말하도록 해준다</u>.

(a) 학생들의 시각적인 학습을 자극한다
(b) 수학 개념의 기억을 돕는다
(c) 칠판의 대대적인 필기
(d) 학생들이 더 많이 말하도록 해준다

해설 결론 문장으로 퀴즈네르 막대의 역할을 요약하는 내용이다. 교사의 긴 설명을 대신하고 학생들이 대답하는 시간을 늘리려는 시도로 만들어진 것이므로 (d)의 내용이 가장 적절하다.
rod 막대 **utilize** 활용하다 **methodology** 방법론 **emphasize** 강조하다 **elicit** 끌어내다 **attempt** 시도하다 **limit** 제한하다 **take the place of** ~을 대신하다 **lengthy** 긴, 오랜 **visual** 시각적인 **retention** 기억; 기억력

정답 (d)

7

With services starting as low as $100 and just $5/ month afterwards, now is the time to call and _____. A website acts as your company's face, and a slipshod one may lose you business. You need a website that puts your best qualities forward. Media Solutions can build, host, and maintain a website that will guarantee the world sees nothing but your best qualities. We offer packages with basic HTML up to the most intricate JavaScript and Flash applications, tailored to your exacting specifications.

(a) begin your web design career
(b) upgrade your payment options
(c) make your existing finances better
(d) display your company's finest traits

번역 본 서비스는 처음에는 최하 100달러의 비용이 들지만, 이후에는 매달 5달러의 비용이 듭니다. 바로 지금이 전화하셔서 가장 뛰어난 귀사의 특성을 과시할 때입니다. 회사의 얼굴 역할을 하는 웹사이트가 엉성하면, 여러분의 사업이 빛을 발하지 못할 것입니다. 귀사는 최고의 품질을 내세우는 웹사이트가 필요합니다. 미디어 솔루션은 확실히 귀사가 최고로 우수함을 세계가 인지하도록 할 웹사이트를 구축하고, 관리하고, 유지할 수 있습니다. 저희는 여러분의 엄격한 세부사항에 맞춰 기초 HTML부터 가장 복잡한 자바 스크립트와 플래시 애플리케이션까지의 패키지를 제공합니다.

(a) 웹 디자인 경력을 시작할
(b) 지불 옵션을 업그레이드할
(c) 현재의 재정을 개선시킬
(d) 가장 뛰어난 귀사의 특성을 과시할

해설 회사의 웹사이트를 제작·관리·유지하는 서비스를 광고하는 글이다. 회사의 가장 뛰어난 특징을 잘 제시해 줄 수 있는 웹사이트를 제작하는 서비스라는 점을 강조하고 있다. 이 서비스를 신청함으로써 얻을 수 있는 점으로 적절한 것은 (d)이다.
slipshod 엉성한 **put forward** 내세우다, 눈에 띄게 하다
guarantee 보장하다 **nothing but** 단지 **intricate** 복잡한
tailor to ~에 맞추다 **exacting** 힘든, 까다로운
specification 세부사항 **display** 보여주다, 제시하다 **trait** 특성

정답 (d)

8

SK has _____. It began as a government-owned telecommunications company in 1984. Known then as Korea Mobile Telecommunications Services Co., the company offered first generation analog phones. Ten years after its formation, the SK Group became its largest shareholder and, in 1997, the two companies formally merged and changed the name to SK Telecom. Since then, the company has broadened its services to include a 3G network, satellite DMB Service, and global roaming. As of 2008, SK Telecom held 50.5% of the mobile market share in South Korea.

(a) gone through many changes since its inception
(b) a large effect on Korean telephone customers
(c) greatly impacted the use of mobile devices
(d) a history that was not always successful

번역 SK는 창립 이래로 많은 변화를 겪어왔다. 이 회사는 1984년에 정부 소유의 통신업체로 시작했다. 한국 이동통신으로 알려졌던 이 회사는 1세대 아날로그 폰을 내놓았다. 그로부터 10년 후에 SK그룹은 최대 주주가 되었고, 1997년에 두 회사는 공식적으로 합병했으며, 이름을 SK텔레콤으로 바꿨다. 그 이후로 회사는 3G 네트워크와 위성 DMB 서비스, 해외 로밍을 포함하는 서비스를 확장하였다. 2008년 현재, SK텔레콤은 대한민국 이동통신 시장에서 50.5퍼센트의 점유율을 차지하고 있다.

(a) 창립 이래로 많은 변화를 겪어왔다
(b) 한국 전화 고객에게 큰 영향을 끼쳤다
(c) 모바일 서비스 이용에 많은 영향을 주어왔다
(d) 늘 성공하지만은 않은 역사를 가지고 있다

해설 SK가 정부 소유의 통신 회사로 시작한 것부터 아날로그 폰을 만들고, SK그룹과 합병해서 사업을 확장하고 이동통신 시장의 반 이상을 점유하게 된 변화 과정을 다루는 내용이다. 이를 요약하는 도입 문장으로 적절한 것은 (a)이다.
government-owned 정부 소유의 **telecommunication** 통신 **offer** (이용할 수 있도록) 내놓다 **analog** 아날로그
formation 형성 **shareholder** 주주 **formally** 공식적으로
merge 합병하다 **broaden** 확대하다 **satellite** 위성
roaming 로밍 **as of** ~현재로 **inception** 시작 **impact** 영향을 주다

정답 (a)

9

Dear Sir or Madam,

Please find attached this month's flyer listing many of the drastically reduced prices on home furniture, fittings, doors, and windows. In order to make room for this year's models, we're extending these sales only to our VIP customers like you. This is your chance to get merchandise from all of the principal designers at a fraction of the regular price. And to further entice you, we've negotiated special rates with the area's top interior decorators and contractors. You're not going to find a better time than this _____.

Sincerely,
Your Friends at Design Corner

(a) to consider our payment plans
(b) when top goods are being discounted
(c) to sign up as one of our VIP customers
(d) when interior designers will give free advice

번역 관계자 분께

많은 가정용 가구, 비품, 문, 창문의 대폭 낮아진 가격 목록이 첨부된 이번 달 전단을 확인하세요. 올해 모델의 전시 공간을 확보하기 위해, 귀하와 같은 VIP 고객들에게만 이번 할인을 연장하고 있습니다. 모든 일류 디자이너들 상품을 정가에 못 미치는 금액으로 살 절호의 기회입니다. 그리고 여러분을 유치하기 위해 인근 최고 인테리어 설계자와 계약업자들과 특별 가격 협상을 했습니다. <u>최상품이 할인되는</u> 이보다 더 좋은 때는 없을 것입니다.

디자이너 코너에서 친구 드림

(a) 저희 지불 안을 고려하는
(b) 최상품이 할인되는
(c) VIP 고객으로 등록하는
(d) 인테리어 디자이너가 무료 조언을 하는

해설 이번 할인의 특혜로 제시된 것은 This is your chance to 이하에 나와 있다. 또 그 다음 문장의 special rates 이하에서도 최고 품질의 상품을 크게 할인된 가격으로 사는 것이라고 부연하고 있으므로 (b)가 설명으로 적절하다.

flyer 전단 **drastically** 급격하게 **fittings** 비품; 설비 **make room for** ~을 위한 공간을 확보하다 **extend** 연장하다 **merchandise** 제품, 상품 **principal** 주요한 **fraction** 일부, 부분 **entice** 유치하다, 유인하다 **negotiate** 협상하다 **rate** 요금 **interior decorator** 인테리어 디자이너

정답 (b)

10

The French author Balzac is credited with introducing realism to European literature in the 1800s. His perception of the complex moral struggles of man was depicted unflinchingly and realistically in his novels and plays. Balzac's multi-faceted and intricate characters portrayed a rich tapestry of French life immediately following the fall of Napoleon. Even his most minor characters were imbued with complexity. Balzac died in 1850, having lived a complex life himself. He left behind _____.

(a) stories of unique fantasy worlds
(b) a number of philosophical writings
(c) rich and multifaceted tales of mankind
(d) works that contrasted with French realism

번역 프랑스 작가인 발작은 1800년대에 유럽 문학에 현실주의를 도입한 것으로 인정을 받는다. 인간의 복잡하고 도덕적인 투쟁에 대한 통찰력이 그의 소설과 희곡에 단호하고 현실적으로 묘사되어 있다. 발작의 다면적이고 복잡한 인물들은 나폴레옹 패망 직후 프랑스 삶의 풍부한 태피스트리를 그려냈다. 그의 작품에는 가장 미미한 인물까지도 복잡성으로 가득 차 있다. <u>스스로도 복잡한 인생을 살았던 발작은 1850년에 죽었다. 그는 인류에 대한 풍부하고 다면적인 이야기를 남겼다.</u>

(a) 독특한 공상 세계의 이야기
(b) 많은 철학적인 저술
(c) 인류에 대한 풍부하고 다면적인 이야기
(d) 프랑스 현실주의와 대조되는 작품들

해설 그의 작품 경향은 현실주의이며, 복잡하고 다면적인 인물을 통해 복잡한 도덕 투쟁을 보여준다고 설명하고 있다. 그가 남긴 것으로 적절한 것은 인류의 풍부하고 다면적인 이야기라는 (c)가 정답이다.

credit 인정하다 **perception** 통찰력 **struggle** 투쟁 **depict** 그리다, 묘사하다 **unflinchingly** 단호하게, 수그러지지 않고 **realistically** 현실적으로 **multi-faceted** 다면적인 **intricate** 복잡한 **portray** 묘사하다 **tapestry** 태피스트리, 직물 **imbue** 가득 채우다 **leave behind** 남기다 **contrast** 대조시키다

정답 (c)

11

Hindu yogis _____. They are recognizable by their matted coils of hair, shaggy beards and brightly painted faces. Concerned primarily with achieving the final Hindu goal, liberation, these monks live on the fringes of society, forgoing modern conveniences. To aid themselves towards this goal, yogis smoke a concentrated form of psychotropic drugs for suppressing desires, thereby improving meditation. The yogis are revered by locals who refer to them as baba (father), often attaching the suffix of respect, -ji. Their holiness is believed to help whole villages and, as such, they are sustained by donations from villagers.

(a) undergo punitive action from the state
(b) disapprove of mind-altering substances
(c) adorn themselves in a respectable manner
(d) sacrifice the traditional comforts of society

번역 힌두교의 요기는 사회에서의 전통적인 편안함을 희생한다. 그들은 엉겨 붙어 감긴 머리와 텁수룩한 턱수염과 밝게 색칠한 얼굴로 구별된다. 최종 힌두교의 목표인 해탈을 이루는 것에 주된 관심이 있는 이 수도승들은 현대의 편리함을 포기하고 사회의 변방에 산다. 이 목표를 이룰 수 있도록 요기들은 욕망을 억제하기 위해 농축된 형태의 항정신성 약제를 피우며, 명상을 향상시켜 나간다. 요기는 자신을 존경의 접미사 -ji를 붙여 바바(아버지)로 부르는 인근 사람들에게 존경을 받는다. 그들의 신성함은 전체 마을을 돕는다고 믿어지고 그런 만큼 그들은 마을 사람들의 기부에 의해 연명한다.

(a) 국가로부터 처벌 행위를 받는다
(b) 항정신성 물질에 반대한다
(c) 존경받을 만한 태도로 꾸민다
(d) 사회에서의 전통적인 편안함을 희생한다

해설 힌두교 요기들의 목표인 해탈에 이르기 위한 삶에 대한 묘사에 유의한다. 초췌한 외양과, 항정신성 약제로 욕망을 억제하며 현대의 편리함을 포기하고 변방에 사는 모습을 요약하는 말로 적절한 것은 (d)이다.
yogi 요가 수행자, 요기   matted 엉겨 붙은   coil 감긴 것
shaggy 텁수룩한   beard 턱수염   liberation 해방, 해탈
monk 수도승   fringe 변방   forgo 포기하다   concentrated 농축된   psychotropic 향정신성의   suppress 억제하다
meditation 명상   revere 존경하다   suffix 접미사   holiness 신성함   sustain (필요한 것을 제공하여) 살아가게 하다   donation 기부   undergo 받다, 겪다   punitive 가혹한   mind-altering 향정신성의   adorn 꾸미다

정답 (d)

12

A new find 900 meters from Stonehenge indicates that _____. Using ground-penetrating radar, scientists have discovered the tentatively coined "new henge" without disrupting any of the ground cover. Bearing many similarities to its famous neighbor, the new henge was likely also used for burial purposes as long ago as 2500 BC. But it differs from Stonehenge in one key way—its use of wood instead of stone pillars. As scientists continue to study the area, they hope to gain a greater grasp of what the monuments were used for.

(a) it was built with stone materials
(b) different burial rituals were performed
(c) researchers need not continue excavation work
(d) not everything about the site has been uncovered

번역 새로운 발견물이 스톤헨지로부터 900미터 떨어져 있는 것은 유적지 주변이 전부 발굴된 것이 아님을 가리킨다. 과학자들은 지하 투과 레이더를 사용해서 지표를 어지럽히지 않고, 잠정적인 명칭인 '뉴헨지'를 발견했다. 이웃하고 있는 유명한 것(스톤헨지)과 많은 유사점을 지닌 이 뉴헨지는 BC 2500년 전, 매장용으로 사용되었을 가능성이 크다. 그러나 스톤헨지와는 한 가지 중요한 점에서 다른데 그것은 돌 기둥 대신에 나무를 썼다는 점이다. 과학자들은 이 지역을 계속 연구해 나가면서 기념비들의 용도를 좀 더 파악해나가기를 바라고 있다.

(a) 돌 재료로 건축되었다
(b) 다른 장례식이 거행되었다
(c) 연구원들은 발굴 작업을 계속할 필요가 없다
(d) 유적지 주변이 전부 발굴된 것이 아니다

해설 indicates that 이하에 주목해서 스톤헨지 주변에서 발견된 뉴헨지가 시사하는 점을 찾아야 한다. 유명한 스톤헨지의 주변에서 새로운 뉴헨지가 발견되었고, 그 유사점과 차이점을 상술하는 내용이다. 그러므로 스톤헨지가 발견된 유적지 주변과 관련된 모든 것이 밝혀진 것이 아니라는 (d)가 앞으로 그 쓰임새를 더 파악해야 한다는 결론과 어울린다.
indicate 가리키다   ground-penetrating 지하 투과의
tentatively 잠정적으로   coin (새로운 낱말을) 만들다   disrupt 방해하다   bear 지니다, 가지다   similarity 유사점   burial 매장
pillar 기둥   grasp 이해, 파악   monument 기념비   ritual 의식   excavation 발굴

정답 (d)

13

Taiwanese folk opera is similar to other forms of traditional Eastern opera in that it includes cross-dressing performers. Primarily, the characters are permutations of three main roles: sheng (brave leading man), dan (sentimental female), and chou (male jester). And often women dress like men. The operas are traditionally accompanied by instruments such as the yehu, a bowed string instrument made from a coconut shell. Another unique element of the opera is the symbolic nature of objects used on stage which _____. For example, chairs can variously represent a wall, a boat, and more.

(a) are conveyed by the seven characters
(b) function differently from other Eastern props
(c) serve various functions during the opera
(d) encourage audiences to guess their meaning

번역 타이완의 민속 오페라는 복장 도착 등장 인물들이 포함된다는 점에서 전통적인 동양의 다른 오페라 유형들과 비슷하다. 인물들이 주로 셩(용감한 주연 남성), 단(감성적인 여성), 초우(남성 어릿광대)로 이루어진, 세 명의 등장인물로 편성된다. 그리고 종종 여성이 남성처럼 옷을 입는다. 오페라에는 전통적으로 코코넛 껍질로 만든 활로 연주하는 현악기인 예후와 같은 악기가 동반된다. 오페라의 또 다른 독특한 요소는 오페라 내내 다양한 기능으로 쓰이는, 무대에 사용된 사물들의 상징적인 성질이다. 예를 들어, 의자는 벽과 배 등 많은 것을 다양하게 의미할 수 있다.

(a) 일곱 명의 인물들이 운반한다
(b) 다른 동양의 소도구들과는 다르게 쓰인다
(c) 오페라 내내 다양한 기능으로 쓰인다
(d) 관중들이 그 의미를 추측하게 만든다

해설 빈칸 뒤에 나오는 문장에 유의한다. For example로 예를 들고 있으므로 하나의 사물이 여러 가지를 상징하는 용도로 쓰인다는 내용이 되어야 함을 알 수 있다. 오페라 내에서 여러 기능으로 사용된다는 (c)가 정답이다.

folk 민속   cross-dressing 복장 도착, 이성의 옷을 입기 permutation 교환, 편성   jester 어릿광대   be accompanied by ~이 동반되다   bowed string instrument 활을 쓰는 현악기 represent 의미하다   convey 나르다, 운반하다   prop (연극에서 쓰이는) 소도구

정답 (c)

14

Congestive heart failure is a serious medical condition _____. It is generally due to the heart incurring some form of trauma such as heart attack, heart disease, hypertension, etc. In serious cases, the condition can be fatal, with patients dying from cardiac arrest within several months. In cases such as these, a device can be surgically implanted into a person's chest. The device is controlled by a regulator on the patient's waist which continuously pumps blood in place of the heart.

(a) that for most people leads to death
(b) which causes the heart to suffer a trauma
(c) but it is easily fixed with drug treatments
(d) where the heart is too weak to pump blood

번역 충혈성 심장마비는 심장이 너무 약해서 피를 퍼 올릴 수 없는 심각한 의학적 상태이다. 이는 일반적으로 심장마비나 심장 질환, 고혈압 등과 같은 외상을 입은 심장으로 인해 생긴다. 심각한 경우에는 환자가 심장마비로 몇 달 만에 죽게 될 정도로 상태가 치명적일 수 있다. 이와 같은 경우에는 수술을 통해 장치를 사람 가슴에 이식할 수 있다. 장치는 심장 대신에 피를 지속적으로 퍼 올리며, 환자 허리 위에 있는 조절기로 통제된다.

(a) 대부분 사람들이 죽음에 이르게 되는
(b) 심장이 외상을 겪도록 만드는
(c) 그러나 이는 약물 치료로 쉽게 치료된다
(d) 심장이 너무 약해서 피를 퍼 올릴 수 없는

해설 충혈성 심장마비 증상에 대한 설명을 찾아야 한다. 장치를 이식해 심장을 대신해서 피를 퍼 올리도록 한다고 했으므로, 이 질환은 심장이 피를 퍼 올리지 못할 정도로 약한 상태라는 (d)의 설명이 알맞다.

congestive 충혈성의   heart failure 심장마비   incur 초래하다 trauma 외상   hypertension 고혈압   fatal 치명적인 cardiac arrest 심장마비   surgically 수술적으로   implant 이식하다   chest 가슴   regulator 조절 장치

정답 (d)

15

If your computer is running slowly or bogging down, it may be time for Express Ltd.'s free PC tune-up. Web pages taking longer than ten seconds to load are a sure sign that your computer has been infected. _____, once you have a virus, a complete shut down of your system or loss of files is more likely. The things on your hard drive are too precious to take any chances when it comes to your computer's defense. To take advantage of our service, just visit www.expressltd.com/tuneup for a complete scan and receive our customized Next Step report.

(a) Moreover
(b) In contrast
(c) Otherwise
(d) Nonetheless

16

The patent for the first rollercoaster was awarded in 1885 to a carpenter and businessman named LaMarcus Thompson. That rollercoaster was modeled after a gravity-powered coal mining train that took passengers down a hill on a 14km track. Thompson's ride was significantly shorter and consisted of a train car mounted on tracks reachable by climbing a tower. After walking up the steps, passengers would climb into the car and were then pushed down a hill towards the other side. _____, innovations were soon to follow which included a circuit course and the bumps and turns found in modern rollercoasters.

(a) Of course
(b) Despite this
(c) Therefore
(d) As a result

번역 여러분의 컴퓨터가 느려지고 꼼짝하지 않는다면, 익스프레스 사의 무료 PC 튜업을 받을 때일지도 모릅니다. 웹 페이지가 뜨는 데 10초 이상이 걸리는 것은 컴퓨터가 감염되었다는 확실한 표시입니다. 게다가, 일단 바이러스가 생기면 시스템이 완전히 정지되거나 파일이 유실될 가능성이 매우 커집니다. 하드 드라이브에 저장된 것들은 너무나도 소중한 자료인 만큼 여러분의 컴퓨터를 보호할 기회를 놓치지 마세요. 저희 서비스를 이용하시려면 완벽한 검사를 위해 www.expressltd.com/tuneup에 오셔서 맞춤화된 넥스트 스텝 보고서를 받아 보세요.

(a) 게다가
(b) 대조적으로
(c) 그렇지 않으면
(d) 그럼에도 불구하고

해설 빈칸 앞뒤 문장의 관계를 살펴야 한다. 웹 페이지가 뜨는 데 10초 이상이 걸리는 것이 컴퓨터가 감염된 표시라는 설명에 이어 부가적으로 바이러스가 생기면 시스템이 완전히 종료되거나 파일이 없어지는 증상이 생긴다는 설명이 왔으므로 접속사로 (a)가 와야 한다.
bog down 꼼짝하지 않다 **tune-up** 조정, 튜업 **infect** 감염시키다 **precious** 소중한 **take chances** 모험을 하다 **defense** 방어 **scan** 검사, 점검 **customized** 맞춤화된

정답 (a)

번역 최초 롤러코스터에 대한 특허권은 1885년에 라마커스 톰슨이라는 목수이자 사업가에게 수여되었다. 롤러코스터는 중력을 동력으로 하는 탄광 열차를 본 떠서 만들어졌다. 그 열차는 14킬로미터 위의 선로에서 승객들을 언덕 아래로 몰고 내려갔다. 톰슨의 놀이기구는 상당히 짧았는데, 탑을 올라가면 도달할 수 있는 선로 위에 열차가 놓여졌다. 승객들은 계단을 올라가 롤러코스터에 올라타고, 그 다음에 반대 쪽 언덕으로 밀려 내려왔다. 물론, 현대 롤러 코스터에서 볼 수 있는 순환 코스와 요철, 회전을 포함하는 획기적인 것들도 곧 이어 선보였다.

(a) 물론
(b) 이것에도 불구하고
(c) 그래서
(d) 결과적으로

해설 톰슨이 만든 롤러코스터의 구조에 대한 설명 다음에 빈칸이 나와 있다. 현대 롤러코스터에 있는 혁신적인 것들이 곧 나오게 되었다는 내용과 연결하기 위해서는 (a) Of course가 알맞다.
patent 특허권 **award** 수여하다 **coal mining** 탄광 **ride** 놀이기구 **significantly** 상당히 **mount** 오르다 **innovation** 혁신 **circuit** 순환 **bump** 요철

정답 (a)

ACTUAL TEST 9 — Part 2

17

Management of spent rods after their use in nuclear reactors will be a major initiative for scientists in coming decades. The rods, which are a byproduct of nuclear fission, serve no purpose once they have been used to produce energy. Though the radioisotopes will ultimately decay into non-radioactive elements, the process can take upwards of 17 million years. Discarding this waste requires long-term management and treatment with a view to maintaining a stable biosphere for millennia to come. This means scientists must place the waste in geologically stable regions with lucid signage, legible to future inhabitants of the Earth.

Q: What is the best title for the passage?
(a) Energy Byproduct a Bane to Future
(b) Spent Fuel's Hazardously Long Life
(c) Immediate Remediation of Nuclear Waste
(d) Long Term Radioactive Waste Management

번역 원자로에서 사용된 후 폐기된 폐연료봉의 관리가, 다가올 미래에 과학자들의 주된 과제가 될 것이다. 연료봉은 핵 융합의 부산물로써 에너지를 생성하는 데 사용되고 나면 쓸모가 없어진다. 비록 방사성 동위 원소는 최후에는 비방사능 요소로 쇠미하게 되지만, 그 과정이 천칠백만 년 이상 걸릴 수 있다. 이 폐기물을 버리기 위해 장기적인 관리와 앞으로 수천 년간 안정적인 생물권을 유지하기 위한 처리가 필요하다. 이것은 과학자들이 지구의 미래 거주자들이 알아볼 수 있는 명료한 신호 체계를 써서, 폐기물을 지질학적으로 안정적인 지역에 두어야 한다는 것을 의미한다.

Q: 지문에 가장 적절한 제목은?
(a) 미래의 골칫거리인 에너지 부산물
(b) 폐연료의 위험하게 긴 수명
(c) 핵 폐기물의 즉각적인 개선
(d) 장기간의 방사능 폐기물 관리

해설 방사성 폐기물은 없어지기까지 천칠백만 년 이상이 걸리므로 이 처리 방법은 장기적이어야 하고 미래의 생물권을 보호하는 장소이어야 한다는 내용이므로 (d)가 가장 적절한 제목이다. 폐기물의 문제점이 초점이 아니므로 (a)나 (b)는 답이 될 수 없다. 장기적인 측면을 강조하므로 (c) 역시 답이 될 수 없다.

spent rod 폐연료봉 nuclear reactor 원자로 initiative 계획 byproduct 부산물 fission 융합 radioisotope 방사성 동위 원소 upwards of ~이상 discard 폐기하다 with a view to ~할 목적으로 biosphere 생물권 lucid 명료한 signage 신호 체계 legible 알아볼 수 있는 bane 골칫거리 hazardously 위험하게 remediation 개선, 교정

정답 (d)

18

If you make less than $35,000 per year, you may qualify for a government sponsored grant to continue your education. Many people take a hiatus from schooling due to financial problems or other issues but intend to re-enroll at a later date. The truth is that more than 75% of such people never return due to unforeseen events which make it impractical or impossible. If this describes you, now is the time to act by visiting www.educationgrants.gov to see if you qualify. Statistics show that people who have completed their education bring in significantly higher salaries and display greater job satisfaction.

Q: What is the announcement mainly about?
(a) Student loans offered by a company
(b) The benefits of completing one's schooling
(c) The right time to continue in higher education
(d) State funded finance for people resuming study

번역 일년에 35,000달러 이하를 번다면 공부를 계속하기 위해 정부 지원 보조금을 받을 자격이 됩니다. 많은 사람들이 재정 문제나 다른 사안 때문에 학업을 중단하고 나중에 다시 시작하려고 하나, 실제로 그런 사람 중 75퍼센트 이상이 그것을 비실용적이거나 불가능하게 만드는 예기치 못한 사건 때문에 학업으로 돌아가지 못합니다. 이것이 당신 얘기라면, 지금 www.educationgrants.gov에 와서 자격이 되는지 확인하세요. 통계에 따르면 교육을 받은 사람들이 보다 많은 임금을 벌고 더 큰 직업 만족도를 보입니다.

Q: 공고문의 주된 내용은?
(a) 한 회사가 제공하는 학자금 대출
(b) 학업을 완수하는 이득
(c) 고등 교육을 계속할 적절한 시기
(d) 학업을 다시 시작하는 사람들을 위한 정부의 자금 지원

해설 학업을 다시 시작하는 사람들에게 국가가 보조금을 주고 있으니 자격 요건이 되는지 사이트를 방문하여 알아보라는 내용이다. 첫 문장에서 주제를 드러내고 있음에 유의한다. 국가 보조금에 대한 공고이므로 (d)가 주된 내용으로 적절하다.

qualify for ~의 자격이 되다 grant 보조금 hiatus 중단 unforeseen 예측하지 못한 impractical 비실용적인 statistics 통계 complete 끝내다 significantly 상당히 display 제시하다 loan 대출 fund 자금을 대다 resume 다시 시작하다

정답 (d)

19

The Second Crusade (1145-1149 AD) was the second major European military campaign to forcibly bring Christianity to the Muslim world. Launched simultaneously by kings in France and Germany, attackers went as far as Jerusalem before being defeated by Seljuk Turks. An eminent historian from the era posits that the Byzantine Empire secretly hampered the Crusaders by giving information to the Turks. Nearly 40 years later Jerusalem fell to a Muslim army after a siege in 1187. This capturing of the Holy Land served as the impetus for the Third Crusade two years later.

Q: What is the main topic about the Second Crusade in the passage?
(a) Theories on why it was unsuccessful
(b) How it soon led to the fall of Jerusalem
(c) Christendom's failure to defeat the Turks
(d) How Seljuk Turks gained victory by chance

번역 제2차 십자군 전쟁(1145~1149년)은 기독교를 이슬람 세계에 강제로 전파하는 두 번째 주요 유럽 군사 작전이었다. 프랑스와 독일의 왕에 의해 동시에 시작된 공격군들은 셀주크 투르크에게 패하기 전 예루살렘까지 진격했다. 그 시대의 유명한 역사가는 비잔틴 황제가 투르크족들에게 정보를 줌으로써 십자군을 몰래 방해했다는 것을 사실로 상정한다. 예루살렘은 약 40년 후인 1187년 포위 작전으로 이슬람 군대에게 함락되었다. 이 성지의 점령은 2년 후, 제3차 십자군 전쟁의 자극제로 작용되었다.

Q: 지문에서 제2차 십자군 전쟁에 관한 소재는?
(a) 성공하지 못했던 이유에 관한 학설
(b) 어떻게 바로 예루살렘의 몰락에 이르렀는지
(c) 전 기독교도의 투르크족 타파 실패
(d) 셀주크 투르크가 어떻게 우연히 승리를 얻었는지

해설 유럽의 기독교 국가들이 제2차 십자군 전쟁을 일으켜서 예루살렘까지 진격했으나 결국 이슬람 군에게 패배를 당했다는 내용이다. 패한 원인과 이후 전쟁에 관한 설명이 세부 정보이므로 소재로는 (c)가 적절하다. (a)나 (b)는 세부 내용에 불과하므로 답이 될 수 없다.

Crusade 십자군 전쟁 **military campaign** 군사 작전 **launch** 시작하다 **simultaneously** 동시에 **eminent** 유명한 **historian** 역사가 **posit** 사실로 상정하다 **hamper** 방해하다 **siege** 포위 작전 **capture** 체포하다 **impetus** 자극제 **Christendom** 전 기독교도 **by chance** 우연히

정답 (c)

20

The fifth annual Maple Creek neighborhood garage sale will be held next Saturday, August 21. With more than 30 households participating—our biggest turn-out yet—you're guaranteed to find those one-of-a-kind deals. Also, the neighborhood association will be hosting a cookout at Wilhelm Park, starting at noon. We will be grilling hamburgers and hotdogs, and there will be softball and volleyball games for you to enjoy. So come out for what will surely be a great time for the whole family.

Q: What is the passage mainly about?
(a) The community's hosting of a cookout
(b) A luncheon for residents of Maple Creek
(c) The biggest ever turn-out for a local event
(d) An annual garage sale for the neighborhood

번역 제5회 연례 메이플 크릭 중고품 세일이 다음 주 토요일, 8월 21일에 열릴 것입니다. 지금까지 있었던 중 가장 많은 참가 인원인, 30개 이상의 가구들이 참여하기 때문에 당신만을 위한 물건을 고를 수 있다는 것을 보장합니다. 또한 주민회에서는 정오부터 야외 요리 파티를 개최할 것입니다. 햄버거와 핫도그를 구울 것이고 소프트볼과 배구 경기를 즐길 수 있을 것입니다. 그러니 가족 모두에게 멋진 시간이 될 행사에 꼭 나오세요.

Q: 지문의 주된 내용은?
(a) 지역 사회의 야외 요리 파티 개최
(b) 메이플 크릭 주민을 위한 오찬 모임
(c) 지역 행사 최대 참가 인원
(d) 이웃 주민을 위한 연례 중고품 판매 행사

해설 첫 번째 문장에 행사의 내용이 소개되고 있다. 지역 사회에서 열리는 중고품 판매 행사가 열리는 때와 참석 가구의 수, 부대 행사 등에 관한 안내이므로 주된 내용으로 적절한 것은 (d)이다. (a)와 (c)는 세부 내용에 해당되므로 답이 될 수 없다.

annual 연례의 **garage sale** 중고품 염가 판매 **household** 가구 **turn-out** 참가 인원 **guarantee** 보장하다 **one-of-a-kind** 단 하나뿐인, 독특한 **cookout** 야외 요리 파티 **grill** 굽다 **luncheon** 오찬 모임

정답 (d)

21

The keeping of pets has long been studied for its benefits on a person's health, longevity, and mental contentment. However, some have speculated that children from allergy-prone families should avoid pets as it may predispose them to developing allergies. In fact, the opposite is true with only 19% of children in homes with a dog developing allergies as opposed to 33% in animal-free environments. Furthermore, pet owners are less likely to develop depression, insomnia, high blood pressure and hyper tension. And echocardiograms generally show that pet owners have less plaque build-up in their arteries, decreasing their chances of heart disease.

Q: What is the passage mainly about?
(a) Influence of pets on childhood development
(b) Health benefits ascribed to pet ownership
(c) Pets' ability to prevent allergic reactions
(d) Pets' effects on mental health

번역 애완동물을 키우는 것이 인간의 건강과 장수, 정신적인 만족감에 이롭다는 면에 대해 오랫동안 연구되어 왔다. 그러나 어떤 사람들은 알레르기가 생길 수도 있으므로, 알레르기에 약한 가족의 아이들은 애완동물을 피해야 한다고 추측되었다. 사실상, 집에 개가 있는 아이들의 19퍼센트만이 알레르기가 생겼고, 그에 반해 동물이 없는 환경에서는 33퍼센트였다는 것을 볼 때 그 정반대가 사실이다. 나아가, 애완동물 주인들은 우울증과 불면증, 고혈압, 긴장 항진이 생길 가능성이 더 적다. 그리고 초음파 심장 진단도는 일반적으로 애완동물 주인들이 동맥에 플라크 축적이 덜 생겨서 심장병의 발병 가능성이 적어진다는 것을 제시해 준다.

Q: 지문의 주된 내용은?
(a) 아동 발달에 끼치는 애완동물의 영향
(b) 애완동물 소유로 인한 건강상의 혜택
(c) 애완동물의 알레르기 반응을 예방하는 능력
(d) 정신 건강에 미치는 애완동물의 효과

해설 애완동물을 키우는 이점에 대해 일반적으로 알려진 건강, 장수, 정신적 만족감을 언급하며, 편견을 반박하는 내용이 이어진다. 알레르기가 생기게 한다는 편견을 반증하며 우울증, 불면증, 고혈압, 긴장 항진의 발병을 줄여준다는 설명을 종합할 때 (b)가 답으로 적절하다.
longevity 장수 contentment 만족감 speculate 추측하다, 짐작하다 allergy-prone 알레르기에 걸리기 쉬운 predispose ~하는 성향을 갖게 하다 opposite 정반대 depression 우울 insomnia 불면증 hyper tension 긴장 항진 echocardiogram 초음파 심장 진단도 plaque (심장에 생기는) 지방 축적, 플라크 artery 동맥 ascribe to ~의 탓으로 돌리다

정답 (b)

22

Throughout known history, children as young as three have been employed in dangerous jobs, working long and laborious hours. The plight of young workers came to prominence during the Industrial Revolution when children were employed as factory workers and chimney sweeps. The children's diminutive size and minute appendages made them aptly suited for various tasks in which adult bodies were too unwieldy. But mishaps happened regularly, leaving children maimed or worse, leading to a reevaluation of appropriate work for young children. After many decades of lobbying and reforms, international committees set up regulations stipulating minimum age requirements for childhood employment.

Q: What is the best title for the passage?
(a) Industrial Revolution Responsible for Maiming
(b) Committees Worldwide Change Labor Laws
(c) Child Labor Reform During the Industrial Revolution
(d) Industrial Revolution Increased Adolescent Employment

번역 역사상 알려진 바로는, 세 살짜리 어린 아이가 긴 시간 동안 힘들게 일하는 위험한 업무에 고용되었던 적이 있다. 어린 노동자들의 곤경은 아이들이 공장 노동자와 굴뚝 청소부로 고용되었던 산업 혁명 때 두드러졌다. 아이의 아주 작은 체구와 팔다리는 어른의 몸으로는 매우 불편했던 다양한 일들에 적당하였다. 그러나, 정기적으로 생기는 작은 사고가 아이들을 불구나 더 심한 상태로 만들었고, 어린 아이들을 위해 적당한 노동에 대한 재평가에 이르게 되었다. 수십 년간의 로비 활동과 개혁 끝에 국제 위원회가 아동 고용의 최저 연령 조건을 규정했다.

Q: 지문의 가장 적합한 제목은?
(a) 불구의 책임이 되는 산업혁명
(b) 전세계 위원회가 노동법을 바꾸다
(c) 산업혁명 중의 아동 노동 개혁
(d) 산업혁명이 청소년 고용을 증가시켰다

해설 어린 노동자들이 위험한 업무에 종사했던 시기였던 산업혁명의 상황을 설명하고 있다. 불행한 사고가 정기적으로 발생함에 따라 오랜 로비 활동과 개혁 끝에 최저 연령 제한을 두게 되었다는 내용임을 고려할 때 제목으로 적합한 것은 (c)이다.
laborious 힘든 plight 역경, 곤경 come to prominence 두드러지게 되다 chimney sweep 굴뚝 청소부 diminutive 아주 작은 minute 아주 작은 appendage 팔과 다리 aptly 적절히 unwieldy 다루기 불편한 mishap 작은 사고 maim 불구로 만들다 reevaluation 재평가 stipulate 규정하다 adolescent 청소년기의

정답 (c)

23

The oldest extant examples of Western literature are *The Iliad* and *The Odyssey*, both attributed to the ancient Greek poet Homer. According to legend, Homer was blind and illiterate, requiring that he dictate the epic poems to a third party. But scholars have yet to gain a consensus on whether the man actually lived, stemming from a lack of biographical data passed down from antiquity. They argue that even the writings ascribed to him seem to be culminations of a word-of-mouth history. Meanwhile, others argue that the two works are too stylistically similar to be the work of multiple authors.

Q: Which of the following is correct according to the passage?
(a) Western writing began with Homer's poems.
(b) Homer's writings may have been dictated.
(c) Most scholars doubt Homeric authorship.
(d) Homer's work was by different authors.

24

The mountain range known as the Pyrenees has been a major challenge for riders in this year's Tour de France. Located in Southwest Europe, the mountains form a natural border between the two countries of Spain and France. Riders must suffer up peaks as high as 2,115 km on this first time through the formidable terrain in 100 years. At these altitudes, the weather can transform in the blink of an eye, changing from sun to thick fog or rain. Such conditions have gotten the better of some riders who've reluctantly thrown in the towel on this year's Tour.

Q: Which of the following is correct about the Tour de France according to the passage?
(a) Its route bypasses the Pyrenees this year.
(b) It requires cyclists to ascend great heights.
(c) Its challenge is greater than many competitors.
(d) It causes riders to pause for weather fluctuations.

번역 현존하는 가장 오래된 서구 문학은 〈일리아드〉와 〈오디세이〉인데, 둘 다 고대 그리스 시인인 호머의 것으로 여겨진다. 전설에 따르면, 호머는 눈이 보이지 않고 글을 읽을 줄도 몰라서 그 서사시들을 제삼자에게 받아쓰게 했다고 한다. 그러나, 학자들은 고대로부터 전해 오는 전기 자료의 부족에 따라 그가 실제로 살았는지에 대한 의견 일치를 아직 보지 못한 상태이다. 그들은 심지어 그의 것이라고 여겨지는 저술이 구전 역사의 정점일 것이라 주장한다. 한편, 다른 이들은 두 작품이 여러 작가의 작품이라고 하기에는 문체상으로 너무나도 유사하다고 주장한다.

Q: 지문에 따르면 다음 중 옳은 것은?
(a) 서구 저술은 호머의 시에서 시작되었다.
(b) 호머의 저술은 받아 적은 것일지도 모른다.
(c) 대부분 학자들은 호머가 저자라는 사실을 의심한다.
(d) 호머의 작품은 다른 작가들에 의한 것이다.

해설 호머의 저술은 타인이 받아 적은 것일지도 모른다는 전설이 있고, 학자들 간에 호머가 실존 인물인지, 호머의 작품이 구전 역사인지에 관한 의견이 일치되지 않았으므로 옳은 정보는 (b)뿐이다. 현존하지 않는 것 중에 더 오래된 저술이 있는지 알 수 없으므로 (a)는 옳지 않다.
attribute to ~의 것이라고 보다 illiterate 문맹의 dictate 받아쓰게 하다 epic poem 서사시 third party 제삼자 consensus 의견 일치 stem from ~의 결과로 생기다 biographical 전기적 pass down 전해 내려오다 antiquity 고대 ascribe to ~의 것으로 하다 culmination 정점 word-of-mouth 구전의 meanwhile 한편 stylistically 문체상으로 multiple 다수의 authorship 저자

정답 (b)

번역 피레네라고 알려진 산맥은 올해 투르 드 프랑스에서 경주자들에게 주요한 도전이 되었다. 유럽 서남부에 위치한 이 산은 스페인과 프랑스 두 나라의 자연적 국경을 형성한다. 경주자들은 100여 년 만에 최고로 엄청난 지형을 지나, 2,115킬로미터 높이의 정상을 경험해야만 한다. 이 고도에서는 날씨가 눈 깜짝할 사이에 햇볕에서 짙은 안개나 비로 바뀔 수 있다. 그러한 상황은 올해 투르 드 프랑스에서 마지못해 패배를 인정했던 일부 경주자들을 압도했다.

Q: 지문에 따르면 투르 드 프랑스에 관해 다음 중 옳은 것은?
(a) 경로는 올해 피레네를 우회한다.
(b) 자전거 경주자들이 대단히 높은 고도를 오르게 한다.
(c) 도전은 많은 경쟁자들보다 더 대단했다.
(d) 경주자들이 날씨 변동 때문에 멈춰야 한다.

해설 경로는 피레네 산맥을 지나는 것이며, 2,115킬로미터 고도의 정상까지 가야 한다고 했고, 일부 경주자들이 날씨의 급작스런 변동 때문에 실패를 인정했다고 했으므로 옳은 정보는 (b)뿐이다.
mountain range 산맥 rider 경주자 Tour de France 프랑스와 주변국을 주파하는 장거리 자전거 경주 border 국경 peak 정상, 꼭대기 formidable 엄청난 terrain 지형 altitude 고도 transform 변형되다 get the better of ~을 능가하다, 이기다 reluctantly 마지못해 throw in the towel 패배를 인정하다 bypass 우회하다, 피하다 ascend 오르다 competitor 경쟁자 fluctuation 변동

정답 (b)

25

As a Member of Parliament, William Smith O'Brien led a lackluster life before heading up the Young Ireland movement. Its aim was to wrestle control of Ireland away from the British, and its actions culminated with the Young Ireland Rebellions in 1848. O'Brien, along with other delegates, marched from county to county, raising general dissent against the current government and causing riots. Gun battles between police and rebel forces ensued until the insurgency was stopped. For his part in the rebellion, O'Brien was tried for sedition and sentenced to death, though his punishment was later commuted to deportation.

Q: Which of the following is correct according to the passage?
(a) Ireland during O'Brien's time was controlled by Britain.
(b) O'Brien fought for British rule against Irish rebels.
(c) O'Brien accomplished many things in Parliament.
(d) Police forces were unable to quell the uprising.

번역 윌리엄 스미스 오브라이언은 청년 아일랜드 운동을 지휘하기 전까지는 의회 의원으로써 활기 없는 삶을 살았다. 그 운동의 목적은 영국으로부터 아일랜드의 통치권을 빼앗는 것이었고, 그의 활동은 1848년 청년 아일랜드 반란으로 정점에 이르렀다. 오브라이언은 대표들과 함께 자치주마다 행군하며, 현 정부에 대한 대중적인 반대를 제기하며 폭동을 일으켰다. 반란이 제압되기까지 경찰과 반란군 간의 총격전이 계속되었다. 오브라이언은 반란자들의 측에서 폭동을 선동한 죄로 재판을 받고 사형을 선고받았지만, 이 처벌은 이후에 국외 추방으로 감형되었다.

Q: 지문에 따르면 다음 중 옳은 것은?
(a) 오브라이언 시대에 아일랜드는 영국의 지배를 받았다.
(b) 오브라이언은 아일랜드 저항군에 맞서 영국민을 위해 싸웠다.
(c) 오브라이언은 의회에서 많은 일을 완수했다.
(d) 경찰력은 폭동을 진압할 수 없었다.

해설 그는 아일랜드를 영국의 지배에서 벗어나도록 하기 위한 운동을 지휘했고, 의회에서는 활기 없는 삶을 살았고, 이어지는 총격전 이후에 경찰력이 결국 반란군을 제압했다고 했으므로 옳은 정보는 (a)뿐이다.
Parliament (영국) 의회 lackluster 활기 없는 wrestle away ~을 빼앗다 culminate 정점에 이르다 rebellion 반란, 폭동 delegate 대표 dissent 이의, 불찬성 ensue 뒤이어 일어나다 insurgency 폭동 상태 sedition 폭동 선동 commute to ~으로 감형하다 deportation 국외 추방 quell 진압하다

정답 (a)

26

Season ticket holders will have all the fun this year when they buy early at 1-800-GET-TIX-1 or visit www.seasontix.com. To our first fifty customers, we're offering a multitude of perks including access to the Player's Lounge and free VIP parking. Add to that the slew of benefits you get as a normal ticket holder and it's a no-lose deal! Season ticket holders gain admission to all regular season home games and discount tickets when your team is on the road. Still not convinced? Now all season ticket holders receive 10% discounts at beverage, concession, and team merchandise stands!

Q: Which of the following is correct about the season tickets according to the passage?
(a) There are advantages to early purchasing.
(b) Access to the Player's Lounge costs extra.
(c) Away games are covered by season tickets.
(d) All purchasers are able to get 20% discounts.

번역 정기권을 1-800-GET-TIX-1에서 일찍 사시거나 www.seasontix.com을 방문하시면 올 한해 동안 온갖 즐거움을 누리실 수 있습니다. 선착순 50분의 고객에게 다수의 특전을 제공해 드리는데, 선수 라운지 출입과 무료 VIP 주차가 포함됩니다. 게다가 일반 입장권 소지자가 누리는 다수의 혜택도 있으므로 손해보지 않는 장사입니다! 정기권 소지자는 모든 정규 시즌 홈 게임에 입장하실 수 있고 원정 게임일 때는 할인권을 받게 됩니다. 아직 확신이 안 서세요? 모든 정기권 소지자는 음료와 구내 상점, 팀 상품 판매대에서 10퍼센트 할인을 받습니다!

Q: 지문에 따르면 정기권에 관해 다음 중 옳은 것은?
(a) 조기 구매에 따른 혜택이 있다.
(b) 선수 라운지 출입은 추가 비용이 든다.
(c) 원정 경기는 정기권에 포함된다.
(d) 모든 구매자는 20퍼센트 할인을 받을 수 있다.

해설 정기권의 조기 구매에 따른 혜택들을 나열하고 있으므로 옳은 정보는 (a)뿐이다. 정기권 조기 구매자는 선수 라운지 출입이 가능하며, 원정 게임의 할인권을 받는다고 하였으므로 (b)와 (c)는 옳지 않다.
season ticket 정기권 multitude 다수 perk (급료 이외의) 특전 access 접근 slew 다수, 대량 no-lose 성공적인, 틀림없이 잘 되는 admission 입장 on the road 원정 중인 convinced 확신이 드는 concession (내부의) 영업장소 merchandise 상품, 물품 purchase 구매하다 away game 원정 경기

정답 (a)

27

Semiotics is the branch of philosophy which deals with the use of signs and the meanings embedded within them. The theory was famously propounded by the English theorist, John Locke, one of the prominent Enlightenment thinkers. In his writings, Locke alludes to the nature of all human understanding coming from the manner in which input is perceived. Semioticians have since quantified sign systems into a series of "codes" which range from individual letters to formation of sentences and even body movement. Special attention is further placed on the common inability of the receiver to decode the data as it was intended.

Q: Which of the following is correct according to the passage?
(a) Meaning is derived from interpretation of signs.
(b) Locke was the father of the Enlightenment movement.
(c) Locke failed to arrive at a theory of human perception.
(d) Body movement cannot be classed as a coded sign system.

번역 기호학은 기호의 사용과 그 사이에 담긴 의미를 다루는 철학 분야이다. 이 이론은 저명한 계몽 사상가인 영국 이론가 존 로크에 의해 제안된 것으로 유명하다. 로크는 저서에서 정보 제공이 인지되는 과정에 관여하는, 모든 인간이 갖고 있는 본능적 인지력에 대해 언급한다. 기호학자는 기호 체계를 개별적인 글자에서부터 문장의 형성과 몸짓에 이르는 코드의 연속으로 수량화했다. 수신자가 정보를 의도된 바대로 해독하지 못한다는 점에 더 많은 특별한 관심이 모아지고 있다.

Q: 지문에 따르면 다음 중 옳은 것은?
(a) 의미는 기호의 해석에서 나온다.
(b) 로크는 계몽 운동의 시조였다.
(c) 로크는 인간의 인지론에 이르는 데 실패했다.
(d) 몸짓은 코드화된 기호 체계로 구분될 수 없다.

해설 의미는 기호의 사용에 담겨 있다고 했고, 로크는 계몽 운동 사상가이며, 인지론에 대해 저서에서 언급했으며, 코드화된 기호 체계에는 개별 글자, 문자 형성, 몸짓이 포함된다고 했으므로 옳은 정보는 (a)뿐이다.
Semiotics 기호학 embedded within ~사이에 놓인 propound 제의하다 prominent 저명한 Enlightenment 계몽주의 allude to ~을 언급하다 quantify 수량화하다 receiver 수신자 decode 해독하다 derive from ~에서 비롯되다

정답 (a)

28

A group of citizens in Italy has formed the Ugly Club as an outspoken alliance against mainstream popular consensus. The club is not a collection of people who are ugly, but rather individuals who strive against the so-called "cult of beauty." Members of the Ugly Club are weary of the constant barrage of exhortations to conform to accepted standards of appearance. These are promulgated via television, movies, magazines, music, and even by members of the highest echelons of politics. The group received accolades from a wide audience after criticizing Prime Minister Silvio Berlusconi for commending a company's hiring of "cute" HR personnel.

Q: Which of the following is correct about the Ugly Club according to the passage?
(a) Members air their grievances publicly.
(b) Only ugly people are allowed to join it.
(c) Individuals in the club oppose mass media.
(d) Audiences have criticized efforts of the club.

번역 이탈리아의 한 시민 집단은 대세를 이루는 대중적인 여론에 대항하여 거침없이 말하는 연합인 어글리 클럽을 형성했다. 이 클럽은 못생긴 사람의 모임이 아니라, 소위 미의 예찬에 맞서 싸우는 사람들이다. 어글리 클럽의 회원들은 외모에 대한 일반적인 기준을 따르고 지속적으로 빗발치는 훈계를 지겨워한다. 이들은 텔레비전과 영화, 잡지, 음악, 심지어 정치계의 최상층 임원들을 통해 퍼지고 있다. 이 집단은 실비오 베를루스코니 수상이 한 회사가 귀여운 인사과 직원을 고용한 것을 칭찬한 것을 비난한 뒤, 수많은 관중으로부터 칭찬을 받았다.

Q: 지문에 따르면 어글리 클럽에 관해 다음 중 옳은 것은?
(a) 회원들은 불만을 공공연하게 발표한다.
(b) 못생긴 사람들만 여기에 가입할 수 있다.
(c) 클럽의 사람들은 대중 매체에 반대한다.
(d) 관중들은 클럽의 노력을 비난했다.

해설 회원들은 여러 매체를 통해 불만을 공공연히 발표하고, 못생긴 사람이 아니라 정해진 외모 기준에 대해 반대하는 사람들이 회원이며, 대중 매체를 통해 의견을 발표하고, 수상을 질책한 것으로 많은 칭찬을 들었다고 했으므로 옳은 것은 (a)뿐이다.
outspoken 솔직한, 거침없이 말하는 alliance 연합, 동맹 mainstream 주류 consensus 여론 strive against ~에 맞서 싸우다 cult 숭배, 예찬 weary of ~을 질려 하는 barrage 빗발침, 연속 exhortation 권고, 훈계 conform to ~에 따르다 promulgate 보급하다 highest echelon 최상층 accolade 칭찬 commend 칭찬하다 HR personnel 인사과 직원 air 발표하다, 늘어놓다 grievance 불만

정답 (a)

29

In 1978, a medical breakthrough was realized in Louise Brown, the first child born through in vitro fertilization (IVF). IVF is a form of conception wherein human egg cells are fertilized outside of the woman and implanted into her uterus. Brown was born to a mother with blocked fallopian tubes who had been unsuccessful at becoming pregnant through nine years of attempts. Public outcries surrounded her birth with many Christian groups heralding IVF as against nature. Thirty-two years later, Brown is now an advert for the effectiveness of the procedure as she leads a completely normal adult life.

Q: Which of the following is correct about Louise Brown according to the passage?
(a) She gave birth to the first IVF baby.
(b) IVF can cause blocked fallopian tubes.
(c) Christian activists continue to hound her.
(d) Her mother conceived her through IVF.

30

Dear Unis Plumbing,

I would like to commend your employees on the excellent work performed in installing my new hot water heater. The dump valve on our old system had accidentally been flipped which resulted in gallons upon gallons of scalding water draining into our basement. You can imagine our anguish at the thought of having to discard so many of our family's costly possessions. But your employees were able to remedy the situation, salvaging our carpet and much of the furniture. And the new hot water tank works better than we hoped, delivering sufficient hot water for our family of five.

Keep up the good work,
Janice Waynewright

Q: Which of the following is correct according to the letter?
(a) The dump valve on the new water heater was faulty.
(b) An accident led to getting a new hot water system.
(c) Many family possessions had to be thrown away.
(d) The family's carpet was irrevocably damaged.

31

Space elevators are a proposed method of transporting people and goods from the surface of Earth without rocket propulsion. Much like an elevator in a building, the space elevator would use a tensile structure (such as steel cable) and a counterweight. The counterweight, rather than moving up and down opposite the cabin, would sit in geosynchronous orbit above a base. Currently, the lack of feasible technology makes such a device impossible on Earth, but it has potential on other celestial bodies. For example, the lower gravity on space entities like Mars or a moon would bring development of a space elevator within reach.

Q: Which of the following is correct according to the passage?
(a) Space elevators need not use a counterweight.
(b) Technology for a space elevator currently exists.
(c) Earth could easily have a space elevator in the future.
(d) Smaller planets make the space elevator more feasible.

번역 우주 엘리베이터는 로켓의 추진 없이 지구 표면으로부터 사람과 물자를 수송하는 방법으로 제안된 것이다. 건물의 엘리베이터와 아주 흡사하게, 우주 엘리베이터는 강철 케이블과 같은 신장력이 있는 구조와 평형추를 사용한다. 맞은편 선실로 오르내리는 대신 평형추는 몸체 위 정지 궤도 상에 놓여 있다. 현재로서는 기술 부족으로 실행할 수 없으며, 그와 같은 장치는 지구 상에서 불가능하더라도, 다른 천체에서는 가능성이 있다. 예를 들어, 화성이나 달과 같은 우주 독립체에 있는 좀 더 낮은 중력은 우주 엘리베이터 발달을 눈앞의 현실로 가져올 수 있을 것이다.

Q: 지문에 따르면 다음 중 옳은 것은?
(a) 우주 엘리베이터는 평형추를 필요로 하지 않는다.
(b) 우주 엘리베이터를 위한 기술은 현재 존재하지 않는다.
(c) 지구는 미래에 쉽게 우주 엘리베이터를 얻을 것이다.
(d) 더 작은 행성은 우주 엘리베이터를 더 실현 가능하게 만들 것이다.

해설 우주 엘리베이터는 신장력이 있는 구조와 평형추를 사용한다고 했고, 제기된 방법이 있지만 실행 가능하지 못하다는 것이고, 중력이 더 낮은 행성에서 가능할 것이라고 했으므로 옳은 것은 (d)뿐이다.
proposed 제안된 transport 수송하다 propulsion 추진 tensile 신장력이 있는 counterweight 평형추 geosynchronous 정지 궤도 feasible 실행 가능한 potential 잠재적인 celestial body 천체 entity 실체

정답 (d)

32

Upwards of 2,000,000 people bathe in the Ganges River every day due to its religious significance in the region. The level of coliform—the testing standard for water's acceptable purity—makes such practices a serious public health risk. In water, a coliform presence lower than 50 is acceptable for drinking, and it should be below 500 for bathing. However, the Ganges River has a presence of coliform bacteria in excess of 5,500. Feces and sewage deposited into the river are responsible for the high level, as well as the river's status as repository for the deceased.

Q: Which of the following is correct according to the passage?
(a) Every day 2,000,000 people drink from the Ganges.
(b) The acceptable coliform level for bathing is 5,500.
(c) Coliform levels suggest that Ganges water is safe.
(d) Sewage is often deposited in the Ganges River.

번역 이백만 명 이상의 사람들이 갠지스 강이 갖는 종교적인 의미 때문에 매일 이 강에서 몸을 씻는다. 공공 용수로서의 수질 검사 허용치에 비추어 볼 때, 강의 대장균 수치는 그런 행위로 사람들의 건강에 심각한 위험이 초래될 정도이다. 수질 내 대장균 함유량이 50 이하이면 마시는 것이 허용되고, 목욕을 위해서는 500 이하가 되어야 한다. 그러나, 갠지스 강에는 대장균이 5,500으로 허용치를 초과한다. 강이 죽은 사람들의 저장소로 쓰이는데다가, 강에 유입되는 배설물과 하수가 높은 대장균 수치의 주된 요인이다.

Q: 지문에 따르면 다음 중 옳은 것은?
(a) 매일 2백만 명의 사람들이 갠지스의 물을 마신다.
(b) 목욕을 위한 허용 대장균 수치는 5,500이다.
(c) 대장균 수치는 갠지스 물이 안전하다는 것을 드러낸다.
(d) 하수는 종종 갠지스 강에 투입된다.

해설 갠지스 강에서 매일 이백만 명 이상이 몸을 씻는다고 했고, 목욕을 할 수 있는 물의 대장균 수치는 500 이하이며, 대장균 수치가 5,500인 갠지스 강물은 목욕하기에 부적절하며, 강에 오물과 하수가 유입된다고 했으므로 옳은 것은 (d)뿐이다.
bathe 목욕하다 significance 의미, 중요성 coliform 대장균 purity 청정도 presence 존재, 함유 feces 배설물 sewage 하수 repository 저장소 the deceased 죽은 사람 deposit 유입시키다, 넣다

정답 (d)

33

Dear Mr. Mayor:

Homelessness levels in this city, which have reached an all-time high, must be a greater priority for your next term. While 0% homelessness is perhaps an unattainable dream, your aid policies for the city's less fortunate are undeniably lacking. At the very least, you must provide more shelters and more assistance from police officers to get the homeless there. The global recession certainly caused the recent surge in homelessness, but it's too common nowadays for politicians to blame the economy. Instead of excuses, it's time we see some action from our elected leader to help this city's homeless.

Sincerely,
Concerned Citizen

Q: What can be inferred from the passage?
(a) Sufficient resources have been allocated for the homeless.
(b) Officials sometimes use the economy to justify inactivity.
(c) Homeless policies helped the mayor's reelection.
(d) Shelters exist but people choose not to go there.

번역 시장님께,

이 도시의 노숙자 수가 사상 최고치에 도달했기에, 다음 회기에는 이 부분이 좀 더 우선 순위가 되어야 합니다. 노숙자 수가 0퍼센트에 도달하는 것은 현실적으로 불가능하다 하더라도, 불우한 사람들을 위한 원조 정책마저 현저히 부족합니다. 적어도 보다 많은 보호소가 제공되어야만 하며, 노숙자들을 거기 데리고 갈 경찰관의 지원을 더욱 강화해야 합니다. 세계적인 경기 침체는 분명히 최근 노숙자 증가를 초래했지만 요즘 정치인들은 지나치게 경제를 탓합니다. 지금은 변명 대신에 이 도시의 노숙자를 돕기 위해 우리가 뽑은 지도자들이 어떤 행동을 하는지 지켜볼 때입니다.

우려하는 시민 드림

Q: 지문에서 유추할 수 있는 것은?
(a) 충분한 자원이 노숙자를 위해 할당되었다.
(b) 공직자들은 때때로 나태함을 정당화하기 위해 경제를 사용한다.
(c) 노숙자 정책은 시장의 재선을 도왔다.
(d) 보호소는 있지만 사람들은 거기 가지 않으려 한다.

해설 마지막 두 문장에 유의해야 한다. it's too ... the economy와 Instead of excuses 이하의 내용을 참고하면 정치인들 정책 활동의 나태함을 경제 탓으로 돌린다는 (b)의 내용을 유추할 수 있다.

정답 (b)

34

The soccer ball for this year's World Cup, the Adidas Jabulani, uses many new manufacturing techniques. First, the pieces of the ball are thermally bonded as opposed to stitched, and it is made from only eight pieces. That is down from twelve pieces used to make the ball for the 2006 World Cup and significantly fewer than the 32 of the first ball Adidas designed back in 1970. However, grooves on the ball which were intended to improve aerodynamics have actually made the ball fly unpredictably. Players—goalkeepers especially—have commented that the ball swerves erratically while in flight.

Q: What can be inferred about the Jabulani?
(a) It performs as its designers had hoped.
(b) It isn't better than the original Adidas ball.
(c) Stitching is a better option with eight pieces.
(d) Lab testing resulted differently than actual play.

번역 올해 월드컵을 위한 축구공인 아디다스 자불라니에는 여러 새로운 제조 기술이 사용되었다. 우선, 공의 조각들은 꿰매는 대신 열로 접착되었고, 단 8조각만으로 만들어졌다. 그것은 2006년 월드컵 공을 만드는 데 12조각이 쓰인 것보다 적은 수이며, 거슬러 1970년에 아디다스가 디자인한 최초의 공에 32개의 조각이 쓰인 것과도 비교하면 현저히 더 적은 조각이 사용되었다. 그러나, 공기 역학을 증진시킬 목적이었던 홈이 실제로는 공이 예측못한 방향으로 날아가게 만들었다. 선수들, 특히 골키퍼들은 공이 날아가는 중에 불규칙적으로 빗나간다고 말했다.

Q: 자불라니에 관해 유추할 수 있는 것은?
(a) 그것은 설계자들이 바라던 것처럼 움직인다.
(b) 최초의 아디다스 공보다 더 좋지 않다.
(c) 8개의 조각으로 꿰매는 것은 보다 나은 방법이다.
(d) 실험실 검사는 실제 경기와 다른 결과를 냈다.

해설 자불라니 공은 공기 역학을 증진시키기 위한 의도로 제작되었으나 실제 경기에서는 공이 예측과 달리 날아갔으므로, 실험실 검사 결과와는 다른 실제 경기 결과라는 (d)를 유추할 수 있다. 최초의 공과의 비교는 조각 수에 국한되어 있으므로, (b)는 답이 될 수 없다.

manufacture 제조하다 thermally 열로 bond 접합하다
stitch 꿰매다 significantly 현저히, 상당히 groove 패인 곳
aerodynamics 공기 역학 unpredictably 예측할 수 없게
swerve 빗나가다 erratically 불규칙하게, 일정하지 않게

정답 (d)

35

Whether gender roles are merely a social construct or inherent to all cultures is hotly debated among the social sciences. Gender roles refer to the accepted norms of behavior and dress for the sexes by a society in which one lives. In defense of the social construct theory, proponents point to the fact that some cultures allow men to wear dresses. However, anthropologists' cross-cultural studies have found that various gender differences are common to all cultures. But the possibility remains that this too is merely socialization passed down from man's common ancestor, leaving the argument unsettled.

Q: What can be inferred about gender roles from the passage?
(a) Evolutionary heritage plays a major role.
(b) They are related to a culture's religion.
(c) Cultures have historic commonalities.
(d) They result from a child's upbringing.

36

Deforestation in mainland China caused by farming and urban development has pushed Giant Panda populations to the brink of extinction. Populations survive purely as a result of successful conservation efforts, and a paltry 1,590 pandas remain in the wild. To make matters worse, a low birthrate is straining conservation budgets whose purpose is to aid species, not wholly maintain them. While efforts are working, many argue that there is not enough natural habitat to sustain panda populations were their numbers to rebound. As such, 15% of all living pandas now live in captivity, with that number likely to climb.

Q: What can be inferred about Giant Pandas from the passage?
(a) Future pandas will not survive in zoos.
(b) Populations are not increasing as hoped.
(c) Conservationists cannot afford to maintain their efforts.
(d) It would be better to release captive pandas into the wild.

37

Encompassing nearly 500 square kilometers, the Nazca Desert of Peru is home to some of Earth's largest ancient artwork. Using simple excavation tools and surveying techniques, the Nazca people drew stylized images and animals such as monkeys, hummingbirds, and spiders. The high altitude and aridity have perfectly preserved the large drawings, some of which are 200 meters across. By removing the top layer of oxide-covered stone and revealing the light colored earth beneath, the Nazca people created the images to exacting proportions and scale. The accomplishment is remarkable considering the primitive people had no form of aerial support to aid in the construction.

Q: What can be inferred about the drawings from the passage?
(a) The uncovered lines have become oxidized.
(b) The oxidized earth made the artwork possible.
(c) They were laid out with minimal pre-planning.
(d) They require constant maintenance and upkeep.

번역 거의 500평방 킬로미터를 포함하는 페루 나즈카 사막은 지구 최대 고대 예술품의 본거지이다. 나즈카 사람들은 간단한 굴착 도구와 측량 기술을 사용하여, 양식화된 이미지와 원숭이, 벌새, 거미와 같은 동물을 그렸다. 높은 고도와 건조함이 폭 200미터인 거대한 그림까지도 완벽하게 보존했다. 나즈카 사람들은 산화물이 덮인 돌의 상위층을 제거하고 그 아래 얇은 색깔의 흙을 드러냄으로써, 어려운 비율과 규모의 이미지도 만들 수 있었다. 원시인들이 건축할 당시 항공기 지원이 안 되었음을 고려할 때, 그들의 완성품은 참으로 놀랍다.

Q: 지문에서 그림에 관해 유추할 수 있는 것은?
(a) 노출된 선은 산화되었다.
(b) 산화된 흙이 예술품을 가능하게 만들었다.
(c) 그것들은 최소한의 사전 계획으로 수립되었다.
(d) 그것들은 지속적인 관리와 유지를 필요로 한다.

해설 그들의 그림은 간단한 발굴 도구와 측량 기술을 사용했고, 산화된 상위층 돌을 없애면 그 아래에 밝은 색의 흙이 드러나 이미지를 만들었다고 했으므로 산화된 흙이 예술품을 만드는 데 쓰였다는 (b)의 내용을 유추할 수 있다.
encompass 포함하다   excavation 굴착   stylized 양식화된
hummingbird 벌새   aridity 건조함   oxide 산화물
exacting 힘든   proportion 비율   aerial 항공기에 의한
upkeep 유지

정답 (b)

ACTUAL TEST 9   Part 3

38

Electric cars using rechargeable batteries have many benefits over internal combustion engines, but there are drawbacks, too. (a) Electric cars have amenable acceleration and top speeds, though they are only practical for short trips. (b) The cars have to be recharged and this can take considerable time. (c) Some countries are testing battery swap stations which function similar to a gas station, offering pre-charged batteries. (d) The cars emit no greenhouse gases but the power plants which generate the electricity would produce more.

번역 배터리를 재충전하여 사용하는 전기 자동차는 내부 연소 엔진에 비해 많은 이점이 있으나 단점 역시 있다. (a) 전기 자동차는 짧은 주행에만 실용적이지만, 가속 성능이 좋고 최고 속력을 가지고 있다. (b) 자동차가 재충전되는 데 상당한 시간이 걸린다. (c) 몇몇 나라는 미리 충전된 배터리를 제공하는 주유소와 비슷한 기능을 하는 배터리 교환소를 실험 중에 있다. (d) 자동차는 온실 가스를 발산하지 않지만, 전기를 생성해 내는 에너지 발전소는 온실 가스를 더 많이 배출할 것이다.

해설 전기 자동차의 여러 가지 장점과 단점에 관한 내용인데 일부 국가에서 배터리 교환소를 시험 운행하고 있다는 내용은 장점과 단점을 상술하는 흐름에 알맞지 않으므로 (c)가 정답이다.
electric car 전기 자동차   rechargeable 재충전할 수 있는
internal 내부의   combustion 연소   drawback 단점
amenable 말을 잘 듣는   acceleration 가속   top speed 최고 속력   considerable 상당한   power plant 발전소
generate 생성하다

정답 (c)

39

For its wide variety of indigenous plants, Fiji's third largest island, Taveuni, has rightly earned the nickname the Garden Island. (a) The 435 square kilometer island is the outcropping of a massive volcano and is covered in tropical forest. (b) The lush and diverse botanical life on the island is supported by volcanic soil rich in nutrients. (c) It is ideal for coconut plantations and the island's economy continues to rely on the export of coconuts. (d) Visiting the island is like taking a trip back in time, with simple, traditional villages spotting the landscape.

번역 피지의 세 번째로 가장 큰 섬인 타베우니는 폭넓은 종류의 자생 식물 때문에 정원 섬이라는 별명을 얻은 것이 당연하다. (a) 435평방 킬로미터에 이르는 섬은 거대한 화산 분출물과 열대 밀림으로 뒤덮여 있다. (b) 섬의 무성하고 다양한 식물체는 영양분이 풍부한 화산토의 도움을 받는다. (c) 그것은 코코넛 농장에 더할 나위 없이 좋고, 섬의 경제는 지속적으로 코코넛의 수출에 의존하고 있다. (d) 섬을 방문하는 것은 경치가 바라보이는 단순하고 전통적인 마을이 있던 시간으로의 여행과 같은 것이다.

해설 타베우니라는 섬의 다양한 식물 종과 자연 조건, 그에 따른 식물의 무성함과 주산물인 코코넛에 대한 소개로 이어지는 내용이다. 섬이 과거 시간으로의 여행과 같다는 (d)의 내용은 식물 종과 주산물, 토양 조건을 다루는 흐름에 어울리지 않는다.
indigenous 토착의, 자생 종의 outcropping 노출 lush 무성한, 우거진 diverse 다양한 botanical 식물의 soil 토양 nutrient 양분 plantation 농장 export 수출 spot 바라보다

정답 (d)

40

Aboard buses making a 30-hour journey, Polish immigrants head to southern England in search of a better life. (a) Most of these immigrants move there for the money, working two jobs and seven days a week. (b) They send money home to their families in Poland where the average yearly income is just over $6,000. (c) Since being granted European Union status in 2004, Polish citizens have the right to work in any other EU country. (d) Though they encounter animosity from some British people, Poles enjoy the employment opportunities and better access to schooling.

번역 폴란드 이민자들은 보다 나은 삶을 찾아 30시간 여정의 버스에 올라 남부 영국으로 향한다. (a) 이들 이민자들 대부분은 일주일 내내 두 가지 일을 하면서 돈을 위해 그곳으로 이주한다. (b) 그들은 평균 연 수입이 6,000달러를 겨우 넘는 폴란드에 있는 가족에게 돈을 송금한다. (c) 2004년 EU 지위를 얻게 되어, 폴란드 시민들은 EU 국가 어디에서든 일할 권리가 생겼다. (d) 비록 일부 영국인들에게서 적대감을 느끼기도 하지만, 폴란드인들은 취업 기회와 보다 나은 학교 교육을 만끽할 수 있다.

해설 영국으로 이민 간 폴란드 사람들에 관한 내용이다. 이민 과정과 목적, 모국의 상태 등과 영국에서의 삶의 장단점을 제시하는 글의 흐름이다. 폴란드인들이 EU 일원이므로 EU 국가에서 일할 권리가 있다는 (c)는 이민자들의 삶과 어울리지 않는 내용이다.
aboard 타서, 승선하여 journey 여정 Polish 폴란드의 immigrant 이민자 yearly income 연 수입 grant 얻다 encounter 접하다, 만나다 animosity 적대감, 반감 Poles 폴란드인 access 접근 schooling 학교 교육

정답 (c)

ACTUAL TEST 10

Part 1	1 (d)	2 (d)	3 (b)	4 (d)	5 (c)	6 (c)	7 (d)	8 (b)
	9 (b)	10 (c)	11 (b)	12 (c)	13 (d)	14 (d)	15 (a)	16 (b)
Part 2	17 (d)	18 (b)	19 (d)	20 (b)	21 (b)	22 (b)	23 (a)	24 (c)
	25 (b)	26 (b)	27 (a)	28 (c)	29 (b)	30 (b)	31 (c)	32 (c)
	33 (a)	34 (d)	35 (c)	36 (d)	37 (a)			
Part 3	38 (a)	39 (d)	40 (c)					

ACTUAL TEST 10 Part 1

1

Copper Canyon in Mexico is just a short train trip away from the quaint old city of Los Mijos. You can see beautiful rocky cliffs in every direction while the mighty Fuerte River rages below. It was 17 million years ago that this river began carving the massive Copper Canyon, which is now 277 miles long and up to a mile deep! With a host of activities ranging from horseback riding to whitewater rafting, there is no shortage of fun and adventure. Come enjoy _____.

(a) a dinner at the Copper Canyon
(b) the biggest theme park in Mexico
(c) a picturesque train ride past the canyon
(d) the sights of an amazing natural wonder

번역 멕시코의 코퍼 협곡은 로스 미호스라는 예스러운 오래된 도시에서 짧은 기차 여행 거리입니다. 거대한 프에르테 강이 밑에서 사납게 파도치며 사방 어디서나 아름다운 바위 절벽을 볼 수가 있습니다. 이 강이 육중한 코퍼 협곡을 깎아내기 시작한 때는 1천 7백만 년 전이었는데 지금은 277마일의 길이에 깊이가 1마일에 이릅니다. 말 타기와 급류 타기에 이르기까지 수많은 활동을 할 수 있어 결코 재미나 모험에 부족함이 없습니다. 오셔서 감탄스런 자연의 경이로운 광경을 즐기세요.

(a) 코퍼 협곡에서의 식사
(b) 멕시코에서 가장 큰 놀이공원
(c) 협곡을 지나는 그림 같은 기차 여행
(d) 감탄스런 자연의 경이로운 광경

해설 멕시코 한 도시의 관광을 홍보하는 글이다. 거대한 바위 절벽과 강에서의 급류 타기 등 자연의 즐길 거리를 소개하므로 (d)가 정답이다. (c)의 기차 여행은 이 도시로 가는 멀지 않은 거리임을 알려 준 내용이다.

quaint 예스러운 mighty 거대한, 대단한 rage (파도 등이) 사납다
massive 육중한 host 다수 whitewater rafting 급류 래프팅 shortage 부족 picturesque 그림 같은

정답 (d)

2

When the Internet started to become widely used, advertisers used a method called pop-up ads. As the site was loading, another small window would "pop up" enticing you to buy some product. That has largely become a thing of the past as all Internet browsers now offer pop-up blocking. The types of advertisements which companies use now are mostly embedded in the content of a web page. But these are largely ignored by consumers. Advertisers have to find a way to make ads effective once again. What they need to do is _____.

(a) design more attractive pop-ups
(b) go back to the old ways of advertising
(c) advertise online rather than on television
(d) invent new ways to market via the Internet

번역 인터넷이 널리 사용되기 시작했을 때 광고주들은 팝업 광고를 사용했다. 사이트가 열리면 또 다른 작은 창이 팝업으로 나타나 물건을 사라고 부추기는 것이다. 그것도 대부분 지난 일이 되었고 지금은 모든 인터넷 브라우저가 팝업을 차단하고 있다. 현재 회사들이 사용하는 광고 형태는 대부분 웹 페이지에 내용을 끼워 넣는 것이다. 그러나 대부분 소비자들은 이를 무시하고 있다. 광고주들은 광고를 효과적으로 하기 위한 방법을 또 다시 찾아야 한다. 그들이 해야 할 것은 인터넷을 통해 거래하는 새로운 방식을 고안하는 것이다.

(a) 좀 더 눈에 띄는 팝업을 디자인하다
(b) 옛날 광고 방식으로 되돌아가다
(c) 텔레비전보다는 온라인에서 광고하다
(d) 인터넷을 통해 거래하는 새로운 방식을 고안하다

해설 팝업 광고가 인터넷을 통한 최초의 광고 방법으로 사용되었지만, 지금은 효과가 없다는 내용이다. 앞 문장에서 Advertisers have to find a way라는 말로 새로운 방법을 모색하는 것을 제시했으므로 정답은 (d)이다.

pop-up 입체식의 것; 튀어오르는 entice 부추기다 blocking 차단 embed 끼워넣다 via ~을 매개로 하여

정답 (d)

3

In a groundbreaking study, researchers at Harvard's Wyss Institute have made a device which fuses biological and silicone-based technology. The researchers have successfully mounted membranes on a microchip which can function similarly to a human lung. By simulating a lung membrane, scientists can test the efficacy or harmfulness of new drugs before approving them for human testing. In their laboratory, scientists fed bacteria into one side of the chip and white blood cells into the other. When the device detected bacteria, it opened a channel allowing white blood cells in to fight the bacteria. Thus researchers _____.

(a) will need human subjects for lab testing
(b) are replicating organic processes synthetically
(c) can do computer simulations without the drugs
(d) will soon produce replacement lungs for humans

번역 획기적인 연구로 하버드대학 위스 연구소의 연구자들은 생물학적 기술과 실리콘에 기반을 둔 기술을 융합하는 장치를 만들어냈다. 연구자들은 인간의 폐와 유사하게 기능하는 마이크로 칩에 세포막을 성공적으로 탑재하였다. 인체 실험을 승인하기 전에 폐 세포막을 모의 실험하여 과학자들은 새로운 약의 효력과 유해성에 대해 실험할 수 있다. 실험실에서 과학자들은 칩의 한 쪽에 박테리아를, 다른 쪽에는 백혈구를 주입했다. 그 장치가 박테리아를 탐지하면 도관을 열어서 백혈구를 들여 보내 박테리아와 싸우도록 했다. 이렇게 하여 연구자들은 유기체의 작용을 복제할 것이다.

(a) 실험을 위해 인체 실험 대상이 필요할 것이다
(b) 유기체의 작용을 복제할 것이다
(c) 약 없이 컴퓨터 모의 실험을 할 수 있다
(d) 곧 인간에게 사용할 대체 폐를 생산할 것이다

해설 과학자들이 발견한 장치는 생물학적 기술과 무기체에 기반을 둔 기술을 융합한 것이라는 사실에 초점을 둔다. 약에 대한 실험을 인체 실험 전에 이용하는 장치이므로 (a), (c)는 어긋나며, 정답은 (b)이다.

groundbreaking 획기적인 **device** 장치 **fuse** 융합시키다 **mount** 올려놓다, 탑재하다 **membrane** 막, 세포막 **simulate** 모의 실험하다 **efficacy** 효력 **laboratory** 실험실, 연구소 **detect** 탐지하다 **channel** 도관, 경로 **replicate** 복제하다 **organic** 유기체의 **synthetically** 합성적으로 **replacement** 대체, 교체

정답 (b)

4

In a report Wednesday, Google has acknowledged China's requests to stop rerouting its customers to Google's Hong Kong site. Until March 2010, Google had adhered to China's censorship policies and censored its content for Chinese customers. Then in March it circumvented censorship by allowing Chinese users to be automatically rerouted to Google's Hong Kong site. This move was not approved by the Chinese government. Because Google hoped to enter new negotiations at the time, it _____.

(a) removed itself from the Chinese market
(b) decided not to censor its Hong Kong content
(c) poured in money to boost its Chinese operations
(d) acquiesced to China's wishes on a temporary basis

번역 수요일 보도된 바에 의하면, 구글은 이용자들이 홍콩 구글 사이트로 자동 전환되는 것을 중지하라는 중국의 요청을 승인했다. 2010년 3월까지 구글은 중국의 검열 정책을 고수하여, 중국 고객들을 위한 구글의 콘텐츠를 검열하였다. 그런데 3월에 구글은 중국 사용자들에게 홍콩 구글 사이트로 자동 전환되도록 함으로써 검열을 교묘히 피했다. 이런 조치를 중국 정부는 인정하지 않았다. 당시에 구글은 새로이 협상 맺기를 희망했기 때문에 일시적으로 중국의 바람대로 따랐다.

(a) 중국 시장에서 구글 자체를 폐쇄했다
(b) 홍콩 구글 사이트 콘텐츠를 검열하지 않도록 결정했다
(c) 구글의 중국 사업을 지원하기 위해 돈을 쏟아부었다
(d) 일시적으로 중국의 바람대로 따랐다

해설 중국 시장 검열을 지속했다고 말한 것으로 봐서 시장에서 철수한 것이 아니므로 (a)는 오답이다. 중국의 검열을 피하기 위해 홍콩 사이트로 자동 전환되도록 한 것을 봐서, 홍콩 사이트는 검열이 되지 않으므로 (b)는 오답이다. (c)는 무관한 내용이며, (d)가 새로운 협상을 위한 선택으로 정답이다.

acknowledge 승인하다 **reroute** 다른 길로 수송하다 **adhere** 고수하다 **censorship** 검열 **censor** 검열하다 **content** 내용 **circumvent** (교묘히) 회피하다, 우회하다 **negotiation** 협상 **pour** 퍼붓다 **boost** 후원하다 **acquiesce** 묵인하다

정답 (d)

5

Unlike larger radios to be used in the home, transistor radios were _____. Much like the ubiquitous iPod of today, they were once the must-have device of young people around the world. What made them a top seller was their mobility at a time when rock music was taking off. Transistor technology made radios small and cheap enough for young people to take anywhere. This mobility drastically changed the listening habits of the populace. Young people could listen to Rock 'n' Roll music anywhere.

(a) based on existing technology
(b) initially unpopular among adults
(c) marketed to a younger generation
(d) cumbersome to most people at first

번역 가정에서 사용되는 보다 큰 라디오와 달리 트랜지스터 라디오는 젊은 세대를 중심으로 판매되었다. 오늘날 어디서나 사용되는 아이팟과 마찬가지로, 트랜지스터 라디오는 한때 전세계 젊은이들이 반드시 가지고 싶어 하던 기기였다. 트랜지스터 라디오를 최고 인기 상품으로 만든 요인은 록 음악이 유행하기 시작한 시점에서 그것의 이동성이었다. 트랜지스터 기술은 젊은이들이 어디든지 휴대하기 쉬울 만큼 라디오를 작고 싸게 만들었다. 이러한 이동성은 사람들의 청취 습관을 급격하게 바꾸었다. 젊은이들은 로큰롤 음악을 어디에서나 들을 수 있게 되었다.

(a) 현존하는 기술에 기초하였다
(b) 처음에는 어른들에게 인기가 없었다
(c) 젊은 세대를 중심으로 판매되었다
(d) 대부분 사람들에게 처음에는 휴대하기 번거로웠다

해설 트랜지스터는 새로운 기술이므로 (a)는 틀리며, 작은 것이 장점이므로 (d)도 오답이다. 처음뿐 아니라 나중에도 어른들에게 인기가 있었는지 불확실하므로 (b)도 부적합하다. 젊은이에게 인기가 있었다고 하므로 (c)가 정답이다.

ubiquitous 어디에나 있는, 편재하는 **must-have** 필수품; 꼭 가져야 하는 **device** 장치, 고안품 **mobility** 이동성 **drastically** 급격히 **populace** 대중 **cumbersome** (크기·무게가) 귀찮은, 번거로운

정답 (c)

6

Researchers in the education field are interested in studying kinesics, especially as it pertains to classroom dynamics. The term was first coined in 1952 by an anthropologist attempting to study people's paralanguage, or how they communicate nonverbally. A teacher's posture, body movements, and facial expressions are all perceived and interpreted by students, sometimes unfavorably. Whether or not the teacher's paralanguage is intentional, students notice it and respond accordingly. As such, it is important to define the rules of kinesics in the classroom—just as there are rules for acceptable spoken language—so as to _____.

(a) identify students' body language
(b) improve teachers' linguistic skills
(c) avoid bad feelings or misunderstandings
(d) aid students in interpreting paralanguage

번역 교육 분야의 연구가들은 동작학이 특별히 교실의 역학관계와 관련되는 것에 관심을 가졌다. 이 용어는 사람들의 준언어, 즉 사람들이 비언어적으로 의사소통하는 방식에 대한 연구를 시도했던 한 인류학자에 의해 1952년에 만들어졌다. 교사의 자세, 몸 동작, 얼굴 표정은 모두 학생들에게 인지되고 해석되고, 때로는 비호감적으로 인지되고 해석된다. 교사의 준언어가 의도적이든 아니든 간에 학생은 그것을 인식하고 그에 따라 반응한다. 그렇기 때문에 수용될 수 있는 구두 언어에 관한 규칙이 있는 것처럼, 불쾌한 느낌이나 오해를 피하도록 교실에서 동작학 규칙을 정의하는 것은 중요하다.

(a) 학생들의 신체 언어를 인지하도록
(b) 교사의 언어 기술을 향상하도록
(c) 불쾌한 느낌이나 오해를 피하도록
(d) 학생들이 준언어를 해석하는 데 도와주도록

해설 교실 동작학(kinesics)의 기능을 설명하고, 교사의 비언어적 행위가 학생들에게 영향을 주므로 학급에서의 동작학 규칙을 정하는 목적은 (c)가 정답이다. 교사의 신체 언어를 해석하려는 목적이 아니므로 (d)는 오답이며, 교사의 언어 기술이 아닌 준언어 기술이 주된 관심사이므로 (b)도 오답이다.

kinesics 동작학 **pertain** 관계하다 **dynamics** 역학관계 **term** 용어 **coin** 만들어내다 **anthropologist** 인류학자 **paralanguage** (몸짓·표정 등의) 준언어 **nonverbally** 비언어적으로 **posture** 자세 **facial** 얼굴의 **perceive** 지각하다 **intentional** 의도적인 **define** 정의하다 **identify** 인지하다 **aid** 돕다

정답 (c)

7

Excelsior's new Red Track laser technology _____. That makes it the most versatile mouse on the market today. It is equally effective on any material, even glass! It is completely wireless too, running on a single battery, and is effective up to ten meters away. Not only that, but the Excelsior comes in three slightly different sizes to take into account the differences in dimensions of people's hands. No longer will small- and large-handed individuals have to struggle with an awkward, one-size-fits-all mouse!

(a) prevents hand cramps during use
(b) works from long distances away
(c) uses less power than other devices
(d) means it can cope with all surfaces

번역 엑셀시어의 새로운 레드 트렉 레이저 기술은 모든 재질의 표면에 사용 가능하다는 것을 의미한다. 이 때문에 오늘날 시장에 나와 있는 최적의 다용도 마우스이다. 이 마우스는 어떤 재질에서나 효과적이며, 유리에서도 똑같이 작동한다. 이것은 완전 무선이며, 하나의 배터리로 작동되고, 최대 10미터 거리에서도 사용 가능하다. 게다가 엑셀시어는 사람들 손 크기의 다른 점도 고려하여 조금씩 다른 3가지 사이즈로 선보인다. 더 이상 작거나 큰 손을 가진 사람들이 불편해하지 않아도 된다. 여기 만인에게 유용한 마우스가 나왔다.

(a) 사용하는 동안 손 경련을 막아 준다
(b) 먼 거리에서 작동한다
(c) 다른 기기보다 적은 전력을 사용한다
(d) 모든 재질의 표면에 사용 가능하다는 것을 의미한다

해설 (a), (b), (c) 모두 관련이 있지만 바로 이어지는 내용이 모든 재질에 효과적이라고 말하고 있으므로 (d)가 정답이다.
versatile 다용도의, 다목적의 **slightly** 조금, 자그마한 **take into account** 계산에 넣다 **dimension** 치수 **awkward** 불편한 **one-size-fits-all** 널리[두루] 적용되도록 만든 **cramp** 경련 **cope with** ~에 대처하다, 잘 처리하다

정답 (d)

8

Argentina's history has been a bumpy ride as the country went from dazzling wealth to crushing poverty _____. By the 1920s, it was one of the ten wealthiest nations in the world as a result of its agricultural exports. But 1946 saw the election of General Juan Perón and Argentina's foreign policy became more isolationist. During his tenure inflation went up by 50% and the value of their currency dropped by 70%. The country which had lived well for so many decades now had a populace waiting in bread lines for basic necessities.

(a) after many years of political conflict
(b) due to unfavorable political reforms
(c) because of fewer exported goods
(d) in spite of high export rates

번역 아르헨티나의 역사를 살펴보면, 눈부신 부유함에서 잘못된 정치 개혁 때문에 참담한 빈곤으로 떨어지는 험난한 여정을 겪어왔다. 1920년대까지 농작물 수출로 이 나라는 전세계에서 가장 부유한 10대 국가 중 하나였다. 그러나 1946년 후안 페론 장군이 선거에서 당선된 후, 아르헨티나의 해외 정책에서 고립주의가 더 심해졌다. 그의 임기 동안 인플레이션은 50퍼센트나 올랐고 통화 가치는 70퍼센트나 하락했다. 수십 년 동안 부유하게 살아왔던 이 나라가 이제는 서민들이 기본 필수품을 얻기 위해 구호품 줄에 서서 기다리게 되었다.

(a) 여러 해 동안 정치적 갈등 후에
(b) 잘못된 정치 개혁 때문에
(c) 줄어든 수출품 때문에
(d) 높은 수출 비율에도 불구하고

해설 전세계적으로 가장 부유한 나라에서 페론 정권의 경제적, 외교적 실패로 인해 빈곤국으로 떨어졌다는 내용이므로 정답은 (b)이다. (a)의 정치적 갈등에 관한 내용은 없다.
bumpy 울퉁불퉁한 **dazzling** 눈부신 **crushing** 압도하는, 참담한 **isolationist** 고립주의자 **tenure** 임기, 재직 기간 **inflation** 인플레이션 **currency** 통화 **populace** 서민, 대중 **necessities** 필수품 **conflict** 갈등 **unfavorable** 비우호적인, 불리한 **in spite of** ~에도 불구하고

정답 (b)

9

To whom it may concern:

I wish to extol my former student, Mr. Zhi Liu, and highly recommend him for acceptance into your Computer Science program. As advisor and mentor of Mr. Liu, I saw how he excelled with the utmost maturity, diligence, and skill. I first met him in the autumn of 2008 when he began his master's work, and he and I worked together closely until he deservedly graduated with honors. Mr. Liu _____. Please contact me if you require any further information.

Sincerely,
Professor Mark Lee

(a) is exceptionally talented in the field of biology
(b) performed academic work at a high level
(c) aided in the achievements of my work
(d) will be perfect for the position

번역 관계자분께

예전 제 제자였던 지 류 씨를 격찬하며, 귀교의 컴퓨터학과 입학이 수락되도록 그를 추천합니다. 류 씨의 지도교수이며 조언자로서 저는 그가 극히 성숙되고 근면하며 기량이 출중함을 익히 알고 있습니다. 저는 그가 석사 연구를 시작했던 2008년 가을 처음 만났습니다. 그 이후로 그가 영예로이 우등으로 졸업할 때까지 그와 저는 아주 밀접하게 함께 연구를 해왔습니다. 류 씨는 우수한 학업 성적을 받았습니다. 더 많은 정보가 필요하시면 제게 연락 주시길 바랍니다.

마크 리 교수 드림

(a) 생물학 분야에서 특별히 재능이 있습니다
(b) 우수한 학업 성적을 받았습니다
(c) 제 연구 성과에 조력했습니다
(d) 그 직책에 최적일 것입니다

해설 학생의 대학원 입학 추천서로, 지도교수가 학생의 장점을 진술하고 있다. 전공이 컴퓨터학과이므로 (a)는 어긋나며, 구직자에 관한 내용이 아니므로 (d)도 오답이다. (c)에서 지도교수의 연구 성과의 도움을 언급하기보다는 지원자의 학업 결과를 언급하는 게 적당하므로 정답은 (b)이다.

extol 격찬하다 recommend 추천하다 acceptance 수락, 승인 advisor 지도교수 mentor 조언자 excel 출중하다 maturity 원숙 diligence 근면 deservedly 마땅히 graduate with honors 우등으로 졸업하다 exceptionally 예외적으로, 특별히 achievement 성과, 업적 position 직책, 지위

정답 (b)

10

Control of Spain was usurped from the Popular Front government in 1936 during a civil war led by Francisco Franco. Franco's movement was supported by Germany and Italy, and Spain subsequently allied with those countries during World War II. Following the war, Franco set up an authoritarian regime which suppressed opposing ideologies through censorship and coercion. Franco also used concentration camps, forced labor prisons, and the death penalty to dissuade his detractors. This state of affairs did not change until his death in 1975. Soon after that, his _____.

(a) Popular Front regained control
(b) ideological legacy was celebrated
(c) authoritarian dictates were removed
(d) regime installed a leader who was worse

번역 스페인의 통치권은 프란시스코 프랑코가 이끄는 내전 중 1936년에 인민전선 정부로부터 찬탈되었다. 프랑코의 전쟁은 독일과 이탈리아의 지원을 받았고, 스페인은 그 후 2차 대전 중 이들 국가와 동맹을 맺었다. 전쟁 후 프랑코는 검열과 강압으로 반대 이념을 억압하는 독재 정권을 수립하였다. 프랑코는 또한 비방자들을 막기 위하여 강제수용소, 강제 노역 감옥, 사형제를 운영하였다. 이 상황은 1975년 그가 죽을 때까지 변하지 않았다. 그의 사망 직후, 그의 독재적 통치는 종식되었다.

(a) 인민전선은 지배권을 재획득했다
(b) 이념적 유산은 찬양되었다
(c) 독재적 통치는 종식되었다
(d) 정권은 더 나쁜 지도자를 세웠다

해설 인민전선으로부터 프랑코의 사망 후 정권을 탈취했거나 더 나쁜 지도자가 나왔다는 언급이 없기 때문에 (a), (d)는 부적합한 답이며, 그의 사망으로 그의 독재 정권이 종식되었기 때문에 (b)는 오답이고, (c)가 정답이다

usurp 빼앗다, 찬탈하다 civil war 내전 subsequently 이후, 그 결과 ally 동맹하다 authoritarian 독재주의의 regime 정권 suppress 억압하다 opposing 반대의 censorship 검열 coercion 강압 concentration camp 강제수용소 death penalty 사형 dissuade 설득하여 단념시키다 detractor 비방자 regain 되찾다 legacy 유산 dictate 지시, 명령 install 설치하다

정답 (c)

11

The influence of residential mobility on youth has long been studied as a factor in mental health. Scientists have extensively shown that a host of childhood behavioral maladies, including poor school performance, are caused by families moving from home to home often. However, high mobility in early life seems also to be a cause of mental infirmities in adults due to an inability to form quality social relationships. As these relationships are key to life satisfaction, such adults suffer from depression, anger, irritability, and various other neuroses. It seems that frequent moves during one's youth _____.

(a) give a person knowledge and self-confidence
(b) have foreseeable far-reaching consequences
(c) enables kids to form life-long friendships
(d) is not actually a cause of depression

번역 청소년기에 미치는 주거 이동의 영향은 정신 건강의 한 요소로서 오랫동안 연구되어 왔다. 과학자들은 학업 성적 부진을 포함하여 청소년기에 문제시되는 행동의 많은 부분이 자주 집을 옮기는 가정에 기인한다는 것을 광범위하게 보여주었다. 그러나, 초년기의 잦은 이동은 좋은 사회적 관계를 형성할 수 없게 만들어, 성인이 되어 정신적 유약함의 원인이 된다고 여겨진다. 이런 사회적 관계는 삶에 만족을 주는 열쇠이기에, 그러한 성인은 우울증, 분노, 짜증과 여러 가지 다른 신경증으로 고통을 받는다. 한 사람의 개인에게 있어 청소년기에 겪는 잦은 이동은 <u>예측 가능한 광범위한 영향력을 가진다.</u>

(a) 개인에게 지식과 자신감을 준다
(b) 예측 가능한 광범위한 영향력을 가진다
(c) 아이들에게 일생 동안의 우정을 형성케 해준다
(d) 실은 우울증의 원인이 아니다

해설 청소년 시절 주거지의 잦은 이동은 사람과의 관계 형성을 어렵게 하여, 성인이 되어서 여러 정신적 문제의 원인이 된다고 주장하므로 (b)가 정답이다. (a), (c)는 잘못된 내용이고, 우울증의 원인이라고 했으므로 (d)는 오답이다.
residential 주거의 mobility 이동(성) factor 요소 extensively 광범위하게 malady 심각한 문제, 질병 infirmity 허약, 질환 quality 양질의 depression 우울증 irritability 화를 잘 냄 neurosis 신경증 self-confidence 자신감 foreseeable 예측할 수 있는 far-reaching 광범위한 consequence 영향력

정답 (b)

12

The Sistine Chapel is the site of masterpieces that _____. The chapel contains works by many of the Renaissance's greatest sculptors and painters including Michelangelo, Bernini, and Raphael. Michelangelo disdained the commission at the time, claiming it was merely serving the need of Pope Julius II for gratuitous decadence. However, many of his most famous works can be found there including *The Creation of Adam* and *The Last Judgment*. The latter is a massive fresco covering the entire altar wall of the chapel, controversially famous for its depiction of naked figures in "so sacred a place."

(a) were not what the pope had ordered
(b) Pope Julius criticized for their decadence
(c) were initially surrounded by controversy
(d) Michelangelo did not paint entirely himself

번역 시스틴 성당은 처음에는 논란에 휩싸였던 걸작들이 있는 곳이다. 이 성당은 미켈란젤로, 베르니니와 라파엘을 포함한 르네상스 시대의 위대한 조각가들과 미술가들의 작품들이 있다. 미켈란젤로는 당시에 그곳이 불필요한 퇴폐를 추구하는 교황 율리우스 2세의 욕구를 채울 일뿐이라고 주장하면서, 그 임무를 경멸하였다. 그러나, 〈아담의 탄생〉과 〈최후의 심판〉을 포함한 그의 가장 유명한 작품들 대부분은 그곳에서 찾을 수 있다. 후자는 성당의 전체 제단 벽을 덮는 웅장한 프레스코화로, 그렇게 성스러운 장소에 벌거벗은 인물들을 묘사했다는 논란을 일으킬 만큼 유명하다.

(a) 교황이 명령한 것이 아니었다
(b) 교황 율리우스는 그들의 퇴폐를 비판하였다
(c) 처음에는 논란에 휩싸였다
(d) 미켈란젤로 자신이 전부 그리지 않았다

해설 교황의 명령으로 이루어졌으므로 (a)는 오답이며, 그림 외에 조각이 있으므로 (d)의 미켈란젤로가 전부 그리지 않았다는 말도 부적합하다. 유명한 조각가, 화가들의 작품으로 이루어진 시스틴 성당의 미켈란젤로의 작품은 성스러운 장소에 벌거벗은 인물들을 묘사하여 논란을 일으켰다고 했으므로 (c)가 정답이다.
masterpiece 걸작 sculptor 조각가 disdain 경멸하다 commission 임무, 명령 gratuitous 불필요한, 쓸데없는 decadence 퇴폐, 타락 judgment 심판 latter 후자 massive 당당한, 육중한 fresco 프레스코화 altar 제단 controversially 논란을 일으키며 depiction 묘사 sacred 신성한 initially 처음에 controversy 논란, 논쟁

정답 (c)

13

The Cold War _____. It was waged between the United States and the Soviet Union, beginning shortly after the conclusion of World War II. The United States advocated democracy, while the Soviet Union embraced communism. The United States went so far as to back a war in Vietnam to stop the spread of communism in Southeast Asia. Each side worked to install their ideas and forms of government in other countries. As another way of showing ideological superiority, each side amassed weapons and developed technologies to outdo the other, an example of which is the Space Race.

(a) did not end with the fall of the Berlin wall
(b) caused far more casualties than people think
(c) was advantageous to the American way of life
(d) occurred because of conflicting political ideologies

번역 냉전은 상충되는 정치 이념 때문에 발생했다. 냉전은 2차대전 종결 직후 시작되어 미국과 소련 간에 치러졌다. 미국은 민주주의를 옹호했고, 반면 소련은 공산주의를 받아들였다. 미국은 동남아시아에서 공산주의 확산을 막기 위해 베트남 전쟁을 지원하기까지 했다. 양측은 다른 나라에 그들의 사상과 정부의 형태를 심기 위해 노력했다. 이념적 우월성을 보여주기 위한 또 다른 방법으로 양측은 상대방을 앞지르기 위해 무기를 축적하고 기술을 개발하였으며, 이것의 좋은 예는 우주 개발 경쟁이다.

(a) 베를린 장벽 붕괴와 함께 끝나지 않았다
(b) 사람들이 생각하는 것보다 훨씬 많은 사상자를 냈다
(c) 미국적 삶의 방식에 유익했다
(d) 상충되는 정치 이념 때문에 발생했다

해설 (a), (b), (c)는 무관한 내용이며 민주주의, 공산주의의 이념 차이를 설명하고 있으므로 (d)가 정답이다.
wage (전쟁 등을) 행하다 conclusion 종결 advocate 옹호하다 embrace 받아들이다 superiority 우세 amass 축적하다 outdo 능가하다 the Space Race (1950~60년대 미국과 소련의) 우주 개발 경쟁 casualty 사상자 conflicting 상충되는

정답 (d)

14

Quarks are fundamental particles found in all matter and come in the following six varieties: up, down, charm, strange, top, and bottom. Up and down quarks are the most commonly occurring varieties, with the other four existing only for short periods following high energy collisions. Subsequently, particle decay takes place and these other quarks rapidly convert back into up and down. Needless to say, it is difficult to _____.

(a) investigate the behaviors of quarks
(b) observe occurrences of particle decay
(c) clarify what kind of decay takes place
(d) examine the short-lived quark particles

번역 쿼크는 모든 물질에서 발견되는 근본적인 입자이며 다음 6가지 종류가 있다. 업, 다운, 참, 스트레인지, 탑, 그리고 보텀이 그것이다. 업과 다운 쿼크는 가장 흔히 발생하는 종류이며 다른 네 개는 높은 에너지 충돌 뒤에 잠시 존재한다. 그 결과로 입자 부패가 발생하며 이 네 가지 쿼크는 업과 다운으로 다시 변환된다. 말할 필요도 없이, 짧은 수명의 쿼크 입자를 연구하는 것은 어렵다.

(a) 쿼크 행동 양식을 연구하는 것은
(b) 입자 부패의 발생을 관찰하는 것은
(c) 어떤 종류의 부패가 발생하는지를 명료하게 하는 것은
(d) 짧은 수명의 쿼크 입자를 연구하는 것은

해설 (a)의 일반적인 쿼크 행동 양식을 연구하는 것이 어려운 것이 아니라, 높은 에너지 충돌 뒤에 잠시 존재하는 쿼크 입자가 수명이 짧아 연구가 어려운 것이므로 (d)가 정답이다. (b), (c)의 부패에 관한 내용은 주어진 정보로 판단하기 불가능하므로 정답이 아니다.
quark 쿼크 fundamental 근본적인 particle 입자, 분자 variety 종류, 다양성 collision 충돌 convert 변환하다, 전환하다 decay 부패 clarify 명료하게 하다

정답 (d)

15

The award-winning photojournalism magazine *Architecture Digest* is sure to bring insight and innovation into your life. Each magazine features discerning views on the leading designers from around the world with one year of bi-monthly installments costing only $26.95. If you're an industry mogul, an up-and-coming architect, or merely an aficionado of creative design, the *Digest* will keep you at the cutting edge. _____, whether you are working on a multi-million dollar project or remodeling your bathroom, the *Digest* has all the latest trends. With full-color spreads on the most innovative designs, *Architecture Digest* has it all.

(a) So
(b) Yet
(c) Otherwise
(d) Meanwhile

번역 수상 경력이 있는 포토저널리즘 잡지인 〈건축 다이제스트〉는 분명히 당신의 삶에 통찰력과 혁신을 가져다 줄 것입니다. 각 잡지는 격월 할부로 1년 구독료 26.95달러만으로, 전세계 주요 디자이너에 관한 통찰력 있는 견해를 게재합니다. 당신이 업계 거물, 유망한 건축가, 혹은 단순히 창의적인 디자인 애호가라면 〈건축 다이제스트〉는 당신을 최첨단으로 앞서가게 해줄 겁니다. 따라서, 당신이 수백만 달러짜리 프로젝트를 하고 있든 화장실을 재건축하든 간에 〈건축 다이제스트〉는 최신 유행을 담고 있습니다. 가장 혁신적인 디자인에 대해 컬러 특집 기사들을 담고 있어 〈건축 다이제스트〉는 모든 것을 갖추고 있습니다.

(a) 따라서
(b) 그러나
(c) 그렇지 않으면
(d) 그 동안

해설 앞 문장에서 여러 분야에 종사하는 사람에게 최첨단 유행 디자인을 제공한다고 했으므로 이어지는 문장과 자연스럽게 연결되는 것은 (a) So이다.
photojournalism 포토저널리즘(사진 보도를 주제로 하는 신문·잡지) **insight** 통찰력 **innovation** 혁신 **discerning** 통찰력 있는 **installment** 할부 **mogul** 거물 **aficionado** 애호가, 팬 **at the cutting edge** 최첨단에 **trend** 유행, 경향 **spread** (잡지의) 여러 면의 특집 기사[광고]

정답 (a)

16

The Internet has been around since the 1960s. _____, the current form got its start in 1990 with the invention of HTML. Designed by Tim Berners-Lee for scientists working at CERN to share documents, HTML dictates much about the look of the modern webpage. HTML allows webpage designers to easily dictate the placement and appearance of such things as headings, links, colors, and fonts using HTML elements. Modern incarnations have allowed for the implementation of HTML languages such as JavaScript which change the behavior of web pages. Today, the world wide web consists almost solely of HTML documents conveyed to the end user via web servers.

(a) Instead
(b) However
(c) Nonetheless
(d) Additionally

번역 인터넷은 1960년대부터 있었다. 그러나, 현재의 형태는 1990년 HTML의 발명과 함께 시작되었다. HTML은 문서를 공유하기 위해 CERN(유럽 원자핵 공동 연구소)에서 일하는 과학자들을 위해 팀 버너스-리가 개발한 것으로 오늘날 웹페이지의 모습에 많은 영향을 주었다. HTML은 웹페이지 디자이너들이 HTML 구성요소를 사용하는 표제, 링크, 색, 폰트와 같은 배치와 모양을 정하는 것을 가능하게 한다. 그것의 현대적 실체는 웹페이지의 작동방식을 바꾸는 자바스크립트와 같은 HTML 언어들을 실행하는 것을 가능하게 했다. 오늘날 인터넷은 웹서버를 통해 최종 사용자에게 전달되는 HTML 문서들로만 구성되어 있다.

(a) 그 대신
(b) 그러나
(c) 그럼에도 불구하고
(d) 추가적으로

해설 앞 문장에서 인터넷이 1960년대에 최초 사용된 것을 언급하면서 이와 대비되는 내용으로 현대적 인터넷의 사용 시점을 소개하므로 (b) However가 적합하다.
invention 발명 **document** 문서 **dictate** 영향을 끼치다 **placement** 배치 **incarnation** 화신, 어떤 단계의 모습 **implementation** 실행, 이행 **solely** 오로지 **convey** 전달하다 **end user** 실수요자, 최종 수요자

정답 (b)

ACTUAL TEST 10 | Part 2

17

All previous solar powered vehicles required constant connection with the sun's rays in order to operate, with even a cloudy day halting movement. This has been a major hurdle to overcome in order for solar energy to become a viable green technology. To that end, researchers in Switzerland have successfully tested a solar powered glider at night, using only solar energy. The craft, dubbed Solar Impulse HB-SIA, was able to charge its 12,000 solar cells and store the energy in high-performance batteries. The glider then embarked on a 26-hour overnight flight, bringing sustainable energy that much closer.

Q: What is the best title for the passage?
(a) Solar Energy: a Must for Green Future
(b) Swiss Engineers Fly Glider for 26 Hours
(c) Solar Impulse HB-SIA Uses Only Solar Cells
(d) Glider Uses Solar Power for Breakthrough Flight

번역 이전의 모든 태양 동력 자동차는 구름이 낀 날에는 작동이 정지되므로, 작동하려면 태양 광선과 지속적 접속이 필요했다. 이것이 태양 에너지가 실행 가능한 환경 친화적 기술이 되기 위해 극복해야 할 주요 장애 요인이 되어 왔다. 이 때문에 스위스 연구가들은 오로지 태양 에너지만을 이용하는 태양 동력 글라이더를 야간에 성공적으로 실험하였다. 이 비행기는 태양 추진 HB-SIA라고 명명되었는데, 일만 이천 개의 태양 전지를 충전할 수 있었고 고성능 전지에 에너지를 저장할 수 있었다. 그런 다음 이 글라이더는 26시간 야간 비행을 시작하였는데, 그만큼 더 지속 가능한 에너지에 근접하게 했다.

Q: 지문에 가장 적당한 제목은?
(a) 태양 에너지: 친환경 미래에 절대 필요한 것
(b) 스위스 기술자들의 26시간 글라이더 비행
(c) 태양 전지만을 사용하는 태양 추진 HB-SIA
(d) 태양 동력을 이용한 글라이더의 획기적인 비행

해설 태양 에너지를 사용한 글라이더의 야간 비행 실험에 관한 기사이다. (a)는 일반적인 사실이고, (b)는 태양 동력에 관한 내용이 빠졌으며, (c)는 태양 전지만 아니라 고성능 전지를 사용하므로 오답이다. 정답은 태양 동력을 언급한 (d)이다.
constant 일정한 connection 접속, 연관 ray 광선 halt 정지시키다 hurdle 장애물 viable 실행 가능한 to that end 이 때문에, 그러기 위해 dub ~라고 칭하다 impulse 추진, 충격 high-performance 고성능의 embark 출항하다 sustainable (고갈되지 않고) 지속 가능한 breakthrough 큰 발전, 약진

정답 (d)

18

Televisions are now flooding the market offering 3D viewing of all your favorite TV shows and movies. But what about the movies starring the people and events you really care about? Well, the Zeiss Cyber 3D-R handheld camcorder now brings the power of 3D to your hands, priced reasonably at under $300. Featuring side-by-side 4x optical zoom lenses, your family memories will now be available in the same stunning three dimensions in which you first experienced them. This feature-packed unit also includes a 4.5-inch LCD touch screen, 14-hour battery life, and 1080i HD recording.

Q: What is mainly being advertised in the passage?
(a) New low price of a 3D recording unit
(b) The 3D capabilities of a new camcorder
(c) Various features offered for video recording
(d) The different 3D camcorders now on the market

번역 텔레비전이 당신이 좋아하는 모든 TV 프로그램과 영화의 3D를 제공하며 시장을 휩쓸고 있습니다. 그러나 당신이 정말 좋아하는 인물과 사건이 주를 이루는 영화가 있다면 어떨까요? 손바닥 크기 캠코더 자이스 사이버 3D-R은 300달러 미만의 합리적인 가격으로 3D의 힘을 가져다 줄 것입니다. 나란히 있는 4배 광학 줌 렌즈를 갖추고 있어서 여러분 가족의 추억을 실제 경험한 것과 같은 매력적인 3D로 보존할 수 있습니다. 이 다기능 모델은 또한 4.5인치 LCD 터치 스크린, 14시간 배터리 수명, 1080i HD 녹화 기능도 갖추고 있습니다.

Q: 지문에서 주로 광고하고 있는 것은?
(a) 3D 녹화 기기의 새로운 낮은 가격
(b) 새 캠코더의 3D 기능
(c) 비디오 녹음을 위해 제공된 다양한 기능
(d) 현재 시장에 나온 여러 가지 3D 캠코더

해설 새로 나온 캠코더의 특징을 소개하는 광고문이다. 특히 3D 성능과 합리적인 가격, 그리고 다른 여러 기능을 자세히 설명하고 있으므로 정답은 (b)이다. (a), (c)는 언급된 내용의 일부만 해당하고, (d)는 본문과 어긋난다.
flood ~에 밀려들다 star 주연을 하다 handheld 손 안에 드는 reasonably 합리적으로 optical 광학(상)의 zoom (렌즈가) 줌인 stunning 근사한, 멋진 dimension 차원 capability 성능

정답 (b)

19

Islands are strictly classified as any area of land which is surrounded on all sides by water. However, this classification gets tricky when dealing with large islands such as Greenland and continents such as Australia. The latter, which is the smallest continent, is often referred to as "The Island Continent." It is comprised of 7,600,000 km² of land as compared to the largest island, Greenland, which is 2,130,000 km². Greenland, however, is staggeringly larger than the next largest island (New Guinea at a mere 785,783 km²) but is still not classified as a continent.

Q: What is the passage mainly about?
(a) The largest islands around the world
(b) The sizes of Australia and Greenland
(c) Australia's classification as a continent
(d) Categorizations of islands and continents

번역 섬은 사방이 물로 둘러싸인, 육지의 어느 지역으로 엄밀히 분류된다. 그러나, 이 분류는 그린란드 같은 큰 섬이나 호주 같은 대륙을 말할 때는 까다로워진다. 후자는 가장 작은 대륙으로 종종 섬 대륙으로 일컬어진다. 가장 큰 섬인 그린란드가 213만 평방 킬로미터인 것에 비하여, 호주는 760만 평방 킬로미터로 이루어져 있다. 그러나 그린란드는 그 다음으로 큰 뉴기니 섬(대략 785,783평방 킬로미터)보다 엄청나게 크지만, 여전히 대륙으로 분류되지 않는다.

Q: 지문의 주된 내용은?
(a) 전세계에서 가장 큰 섬들
(b) 호주와 그린란드의 크기
(c) 대륙으로서 호주의 분류
(d) 섬과 대륙의 분류

해설 대륙으로 분류되는 호주와 섬으로 분류되는 그린란드의 크기를 비교하면서 섬과 대륙으로 분류되는 기준을 중심으로 다루고 있으므로 (d)가 정답이다. (c)의 내용은 언급되고 있지만 본문에서 이 사실을 제시하고자 한 것은 아니다.
strictly 엄밀히 **classify** 분류하다 **classification** 분류
tricky 까다로운, 미묘한 **continent** 대륙 **comprise** 구성하다, 포함하다 **staggeringly** 경이적인 **categorization** 분류

정답 (d)

20

In honor and celebration of the career of Jim Feldman, Glair Technologies will be hosting a farewell banquet aboard the Visions Cruise ship. Feldman, who started the company 34 years ago in a small basement room, will be retiring this month. In his time with the company, he has watched that small company grow into a multinational conglomerate. Without his vision and commanding efforts at the helm, Glair would have been swallowed up in this saturated market. Instead, we are now a global leader. The farewell is at the Minetonka Marina on Saturday the 4th, at 5:00 pm.

Q: What is the announcement mainly about?
(a) An award for a Glair Technologies employee
(b) The retirement of a company's founder
(c) The success of a once-small company
(d) An annual staff party aboard a boat

번역 짐 펠드만 일생의 업적에 경의와 축하를 표하기 위해 글레어 테크놀로지는 비전 크루즈 선상에서 송별회를 주최할 것입니다. 펠드만은 34년 전에 조그마한 지하 방에서 이 회사를 시작하였는데 이번 달에 은퇴를 할 것입니다. 그는 회사에 재직하는 동안 작은 회사가 다국적 거대 기업으로 성장하는 것을 지켜보았습니다. 그가 선견지명을 갖고 주도적으로 이끌지 않았다면, 글레어는 이런 넘쳐나는 시장에서 삼켜져 없어졌을 것입니다. 하지만 지금 우리는 글로벌 리더가 되었습니다. 송별회는 4일 토요일 오후 4시에 미네통카 마리나에서 열립니다.

Q: 공고문의 주된 내용은?
(a) 글레어 테크놀로지 직원을 위한 상
(b) 회사 창업자의 은퇴
(c) 이전의 소규모 회사의 성공
(d) 선상 연례 직원 파티

해설 한 회사의 창립자의 은퇴 송별회를 연다는 공고문으로 (b)가 정답이다. 선상에서 열린다는 내용은 맞지만 (d)는 오답이고, (c)의 내용은 본문의 일부이지만 이 공고문의 주요 내용은 아니다.
host 주최하다 **banquet** 연회 **basement** 지하실
multinational 다국적의 **conglomerate** 재벌 그룹
commanding 지휘하는 **at the helm** 조종하는, 실권을 쥔
swallow 삼키다 **saturate** 과잉 공급하다 **marina** (요트 등의) 정박지 **founder** 창립자 **annual** 일 년마다의

정답 (b)

21

Authors who suffer from writer's block are encouraged to seek out online forums for tips on moving forward. While the condition is wholly psychosomatic, it has caused some writers to stop writing for years on end. Some writers have even gone so far as to leave the profession due to an inability to create new work. But many authors attempt to aid their peers by publishing pieces on recovering from writer's block. Many such articles encourage authors to simply press on, with a disregard for the quality of what is being produced.

Q: What is the passage mainly about?
(a) Internet articles regarding writing slumps
(b) Assistance for authors with writer's block
(c) The psychological nature of writer's block
(d) An author's incapacity to consistently write well

번역 글쓰기 슬럼프를 겪고 있는 작가들이 고무될 만한 조언을 얻기 위해 인터넷 토론방을 찾아볼 것이 권고된다. 이 증상은 전적으로 심신 상관적이지만, 일부 작가들로 하여금 여러 해 동안 계속 글 쓰는 것을 멈추게 만들었다. 새로운 작품 창작이 불가능한 것 때문에 일부 작가들은 이 직업을 포기하기까지 했다. 그러나 많은 작가들은 글쓰기 슬럼프에서 회복하는 방법에 관한 글을 발표함으로써 동료들을 도우려 한다. 이에 관한 많은 기사들은 작가들로 하여금 그냥 글쓰기를 강행하며, 글 수준에 대해서는 무시하라고 권장한다.

Q: 지문의 주된 내용은?
(a) 글쓰기 슬럼프에 관한 인터넷 기사들
(b) 글쓰기 슬럼프에 빠진 작가들에 대한 도움
(c) 글쓰기 슬럼프의 심리적 특징
(d) 지속적으로 글을 잘 쓸 수 없는 작가의 무능력

해설 글쓰기 슬럼프에 빠진 작가들에게 동료 작가들이 도움을 준다는 내용이므로 (b)가 정답이다. 이 증상은 심신 상관적이라고 했지만, 심리적인 특징을 구체적으로 언급하지 않았으므로 (c)는 오답이다.
writer's block 작가의 글쓰기 슬럼프 forum 토론란 move forward 전진하다 psychosomatic (질병이) 정신 상태의 영향을 받는; 심신 상관의 peer 동료 article 기사 disregard 무시 pass on ~을 계속하다 incapacity 무력, 무능 consistently 지속적으로

정답 (b)

22

In 1940, a mass execution of Polish nationals by the Soviet secret police was carried out in the Katyn Forest in Poland. The Soviet edict proposed the genocide of all members of the Polish Officer Corp. Due to Poland's conscription system, which required most people to join the armed forces, this group was made up of citizens from all walks of life. The tally of those killed is estimated at 22,000, comprised mainly of Poland's political, intellectual, and business elite. As a result, the country was lacking much more than mere infrastructure following the conclusion of the war.

Q: What is the best title for the passage?
(a) Soviet Slaying Has Lasting Effect
(b) Mass Killing of Poland's Elite Citizens
(c) Forced Conscription Results in Lives Lost
(d) Crimes Committed in Poland by Soviet Police

번역 1940년 소련 비밀 경찰에 의해 폴란드 국민의 대규모 처형이 폴란드의 카틴 숲에서 행해졌다. 소련의 포고령은 폴란드 장교단에 속한 모든 사람들의 대량 학살을 기도하였다. 폴란드의 징집 제도에 의하여 대부분의 국민들은 군대에 가야 했는데, 이 단체는 모든 계층 출신의 일반 시민으로 구성되어 있었다. 살해당한 사람들의 수는 2만 2천 명인데, 주로 폴란드의 정치, 지식, 기업의 엘리트들로 구성되었다. 그 결과, 이 나라는 전쟁이 끝난 다음에 단지 사회적 기반보다 훨씬 더 많은 것이 부족하였다.

Q: 지문에 가장 적절한 제목은?
(a) 소련의 학살의 지속적인 영향
(b) 폴란드 엘리트 시민들에 대한 대량 학살
(c) 강제 징병으로 인해 잃어버린 생명들
(d) 폴란드에서 소련 경찰이 저지른 범죄

해설 소련이 폴란드인을 대량 학살한 사건의 내용이므로, (b)가 정답이다. 학살된 사람들이 대부분 폴란드 지도층이어서 전후 폴란드의 인적 손실 결과가 나타났지만 그 내용이 중심이 아니므로 (a)는 오답이다.
execution 처형 edict 포고(령), 명령 genocide 대량 학살, 민족 근절 conscription 징병 all walks of life 모든 계층 tally 계산, 기록 estimate 추정하다 comprise 포함하다, 구성하다 infrastructure 사회적 기반 slay 살해하다

정답 (b)

23

Due to widespread famine and unfair division of lands, Chinese peasants backed Li Zicheng in order to overthrow the Ming Dynasty. Li got his start as a meager shepherd and was later publicly displayed in shackles for failure to repay a loan. When a guard who was offering water to the manacled Li was struck by a local official, the townspeople revolted. After freeing Li and proclaiming him their leader, the group successfully supplanted the country's leaders and set up the short-lived Shun Dynasty. Lasting for only two years, Li's government was displaced by the Qing Dynasty in 1645.

Q: Which of the following is correct according to the passage?
(a) Chinese peasants ousted the ruling minority.
(b) Li had worked as a guard for the Ming Dynasty.
(c) Townspeople revolted after being attacked by guards.
(d) The Shun Dynasty finally overthrew the Qing Dynasty.

번역 만연된 기근과 불공평한 토지 분배로 인하여 중국 소작농들은 명 왕조를 타도하기 위해 이자성을 지지하였다. 이자성은 빈약한 양치기로 시작했고 후에 대부금을 상환하지 못하여 족쇄에 채워져 공공 장소에 방치되었다. 수갑을 채운 이자성에게 물을 건네주던 한 보초가 한 지역 관리에게 두들겨 맞자 시민들이 반란을 일으켰다. 이자성을 풀어주고 그를 지도자로 공표한 후에, 이들 무리는 국가 지도자들을 성공적으로 밀어내고 단명한 순 왕조를 세웠다. 겨우 2년간 지속 후, 이자성 정부는 1645년에 청 왕조로 대체되었다.

Q: 지문에 따르면 옳은 것은?
(a) 중국의 소작농들은 지배 소수파를 내쫓았다.
(b) 이자성은 명 왕조의 보초로 일했다.
(c) 시민들은 보초들에게 공격을 당한 후에 반란을 일으켰다.
(d) 순 왕조는 마침내 청 왕조를 타도하였다.

해설 이자성은 보초가 아니고 양치기였기에 (b)는 오답이고, 보초가 관리에게 공격을 받았으므로 (c)도 오답이다. 청 왕조가 순 왕조 다음이기 때문에 (d)도 어긋난다. 소작농들이 정부에 대해 반란을 일으켰고 지도자들을 내쫓았으므로 정답은 (a)이다.
famine 기근, 굶주림 **division** 분배 **peasant** 소작농, 농부 **back** 지지하다 **overthrow** 타도하다 **meager** 빈약한 **shepherd** 양치기 **shackle** 족쇄 **loan** 대부금 **manacle** 수갑을 채우다 **revolt** 반란을 일으키다 **proclaim** 포고하다 **supplant** 밀어내다 **oust** 내쫓다 **ruling** 통치하는, 우세한 **minority** 소수당, 소수 민족

정답 (a)

24

As the birthplace of the Olympic Games in ancient times, Greece was the logical host country for the first Olympics of the modern era. Held in the summer of 1896, the choice of the city of Athens was agreed upon unanimously by the organizing committee. Unlike today's Games, all the competitions for this event were held in a single venue, the Panathinaiko Stadium. Boasting the largest ever attendance for a sporting event, the first modern Games was uproariously successful. For the opening ceremony, the stadium was filled with 80,000 spectators from around the world.

Q: Which of the following is correct about the 1896 Olympics according to the passage?
(a) It was the first Olympic Games ever held.
(b) The choice of venue was a contentious issue.
(c) The Panathinaiko Stadium housed all of its events.
(d) Up to 90,000 people attended its opening ceremony.

번역 고대 올림픽 경기의 탄생지로서 그리스는 당연히 최초의 근대 올림픽 주최국이었다. 아테네가 1896년 개최 도시로 선정된 것은 조직 위원회의 만장일치에 따른 것이었다. 오늘날의 경기와 달리 모든 경기 대회는 단일 경기장인 파나티나이코 스타디움에서 행해졌다. 스포츠 경기로서 역대 최대 관객을 자랑하면서, 최초의 근대 올림픽 경기는 떠들썩하게 성공을 거두었다. 개막식에서 경기장은 전세계에서 온 8만 관중으로 가득 찼다.

Q: 지문에 따르면 1896년 올림픽에 대해 옳은 것은?
(a) 최초의 올림픽 경기였다.
(b) 경기장 선정은 논쟁거리였다.
(c) 파나티나이코 스타디움에서 모든 경기가 개최됐다.
(d) 최대 9만 명에 이르는 사람들이 개막식에 참석했다.

해설 아테네 올림픽은 최초의 근대 올림픽이므로 (a)는 오답이다. 경기장 선정은 만장일치로 이루어졌고, 8만 명이 참석했으므로 (b), (d)도 어긋난다. 파나티나이코 스타디움에서 모든 경기가 행해졌으므로 (c)가 정답이다.
logical 필연적인 **host** 주최 **era** 시대 **unanimously** 만장일치로 **competition** 시합 **venue** 개최지; 장소 **boast** 자랑하다 **attendance** 참석, 출석 **uproariously** 떠들썩한 **spectator** 관중 **contentious** 논쟁을 일으키는 **house** 수용하다

정답 (c)

25

In 1550 BC, Ahmose I became pharaoh in Egypt and began works which would usher Egypt into the era of its highest power. Ahmose I came to power at the age of ten while the country was at war with the rulers of Lower Egypt. His father died during that war and his older brother, who succumbed to unknown causes, reigned only three years. During Ahmose's reign, the rulers of Lower Egypt were defeated and expelled from the country, strengthening Egyptian supremacy in the region. Subsequently, Ahmose ordered many construction projects which increased foreign trade and wealth in his kingdom.

Q: Which of the following is correct according to the passage?
(a) Ahmose I experienced war for his entire life.
(b) Ahmose's father was killed in a war campaign.
(c) Ahmose I was defeated by Lower Egypt's rulers.
(d) Ahmose I closed trade with neighboring countries.

번역 기원전 1550년에 아모세 1세는 이집트의 왕이 되고 이집트를 가장 강력한 권력의 시대로 이끌기 시작했다. 아모세 1세는 열 살 때 권력을 쥐게 되었는데, 당시 그 나라는 북부 이집트의 통치자들과 전쟁 중에 있었다. 그의 아버지는 그 전쟁에서 죽고, 그의 형은 겨우 3년을 통치하고 알 수 없는 원인으로 죽었다. 아모세 통치 기간 중, 북부 이집트 통치자들은 전쟁에서 패하여 그 나라에서 축출되었고, 아모세는 그 지역에서 이집트의 패권을 강화하였다. 그 후 아모세는 외국 교역과 왕국의 부를 증가시킨 많은 건축 공사를 지시하였다.

Q: 지문에 따르면 옳은 것은?
(a) 아모세 1세는 그의 전 생애 동안 전쟁을 치렀다.
(b) 아모세 1세의 아버지는 전쟁 중에 죽었다.
(c) 아모세 1세는 북부 이집트의 통치자들에게 패배하였다.
(d) 아모세 1세는 인근 국가와의 교역을 금하였다.

해설 아모세는 전쟁 후 외국과의 교역과 건축 공사로 나라를 발전시켰으므로 (a)와 (d)는 오답이고, 북부 이집트 통치자들이 패하였다고 했으므로 (c)도 오답이다. 전쟁 중에 아버지가 죽었다는 내용인 (b)가 정답이다.

pharaoh 이집트 왕 usher 선도하다 era 시대 succumb 죽다 reign 통치 기간 expel 내쫓다 strengthen 강화하다 supremacy 패권, 우위 subsequently 그 후, 계속해서 trade 교역, 무역 campaign 출정, 군사 행동 neighboring 인접해 있는

정답 (b)

26

Maybe money is too tight for a vacation this year, or perhaps you just can't get away from the office. Whatever your reasons, you can take a virtual vacation with Around the World Ltd. We deliver tour packages that include recipes for local cuisine, CD's of popular and traditional music, and access codes to our website's city attraction panoramas. With our virtual travel packages, you can experience all of the sights, sounds, and tastes of exotic locales from the comfort of your own home. We currently have packages for 26 exciting world locations, with more being added every month!

Q: Which of the following is correct according to the advertisement?
(a) The tour company sends food to your home.
(b) Pictures with panoramic views are available.
(c) Tour packages are complete without web access.
(d) Any country in the world can be visited virtually.

번역 올해는 아마도 휴가비가 빠듯하거나, 어쩌면 사무실을 빠져나갈 수도 없을 수 있겠지요. 어떤 이유가 되었든지 여러분은 어라운드 월드 사와 함께 가상의 휴가를 갈 수 있습니다. 저희는 지방 특색 요리의 조리법, 대중 음악과 전통 음악 CD, 그리고 저희 웹사이트의 도시 명소 파노라마 접속 암호들을 포함한 여행 패키지를 제공합니다. 집에서 편안하게 저희 가상 여행 패키지로 여러분은 이국적인 장소의 모든 풍경, 소리, 그리고 풍미를 경험하실 수 있습니다. 저희는 현재 전세계 26개의 흥미진진한 지역들에 대한 패키지 상품이 있으며, 매달 계속 추가 중입니다.

Q: 광고에 따르면 옳은 것은?
(a) 여행사에서 가정으로 음식을 보내준다.
(b) 파노라마 같은 경치 사진들을 이용할 수 있다.
(c) 여행 패키지들은 웹사이트 접속 없이 갖추어졌다.
(d) 세계의 어떤 나라도 가상으로 방문할 수 있다.

해설 돈이 없거나 바빠서 휴가를 못 가는 사람들을 위한 웹사이트의 가상 여행 상품을 광고하는 글로, 정답은 (b)이다. 요리 조리법이나 명승지 사진 등을 웹사이트를 통해 제공하므로 (a), (c)는 오답이고, 현재는 26개의 지역만이 패키지로 제공되었으므로 (d)도 오답이다.

tight 돈이 빠듯한 virtual 가상의 deliver 배달하다 recipe 조리법 cuisine 요리 access 접근, 입구 attraction 명소 panorama 파노라마, 전경 exotic 이국적인 locale 장소 currently 현재

정답 (b)

27

The Mary Rose was a 16th century warship used by the English navy in battles against France and Scotland. It featured many advances in weaponry including newly-invented porthole covers for its new heavy guns. The ship was the first known example of a boat that was built strictly for battle, having no history of maritime usage. In addition to being the first of its kind, the Mary Rose is additionally famous for having sunk wholly intact. As a result, historians have received a treasure trove of information regarding 16th century boat building, technology, and weaponry.

Q: Which of the following is correct about the Mary Rose according to the passage?
(a) It was fitted with new inventions.
(b) It had initially been a trading vessel.
(c) When it sunk, it was heavily damaged.
(d) Historians still know little about its design.

번역 메리 로즈호는 영국 해군이 프랑스와 스코틀랜드와의 전투에서 사용했던 16세기 전함이다. 이것은 새로운 중포를 위해 새롭게 고안한 포문 덮개를 포함한 많이 진보된 무기류를 갖추고 있음이 특징이었다. 이 전함은 최초로 전투만을 위해 만들어진 것으로 해상에서 이용한 전력은 없다. 최초라는 점 외에도 메리 로즈호는 손상 없이 침몰한 것으로 유명하다. 그 결과 역사가들은 16세기의 선박 건조와 기술, 그리고 무기류에 관한 정보의 귀중한 보물을 얻게 되었다.

Q: 지문에 따르면 메리 로즈호에 대해 옳은 것은?
(a) 새로운 고안품으로 장치되었다.
(b) 처음에는 무역선이었다.
(c) 침몰했을 때 심각하게 손상을 입었다.
(d) 역사가들은 그 디자인에 대해 여전히 알지 못한다.

해설 16세기 영국의 전함에 관한 글로, 그대로 침몰해서 역사가들에게 그 시대의 정보를 제공했다고 했으므로 (c), (d)는 오답이고, 처음부터 전함으로 건조되었으므로 (b)도 오답이다. 진보된 새로운 무기가 장치되었으므로 (a)가 정답이다.
warship 전함 **feature** ~의 특징을 이루다 **weaponry** 무기류 **porthole** 포문, 총안 **strictly** 순전히, 엄밀하게 **maritime** 해상의 **sink** 침몰하다 **intact** 본래대로의 **treasure trove** 매장물, 귀중한 발견 **fit with** ~로 설비하다 **initially** 처음에 **vessel** 배

정답 (a)

28

Post-traumatic stress disorder (PTSD) is a type of anxiety disorder common among soldiers returning from battle. Upon arriving home, many families report that the man who left for war is not the same man that came back. Severe psychological trauma causes biochemical changes in a soldier's brain which manifest in depression, paranoia, and insomnia. Many steps are now taken to alleviate the trauma caused by war including mandatory post-war therapy. Additionally, soldiers now return home with members of their platoon in order to have peers with whom to share the incongruous transition between war and home life.

Q: Which of the following is correct according to the passage?
(a) Soldiers are not commonly afflicted by PTSD.
(b) PTSD can occur among soldiers' family members.
(c) Brain chemical levels account for PTSD symptoms.
(d) Soldiers are encouraged to have time away from peers.

번역 외상후 스트레스 장애는 전쟁에서 돌아온 군인들에게 흔한 불안 장애의 형태이다. 귀향하자마자 많은 가족들이 전쟁에 나갔던 남자와 돌아온 남자가 같은 사람이 아니라고 말한다. 심각한 심리적 외상이 군인의 뇌에서 우울증, 편집증, 불면증으로 나타나는 생화학적 변화를 일으킨다. 의무적으로 받는 전쟁 후 치료를 포함한 전쟁에 기인한 외상을 완화시킬 많은 조처가 현재 취해지고 있다. 그 외에, 현재 군인들은 자신들의 소대원들과 함께 귀국하고 있는데, 전쟁과 가정 생활 간의 상이한 이동을 함께 나눌 동료를 두도록 하기 위해서이다.

Q: 지문에 따르면 옳은 것은?
(a) 군인들이 외상후 스트레스 장애로 고통받는 것은 흔한 일이 아니다.
(b) 외상후 스트레스 장애는 군인 가족들 사이에서 일어날 수 있다.
(c) 뇌의 화학적 수준은 외상후 스트레스 장애 증상을 설명한다.
(d) 군인들은 동료들에게서 떨어져 시간을 보내도록 권고된다.

해설 전쟁에서 돌아온 군인들의 심각한 심리적 장애는 뇌의 생화학적 변화를 일으킨다고 한다. 이 뇌의 변화가 PTSD 증상을 나타내므로, 따라서 (a), (b)는 어긋나며 (c)가 정답이다. 또한 이 PTSD에 대해 같이 복무한 동료와 함께 공유하도록 하는 조처가 취해지고 있으므로 (d)는 오답이다.
post-traumatic stress disorder 외상후 스트레스 장애 **manifest** (징후 등이) 나타나다 **paranoia** 편집증 **insomnia** 불면증 **alleviate** 완화하다 **mandatory** 의무적인 **platoon** 소대 **incongruous** 어울리지 않는, 앞뒤가 맞지 않는

정답 (c)

29

The son of a politician, Max Weber got his start in social thought at an early age, reportedly giving historical essays as Christmas presents at the age of thirteen. Those essays dealt with emperors, popes, and the Roman Imperial period, while the essays he wrote a year later made extensive references to ancient authors Homer, Virgil, and Cicero. His historical framework was completed when, while working towards a law degree, he attended lectures on civics and economics. Weber's sociological theories deal mainly with disenchantment in the Western world which coincided with the rise of capitalism, showing the diminishing use of gods and mysticism to explain the world.

Q: Which of the following is correct about Max Weber according to the passage?
(a) He had not been interested in social issues in his youth.
(b) In childhood, he had knowledge of ancient writers.
(c) His formal education consisted of learning the arts.
(d) In later work, he blamed religion for social ills.

번역 정치가의 아들인 막스 베버는 어린 나이에 사회에 관한 고찰을 시작했는데, 알려진 바에 따르면 13세에 크리스마스 선물로 역사 관련 글들을 주었다고 한다. 그 글들은 황제, 교황, 그리고 로마 제국 시대를 다룬 것이었고, 그 1년 뒤 글에서는 호머, 버질, 키케로와 같은 고대 작가들에 대해 폭넓은 언급을 하였다. 그의 역사관의 뼈대는 법학 학위 공부를 하는 동안 윤리학과 경제학 강의를 들었을 때 완성되었다. 베버의 사회학적 이론들은 주로 자본주의 발생과 동시에 일어났던 서방 세계에서의 환멸을 다루며 세계를 설명하기 위해 신이나 신비주의를 이용하는 것이 점점 줄어드는 것을 보여준다.

Q: 지문에 따르면 막스 베버에 대해 옳은 것은?
(a) 그는 어렸을 때 사회 문제에 관심이 없었다.
(b) 어렸을 때 그는 고대 작가들에 대해 알고 있었다.
(c) 그의 정규 교육은 예술 학습으로 이루어졌다.
(d) 후의 연구에서 그는 종교를 사회 악으로 비난했다.

해설 베버가 어린 시절에 사회에 관한 고찰을 했다는 내용으로 (a)는 어긋나며, 글에 호머 등을 언급했던 것으로 보아 (b)가 정답이다. (c)는 내용에 언급되지 않았고, 그의 이론에서 종교적 비중이 적기에 (d)는 알맞지 않다.

reportedly 들리는 바에 따르면　emperor 황제　imperial 제국의　extensive 해박한, 다방면에 걸친　framework 뼈대, 구성　civics 윤리학　disenchantment 환멸, 각성, 눈뜸　coincide with 동시에 일어나다

정답 (b)

30

To the editor:

I was outraged to read your recent editorial stating that some area teachers are making in excess of $100,000 annually. So while education budgets are being cut around the city, there are teachers sitting around with salaries higher than some business executives. Six-figure teacher salaries are rare elsewhere in the nation and yet this state leads the country in below-average test scores! Couldn't that money be better spent by spreading it around, allowing for more teachers to be hired? Instead of putting a hiring freeze on new teachers and cutting educational programs, let's instead cut back on exorbitant paychecks.

Sincerely,
Aggravated Parent

Q: Which of the following is correct according to the letter?
(a) Teachers are not paid high enough salaries.
(b) Higher paychecks do nothing to raise low scores.
(c) Six-figure salaries are not found in any other state.
(d) Schools need to reduce the number of teachers hired.

번역 편집자에게

저는 어떤 지역의 교사들이 연간 10만 달러 이상 벌고 있다는 귀하의 최근 사설을 읽고 격분을 하였습니다. 교육 예산이 시 도처에서 삭감되고 있는 상황에 어떤 기업체 임원보다 더 높은 봉급을 받으며 빈둥거리는 교사들이 있습니다. 6자리 숫자의 교사 봉급은 이 나라 어딜 가봐도 찾아보기 힘들고, 더구나 이 주는 평균 이하의 시험 성적으로 이 나라에서 첫째이지 않습니까!! 그 돈을 더 많은 교사를 채용하도록 널리 분배하는 게 더 좋지 않겠습니까? 새로운 교사들에 대한 고용 동결과 교육 프로그램의 중단으로 인해 터무니없이 오른 봉급을 깎도록 합시다.

화난 부모 드림

Q: 편지 내용에 따르면 옳은 것은?
(a) 교사들은 충분히 높은 봉급을 받지 않는다.
(b) 더 높은 봉급이 낮은 성적을 올리는 데 전혀 도움이 안 된다.
(c) 6자리 숫자의 봉급은 어느 다른 주에도 존재하지 않는다.
(d) 학교는 고용되는 교사의 숫자를 줄일 필요가 있다.

해설 무능력한 교사가 과도한 봉급을 받고 있다는 분노와 그 돈으로 새 교사를 채용하라는 대안을 제시하고 있으므로 (a), (d)는 오답이다. 6자리 숫자의 봉급은 드물다고 했지, 없다는 말은 아니므로 (c)도 어긋난다. 그렇게 높은 봉급을 받는데, 성적은 형편없다고 언급했으므로 정답은 (b)이다.

정답 (b)

31

The genus of primates known as Saadanius is represented by a sole specimen's skull fragment discovered near Mecca in Saudi Arabia. This specimen is a member of the catarrhini order which now includes old world monkeys (such as baboons and langurs) and apes. The skull is presumed to be as much as 29 million years old and has many features common in today's specimens. Presumed to be not far removed from old world monkeys' and apes' common ancestor, the specimen may answer questions about when the two groups split.

Q: Which of the following is correct according to the passage?
(a) Saadanius lived solely in Africa.
(b) Catarrhini does not include the Saadanius.
(c) Baboons, langurs, and apes share a lineage.
(d) Researchers have dated the monkey-ape split.

번역 샤다니우스라고 알려진 영장류 속(屬)은 사우디 아라비아의 메카 근처에서 발견된 유일한 표본의 머리뼈 조각으로 대표된다. 이 표본은 현재 비비나 긴꼬리원숭이와 같은 구세계원숭이와 유인원을 포함한 협비류의 일부이다. 이 머리뼈는 2천 9백만 년 전 쯤으로 추정되며 오늘날의 표본들과 공통적인 특징이 많이 있다. 구세계원숭이와 유인원의 공통 조상에서 그다지 멀지 않다고 추정되기 때문에 이 표본은 언제 이 두 개의 그룹이 분리되었는가에 대한 해답을 줄지 모른다.

Q: 지문에 따르면 옳은 것은?
(a) 샤다니우스는 아프리카에서 유일하게 살았다.
(b) 협비류는 샤다니우스를 포함하지 않는다.
(c) 비비와 긴꼬리원숭이 그리고 유인원은 계통이 같다.
(d) 연구자들은 원숭이와 유인원이 갈라진 연대를 추정했다.

해설 영장류 속의 표본 머리뼈인 샤다니우스가 두 개의 그룹인 구세계원숭이와 유인원의 공통 조상과 밀접한 관련이 있다는 내용으로 정답은 (c)이다. (a)의 아프리카는 언급되지 않았고, 샤다니우스는 협비류의 일부라고 했으므로 (b)는 어긋난다. 두 그룹의 분리 연대 추정이 가능할지 모른다는 말에서 (d)를 단정하지 못한다.
genus 종류, (생물의) 속 **primates** 영장류 **sole** 유일한 **specimen** 표본 **fragment** 파편, 조각 **catarrhini** 협비류(狹鼻猿類) **order** (생물 분류상의) 목 **baboon** 비비 **langur** 긴꼬리원숭이의 일종 **ape** 유인원 **presume** 추정하다 **lineage** 계통, 계보 **date** 연대를 추정하다 **split** 분열

정답 (c)

32

As leaked oil from the Deepwater Horizon continues to wash ashore, scientists are searching for how quickly natural processes will help. Much of the crude oil which drifts onto the shore can be easily skimmed off by clean-up crews. But a great deal more gets pushed deeper into the sand where it cannot be reached. Natural microorganisms feed on this oil, but researchers must find out at what rate these organisms are able to break it down. Once this has been calculated, scientists will have an accurate estimate on when the Gulf's shores will be oil-free.

Q: Which of the following is correct according to the passage?
(a) Crews utilize microorganisms to clean up oil.
(b) Crude oil in deeper sand cannot be broken down.
(c) Scientists do not know what the clean-up rate is.
(d) It is impossible to know when the Gulf will be oil-free.

번역 딥워터 호라이즌호에서 유출된 기름이 계속 해안에 밀려오자, 과학자들은 자연계의 처리 과정이 얼마나 신속하게 도움이 될지 탐색하고 있다. 해변에 밀려 들어온 원유의 상당수는 제거 작업원들에 의해 쉽게 걷어낼 수 있다. 하지만 그보다 더 많은 양이 닿을 수 없는 모래 속으로 깊게 스며든다. 자연계의 미생물은 이 기름을 먹이로 삼기에 연구자들은 이 유기물이 어느 정도의 속도로 이것을 분해할 수 있는지를 알아내야 한다. 이 속도가 산정되기만 하면 과학자들은 걸프 해안에서 언제 기름이 없어질지에 대해 정확히 추정할 것이다.

Q: 지문에 따르면 옳은 것은?
(a) 작업반이 기름을 제거하기 위해 미생물을 이용한다.
(b) 깊은 모래 속의 원유는 분해될 수 없다.
(c) 과학자들은 제거 속도가 어느 정도인지 모르고 있다.
(d) 걸프만에서 언제 기름이 없어질지 아는 것은 불가능하다.

해설 작업반이 쉽게 원유를 제거하며, 모래 속 깊은 곳의 원유는 미생물의 분해에 의해 제거되므로 (a), (b)는 오답이다. 미생물의 분해 속도를 알면 걸프만의 원유 제거 시점을 알 수 있다고 했으므로 (d)도 오답이다. 미생물 분해 속도를 알려고 노력하는 중이므로 (c)가 정답이다.
leak 새다 **crude oil** 원유 **drift** 표류하다 **skim** 위에 뜬 기름기 등을 걷어내다 **microorganism** 미생물 **calculate** 산정하다 **accurate** 정확한 **estimate** 예측 **utilize** 활용하다

정답 (c)

33

Dear Dr. Morris,

A recent survey of your patients has yielded an above average approval rating for the services you and your staff provide. We at Prostell Medical Center approve of the work that you do and would like to extend an offer for you to join our team. You will no doubt find that the group of physicians we have assembled are second to none. And our facilities are outfitted with the most up-to-date and cutting edge equipment available in the field today. We hope that you are interested in our offer and we look forward to meeting with you to discuss specifics.

Best Regards,
Dr. Winston Lee

Q: What can be inferred about Dr. Morris from the letter?
(a) His skills would complement Prostell's staff base.
(b) His current salary is more than Prostell can offer.
(c) The equipment in his office is in need of updating.
(d) A number of patients have disapproved of him.

번역 모리스 박사님께

박사님의 환자들에게 진행된 최근 조사에서 박사님과 스태프가 제공한 서비스에 대해 평균 이상의 지지율이 나왔습니다. 우리 프로스텔 의료 센터에서는 박사님의 직무를 인정하고 우리 팀 합류를 제안하는 바입니다. 우리 병원은 최상위 그룹의 의사들로만 구성된 것을 박사님도 분명 아실 것입니다. 그리고 저희는 이 분야의 가장 최신식 그리고 최첨단 장비 시설을 갖추고 있습니다. 박사님께서 이 제안에 관심을 가지시기를 바라며 구체적인 사항은 만나 논의하기를 고대합니다.

윈스턴 리 박사 드림

Q: 편지에서 모리스 박사에 대해 유추할 수 있는 것은?
(a) 그의 의술이 프로스텔의 의료진 기반을 보완할 것이다.
(b) 그의 현 봉급이 프로스텔이 제시하는 것보다 많다.
(c) 그의 의원 장비는 최신으로 교체가 필요하다.
(d) 수많은 환자가 그에게 불만을 가졌다.

해설 그의 봉급이나 장비에 관한 정보는 없으며, 그의 능력은 평균 이상의 지지율을 보이므로 (b)와 (d)는 오답이다. 프로스텔 병원이 그를 데려오면 의료진이 보완될 것으로 기대하므로 (a)가 정답이다.
yield 산출하다 **second to none** 누구에게도 뒤지지 않는
outfit 마련하다 **up-to-date** 최신식 **cutting edge** 최첨단의

정답 (a)

34

HIV infections remain high among women and schoolgirls in sub-Saharan Africa, but researchers have found promising results in a recent study. The two year research project consisted of a group of 889 women who tested the effectiveness of an anti-microbial gel. Women who used the gel frequently were 54% less likely to contract HIV than the nationwide average. The gel, were it to come to widespread use, would be available for a mere 25 cents per application. When these results were presented at a conference in Durban, raucous applause erupted among the scientists in attendance.

Q: What can be inferred from the report?
(a) Sub-Saharan Africa has higher HIV rates than elsewhere.
(b) Not enough women were tested to get conclusive results.
(c) Forty-six percent of woman in Africa contract HIV.
(d) Scientists believe the results hold great promise.

번역 사하라 사막 이남 아프리카 여성의 HIV 감염률은 여학생들에게 높은 상태이다. 그러나 최근 연구에서 학자들은 희망적인 결과를 발견했다. 항균성 젤의 효능을 시험할 889명의 여성으로 구성된 2년간의 연구 프로젝트를 진행하였다. 이 젤을 자주 사용한 여성은 HIV 감염에 걸릴 가능성이 국가 전체 평균보다 54%나 낮았다. 이 젤이 25센트만의 가격으로 구입이 가능하다면, 폭넓게 사용될 것이다. 더반의 한 학술 회의에서 이 결과가 발표되었을 때 참석한 과학자들 사이에서 요란한 박수가 쏟아졌다.

Q: 보도에서 유추할 수 있는 것은?
(a) 사하라 사막 이남 아프리카는 다른 곳보다 HIV 감염률이 높다.
(b) 결론을 얻기에는 불충분한 수의 여성을 시험했다.
(c) 46%의 아프리카 여성이 HIV 감염자이다.
(d) 과학자들은 실험 결과가 매우 희망적이라 여긴다.

해설 사하라 사막 이남 아프리카는 다른 아프리카 지역에 비해 여학생들의 HIV 감염률이 높지만 세계 다른 지역과의 비교는 없으므로 (a)는 오답이며, 실험 결과가 학자들 사이에 인정되므로 (b)도 오답이다. 연구 결과에서 희망적인 결과를 발견했다고 했으므로 (d)가 정답이다.
infection 감염 **promising** 유망한 **anti-microbial** 항균성의
contract (병에) 걸리다 **application** (약을) 바름; 연고
raucous 소란한 **applause** 박수 **erupt** 분출하다
conclusive 결정적인 **hold promise** 성공 가능성이 많다

정답 (d)

35

After 1945, much of Europe's rail infrastructure was in need of repair and developers seized the opportunity. The existing tracks were not only repaired but extended to include virtually any town with greater than 50,000 inhabitants. Rail service has since expanded to offer several cross-border high-speed rail options with trains that travel up to 320 km/h. And one of the EU's stated goals is to develop a Trans-European high-speed rail network, thus ensuring Europe's high-speed rail options will continue to expand.

Q: What can be inferred from the passage?
(a) Towns with fewer than 50,000 people have poor rail services.
(b) European trains can safely travel faster than 320 km/h.
(c) Damaged rail lines led to today's extensive network.
(d) The EU will connect all cities by high-speed train.

번역 1945년 이후 대부분 유럽의 철도 기반시설은 보수를 필요로 하였고 개발업자들이 기회를 잡았다. 기존의 철도가 수리되었을 뿐 아니라 실질적으로 5만 명 이상의 주민을 가진 모든 도시가 포함되도록 철도망을 확장하였다. 철도 서비스는 그 이후 확대되어 최고 시속 320km의 국경을 가로지르는 고속 운행 서비스도 제공하였다. EU가 밝힌 목표 중의 하나는 전 유럽 고속 철도망을 개발하는 것이며, 따라서 유럽의 고속 철도 운행 서비스를 확보하는 일은 계속 확대될 것이다.

Q: 지문에서 유추할 수 있는 것은?
(a) 인구 5만 이하의 도시는 열악한 철도 서비스를 가질 것이다.
(b) 유럽 철도는 안전하게 시속 320km보다 빨리 달릴 것이다.
(c) 파손된 철로가 오늘날의 광범위한 노선을 낳았다.
(d) EU는 모든 도시를 고속 철도로 연결할 것이다.

해설 인구 5만 이상의 도시가 철도망에 들어간다고 하지만 그 외 도시가 어떤 철도 서비스를 가지는지에 대한 언급이 없어 (a)는 오답이며, 철도망이 확장되고 있지만 모든 도시가 연결된다는 언급이 없으므로 (d)는 오답이다. 2차대전 이후 파손된 철로 수리와 함께 철도망 확대가 이루어졌으므로 (c)가 정답이다.

infrastructure 기반(시설)   seize 움켜쥐다   track 선로, 궤도
virtually 실질적으로   inhabitant 주민   expand 확대하다
ensure 확보하다

정답 (c)

36

As a process whereby species change, evolution was believed to have last occurred among humans in the distant past. But recent findings in Tibet have called that schema into question, as it has been suggested that a Tibetan trait may be a recent evolutionary change. The oxygen content of air in the high mountainous regions of Tibet has forced the Tibetan people to adapt. Comparing human genome sequences, scientists now strongly believe that such a trait could only be the result of natural selection. If they are correct, that means mankind last evolved as recently as 3,000 years ago.

Q: What can be inferred from the passage?
(a) Modern man has now ceased evolving.
(b) People evolve more quickly at higher altitudes.
(c) Evolution can occur within decades in mammals.
(d) Tibetans' high lung capacity began 3,000 years ago.

번역 생물의 종이 변화하는 과정인 진화는 먼 과거에 인간에게 마지막으로 발생했다고 믿어진다. 그러나 티베트인의 특징이 최근의 진화론적인 변화일지 모른다는 설이 제기되었기 때문에, 티베트에서 최근 발견된 것들은 이 도식에 문제를 제기하였다. 티베트 고산지대의 공기 중 산소 함유량이 티베트인을 이에 적응하도록 만들었다. 인간 게놈 서열을 비교하고서 과학자들은 이제 그러한 특징이 오직 자연 도태의 결과일 것이라고 강하게 믿는다. 이들이 옳다면 그것은 인류가 3000년 전 만큼이나 최근에 마지막으로 진화하였다는 것을 의미한다.

Q: 지문에서 유추할 수 있는 것은?
(a) 현대인은 진화를 멈췄다.
(b) 더 높은 고도에서는 인간이 더 빨리 진화한다.
(c) 진화는 포유동물에게는 수십 년 안에 발생할 수 있다.
(d) 티베트인의 높은 폐활량은 3000년 전에 시작되었다.

해설 3천 년 전에도 진화가 있었다는 내용에서 (a)는 오답이며, (b), (c)는 진화론과 직접적 관련이 없는 내용이며, 고산지대에 사는 티베트 국민의 특징이 폐활량이 큰 것임을 추론할 수 있으므로 (d)가 정답이다.

species (생물의) 종   evolution 진화   call into question 이의를 제기하다, 의심을 가지다   schema 도식, 개요   content 함유량   adapt 적응시키다   genome sequence 게놈 서열   natural selection 자연 도태   altitude 고도   mammal 포유동물

정답 (d)

37

Ash erupting from the Icelandic volcano Eyjafjallajökull shut down air travel throughout the world. It has been estimated that disruption in flights led to as much as $2 billion in losses for the various parties involved. Volcanologists and meteorologists analyzed the data and established three different categories of ash. The first allowed flights to resume as normal without additional precautions, while the third level prohibited jets from taking off. These suspensions were very disruptive, as many of Europe's businesses rely on flights to places near and far.

Q: Which of the following can be inferred from the passage?
(a) Ash flight standards were not in place before the eruption.
(b) Future volcanic eruptions will be equally catastrophic.
(c) Airlines narrowly missed several flight disasters.
(d) Volcanic ash is universally perilous to flights.

번역 아이슬란드 화산 에이야플랫틀러요쿨에서의 화산재 분출은 전 세계 비행기 운항을 중단시켰다. 비행기 운항 중단은 다양한 관련자들에게 20억 달러의 손실을 초래한 것으로 추정되었다. 화산학자와 기상학자들은 자료를 분석하여 화산 분출을 3단계로 입증했다. 첫 번째 단계에서는 추가적인 예방책 없이 비행을 정상적으로 재개하는 것이 가능하지만, 마지막 단계에서는 비행기 이륙이 금지된다. 유럽에서는 많은 업무가 장근거리 항공 여행에 의존하기 때문에 이러한 운항 중단은 많은 지장을 주었다.

Q: 지문에서 유추할 수 있는 것은?
(a) 화산재 분출 전까지는 화산재 비행 기준이 확립되지 않았다.
(b) 미래의 화산 분출은 똑같이 대재앙적일 것이다.
(c) 비행사들은 겨우 다수의 비행 참사를 피했다.
(d) 화산재는 비행 운항에 보편적으로 위험하다.

해설 아이슬란드 화산재 분출 후 3단계 기준이 수립되었기 때문에 (a)가 정답이며, 미래 모든 화산재에 대한 예측은 없으므로 (b)는 부적합하며, 모든 비행 운항이 중단되었기 때문에 (c)도 오답이다. 모든 화산재가 위험하다는 언급은 없으므로 (d)도 관련이 없다.
erupt 분출하다 **disruption** 중단 **volcanologist** 화산학자 **meteorologist** 기상학자 **resume** 다시 시작하다 **precaution** 예방책 **suspension** 중지 **disruptive** 지장을 주는, 파괴적인 **catastrophic** 대재앙의, 비극적인 **universally** 보편적인 **perilous** 위험한

정답 (a)

ACTUAL TEST 10   Part 3

38

Cows have contributed to climate problems as one of the largest producers of methane, but curry may help. (a) Methane, though less prevalent than carbon dioxide, is 20 times more effective at retaining heat. (b) Methane is produced as a byproduct of cows' digestion which is then released into the atmosphere. (c) Some activists have suggested that people eat less beef in order to curb the effect on the environment. (d) Another group has discovered that adding curry to livestock's feed can kill much of the methane-producing bacteria.

번역 소는 메탄의 최대 생산자 중 하나로서 기후 문제의 한 원인이 되어왔으나, 카레가 이 부분에 도움이 될 수 있다. (a) 이산화탄소보다는 덜 유포되어 있지만 메탄은 열을 유지하는 데 20배나 더 효과적이다. (b) 메탄은 소의 소화 부산물로 생산되고 이는 다시 대기 중에 방출된다. (c) 일부 환경 운동가들은 소가 환경에 미치는 영향을 억제하기 위해, 사람들이 소고기를 덜 먹어야 한다고 말했다. (d) 다른 그룹은 가축의 사료에 카레를 넣으면, 메탄을 생산하는 박테리아를 죽일 수 있다는 것을 발견했다.

해설 소와 메탄과 환경과 카레의 연관성을 언급한 문장에 이어 메탄이 만들어지는 과정과 이를 억제하는 방법을 설명하는 글이다.
따라서 (a)는 직접적인 연관이 없다
contribute to ~의 한 원인이 되다 **methane** 메탄 **prevalent** 널리 퍼진 **carbon dioxide** 이산화탄소 **retain** 유지하다 **byproduct** 부산물 **digestion** 소화 작용 **curb** 억제하다 **livestock** 가축

정답 (a)

39

For robots of the future to be truly autonomous, they must be able to sustain themselves without human intervention. (a) This does not mean that they need to plug themselves into an outlet so they can recharge. (b) In order to be free from human support, a robot must ingest biomass and generate its own power. (c) As such, researchers are working on an artificial stomach which can convert a sewage mixture into energy and excrete the waste. (d) But some analysts are worried by the ethical implications of creating truly autonomous robots.

번역 미래의 로봇이 정말로 자립적이 되려면 인간의 개입 없이 스스로를 부양할 수 있어야 한다. (a) 로봇이 재충전하기 위해, 콘센트에 스스로를 꽂아야 할 필요가 있다는 것은 아니다. (b) 인간의 도움으로부터 자유로워지려면, 로봇이 바이오매스를 섭취하여 자신의 전력을 생산해야 한다. (c) 그래서 학자들은 하수 혼합물을 에너지로 변환하여 찌꺼기는 배설하는 인공 위장을 만들려고 노력하고 있다. (d) 그러나 전문가들은 온전한 자율성을 갖는 로봇 개발에 대한 윤리적 영향에 대해 우려한다.

해설 로봇이 인간의 도움 없이 스스로 에너지를 보충하는 가능성에 관한 글로서 (a), (b), (c)는 구체적으로 바이오매스의 섭취와 관련된 내용을 다루고 있으나 (d)는 이와 연관이 없어 오답이다.
autonomous 자주적인, 자율의 **sustain** 생명을 유지하다, 부양하다, 지탱하다 **intervention** 개입, 중재 **outlet** 콘센트 **recharge** 재충전하다 **ingest** 섭취하다 **biomass** 바이오매스 **artificial** 인공의 **convert** 전환하다 **sewage** 하수 오물 **excrete** 배설하다 **implication** 영향; 밀접한 관계

정답 (d)

40

Throughout history, marriage has served mankind's need for perpetuation of the species, inheritance of property, and bloodline protection. (a) Historical marriages lacked none of the legality, ceremony, and contract of today's marriages but consisted of differing rituals. (b) As for moral aspects, those differed widely based on the beliefs of a culture, with some approving of polygamy or extramarital affairs. (c) Some societies simply allowed men to have access to all of the women without any ritual whatsoever. (d) Polygamous unions were generally the result of one or the other sex consisting in greater number in the society.

번역 역사를 통틀어 결혼은 인류 종의 영속화, 재산 상속, 혈통 보호의 필요성을 충족시켜 왔다. (a) 역사상 과거의 결혼은 오늘날 결혼의 적법성, 의식, 계약의 어느 것도 결여되지 않으며, 다만 의식 절차를 달리하는 것으로 이루어져 있다. (b) 도덕적 양상에 관해서는 문화권의 신념에 따라 크게 다르며 일부 문화에서는 중혼이나 혼외 정사를 승인한다. (c) 일부 사회는 아무런 의식도 전혀 치르지 않고 모든 여성을 취할 수 있도록 허용했다. (d) 중혼은 일반적으로 남녀 한 쪽이 사회의 대다수를 구성한 결과로 나타났다.

해설 과거와 현재의 결혼 제도를 비교하면서 (a)는 유사성을, (b), (d)는 차이점을 설명하지만, (c)는 결과와 직접 연관성이 없다.
perpetuation 영속화 **inheritance** 상속 **property** 재산 **bloodline** 혈통 **protection** 보호 **legality** 합법, 적법 **ritual** 의식 **moral** 도덕상의 **polygamy** 중혼 **extramarital affairs** 혼외 정사[연애]

정답 (c)

ACTUAL TEST 11

Part 1	1 (b)	2 (d)	3 (d)	4 (d)	5 (b)	6 (c)	7 (d)	8 (a)
	9 (c)	10 (a)	11 (a)	12 (b)	13 (c)	14 (c)	15 (c)	16 (d)
Part 2	17 (b)	18 (c)	19 (a)	20 (c)	21 (b)	22 (d)	23 (b)	24 (d)
	25 (b)	26 (c)	27 (b)	28 (c)	29 (c)	30 (c)	31 (a)	32 (d)
	33 (c)	34 (b)	35 (c)	36 (b)	37 (b)			
Part 3	38 (c)	39 (c)	40 (c)					

ACTUAL TEST 11 — Part 1

1

Are you tired of stains ruining your clothes? Don't throw them away because of spilled wine on your favorite blouse, grass marks on your jeans, or coffee stains on your new tie! Try new Oxy Stain Remover for amazing stain removing power you won't believe. Oxy Stain Remover uses oxygen power which gets deep into the stain and removes it. Normal bleach can turn clothes white, making them worse than before, but Oxy Stain Remover cleans clothes naturally, leaving colors bright. Try Oxy Stain Remover today _____.

(a) for bleach powered stain fighting
(b) to extend the life of your clothes
(c) at the great discount price specified
(a) for greater effectiveness than detergent

번역 얼룩이 옷을 망치는 것에 진저리가 나시나요? 아끼는 블라우스에 쏟은 포도주, 청바지에 묻은 잔디 얼룩, 새 넥타이에 묻은 커피 얼룩 때문에 그것들을 버리지 마세요. 새로 나온 산소 얼룩 제거제의 믿기 힘든 강력한 얼룩 제거력을 경험해 보세요. 산소 얼룩 제거제는 얼룩 깊이 침투해 제거하는 산소의 기능을 사용합니다. 보통 표백제는 옷을 하얗게 만들어서 전보다 안 좋게 망가뜨리지만, 산소 얼룩 제거제는 옷을 자연스럽게 세척하고 색깔을 밝게 유지시킵니다. 옷의 수명을 늘리기 위해 오늘 산소 얼룩 제거제를 사용하세요.
 (a) 표백 능력을 가진 얼룩 제거를 위해
 (b) 옷의 수명을 늘리기 위해
 (c) 명시한 할인 가격으로
 (d) 세제보다 더 큰 효과를 위해

해설 산소 얼룩 제거제는 표백을 하지 않고 얼룩을 제거하므로 (a)는 오답이며, (c), (d)는 가격이나 세제와의 비교가 언급되지 않았으므로 오답이다. 옷 색깔 유지는 수명 연장의 의미이므로 (b)가 적절하다.
stain 얼룩   bleach 표백제   detergent 세제

정답 (b)

2

This year's monsoon season will begin sooner than normal by two to three days on Jeju Island and nine days on the mainland. The Korean Meteorological Association (KMA) also believes this monsoon season will be heavier than usual. As compared to averages from the past three decades, the KMA predicts this will be the worst, as the storm they are tracking has a very distinct shape. The distinct shape is a good indicator of exactly what is coming. The public should _____.

(a) put its faith in the KMA's forecasts
(b) not worry too much about this year
(c) expect a winter that is much the same
(d) prepare for heavier than normal rainfall

번역 올해 장마는 예년보다 빨리 제주도에서는 2~3일, 본토에서는 9일 정도 먼저 시작될 것이다. 한국기상협회는 올해 장마는 또한 보통 때보다 심할 것으로 예상한다. 한국기상협회가 탐지 중인 폭풍우가 매우 독특한 형태를 가졌기 때문에, 지난 30년간 평균과 비교시 한국기상협회는 이번 장마가 최악이 될 것이라 예상한다. 이 독특한 형태는 다가올 날씨에 대한 확실히 좋은 지표가 된다. 국민은 평년보다 많은 강우에 대비해야 한다.
 (a) KMA의 예보를 믿어야
 (b) 올해에 대해 너무 걱정 말아야
 (c) 거의 똑같은 겨울을 예상해야
 (d) 평년보다 많은 강우에 대비해야

해설 기상청이 올해 장마철 강수량이 평소보다 심각할 것이라고 했으므로 (d)가 정답이다. 여름 장마철만 언급되고 겨울 날씨, 올해 날씨, 기상예측에 대한 신뢰는 언급되지 않았으므로 나머지는 오답이다.
monsoon 몬순, 계절풍   meteorological 기상학의
as compared to ~와 비교하여   decade 10년간   predict 예보하다   track 탐지하다   distinct 독특한   shape 외형
indicator 지표   faith 신뢰   forecast 예보   rainfall 강수량

정답 (d)

228

3

Researchers are now trying a new method of hydroelectric power which uses turbines in rivers and oceans, employing the natural flow of currents and tides. These are similar to wind turbines, but much shorter and attached to the bottom of a river. As the river flows, the turbines move and generate electricity just like a dam. This technology is called Kinetic Hydropower and six such turbines are currently being tested in New York's East River to prove the potential of this technology. If it works it will be a new way to _____.

(a) test this technology in New York's East River
(b) use this to clean up all major US rivers
(c) gather energy from the wind turbines
(d) harness water for electrical energy

번역 학자들은 강과 바다에서 조류와 해류의 자연적인 흐름을 이용하여 터빈을 사용한 새로운 수력 전기 발전 방법을 실험하고 있다. 이 터빈은 풍력 터빈과 유사하지만 훨씬 짧고 강 바닥에 부착된다. 강이 흐르면서 터빈이 움직이고 댐처럼 전기를 생산한다. 이 기술은 동역학 수력 전기라 불리며 이 기술의 잠재력을 입증하기 위해 이러한 여섯 개의 터빈이 현재 뉴욕의 이스트 강에서 실험되고 있다. 만약에 이것이 효과가 있다면, 이것은 <u>전기 에너지를 위해 물을 이용하는</u> 새로운 방법이 될 것이다.

(a) 뉴욕의 이스트 강에서 이 기술을 시험하는
(b) 모든 미국의 주요 강을 청소하기 위해 이것을 사용하는
(c) 풍력 터빈으로부터 에너지를 모으는
(d) 전기 에너지를 위해 물을 이용하는

해설 뉴욕의 이스트 강에서 터빈을 설치한 것은 물의 흐름을 전기 에너지로 바꾸는 방법이므로 (d)가 정답이다. (a)의 내용처럼 단순히 기술을 시험하기 위한 방법은 아니다.

hydroelectric 수력 전기의 **turbine** 터빈 **employ** 사용하다 **flow** 흐름 **current** 해류 **tide** 조류 **attached** 덧붙여진 **generate** 발생시키다 **electricity** 전기 **kinetic** 동역학의 **hydropower** 수력 전기 **potential** 잠재력 **harness** (자연력을 동력으로) 이용하다

정답 (d)

4

According to a report released by the government today, Americans are eating healthier and living longer. As reported in *the Washington Post*, the government found that Americans are living as much as ten years longer compared to Americans 50 years ago. The increase has been attributed to healthier food choices at the dinner table. The number of fast-food restaurants continues to rise, but government programs have opened people's eyes to the negative consequences of eating foods high in cholesterol and saturated fat. Instead, families are eating more vegetables and whole grains. If we maintain this trend _____.

(a) the health consequences will be an issue
(b) the government will enact new food reforms
(c) people will stop eating unhealthy food entirely
(d) Americans of the future will continue to live longer

번역 정부가 오늘 발표한 보고서에 따르면 미국인들은 점차 더 건강한 식사를 하고 더 장수하고 있다. 〈워싱턴 포스트〉에 보도된 것처럼 정부는 미국인이 50년 전과 비교하면 10년이나 더 산다는 것을 발견했다. 수명의 증가는 식사 중 보다 건강한 음식을 선택하기 때문이다. 패스트푸드 음식점 수는 계속 증가한다. 그러나 정부 프로그램이 콜레스테롤과 포화지방이 많은 음식을 섭취하는 것의 부정적인 결과에 대해 사람들의 눈을 뜨게 했다. 그 대신 가정에서는 더 많은 야채와 정백하지 않은 곡류를 섭취하고 있다. 이 추세를 유지한다면 <u>미래 미국인들은 더욱 오래 살 것이다.</u>

(a) 건강에 관련된 그 결과가 문제가 될 것이다
(b) 정부가 새로운 음식 개혁을 시행할 것이다
(c) 사람들은 건강에 나쁜 음식 섭취를 중단할 것이다
(d) 미래 미국인들은 더욱 오래 살 것이다

해설 미국인이 이전보다 장수하는 것은 건강식을 한 결과이므로 (a)는 오답이고, 정부 프로그램의 효과로 인한 것이므로 (b)는 어색하다. 문제는 건강한 음식을 먹는 추세를 유지하여 얻어지는 결과이므로 (d)가 정답이다.

release 발표하다 **compared to** ~와 비교해서 **increase** 증가 **be attributed to** ~의 탓으로 돌리다 **negative** 부정적인 **consequence** 결과 **saturated fat** 포화지방 **whole grain** 통곡물(정백하지 않은 곡류) **trend** 추세, 경향 **issue** 문제 **enact** 법제화하다 **reform** 개혁

정답 (d)

5

The Karate Kid is a 2010 remake of a 1984 film of the same name. The original movie featured a boy moving from one American city in New Jersey to another in California. The remake, however, required the main character to move to Beijing, China. The storyline therefore necessitated that much of the movie's dialogue be in Mandarin Chinese with subtitles, a big risk for the producers. Unlike other nations which routinely watch movies with subtitles, America's massive movie industry mainly deals with English-only movies every year. So, American audiences are _____.

(a) gradually getting used to subtitles
(b) unaccustomed to reading in cinemas
(c) unreceptive to watching foreign films
(d) a major influence on the movie industry

번역 〈베스트 키드〉는 동명의 1984년 영화를 2010년 리메이크한 것이다. 원 영화는 미국 뉴저지의 한 도시에서 캘리포니아로 이사한 소년을 다룬다. 그러나 리메이크 영화는 주인공이 중국 베이징으로 이주하도록 했다. 따라서 이야기 줄거리는 영화 대사의 상당 부분이 표준 중국어로 말하고 영어 자막이 붙도록 되어 있으며, 이는 제작자에게 큰 모험이었다. 통상적으로 자막이 있는 영화를 보는 다른 나라와 달리 미국의 거대 영화 산업은 주로 영어만을 사용한 영화를 매년 취급한다. 따라서 미국 관객은 영화관에서 자막을 읽는 것에 익숙하지 않다.

(a) 점차 자막에 익숙해진다
(b) 영화관에서 자막을 읽는 것에 익숙하지 않다
(c) 외국 영화 보는 것을 받아들이지 않는다
(d) 영화 산업에 주된 영향력을 가진다

해설 미국 영화 산업이 영어만으로 된 영화를 취급한다는 말은 관객이 자막을 읽는 것을 꺼린다는 의미이므로 (b)가 정답이다. 외국 영화를 보지 않는다는 말은 언급되지 않아 (c)는 답이 아니다.
remake 개작 **feature** 특징짓다 **character** 등장 인물 **storyline** 줄거리 **necessitate** (결과를) 수반하다 **Mandarin Chinese** 표준 중국어 **subtitle** 대사 자막 **massive** 대규모의

정답 (b)

6

The number of people who receive an education online, also known as e-learners, has jumped dramatically over the past decade. For those with a career and family, going to a traditional university, even for evening classes, is too much of a strain. But e-learning gives people a flexible learning alternative. With fewer elective classes required to receive a degree, people can even receive an education much faster than at a four-year college. And the low cost of online universities has led many recent high school graduates to opt for them as well. It seems _____.

(a) degrees from online universities are widely accepted
(b) e-learning is how future generations will learn
(c) an education is within reach for everyone online
(d) this is cheaper but not as highly regarded

번역 이러닝 학습자로 알려진 온라인 교육을 받는 사람들의 수는 지난 10년간 급격히 증가했다. 직업과 가정이 있는 사람에게는 대학교에 다니며 저녁 수업을 듣는 것이 큰 부담이다. 그러나 이러닝은 사람들에게 융통성 있는 교육의 대안을 제공한다. 학위를 받기 위해 필요한 선택 과목 수가 적어서 사람들은 4년제 대학보다 훨씬 빨리 교육을 받을 수 있다. 저렴한 온라인 학비 역시 최근 많은 고등학교 졸업자들이 온라인 대학교를 선택하도록 이끌었다. 모두가 온라인을 통해 쉽게 교육 기회를 얻을 수 있는 것 같다.

(a) 온라인 대학 학위가 널리 인정받는
(b) 이러닝이 미래 세대가 배우는 방법인
(c) 모두가 온라인을 통해 쉽게 교육 기회를 얻을 수 있는
(d) 이것은 더 싸지만 똑같이 높이 평가되지 않는

해설 온라인 교육이 널리 선택된다는 내용이지만 학위의 가치에 대한 언급은 없으므로 (a), (d)는 답이 되지 않는다. 지난 10년간 상황이지 미래에 대한 예측은 없어 (b)도 오답이며, (c)가 가장 적절하다.
dramatically 급격히 **decade** 10년간 **strain** 부담, 긴장 **flexible** 융통성이 있는 **alternative** 대안 **elective** 임의 선택의 **opt** 선택하다 **regard** 중시하다

정답 (c)

7

What would it take to get you to switch auto insurance companies? If you could save $400 a year by switching to Insur-All, wouldn't you make the switch? Well, reach for the phone and start dialing because the average customer who switches to Insur-All saves between $200 and $400 over other leading insurers. Since we provide the same great service with our 24-hour claims hotline and easy-to-use online support, there's no reason not to change insurers! Pick up the phone today and _____.

(a) talk to a claims representative immediately
(b) get advice on auto insurance companies
(c) we will upgrade your present account
(d) get ready to save hundreds

번역 당신의 자동차 보험회사를 바꾸게 하려면 무엇을 해드려야 할까요? Insur-All로 바꿔 한 해 400달러가 절약된다면 바꾸지 않을까요? 수화기를 들고 전화합시다. Insur-All로 바꾼 고객은 예전 보험사에 비해 평균 200에서 400달러를 절약하기 때문입니다. 저희는 24시간 대기 보험 사고접수 직통전화와 간편한 온라인 지원을 갖춰 타사와 동등한 훌륭한 서비스를 제공하기 때문에 보험사를 바꾸지 않을 이유가 없습니다. 오늘 바로 전화기를 들고 수백 달러의 절약 혜택을 받으십시오.

(a) 당장 보험 사고접수 직원과 통화하세요
(b) 자동차 보험회사에 관해 조언을 받으세요
(c) 귀하의 현재 보험 약정을 업그레이드하겠습니다
(d) 수백 달러의 절약 혜택을 받으십시오

해설 보험회사를 바꿀 것을 권하는 광고 내용으로, 옮기게 되면 돈을 절약한다고 했으므로 (d)가 정답이다. 보험 사고접수 직원과의 통화는 어색하므로 (a)는 오답이며, (c)는 광고 대상이 현재의 보험 가입자가 아니므로 오답이다.
switch 교환하다 leading 앞쪽에 있는 insurer 보험회사
provide 제공하다 claim 지불 요구; 배상금 hotline 긴급 직통 전화 representative 담당자 immediately 즉시
insurance 보험 account 거래, 계정

정답 (d)

8

The polar ice caps are _____. This has been dramatically illustrated recently. In June alone, ice sheets have receded by 88,000 square kilometers per day, 50% faster than averages of decades past. A decline of such magnitude has already had catastrophic effects on global weather patterns. Changes include increased temperatures in equatorial regions and decreased temperatures augmented by higher rainfall further north. The caps' size has rapidly declined since 2007 and some experts conclude there will be no ice remaining by 2030.

(a) impacting global temperatures and weather
(b) influenced by persistent carbon emissions
(c) maintaining current averages worldwide
(d) set to regain some of the ice sheets lost

번역 극지방 만년설은 세계의 온도와 날씨에 영향을 미친다. 이것은 최근 극적으로 설명되었다. 6월에만 빙원은 하루에 88,000평방 km씩 감소했고, 이것은 과거 수십 년 평균보다 50% 빨라졌다. 그런 규모의 감소는 세계 기후 패턴에 대변동을 이미 가져왔다. 변화 중에는 적도 지역 온도 상승과 북쪽 지역 강우량 증가로 인한 온도 하락이 있다. 2007년 이후 만년설 크기는 급격히 감소했고 일부 전문가들은 2030년이 되면 얼음이 남아 있지 않을 것이라고 결론을 내린다.

(a) 세계의 온도와 날씨에 영향을 미친다
(b) 지속적인 탄소 방출에 영향을 받는다
(c) 세계적으로 현재 평균을 유지한다
(d) 상실한 빙원을 일부 회복할 준비가 되었다

해설 본문 중간에 빙원의 감소는 세계 기후 패턴에 큰 변동을 준다고 했으므로 (a)가 정답이다. 탄소 방출에 대한 언급은 없으며, 빙하의 감소가 현재 평균에 큰 변화를 주고 있으므로 (c)는 오답이다.
polar 극지의 ice cap 만년설 dramatically 극적으로
illustrate 설명하다 ice sheet 빙원 recede 축소하다; 희미해지다 square 제곱, 평방 magnitude 규모, 크기
catastrophic 대변동의 equatorial 적도의 augment 증가하다 expert 전문가 impact 영향을 주다 persistent 영속하는 carbon 탄소 emission 배출

정답 (a)

9

Dear Postal Customer:

The Post Office is currently in possession of mail to be delivered to your household. You processed a temporary hold on your mail to begin on April 15, 2010. Temporary holds generally last for a three month period and that deadline is fast approaching. It is possible to extend the hold, but we must hear from you by July 15, 2010. If we do not receive a reply, all mail will be returned to the senders. Please _____.

Sincerely,
Mark Agnew
Postal Services

(a) update us with your current address
(b) inform all contacts of your new address
(c) let us know whether to extend the hold
(d) allow three months for forwarding of mail

번역 우편 고객님께

귀하 가정에 배달될 우편물이 현재 우체국에 있습니다. 귀하는 2010년 4월 5일부터 우편물에 대한 임시 보관 신청을 하였습니다. 임시 보관은 일반적으로 3개월간 지속되며 그 시한이 곧 다가옵니다. 2010년 6월 15일까지 귀하가 신청하면, 임시 보관을 연장할 수 있습니다. 답변을 주지 않으시면, 모든 우편물을 발송자에게 되돌려 보낼 것입니다. 임시 보관을 연장할지 알려주기 바랍니다.

마크 애그뉴
우편 서비스부 드림

(a) 현 주소를 우리에게 알려주세요
(b) 모든 연락처에 새 주소를 알리세요
(c) 임시 보관을 연장할지 여부를 알려주기 바랍니다
(d) 우편물을 발송하는 데 3개월이 걸리니 참작하세요

해설 현재 고객이 이용하고 있는 우편 임시 보관을 연장하라는 통고이므로, (c)가 적절하다. 연장을 하면 3개월간 지속된다는 것이지 보내는 데 3개월 걸린다는 것은 아니므로 (d)는 오답이다. 주소에 대한 언급은 없으므로 (a), (b)는 오답이다.
currently 지금 **possession** 소유, 점유 **deliver** 배달하다 **household** 세대 **process** 처리하다 **temporary** 임시의 **approach** 다가오다 **extend** 연기하다 **update** 경신하다 **contact** 연락, 접촉 **allow** ~의 여유를 감안하다 **forwarding** 발송

정답 (c)

10

Born in 1803, Ralph Waldo Emerson was an American lecturer and poet. After receiving a degree in divinity from Harvard, Emerson became a Unitarian minister at the Second Church of Boston. Shortly thereafter, he became disenchanted with the dogmas of the church and left the ministry for a tour of Europe, where he was influenced by many new ideas. Upon his return, he began his career as a lecturer, preaching and writing on transcendentalism, or the belief that man cannot attain truths with his limited senses. Emerson _____.

(a) developed different views to standard religion
(b) incorporated church teaching into his lectures
(c) lectured for years as a Unitarian minister
(d) was a well-respected Harvard alumnus

번역 1803년 태어난 랠프 왈도 에머슨은 미국의 강연가이자 시인이었다. 하버드 대학에서 신학 학위를 받고 에머슨은 보스턴 제2교회의 유니테리언 파 목사가 되었다. 그 직후 교회의 교리에 환멸을 느껴 목사직을 버리고 유럽 여행을 떠났고, 유럽에서 많은 새로운 사상의 영향을 받았다. 미국에 돌아오자 그는 강연가의 일을 시작했고 초월주의, 즉 인간은 제한된 감각으로 진실을 얻을 수 없다는 믿음에 관해 강연하고 글을 썼다. 에머슨은 일반 종교와 다른 견해를 개발했다.

(a) 일반 종교와 다른 견해를 개발했다
(b) 교회의 가르침을 강연에 포함시켰다
(c) 유니테리언 파 목사로 수년간 강연을 하였다
(d) 존경받는 하버드 동문이었다

해설 유니테리언 파 교회의 교리에 환멸을 느꼈으므로 강연에 포함시키지 않았을 것이므로 (b)는 오답이고, 유니테리언 교파 목사로 잠시 일했기 때문에 (c)의 수년간 강연한 것은 오답이다. 미국 초월주의자 에머슨이 당시 종교와 다른 견해의 글을 쓰고 강연했다는 내용과 이어지는 (a)가 정답이다.
lecturer 강연자 **degree** 학위 **divinity** 신학 **Unitarian** 유니테리언 교파(삼위일체를 부정함) **disenchanted with** ~에 환멸을 느낀, 환상이 깨진 **dogma** 교리, 교조 **ministry** 목사직 **preach** 설교하다 **transcendentalism** 초월주의 **attain** 달성하다 **incorporate** 통합하다 **alumnus** 졸업생, 교우

정답 (a)

11

With its first issue printed in 1888, *National Geographic* _____. Soon just about anyone will be able to own all of the original stories, maps, inserts, and even advertisements. The magazine is making every issue ever printed available on a single 160 GB external hard drive. Owning every issue is no longer just for the richest of collectors. You can see *National Geographic*'s entire history all on your own computer.

(a) is now moving into the digital age
(b) was groundbreaking from the first issue
(c) is one of the world's greatest magazines
(d) has been translated into 32 different languages

번역 1888년 창간된 〈내셔널 지오그래픽〉은 이제 디지털 시대로 진입합니다. 조만간 거의 모든 사람이 이 잡지의 독창적인 이야기, 지도, 삽입물, 그리고 광고까지 소유할 수 있습니다. 이 잡지는 지금까지 출간된 모든 호를 하나의 160GB 외장 하드 드라이브에 담고 있습니다. 모든 호를 소유하는 것은 가장 돈 많은 수집가들만을 위한 것이 더 이상 아닙니다. 〈내셔널 지오그래픽〉의 전체 역사를 컴퓨터에서 볼 수 있습니다.

(a) 이제 디지털 시대로 진입합니다
(b) 창간 호부터 획기적이었다
(c) 세계에서 가장 위대한 잡지 중 하나이다
(d) 32개 언어로 번역되었다

해설 잡지가 다른 언어로 번역되었다거나 위대하다거나 처음부터 혁신적이라는 내용은 본문에 없다. 컴퓨터로 볼 수 있도록 한 점에서 디지털 시대에 대비한 것임을 알 수 있으므로 정답은 (a)이다.
insert 삽입물, 삽입 광고 **issue** (잡지 등의) ~호 **external hard drive** 외장 하드드라이브 **collector** 수집가 **groundbreaking** 획기적인 **translate** 번역하다

정답 (a)

12

Avatar is a film written and directed by James Cameron. The film was released in December 2009 and went on to become the highest grossing film of all time, passing the 1997 blockbuster, *Titanic*, which was also directed by Cameron. It was one of the first films available in conventional cinematic 2D as well as 3D, IMAX 3D, and even 4D formats. The film was seen by nearly 40 million people worldwide. It is certainly _____.

(a) expected to be in that format soon
(b) a film known for a number of firsts
(c) a controversial issue about the film
(d) not the box office failure predicted

번역 〈아바타〉는 제임스 캐머런이 쓰고 감독한 영화이다. 이 영화는 2009년 12월 개봉되었고 역시 캐머런이 감독한 1997년 블록버스터 〈타이타닉〉을 능가하여 역사상 최고 수익을 얻은 영화가 되었다. 전통적인 영화의 2D뿐 아니라 3D, IMAX 3D, 그리고 4D 형식으로 볼 수 있는 최초의 영화 중 하나이다. 이 영화는 전세계적으로 거의 4,000만 명이 보았다. 확실히 여러 면에서 최고이며 최초인 것으로 알려진 영화이다.

(a) 그 형식으로 곧 만들어질 것으로 예상된다
(b) 여러 면에서 최고이며 최초인 것으로 알려진 영화이다
(c) 영화에 대한 논란이 되는 이슈이다
(d) 예상했던 흥행 실패는 아니다

해설 이 영화가 이미 가능한 모든 형식으로 다 만들어져 있다고 했으므로 (a)는 답이 아니며, 가능한 모든 형식으로 볼 수 있고, 수입 등에서 기록을 세웠기 때문에 (b)가 정답이다.
avatar 화신 **direct** 감독하다 **release** (영화를) 개봉하다 **grossing** 수익을 올리는 **conventional** 전통적인 **cinematic** 영화의, 영화에 관한 **format** 체제, 형식 **controversial** 논쟁의 여지가 있는 **box office** 수익; 대히트 **predict** 예상하다

정답 (b)

13

By 1658, the Swedish Empire had grown and taken over neighboring countries on all sides. The Swedish army was comparatively small, but the soldiers were well trained and able to maintain a high rate of fire. The branches of the army maintained self-sufficiency by taking over lands and pillaging them. However, when major forces attacked Sweden from three sides, the Swedish army was not able to withstand them. In 1721, Sweden's Empire was defeated. Control of neighboring lands then _____.

(a) was handed over to the Swedish
(b) fell into Swedish troops' hands
(c) reverted to their original occupants
(d) resulted in more pillaging

번역 1658년이 되었을 때 스웨덴 제국은 4면의 모든 이웃 나라를 차지할 정도로 커졌다. 스웨덴 군대는 비교적 작았지만 군인들이 잘 훈련되어, 높은 발포력을 유지할 수 있었다. 군 분대들은 나라들을 차지하고 약탈하여 자급자족 능력을 유지하였다. 그러나 세 방향에서 대군이 스웨덴을 공격하자 스웨덴 군대는 이에 대항할 수가 없었다. 1721년 스웨덴 제국은 패배했다. 그러자 이웃나라에 대한 지배권은 원래 점유자에게 되돌아갔다.

(a) 스웨덴 국민에게 넘어갔다
(b) 스웨덴 군대의 손에 들어갔다
(c) 원래 점유자에게 되돌아갔다
(d) 더 많은 약탈을 낳았다

해설 이웃 나라들을 점령했던 스웨덴이 그들 국가의 총공격에 의한 전쟁에서 졌으므로 지배권이 원래 나라에 되돌아간 것이 논리적이므로 정답은 (c)이다.
Swedish 스웨덴의 take over 인수[접수]하다 comparatively 비교적, 상당히 maintain 유지하다 sufficiency 충분한 수량 pillage 약탈하다 withstand 저항하다 defeat 패배시키다 hand over 넘겨주다 revert 복귀하다 occupant 점유자

정답 (c)

14

Metabolites are the tiny molecules which cause chemical reactions in a person's body. These range from the 8,000 naturally-occurring metabolites to the more than 6,000 drugs, food additives, and toxins that are generally found in blood and urine tests. Scientists are currently working at a university in Canada to construct a database of these metabolites. Once this information has been collected and is widely available, doctors will be able to diagnose the likelihood of a patient contracting a serious disease based on analysis of a single drop of blood. These scientists _____.

(a) measured the metabolites in human blood
(b) may create a database if funds are available
(c) could change the field of diagnostic medicine
(d) discovered many new disease causing metabolites

번역 대사산물은 사람의 몸 안에 화학반응을 일으키는 작은 분자이다. 이것은 8천 개의 자연적으로 발생하는 대사산물에서부터 일반적으로 피와 소변 검사에서 발견되는 6천 개가 넘는 약품, 음식 첨가제, 독소들까지 포함한다. 과학자들은 현재 캐나다 한 대학교에서 이러한 대사산물의 데이터베이스를 만들기 위해 작업하고 있다. 일단 이 정보가 수집되고 널리 활용 가능해지면 의사들은 한 방울의 피 분석에 기초하여 환자가 심각한 병에 걸릴 가능성을 진단할 수 있게 될 것이다. 이들 과학자들은 진단 의학 분야를 바꿀 수도 있다.

(a) 인간의 혈액 속에 있는 대사산물을 측정했다
(b) 자금이 있다면 데이터베이스를 만들지도 모른다
(c) 진단 의학 분야를 바꿀 수도 있다
(d) 대사산물을 초래하는 많은 새로운 질병을 발견했다

해설 대사산물 속의 정보를 활용하면 질병 진단이 가능하다는 내용이다. 데이터베이스를 현재 만들고 있다고 했으므로 (b)는 오답이고, 병의 진단을 가능하게 한다는 말은 진단 의학의 발전을 의미하므로 (c)가 정답이다.
metabolite 대사산물 tiny 자그마한 molecule 분자 reaction 반응 range ~의 범위에 걸치다 additive 첨가제 toxin 독소 urine 소변 construct 구성하다 diagnose 진단하다 likelihood 가능성 contract (병에) 걸리다

정답 (c)

15

The new Nikon E690 DSLR is the latest innovation in camera body technology. Featuring a new molded carbon fiber, it is strong yet lightweight and won't weigh you down on your next trip. The body is comfortable to hold and feels more substantial than other sub-$1,000 DSLR's. Having moved many of the buttons (ISO, white balance, AV value) to the left side of the camera, the camera has a bit of a learning curve but you'll be pleased by the new ease of access. _____, with new dust and water sealing, the E690 is practically airtight.

(a) Consequently
(b) Nevertheless
(c) Furthermore
(d) Likewise

번역 새로 나온 니콘 E690 DSLR은 카메라 본체에 최신 혁신 기술을 적용합니다. 새롭게 만든 탄소섬유로 되어 있어, 튼튼하면서도 가벼워 여행 시 가볍게 소지할 수 있습니다. 본체는 다른 천 달러 이하의 DSLR 카메라보다 쥐기 편하고 견고한 느낌을 줍니다. ISO, 화이트밸런스 기능, 조리개 값을 위한 많은 버튼을 카메라 왼쪽으로 옮겼기 때문에 익혀야 할 부분이 다소 있지만, 새로이 더하여진 용이성에 만족할 것입니다. 게다가, 새로운 먼지와 수분 차단 기능을 갖고 있어, E690 모델은 실제적으로 밀폐되어 있습니다.

(a) 따라서
(b) 그럼에도 불구하고
(c) 게다가
(d) 마찬가지로

해설 카메라의 새로운 모델의 장점을 나열하는 내용으로, 빈칸에 들어갈 접속사는 앞의 내용에 추가적인 내용을 소개하는 것이 문맥에 적절하다. 따라서 정답은 (c)이다.
innovation 혁신 feature 특징을 이루다 mold 형상 짓다 weigh down (무게로) 내리누르다 substantial 튼튼한 curve 휨 access 접근 seal 밀봉하다 airtight 밀폐한

정답 (c)

16

Emotional manipulation is how some people try to get their own way. For example, if an emotional manipulator were to forget an important date, they would passionately show how sorry they were for having forgotten, even to the point of tears. They would repeatedly say what a terrible person they are rather than simply apologizing. This makes it difficult for the person on the receiving end to be angry. _____, they will try to calm down the manipulator. But it is important not to fall for this kind of manipulation.

(a) Besides
(b) However
(c) Similarly
(d) Instead

번역 남의 감정을 조종하는 것은 일부 사람들이 자신이 원하는 대로 하기 위한 방법이다. 예를 들어 남의 감정을 조종하는 사람이 혹시 중요한 날짜를 잊어버렸다면, 그 사람은 잊은 것이 미안하다는 것을 격하게 표현하며 눈물마저 보일 것이다. 그는 단순히 사과하기 보다는 자신이 얼마나 형편없는 사람인지 반복적으로 말할 것이다. 이렇게 하는 것은 사과받는 쪽이 오히려 화내기가 어렵게 만든다. 대신에, 사과받는 사람이 그 감정 조종자를 진정시키려 할지라도, 이러한 조종에 속지 않는 것이 중요하다.

(a) 게다가
(b) 그러나
(c) 마찬가지로
(d) 대신에

해설 감정을 교묘히 조종하는 사람이 계속 사과를 하면 오히려 사과받는 상대방이 만류하는 처지로 반전되는 상황으로 변한다는 얘기이므로 (d)가 적절하다.
emotional 감정의, 감정적인 manipulation 조종, 조작 passionately 열정적으로 apologize 사과하다 receiving end 받는 쪽

정답 (d)

ACTUAL TEST 11 — Part 2

17

The vuvuzela is a long plastic horn which is causing quite a stir at the 2010 World Cup matches in South Africa. The horn is played similarly to a brass instrument with the lips creating a buzzing sound. Some speculate that the combined noise of thousands of fans with the instruments is so loud that it may cause hearing damage. The larger problem, however, is that players on the field are not able to hear the referees' whistles. Play continues after a foul or other infraction simply because the players are unaware there was to be a stoppage.

Q: What is the best title for the article?
(a) Crowds in Danger of Eardrum Rupture
(b) Horns Interfering with Soccer Matches
(c) Players Frustrated by Loud Buzzing
(d) Vuvuzela Is New Soccer Sensation

번역 부부젤라는 2010 남아프리카 공화국 월드컵 경기에서 물의를 일으킨 긴 플라스틱 나팔이다. 이 나팔은 금관악기와 비슷하게 입술을 대고 불며 윙윙 소리를 낸다. 일부 사람은 수천 명의 관중과 이 악기가 혼합한 소음이 너무 커서, 청각의 손상을 야기한다고 추측하기도 한다. 그러나 더 큰 문제는 경기장의 선수들이 심판의 호루라기 소리를 들을 수 없다는 것이다. 선수들이 경기가 중단되었다는 것을 모르기 때문에, 파울이나 다른 반칙을 한 뒤에도 경기는 계속된다.

Q: 기사에 가장 적절한 제목은?
(a) 고막 파열의 위험에 처한 관중
(b) 축구경기에 지장을 주는 나팔
(c) 큰 윙윙 소리에 좌절한 선수들
(d) 부부젤라는 새로운 축구 센세이션

해설 부부젤라의 여러 문제점을 나열하는 글이지만 이 중 가장 큰 문제는 경기를 방해한다는 내용이므로 (b)가 정답이다.
horn 나팔 stir 대소동 brass instrument 금관악기 buzzing 윙윙 거리는 speculate 추측하다 combine 연합하다 referee 심판, 주심 infraction 위반 stoppage 중단, 정지 eardrum 고막 rupture 파열 interfere 방해하다 frustrate 좌절시키다 sensation 센세이션, 흥분

정답 (b)

18

Get all of the official Major League Baseball sports memorabilia today from Sports Mart. We have your favorite teams' jerseys, hats, gloves, shoes, socks, and nothing but the highest quality sporting equipment. You may not be able to play like the all-stars, but you can sure feel like them by using the same stuff they have out on the field. And we have a special 40% off sale on some merchandise. So get here quick because, at these prices, they won't last long.

Q: What is mainly being advertised?
(a) A store which sells equipment for all sports
(b) Special prices on last year's merchandise
(c) Sports equipment like the pros use
(d) A sale of up to 40% off all items

번역 오늘 스포츠 마트에서 모든 메이저리그 야구 공식 스포츠 기념품을 구입하세요. 고객이 좋아하는 팀의 셔츠, 모자, 글러브, 신발, 양말, 그리고 최고 품질의 운동기구를 갖추고 있습니다. 올스타 선수처럼 경기할 수는 없을지라도 운동장에서 그들이 사용하는 것과 같은 물건을 사용함으로써, 그들과 같이 느낄 수는 있습니다. 우리는 일부 상품에 대해 40% 특별 할인을 하고 있습니다. 그러니 조속히 방문하세요. 왜냐하면 이 가격에는 물건이 오래 남아 있지 않을 테니까요.

Q: 무엇을 주로 광고하는가?
(a) 모든 스포츠 용품을 파는 가게
(b) 작년 상품에 대한 특별 할인 가격
(c) 프로 선수가 사용하는 것과 같은 운동 기구
(d) 모든 상품에 대한 최고 40% 할인

해설 주로 메이저리그 야구 용품을 다루는 가게이므로 (a)는 오답이고, 일부 상품에만 할인 가격이 적용되므로 (d)도 오답이다. 프로 야구 선수가 사용하는 것과 같은 물건을 취급한다고 광고하고 있으므로 (c)가 정답이다.
memorabilia 기념품 jersey 저지, 운동용 셔츠 stuff 물건, 소지품 merchandise 상품 item 물건, 항목

정답 (c)

19

The current capital of Russia is Moscow, but St. Petersburg is often referred to as Russia's "Northern Capital." Out of world cities with a population exceeding one million people, it has the highest latitude and is Europe's fourth largest. St. Petersburg served as the capital of Russia for over 200 years and was an important port on the Baltic Sea. The capital moved after 1917 but St. Petersburg remains an important cultural center with its historic section's classification as a UNESCO World Heritage site. In addition to its historic buildings and monuments, St. Petersburg is the site of the world's largest museum.

Q: What is the passage mainly about?
(a) St. Petersburg's location and history
(b) St. Petersburg as a tourist destination
(c) The economic history of Russia's old capital
(d) The background of Russia's largest cities

번역 러시아의 현 수도는 모스크바이지만 상트페테르부르크가 러시아의 북부 수도라고 종종 지칭된다. 인구 100만을 넘는 세계의 도시 중 상트페테르부르크는 가장 위도가 높으며, 유럽에서 네 번째로 크다. 상트페테르부르크는 200년 이상 러시아의 수도였으며, 발트해의 주요 항구였다. 1917년 이후 러시아 수도는 옮겼지만 상트페테르부르크는 유네스코가 지정한 세계 유적지로 분류되어, 매우 중요한 문화 중심지로 남아 있다. 역사적 건물과 기념물 외에도 상트페테르부르크는 세계 최대 박물관이 있는 곳이다.

Q: 지문의 주된 내용은?
(a) 상트페테르부르크의 위치와 역사
(b) 관광지로서의 상트페테르부르크
(c) 러시아 옛 수도의 경제사
(d) 러시아의 최대 도시의 배경

해설 러시아의 옛 수도였던 상트페테르부르크의 위치, 역사적 배경, 문화적 가치를 설명하는 글이다. 따라서 정답은 (a)이다. 상트페테르부르크가 러시아 최대 도시란 말은 없으며 관광에 관한 언급도 없으므로, (b)와 (d)는 오답이다.
exceed 넘어서다 **latitude** 위도 **monument** 기념물

정답 (a)

20

Social psychological research has led to the conclusion that humans are influenced by a phenomenon known as the Bystander Effect. This principle of social influence dictates that people are less likely to react to a stimulus when they are in a group rather than alone. In the most replicable sociological experiments to date, researchers placed subjects in a room with research confederates. Smoke was filtered into the room but the confederates did not respond. The subjects, perceiving the lack of response from the others, assumed the smoke was inconsequential and likewise did nothing.

Q: What is the passage mainly about?
(a) Methods for proving the Bystander Effect
(b) Overcoming the Bystander Effect during hazards
(c) The Bystander Effect and its influence on people
(d) Recognizing the flaws of the Bystander Effect

번역 사회 심리학 연구는 인간은 방관자 효과로 알려진 현상에 영향을 받는다는 결론에 도달했다. 이 사회적 영향의 원리는 사람이 혼자 있을 때보다 사람들과 함께 있을 때 자극에 반응할 가능성이 적다는 것을 규정한다. 오늘날까지 가장 반복 가능한 사회학 실험에서, 학자들은 피실험자를 연구 동료와 한 방에 넣었다. 연기가 방으로 스며들게 했고 연구 동료들은 반응을 하지 않았다. 피실험자들은 다른 사람들의 무반응을 인지하고는 연기가 별 것 아니라고 생각하고 마찬가지로 아무런 반응을 보이지 않았다.

Q: 지문의 주된 내용은?
(a) 방관자 효과를 입증하기 위한 방법
(b) 위험 상황에서 방관자 효과 극복하기
(c) 방관자 효과와 사람에 미치는 영향력
(d) 방관자 효과의 결점 인식하기

해설 방관자 효과와 혼자 있을 때와 그룹으로 있을 때의 상황에 따른 반응 차이를 설명하고 있으므로 (c)가 적당하다. 이 원리의 결점이나 극복하는 방법을 얘기하고 있지 않으므로 (b), (d)는 오답이다.
psychological 심리학적인 **conclusion** 결론 **phenomenon** 현상 **bystander effect** 방관자 효과 **dictate** 구술하다 **react** 반응하다 **stimulus** 자극 **replicable** 반복 가능한 **confederate** 공모자, 연루자 **filter** 스며 들어오다 **perceive** 인지하다 **assume** (태도를) 취하다 **inconsequential** 대수롭지 않은 **hazard** 위험 **flaw** 결점

정답 (c)

21

In an address from the Oval Office on Tuesday, President Obama vowed not to stop the cleanup effort until the Gulf Coast ecosystem was returned to its natural state. This is the first speech the President has made from the Oval Office. Many past Presidents have also used this platform for making televised "crisis" speeches. For example, George W. Bush made a speech here after 9/11, President Nixon resigned the presidency from that desk, and it was there that George H.W. Bush made his now infamous "No New Taxes" speech.

Q: What is the passage mainly about?
(a) Crises dealt with by American Presidents
(b) Important addresses from the Oval Office
(c) Oval Office speeches on natural disasters
(d) Obama's vow to clean the Gulf Coast

번역 화요일 집무실에서 행한 연설에서 오바마 대통령은 걸프만 생태계가 본래 모습으로 복구될 때까지 정화 노력을 중단하지 않겠다고 맹세했다. 이것은 백악관 집무실에서 대통령이 행한 첫 연설이다. 많은 과거 대통령이 이 연단을 사용하여 TV 중계를 통해 위기 극복 연설을 하였다. 예를 들어, 조지 W. 부시는 9·11테러 후 여기서 연설하였고, 닉슨 대통령은 이 집무실 책상에서 사임 연설을 하였으며, 조지 H. W. 부시는 바로 이 곳에서 현재 악명 높은 "더 이상 새로운 세금은 없다"라는 연설을 하였다.

Q: 지문의 주제는?
(a) 미국 대통령이 해결한 위기들
(b) 대통령 집무실에서 행한 중요한 연설
(c) 대통령 집무실에서 행한 자연 재난에 관한 연설
(d) 걸프만을 정화하겠다는 오바마의 맹세

해설 본문 도입부에서 오바마 대통령의 연설에 관한 이야기였지만, 곧이어 여러 대통령을 예들어 그들이 집무실에서 한 연설을 나열하므로 (b)가 정답이다.

address 연설 Oval Office 백악관의 대통령 집무실 vow 맹세하다 cleanup 정화 ecosystem 생태계 platform 연단 crisis 위기 resign 사임하다 presidency 대통령직 infamous 불명예스러운, 악명 높은 disaster 재난

정답 (b)

22

Native Americans once relied entirely on buffalo for their existence. They could make clothes and shelter with the buffalos' skin. They used buffalo tendons for strings on bows. Buffalo bones could be used for spoons or bowls. And of course they could eat the buffalo meat. But this all changed when American settlers realized the value in buffalo skin. A professional hunter could kill many buffalo in a single day, skin them, and leave the carcasses to rot. Native Americans couldn't understand such wastefulness as they watched the population of buffalo shrink to below a few hundred.

Q: What is the best title for this passage?
(a) High Price Paid for American Buffalo Skins
(b) The Many Uses of Buffalo Parts by Native Americans
(c) Native Americans' Reliance on Buffalo for Their Existence
(d) Contrasting Uses of Buffalo by American Settlers and Natives

번역 미국 원주민들은 한때 생존을 전적으로 들소에 의존하였다. 그들은 들소 가죽으로 옷과 집을 만들 수 있었다. 들소 힘줄을 활의 시위로 사용하였다. 들소 뼈를 사용하여 숟가락이나 그릇을 만들었다. 물론 들소 고기를 먹을 수도 있었다. 그러나 미국 이주민들이 들소 가죽의 가치를 알았을 때 이 모든 것은 변했다. 전문 사냥꾼이 하루에 수많은 들소를 죽이고 가죽을 벗기고 시체가 썩게 내버려 둘 수 있었다. 미국 원주민들은 들소의 수가 몇백 마리 이하로 줄어드는 것을 지켜보면서 이러한 낭비를 이해할 수가 없었다.

Q: 지문에 가장 적절한 제목은?
(a) 미국 들소 가죽에 치른 고비용
(b) 미국 원주민에 의한 들소 부위의 다양한 용도
(c) 생존을 위해 들소에 의존하는 미국 원주민
(d) 미국 원주민과 이주민 간의 대비되는 들소 사용

해설 (b), (c)는 내용의 일부일 뿐이다. 원주민들의 들소 사용 목적을 여러 가지 제시하고, 이어서 이주민의 들소 사용의 다른 목적을 제시하고 있으므로 (d)가 정답이다.

rely on ~에 의존하다 entirely 오로지 buffalo 들소 existence 생존 shelter 집, 은신처 skin 가죽 tendon 힘줄 string (활의) 시위 settler 이주민 carcass 시체 rot 부패하다 wastefulness 낭비 shrink 수축 reliance 의존 contrasting 대비되는

정답 (d)

23

Tenzin Gyatso is the 14th and the current Dalai Lama, who Tibetan people revere as their spiritual leader and believe to be the reincarnation of all previous Dalai Lamas. In 1937, at the age of two, Gyatso—then known as Lhamo Döndrub—was proclaimed as the Dalai Lama. In 1951, Chinese armed forces invaded Tibet and seized control, forcing the Dalai Lama to flee into exile. He is now known as a renowned speaker worldwide and was the first Dalai Lama to travel to the West to spread the teachings of Buddhism.

Q: Which of the following is correct according to the passage?
(a) Gyatso was age two in 1951.
(b) Gyatso became Dalai Lama at two.
(c) Gyatso fought with Chinese invaders.
(d) Gyatso had left for the West before 1950.

번역 텐진 가초는 현재 14대 달라이 라마이다. 티베트인들은 달라이 라마를 정신적 지도자로 존경하며, 이전 모든 달라이 라마들의 환생으로 믿는다. 당시 라오 돈드루브로 알려졌던 텐진 가초는 1937년 2세 때 달라이 라마로 선포되었다. 1951년 중국 군대가 티베트를 침입하여 통치권을 장악하였으며, 달라이 라마는 도망가 해외로 망명하였다. 그는 세계적으로 유명한 연설가로 현재 알려져 있으며 불교의 가르침을 전파하기 위해 서양으로 여행한 첫 달라이 라마였다.

Q: 지문에 대해 옳은 것은?
(a) 가초는 1951년에 2세였다.
(b) 가초는 2세에 달라이 라마가 되었다.
(c) 가초는 중국 침략자와 싸웠다.
(d) 가초는 1950년 이전에 서양으로 떠났다.

해설 가초는 1937년 2세 때 달라이 라마가 되었으므로 (a)는 오답이며, (b)는 맞다. 그는 중국과 싸우기보다 해외로 망명했으므로 (c)도 오답이다. (d)는 본문 내용으로 유추하면 1951년 이후의 일이므로 오답이 된다.

current 현재의   revere 존경하다   spiritual 정신적인   reincarnation 환생   previous 이전의   proclaim 선포하다   invade 침입하다   seize 붙잡다   flee 도망하다   exile 망명

정답 (b)

24

Generally regarded as one of the best golfers of all time, Arnold Palmer made his final appearance at the US Open Golf Tournament on June 17, 1994. He was not favored to win, though the sentimental crowd wanted to see it happen. He finished at 16 above par and was cheered by fans as he approached the green on the 18th hole. The emotion of the event brought tears to his eyes after sinking the final ball. Palmer went on to compete in the Senior PGA and was one of the main reasons for the league's eventual popularity.

Q: Which of the following is correct about Arnold Palmer according to the passage?
(a) He quit playing golf on June 17, 1994.
(b) He won his final US Open Tournament.
(c) He finished 18 above par at the 1994 US Open.
(d) He continued playing golf in the Senior PGA.

번역 역사상 가장 훌륭한 골프선수 중 한 명으로 일반적으로 평가를 받는 아놀드 파머는 1994년 6월 17일 US 오픈 골프대회에 마지막으로 참가하였다. 감상적인 관중은 그가 우승을 거머쥐길 바랐지만, 그가 우승할 가망성은 없었다. 그가 16오버파로 마치고, 18번 홀 잔디에 다가가자 팬들은 갈채를 보냈다. 마지막 공을 넣고 나서 감동이 북받쳐 눈물이 쏟아졌다. 파머는 시니어 PGA에서 경기를 계속하게 되었고, 이 골프 리그가 결국 인기를 끌게 된 주된 원인 중 하나가 되었다.

Q: 지문에 따르면 아놀드 파머에 대해 옳은 것은?
(a) 그는 1994년 6월 17일 골프를 중단했다.
(b) 그는 그의 마지막 US 오픈 대회에서 우승했다.
(c) 1994 US 오픈 골프대회에서 18오버파를 기록했다.
(d) 그는 시니어 PGA에서 골프를 계속했다.

해설 파머가 1994년 US 오픈 골프대회에서 16오버파를 기록했다고 했으므로 (c)는 오답이다. 또한 이 경기에서 우승했다는 말이 없으므로 (b)도 오답이다. 그는 계속 시니어 경기에 참가하여 골프를 했으므로 (d)가 정답이다.

appearance 출현   favor (사정 등이) 유리하게 되어가다   sentimental 감상적인   par (골프의) 기준 타수   approach 접근하다   emotion 감동   compete 경쟁하다   eventual 결과로서 일어나는   popularity 인기   quit 그만두다

정답 (d)

25

Paula Deen is an American cook and author, most famous for her award-winning television show called *Paula's Home Cooking*. Deen ran a small restaurant with her sons in Savannah, Georgia. It featured "down-home" Southern favorites such as creamed corn, fried chicken, and cheesy meatloaf. The restaurant became a local favorite and they were eventually forced to move locations to accommodate a larger kitchen and dining area. She rose to stardom after a magazine named the restaurant the *International Meal of the Year*. As a television personality, Deen is known for her charm, kind personality, and thick Southern accent.

Q: Which of the following is correct according to the passage?
(a) Paula Deen is famous for her cookbooks.
(b) Deen's restaurant offered Southern meals.
(c) Paula Deen opened several large restaurants.
(d) Deen's magazine led to her becoming a TV star.

번역 폴라 딘은 미국의 요리사이자 작가로 〈폴라의 가정 요리〉라고 불리는 수상 경력이 있는 텔레비전 프로그램으로 아주 유명하다. 딘은 조지아 주의 사바나에서 그녀의 아들들과 함께 조그마한 식당을 경영했다. 그곳은 크림 콘과 튀긴 닭과 치즈를 넣은 미트 로프와 같은 남부 시골의 인기 있는 음식들이 특색이었다. 그 식당은 지역의 명소가 되었고 결국에는 더욱 큰 부엌과 식사 공간을 설비할 수 있는 지역으로 이사를 가야만 했다. 그 식당을 한 잡지가 〈전세계 올해의 음식〉이라고 지명하자 그녀는 스타의 반열에 올랐다. 텔레비전의 유명인사로서 딘은 매력적이고 친절한 성격과 강한 남부 사투리로 유명해졌다.

Q: 지문에 따르면 옳은 것은?
(a) 파울라 딘은 그녀의 요리책들로 유명하다.
(b) 딘의 식당은 남부 음식을 제공하였다.
(c) 파울라 딘은 큰 식당들을 여러 개 열었다.
(d) 딘의 잡지가 그녀를 텔레비전 스타가 되게 했다.

해설 남부 특유의 요리로 식당을 운영하던 딘이 TV 유명인사가 된 경위에 관한 내용으로 (b)가 정답이다. 그녀가 작가라고 언급은 했지만 요리책에 관한 내용은 없으므로 (a)는 오답이고, 잡지는 딘이 발행한 것이 아니므로 (d)도 오답이다.
award-winning 수상을 한 feature 특징을 이루다 down-home 남부 특유의, 남부 시골의 cheesy 치즈 맛이 나는 meatloaf 미트 로프(잘게 다진 고기와 양파, 달걀 등을 섞어 빵 덩어리 모양으로 오븐에 구운 요리) accommodate 설비를 공급하다 stardom 스타의 지위 personality 명사 thick 사투리가 강한 accent 사투리, 방언

정답 (b)

26

Studying for exams can be hard when you don't understand the subject matter clearly. Why not let the experts at A+ Study Center help? Visit our institute and our staff of fully certified tutors can help you study for any subject on a one to one basis or in groups, from English to Physics and beyond. You'll understand those tricky concepts in no time or, if you just need a quiet place free from interruptions, we have many rooms dedicated to quiet study. Studying has never been so easy, so give us a call today!

Q: Which of the following is correct about the Study Center according to the advertisement?
(a) Its tutors can come to your home.
(b) It conducts group learning only.
(c) Its assistance spans all subjects.
(d) It will install quiet rooms soon.

번역 시험 대비를 위한 공부는 그 과목의 내용을 명확히 이해하지 못할 때 어려울 수 있습니다. 에이 플러스 학습 센터의 전문가들에게 맡겨 보십시오. 저희 학원을 방문하시면 완벽하게 공인된 개별 전담 교사들이 일대일 또는 그룹제로 영어부터 물리와 그 밖의 어떤 과목의 학습이든 여러분을 도울 것이며, 여러분은 바로 까다로운 개념들을 이해하게 될 것입니다. 방해를 전혀 받지 않는 조용한 장소가 필요하신가요? 저희는 조용히 학습에 전념할 수 있는 많은 방들을 갖고 있습니다. 공부하는 것은 결코 쉬운 일이 아닙니다. 오늘 당장 저희에게 전화를 주세요.

Q: 광고에 따르면 학습 센터에 대해 옳은 것은?
(a) 개별 교사들이 여러분의 가정을 방문할 수 있다.
(b) 그룹 학습만을 한다.
(c) 학습 도움은 모든 과목에 걸쳐 있다.
(d) 곧 조용한 방을 설치할 것이다.

해설 일종의 학원 광고문이다. 학원에서 일대일 또는 그룹으로 가르치므로 (a), (b)는 오답이고, 조용한 방은 이미 있다고 했으므로 (d)도 오답이다. 모든 교과목을 가르친다고 했으므로 (c)가 정답이다.
expert 전문가 institute 기관 staff 직원 certified 인증된 tutor 개인 지도 교사 basis 기준 tricky 다루기 힘든 concept 개념 in no time 즉시 interruption 방해, 중지 dedicate 전념하다 conduct 거행하다 assistance 조력 span ~에 미치다 install 설치하다

정답 (c)

27

Known as the Temple Mount to Jews and Mount Moriah to Muslims, one hill in Jerusalem has a storied past. Jews believe the first man was created at the site and built two temples there, the first having been destroyed in the year 586 BC and thereafter rebuilt. However, that temple was destroyed and currently standing is the Muslim temple called Noble Sanctuary. To Muslims, this is where their prophet, Muhammad, ascended to heaven. The place is much disputed as both sides argue over rightful ownership.

Q: Which of the following is correct about the famous site according to the passage?
(a) It is known to all as the Temple Mount.
(b) Some believe mankind originated there.
(c) Its third temple was destroyed by Muslims.
(d) People think it is where Muhammad was born.

번역 유대인에게는 성전산으로, 이슬람교도에게는 모리아산으로 알려진 예루살렘의 한 언덕은 역사적으로 유명한 이력이 있다. 유대인들은 그 장소에서 최초의 인간이 창조되었다고 믿고 그곳에 두 개의 성전을 지었는데, 첫 번째 것은 기원전 586년에 파괴되었고 그 후에 재건했다. 그러나 그 성전은 파괴되고 현재 숭고한 성소라고 불리는 이슬람교도의 성전이 들어서 있다. 이슬람교도들에게 이곳은 그들의 예언자인 무하마드가 천국으로 올라간 곳이다. 이 장소는 양측이 정당한 소유권을 두고 주장을 함으로써 많은 논쟁이 되고 있다.

Q: 지문에 따르면 유명한 장소에 대해 옳은 것은?
(a) 성전산으로 모든 이들에게 알려져 있다.
(b) 어떤 사람들은 인류가 그곳에서 시작되었다고 믿는다.
(c) 그곳의 세 번째 성전이 이슬람교도들에 의해 파괴되었다.
(d) 사람들은 그곳이 무하마드가 태어난 곳이라고 생각한다.

해설 예루살렘에 있는 한 언덕을 유대인과 이슬람교도들이 서로 다른 이름으로 부르고, 그 소유권을 두고 논쟁하는 상황을 기술한 내용이다. 본문 내용과 부합하는 것을 찾아야 하는데, 일치하는 것은 (b)뿐이다.
Temple Mount 성전산 Muslim 이슬람교도 storied 역사 등에서 유명한 Jew 유대인 site 장소, 유적 destroy 파괴하다 rebuild 재건하다 currently 현재 noble 숭고한 sanctuary 성소, 거룩한 장소 prophet 예언자 ascend 올라가다 dispute 논쟁하다 ownership 소유권 originate 근원이 되다

정답 (b)

28

A new computer program has been designed which can identify the location a photograph was taken. The program measures textures, colors, and lines and compares them against a database of six million photographs which have already been tagged. It is successful with famous sites like Tiananmen Square or London Bridge, but it can also identify geographic locations with distinct features. The program currently averages a 16% success rate which its designers say is very good, and that is much higher than an average human. And that rate is sure to rise as more people upload and tag pictures online.

Q: Which of the following is correct according to the passage?
(a) The designers initially tagged ten million photographs.
(b) The program is successful with most geographic locations.
(c) People on average identify fewer than 16% of photographs.
(d) Improving software will improve the accuracy of the program.

번역 사진이 찍힌 장소를 인식할 수 있는 새로운 컴퓨터 프로그램이 고안되었다. 이 프로그램은 질감, 색, 선을 측정해서 이것들을 먼저 태그해 놓은 600만 개의 사진 데이터베이스와 대조한다. 이 프로그램은 천안문 광장이나 런던교와 같은 유명한 장소에 대해서 매우 성공적으로 작동하며, 뚜렷한 특징이 있는 지리적 장소도 인식할 수 있다. 이 프로그램은 현재 평균 16%의 성공률을 기록하고 있는데, 고안자들은 괜찮은 수치라고 말한다. 이 비율은 인간의 평균 성공률보다 훨씬 높다. 이 성공률은 더 많은 사람들이 온라인으로 사진을 업로드하고 태그하면 분명 상승할 것이다.

Q: 지문에 따르면 옳은 것은
(a) 고안자들은 처음에는 천만 개 사진에 태그했다.
(b) 이 프로그램은 대부분의 지리적 장소에 성공적으로 작동한다.
(c) 사람은 평균적으로 16% 이하의 사진을 인식한다.
(d) 소프트웨어를 개선하면 프로그램의 정확성을 개선할 것이다.

해설 이 프로그램의 사진 인식률은 16%이고, 인간의 평균적 인식률은 이보다 낮다고 언급하였으므로 정답은 (c)이다. 소프트웨어를 개선해서가 아니라 더 많은 사진을 태그하여 데이터베이스에 올리면 성공률이 증가할 것이라 했으므로 (d)도 오답이다.
identify 인지하다 measure 측정하다 texture 질감 compare 대조하다 tag (식별용) 태그를 붙이다 geographic 지리적인 distinct 명백한, 뚜렷한 feature 특징 average 평균의 rate 비율 upload 업로드하다 initially 처음에 accuracy 정확(도)

정답 (c)

29

Vladimir Putin accomplished much for Russian society during his eight years as President. His economic reforms—which included a flat 13% income tax rate and a cap on profits tax—allowed for vast improvements for citizens and brought Russia back from the brink of calamity. His reforms saw average monthly wages increasing from $80 to $640, poverty being cut in half, and the increase of Russia's Gross Domestic Product (GDP) by more than 72%. At the same time, he established greater political stability in the region and reestablished the rule-of-law, cutting crime rates dramatically.

Q: Which of the following is correct according to the passage?
(a) Russia's changes included a 13% profits tax.
(b) Everyone's wages went up from $80 to $640.
(c) Poverty was reduced by half thanks to Putin.
(d) Crime rates have risen despite Putin's rule of law.

번역 블라디미르 푸틴은 8년간의 대통령 재임 동안 러시아 사회를 위해 많은 것을 이루었다. 그의 경제 개혁은 13% 균일 소득세와 수익세 상한선을 포함하여 시민들에게 엄청난 생활 향상을 가져오게 하였고, 러시아를 파탄 직전에서 구출하였다. 그의 개혁은 월 평균 임금이 80달러에서 640달러로 상승하도록 하였고, 빈곤은 절반으로 감소했으며, 러시아 국내총생산이 72% 이상 상승하였다. 동시에 그는 지역의 정치적 안정을 더욱 확립하였고, 법치를 재확립하였으며, 범죄율을 극적으로 감소시켰다.

Q: 지문에 따르면 옳은 것은?
(a) 러시아의 변화에는 13%의 수익세가 포함되어 있다.
(b) 모든 사람의 임금이 80달러에서 640달러로 상승했다.
(c) 푸틴 덕분에 빈곤이 절반으로 감소했다.
(d) 범죄율이 푸틴의 법치에도 불구하고 증가했다.

해설 개혁의 하나는 13% 소득세이지 수익세가 아니므로 (a)는 오답이고, 모든 사람의 임금이 아니라 임금 평균치의 상승이므로 (b)는 오답이다. 범죄율 감소를 언급하였으므로 (d) 또한 어긋나며, 정답은 (c)이다.

accomplish 달성하다 reform 개혁 flat 균일의, 일률적인 income tax 소득세 cap 최고 한도 profit 이익 vast 막대한 brink 고비, 가장자리 calamity 큰 재난 wage 임금 Gross Domestic Product 국내총생산 establish 확립하다 stability 안정성 crime rate 범죄율 dramatically 극적으로 despite ~에도 불구하고

정답 (c)

30

Lost Dog! A friendly, white Jack Russell Terrier was lost last Saturday, June 6 near Hyde Park. We were having a picnic and realized he was gone upon arriving home shortly thereafter. He is about two feet tall, weighs 35 pounds and has a large brown spot on his back, but he is most recognizable by the distinctive two smaller brown spots on his left cheek. He is a loved member of our family and we miss him dearly. We are offering a $500 reward for any information that leads to his return. Please contact John at 708-226-8484.

Q: Which of the following is correct according to the sign?
(a) The owners lost their dog in Hyde Park.
(b) The dog has been missing a long time.
(c) The dog has easily identifiable marks.
(d) The owners will pay a $1,000 reward.

번역 실종된 개! 다정하고 흰색의 잭 러셀 테리어가 지난 토요일 6월 6일 하이드 파크 근처에서 실종되었습니다. 저희는 피크닉을 하고 집에 온 직후 개가 없어진 것을 알았습니다. 저희 개는 2피트에 무게가 35파운드이고, 등에 커다란 갈색 점이 있으며, 가장 큰 특징은 왼쪽 뺨에 특유의 좀 작은 두 개의 갈색 점이 있다는 것입니다. 개는 우리 가족의 사랑하는 일원이고 무척 그리워하고 있습니다. 개가 돌아올 수 있도록 어떤 정보든 주시는 분에게 500달러의 보상을 드리겠습니다. 708-226-8484번으로 존에게 연락주십시오.

Q: 게시문에 따르면 옳은 것은?
(a) 주인은 하이드 파크에서 개를 잃었다.
(b) 개는 오랫동안 실종되었다.
(c) 개는 쉽게 알아볼 수 있는 표시가 있다.
(d) 주인은 보상금으로 천 달러를 지불할 것이다.

해설 하이드 파크에서가 아니라 그 근처에서 잃어버린 것이므로 (a)는 오답이다. 실종 기간이 오래 되었다는 말은 없고 집에 온 직후 바로 실종 신고를 한 것으로 (b)는 적절한 답이 아니다. 개의 뚜렷한 특징이 있다고 했으므로 (c)가 정답이다.

thereafter 그로부터 weight 무게 spot 점 recognizable 인식할 수 있는 distinctive 특이한 cheek 뺨 dearly 끔찍이 reward 보상금 identifiable 신원을 확인할 수 있는

정답 (c)

31

For years, doctors and engineers have worked together to make better prosthetic limbs. Traditional models involve slipping a prosthesis around the severed limb and strapping it to the patient via straps and buckles. But, in order to act more like a natural limb, the prosthetic would ideally be fused to the patient's existing bone. To that end, researchers in the field of osseointegration are working with titanium, a metal which bone cells will attach to rather than reject. Successful trials have been completed in dental implants as well as a full lower-leg implant on a dog in 2008.

Q: Which of the following is correct according to the passage?
(a) Older generation prosthetics are strapped on.
(b) Research in prosthetics is looking at platinum.
(c) Researchers find that bone cells will reject all metals.
(d) Implanted prostheses have yet to be successful in trials.

번역 여러 해 동안 의사와 기술자들은 더 나은 인공 팔다리를 만들기 위해 함께 연구해 왔다. 예전의 방식은 인공 사지를 절단된 팔다리 주위에 끼워 끈이나 버클로 묶는 것이다. 그러나 본래의 팔다리처럼 작동하기 위해서는 인공 팔다리가 환자의 현재 가지고 있는 뼈에 이상적으로 유합되어야 한다. 이 목적을 위하여 골유합 분야 연구자들은 뼈 세포가 거부하지 않고, 들러붙는 금속인 티타늄을 가지고 연구하고 있다. 성공적인 시도가 치아 이식뿐 아니라 2008년에 개의 아랫다리 전체를 이식한 것에서 완성되었다.

Q: 지문에 따르면 옳은 것은?
(a) 구세대 보철은 끈으로 부착되었다.
(b) 보철 연구는 백금을 분석하고 있다.
(c) 학자들은 뼈 세포가 모든 금속을 거부한다는 것을 안다.
(d) 이식된 보철은 아직 성공하지 못하고 있다.

해설 모든 뼈 세포가 금속을 거부하는 것이 아니므로 (c)는 오답이며, 일부 이식이 성공하였으므로 (d)는 오답이다. 인공 팔다리의 전통적 모델은 끈이나 버클로 묶는다고 했으므로 정답은 (a)이다.
prosthetic limb 인공 수족 **involve** 수반하다 **prosthesis** (의족·의수 등의) 보철 **sever** 절단하다 **strap** 끈으로 매다 **fuse** 융합시키다 **existing** 현재의 **osseointegration** 골유합 **titanium** 티타늄 **attach** 부착하다 **reject** 거부하다 **dental** 치과용의 **implant** 이식, 임플란트 **prosthetics** 보철술, 의치(술) **platinum** 백금

정답 (a)

32

Currently, only about 15% of the world's food is grown in big cities. But in a world switching to lower fuel-consumption options, inner-city farms are on the rise. Large cities have plenty of rooftop space for these farms, which can be configured as multi-tiered greenhouses. Because the food is already in the city, farmers do not require vehicles for transportation, so that results in lower fuel consumption and fewer harmful emissions in the atmosphere. Plus the plant life can improve the air quality in concrete-choked urban centers.

Q: Which of the following is correct according to the passage?
(a) Cities currently support 5% of food production.
(b) City rooftops are not feasible for large farming.
(c) Cities with rooftop farms cause more emissions.
(d) City farms can improve air in a multi-faceted way.

번역 현재 전세계 식량의 약 15퍼센트만이 대도시에서 경작되고 있다. 그러나 연료 소비가 적은 방향으로 전환되는 세상에서 도시 내 경작지들이 증가하는 추세다. 대도시는 이 경작지로 쓰일 옥상의 많은 공간이 있는데, 이것들을 다층의 온실로 만들 수 있다. 식량이 이미 도시 내에 존재하기 때문에 농부들은 수송 수단이 필요하지 않고, 결과적으로 연료 소비가 적고 대기에 해로운 가스 배출을 하지 않게 된다. 거기다가 식물은 숨막히는 콘크리트 도심의 공기질을 개선시킬 수 있다.

Q: 지문에 따르면 옳은 것은?
(a) 도시들이 현재 식량 생산의 5퍼센트를 뒷받침하고 있다.
(b) 도시의 옥상들은 대규모 경작지로 적합하지 않다.
(c) 옥상에 경작지가 있는 도시는 더 많은 가스 배출의 원인이 된다.
(d) 도시의 경작지는 다방면에 걸친 방식으로 공기를 개선할 수 있다.

해설 (a)는 5퍼센트가 아니라 15퍼센트이며, (b)는 경작지로 적합하다는 본문의 내용과 어긋난다. 도시 내에 경작되므로 수송 수단이 필요치 않고, 결국 연료 절감과 공해의 원인이 줄어든다는 내용으로 정답은 (d)이다.
currently 현재 **switch** 전환하다 **fuel** 연료 **consumption** 소비 **on the rise** (수치 등이) 오름세에 **rooftop** 옥상 **configure** 형성하다, 배열하다 **multi-tiered** 다층의 **vehicle** 수송 수단 **transportation** 수송 **emission** 배출 **atmosphere** 대기 **plus** ~에 덧붙여 **improve** 개선하다 **choke** 질식시키다 **urban** 도시의 **feasible** 적합한 **multi-faceted** 다방면에 걸친

정답 (d)

33

To the editor:

I am frightened by the staggering ineptitude displayed by this city's urban planners and their inability to manage natural resources. Please explain to me why many lots stand vacant while the city rushes to pave over the few green places we have left. Yes, many of the current lots on which buildings have been torn down are in less desirable areas. But those same areas would benefit from the injection of new businesses and housing. Such places could be turned around if the city would give them a chance.

Respectfully,
Judith Wang

Q: What can be inferred about the writer of the letter?
(a) She was once on the city's planning committee.
(b) She lives near one of the city's vacant lots.
(c) She is concerned about the loss of trees.
(d) She is afraid of certain parts of the city.

번역 편집자님께

저는 이 도시의 도시 계획자들이 보여준 망연자실케 하는 어리석음과 천연자원을 관리하는 그들의 무능함에 놀랐습니다. 많은 땅이 여전히 공지로 남아 있는데, 왜 우리 시가 몇 안 남은 녹지를 덮어 포장하려 달려들고 있는지 설명해 주십시오. 현재 건물들이 철거되고 있는 부지의 대부분은 가치 없는 지역이라는 것이 맞습니다. 그러나 방금 말한 지역에도 새로운 사업과 주택이 공급된다면, 유용한 지역이 될 것입니다. 그러한 지역은 만일 시가 그들에게 기회를 주면 변화할 수 있습니다.

주디스 왕 드림

Q: 이 편지를 쓴 사람에 대해 유추할 수 있는 것은?
(a) 그녀는 과거에 도시 계획 위원회 소속이었다.
(b) 그녀는 도시의 비어 있는 한 지구 근처에 살고 있다.
(c) 그녀는 나무의 손실에 관해 염려를 하고 있다.
(d) 그녀는 도시에 어떤 지역을 두려워하고 있다.

해설 한 독자가 신문에 도시 계획자들의 부당한 정책을 항의하고 있다. 특히 녹지의 포장이라는 천연자원 관리에 역행하는 무능함을 지적하고 있으므로 정답은 (c)이다.
staggering 망연자실케 하는, 비틀거리는 ineptitude 어리석음 display 보여주다 lot 부지 vacant 텅 빈 pave 포장하다 tear down 무너뜨리다 desirable 바람직한 benefit 혜택을 입다 injection 투입

정답 (c)

34

Staphylococcus is a strain of bacteria which is the cause of various maladies, collectively known as staph infections. These infections are particularly troubling in hospitals where one can find patients with open sores or weaker immune systems. To make matters worse, the harsh chemicals used to kill bacteria in hospitals has inadvertently led to a resistant "super strain" of staphylococcus. These strains are impervious to normal antibiotics because they have evolved defenses against them.

Q: What can be inferred about the antibiotic-resistant staphylococcus?
(a) It can develop immunity to any chemical.
(b) It can thwart doctors' treatment attempts.
(c) It leads to death in infected patients.
(d) It targets those in a weakened state.

번역 포도상구균은 다양한 질병의 원인이 되는 박테리아의 일종으로, 이들 질병은 통틀어서 포도상구균 감염으로 알려져 있다. 이들 감염은 환자들에게서 종기나 면역체계 약화가 발견되는 병원에서 특히 문제가 되고 있다. 설상가상으로 병원에서 박테리아를 죽이는 데 사용되는 독한 화학약품은 의도하지 않게도 저항성이 있는 포도상구균의 '슈퍼 변종'을 만들어내고 있다. 이 변종들은 항생제에 대항하는 방어물을 방출하기 때문에 보통의 항생제에 면역력을 갖고 있다.

Q: 항생제 저항성 포도상구균에 대해 유추할 수 있는 것은?
(a) 어떤 화학약품에도 면역성을 나타낼 수 있다.
(b) 의사들의 치료 시도를 좌절시킬 수 있다.
(c) 감염된 환자를 죽음으로 이끌 수 있다.
(d) 쇠약한 상태에 있는 사람들을 표적 대상으로 한다.

해설 항생제 저항성 포도상구균은 화학약품이 아닌 항생제에 대항한다고 했으므로 (a)는 오답이다. (c)와 (d)는 본문의 내용에서 추론할 수 있는 것이 아님을 주의한다. 항생제로 치료할 수 없는 변종의 포도상구균이 생기는 과정을 설명하므로 정답은 (b)가 자연스럽다.
Staphylococcus 포도상구균 strain 품종, 변종 malady 질병 collectively 통틀어서 staph 포도상구균 infection 감염 sore 종기 immune 면역성의 to make matters worse 설상가상으로 harsh 호된 inadvertently 무심코, 의도하지 않게 resistant 저항하는 impervious 손상되지 않는 evolve 방출하다 thwart 방해하다, 좌절시키다

정답 (b)

35

Experts agree that an eruption of Irazu Volcano in Costa Rica is likely to occur within the next decade. They cite as evidence bubbles on the top of Crater Lake and a recent 6.9 magnitude earthquake in the region. Also, the mountain has been steadily increasing in height, which is possibly the result of flowing magma under the surface. The volcano is believed to have last erupted around 946 AD before humans occupied the region. That eruption spread 83 to 117 cubic km of volcanic ash as far away as present-day Brazil.

Q: What can be inferred about Irazu Volcano from the passage?
(a) It will cease growing in about five years.
(b) It is likely that the volcano will settle down.
(c) It could cause a mass catastrophe if it erupted.
(d) It will not erupt to the extent of past eruptions.

번역 전문가들은 코스타리카에 있는 이라주 화산 폭발이 다음 10년 내에 일어날 가능성이 있다는 데에 동의한다. 그들이 증거로서 분화구 호수 표면 위의 기포와 근래에 이 지역에서의 6.9도의 지진을 언급한다. 또한 그 산의 높이가 지속적으로 증가하고 있는데, 이는 지표 아래에서 유동하는 마그마의 결과일 가능성이 있다. 그 화산은 사람이 그 지역에 거주하기 전인 946년에 마지막으로 폭발했다고 여겨진다. 그 폭발은 83 내지 117입방 킬로미터로 현재의 브라질 지역까지 멀리 화산재로 뒤덮었다.

Q: 지문에서 이라주 화산에 대해 유추할 수 있는 것은?
(a) 약 5년이 지나면 성장이 그칠 것이다.
(b) 잠잠해질 가능성이 있다.
(c) 만일 폭발하면 대재앙을 일으킬 수 있다.
(d) 이전의 화산 폭발 규모까지는 분출하지 않을 것이다.

해설 이라주 화산 폭발의 가능성을 제기하고 있는데, 이전의 폭발로 인한 화산재의 광범위한 예를 언급하고 있으므로 정답은 (c)가 자연스럽다.

expert 전문가 eruption (화산) 폭발 decade 10년간 cite 언급하다 bubble 기포 magnitude 규모, 크기 steadily 꾸준히 flowing 흐르는 magma 마그마 surface 표면 occupy ~에 거주하다 spread 뒤덮다 cubic 입방의, 세제곱의 volcanic 화산(성)의 ash 재

정답 (c)

36

When an organ is infected by disease-causing bacteria, mass reproduction of the bacteria continues until all cells are infected. The bacteria are signaled to reproduce by a protein called CheW. However, when antibiotics are present, another protein—called RecA—tells the bacteria to stop producing, similar to an army halting their march. The problem is that only the outermost bacteria are affected and, then when the antibiotic is gone, the CheW tells bacteria to resume their assault. Researchers hope to use this information to make more effective antibiotics.

Q: What can be inferred from the passage?
(a) RecA is responsible for the spread of disease.
(b) Current antibiotics are sometimes ineffective.
(c) CheW only operates in organs infected by bacteria.
(d) Antibiotics are sometimes the cause of infections.

번역 조직이 질병을 일으키는 박테리아에 감염되면 모든 세포가 감염될 때까지 대량의 박테리아 복제가 계속된다. 박테리아는 CheW라고 불리는 단백질에 의해 복제하도록 신호를 받는다. 그러나 항생제가 존재하면 RecA라고 불리는 다른 단백질이 마치 군대가 행진을 중단하는 것처럼 박테리아에게 번식을 중지하도록 명한다. 문제는 가장 바깥 쪽의 박테리아만이 영향을 받는다는 것인데, 항생제가 사라지면 그 CheW는 박테리아에게 공격을 재개하라고 명한다. 연구자들은 좀 더 효과적인 항생제를 만들기 위해 이 정보를 이용하길 희망하고 있다.

Q: 지문에서 유추할 수 있는 것은?
(a) RecA는 질병 확산에 책임이 있다.
(b) 최근 항생제는 때로는 효과가 없다.
(c) CheW는 박테리아에 감염된 조직에서만 작용한다.
(d) 항생제는 때로 감염의 원인이다.

해설 박테리아의 복제에 관여하는 단백질은 CheW이고, 항생제가 있을 경우 RecA 단백질이 반작용을 하므로 (a), (d)는 오답이다. (c)는 본문에서 언급되지 않았고, 따라서 (b)가 정답이다.

infect 감염시키다 mass 대량의 reproduction 복제, 번식 signal 신호하다 protein 단백질 antibiotic 항생 물질 halt 정지하다 march 행진 outermost 가장 바깥 쪽의 affect 영향을 미치다 resume 다시 시작하다 assault 공격, 습격 effective 효과적인

정답 (b)

37

Many believe "fast food" to be a modern invention, but fast food actually has ancient origins. As the name implies, fast food refers to anything ready-made for quick sale. It is closely tied with urban development. Ancient Rome had street stands which sold bread and wine, and the Middle East had flatbread and falafel easily available in urban centers. Certain West African countries are also known for their roadside stands which sold charred meat on a stick. Fast food has been a staple throughout antiquity for people who needed to grab food quickly.

Q: What can be inferred from the passage?
(a) Rome was where fast food started.
(b) Fast food was common in ancient cities.
(c) People distrusted fast food in ancient times.
(d) Meals from fast food stands are not nutritious.

번역 많은 사람들이 '패스트푸드'를 현대 발명품으로 생각하지만, 사실은 고대에 기원을 두고 있다. 이름이 암시하듯이 패스트푸드는 신속히 판매하기 위해 미리 준비된 것을 지칭한다. 이것은 도시 발달과 밀접한 관련이 있다. 고대 로마는 술과 빵을 파는 가판대가 있었고, 중동에는 도시 중심가에서 쉽게 살 수 있는 플랫 빵과 팔라펠 샌드위치가 있었다. 어떤 서아프리카 나라들도 꼬챙이에 끼운, 숯처럼 탄 고기를 팔았던 가판대로 잘 알려져 있다. 패스트푸드는 재빨리 음식을 먹을 필요성이 있는 사람들을 위해 먼 옛날부터 줄곧 주요 식품이었다.

Q: 지문에서 유추할 수 있는 것은?
(a) 로마는 패스트푸드가 시작된 곳이다.
(b) 패스트푸드는 고대 도시에서 흔하였다.
(c) 사람들은 옛날에는 패스트푸드를 불신하였다.
(d) 패스트푸드 가판대의 식사는 영양분이 풍부하지 않다.

해설 고대 로마의 패스트푸드에 대한 언급이 있지만 (a)는 확인할 수 없는 내용이고, (c), (d)는 본문에서 언급되지 않았다. 고대 도시들을 언급하고 있으므로 정답은 (b)이다.
invention 고안물, 발명품 ancient 고대의, 옛날의 origin 기원 imply 암시하다 refer to ~을 나타내다 ready-made 기성품의 stand 노점, ~대 flatbread (중동 등의) 둥글고 납작한 빵 falafel 팔라펠(중동의 야채 샌드위치) available 손에 넣을 수 있는 charred 숯처럼 까맣게 탄 staple 주요 식품 antiquity 고대 grab 재빨리 먹다 nutritious 영양분이 많은

정답 (b)

38

In addition to the regular rain and snow which affects us here on Earth, scientists regularly attempt to predict space weather. (a) Space weather refers to the charged particles sent out from the sun as solar flares. (b) Solar flares can damage satellites, endanger astronauts, and even affect power grids on the ground. (c) Scientists are now watching an irregularity on the sun that might turn into a solar flare. (d) Forecasting these solar flares is therefore important to telecommunications companies, space agencies, and power plant operators.

번역 과학자들은 우리에게 영향을 끼치는 지구의 일상적인 비나 눈 이외에, 우주 날씨를 정기적으로 예측하려고 한다. (a) 우주 날씨는 태양이 타오르면서 방출된 대전한 입자들을 가리킨다. (b) 태양 표면 폭발은 인공위성에 피해를 줄 수 있고, 우주비행사들을 위험에 빠뜨릴 수 있으며, 심지어 지상의 전력 배전망에 영향을 줄 수 있다. (c) 과학자들은 현재 폭발할지도 모르는 태양의 변칙성을 관찰하고 있다. (d) 따라서 이 태양 폭발을 예측하는 것은 통신 회사나 우주 기관들, 그리고 발전소 운영자들에게는 중요하다.

해설 우주 날씨는 곧 태양 폭발을 예측하는 것이라고 초반부에 설명이 되고 있고, (b)에서는 태양 폭발의 영향을 설명하면서 (d)에서 그 결과로 인한 지구상에서의 중요성을 지적하고 있다. (b)와 (d) 사이에 두서없이 태양 폭발로 인한 태양의 변칙성에 대해 언급하는 것은 어색하므로 답은 (c)이다.
in addition to ~에 더하여 regular 일상의 affect 영향을 미치다 attempt 시도하다 predict 예보하다 space weather 우주 날씨 refer ~에 속하는 것으로 하다 charged 대전한 flare 확 타오르다 satellite 인공위성 endanger 위험에 빠뜨리다 astronaut 우주비행사 power grid 배전망 telecommunication 통신

정답 (c)

39

NASA's Space Shuttle program is on its way out, but it might see a slight extension in its timetable. (a) Only two launches remain for NASA's historic fleet, which has been vital for space research and exploration. (b) The final flight was scheduled for mid-November 2010 but that may be pushed back to 2011. (c) President Obama has urged a speedy end to the program to free up funds for exploration deeper into the solar system. (d) Also, delays caused by weather and unforeseen technical difficulties may give the program a longer life expectancy.

번역 NASA의 우주 왕복선 계획이 종결되어 가고 있지만 일정이 약간 연장 될 것으로 예상된다. (a) NASA의 역사적인 우주선단은 오직 두 번의 발사만을 남겨 두고 있는데, 이 우주선단은 우주 연구와 탐험에 있어 지극히 중요한 것이었다. (b) 최종 비행은 2010년 11월 중순에 예정되었는데, 그것은 2011년으로 미루어질지 모른다. (c) 오바마 대통령은 태양계로 좀 더 깊은 탐험을 위한 자유로운 자금 운용을 위해서 이 우주 왕복선 계획의 신속한 종결을 촉구하였다. (d) 또한 날씨와 의외의 기술적 문제로 인한 연기가 이 계획의 수명을 좀 더 연장해주고 있다.

해설 종결되어 가고 있는 우주 왕복선 계획의 두 번 남은 발사가 연기된 경위를 언급하고 있는 중에, 전반적인 글의 흐름과 상반되는 종결을 촉구하였다는 내용이 들어가는 (c)는 어색하다.

space shuttle 우주 왕복선 **on one's way out** 시들기 시작하여, 사멸하기 시작하여 **extension** 연기, 연장 **launch** 발사 **fleet** 선단, 함대 **vital** 지극히 중요한 **exploration** 탐험 **push back** 연기되다 **urge** 촉구하다 **free up** (제한으로부터) ~을 해방시키다 **solar system** 태양계 **unforeseen** 의외의 **life expectancy** 수명

정답 (c)

40

External hard drives have changed a lot since their early days. (a) The original computers had hard drives which were not housed within the computer itself and were therefore "external." (b) Early drives had a capacity of about twenty megabytes, which was considered very large and impressive for the time. (c) When comparing different hard drive models, processing speed is equally as important as storage space. (d) Current drives have the capacity of up to two terabytes, which is the equivalent of over two thousand gigabytes.

번역 외장 하드 드라이브는 초기 이후 많은 변화를 겪었다. (a) 최초의 컴퓨터에는 하드드라이브가 컴퓨터 안에 내장되지 않고 따라서 '외장된' 것이었다. (b) 초기의 드라이브는 약 20메가바이트의 용량을 가졌는데, 그 당시로는 매우 크고 인상적인 것으로 여겨졌다. (c) 다른 사양의 하드 드라이브를 비교하면, 처리 속도도 저장 공간만큼 중요하다. (d) 현재의 드라이브는 2000기가바이트 이상과 맞먹는 2테라바이트나 되는 용량을 가지고 있다.

해설 컴퓨터 하드 드라이브의 용량에 관한 내용으로 초기의 용량과 현재의 용량을 비교하는 흐름에 갑자기 처리 속도에 대해 언급하고 있는 (c)는 어색하다.

external 외부의 **hard drive** 하드 드라이브 **house** 수용하다 **capacity** 수용력 **for the time** 한동안, 당분간 **processing** (데이터 등의) 처리 **terabyte** (컴퓨터의) 테라바이트 **equivalent** 동등한, 상당하는

정답 (c)

ACTUAL TEST 12

Part 1	1 (a)	2 (b)	3 (a)	4 (c)	5 (a)	6 (d)	7 (d)	8 (b)
	9 (c)	10 (b)	11 (b)	12 (c)	13 (c)	14 (c)	15 (d)	16 (c)
Part 2	17 (d)	18 (c)	19 (b)	20 (b)	21 (c)	22 (a)	23 (b)	24 (c)
	25 (b)	26 (b)	27 (c)	28 (d)	29 (a)	30 (a)	31 (d)	32 (b)
	33 (d)	34 (b)	35 (c)	36 (a)	37 (d)			
Part 3	38 (c)	39 (a)	40 (d)					

ACTUAL TEST 12 Part 1

1

Has the endless stream of new smart phones become overwhelming? A person can play games, check the stock market, change their status on networking sites, track city buses and more! But who cares? Don't you just need to make a phone call? Well, the people at Jog Mobile now offer the Simplicity 1900 cellular phone. It was designed for people who don't need all the fluff. You get simple functionality, easy-to-use menus, and a large screen and keypad. With cell phone plans starting as low as $20 per month _____.

(a) you pay for only the features you need
(b) many additional new features are available
(c) we give you the latest in high-tech gadgetry
(d) switching phone companies has never been easier

번역 끝없이 이어지는 새로운 스마트폰의 물결이 압도적이죠? 게임을 하고, 증권 시장을 확인하고, 네트워크 사이트의 상태를 바꾸고, 시내 버스의 위치 추적 등을 할 수 있습니다! 하지만 무슨 상관이죠? 그저 전화만을 하고 싶지는 않으신가요? 조그 모바일에서 이번에 심플리시티 1900 핸드폰을 내놓았습니다. 온갖 소소한 것들이 필요하지 않은 분들을 위해 디자인되었습니다. 간단한 기능과, 사용하기 쉬운 메뉴, 큰 화면과 키패드를 누리시게 됩니다. 한 달에 최저 20달러의 옵션으로 필요한 기능에만 돈을 지불하는 것입니다.

(a) 필요한 기능에만 돈을 지불하는 것입니다
(b) 많은 새로운 부가 기능들이 사용 가능합니다
(c) 첨단 장치의 최신 제품을 드립니다
(d) 전화 회사를 바꾸는 것은 더 쉬울 수가 없습니다

해설 다양한 기능을 가진 스마트폰과 상반되게 간단한 기능을 원하는 소비자를 겨냥한 광고로, 빈칸에는 꼭 필요한 기능에만 최소한의 비용을 쓸 수 있는 휴대폰이라는 (a)의 설명이 적절하다. (b)와 (c)는 상반된 내용이므로 답이 될 수 없다.

정답 (a)

2

In the area of tax reforms, many Americans are adrift in a sea of red tape with no clear way through. As Congress works to pass yet more reforms, it is becoming harder, not easier, for anyone with less than a doctorate in tax code to decipher it. Why is all of this necessary? With a government that claims to be "by the people" and "for the people," the average citizen should be able to understand the laws. It is my opinion that _____.

(a) all American laws need to be simplified
(b) tax reforms are going in the wrong direction
(c) people are too lazy to follow tax codes properly
(d) the government should educate more tax officials

번역 세제 개혁에 있어서, 많은 미국인들은 명확한 방법은 제시되지 않은 채 형식적인 절차의 바다를 표류하고 있다. 국회는 보다 많은 개혁안을 통과시키려 하고 있지만, 세법 조항을 판독하는 것이 박사 수준의 지식이 없는 일반인들에게는 점점 더 어려워지고 있다. 왜 이 모든 것이 필요한 것인가? '국민에 의한' 그리고 '국민을 위한'이라고 주장하는 정부라면 보통 사람이 그 법을 이해할 수 있어야 한다. 세제 개혁은 잘못된 방향으로 가고 있다는 것이 내 의견이다.

(a) 모든 미국 법들은 간소화될 필요가 있다
(b) 세제 개혁은 잘못된 방향으로 가고 있다
(c) 사람들이 너무 게을러서 세법을 타당하게 따르지 않는다
(d) 정부는 보다 많은 세무 공무원을 교육시켜야 한다

해설 세제 개혁에 대해 형식적인 절차가 많고 일반 시민이 이해하기에는 법 조항이 어렵다는 점을 지적하는 내용이다. 이어서 자신의 의견을 요약하는 결론 문장으로는 세제 개혁이 잘못된 방향으로 가고 있다는 (b)가 적절하다.

tax reform 세제 개혁 **adrift** 표류하는 **red tape** 형식적인 절차 **Congress** 국회 **doctorate** 박사 학위 **tax code** 조세법 **decipher** 판독하다

정답 (b)

3

In a recent study, researchers have shown that patients who were HIV positive were able to increase the efficacy of medication by exercising regularly. According to the study, patients who got at least 30 minutes of exercise per day were found to have a higher T-cell count and fewer illnesses than those who did not exercise. It has been known for some time that exercise increases a person's health. However, _____.

(a) this is the first link between exercise and medication
(b) researchers hope to test the theory on HIV patients
(c) people need to get plenty of exercise every day
(d) exercise is incompatible with some HIV drugs

번역 연구원들은 최근의 한 연구에서, HIV 양성인 환자들이 규칙적으로 운동하면 투약의 효율을 증대시킬 수 있다는 것을 제시했다. 연구에 따르면 하루에 최소 30분의 운동을 한 환자들은 운동하지 않는 사람들보다 더 많은 T 세포 수와 질병이 적은 것으로 드러났다. 운동이 건강을 증대시킨다는 것은 한동안 알려졌다. 그러나, 이것은 운동과 투약 간의 최초의 연계이다.

(a) 이것은 운동과 투약 간의 최초의 연계이다
(b) 연구원들은 HIV 환자들에게 이론을 실험하기를 바란다
(c) 사람들은 매일 많은 운동을 해야 할 필요가 있다
(d) 운동은 HIV 약과 양립되지 않는다

해설 HIV 환자가 규칙적인 운동을 하면 투약 효과가 상승한다는 내용의 지문이다. 접속사 However로 앞뒤 문장이 연결되어 있으므로 운동과 건강의 연계성과 대비되는 운동과 투약의 연계성을 언급하는 (a)가 알맞은 문장이다.
patient 환자 positive 양성의 efficacy 효율성 medication 투약 regularly 규칙적으로 plenty of 풍부한 ~ incompatible with ~와 양립이 불가한

정답 (a)

4

Carbon nanotubes (commonly referred to as Nanoyarn) were invented in 1991 and immediately hailed as one of the most exciting new products. Nanoyarn is up to 100 times stronger than steel and can also be used to conduct electricity. However, the invention has stagnated since then because producing it in large quantities has been a major challenge. That changed recently when a New Hampshire company delivered six miles of Nanoyarn to one of its aerospace clients. This is exciting news. The New Hampshire company _____.

(a) was the first to reap benefits from this invention
(b) is looking into the viability of using Nanoyarn
(c) has shown that Nanoyarn is a viable technology
(d) insists that the price of Nanoyarn is not prohibitive

번역 탄소 나노 튜브(일반적으로 나노 소재라고 함)는 1991년 발명되었고 곧 가장 흥미진진한 신소재 중 하나로 불렸다. 나노 소재는 강철보다 최대 100배 더 강하고 전기가 통하도록 사용될 수도 있다. 그러나, 이 발명은 그 이후로 발전이 없었는데 대량 생산이 주된 도전 과제였기 때문이다. 그 문제는 뉴햄프셔 사가 항공 우주 고객에게 6마일의 나노 소재를 공급하면서 바뀌었다. 이는 흥미진진한 소식이다. 뉴햄프셔 사는 나노 소재가 실행 가능한 기술이라는 것을 입증했다.

(a) 최초로 이 발명으로부터 이익을 거둔 것이었다
(b) 나노 소재 사용의 실행 가능성을 조사 중이다
(c) 실행 가능한 기술이라는 것을 입증했다
(d) 나노 소재의 가격은 엄두도 못 낼 정도로 비싸다고 주장한다

해설 나노 소재의 발명 이후 발전이 없었던 원인으로 제시된 대량 생산이 쉽지 않았다는 내용에 주목해야 한다. 이것을 변화시킨 뉴햄프셔 사의 소식이 흥미진진하다고 설명하고 있으므로 실행 가능성을 입증했다는 (c)가 가장 알맞다.
hail 일컫다 up to ~까지 conduct (열이나 전기를) 전도하다 stagnate 발전이 없다 aerospace 항공 우주 reap 거두다, 수확하다 viability 실행 가능성 prohibitive 엄두도 못 낼 정도로 비싼

정답 (c)

5

The music industry is undergoing a radical change as _____. New bands produce whole albums in their bedrooms on a computer. Their songs become popular on social networking sites. And without any talk about a record contract, they are booked as headliners at major concert festivals. Fans who had listened to the music online may be shocked by the band's poor performance, but they might be watching the band's first performance for a live audience! Bands don't have years to hone their live show as did bands of the past.

(a) bands go from home to stage much quicker
(b) more attention is being paid to single performers
(c) people no longer need instruments to make music
(d) networking sites are where bands are making money

번역 음악 산업은 밴드가 집에서 무대로 훨씬 더 빠르게 이동함에 따라 급진적인 변화를 겪고 있다. 새로운 밴드는 컴퓨터로 자신의 집에서 전체 앨범을 만들어낸다. 그들의 노래는 소셜 네트워크 사이트에서 유명해진다. 그리고 녹음 계약에 대한 협상 없이, 주요 공연 축제에서 인기 스타로 예약이 잡힌다. 온라인에서 음악을 들었던 팬들은 밴드의 형편없는 공연에 충격을 받을 수도 있지만, 그 밴드의 첫 라이브 공연을 보는 관중이 되지도 모른다! 밴드는 과거의 밴드들처럼 라이브 공연을 몇 년 동안 연마하지 않는다.

(a) 밴드가 집에서 무대로 훨씬 더 빠르게 이동한다
(b) 단독 공연자에게 더 많은 관심이 모이고 있다
(c) 더 이상 음악을 만드는 데 악기를 필요로 하지 않는다
(d) 밴드가 돈을 버는 곳은 네트워킹 사이트이다

해설 도입 문장에 이어지는 내용은 밴드가 집에서 컴퓨터로 음악을 만들어 온라인을 통해 인기를 얻게 된다는 급진적인 변화에 대한 것이다. 밴드가 실제적인 접촉이나 몇 년 간의 연습 없이도 무대 공연을 하게 된다는 설명을 볼 때 밴드가 집에서 무대까지 훨씬 빠르게 진출한다는 (a)가 변화의 내용으로 적절하다.
undergo 겪다 radical 급진적인 contract 계약 headliner 주요 인사, 인기 스타 performance 공연 audience 관중 hone (기술을) 연마하다 make money 돈을 벌다

정답 (a)

6

Parents once complained about their child having too little homework. Now students have their normal workload from daytime classes in addition to assignments from two or more academies. With so much work to complete, children have little time to play or talk to their parents which are essential aspects of a child's socialization. Many parents agree that the system needs to be changed but, until widespread reform occurs, parents are forced to comply. They either go along with the system, or risk having their child left behind. Now is the time to act before _____.

(a) many new academies are opened needlessly
(b) today's students get even less homework
(c) policies are made which force a change
(d) more students miss out on their youth

번역 부모들은 한때 아이들의 숙제가 너무 적다는 불평을 했다. 요즘 학생들에게는 주간 수업과 더불어 두 개 이상의 학원에서 낸 과제가 주어진다. 아이들은 완수해야 할 일이 너무 많아서 사회화의 필수적 측면인 놀이나 부모와의 대화를 위한 시간이 거의 없다. 많은 부모가 제도가 바뀌어야 한다는 데 동의하지만 광범위한 개혁이 일어나기까지 부모는 따를 수밖에 없다. 그들은 현행 제도를 따라가거나 그렇지 않으면 아이들이 뒤처지는 위험을 감수해야 한다. 이제 더 많은 학생들이 어린 시절을 놓치기 전에 행동해야 할 때이다.

(a) 많은 새 학원들이 불필요하게 개업한다
(b) 오늘날 학생들은 숙제가 훨씬 적다
(c) 변화를 강요하는 정책이 만들어진다
(d) 더 많은 학생들이 어린 시절을 놓친다

해설 아이들의 과제가 너무 많아 놀이나 대화의 시간이 없는 현 실태를 우려하는 내용이다. 제도가 바뀌어야 한다는 주장을 하고 있으므로 빈칸에는 우려할 만한 사태를 제시하는 내용이 들어가야 한다. 어린 시절을 놓치게 되는 사태를 가리키는 (d)가 정답이다.
workload 학업량 assignment 과제 academy 학원 complete 완수하다 essential 필수적인 aspect 과제 socialization 사회화 widespread 광범위한, 널리 퍼진 reform 개혁 force 강요하다 comply 따르다, 순종하다 miss out ~을 놓치다

정답 (d)

7

Forget reaching for your usual cup of coffee; you need _____. If you're tired of feeling sluggish and in need a boost after lunch, then make the switch today to new 6-Hour Energy Shots. Regular caffeinated drinks use a lot of sugar which makes you feel better immediately, but you're left feeling more tired after it wears off. Formulated by scientists, 6-Hour Energy Shots are made with natural ingredients like guarana and taurine to get you going. And with no added sugar, you won't experience the "crash" that is common with other beverages.

(a) a healthier lifestyle without pick-me-ups
(b) an energy boost that has extra caffeine
(c) the coffee that won't leave you tired
(d) the drink with a lasting effect

번역 평범한 커피를 마시려던 것은 잊으세요. 지속적인 효과를 내는 음료가 필요합니다. 점심 이후 지치게 하는 나른함 대신 기분을 북돋아 줄 것이 필요하다면, 오늘 새로운 6-Hour Energy Shot으로 바꿔 보세요. 일반 카페인이 들어간 음료는 금방 기분이 나아지게 하지만 사라진 후에는 더 피곤하게 만드는 설탕을 많이 사용합니다. 과학자들이 만들어낸 6-Hour Energy Shot은 활기를 주는 구아라나와 타우린과 같은 자연 성분으로 만들어졌습니다. 그리고 설탕이 첨가되지 않아 다른 음료수에 흔히 있는 기력 저하를 경험하지 않을 것입니다.

(a) 기운을 돋우는 음료 없이 보다 건강한 생활 방식
(b) 카페인 함량이 높은 에너지 충전제
(c) 피곤하지 않게 하는 커피
(d) 지속적인 효과를 내는 음료

해설 카페인 음료에 많은 설탕은 일시적인 힘을 내게 하지만 곧 사라지고 더 기운이 빠지게 된다는 점을 지적하고 있다. 대신에 자연 성분으로 만들어진 6-Hour Energy Shot는 그런 증상이 없다고 소개하는 내용이므로 지속적인 효과를 내는 음료라는 (d)의 설명이 되어야 적절하다.

reach for ~을 잡으려 손을 뻗다 **sluggish** 부진한, 나른한 **boost** 힘, 부양책 **make the switch** 바꾸다 **caffeinated drink** 카페인 음료 **wear off** 사라지다 **formulate** 만들다 **ingredient** 성분, 요소 **guarana** 구아라나 **taurine** 타우린 **get A going** (A에게) 활기를 주다 **crash** (약효가 끊어졌을 때의) 기력 저하 **pick-me-up** 기운을 돋우는 술, 커피, 드링크, 영양제 따위

정답 (d)

8

Comic books made their debut in the early 20th century in America and were seen as _____. Originally used to sell novelty items like whoopee cushions and 3D glasses to young boys, comic books appeared laden with advertisements. Eventually they evolved to deal with more serious subject matter and the standard template of the comic book was reinvented. By the time WWII began, comic books were a form of social commentary aimed at adult readers. The established format by this time was for comics to be drawn in columns of panels and presented in small magazine form.

(a) not quite a legitimate form of art
(b) not just for child readers any more
(c) competing with newspaper comic strips
(d) following contemporary standards of design

번역 만화책은 20세기 초에 미국에서 등장했고, 더 이상 아동 독자만을 위한 것이 아닌 것으로 여겨졌다. 만화책은 본래 뽕뽕 쿠션이나 3D 안경과 같은 신기한 상품을 어린 남자아이들에게 팔기 위해 사용되었기에 광고로 가득 채워져서 발간되었다. 결국에는 보다 심각한 주제를 다루는 것으로 진화했고, 만화책의 표준 견본으로 다시 나왔다. 제2차 세계대전이 시작될 즈음에 만화책은 성인 독자층을 겨냥한 사회 논평 형태였다. 이 당시 자리잡게 된 만화의 형식은 사각 박스로 된 세로 단으로 그려졌고 작은 잡지 형태로 선보였다.

(a) 완전히 합법적인 예술 형태가 아닌
(b) 더 이상 아동 독자만을 위한 것이 아닌
(c) 신문 연재만화와 경쟁하는
(d) 동시대의 디자인 표준을 따르는

해설 전체 지문을 요약하는 도입 문장이다. 처음에는 아이들을 겨냥한 광고를 많이 실었던 만화가 점점 성인 독자들을 위한 사회 논평 형태가 되었다는 내용이므로 아동만을 위한 것이 아니라고 여겨졌다는 (b)가 알맞은 내용이다.

debut 데뷔, 첫 출연 **whoopee cushion** 뽕뽕 쿠션 **appear** 나오다, 발간되다 **lade with** ~을 잔뜩 싣다 **eventually** 결국 **evolve** 진화하다 **template** 견본 **reinvent** 다시 나오다 **commentary** 논평 **format** 포맷, 구성 **column** 세로 단 **panel** 사각 박스 **legitimate** 적당한 **compete with** ~와 경쟁하다 **contemporary** 동시대의

정답 (b)

9

Dear Infinity Internet Customers:

As you have no doubt noticed, your computers are currently not connected to the Internet. We regret to inform you that it will not be available in your homes for the next week. A power surge in your neighborhood has caused a signal increase which has damaged our routers. Technicians will be sent out to replace the damaged routers as quickly as possible. There will be no charge for this service as _____. We apologize for the inconvenience.

Sincerely,
Infinity Corporation

(a) surges are common in your neighborhood
(b) we care about providing excellent service
(c) this was not a result of your negligence
(d) your routers simply need to be repaired

10

As a child of a well-known poet, Salman Rushdie was influenced by literature from a young age. Rushdie was born in India and emigrated to England to attend school in his teen years. His first attempt at writing was a fictional narrative based on the mythologies of Christian, Hindu, and Norse religions. But he did not become famous until the release of his second novel, *Midnight's Children*. Among other distinctions, the novel won the 1981 Booker Prize, and it is the only book by an Indian author to make *Time Magazine*'s list of 100 greatest English-language novels. This book _____.

(a) drew world attention to Indian literature
(b) is one of Rushdie's most famous works
(c) sparked a rejuvenation in mythologies
(d) was written with the help of Rushdie

11

The bond between a mother and her child is one of the strongest connections any two humans can share. It starts when the child is in the mother's womb as they are literally connected via the umbilical cord. The relationship continues to be reinforced after the child is born because it wholly relies on the mother for care and sustenance. This bond can continue to strengthen throughout their lives. It is so strong in some cases that women claimed to have known when something terrible happened to their child even before they heard the news. This kind of relationship _____.

(a) is as strong as others experienced by women
(b) happens naturally with little to no effort
(c) lasts only through a child's adolescence
(d) is nothing like those found in nature

번역 어머니와 자녀 사이의 유대는 두 사람이 공유할 수 있는 가장 강력한 관계 중의 하나이다. 말 그대로 아이가 탯줄을 통해 이어져 있기 때문에 엄마의 자궁에 있을 때부터 이는 시작된다. 어머니에게 육아와 자양분을 전적으로 의존하기에, 그 관계는 아이가 태어난 이후에도 계속해서 강화된다. 이 유대는 일생 내내 지속적으로 강화될 수 있다. 그것이 너무 강한 경우에는 여성들이 아이에게 끔찍한 일이 생겼다는 소식을 듣기도 전에 먼저 알았다고 주장한다. 이런 종류의 관계는 거의 노력하지 않고 자연스럽게 생긴다.

(a) 여성이 경험하는 다른 것만큼이나 강하다
(b) 거의 노력하지 않고 자연스럽게 생긴다
(c) 아이의 청소년기까지만 지속된다
(d) 자연에 있는 어떤 것과도 같지 않다

해설 아이와 어머니의 유대 관계가 태아 시기에 시작해서 지속적으로 강화된다는 내용의 지문이다. 아주 강한 경우에는 신기할 정도의 결과를 가져온다고 했으므로 노력 없이도 자연스럽게 생긴다는 (b)의 설명이 가장 알맞다. (a)의 others는 other relationships를 가리키므로 가장 강하다는 측면을 강조한 내용과 어울리지 않는다.
bond 유대 share 나누다 womb 자궁 literally 말 그대로
via ~을 통해 umbilical cord 탯줄 reinforce 강화하다
rely on ~에 의존하다 sustenance 자양물 claim 주장하다
with little to no 거의 없는 adolescence 청소년기

정답 (b)

12

Anesthesiologists are sometimes faced with the problem of _____. It is their job to anesthetize the patient before a major operation, but problems are more likely to occur due to anesthetics than the actual surgery. Anesthetics inhibit various bodily functions such as breathing, temperature control, and heart rate, so serious side effects—up to and including death—can occur. And, though patients are required to sign informed consent forms before anesthesia is administered, lawsuit rates are skyrocketing. Insurance companies in turn are being faced with large payouts and are beginning to see anesthesiologists as a bad risk.

(a) patients who are uncooperative in the hospital
(b) anesthetic malpractice lawsuits that are false
(c) insurance companies being hesitant to insure them
(d) doctors who do not respect what anesthesiologists do

번역 마취과 의사들은 종종 보험 회사들이 보험 가입을 주저하는 상황을 겪게 된다. 그들의 일은 중요한 수술 전에 환자를 마취시키는 것인데, 실제로 수술보다 마취로 인해 문제가 생기는 경우가 더 많기 때문이다. 마취는 호흡과 체온 조절, 심장 박동 수와 같은 여러 신체 작용을 억제하기 때문에, 죽음을 초래하는 등의 심각한 부작용이 생길 수 있다. 그리고, 환자가 마취를 하기 전에 고지에 입각한 동의서에 서명을 하도록 함에도 불구하고, 소송 건수는 급증하고 있다. 보험 회사는 이에 따라 지불해야 할 액수가 많아졌고, 마취과 의사들을 위험 부담이 큰 피보험자로 보기 시작하고 있다.

(a) 병원에서 비협조적인 환자
(b) 사실이 아닌 마취 의료 과실 소송
(c) 보험 가입을 주저하는 보험 회사
(d) 마취과 의사들이 하는 일을 존중하지 않는 의사

해설 의료 사고가 많기 때문에 마취과 의사들에게 보험 가입을 꺼리는 보험 회사들이 있다는 내용이다. 그 배경이 되는 사항을 언급하고 있으므로 마취과 의사들이 직면하고 있는 문제는 (c)라고 요약할 수 있다.
anesthesiologist 마취과 의사 anesthetize 마취하다
operation 수술 surgery 수술 inhibit 억제하다 heart rate 심장 박동 수 side effect 부작용 informed consent form 고지에 입각한 동의서 administer (치료를) 해주다 lawsuit 소송 skyrocket 급상승하다 payout 지급금 bad risk 위험 부담이 큰 피보험자 malpractice 의료 과실

정답 (c)

13

The tumuli (or burial mounds) found in southern parts of the Korean peninsula were constructed during the Silla Dynasty. After the death of a king or other member of the nobility, their bodies were washed and prepared for burial. Many riches and treasures were placed with them inside a large wooden box. On this box were then piled several tons of rocks in a large mound. Then several feet of dirt and mud was placed on top of the rocks, followed by grass. The rocks prevented the graves from being robbed while dirt and mud facilitated the runoff of rain, and grass prevented erosion. Ancient Koreans were _____.

(a) worried about their dead ancestors
(b) highly concerned with the next life
(c) ingenious in their use of natural elements
(d) influenced heavily by a concern for nobility

번역 한반도 남부에서 발견된 봉분(또는 분묘)은 신라 왕조 때 건축되었다. 왕이나 귀족이 죽은 뒤, 그들의 시체는 씻겨지고 매장 준비를 한다. 많은 재물과 보물이 커다란 나무 상자 안에 함께 안치되었다. 이 상자 위에는 여러 톤의 돌을 커다란 더미로 쌓았다. 돌 위에는 몇 피트의 흙과 진흙이 놓여지고 풀이 그 다음에 놓인다. 돌은 무덤이 도굴되는 것을 방지하는 한편, 흙과 진흙은 흐르는 빗물을 쉽게 처리했고, 풀은 침식을 방지했다. 고대 한국인들은 자연 요소의 사용에 있어서 독창적이었다.

(a) 죽은 조상들에 대해 걱정했다
(b) 다음 생에 대해 매우 우려했다
(c) 자연 요소의 사용에 있어서 독창적이었다
(d) 귀족에 대한 배려에 의해 크게 영향을 받았다

해설 고대 한국의 봉분의 특징은 보물이 함께 안치되고 돌을 쌓고 흙과 진흙, 풀을 덮는 구조이다. 이 돌, 흙, 풀이 각각 도굴, 범람, 침식의 측면에서 무덤을 보호하는 데 사용되는 것임을 볼 때 자연 요소를 독창적으로 이용했다는 (c)의 내용이 가장 어울린다.
tumuli 봉분 burial mound 무덤 peninsula 반도 nobility 귀족 treasure 보물 pile 쌓다 dirt 흙 mud 진흙 grave 무덤 rob 훔치다 facilitate 용이하게 하다 runoff 땅 위를 흐르는 빗물 erosion 침식 ancestor 조상 ingenious 독창적인 element 요소

정답 (c)

14

Magnetic nanoparticles have proven effective in the stimulation of cells and neurons in a recent study conducted at the University of Buffalo. The magnetized nanoparticles can be injected into cell membranes and essentially "remote-control" those cells. This is accomplished via putting a magnetic field around the patient to stimulate the nanoparticles which in turn elicit a response from the cells or neurons. In this fashion, pancreatic cells can be stimulated to release insulin to help a patient suffering from diabetes. The method could eventually be applied to aid in the treatment of certain neurological disorders as well. Thus, researchers believe _____.

(a) cells simply require stimulation
(b) all cells can be remote-controlled
(c) their work has several applications
(d) nanoparticles can do harm to the body

번역 자성이 있는 나노 입자는 세포와 뉴런을 자극하는 데 효과가 있다는 것이 버펄로 대학에서 시행된 최근 연구에서 입증되었다. 자성을 띤 나노 입자는 세포막에 주입되어 근본적으로 세포를 '원격 조정'할 수 있다. 이것은 자기장을 환자 주변에 두어 나노 입자를 자극하도록 함으로써 이루어지는데, 나노 입자는 이에 따라 세포나 뉴런으로부터 반응을 이끌어낸다. 이런 방식으로 당뇨병을 앓고 있는 환자를 돕기 위해 인슐린을 분비하도록 췌장 세포를 자극시킬 수 있다. 이 방법은 결국 특정 신경 질환의 치료에도 적용시킬 수 있을 것이다. 그래서 연구원들은 자신들의 연구 작업에 여러 개의 응용 분야가 있다고 믿는다.

(a) 세포는 자극을 필요로 한다
(b) 모든 세포는 원격 조정될 수 있다
(c) 여러 개의 응용 분야가 있다
(d) 나노 입자는 신체에 해를 줄 수 있다

해설 Thus는 결과를 나타내는 접속사이므로 바로 앞의 내용에 유의해야 한다. 이 연구가 당뇨병 환자 치료에 응용이 되고 신경 질환의 치료에도 도움이 된다는 점들이 제시되어 있으므로, 결과적으로 (c)처럼 몇 가지 응용 분야가 있다는 결론이 되어야 알맞다.
magnetic 자기의, 자성의 nanoparticle 나노 입자 stimulation 자극 neuron 뉴런 inject 투입하다 membrane 얇은 막 via ~을 통해 magnetic field 자기장 elicit 이끌어내다 pancreatic 췌장의 release 분비하다, 방출하다 insulin 인슐린 diabetes 당뇨병 aid 돕다 treatment 치료 neurological disorder 신경 질환

정답 (c)

15

Does this sound familiar? You are watching the championship game of your favorite team. You just used the bathroom but already you feel that you might need to use it again. When you can no longer wait, you rush off quickly and come back to see that you missed the crucial moment. Your team has just scored and won the tournament. Don't miss out on any more of life's important moments. _____, consult a physician as this might be a symptom of a urinary tract infection.

(a) Even though
(b) For example
(c) Likewise
(d) Instead

번역 다음 상황들이 익숙하신가요? 가장 좋아하는 팀의 챔피언 전을 시청 중인데, 방금 화장실에 다녀왔지만 다시 가야 할 것 같습니다. 더 이상 참을 수 없을 때 빨리 달려갔다가 돌아왔는데, 중요한 순간을 놓쳤다는 것을 알게 됩니다. 당신 팀은 득점을 했고 토너먼트에서 우승했습니다. 이제 더 이상 일생의 중요한 순간들을 놓치지 마세요. 대신에, 이것이 요로 감염증의 증상이 아닌지 내과 의사와 상의하세요.

(a) 비록 ~일지라도
(b) 예를 들어
(c) 마찬가지로
(d) 대신에

해설 화장실에 자주 가야 하는 증상 때문에 중요한 순간을 놓치는 예시를 제시하는 내용이다. 요로 감염증인지 의사에게 진찰을 받으라는 권고가 이어지므로 중요한 순간을 놓치는 (d)의 대신에라는 말이 알맞다.
rush off 급히 떠나다 crucial 중요한 score 득점하다 tournament 토너먼트 miss out on ~을 놓치다 consult 상의하다 physician 내과 의사 symptom 증상 urinary tract infection 요로 감염증

정답 (d)

16

Modern Korean weddings are similar to Western weddings in many ways. The groom wears a tuxedo and the bride wears a white gown. Ceremonies are often held in ballrooms or churches. They are followed by a reception and wedding feast. _____, many aspects of the Korean wedding are different from their Western counterpart. For example, many elements of traditional Korean weddings remain, such as the exchange of gifts, cash, and household goods between the two families. Also, the smaller ceremony held between the married couple and their parents is not seen in the West.

(a) Similarly
(b) Regardless
(c) Conversely
(d) Furthermore

번역 현대 한국의 결혼식은 여러 면에서 서구 결혼식과 비슷하다. 신랑이 턱시도를 입고 신부가 흰 드레스를 입는다. 예식은 주로 연회장이나 교회에서 거행된다. 리셉션과 결혼 피로연이 이어진다. 반대로, 한국 결혼식의 많은 부분이 서구의 결혼식과 다르기도 하다. 예를 들어, 두 집안 간의 선물이나 현금, 가정용품의 교환과 같은 전통적인 한국 결혼식의 여러 요소들이 있다. 또한, 신랑 신부와 부모 사이에 거행되는 보다 작은 의식은 서구에서는 찾아볼 수 없다.

(a) 비슷하게
(b) 상관없이
(c) 반대로
(d) 더욱이

해설 현대 한국의 결혼식과 서구의 결혼식을 비교·대조하는 내용이다. 우선 비슷한 점으로 신랑과 신부의 복장과 예식 장소와 행사 내용 등을 들고 있고, 그 다음 다른 점으로 예단과 폐백에 대해 나열하고 있다. 이 두 부분을 이어주는 접속사로 적당한 것은 역접의 (c) Conversely이다.
be similar to ~와 비슷하다 groom 신랑 tuxedo 턱시도 bride 신부 gown 드레스 ceremony 예식 ballroom 연회장 reception 리셉션, 연회 feast 축하연 counterpart 대응, 대상 exchange 교환 household goods 가정용품

정답 (c)

ACTUAL TEST 12 — Part 2

17

A study into what went wrong on BP's oil drilling well in the Gulf of Mexico shows that no-one was really in command on the rig. Interviews with workers yielded different answers to simple questions. One response from a worker is a good example of how things went wrong. He said, "it was generally understood who was in charge." Something so simple as who was the boss on the rig should have been easy to answer. But this gives insight into what led to the worst oil leak in American history.

Q: What is the best title for the article?
(a) Workers' Confusion Caused Massive Oil Leak
(b) Need for Government Oversight on Oil Rigs
(c) Gulf of Mexico Experiences Worst Oil Spill
(d) Lack of Leadership Results in Oil Disaster

번역 멕시코 만에서 있었던 BP의 기름 시추 작업에 어떤 문제가 있었는지에 관한 조사에서 정작 아무도 굴착 장치를 지휘하지 않았음을 밝혀냈다. 직원들과의 면담에서 간단한 질문에 서로 다른 답들이 나왔다. 한 직원의 응답은 어떻게 문제가 생기게 되었는지를 시사한다. 그는 "누가 책임자인지 대개는 알고 있었죠"라고 말했다. 굴착 장치의 상관이 누구냐와 같은 간단한 것은 분명한 대답이 바로 나왔어야 했다. 그러나, 이것은 무엇이 미국 역사에 있어서 최악의 기름 유출에 이르게 했는지 알게 해준다.

Q: 기사의 가장 적합한 제목은?
(a) 대규모 기름 유출을 일으킨 직원들의 혼동
(b) 기름 굴착 장치에 관한 정부 관리의 필요성
(c) 멕시코 만이 최악의 기름 유출을 겪다
(d) 통솔력 부족이 기름 재난을 만들다

해설 첫 문장에서 사고와 그 문제점이 제시되고 있다. no-one was really in command on the rig에서 책임 소지가 분명하지 않은 상황이 사고의 원인임을 알 수 있다. 또한 누가 굴착 장치에 있어 상관인가는 애매했다는 설명을 통해 통솔력의 부족이 재난을 불러왔다는 (d)가 기사의 제목으로 적절함을 알 수 있다.

drilling 시추 gulf 만 in command 지휘하는 rig 굴착 장치 yield 내다, 생산하다 be in charge 책임을 지다 give insight 통찰력을 주다 leak 유출 massive 대규모의 oversight 관리 spill 유출 disaster 재난

정답 (d)

18

Have you been working long and tedious hours, day after day for too many months with no break? With flights starting at just $85 one-way, Northwest Airlines should be your first choice for that vacation getaway you deserve! Northwest flies into all major US cities at cut rate prices. We're so sure that you'll get the cheapest seat that we offer a price match guarantee on all tickets. Just because there is a slump in the economy doesn't mean you should suffer. Check out our flight options today!

Q: What is mainly being advertised?
(a) An airline's price match guarantee
(b) A special offer which will end soon
(c) An airline with everyday low-price fares
(d) A website which compares different flights

번역 아주 여러 달 동안 매일, 길고 지루한 시간을 쉬지 않고 일해 왔나요? 노스웨스트 항공사의 편도 85달러부터 시작되는 항공편은 당신 휴가를 위한 최선의 선택일 것입니다! 노스웨스트는 할인 가격으로 미국 주요 도시로 운항합니다. 모든 항공권을 최저가로 제공하기에 가장 저렴한 좌석을 반드시 얻게 되실 것입니다. 경제 침체가 있다고 해서 괴로워하고 있어야 하는 것은 아닙니다. 오늘 저희 항공편 선택 사항들을 확인해 보세요!

Q: 주된 광고 내용은?
(a) 항공사의 최저가 보장
(b) 곧 마감되는 특가 판매
(c) 상시 저가 요금의 항공사
(d) 여러 항공편을 비교하는 사이트

해설 할인 가격의 항공편을 보유하고 있는 노스웨스트 항공사에 대한 광고이다. 모든 항공권에 최저가 보장을 해주고 있어서 가장 저렴한 좌석을 얻을 수 있다고 강조하고 있으므로 광고하는 것은 (c)의 상시 저가 요금의 항공사임을 알 수 있다. 특정 기간 동안의 특가 판매가 아니므로 (b)는 답이 될 수 없다.

tedious 지루한 break 휴식 getaway 휴가 deserve ~할 자격이 있다 cut rate 할인 가격 price match guarantee 최저가 보장 slump 침체 suffer 괴로워하다 special offer 특가 판매 fare 요금

정답 (c)

19

The Bronze Age was superseded by the Iron Age in the year 12 BC with the invention of new smelting techniques. These allowed for a hotter furnace that made iron, which has a higher melting point than bronze, a workable material. The era saw a mass spread of weaponry and tools as the forging of iron allowed for large scale production. During this period, clan-based societies were subsumed by newly formed sovereign states with more and stronger weapons for use in battles. Ancient cultures were wiped out along with many polytheistic religions.

Q: What is the passage mainly about?
(a) The replacement of bronze by iron weapons
(b) Changes that came with the advent of iron
(c) The correlation between iron and power
(d) Metallurgy after the year 12 BC

번역 청동기 시대는 새로운 제련 기술의 발명으로 BC 12년에 철기 시대로 대체되었다. 이 제련 기술은 철기를 만드는 보다 뜨거운 용광로를 가능하게 했는데, 이 철기는 당시 재료로 사용된 청동보다 녹는점이 더 높다. 철을 벼리는 기술이 대규모 생산을 가능하게 함에 따라 이 시대에는 무기류와 도구의 대량 확산이 있었다. 이 시기 동안 씨족 기반 사회는 전투에서 쓸 보다 많고 강력한 무기를 가진 새로 형성된 군주국에 의해 포섭되었다. 고대 문화는 여러 다신 종교와 함께 소멸되었다.

Q: 지문의 주된 내용은?
(a) 청동기의 철기 무기로의 대체
(b) 철기의 도래와 함께 생긴 변화
(c) 철기와 권력의 상관관계
(d) BC 12년 이후의 금속공학

해설 청동기에서 철기 시대로 바뀌면서 대규모 생산이 가능해져서 무기와 도구가 대량으로 쓰이게 되었고, 씨족 기반 사회에서 전투에 유리한 무기를 다수 가진 군주국으로 흡수되었다는 내용이다. 이는 철기의 도래에 따른 변화이므로 (b)가 정답이다.
Bronze Age 청동기 시대 supersede 대체하다 Iron Age 철기 시대 smelt 제련하다 allow for ~을 가능하게 하다 furnace 용광로 era 시대 weaponry 무기 forge (금속을) 벼리다 clan-based 씨족 기반의 subsume 포섭하다 sovereign state 군주국 wipe out 소멸시키다 polytheistic 다신교의 replacement 대체 advent 도래, 출현 correlation 상관관계 metallurgy 금속 공학

정답 (b)

20

The Borden Public Library will be holding its annual book auction on Saturday, May 19 at 2:00 p.m. New books as well as many rare and unique books will be auctioned off to benefit homeless shelters in the area. There are plenty of people who need our help, and this is your chance to buy great books for very low prices. The event will end at 8:00 p.m. so you'll have plenty of time to get to it. Also, the library is providing free coffee and punch, so don't miss this chance to help our community.

Q: What is the announcement mainly about?
(a) The types of library books to be auctioned
(b) A library event to help the neighborhood
(c) Helping the homeless near the library
(d) A fundraiser to help the library

번역 보든 공립 도서관은 5월 19일 토요일 오후 2시에 연례 책 경매를 개최할 것입니다. 여러 희귀하고 독특한 책뿐만 아니라 새 책도 지역 노숙자 보호소를 돕기 위해 경매에 나오게 될 것입니다. 우리의 도움을 필요로 하는 수많은 사람들이 있고, 이는 아주 저가에 좋은 책을 살 수 있는 기회입니다. 행사는 오후 8시에 끝나므로, 충분한 시간이 있을 것입니다. 또한, 도서관에서 무료 커피와 펀치도 제공하니 우리 지역 사회를 도울 이번 기회를 놓치지 마세요.

Q: 공고문의 주된 내용은?
(a) 경매될 도서관 책의 종류
(b) 이웃을 돕기 위한 도서관 행사
(c) 도서관 주변의 노숙자 돕기
(d) 도서관을 도울 기금 모금 행사

해설 도서관에서 열리는 책 경매 행사에 관한 것이다. 책의 종류와 경매 행사의 모금이 쓰이는 곳, 행사 개최 시간과 혜택을 소개하고 있으므로 주된 내용은 이웃을 돕기 위한 도서관 책 경매인 (b)가 정답이다.
annual 연례의 auction 경매 as well as ~뿐만 아니라 rare 희귀한 homeless shelter 노숙자 보호소 punch (프루트) 펀치 fundraiser 모금 행사

정답 (b)

21

A recent report about Arlington National Cemetery in Washington D.C. has shown gross negligence in the handling of the deceased. The report found that bodies were in graves which were supposed to be empty, other graves could not be identified, and some cremated remains were simply left on a dirt pile. This is no way to handle the legacy of America's fallen soldiers. The cause was found to be that the cemetery was still using pen and paper rather than computers to keep records. This is not good enough for a cemetery which handles up to 30 burials per day.

Q: What is the passage mainly about?
(a) High workload at a national cemetery
(b) The need for new guidelines at cemeteries
(c) Inadequate processing of soldiers' remains
(d) Overhauling the handling of military records

번역 워싱턴 DC에 있는 알링턴 국립 묘지에 대한 최근 보도는 고인들 관리에 심한 태만을 지적했다. 보도는 비어 있어야 하는 무덤에 시체가 있고, 다른 무덤은 식별할 수가 없으며, 일부 화장 잔해가 흙더미 위에 놓여져 있는 것을 발견했다. 이것은 미국의 전사한 병사들의 유산을 다루는 예가 아니다. 기록하는 데 컴퓨터가 아닌, 펜과 종이를 아직까지 사용한다는 사실도 밝혀졌다. 이는 하루에 30개에 이르는 매장을 처리하는 묘지로서 바람직하지 않다.

Q: 지문의 주된 내용은?
(a) 국립 묘지의 많은 업무량
(b) 묘지의 새 지침에 대한 필요성
(c) 병사 유골의 부적절한 처리
(d) 군사 기록 관리에 대한 총점검

해설 첫 문장에서 보도의 내용을 요약하고 있음에 주목해야 한다. 고인의 관리가 태만한 국립 묘지의 문제점을 고발하고 있다. 무덤의 관리 상태와 기록 관리의 문제점 등을 상술하고 있으므로 주된 내용은 (c)가 적당하다.

cemetery 묘지 **gross** 심한 **negligence** 태만, 부주의 **the deceased** 고인 **grave** 무덤 **be supposed to** ~하기로 되어 있다 **empty** 텅 빈 **identify** 식별하다 **cremated remains** 화장 잔해 **pile** 더미 **legacy** 유산 **up to** ~까지 **burial** 매장, 장례 **workload** 업무량 **guideline** 지침, 정책 **inadequate** 부적절한 **overhaul** 총점검, 정밀 검사 **military** 군사의

정답 (c)

22

Leaving a career in television journalism, Gordon Brown moved up quickly through the ranks of British politics as a member of the Labour Party. He worked closely with Tony Blair through the latter's ten years as prime minister. When Blair chose to step down, Brown was the logical choice to replace him. In elections, the Labour Party won again and Brown became prime minister on June 27, 2007. It was his dream to retain that office for a long time, but the 2010 election resulted in a hung parliament and Brown eventually resigned as prime minister on May 11 of that year.

Q: What is the best title for the passage?
(a) Gordon Brown's Short Stint in Office
(b) History of the Labour Party in the 2000's
(c) Recent Election Shakes Up British Politics
(d) Run Up to Brown's Election as Prime Minister

번역 고든 브라운은 텔레비전 언론 분야를 떠나 노동당 일원으로서 영국 정치가 서열에서 빠르게 높이 자리매김했다. 그는 토니 블레어가 총리로 있던, 후반 10년 동안 그의 가까이에서 일했다. 블레어가 사임하기로 결정했을 때 브라운은 그를 대신할 논리적인 선택안이었다. 선거에서 노동당은 다시 승리했고 브라운은 2007년 6월 27일에 총리가 되었다. 그의 꿈은 직위를 오래 보유하는 것이었으나, 2010년 선거가 절대 다수당이 없는 의회로 결론이 났고 브라운은 결국 그 해 5월 11일 총리직을 사임했다.

Q: 지문의 가장 적합한 제목은?
(a) 고든 브라운의 짧은 공직 기간
(b) 2000년대 노동당의 역사
(c) 영국 정치를 흔든 최근 선거
(d) 브라운의 총리 선거 운동

해설 고든 브라운이 노동당의 일원으로 성장하여 토니 블레어와 가까이에서 일했고 마침내 2007년에 총리직에 올랐으나 2010년 사임하게 되었다는 내용을 제시하고 있다. (a)의 고든 브라운의 짧은 임직 기간이 가장 적절한 제목이다. 선거 운동을 다루지 않으므로 (d)는 답이 될 수 없다.

journalism 저널리즘, 언론계 **rank** 지위 **politics** 정치 **Labour Party** 노동당 **prime minister** 총리, 수상 **step down** 사직하다 **logical** 논리적인 **election** 선거 **retain** 보유하다 **hung parliament** 절대 다수당이 없는 의회 **resign** 사임하다 **stint** 할당된 기간 **run up** (선거) 준비 기간, 활동 기간

정답 (a)

23

George Washington Carver was among the few African-Americans to attain a college degree in the early 20th century. Carver always had a passion for learning. He lived with his poor aunt and uncle in order to attend school, and he had to work odd jobs to pay for his books. He had health problems as a child, so he would often work in his house with plants. Neighbors referred to him as the Plant Doctor. He graduated from Iowa State College and became a professor at the Tuskegee Institute where he did his famous research on the different uses of peanuts.

Q: Which of the following is correct according to the passage?
(a) Carver had wealthy relatives.
(b) Carver funded his own education.
(c) Carver worked on a farm for money.
(d) Carver developed a new kind of peanut.

번역 조지 워싱턴 카버는 20세기 초반에 대학 학위를 얻은 몇 안 되는 아프리카계 미국인에 속했다. 카버는 항상 배우는 데 열정이 있었다. 그는 학교에 다니기 위해 가난한 이모와 삼촌과 함께 살았고, 책을 살 돈을 벌기 위해 잡다한 일을 해야 했다. 그는 어린 시절 건강 문제가 있어, 집에서 식물을 가지고 일하곤 했다. 이웃들은 그를 식물 박사라고 일컬었다. 그는 아이오와 주립 대학을 졸업해서 땅콩의 여러 가지 사용법에 관한 유명한 연구를 했다. 터스키지 연구소에서 교수가 되었다.

Q: 지문에 따르면 옳은 것은?
(a) 카버에게는 부유한 친척이 있었다.
(b) 카버는 자신의 교육비를 댔다.
(c) 카버는 돈을 벌기 위해 농장에서 일했다.
(d) 카버는 새로운 종류의 땅콩을 개발했다.

해설 카버는 학업을 위해 가난한 친척들과 같이 살았고, 책을 사기 위해 잡일을 해야 했다. 땅콩에 관한 연구를 했고, 집에서 일하기도 했다는 내용이므로 옳은 것은 자신의 교육비를 댔다는 (b)뿐이다.
degree 학위 **passion** 열정 **odd job** 잡다한 일 **refer to A as B** A를 B라 일컫다 **wealthy** 부유한 **relative** 친척

정답 (b)

24

For the first time in 49 years, the Chicago Blackhawks have won hockey's most coveted prize, the Stanley Cup. Defeating the Philadelphia Flyers last night by 4-3 in overtime, the Blackhawks bring the trophy back home to Chicago. Fans are elated as they have watched this team go from hated misfits of the sports world to champions in a matter of three years. And they are mostly a young team, with the game-winning goal being scored by a 21-year-old. The future looks bright for this Chicago team.

Q: Which of the following is correct according to the article?
(a) The Blackhawks finally met with defeat last night.
(b) Blackhawks fans were once again disappointed.
(c) Until recently the Blackhawks were disliked.
(d) All Blackhawks players are very young.

번역 49년 만에 처음으로 시카고 블랙호크스는 하키의 가장 탐내는 상인 스탠리 컵을 수상했다. 블랙호크스는 지난밤 필라델피아 플라이어스를 연장전에 4대 3으로 물리치고 트로피를 시카고로 다시 가져왔다. 팬들은 3년 만에 스포츠 세계의 미움을 받던 부적응자에서 챔피언으로 바뀐 이 팀을 보고 마냥 신이 났다. 그리고 그들은 21세로 결승골을 기록한 젊은 팀이다. 이 시카고 팀의 미래가 밝아 보인다.

Q: 기사에 따르면 옳은 것은?
(a) 블랙호크스는 지난밤 마침내 패배를 맞았다.
(b) 블랙호크스 팬은 다시 실망하게 되었다.
(c) 최근까지 블랙호크스는 환영을 받지 못했다.
(d) 모든 블랙호크스 선수들은 아주 젊다.

해설 블랙호크스 팀은 지난밤 49년 만에 우승을 하게 되었고, 팬들은 3년 전에는 형편없는 팀을 환영하지 않았지만, 이제 우승팀이 되어서 신이 나 있고, 21된 이 팀은 대체로 젊은 팀에 속한다고 했으므로 옳은 것은 (c)뿐이다. 선수들의 나이가 아니라 팀의 연혁을 가리킴에 유의해야 한다.
coveted 탐내는 **defeat** 물리치다, 이기다 **overtime** 연장전 **trophy** 트로피, 우승컵 **elated** 마냥 신이 난 **misfit** 부적응자 **mostly** 대체로, 거의 **game-winning** 결승의

정답 (c)

25

Born in 1820, Auguste Rodin was a French sculptor who is most famous for his work *The Thinker*, a bronze sculpture of a seated man who is deep in thought. Rodin has been called both "Michelangelo reincarnated" and the creator of modern sculpture. His work emphasized facial expressions and he often would sculpt the head to a slightly larger scale because he felt it was most important. He was praised as having a divine hand for his ability to give life to inanimate objects such as clay and stone.

Q: Which of the following is correct about Rodin according to the passage?
(a) His subjects were mostly animals.
(b) His sculpture is the first modern variety.
(c) He did not pay much attention to bodies.
(d) He worked only with clay and bronze materials.

번역 1820년 태어난 오귀스트 로댕은, 깊은 생각에 빠져 앉아 있는 남자의 청동상인 〈생각하는 사람〉이라는 작품으로 매우 유명한 프랑스 건축가이다. 로댕은 '미켈란젤로의 환생'이며 현대 조각의 창시자라고 불렸다. 그의 작품은 얼굴 표정을 강조했고, 머리를 약간 더 큰 규모로 조각했는데 그가 이것을 가장 중요하다고 생각했기 때문이다. 그는 점토와 돌과 같은 무생물에 생명을 불어넣는 능력 때문에 신의 손을 가졌다고 칭송된다.

Q: 지문에 따르면 로댕에 대해 옳은 것은?
(a) 그의 주제는 대부분은 동물이었다.
(b) 그의 조각은 최초의 현대적인 작품이다.
(c) 신체에는 별로 관심을 두지 않았다.
(d) 점토와 청동 재료만을 가지고 작업했다.

해설 그의 작품은 신체에 관심을 두어 사람의 얼굴 표정을 강조했고, 머리가 약간 크게 표현되었으므로 (c)는 옳지 않다. 점토와 청동 재료만을 사용한 것이라는 언급은 없으며, 현대 조각의 창시자로 불리므로 (b)만 옳은 정보이다.

sculptor 조각가 **sculpture** 조각 **reincarnated** 환생한 **creator** 창조자 **facial** 얼굴의 **slightly** 약간 **praise** 칭찬하다 **divine** 신성의 **inanimate** 무생물의 **clay** 점토

정답 (b)

26

New Wowz Whitening toothpaste takes the whitening power of the dentist and infuses it into your daily routine. In just two weeks you can have teeth which are up to three shades whiter. Forget about high priced dentist visits. The goo-filled trays which dentists cram in your mouth for whitening taste bad and feel uncomfortable. Now you can make your teeth even whiter in your own home. Just brush two times a day and watch those yellow stains disappear. Try new Wowz Whitening toothpaste today!

Q: Which of the following is correct according to the advertisement?
(a) Wowz starts working after only one week.
(b) Dentists use trays when they do whitening.
(c) Wowz whitens almost as well as dentists.
(d) The product must be used three times a day.

번역 새로운 와우즈 미백 치약은 치과에서 하는 치아 미백을 일상 생활에서도 가능하게 만들었습니다. 단 2주면 3단계까지 밝은 치아를 가질 수 있습니다. 고가의 치과 진료는 잊으세요. 치과 의사들이 미백을 위해 입 안에 넣는 끈적끈적한 틀은 이상한 맛이 나고 불편합니다. 이제는 집에서도 치아를 보다 희게 만들 수 있습니다. 하루에 두 번 이를 닦고 노란 얼룩이 사라지는 것을 살펴보세요. 새로운 와우즈 미백 치약을 오늘부터 써보세요!

Q: 광고에 따르면 옳은 것은?
(a) 와우즈는 일주일 후면 효과가 시작된다.
(b) 치과 의사들은 미백을 할 때 틀을 사용한다.
(c) 와우즈는 거의 치과 의사만큼 미백 작용을 한다.
(d) 하루에 세 번 사용해야 한다.

해설 와우즈 미백 치약은 2주 후에 효과가 나타나고, 하루에 두 번씩 사용해야 하며, 치과 의사들은 미백 틀을 사용한다고 했으므로 옳은 정보는 (b)이다. 와우즈 치약과 치과 의사의 미백 효과는 비교된 바가 없으므로 (c)는 옳지 않다.

whitening 미백 **toothpaste** 치약 **infuse** ~을 스미게 하다 **routine** 반복되는 것 **shade** 색조 **goo-filled** 끈적한 것으로 채워진 **tray** 장치, 틀 **cram** 밀어 넣다 **stain** 얼룩

정답 (b)

27

In the past in America's western state of California, the land was fertile but lacking in water to irrigate that land. With just one small river and an ever-increasing population, Los Angeles was in serious trouble. One man by the name William Mulholland, Los Angeles's Water Superintendent, set out on an expedition to find water for California in the surrounding mountains. He eventually found a water source over 200 miles away. Over the next ten years with more than 5,000 workers, he built the California Aqueduct, saving California's agricultural industry and allowing it to support the state's sprawling metropolises.

Q: Which of the following is correct according to the passage?
(a) California's land used to be more fertile than now.
(b) Mulholland prevented annual water shortages.
(c) Mulholland led an expedition to find water.
(d) California's aqueduct was largely a failure.

번역 과거에 미국 서부 주인 캘리포니아 땅은 비옥하지만 개간하기에 물이 부족했다. 로스앤젤레스는 작은 강 하나와 계속 증가하는 인구 때문에 심각한 상태에 있었다. 로스앤젤레스의 수자원 감독관인 윌리엄 멀홀랜드가 캘리포니아의 주변 산에서 물을 찾기 위한 탐험을 시작했다. 그는 결국 200마일 이상 떨어진 곳에서 수원을 찾았다. 그는 이후 10년에 걸쳐 5,000명 이상의 직원들과 캘리포니아 송수로를 축조했으며, 캘리포니아 농업을 구하고 주의 확장되어 나가는 대도시들을 보조할 수 있게끔 했다.

Q: 지문에 따르면 옳은 것은?
(a) 캘리포니아의 땅은 과거에 지금보다 더 비옥했다.
(b) 멀홀랜드는 매해의 물 부족을 예방했다.
(c) 멀홀랜드는 물을 찾기 위한 탐험을 지휘했다.
(d) 캘리포니아의 송수로는 대체로 실패였다.

해설 캘리포니아 땅이 현재보다 과거에 비옥했다는 언급은 없으며, 멀홀랜드가 수원을 찾는 탐험을 이끌었으며, 캘리포니아 송수로를 축조했다는 내용이므로 옳은 것은 (c)뿐이다. 물 부족 사태를 예방한 것이 아니라 이미 심각한 상태였으므로 (b)는 답이 될 수 없다.
fertile 비옥한 irrigate 관개하다, 물을 대다 superintendent 감독관, 관리자 expedition 탐험 aqueduct 송수로 agricultural 농업의 sprawling 뻗어나가는

정답 (c)

28

Seoul's public subway system is unmatched by any other city in the country. Starting with a single line in 1974, engineers have not stopped extending lines and building additional ones. The Seoul Metro now has fourteen separate lines with more construction currently under way. Transporting more than eight million passengers per day, the subway has become the preferred mode of transport for Seoul's residents. The subway trains and stations have the most up-to-date technology and equipment and are constantly being improved.

Q: Which of the following is correct about Seoul's subways according to the passage?
(a) They are unmatched by any other country.
(b) They were mostly completed around 1974.
(c) They transport nine million people daily.
(d) They are updated on a regular basis.

번역 서울의 공공 지하철 체계는 국내 다른 도시와는 비교할 수가 없다. 1974년 하나의 노선에서 시작해 기술자들이 쉼 없이 노선을 확장하고 추가 노선을 건축했다. 서울 메트로는 현재 더 많은 공사가 진행 중인 상태로 14개의 별도 노선을 가지고 있다. 지하철은 하루에 8백만 명 이상의 승객을 수송하면서 서울 시민이 선호하는 교통 수단이 되었다. 지하철 객차와 역은 가장 최신 기술과 장비를 갖추고 있으며 지속적으로 향상되고 있는 중이다.

Q: 지문에 따르면 서울 지하철에 대해 옳은 것은?
(a) 다른 나라와는 같지 않다.
(b) 1974년 즈음에 거의 완성되었다.
(c) 매일 9백만 명을 수송한다.
(d) 정기적으로 증설되었다.

해설 서울 지하철은 국내 다른 도시와는 비교할 수 없게 다르며, 1974년에 하나의 노선으로 시작되어, 하루 8백만 명을 수송하며 지속적으로 증설되고 개선되고 있다고 했으므로 옳은 정보는 (d)이다.
unmatched 상대가 없는 extend 확장하다 additional 추가적인 separate 별개의 under way 진행 중인 transport 수송하다 preferred 선호하는 resident 거주자 up-to-date 최신의 equipment 도구, 장치 constantly 지속적으로 on a regular basis 정기적으로

정답 (d)

29

In 1873, the Russian author Leo Tolstoy started what was to become one of his most famous works, the fictional novel *Anna Karenina*. Anna, a wealthy young woman with high social standing, leaves her husband and child after meeting the charismatic military officer, Count Vronsky. Unsurprisingly, scandal and devastation ensue over the next 700-plus pages of this weighty book. Considered one of the greatest novels of all time, Tolstoy's dealings with this shocking subject matter garnered him acclaim and much criticism. His unflinching look into our most basic human nature also gives us a glimpse into 19th century Russian aristocracy.

Q: Which of the following is correct according to the passage?
(a) Tolstoy wrote *Anna Karenina* in the 1800s.
(b) Anna left Count Vronsky for another man.
(c) *Anna Karenina* came out posthumously.
(d) Tolstoy was celebrated by all for his book.

30

Dear Chartered Bank:

I have not received my new Sky Reward Miles debit card which I ordered from a personal banker at one of your branches. He assured me I would receive it within seven business days, but it has been over two weeks now and I still have no card. I really want to start earning rewards for my purchases, so can you please verify that the card has indeed been sent out? You have mailed things to the wrong address before and I'm starting to worry that it might have happened again.

Regards,
Judy Winkheimer

Q: Which of the following is correct according to the letter?
(a) Judy does not bank with Chartered Bank.
(b) Judy has waited three weeks for her card.
(c) The bank gave no estimated arrival time for the card.
(d) The bank previously had erroneous information.

31

The Large Hadron Collider (LHC) near Geneva, Switzerland is working to prove the existence of String Theory by smashing atoms together at ultra high speeds. String Theory states that the universe operates on many different plains of existence and is held together by what theorists call "strings." For now, there is no solid scientific evidence to support String Theory but scientists in Geneva hope to change all that. They are trying to catch an atomic particle right at the moment it forms, finally giving credence to the theory and silencing the many naysayers in the scientific community.

Q: Which of the following is correct according to the passage?
(a) The LHC is designed to disprove String Theory.
(b) String Theory is based on LHC atomic research.
(c) The number of plains of existence is inestimable.
(d) Many scientists now disagree with String Theory.

번역 스위스 제네바 근처에 있는 대형 하드론 충돌 가속기는 초고속으로 원자를 충돌시킴으로써 끈 이론의 실재를 입증하려고 연구 중이다. 끈 이론은 우주가 여러 다른 존재계 상에서 작동하며 이론가들이 부르는 '끈'으로 연결되어 있다고 주장한다. 현재로서는 끈 이론을 지지할 확고한 과학적인 증거는 없으나 제네바에 있는 과학자들은 그 모든 것이 바뀌게 되길 바란다. 그들은 마침내 이론에 대한 신빙성을 얻고 과학계의 많은 반대론자들을 침묵시키도록 원자 입자가 형성되는 바로 그 순간을 포착하려고 노력하고 있다.

Q: 지문에 따르면 옳은 것은?
(a) 대형 하드론 충돌 가속기는 끈 이론이 틀렸음을 입증하기 위해 만들어졌다.
(b) 끈 이론은 대형 하드론 충돌 가속기 원자 연구에 기반을 두었다.
(c) 존재계의 수는 예측 불가이다.
(d) 많은 과학자들이 현재 끈 이론에 찬성하지 않는다.

해설 대형 하드론 충돌 가속기는 끈 이론을 입증하기 위해 연구 중이며, 끈 이론을 입증하기 위해 원자 충돌 연구를 하는 것이며, 존재계의 수는 구체적으로 언급되지 않았으며, 반대론자들을 침묵시키겠다고 했으므로 옳은 정보는 (d)뿐이다.

collider 충돌기 **smash** 충돌시키다 **atom** 원자 **ultra high** 초고속의 **state** 주장하다 **plain** 계, 평원 **existence** 존재 **solid** 확고한 **evidence** 증거 **particle** 입자 **credence** 신빙성 **silence** (반대 의견을 말하지 못하게) 침묵시키다 **naysayer** 반대론자 **disprove** 틀렸음을 입증하다 **inestimable** 예측 불가한

정답 (d)

32

Research has shown that seniors who engage their brains have better short-term memory and decreased incidence of Alzheimer's Disease. After retirement, a person has fewer opportunities for problem-solving than do their working counterparts. Studies show that problem solving increases brain activity and improves brain elasticity, or the ability to learn new things. Games like crossword puzzles and brain teasers are effective against many brain ailments which many seniors experience as they settle into a more sedentary lifestyle.

Q: Which of the following is correct according to the passage?
(a) Seniors cannot protect themselves against Alzheimer's Disease.
(b) Puzzles and brain-teasers are best for brain engagement.
(c) Working decreases short-term memory loss in the aged.
(d) Problem-solving does not prevent brain ailments.

번역 연구에 따르면 뇌를 쓰는 노년층은 단기 기억이 더 우수하고 알츠하이머 병의 발병도 적다고 한다. 퇴직 이후에는 업무를 할 때보다 문제 해결 활동의 기회가 적다. 연구는 문제 해결 활동이 뇌의 활기를 증가시키고, 뇌 유연성 또는 새로운 일을 배우는 능력을 증진시킨다고 제시한다. 십자말풀이와 퍼즐과 같은 게임들은 노년층이 좀 더 안정적인 생활 방식에 안주하며 겪게 되는 여러 뇌 질환을 막는 데 효과적이다.

Q: 지문에 따르면 옳은 것은?
(a) 노년층은 알츠하이머 병에 맞서 자신을 보호할 수 없다.
(b) 십자말풀이와 퍼즐은 뇌 활동에 가장 좋다.
(c) 업무는 노년층에 있어서 단기 기억 상실을 줄여 준다.
(d) 문제 해결 활동은 뇌 질환을 예방하지 않는다.

해설 노년층에 있어서 뇌의 활동은 알츠하이머 병의 발생을 줄일 수 있고, 단기 기억을 좋게 해주고, 퍼즐 같은 게임들이 뇌 질환을 막는 데 효과적이라고 했으므로 옳은 정보는 (b)이다. 업무에서 하는 문제 해결 활동이 뇌의 활기를 증가시킨다고 했지 업무가 단기 기억 상실을 줄인다는 것은 아니므로 (c)는 답이 아니다.

senior 노년층 **engage** 쓰다, 참여시키다 **short-term** 단기의 **decrease** 줄이다 **incidence** 발생 정도 **Alzheimer's Disease** 알츠하이머 병 **retirement** 퇴직 **counterpart** 상대 **elasticity** 유연성 **brain teaser** 난제, 퍼즐 **ailment** 질환 **sedentary** 몸을 많이 움직이지 않는

정답 (b)

33

Dear Judge Arroyo,

I would like to take this opportunity to express my utmost appreciation for your work on the case of Kline vs Latimer. Despite a previous arbitration, the parties were still in dispute over the fees paid to a contractor to the sum of $45,000. Were it not for your intervention, the two would likely have ended up in another protracted court battle. My client was wary of anyone previously affiliated with the case, but your participation calmed him and assuaged his fears. Also, your work with the claims adjuster in getting them to pay an additional settlement was brilliant.

Sincerely,
Walker Reed, LL.M.

Q: Which of the following can be inferred from the letter?
(a) The case was never disputed in court.
(b) Judge Arroyo was not previously involved.
(c) Contractor fees were settled by earlier arbitration.
(d) An insurance company already paid out on the claim.

번역 아로요 판사님께

이 기회에 클라인 대 라티머 사건 처리에 대해 무한한 감사를 표현해 드리고 싶습니다. 이전의 중재에도 불구하고, 양쪽은 여전히 계약자에게 지불된 총액 45,000달러의 수수료에 대해 논쟁하고 있었습니다. 당신의 조정이 없었더라면 둘 다 법정 투쟁을 이어갔을 것입니다. 제 의뢰인은 이전에는 사건과 연계된 누구든 경계했으나, 당신의 개입으로 그는 안심하고 두려움을 누그러뜨렸습니다. 또한, 추가적인 합의금을 내도록 한 청구 사정인과의 작업도 훌륭했습니다.

워커 리드, LL.M. 드림

Q: 편지에서 유추할 수 있는 것은?
(a) 사건은 법정에서 논쟁을 벌이지 않았다.
(b) 아로요 판사는 이전에 연계되지 않았다.
(c) 계약 수수료는 이전의 중재로 조정되었다.
(d) 보험 회사는 이미 보상금 청구를 완납했다.

해설 마지막 문장에서 additional settlement라고 지칭하고 있는 것으로 보아 보험 회사는 이미 보상금을 냈고 이것에 대한 논란이었음을 알 수 있다. 추가적인 합의금을 더 내도록 했다고 했으므로 이미 완납했다는 (d)의 추론이 가능하다.
utmost 무한한 arbitration 중재 intervention 간섭, 조정 protracted 연장된 be wary of ~을 경계하다 assuage 누그러뜨리다 claim adjuster 청구 사정인

정답 (d)

34

Consistently rated as the best in Bangkok, The Oriental is one of Thailand's premier hotels. Themed rooms pay homage to the famous authors, painters, and politicians who have stayed in the hotel over the past 134 years. In addition to its rich history, the hotel presents daily lectures on Thai customs by esteemed scholars. And the kitchen offers classes on the intricacies of Thai cooking while the massage parlor rubs away the stresses of a day in bustling Bangkok. Not many would visit a city simply to stay at a hotel, but The Oriental is no ordinary hotel.

Q: Which of the following can be inferred from the passage?
(a) The Oriental is part of a worldwide chain.
(b) Tourists visit Bangkok just for The Oriental.
(c) Other hotels in Bangkok offer similar services.
(d) People must be guests at the hotel to attend classes.

번역 오리엔탈은 꾸준히 방콕에서 최고인 것으로 평가되는 태국 최고의 호텔 중 하나이다. 테마가 있는 객실은 지난 134년에 걸쳐 그 호텔에 묵었던 유명한 작가와 화가, 정치인에게 경의를 표한다. 풍부한 역사에 더하여, 이 호텔은 저명한 학자들에 의한 태국 관습에 관한 강의를 매일 선보인다. 마사지실이 북적거리는 방콕에서 하루간의 스트레스를 씻어 주는 동안 식당에서는 태국 요리의 복잡한 사항에 관한 강의가 제공된다. 오리엔탈이 평범한 호텔이었다면 그렇게 많은 사람들이 단지 이 호텔에 묵기 위해 도시를 찾지는 않을 것이다.

Q: 지문에서 유추할 수 있는 것은?
(a) 오리엔탈은 세계 지역 체인의 일부이다.
(b) 관광객들은 단지 오리엔탈을 위해 방콕을 방문한다.
(c) 방콕의 다른 호텔들은 비슷한 서비스를 제공한다.
(d) 강의를 들으려면 호텔의 투숙객이어야만 한다.

해설 마지막 문장에서 오리엔탈 호텔이 특별하기 때문에 많은 사람이 이 호텔에 묵겠다는 이유만으로 방콕을 찾는다는 것을 유추할 수 있으므로 (b)가 정답이다. 마지막 문장에 but은 '~이 없다면'의 뜻으로 가정법 문장을 이루고 있음에 유의한다.
consistently 지속적으로 rate 평가하다 premier 최고의 themed 주제가 있는 pay homage to ~에게 경의를 표하다 author 작가 politician 정치가 esteemed 존경을 받는 intricacies 복잡한 사항 parlor 시술실 rub away 문질러 없애다 bustling 북적거리는

정답 (b)

35

Ranging from mild to wild, Dogs&Hair can get your dog trimmed up any way you want. Operating in the neighborhood for over 10 years, we're the reliable dog groomers with a proven record of excellence. Whether you want a simple wash, or a full cut and dye, Dogs&Hair can cater to all of your pet's needs. We offer competitive pricing, and check the newspaper for discount coupons. The next time your dog needs a grooming, call us at 630-555-9687.

Q: What can be inferred from the advertisement?
(a) Dogs&Hair is a home business.
(b) Dogs&Hair offers grooming for all pets.
(c) This advertisement was not in a newspaper.
(d) The advertisement is a first for Dogs&Hair.

번역 독스앤헤어에서는 온갖 종류로 다양하게 당신의 애견을 원하시는 대로 손질해 드립니다. 저희는 10년이 넘게 인근에서 영업하고 있으며, 우수함이 입증된 실적을 가진 믿을 만한 애견 미용업체입니다. 간단히 목욕이나 전체 털 깎기와 염색을 원하더라도, 저희 독스앤헤어는 애견의 요구를 다 맞춰 줍니다. 저희는 경쟁력 있는 가격을 제공하고 있습니다. 신문의 할인 쿠폰을 확인해보세요. 여러분 애견의 털 손질이 필요할 때, 630-555-9687로 전화주세요.

Q: 광고에서 유추할 수 있는 것은?
(a) 독스앤헤어는 재택 사업이다.
(b) 독스앤헤어는 모든 애완동물을 위한 털 손질을 제공한다.
(c) 이 광고는 신문에 나온 것이 아니다.
(d) 독스앤헤어의 첫 번째 광고이다.

해설 마지막 두 번째 문장의 and check the newspaper for discount coupons에서 지금 이 광고가 실린 곳이 신문이 아니라는 것을 알 수 있으므로 (c)가 정답이다.
range from A to B A에서부터 B에까지 다양하다 trim up 손질하다. 다듬다 operate 영업하다 reliable 믿을 만한 dog groomer 애견 미용사 dye 염색 cater to ~을 충족시키다. 구미에 맞추다 competitive 경쟁력이 있는

정답 (c)

36

Since global warming has been proven to be an effect of humans, scientists are taking a more proactive approach to reversing this catastrophe. Many activists have propounded ways to decrease greenhouse gases such as driving less and getting rid of aerosol cans. But these do nothing to undo the existing damage. Scientists theorize that we can take steps to reverse the problem. One experimental method involves large offshore towers which vaporize water to make clouds. The clouds shield the earth from the sun's rays and remove greenhouse gases from the atmosphere in the form of rain.

Q: What can be inferred from the passage?
(a) Scientists have no sure way to solve global warming.
(b) Activists think experimental methods will not work.
(c) Having fewer cars can reverse global warming.
(d) Using offshore towers will prove effective.

번역 세계 온난화가 인간의 영향임이 입증되었기 때문에 과학자들은 이 재앙을 역전시킬 사전 대책을 강구하는 접근을 취하고 있다. 많은 운동가들은 운전을 줄이거나 에어로졸 캔을 없애는 것과 같이 온실 가스를 줄이는 방법을 제기했다. 그러나, 이들은 현존하는 피해를 원상태로 돌리지는 못했다. 과학자들은 문제를 역전시킬 수 있는 조치를 취할 수 있다는 이론을 제시한다. 한 실험적인 방법에는 구름을 만들 수 있게 물을 증발시키는 커다란 해양 탑이 포함된다. 구름은 태양 빛으로부터 땅을 보호하고 비의 형태가 되어 대기로부터 온실 가스를 없앤다.

Q: 지문에서 유추할 수 있는 것은?
(a) 과학자들에게 세계 온난화를 해결할 확실한 방법은 없다.
(b) 운동가들은 실험적인 방법들이 효과가 없을 거라고 생각한다.
(c) 차를 적게 소유하는 것이 세계 온난화를 역전시킬 수 있다.
(d) 해양 탑을 사용하는 것은 효과가 있다고 판명될 것이다.

해설 과학자들이 세계 온난화 문제를 뒤바꿀 여러 가지 접근을 하고 있다는 내용이다. 온실 가스를 줄이기 위한 방법들이 제기되었지만 해결책이 못 되었고, 과학자들은 구름을 만드는 해양 탑을 만들어 이 문제점을 해결할 수 있다는 이론을 제시하고 있는 단계이며 확실한 해결책은 없다는 (a)를 유추할 수 있다.
global warming 세계 온난화 proactive 주도하는 reverse 뒤바꾸다, 역전시키다 catastrophe 재앙, 참사 activist 운동가 propound 제기하다 get rid of ~을 없애다 aerosol 에어로졸, 연무제 undo 원상태로 돌리다 theorize 이론을 제시하다 offshore 연안의 vaporize 증발시키다 shield 보호하다 atmosphere 대기 effective 효과적인

정답 (a)

37

The South American country of Peru is home to one of the world's most important forest preserves. Encompassing the high arid peaks of the Andes Mountains down through low rainforests, the Manu National Park contains more biodiversity than any other park in the world. With more than 1,000 different bird species, 13 species of monkeys, and over 20,000 species of plants, the park is a biology lover's dream! There they can find forms of life that can no longer be found in any other part of the Amazon rainforest.

Q: What can be inferred from the passage?
(a) The Amazon rainforest is only in Peru.
(b) Manu National Park is extremely hard to get to.
(c) Peru opened Manu National Park only recently.
(d) Manu National Park attracts many biology scientists.

번역 남아메리카 국가인 페루는 세계에서 가장 유명한 숲 보존지 중 하나이다. 마누 국립공원은 안데스 산맥의 높고 건조한 정상에서부터 저지대의 우림까지 아우르고 있어서, 세계 어느 나라 공원보다 더 큰 규모의 다양한 생물을 보유하고 있다. 1,000종 이상의 다양한 조류 종과 함께 13종의 원숭이와 20,000종 이상의 식물을 보유한 공원은 생물학 애호가들의 꿈 같은 곳이다! 거기에서 아마존 우림의 어느 곳에서도 더 이상 찾아 볼 수 없는 생물체들을 찾을 수 있다.

Q: 지문에서 유추할 수 있는 것은?
(a) 아마존 우림은 페루에만 있다.
(b) 마누 국립공원은 가기가 극도로 힘들다.
(c) 페루는 최근에 마누 공원만 개장했다.
(d) 마누 공원은 많은 생물학자들을 끌어 모은다.

해설 the park is a biology lover's dream!에서 다양한 생물 종을 보유하고 있는 이 국립공원에 많은 생물학자들이 찾아올 것임을 유추할 수 있으므로 정답은 (d)이다.
preserve 보존지 encompass 아우르다, 포함하다 arid 건조한 peak 정상 rainforest (열대) 우림 contain 보유하다 biodiversity 생물 다양성 lover 애호가 extremely 극도로, 심히 attract 끌어들이다

정답 (d)

ACTUAL TEST 12   Part 3

38

US airports are cracking down on would-be terrorists with new full-body scanners. (a) The new scanners will replace the old metal detectors, but they have their critics. (b) Some experts say they will make it easier to sneak weapons on-board. (c) Metal detectors could detect metal objects but not liquids. (d) Some fear the new machines will not detect explosives in the shape of a bra or girdle.

번역 미국 공항은 새로운 전신 스캐너를 가지고 잠재적인 테러리스트를 엄중 단속하고 있다. (a) 새로운 스캐너가 이전 금속 탐지기를 대체하는 것을 비판하는 사람들도 있다. (b) 일부 전문가들은 무기를 기내로 잠입하기 더 쉬워질 것이라고 한다. (c) 금속 탐지기는 금속 물체를 탐지할 수 있으나 액체는 할 수 없었다. (d) 일부는 새로운 기계가 브래지어나 거들 형태의 폭발물을 탐지할 수 없을 것이라고 염려한다.

해설 새로 도입되는 전신 스캐너에 대한 반대 의견을 다루는 내용이다. 전신 스캐너의 문제점을 제시하는 내용의 흐름 상 금속 탐지기의 문제점을 설명하는 (c)는 어울리지 않는다.
crack down 엄중 단속하다 would-be ~이 되려고 하는 replace 대체하다 detector 탐지기 expert 전문가 sneak 몰래 가져가다 weapon 무기 on-board 기내의 liquid 액체 fear 우려하다, 염려하다 explosive 폭발물

정답 (c)

39

In a meeting with more than 10,000 priests, Pope Benedict XVI reaffirmed the church's commitment to priestly celibacy. (a) This was the largest ever meeting of Roman Catholic priests. (b) Some feared the Pope would change the church's official view. (c) Many have said that celibacy is the cause of recent sexual abuse scandals. (d) But the Pope has upheld tradition stating celibacy is made possible by God.

번역 교황 베네딕트 16세는 만 명 이상의 사제들과의 만남에서 사제의 금욕주의에 대한 교회의 신념을 재차 확인했다. (a) 이것은 로마 가톨릭 모임 중에 가장 큰 것이었다. (b) 몇몇은 교황이 교회의 공식적인 입장을 바꾸게 될까 봐 우려했다. (c) 많은 사람들은 금욕이 최근의 성적 학대 스캔들의 원인이라고 했다. (d) 그러나, 교황은 금욕이 신에 의해 가능하다고 명시하고 있는 전통을 옹호했다.

해설 교황이 대규모 모임에서 기존 교회의 신념인 사제의 금욕에 대해 재차 확인했다는 내용이다. 일부의 우려와 주장에 대해 제시하고 나서 교황의 발표를 다시 강조하는 내용의 흐름에, 모임이 큰 규모라는 내용인 (a)는 어울리지 않는다.

priest 신부, 사제   Pope 교황   reaffirm 재차 확인하다
commitment 신념   celibacy 금욕, 독신   sexual abuse 성적 학대   uphold 옹호하다   state 진술하다

정답 (a)

40

No group has yet claimed responsibility for a car bomb which exploded near a US Army base in western Baghdad. (a) The car was parked near a busy marketplace and the blast killed 10 people and wounded 30 more. (b) Army soldiers, Iraqi militiamen, and many civilians—including women and children—were among the wounded. (c) This is the fourth attack of this type in three months on the base, which has seen increased violence in recent months. (d) Soldiers are switching tactics as they continue to clash throughout the country.

번역 바그다드 서부에 있는 미국 육군 기지 근처에서 폭발한 자동차 폭탄에 대해 아직까지 아무 집단도 책임을 주장하지 않았다. (a) 차는 붐비는 시장 근처에 주차되어 있었고, 폭발에서 10명이 죽고 30명 이상이 부상을 당했다. (b) 사상자 중에는 육군 병사들과 이라크 민병대, 여성과 아이들을 포함한 많은 민간인들이 있었다. (c) 이번 공격은 석 달 내 기지에서 일어난 네 번째 폭탄 공격이었고, 최근 몇 달간 폭력이 증가세를 보였다. (d) 군사들은 국내 전역에서 지속적으로 격돌하게 되자 전략을 바꾸고 있다.

해설 바그다드 미 육군 기지 근처에서 발생한 자동차 폭발 사고에 관한 내용이다. 사고가 난 장소와 사상자, 사망자 및 공격 횟수에 관한 세부 정보를 나열하고 있는 흐름이다. 군사 전략의 변화에 대한 내용인 (d)는 이 흐름과 무관하다.

explode 폭발하다   base 기지   marketplace 시장   blast 폭발   militiamen 민병대   civilian 민간인   wounded 부상을 입은   attack 공격   violence 폭력   switch 바꾸다   tactic 전략   clash 충돌하다

정답 (d)

i-TEPS REVIEW

국내 최초 통합 영어능력 평가
integrated-TEPS

⇨ **의사소통에 필요한 듣기, 말하기, 읽기, 쓰기 능력을 통합하여 평가한다.**

듣기, 말하기, 읽기, 쓰기 능력은 서로 밀접한 관계를 가진 요소로 듣기, 읽기 능력 혹은 말하기, 쓰기 능력만을 단순히 측정해서는 정확한 영어능력을 평가하기 어렵다. *i*-TEPS는 유기적인 연관성을 지닌 이 네 가지 의사소통 능력을 통합적으로 측정하여 수험자의 영어능력을 정확하게 평가한다.

⇨ **변별력과 신뢰도가 있는 시험이다.**

i-TEPS는 국내 최고 권위의 영어능력 평가로 듣기, 읽기 분야에서 탁월한 변별력을 인정받은 TEPS와 국내 최초 CBT 방식의 영어 말하기·쓰기 시험인 TEPS-Speaking & Writing의 성공 노하우를 바탕으로 개발되었다. 실전 영어능력을 보다 정밀하게 측정할 수 있도록 세분화된 채점 요소를 적용하고 있으며, 출제자와 채점자를 어학 분야의 최고 전문가들로 선정하여 높은 신뢰도와 탁월한 변별력을 지니고 있다.

⇨ **실전 영어능력을 측정한다.**

간단한 대화를 할 수 있는 능력부터 도표를 보고 발표하는 분석력과 구성력까지, 접하는 상황에 따라 필요한 영어능력도 다양하다. *i*-TEPS는 유학이나 비즈니스 등 특정한 분야에서의 영어 활용 능력을 집중적으로 평가하는 타 시험과는 달리, 비즈니스 상황을 포함한 다양한 영어 사용 환경을 재현하여 실질적으로 활용 가능한 영어능력을 평가한다.

⇨ **경제성과 효율성을 갖춘 시험이다.**

i-TEPS는 타 통합 영어능력 평가시험에 비해 응시료가 저렴하다. 한 번의 시험으로 듣기, 말하기, 읽기, 쓰기 능력을 종합적으로 평가하여 각각의 영역을 별도로 평가해야 하는 타 시험과 비교해도 응시료 부담이 적다. *i*-TEPS는 최소의 시간과 비용으로 수험자의 영어능력을 정확히 측정하는 높은 효율성을 갖춘 시험이다.

i-TEPS 영역별 유형 및 설명

i-TEPS는 기존의 TEPS와 TEPS-Speaking & Writing 시험을 토대로 듣기, 말하기, 읽기, 쓰기 능력을 종합적으로 측정하는 통합형 시험으로 개발되었다. Listening, Grammar & Vocabulary, Reading, Speaking, Writing의 5개 영역에 걸쳐 약 3시간 동안 진행되며, 총 143문항, 400점 만점으로 구성되어 있다.

영역		문제유형	문항수	시간		총점
Listening	Part 1	짧은 대화를 듣고 이어질 대화로 가장 적절한 답 고르기	15	35분		80점
	Part 2	긴 대화를 듣고 질문에 가장 적절한 답 고르기	15			
	Part 3	담화를 듣고 질문에 가장 적절한 답 고르기	10			
Grammar & Vocabulary	Part 1	대화문의 빈칸에 가장 적절한 답 고르기	15	20분		20점
	Part 2	단문의 빈칸에 가장 적절한 답 고르기	15			
	Part 3	대화문의 빈칸에 가장 적절한 어휘 고르기	15			20점
	Part 4	단문의 빈칸에 가장 적절한 어휘 고르기	15			
Reading	Part 1	지문을 읽고 빈칸에 가장 적절한 답 고르기	10	40분		80점
	Part 2	지문을 읽고 질문에 가장 적절한 답 고르기 (1지문 1문항)	19			
	Part 3	지문을 읽고 질문에 가장 적절한 답 고르기 (1지문 2문항)	6			
Speaking	Part 1	간단한 질문에 대답하기	1(3)		답변 10초	100점
	Part 2	소리내어 읽기	1	준비 30초	답변 45초	
	Part 3	일상 대화 상황에서 질문에 답하기	1(5)	준비 15초	답변 10초	
	Part 4	그림 보고 연결하여 이야기하기	1	준비 60초	답변 60초	
	Part 5	도표 보고 발표하기	1	준비 120초	답변 90초	
Writing	Part 1	받아쓰기	1	10분		100점
	Part 2	이메일 쓰기	1	15분		
	Part 3	의견 쓰기	1	30분		
계						400점

TEPS 등급표

등급	점수	영역	능력검정기준(Description)
1+급 Level 1+	901~990	전반	**외국인으로서 최상급 수준의 의사소통 능력** 교양 있는 원어민에 버금가는 정도로 의사소통이 가능하고 전문분야 업무에 대처할 수 있음. (Native Level of Communicative Competence)
1급 Level 1	801~900	전반	**외국인으로서 거의 최상급 수준의 의사소통 능력** 단기간 집중 교육을 받으면 대부분의 의사소통이 가능하고 전문분야 업무에 별 무리 없이 대처할 수 있음. (Near-Native Level of Communicative Competence)
2+급 Level 2+	701~800	전반	**외국인으로서 상급 수준의 의사소통 능력** 단기간 집중 교육을 받으면 일반분야 업무를 큰 어려움 없이 수행할 수 있음. (Advanced Level of Communicative Competence)
2급 Level 2	601~700	전반	**외국인으로서 중상급 수준의 의사소통 능력** 중장기간 집중 교육을 받으면 일반분야 업무를 큰 어려움 없이 수행할 수 있음. (High Intermediate Level of Communicative Competence)
3+급 Level 3+	501~600	전반	**외국인으로서 중급 수준의 의사소통 능력** 중장기간 집중 교육을 받으면 한정된 분야의 업무를 큰 어려움 없이 수행할 수 있음. (Mid Intermediate Level of Communicative Competence)
3급 Level 3	401~500	전반	**외국인으로서 중하급 수준의 의사소통 능력** 중장기간 집중 교육을 받으면 한정된 분야의 업무를 다소 미흡하지만 큰 지장 없이 수행할 수 있음. (Low Intermediate Level of Communicative Competence)
4+급 Level 4	201~400	전반	**외국인으로서 하급 수준의 의사소통 능력** 장기간의 집중 교육을 받으면 한정된 분야의 업무를 대체로 어렵게 수행할 수 있음. (Novice Level of Communicative Competence)
5+급 Level 5	10~200	전반	**외국인으로서 최하급 수준의 의사소통 능력** 단편적인 지식만을 갖추고 있어 의사소통이 거의 불가능함. (Near-Zero Level of Communicative Competence)

Memo

TEPS

Test of English Proficiency
developed by
Seoul National University

● 넥서스 수준별 TEPS 맞춤 학습 프로그램

서울대 기출문제

기출·독해

서울대 텝스 관리위원회 텝스 최신기출 1200제 2016 문제집 2 | 서울대학교 TEPS관리위원회 문제 제공 | 352쪽 | 19,500원
서울대 텝스 관리위원회 텝스 최신기출 1200제 2016 해설집 2 | 서울대학교 TEPS관리위원회 문제 제공 · 넥서스 TEPS연구소 해설 | 480쪽 | 25,000원
서울대 텝스 관리위원회 텝스 최신기출 1200제 2015-2016 문제집 | 서울대학교 TEPS관리위원회 문제 제공 | 352쪽 | 19,500원
서울대 텝스 관리위원회 텝스 최신기출 1200제 2015-2016 해설집 | 서울대학교 TEPS관리위원회 문제 제공 · 넥서스 TEPS연구소 해설 | 480쪽 | 25,000원
서울대 텝스 관리위원회 공식기출 1000 Listening | 서울대학교 TEPS관리위원회 문제 제공 | 432쪽 | 19,000원
서울대 텝스 관리위원회 공식기출 1000 Grammar | 서울대학교 TEPS관리위원회 문제 제공 | 188쪽 | 12,000원
서울대 텝스 관리위원회 공식기출 1000 Reading | 서울대학교 TEPS관리위원회 문제 제공 | 376쪽 | 16,000원
서울대 텝스 관리위원회 최신기출 1000 | 서울대학교 TEPS관리위원회 문제 제공 · 양준희 해설 | 628쪽 | 28,000원
서울대 텝스 관리위원회 최신기출 1200/SEASON 2~3 문제집 | 서울대학교 TEPS관리위원회 문제 제공 | 352쪽 | 19,500원
서울대 텝스 관리위원회 최신기출 1200/SEASON 2~3 해설집 | 서울대학교 TEPS관리위원회 문제 제공 · 넥서스 TEPS연구소 해설 | 472쪽 | 25,000원

실전 모의고사

실전·어휘

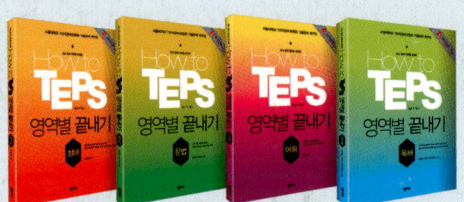 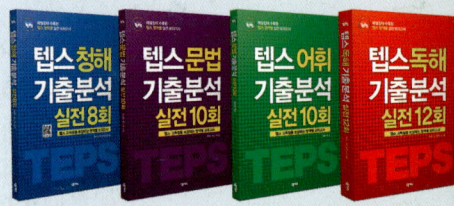

How to TEPS 영역별 끝내기 청해 | 테리 홍 지음 | 424쪽 | 19,800원
How to TEPS 영역별 끝내기 문법 | 장보금 · 써니 박 지음 | 260쪽 | 13,500원
How to TEPS 영역별 끝내기 어휘 | 양준희 지음 | 240쪽 | 13,500원
How to TEPS 영역별 끝내기 독해 | 김무룡 · 넥서스 TEPS연구소 지음 | 504쪽 | 25,000원

텝스 청해 기출 분석 실전 8회 | 넥서스 TEPS연구소 지음 | 296쪽 | 19,500원
텝스 문법 기출 분석 실전 10회 | 장보금 · 써니 박 지음 | 248쪽 | 14,000원
텝스 어휘 기출 분석 실전 10회 | 양준희 지음 | 252쪽 | 14,000원
텝스 독해 기출 분석 실전 12회 | 넥서스 TEPS연구소 지음 | 504쪽 | 25,000원

초급 (400~500점) | 중급 (600~700점)

영역별

 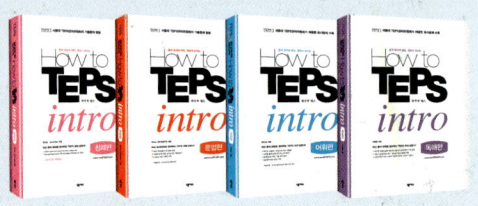 

How to TEPS intro 청해편 | 강소영 · Jane Kim 지음 | 444쪽 | 22,000원
How to TEPS intro 문법편 | 넥서스 TEPS연구소 지음 | 424쪽 | 19,000원
How to TEPS intro 어휘편 | 에릭 김 지음 | 368쪽 | 15,000원
How to TEPS intro 독해편 | 한정림 지음 | 392쪽 | 19,500원

How to TEPS 실전 600 어휘편 · 청해편 · 문법편 · 독해편 | 서울대학교 TE 관리위원회 문제 제공(어휘), 이기헌(청해), 장보금 · 써니 박(문법), 황수경 · 넥서스 TE 구소(독해) 지음 | 어휘: 15,000원, 청해: 19,800원, 문법: 17,500원, 독해: 19,00
How to TEPS 실전 700 청해편 · 문법편 · 독해편 | 강소영 · 넥서스 TEP 구소(청해), 이신영 · 넥서스 TEPS연구소(문법), 오정우 · 넥서스 TEPS연 (독해) 지음 | 청해: 16,000원, 문법: 15,000원, 독해: 19,000원

종합서

How to 텝스 뉴스타터 | 넥서스 TEPS연구소 지음 | 584쪽 | 25,900원
How to 텝스 초급용 모의고사 10회 | 넥서스 TEPS연구소 지음 | 296쪽 | 15,000원
How to 텝스 베이직 리스닝 | 고명희 · 넥서스 TEPS연구소 지음 | 320쪽 | 18,500원
How to 텝스 베이직 리딩 | 박미영 · 넥서스 TEPS연구소 지음 | 368쪽 | 19,500원

서울대학교 TEPS관리위원회 기출문제 재구성

최신 출제 경향을 반영한

How to TEPS
하우 투 텝스

영역별 끝내기

문제집 독해

TEPS 독해 준비도 검사를 위한 Pretest 제공
실제 시험 유형과 동일한 Actual Test 12회 수록

김무룡·넥서스 TEPS연구소 지음

넥서스

영역별 끝내기

Contents

Pretest	_2
Actual Test 1	_12
Actual Test 2	_30
Actual Test 3	_48
Actual Test 4	_66
Actual Test 5	_84
Actual Test 6	_102
Actual Test 7	_120
Actual Test 8	_138
Actual Test 9	_156
Actual Test 10	_174
Actual Test 11	_192
Actual Test 12	_210

Reading comprehension

Directions

This part of the exam tests your ability to comprehend reading passages. You will have 22 minutes to complete the 20 questions. Be sure to follow the directions given by the proctor.

Part I Questions 1–8

Read the passage. Then choose the option that best completes the passage.

1. Dr. Katherine Morrison at McMaster University argues that the fasting plasma glucose test, which is widely used for detecting prediabetes in children, is _____. This is mainly because the standard test often fails to identify the disease. For instance, in her study of 172 children, the fasting plasma glucose test could not detect 17% of the cases of prediabetes.

   (a) highly effective in diagnosing the disease
   (b) standardized in many ways
   (c) detested by a large number of doctors
   (d) problematic at best

2. Originally, the term "fan fiction" referred to science fiction works that were usually written by amateur writers. Such works appeared in science fiction fanzines. The _____ is, however, completely different. In the modern sense, fan fiction denotes those works that utilize the characters in TV drama series or novels to create additional stories reflecting the fans' imagination.

   (a) magazine industry
   (b) modern equivalent of the term
   (c) Western connotation of the term
   (d) modern usage of the term

3. A unique positioning strategy is an advertising strategy that makes people aware that a particular product boasts a unique feature. Of course, it _____. One of its advantages is that the strategy gets more consumers to buy the product. On the other hand, its main disadvantage lies in the fact that the original product tends to lose its uniqueness. This is mainly because other companies can copy the unique feature easily.

   (a) has provoked controversy among advertisers
   (b) has disadvantages as well as advantages
   (c) has strategic usefulness
   (d) leads to more consumption

4. According to Jimmy Dunn, the ancient Egyptians thought highly of the heart whereas they wrote the brain off as insignificant. They believed that all the important qualities of humans came from the heart through which people could hear from gods. It was also thought to connect all parts of the body together. On the other hand, the role of the brain was considered so trivial that _____.

   (a) it was thrown away during mummification
   (b) the Egyptians extolled its value in accumulating mucus
   (c) it was thought to be immortal by the Egyptians
   (d) it was believed to be closely connected with the heart

5. In his pilot study, Dr. Gaby Badre has found that excessive use of cell phones leads to insalubrious lifestyles among youngsters, such as seeking stimulants and having irregular sleep patterns. He analyzes that young people with such lifestyles are especially vulnerable to stress and fatigue. He is also concerned that such health risks will cause cognitive malfunctions. Therefore, Dr. Badre suggests that we take measures to make young people _____.

   (a) pursue more academic depth in their studies
   (b) realize the health risks of intensive cell phone use
   (c) take courses aimed at improving their cognitive skills
   (d) learn how to reduce stress in everyday life

6. As is widely known, the cetacean is a mammal in every sense of the word. Just like other mammals, cetaceans inhale air through their lungs and maintain a constant body temperature. In addition, they give birth to live young and feed them with their own milk. Interestingly enough, there is a difference between a cetacean and a fish in the shape of the tail. The tail of a cetacean, unlike that of a fish, forms a horizontal shape and moves vertically, which reminds us of the _____.

   (a) similarities between a cetacean and a fish
   (b) evolutionary features of cetaceans
   (c) feeding habits of land mammals
   (d) movement of the tail of a land mammal

7. For Bertolt Brecht, the alienation effect was _____.
   Of course, the use of distancing techniques such as exposure of stage props was aimed at "forcing" the audience to become acutely aware of the inauthenticity of theatrical performance. More importantly, however, Brecht's revolutionary methods were intended to alienate viewers from the stage performance, thus helping them analyze and understand political and social problems entailing complex relationships between reality and illusion.

   (a) solely for the purpose of pursuing beauty for its own sake
   (b) influenced by the political and social milieu of the 1930s
   (c) not merely an aesthetic technique but also a political strategy
   (d) motivated by his political ambition to revolutionize his country

8. Xingu Indian villages are composed of several dwellings called "long houses." The chief of a long house is in charge of the economic activities of its members. He makes decisions on various matters associated with planting and harvesting crops. _____, the chief of a Xingu Indian village plays a symbolic role as a sponsor of rituals. With the help of the village shaman, he encourages the villagers to attend major ceremonies and contributes to maintaining the traditions of the village.

   (a) In the end
   (b) By contrast
   (c) In fact
   (d) Furthermore

Part II Questions 9–18

Read the passage and the question. Then choose the option that best answers the question.

9. Although keenly aware of his discord with his peers, Robert Yard consistently adhered to aesthetic ideals for choosing national parks. Believing in the intrinsic value of America's national parks, Yard strongly objected to commercializing or industrializing them. Furthermore, he took part in various activities aimed at preserving wilderness areas. Thanks to these efforts, his contribution to the modern wilderness movement is now widely recognized.

   Q: What is the best title for the passage?
   (a) America's National Parks: Part of American Heritage
   (b) Robert Yard: An Idealistic Aesthetician
   (c) Robert Yard: A Pioneer of the Modern Wilderness Movement
   (d) The Beginning of Revolution: America's Wilderness Movement

10. Here are some things you need to know when operating your air conditioner. Most experts recommend that you keep your thermostat at 78°F. You also need to set the fan switch on your air conditioner to "automatic." Plus, you should consider buying and installing programmable thermostats. They can be programmed to change temperatures according to your needs. You're also advised to use a ceiling fan. It helps to cool your home and you don't have to set your thermostat at a low temperature.

    Q: What is the purpose of the passage?
    (a) To advertise an energy-efficient air conditioner
    (b) To criticize the profligacy of modern society
    (c) To give tips about using an air conditioner
    (d) To instruct how to install programmable thermostats properly

11.

> Dear Clara,
>
> It is our understanding that by signing the employment contract, you agreed to "strictly comply with the Institute's policies during the period" of the contract (Clause 1 of the contract). As you may know, it is our policy not to allow a part-time instructor to enjoy the benefits of a full-time instructor. In your case, however, we have made every effort to make sure that you partly get the benefits of a regular instructor. In spite of our generosity, you have been asking for too much. For instance, you requested us to get you an airline ticket to Canada.

Q: What is the letter mainly about?
(a) How to interpret an employment contract
(b) An employee's unacceptable behavior
(c) The difference between a full-time instructor and a part-time instructor
(d) How to get the cheapest airline ticket to Canada

12. Because tooth enamel is irrecoverable, it is very important to avoid consuming drinks capable of causing its erosion. Therefore, you should avoid soft drinks and citrus juice whenever possible. Soft drinks contain large amounts of sugar and citrus juice has citric acid in it. As is widely known, sugar and citric acid are the main culprits of tooth enamel erosion.

Q: What is the passage mainly about?
(a) The importance of preserving tooth enamel in keeping good health
(b) The chemical components of soft drinks and citrus juice
(c) The role of dentists in rebuilding tooth enamel
(d) Precautions against consuming drinks harmful to tooth enamel

13. On June 19, 2008, the World Bank raised China's growth forecast to 9.8% from 9.4%, commending its ability to cope with the global recession. According to its analysis, the Asian country had strong domestic demand and remained highly competitive in exports. Just two months earlier, however, the Bank had cut China's growth forecast to 9.4% from 9.6%. Many experts agreed that these changes were understandable given the uncertainty of the global economy.

    Q: Which of the following is correct according to the passage?
    (a) Experts were tolerant of inaccuracy in the World Bank's forecasts.
    (b) China's economy was especially vulnerable in 2008.
    (c) The World Bank had traditionally maintained a hostile relationship with China.
    (d) The World Bank was notorious for frequently changing positions.

14. Your carpet can get wet for a variety of reasons. For instance, you may have a leak in the house. Or somebody can spill milk or water on the carpet. In the case of leaks, it is important for you to find where the water leaks and stop the water loss. In the case of spills, you had better put a towel on the spot and stand on it. Then, it is time to use a fan to dry the carpet. Adjust the fan so that it can face the wet spot. Next, turn on the fan and wait until the carpet dries completely.

    Q: Which of the following is correct according to the passage?
    (a) For your own safety, you should not use a carpet.
    (b) A fan can be used to get rid of moisture on the carpet.
    (c) Towels are not usually used to remove spills.
    (d) It is advisable to use a fan sparingly

15. Favoring the immediacy of art, Paul Jackson Pollock chose to use household paints instead of paints for artists. In particular, Pollock relied heavily on alkyd enamels, synthetic paints made of resin, which provided a fluid viscosity needed for his "drip" technique. By pouring and dripping paint onto the canvas, he contributed to the development of action painting, which allowed artists to express themselves more freely and spontaneously.

    Q: Which of the following is correct according to the passage?
    (a) Paul Jackson Pollock was an American abstract painter.
    (b) Paul Jackson Pollock helped start action painting.
    (c) Action painting encouraged artists to seek political freedom.
    (d) Alkyd enamels were well-known for their fluidity.

16. Many scientists believe that Djarthia is the ancestor of Australia's pouched mammals including kangaroos and possums. According to a new study led by Robin Beck, however, it is also a primitive relative of the Monito del Monte, which is found in the forests of Chile and Argentina. Both of them are marsupials, and it is generally understood that they moved from South America to Australia. The new study implies that the Monito del Monte may have returned to South America.

    Q: Which of the following is correct according to the passage?
    (a) Kangaroos and possums are radically different from marsupials.
    (b) It is generally understood that Djarthia never left South America.
    (c) The kangaroo is the ancestor of the Monito del Monte.
    (d) The Monito del Monte lived in both Australia and South America.

17. Considering the fact that neuromuscular disorders tend to be caused by problems in the muscle, spinal muscular atrophy (SMA) is peculiar in that it primarily results from problems in the spinal cord. In all forms of SMA, the spinal cord cannot transmit signals to the muscles because it lacks either the motor neuron or the axon. When mutation of the SMN gene is the ultimate cause of SMA, the symptoms of the disease can range from trivial to fatal. SMA can also be caused by mutation of other genes, not all of which have been identified.

    Q: What can be inferred from the passage?
    (a) SMA is brought about by problems in the muscle.
    (b) The axon lacks relevance with SMA.
    (c) SMA is a unique form of neuromuscular disorder.
    (d) Mutation of the SMN gene is the sole cause of SMA.

18. Researchers from Hunter College and the Max Planck Institute for Human Cognitive and Brain Sciences have found that three-month-old infants are capable of social referencing. Previously, it was thought that after twelve months of age, infants could develop the ability to social reference. The study shows, however, that three-month-old babies can process emotional signals to understand objects around them. This ability enables infants to adjust their behavior in response to social signals that transcend immediate situations.

    Q: What can be inferred from the passage?
    (a) Social referencing enables people to cope effectively with social situations.
    (b) Twelve-month-old infants are not able to social reference.
    (c) Three-month-old infants cannot effectively deal with immediate situations.
    (d) An enormous number of scientists have refuted the research.

Part III Questions 19–20

Read the passage. Then identify the option that does NOT belong.

19. Ph.D. student Jay Goldstein has found that parental "sideline rage" is closely connected with road rage. (a) Both kinds of anger are triggered by ego defensiveness. (b) Most health experts recommend that everyone express their anger in a healthy manner. (c) According to Goldstein, parents get angry when they take their situations too personally. (d) Their rage can manifest in several ways: anger toward fellow drivers or frustration with their children's soccer matches.

20. An international team of paleontologists led by Nate Smith has found that Megaraptor shares similarities with Suchomimus and Spinosaurus. (a) Previously, it was believed to belong to the same group as Velociraptor. (b) After analyzing a fossil found at Dinosaur Cove in southern Victoria, Australia, the team concluded that Megaraptor is quite different from Velociraptor in many ways. (c) As a result of the team's findings, the relationship between Australia and South American countries became closer than before. (d) According to Smith, the conclusion implies that there must have been "interchange between the dinosaur faunas of South America and Australia during the Cretaceous."

ACTUAL TEST 1

Reading comprehension

Directions

This part of the exam tests your ability to comprehend reading passages. You will have 45 minutes to complete the 40 questions. Be sure to follow the directions given by the proctor.

Part I Questions 1–16

Read the passage. Then choose the option that best completes the passage.

1. Many people believe that aspirin is used primarily as a painkiller. According to Dr. Joe Schwarcz, however, it is chiefly used as a "heart-attack preventer." This is mainly because aspirin can prevent blood clotting. As is widely known, blood clots are the leading cause of heart attacks, and when they are reduced by the use of aspirin, heart attacks are _____. For the same reason, small doses of aspirin are administered to heart attack patients.

   (a) more likely to increase
   (b) more difficult to treat
   (c) less likely to heal
   (d) less likely to occur

2. Maturity has nothing to do with _____. It has everything to do with how open you are. If you are a truly mature person, you accept everyone and every situation with calm. This openness enables you to assess any situation accurately and respond maturely. Becoming old does not necessarily bring such openness and maturity to you. In order to become mature, you should go beyond your ego.

   (a) how rich you are
   (b) how old you are
   (c) how calm you are
   (d) what you have achieved

3. At a press conference on March 16, 2008, the Dalai Lama asked the global community to look at how China really handled Tibet. In his opinion, the Chinese government almost committed "cultural genocide" on the Tibetans. He mentioned that the recent anti-Chinese protests resulted from China's _____, not from the incitement of his exile government.

   (a) trade policy toward Tibet
   (b) anti-globalization policies rooted in her nationalism
   (c) unfair treatment of his people
   (d) genocide on minority groups in mainland China

4. On April 8, 2008, the Soyuz TMA-12 spacecraft was launched into space, making Yi So-yeon South Korea's first astronaut in space. On board the International Space Station, Yi was expected to _____. One of them was to find out how environmental changes affect the genome of fruit flies. In order to conduct this experiment, she took a large number of fruit flies with her.

(a) take a lot of pictures of the Korean Peninsula
(b) grow various kinds of microorganisms
(c) carry out a number of bioengineering experiments
(d) find out the relationship between nature and nurture

5. The Real-Life Program provided by Academic University represents what _____, and it compels me to apply to the university. In my opinion, true education is concerned with becoming a good problem solver by blending theory and practice. This unique and truly "innovative" program tries to achieve that goal through various real-world projects carried out by teams of students in close collaboration with forward-thinking faculty members.

(a) true democracy stands for
(b) innovation looks like
(c) a good theory is all about
(d) true education is all about

6. In 1903, Maggie L. Walker founded the St. Luke Penny Savings Bank and served as its first president. As a natural leader, Walker made it possible for the bank to _____. By 1924, it became a large financial organization serving over 50,000 members. A few years later, having merged with other banks, the Penny Savings Bank became the Consolidated Bank and Trust Company, which developed into an even larger business.

(a) grow rapidly
(b) acquire other financial institutions
(c) lead other banks
(d) serve millions of customers

7. Some archaeologists believe that men enjoyed the same status as women in Minoan society. Their judgment is based on many frescoes _____.
The frescoes "show" us that they enjoyed the same sports. Based on archaeological evidence, however, other researchers claim that women played a dominant role in Minoan society. For instance, many Minoan women served as priestesses, administrators, and craftspeople.

(a) describing the kinds of religious ceremonies Minoan men and women attended
(b) describing the kinds of sports Minoan children enjoyed
(c) depicting the kinds of festivals Minoan priestesses held
(d) depicting the kinds of sports Minoan men and women took part in

8. William Shockley is a(n) _____. Yes, he was a great engineer who contributed to the development of the transistor. The device literally revolutionized the field of electronics. To our great disappointment, however, Shockley claimed that according to standardized IQ tests, whites are superior to blacks. He even asserted that a larger black population would be detrimental to the "evolution" of the human race. These claims of his are neither scientifically valid nor ethically right.

(a) great physicist
(b) incompetent racist
(c) IQ test developer
(d) controversial figure

9. In his *An Inquiry into the Human Prospect*, Robert Heilbroner emphasized the importance of the roles of centralized governments in preventing people from engaging in environmentally harmful activities. He felt that the Earth would not be able to survive without radical measures. On the other hand, in *The Resourceful Earth*, Julian Simon and Herman Kahn argued that the human race would find alternative energy resources and _____.

(a) save the Earth from destruction
(b) fight against aliens from outer space
(c) topple the centralized governments
(d) prosper economically

10. According to the theory of comparative advantage, every country benefits from free trade and specialization. This is mainly because different countries have different opportunity costs of manufacturing the same goods. The problem is that the theory _____. For instance, labor is regarded as the only factor in production. The theory also presupposes full employment, which is extremely rare in the real world. Then, does free trade really benefit every country?

(a) is valid and realistic
(b) focuses too much on labor
(c) is based on many simplified assumptions
(d) is outmoded and old-fashioned

11. Two different assumptions are central to the Big Bang model. First, all matter interacts gravitationally with other matter according to Einstein's general theory of relativity. Second, the universe is homogeneous and isotropic. Called the cosmological principle, this assumption implies that the universe is smooth on significantly large scales. Thanks to these assumptions, scientists were able to _____.

(a) disprove Einstein's special theory of relativity
(b) trace the history of the universe
(c) find a way to launch spacecraft into the universe
(d) calculate the distance between Earth and the sun

12. In order to benefit the whole world, America should lead this new era by rekindling her founding spirits. You may ask, "Why America?" The reason is that America has represented the true spirit of humanity since its birth. This, in turn, gives us moral responsibilities to better the world. In addition, leadership is not the ability to force people to behave in a particular way. Leadership means _____. Thus, American leadership is not the same as America's superiority on Earth.

(a) being ready to serve others, other countries
(b) being willing to be led by others, other countries
(c) coercing others into following any orders
(d) being capable of excelling others, other countries

13. De Clérambault's syndrome refers to a delusional disorder in which a patient believes that a person of higher social status loves them. In most cases, there is no contact between the patient and the delusional "object." Nevertheless, the patient tends to pursue his or her "love" in a persistent and relentless manner. In extreme cases, the disorder may lead to threat or harassment. There was even a case in which a patient named John Hinckley tried to assassinate former President Ronald Reagan. Hinckley believed that his assassination would make Jodie Foster _____.

(a) express her love for him
(b) aid and abet him
(c) pursue and arrest him
(d) believe that he was one of the greatest assassins in history

14. According to Platonism, there exist two different worlds. In one world, ordinary people can perceive things through their senses. Unfortunately, this kind of sense knowledge is unreliable in that the sense objects are continuously changing. In the other world, intellectual people can "see" true realities. This is called genuine knowledge and it is capable of liberating one's mind. In order to enter this world, ordinary people must make strenuous efforts. They need to constantly examine their beliefs and refuse to pursue sensual pleasure. When they finally reach this world, _____.

(a) their efforts will be repaid a thousandfold
(b) they will realize how illusory the sensual world is
(c) they will find out that the two worlds are almost the same
(d) they won't need the help of the intellect

15. Too many people believe that Paris Hilton is just a sensational actress. Maybe, they're right. But they need to become aware that she is one of the most successful businesswomen in the United States. For instance, Hilton has her own perfume brand, which is selling much better than expected. _____, she once co-owned Club Paris Orlando, which had spent over $3 million to launch its business. Hilton reportedly earned hundreds of thousands of dollars for lending her name to the club.

(a) Thus
(b) However
(c) Incidentally
(d) Moreover

16. Some people believe that *The Dr. Phil Show* can really improve their lives. So they talk about their problems with Dr. Phil, and then he gives them his "authoritative" advice on the matters. The problem is that Dr. Phil is not such an authoritative figure. According to some complaints, he "practices clinical psychology" without necessary qualifications. To make matters worse, his so-called advice is based on his prejudice and narrow-mindedness. _____, Dr. Phil cannot help other people to grow in a meaningful way. Given these considerations, in order for him to truly help others, Dr. Phil himself needs to grow up.

(a) By contrast
(b) Consequently
(c) On the contrary
(d) Likewise

Part II Questions 17—37

Read the passage and the question. Then choose the option that best answers the question.

17. A volcanic eruption on a Yemeni island claimed at least eight lives. Located off the coast of Yemen, Jabal al-Tair Island has a volcano which had been dormant for 124 years. On September 30, 2007, however, the volcano erupted and hit the western part of the island. According to the Yemeni coast guard, approximately fifty Yemeni soldiers were on the island and several of them were burnt to death.

    Q: What is the best title for the passage?
    (a) Eruption on Island Takes Several Lives
    (b) Volcano on Yemeni Island Remains Dormant
    (c) Jabal al-Tair Island Becomes Major Tourist Attraction
    (d) Explosion Claims at Least Fifty Lives

18. As a dedicated art teacher, I have been deeply impressed by Sinclair's passion for art and design. On so many occasions, she burnt the candle at both ends to finish her works of art, which always reflect her sensitive observation and her insightful interpretation of everyday objects including industrial products. Furthermore, Sinclair tries to keep abreast of new trends in industrial design and products.

    Q: Who will likely read the passage?
    (a) An editor for a fashion magazine
    (b) A college admissions officer
    (c) A simultaneous interpreter
    (d) An antique dealer

19. At first glance, being a hero seems to be completely different from being human. Many people believe that heroes can achieve anything without much effort. But in order to perform their duties, they need to sacrifice many things, such as good relationships with others. Then, would it be better to just ignore social ills and pursue your own egoistic goals? This question applies to ordinary people as well as so-called heroes.

Q: What is the main topic of the passage?
(a) The meaning of being a hero
(b) Differences between heroes and ordinary people
(c) The importance of good relationships with others
(d) How to address social ills effectively

20. At first, we felt more or less concerned about your academic records. But given your extensive experience in international business management and your superb essay, we have come to believe that you will be able to teach our students in a satisfactory and professional manner. In addition, your essay showed us that you really care about your students and their success in today's globalized world.

Q: What is the purpose of the passage?
(a) To explain how to write an effective essay
(b) To criticize a job applicant for her poor performance at college
(c) To let a job applicant know that she has been accepted
(d) To help students learn how to thrive in today's globalized world

21. Although it rarely occurs, Huntington's chorea can be fatal, thus constituting a serious disease. Its symptoms include uncontrollable movements of the muscles and cognitive impairments that occur progressively. The mutation that causes the disease is called a trinucleotide repeat expansion, which takes place in the huntingtin gene. Its malfunction prevents mitochondria in affected neurons from working properly.

Q: What is the passage mainly about?
(a) The relationship between the muscles and cognitive abilities
(b) Various kinds of serious diseases
(c) The symptoms and causes of Huntington's chorea
(d) The fatal characteristics of the huntingtin gene

22. Regarding your farewell party, my original plan was to offer you a buffet, which failed miserably. That was because during the days before your departure, I was inundated with work, having little time to make a reservation. I'm still so sorry about that. At least, however, I felt relieved that we had had an opportunity to appreciate your hard work. Since we Germans think highly of the virtue of diligence, it was only natural for us to hold a special event for a good worker like you. And your farewell party remains a particularly sweet memory for me.

Q: Why did the author write the passage?
(a) To express his heartfelt appreciation of the reader's work
(b) To make a reservation for a buffet dinner
(c) To explain how the Germans have succeeded in revitalizing their economy
(d) To let the reader know how busy a person he is

23. In the early days of inorganic chemistry, the main task was to find simple substances, which were believed to constitute more complex substances. Such substances were called elements, and carbon was an element known to early "chemists." Interestingly enough, however, inorganic chemistry was not concerned with substances containing carbon, which were widely studied in organic chemistry. Instead, it focused on the substances containing little or no carbon.

Q: What is the passage mainly about?
(a) The difference between organic and inorganic chemistry
(b) The distinguishing characteristics of carbon as an element
(c) The major task of early inorganic chemistry
(d) Major achievements in organic chemistry

24. The film *Forever the Moment* is superb in many ways. More than anything else, this extraordinary movie tells us what life is all about. In essence, it is an endless struggle for survival and success. The pursuit of success is fundamentally risky in that it can sometimes jeopardize our own existence. Mi-sook Han's life provides a poignant example of this harsh reality. As Hye-kyeong Kim's passion clearly shows, however, we cannot give up following our dreams because without dreams, we are no longer human.

Q: Which of the following is correct according to the passage?
(a) Mi-sook Han's life is a blissful one.
(b) Hye-kyeong Kim's passion helps us realize who we are.
(c) The film *Forever the Moment* is quite mediocre.
(d) In order to lead a happy life, we should give up pursuing our goals.

25. What is true knowledge? According to rationalism, one of the main epistemological theories, it is knowledge attained by the process of a priori reasoning. This basically means that only general principles can give us true knowledge. On the other hand, empiricism asserts that true knowledge can be attainable only by human experience. It fundamentally means that you can be sure about something only when you experience it personally.

    Q: According to empiricism, what is true knowledge?
    (a) Knowledge based on a priori reasoning
    (b) Knowledge based on the human sense organs
    (c) Knowledge based on generic principles
    (d) Knowledge based on complex theories

26. We are proud to announce that we have inaugurated our new line of cell phones aimed at all kinds of people. We call them "Smart Cell." Smart Cell cell phones have many features that will enable you to lead a truly amazing life. More than anything else, these exceptional products can relate to your feelings. So when you feel lonely, they automatically play bolstering songs. When you feel happy, they automatically play exhilarating songs.

    Q: Which of the following is correct according to the passage?
    (a) Smart Cell cell phones can process human emotions.
    (b) Smart Cell cell phones are aimed at the elderly.
    (c) Smart Cell cell phones can emit perfume.
    (d) Smart Cell cell phones are useless for desolate people.

27. Will research on artificial intelligence bring happiness to the human race? Or will it annihilate our whole civilization? Many movies predict that robots equipped with artificial intelligence will fight against the human race. Is that a presumptive prediction? Fortunately, technology has not advanced that much. But we need to think carefully about those thorny issues. If we can make intelligent robots, will we be able to fight against them? How will we be able to hold sway over them?

Q: Which of the following is correct according to the passage?
(a) At present, scientists can produce intelligent robots.
(b) Lots of films predict a bleak future for the human race.
(c) The human race will benefit from research on artificial intelligence.
(d) It is highly unlikely that intelligent robots will jeopardize our civilization.

28. In a content-based syllabus, specific content is introduced, developed, and elaborated. The cyclic nature of such a syllabus has a large number of strengths. More than anything else, this type of syllabus provides ample opportunities to internalize specific content. As is widely known, internalization is the hallmark of successful learning. Therefore, it can be safely argued that a content-based syllabus significantly contributes to successful language learning. This is also partly because such a syllabus stimulates the interests of students.

Q: What is the strength of a content-based syllabus?
(a) It offers learners ample opportunities to correct their errors.
(b) It is mainly concerned with complicated concepts.
(c) It can empower learners to master a language.
(d) It does not take into account the interests of students.

29. Laparoscopic surgery refers to the carrying out of surgical procedures with the use of a laparoscope. The instrument looks like a tube and is inserted through the abdominal wall during the surgical procedure. Attached to the laparoscope, a video camera enables the surgeon to see the internal organs of his or her patient. Since only small incisions are required for the procedure, the patient loses less blood, feels less discomfort after the surgery, and recovers much faster.

Q: What is the advantage of laparoscopic surgery?
(a) It utilizes a variety of medical instruments.
(b) It is a patient-friendly surgical procedure.
(c) It enables the surgeon to enjoy performing an operation.
(d) It has a long history.

30. There has been heated controversy about whether the Sami are "aboriginal" Northern Europeans or not. What is certain is that they were an ancient tribe that inhabited Sapmi, which covers modern Norway and Finland. Some archaeologists maintain that the Sami arrived at the River Utsjoki in northernmost Finland before 8100 B.C. Comparative linguists such as Ante Aikio, however, point out that since the Sami protolanguage was formed in approximately 500 B.C., the Sami might have reached the river much later.

Q: Which of the following is correct according to the passage?
(a) The Sami have been proved to be aboriginal Northern Europeans.
(b) Archaeology and comparative linguistics share many similarities.
(c) The Sami protolanguage was created before 8100 B.C.
(d) The Sami could have reached the River Utsjoki after 8100 B.C.

31. The hydrologic cycle refers to the cyclic movement of water on Earth. By its very nature, the cycle never begins or ends. During its continuous movement, water can freeze, liquefy, or evaporate. In particular, the water in the oceans is constantly heated up by sunlight, which is essential for evaporation. Another important part of the cycle is precipitation, which includes rain, snow, drizzle, and hail. These precipitation particles are much larger than cloud particles, so that they fall to the ground at great speed. Some of them return to the oceans.

Q: Which of the following is correct according to the passage?
(a) The hydrologic cycle began millions of years ago.
(b) Cloud particles fall to the ground at great speed.
(c) Precipitation does not constitute a part of the hydrologic cycle.
(d) Evaporation requires a certain amount of sunlight.

32. Surprisingly, several species of kangaroo are accustomed to living in trees. These tree kangaroos are quite different from the other species of kangaroo. For instance, although they are poor at hopping on the ground, tree kangaroos are very good at climbing trees. In addition, they can jump from tree to tree very easily. Interestingly enough, some tree kangaroos are nocturnal creatures and search for food at night. Finally, unlike the other species of kangaroo, they can move their feet separately.

Q: Which of the following is correct according to the passage?
(a) Tree kangaroos are accustomed to living on the ground.
(b) Tree kangaroos are quite similar to the other species of kangaroo.
(c) Not all tree kangaroos are nocturnal creatures.
(d) Tree kangaroos are incapable of moving their feet separately.

33. Net Impact is a global nonprofit organization that tries to improve the world by promoting corporate social responsibility. Founded in 1993, the organization has attracted more than 10,000 members, most of whom are MBAs and graduate students. Although they constitute the core of the network, virtually anyone can join this extraordinary organization. Its members are trying very hard to make the world a better place by encouraging businesses to act ethically and responsibly. In this sense, Net Impact is truly "shaping the future of society."

Q: Which of the following is correct according to the passage?
(a) Net Impact membership reached 10,000 in 1993.
(b) Net Impact encourages ethical management.
(c) Net Impact is widely criticized for its inefficiency.
(d) Net Impact is a charitable organization.

34. Let's take the examples of Prohibition in the 1920s and Raskolnikov in *Crime and Punishment* by Fyodor Dostoevsky. The purpose of Prohibition might be considered ethically right. But resorting to laws and regulations, rather than social campaigns, the movement turned into a highly repressive monster, which ironically led to the illegal manufacturing of alcoholic drinks. Likewise, Raskolnikov turned into an immoral monster because he tried to achieve his "noble" ends by killing an avaricious pawnbroker. The methods in both cases cannot be justified by their ends.

Q: What is the author's attitude toward Prohibition and Raskolnikov?
(a) Favorable
(b) Non-judgmental
(c) Supportive
(d) Disapproving

35. Are some women more "equal" than others? At least, Third World women seem to feel that way. This is largely because their interests are not considered seriously by their American and European counterparts. For instance, at the International Conference on Population and Development in 1994, women from the Third World wanted to discuss the impact of underdevelopment on women. Instead, contraception and abortion were debated, which reflected the interests of women from developed countries. Unfortunately, their Asian and African counterparts couldn't afford to worry about those matters when their very survival was at stake.

Q: What can be inferred from the passage?
(a) American women have a lot in common with their African counterparts.
(b) European women feel sorry for their Asian counterparts.
(c) Third World women were interested in contraception and abortion.
(d) Third World women were struggling to survive.

36. With more and more Indian women adopting Western culture, the status of the traditional sari is being seriously threatened. Traditionally, the sari was regarded as an all-purpose garment suitable for every occasion. The Indians used to produce the sari by using fabric, and some saris were embroidered with design. With the onslaught of Western culture, however, more and more women are beginning to wear Western clothes. Indian alternatives such as the kurti are also preferred by many women. As a result, as Wendell Rodricks clearly pointed out, the sari is likely to become a garment for special occasions. In his opinion, it takes too much time to drape a sari, which makes modern women look for more practical garments.

Q: What can be inferred from the passage?
(a) Modern Indian women tend to be opposed to tradition.
(b) Conservative people are highly critical of Indian alternatives like the kurti.
(c) In choosing clothes, modern Indian women take practicality into account.
(d) Western culture has sapped the foundation of Indian society.

37. My name is Erica Kim, and I have been serving in the Naval Academy for about three years. During my service, I have had the privilege of working for RADM Christopher Smith, who has been an outstanding role model for all the midshipmen at the Academy. He has recently submitted an article for *NCW 92 Newsletter* of Spring 2008. Since he firmly believes that sharing his thoughts and feelings with his NCW friends is of great importance, RADM Smith has been waiting for your response to his article. What do you think of it? Are you going to print his "letter" in full? Will you edit or shorten his article?

Q: How can we characterize the relationship between RADM Smith and his NCW friends?
(a) Detached
(b) Antagonistic
(c) Inimical
(d) Intimate

> **Part III** Questions 38–40
> Read the passage. Then identify the option that does NOT belong.

38. Extreme animal rights groups seem to believe that they can do anything to achieve their purposes. (a) For instance, some members of the UCLA Primate Freedom Project have harassed Dario Ringach, a professor of neurobiology at the University of California at Los Angeles. (b) They constantly called his office and even tried to scare his children. (c) They often held demonstrations in front of his house. (d) When the general public criticized their behavior, the members expressed deep regret for what they had done.

39. Many experts believe that alcohol-free mouthwash products are better than traditional alcohol-containing ones. (a) According to them, using alcohol-containing products can lead to bad breath because they dehydrate your mouth. (b) Moreover, as is widely known, alcohol is a toxic substance that is detrimental to your health. (c) In their opinion, traditional mouthwash products such as Listerine are more effective in curing halitosis. (d) Thus, alcohol-free products such as Crest Pro-Health are highly recommended by those experts.

40. Sociolinguists such as Deborah Tannen claim that women's communicative styles are radically different from those of men. (a) According to Tannen, in communicating with others, women try to build up rapport, whereas men try to convey specific information. (b) In addition, when talking with each other, women feel that they are of equal status. (c) Tannen believes that this is mainly because women are accustomed to hierarchical structures. (d) On the other hand, whenever they start talking with others, men try to find out whether they are superior to them or not.

> This is the end of the Reading Comprehension section. Please remain seated until the proctor has instructed otherwise. You are NOT allowed to turn to any other section of the test.

ACTUAL TEST 2

Reading comprehension

Directions

This part of the exam tests your ability to comprehend reading passages. You will have 45 minutes to complete the 40 questions. Be sure to follow the directions given by the proctor.

Part I Questions 1–16

Read the passage. Then choose the option that best completes the passage.

1. Too many people believe that philosophy is _____. But it is not. Philosophy requires us to judiciously think about many important subjects. It also offers us a very powerful tool for delving into the world around us. When you learn how to view your situations in a dispassionate way, you will be able to come up with more effective ways of solving your problems. In fact, that is what philosophy is all about.

   (a) worth exploring
   (b) good for improving one's sight
   (c) a waste of time
   (d) required for medical training

2. Professionalism does not require you to earn a lot of money. It does require you to do your job perfectly. You may be paid handsomely. Or you may not. But that is not the issue. What matters is that you should pursue the highest quality. Only then can you be called a true professional. As William Zinsser clearly points out, "quality is its own reward." So be professional! Do your job professionally! Then you will be _____.

   (a) given intrinsic rewards
   (b) earning huge amounts of money
   (c) invited to meet Zinsser
   (d) famous all over the world

3. Protein synthesis, also known as translation, takes place on ribosomes, which contain three RNA molecules and over fifty proteins. At the initial stage of translation, messenger RNA (mRNA) is "translated" and as a result, a particular polypeptide is created in accordance with the genetic code. In this process, an mRNA sequence is utilized to help synthesize amino acids, which _____.

   (a) are translated by ribosomes
   (b) do not follow the genetic code
   (c) finalize the process of photosynthesis
   (d) produce proteins

4. As more and more people become aware of the importance of design in everyday life, they come to appreciate the role that it plays in bringing comfort and beauty to our ordinary lives. In fact, my interest in design, especially in industrial design, comes from my sensitivity toward everyday things. In a sense, I believe that they deserve more attention and dedication from forward-thinking industrial designers. Everyday products should be _____.

(a) sold to developing countries in Africa
(b) more user-friendly and more humane
(c) produced in large quantities
(d) designed by ordinary people

5. An earthquake is when the ground is abruptly shaken by the movement of seismic waves through the Earth's crust. Seismic waves are created by the release of energy in the crust. This usually happens when that crust breaks along a geologic fault, where large masses of rock move against one another. As you might guess, some earthquakes take place in volcanic areas because volcanic eruptions _____.

(a) involve the release of enormous amounts of energy
(b) contribute to the formation of the Earth's crust
(c) throw a large number of rocks into the air
(d) affect the weather patterns in the surrounding areas

6. In March 1839, the Emperor of the Qing Dynasty ordered Lin Zexu, a patriotic Confucianist, to regulate the opium trade in Canton. Accordingly, Lin took tough measures against the immoral trade. First, he demanded that the British stop exporting opium to China. When British merchants ignored his demand, Lin put an embargo against Britain. Second, he wrote and sent a letter to Queen Victoria, arguing that _____.

(a) he admired the queen
(b) Britain needed to conquer the world
(c) the British had to stop consuming opium
(d) the opium trade was morally wrong

7. When continually attacked by stress signals, brain cells have great difficulty recovering and are forced to reduce connections with other cells. As a consequence, the whole system that controls and harmonizes our thoughts and feelings _____. There can be cases in which some parts of the brain are enlarged or diminished. All these changes can lead to poor memory and ineffective responses to emotional stress.

   (a) continues to grow rapidly
   (b) loses the ability to process information concerning its environment
   (c) experiences significant changes in its structure
   (d) regains its power to cope with emotional stress

8. In a sense, Surrealism was a political movement aimed at pursuing social revolution. This was largely because for Surrealists, true art should "revolutionize" human experience and thus require artists to enable people to go beyond "false rationality" and oppressive social structures. Ironically, however, this cultural movement became linked with communism, which narrowly focused on equality at the expense of liberty, hence _____.

   (a) helping Surrealists to pursue aesthetic excellence
   (b) contributing to the breakout of World War II
   (c) constituting an essentially oppressive ideology
   (d) liberating all members of the artistic community

9. You are kindly advised to think seriously about your safety, your happiness, and your precious life. You are given this life to pursue and realize your dreams. You can choose to have or not to have a boyfriend. The presence of a boyfriend does not _____. Unfortunately, in this case, the presence of your boyfriend poses a great threat to your safety and the welfare of many "special" women. You need to protect yourself and your "true" love and many precious lives of other women by leaving him. That is the wisest and smartest thing to do NOW.

   (a) provide you with material wealth
   (b) threaten the safety of your children
   (c) mean that you should be loyal to him
   (d) guarantee you any sense of true happiness

10. Tired of antiquated methods for learning a foreign language? Tired of memorizing a bunch of boring sentences that you will never use in real life? Tired of learning grammatical concepts and rules that even a savant has a hard time understanding? Then, why not try our stupendous courses for foreign languages. Based on cognitive linguistics and the lexical approach, our courses provide you with scintillating conversations _____. After four weeks of our programs, you can communicate with any native speaker with confidence. Why not call us today? For further information, call us at 888-233-3737.

(a) capable of explaining many social phenomena
(b) between witty grammarians
(c) taking place in many developed countries
(d) aimed at creating meaning in real-life situations

11. The Creutzfeldt-Jakob disease prion is injurious to the human body in that it can disrupt the functioning of cells to a great extent. In many cases, the prion turns normal proteins into diseased ones, thus bringing death to affected cells. When the harmful prion spreads, the malfunctioning proteins attack the brain and multiply so rapidly that they can _____. Unfortunately, at present, there is no treatment to combat the fatal prion.

(a) get rid of other microbes
(b) help the affected cells to reproduce quickly
(c) encourage scientists to develop more effective methods of treating the disease
(d) bring about death in a matter of months

12. What should religious people do in this gluttonous world? Should they choose to live in seclusion pursuing their religious goals? Or should they be actively involved in making this world a better place for all? Of course, different people have different attitudes, and there are no definitive answers to these questions. But perhaps we can come up with these answers. First of all, all religious people should work together to bring peace to our society. All religions stress the importance of empathy and largesse, and we can ask followers of religion to bring peace by realizing them in their daily lives. Second, all religious people should renew their spirituality. They must _____.

(a) study many different academic subjects
(b) learn practical knowledge and skills
(c) be conscious of the existence of various kinds of religious beliefs
(d) be aware of the harmful effects of rapaciousness

13. According to Stanford University Libraries and Academic Information Resources, the purpose of copyright laws is not to "protect facts." They are designed to promote creativity, not to allow authors to monopolize a certain idea or fact. As a result, anyone can freely make use of all kinds of facts, including historical and scientific ones. There is, however, one condition that you must be aware of. You ought not to copy others' words. You should use your own words to convey such facts. Otherwise, you are likely to be charged with plagiarism with the exception that _____.

(a) you pay enormous amounts of money
(b) you cite your sources properly
(c) you know the author very well
(d) your major is physics

14. On June 30, 1908, a huge blast occurred near the Podkamennaya Tunguska River in Russia and crushed approximately 2,000 square kilometers of forest. It is estimated that the energy of the explosion was one thousand times as powerful as that of the atomic bomb detonated in Hiroshima, Japan, in 1945. The blast is generally believed to have resulted from a small asteroid, whose diameter is estimated to have been 50-100 meters. Since the explosion took place high in the sky, it produced a fireball but did not create an impact crater. As a consequence, scientists _____.

(a) have lost interest in the impact crater
(b) found it useless to explore the surrounding area
(c) have not found any fragments of the asteroid
(d) did not visit Japan to learn more about the explosion

15. Which is correct, "Mothers' Day" or "Mother's Day?" According to Wikipedia, the former is grammatically correct, but "common usage" prefers the latter. Does this mean that the latter is grammatically incorrect? The answer is a definite no. This is mainly because in the phrase "Mother's Day," the word "mother" indicates the role of a mother, not a single mother out there. In English, when you are mentioning a role that somebody assumes, you can omit the article. _____, you can say, "She is president of our club." Thus, the phrase "Mother's Day" is grammatically acceptable.

    (a) For example
    (b) In contrast
    (c) On the contrary
    (d) In addition

16. In the 1940s, the process of gas metal arc welding (GMAW) was introduced to weld aluminum. Since it required less welding time than any other method, engineers began to use GMAW for fusing steels. _____, owing to the high cost of inert gas needed for the welding process, it was not widely used for welding steels. A few years later, as semi-inert gases became available, GMAW was preferred by large numbers of engineers. During the 1950s and 1960s, the welding process was developed fully and became commonly used.

    (a) Nevertheless
    (b) Furthermore
    (c) Therefore
    (d) Incidentally

Part II Questions 17–37

Read the passage and the question. Then choose the option that best answers the question.

17. Polyunsaturated fatty acids (PUFAs) are thought to help the brain function properly, and docosahexaenoic acid (DHA) is a kind of PUFA. In fact, approximately 40% of the PUFAs in the brain are composed of DHA. As a result, when the brain does not have enough DHA, that is likely to lead to cognitive diseases such as Alzheimer's disease or depression. Based on this fact, many doctors recommend consuming oily fish containing large amounts of DHA, such as mackerel, on a daily basis.

    Q: What is the passage mainly about?
    (a) Various kinds of PUFAs
    (b) The benefits of DHA to the functioning of the brain
    (c) The health benefits of mackerel
    (d) How to effectively prevent cognitive diseases in children

18. In my opinion, Ji Ha Kim's most puissant poem is *With a Raging Thirst for Democracy*. In this touching poem, he vividly and sadly describes his strong desire for bringing democracy to his country. He seems to stifle his strong feelings, but we can feel his tenacity and his grief. Whenever I read this poem, I cannot fight back tears. Literature is essentially free, and this longing for freedom makes poets resistant to social restraints. This free spirit ultimately finds a way of expressing itself and in many cases the way is to create a poem. Thus this beautiful poem is a poem par excellence.

    Q: What is the best title for the passage?
    (a) Ji Ha Kim Is the Greatest Poet in the World
    (b) A Poem Reveals a Strong Yearning for Freedom
    (c) Why Poems Are Harmful to Mental Health
    (d) The Characteristics of Literature in Developing Countries

19. On April 16, 1996, in order to foil Pyongyang's attempts at nullifying the existing armistice regime and negotiating a separate peace treaty with Washington, Seoul and Washington announced strict principles concerning a peace-guaranteeing mechanism on the Korean peninsula. First of all, they declared, "The present Armistice arrangement should be maintained until it is succeeded by a permanent peace agreement." In addition, they stressed that separate negotiations between Washington and Pyongyang on peace-related issues could not be considered.

Q: What is the main topic of the passage?
(a) Pyongyang's efforts to bring instability to the Korean peninsula
(b) The definition of armistice and its implication for South Korea's future
(c) Many different obstacles to the reunification of Korea
(d) Seoul's and Washington's efforts to maintain peace in South Korea

20. Although I am a male student, I firmly believe that a truly broad perspective cultivated at Boston University will definitely urge me to explore real matters associated with gender and entrepreneurship. These issues may not be new, but they affect and challenge us in serious ways. Therefore, pragmatic approaches to them are urgently needed, which can be fully developed by strenuous study at Boston University.

Q: What is the purpose of the passage?
(a) To explain why the author applied to Boston University
(b) To declare that the author decided to become a feminist
(c) To claim that Boston University is the best university in the world
(d) To explore a variety of problems affecting modern society

21. The Clovis culture is the oldest known American culture. Its name comes from the first important site that was found in 1929 near Clovis, New Mexico. The culture is thought to have lasted from about 9050 to 8800 B.C. The Clovis people made use of lightweight and portable tools, such as scrapers and projectile points, to hunt mammals such as mammoth and deer. Their famous projectile point looked like a leaf and its edges were slightly ground.

Q: What is the best title for the passage?
(a) The Colvis Culture: Its Origin and Its Impact on American Culture
(b) The Clovis Culture: When It Began and What It Left Behind
(c) The Clovis People: Where They Came from and Why They Disappeared
(d) The Clovis People: The Most Civilized People in Prehistoric Times

22. A misunderstanding of the relationships between various ideas can often lead to poor writing. A variety of ideas form complex relationships, and in order to understand them correctly, one needs to develop analytic thinking skills. They help students to analyze varied relationships between ideas and organize them accordingly in their writing. If this happens, the quality of one's writing can improve significantly.

Q: What is the passage mainly about?
(a) Various relationships between ideas
(b) The importance of analytic thinking skills in writing well
(c) Many different reasons for poor writing
(d) The importance of writing letters in the information age

23. McDaniel's argument cannot satisfactorily explain so many cases involving discrimination against non-whites, especially Asian Americans. For instance, how can McDaniel account for the internment of Japanese Americans during World War II? As is widely known, thanks to decades of prejudice against Asian Americans, more than 110,000 Japanese were deprived of their normal lives and forced to live in detention camps during the war. Not until 1988 were problems associated with the incarceration settled by the United States government.

Q: Why did the author write the passage?
(a) To suggest that McDaniel's assertions are flawed
(b) To criticize the United States government for its serious mistake
(c) To encourage Japanese Americans to attack McDaniel
(d) To reveal that American society is hostile to Asian Americans

24. How much sleep do we actually need? According to the National Sleep Foundation, there is no definitive answer to that question. This is mainly because sleep needs are different for different people. Of course, your age group can help to determine how much sleep you need. You need to keep in mind, however, that other factors affect the amount of sleep you need to work best. In fact, a 2005 study found that further research is needed to identify genetic traits determining sleep needs.

Q: Which of the following is correct according to the passage?
(a) Your age group has nothing to do with your sleep needs.
(b) Scientists successfully identified genetic traits affecting sleep needs.
(c) A variety of factors influence one's sleep needs.
(d) Everyone needs to sleep at least eight hours a day.

25. Papua New Guinea is a linguistically diverse country, with 820 languages currently spoken. Unfortunately, there is no one dominant language in the country and only 2 percent of its people speak English. As a result, the need for a lingua franca ought to be met in some way. Tok Pisin was developed to satisfy the need and has become widely used throughout the country, except for the southern region. Hiri Motu is the preferred language of the area.

Q: According to the passage, what is the lingua franca of Papua New Guinea?
(a) English
(b) Hiri Motu
(c) Tok Pisin
(d) Latin

26. Although it is a suspense thriller, the film *Awake* reminds us of the power of motherly love. After realizing that everyone he loved deserted him, Clay loses all hope in life. In his out-of-body experience, however, his mother tells him a secret that she has kept for a long time. Out of love for him, she killed his father, who was actually an abusive and worthless person. When he comes to know the truth, Clay realizes how good a person he really is and reclaims his precious life.

Q: Which of the following is correct according to the passage?
(a) The film *Awake* is not a suspense thriller.
(b) In the end, Clay decides to give up his life.
(c) The film *Awake* is mainly concerned with child abuse.
(d) Clay's father did not lead a good life.

27.

> To whom it may concern:
>
> This is Jeniffer Kim, from Canada. I subscribed to your Online Oxford English Dictionary service on 17 March 2007. According to your website, however, my subscription is on hold. Would you be so kind as to inform me why you have made this abrupt decision concerning my subscription? If there were any problems with the payment, I would be more than willing to contact my credit card company and ask them to take appropriate measures necessary for remedying the current problem. Your prompt reply would be greatly appreciated.

Q: Why did the author write the letter?
(a) To express appreciation for an online service to which she subscribes
(b) To inquire about her subscription to an online service
(c) To complain that Oxford English Dictionary is inaccurate
(d) To show off her wealth

28. Many biologists believe that genetic engineering will make it possible to select only "desirable" traits in genes. But how can we determine that certain traits are truly desirable? You might guess that it would be much easier to choose undesirable traits. Unfortunately, though, such an approach would entail a variety of ethical problems. For instance, would it be ethically right to change traits passed down from parents simply because some people think they are negative?

Q: Which of the following is correct according to the passage?
(a) Genetic engineering is a mixed blessing.
(b) Genetic engineering does not pose any ethical problems.
(c) Many biologists are opposed to genetic engineering.
(d) It would be much easier to choose desirable traits.

29. Stagflation is when stagnation and inflation occur simultaneously, and according to economists there are two leading causes of stagflation. One is an economic slowdown caused by an adverse supply shock, which can lead to inflation. The other is failures in macroeconomic policies. For instance, when the government fails to strike the right balance between growth and stability, that can lead to stagnation combined with inflation. It is widely known that both factors contributed to the global stagflation of the 1970s.

Q: What can account for the stagflation of the 1970s?
(a) Rapid economic growth
(b) America's policy mistakes
(c) An economic downturn and policy failure
(d) An economic slowdown only

30. A 2003 study by the Program on International Policy at the University of Maryland and Knowledge Networks found that one's primary source of news greatly affects one's understanding of the Iraq War. The research revealed that those who depend heavily on Fox News are likely to have incorrect information on the war. For instance, some of them even believed that the United States troops have found weapons of mass destruction in Iraq. On the other hand, those who rely on NPR or PBS are likely to have accurate information.

Q: Who are likely to have correct information on the Iraq War?
(a) Fox News viewers
(b) The faculty of the University of Maryland
(c) PBS advertisers
(d) NPR listeners

31. On July 2, 2008, *The Washington Post* claimed that Barack Obama received a huge discount on his mortgage. According to the report, because of his extremely low mortgage rate, Obama could have saved over $300 each month. The official website of Barack Obama (www.barackobama.com) argues, however, that the presidential candidate did not "get special treatment" with regard to his mortgage rate. The website mentions that Obama's rate is "consistent with" that of someone with a similar financial status.

Q: Which of the following is correct according to the passage?
(a) Barack Obama did get special treatment with regard to his mortgage rate.
(b) Barack Obama is an ethical person.
(c) Barack Obama does not have any official website.
(d) *The Washington Post* argued that Obama got special treatment.

32. According to Luca Turin's theory of the olfactory system, the sensation of smell results from the response of the nasal receptors to various vibrations of a molecule. It is likely that there are many types of receptors capable of processing different ranges of vibrations. As is widely known, only three types of receptors in the eye can distinguish thousands of colors. The nose might have many more types of receptors. Turin believes that a particular smell receptor can process various ranges of vibrations, but this might not be the case.

Q: Which of the following is correct according to the passage?
(a) The nose has only three types of receptors.
(b) Turin's theory may not be accurate.
(c) Humans can distinguish only three different colors.
(d) Luca Turin developed a theory about how the eye works.

33. When I began to study ballet, I was fascinated by its beautiful movements. Of course, I had to master every movement very carefully and often heard my friends complaining of difficulty in adjusting their movements. The awesome beauty of every ballet movement, however, captured my soul. I could finally understand why Isadora Duncan believed that dance is a manifestation of the essence of the human soul. It is so pure, so beautiful, so strong. That understanding has compelled me to look for pure beauty in everything. Naturally, I am eager to express it in my own way, particularly visually.

Q: Which of the following is correct according to the passage?
(a) The author complained that ballet was too difficult to master.
(b) The author has a keen interest in pure beauty.
(c) The author disagrees with Isadora Duncan.
(d) The author does not try to find beauty in everyday things.

34. The ancient Greeks believed that a cavern close to the temple of Apollo in Pamukkale was the entrance to the underworld. This was partly because many animals as well as many people disappeared right after they had entered the cavern. They never returned. According to Dr. Joe Schwarcz, however, the cavern does not lead to the "underworld." Since carbonated water can easily access the area surrounding the cave, oxygen shortage frequently occurs and this can account for the "mysterious" disappearance of animals and people inside the cavern.

Q: What can be inferred from the passage?
(a) The ancient Greeks visited the underworld on a regular basis.
(b) Dr. Joe Schwarcz agrees with the ancient Greeks.
(c) Science can help to solve mysteries.
(d) The ancient Greeks were afraid of Apollo.

35. Meditation is so powerful that it can even rekindle your health. There are two explanations for the power of meditation. First of all, it enables us to relax our bodies and minds. In everyday life, we feel colossal amounts of stress, which is thought to be the overriding cause of various diseases. Meditation teaches us to let go of stress by the simple act of observation. Meditation does not coerce anything. It just reminds us of the importance of letting go. This act leads to a deep relaxation of body and mind. Second, meditation keeps us heedful of everything. This mindfulness enables us to be truly "here and now." When we are truly here and now, we can feel true happiness and contentment. In these ways, meditation is good for our health.

    Q: Which statement would the author most likely agree with?
    (a) Meditation is a simple skill capable of reducing stress.
    (b) Meditation is useless and misleading.
    (c) It is important to endure stress over long periods of time.
    (d) There is no way to reduce stress.

36. Monarchy is a form of government in which a monarch holds power as head of state. Monarchs rule until death unless they abdicate. Unfortunately, even at the beginning of the twentieth century, monarchy was a dominant form of government in most parts of the world. Given the many revolutions in the previous centuries and the unjustifiability of the political system, this seems to be too odd to explain. As Lord Acton clearly put it, "absolute power corrupts absolutely" and this can hold true for monarchy, which is easily corruptible and thus detrimental to the happiness of the people.

    Q: What is the author's attitude toward monarchy?
    (a) Critical
    (b) Oblivious
    (c) Apathetic
    (d) Sympathetic

37. For physicists, mathematics is an essential tool for describing and explaining the physical world surrounding us. In fact, they rarely rely on intuition to explore various objects in the universe. Rather, they apply mathematical concepts to the behavior of the physical world. Although mathematical concepts are thought to be purely abstract, the history of physics has taught physicists that they are a highly reliable guide to exploring concrete phenomena in the universe. There were even cases in which mathematical reasoning led to the discovery of laws of physics. For instance, the discovery of the law of conservation of energy owed a great deal to the application of rigorous mathematical reasoning.

Q: Why does the author mention the discovery of laws of physics?
(a) To argue that physics has nothing to do with mathematical reasoning
(b) To maintain that we need to do everything in our power to find the truth
(c) To suggest that mathematical reasoning can lead to adverse consequences
(d) To show the close relationship between physics and mathematics

Part III Questions 38–40

Read the passage. Then identify the option that does NOT belong.

38. Contrary to popular belief, quicksand is not a dangerous "creature" as is often depicted in movies. (a) Basically, it is just a mixture of sand and water, which does not support any weight. (b) As a result, if you try to forcefully escape from the quicksand, you will sink quickly. (c) On the other hand, if you just stay calm, you will float in the quicksand. (d) Most people do not like the idea of sinking in quicksand.

39. The New International Version (NIV) Bible is generally thought to be an authoritative translation of the Holy Bible. (a) The NIV provides a lucid translation, striking the right balance between literal and semantic translations. (b) Recent discoveries in archaeology and linguistics were used to interpret difficult passages. (c) More people purchase the NIV than any other translation. (d) Over 100 eminent scholars, along with language experts, participated in the translation project to ensure the quality of the work.

40. Proponents of laissez faire disapprove of governmental intervention in the market for many reasons. (a) More than anything else, such intervention is likely to decrease productivity. (b) This is largely because no government can distribute scarce resources as fairly as the market. (c) Some supporters of laissez faire acknowledge the need for equality in society. (d) If the government tries to distribute resources according to its arbitrary standards, people will be discouraged from making full use of their talents, which can lead to reduced productivity.

This is the end of the Reading Comprehension section. Please remain seated until the proctor has instructed otherwise. You are NOT allowed to turn to any other section of the test.

ACTUAL TEST 3

Reading Comprehension

DIRECTIONS

This part of the exam tests your ability to comprehend reading passages. You will have 45 minutes to complete the 40 questions. Be sure to follow the directions given by the proctor.

Part I Questions 1–16

Read the passage. Then choose the option that best completes the passage.

1. Many people, even policymakers, are unaware of the differences between weather forecasting and climate research. For instance, in 1994, _____, the United States government introduced the National Polar-orbiting Operational Environmental Satellite System to integrate climate research and weather forecasting systems. Instead of saving money, the introduction of the new satellite system led to more spending on collecting data on the weather and climate.

   (a) overlooking their close similarities
   (b) disregarding the possible consequences
   (c) ignoring their essential differences
   (d) determined to beat the Russians

2. On July 21, 2008, Barack Obama met with several Iraqi leaders, including the prime minister, to listen to their positions on U.S. troop withdrawals from their country. They stressed that both Iraq and the United States should set out a timetable for the necessary steps in _____. According to Obama, the prime minister hoped that the American troops would leave Iraq in 2010.

   (a) providing economic aid to the poor country
   (b) normalizing the war-torn country
   (c) strengthening the military forces of the Muslim country
   (d) bringing democracy to the dictatorial country

3. Many people believe that one's memory capacity is determined entirely by how much information _____. According to Edward Vogel, a professor of cognitive neuroscience at the University of Oregon, however, it actually depends on how well you can separate out irrelevant information. He points out that the bouncer, a kind of information control mechanism, ultimately decides how good one's memory is.

   (a) one loses
   (b) one retains
   (c) you disperse
   (d) you invent

4. When conducting job interviews, you need to bear several points in mind. First of all, taking into account the job description, try to find applicants who satisfy the minimum requirements for the job. Ask relevant questions after thoroughly explaining the job to the candidates. Second, you need to be aware of the importance of checking references. This step is extremely important in that it enables you to learn more about the applicant. Finally, never ask questions that _____.

    (a) are not directly related to the job
    (b) are politically sensitive
    (c) can be regarded as disrespectful to the majority of Americans
    (d) can stimulate intellectual discussion

5. For better or worse, adolescents are heavily dependent on the media for identity formation. Fascinated by glamorous depictions of romantic relationships in the media, they grow to believe that they should act and speak just like Hollywood stars in order to attract the opposite sex. Together with peer pressure, graphic images provided by television, movies, and magazines reinforce this belief and adolescents fail to _____, which requires exposure to meaningful real-life experiences and self-exploration.

    (a) form romantic relationships with the opposite sex
    (b) create a meaningful culture
    (c) explore outer space
    (d) form their unique identity

6. For too many people, education is just a means of achieving their egocentric goals. They are more interested in their prerogative as the educated than in the social responsibility it requires. But these people need to realize that _____. This is mainly because true happiness consists in touching the hearts of others. In essence, education requires you to transcend your tiny self. By so doing, you will realize that you are part of a larger whole. That is the true meaning of education.

    (a) money automatically brings happiness
    (b) others may be selfish too
    (c) they have noble purposes
    (d) their attitudes betray their purposes

7. On August 3, 2008, Kathy Hilton severely criticized the McCain campaign's advertisement which tried to write Barack Obama off as just a celebrity figure like Paris Hilton. In her blog on the Huffington Post (http://www.huffingtonpost.com/kathy-hilton/), she wrote that the campaign advertisement was a "complete waste of the country's time and attention" at an economically difficult time. Some analysts believed that Kathy Hilton was simply harboring resentment toward McCain for _____.

   (a) squandering his money in such a careless way
   (b) attacking the Democratic presidential candidate so harshly
   (c) humiliating her daughter in such an obnoxious way
   (d) displaying ignorance about economic issues

8. In his landmark paper *A Possible Origin of the Hawaiian Islands*, John Tuzo Wilson argued that the Hawaiian Islands were originally tectonic plates moving over a hotspot in the mantle of the Earth. Unfortunately, however, his paper was not accepted by an American geophysical journal largely because his arguments were drastically different from the mainstream view. Unlike the American journal, the Canadian Journal of Physics agreed to publish his paper, which continued to _____.

   (a) baffle geophysicists for thirty years
   (b) be accepted by major geophysical journals
   (c) be supported by mainstream scientists
   (d) criticize American geophysical journals

9. The film *Copycat* is an excellent depiction of what is going on in a copycat killer's head. On the one hand, they are trying to be "original" in terms of executing their crimes. On the other hand, they are just copying other infamous murderers. In this sense, they are inferior to the original villains. For this reason, Daryll Lee Cullum, the copycat killer, gets mad when Dr. Helen Hudson mentions his inferiority. Incidentally, as Carl Van Vechten clearly put it, "copy cat [*sic*] is _____."

   (a) a namesake because a large number of cats have the same name
   (b) a misnomer because cats never copy anybody
   (c) an example of onomatopoeia because a cat goes "copycat"
   (d) a neologism because the term was coined quite recently

10. According to pluralists, power is closely related to the _____.
When you can utilize resources to compel others to do what you want, you are assumed to be powerful. Pluralists understand that there are a large number of resources available: Legitimacy, money, knowledge, etc. They also distinguish between actual and potential power. Whereas actual power refers to the ability to coerce other people to do something, potential power denotes the possibility of using resources to have actual power.

(a) availability of various resources
(b) ability to resist coercion
(c) distinction between reality and fantasy
(d) possibility of revolution

11. With the publication of *The Structure of Scientific Revolutions*, Thomas Kuhn introduced the term "paradigm" to the general public, thus helping deepen our understanding of the progress of science. According to Kuhn, a paradigm refers to a general agreement on how scientific inquiry is conducted and as such, it dictates the direction of scientific research. In his opinion, a specific science develops as a result of paradigm shifts, which enable scientists to _____.

(a) publish many more papers on the concept of paradigm
(b) define what progress really means
(c) approach their field in a thoroughly different way
(d) adhere to the old-fashioned principles

12. Forgiveness is a positive attitude that makes it possible for us to grow as human beings. Since nobody is perfect, we all make mistakes, which requires us to constantly forgive and forget. Otherwise, we would get trapped in the vicious circle of _____. We also need to keep in mind that we should learn to forgive ourselves. This is largely because unless we forgive ourselves, we cannot truly forgive others. If we can truly forgive others, we will be able to expand our boundaries and touch everyone's heart.

(a) remorse and resentment
(b) rapture and euphoria
(c) lethargy and lassitude
(d) penitence and torpor

13. In many ways, Ellen G. White is _____. Her supporters think of her as an outstanding prophet who pioneered health reform movements. They stress that White contributed to the establishment of the Western Health Reform Institute in Battle Creek, Michigan, in 1866. On the other hand, her detractors point out that many of her "prophetic" ideas came from other reformers. For instance, Ronald Numbers, one of her opponents, argues that her ideas on health reform were merely copied from those of other health reformers.

(a) an outstanding clairvoyant with many years of experience
(b) a misleading prophet with many followers
(c) a pioneering health reformer of the 19th century
(d) a controversial figure in American history

14. In a floating exchange rate system, the value of a currency is primarily determined by the foreign exchange market. In other words, exchange rates are vulnerable to supply and demand imbalances. By contrast, in a fixed exchange rate system, exchange rates are fixed by the government. According to economists, floating exchange rates are _____ in that they can cope with abrupt changes in the foreign exchange market much more effectively. Even in a floating exchange rate system, however, the government is likely to intervene when its currency appreciates or depreciates too sharply.

(a) usually preferred by developing countries
(b) generally superior to fixed exchange rates
(c) dependent upon fixed exchange rates
(d) gaining popularity among autocratic countries

15. The dodo is an extinct bird that used to live in Mauritius. It is generally believed that its extinction resulted from two main factors. First of all, despite being a bird, the dodo could not fly. It possessed relatively small wings incapable of flight. _____, dodos were not afraid of human beings or other animals largely because they lived in a comparatively safe environment. Owing to these two factors, the dodo became easy prey to people and other predators.

(a) On top of that
(b) Nonetheless
(c) Subsequently
(d) Likewise

16. Some people believe that music is an ancient form of language. According to them, music can transcend any restraints such as time and place. They even aver that before the advent of language, music was a dominant form of human communication. Their arguments have an element of truth. Even today, we are beguiled by songs whose lyrics we cannot understand. This is because our souls intuitively relate to those feelings expressed by such songs. _____, we need to consider the fact that music was used to venerate ancient gods. This implies that music can enable us to enter an altered state of consciousness. In these ways, music is truly a special kind of language.

(a) By contrast
(b) In short
(c) In addition
(d) By and large

Part II Questions 17—37

Read the passage and the question. Then choose the option that best answers the question.

17. As an online company, we feel that Yahoo!'s web services are indispensable to any small business interested in reaching many more customers. In addition to providing "unlimited data transfer," Yahoo!'s Small Business offers a great many services specifically aimed at making small businesses succeed in this increasingly competitive world. Visit http://smallbusiness.yahoo.com/ and find out more about these excellent services.

    Q: What is the passage mainly about?
    (a) Finding out more about Yahoo!
    (b) Web services aimed at small businesses
    (c) Fierce competition among small businesses
    (d) How to satisfy all kinds of customers

18. On October 26, 1973, the Yom Kippur War ended and fundamentally changed the relationship between Israel and the Arab World. Since it was defeated completely, the Arab World had no choice but to accept the existence of a Jewish state. As a result, Egypt normalized its relations with Israel, which marked the beginning of a new era for Israel and its neighboring countries.

    Q: What is the best title for the passage?
    (a) Why Egypt Was Defeated in the Yom Kippur War
    (b) The Demise of a Jewish State
    (c) The Importance of Diplomacy in an Increasingly Interdependent World
    (d) Why Israel Formed New Relationships with Neighboring Countries

19. I must mention that Amanda and her husband held a splendid wedding here last October with a view to introducing themselves to their relatives who had not been able to attend their wedding ceremony in the States. Hundreds of their relatives came to the wedding, remembering the meaning of Amanda's and her husband's "commitment to love, honor, and respect" each other. That was quite an event for all of us.

Q: What is the main topic of the passage?
(a) An additional wedding ceremony held by Amanda and her husband
(b) Complaints against those relatives who did not attend the wedding in the States
(c) The true meaning of being husband and wife
(d) The importance of holding a traditional wedding ceremony in America

20. When Ms. Pete first expressed her desire to learn coloring, I was hesitant. This was because, as you are keenly aware, coloring requires a profound understanding of color harmony and an instinctive skill in creating colorful images. Despite my initial concern, however, she rapidly mastered all the essential skills in mixing colors, largely because of her aspiration to add artistic depth to her drawings. She learned not only traditional color combinations, but also how to express her inspiration more creatively.

Q: What is the purpose of the passage?
(a) To commend Ms. Pete's abilities in coloring
(b) To maintain that coloring is extremely difficult to master
(c) To argue that Ms. Pete is the best artist in the world
(d) To explain how to teach a gifted student in an effective way

21. On March 14, 1930, Falconer Madan spotted an interesting story in *The Times*, which dealt with a newly found planet. According to the article, it had not been named yet. When Madan told his granddaughter Venetia Phair about the planet, she suggested that they name it "Pluto." Thinking that it was a great idea, he mentioned it to his friend Herbert Hall Turner. Turner sent a telegram to the Lowell Observatory, which had found the planet. The astronomers at the observatory agreed to adopt the name "Pluto."

Q: What is the best title for the passage?
(a) Falconer Madan: The Man Who Taught Astronomy to His Granddaughter
(b) Venetia Phair: The Girl Who Named a Planet
(c) Herbert Hall Turner: The Man Who Remained a True Friend
(d) The Lowell Observatory: One of the Best Observatories in the World

22. We are an educational institute dedicated to improving the lives of poor children throughout Malaysia. Many volunteers at our institute commit themselves to teaching English skills to underprivileged students, focusing on developing their phonemic and spelling skills. We are fully aware of the importance of integrating four language skills in a coherent manner. We do, however, pay attention to forming foundational skills, which are so often the major weaknesses of underprivileged children.

Q: What is the passage mainly about?
(a) An introduction to a Malaysian charity
(b) The role of volunteers in improving four language skills
(c) How to support underprivileged students in Malaysia
(d) The harsh realities of underprivileged children

23. In their *Newsweek* article of April 14, 2008, Joseph Contreras and Owen Matthews write that experts generally agree that the death penalty is useless for serving justice or deterring criminals. I disagree. First of all, capital punishment does serve justice in that it requires criminals to be responsible for their serious crimes. Second, the purpose of the death penalty is not to deter criminals from committing crime. Its main purpose is to let criminals know that society can deprive them of their lives. Further, realistically speaking, nothing can deter criminals from committing crime.

Q: Why did the author write the passage?
(a) To suggest that there is no way to prevent crime from occurring
(b) To criticize *Newsweek* for its erroneous ideas
(c) To discourage readers from subscribing to *Newsweek*
(d) To argue that the death penalty is a useful form of punishment

24. According to LivePerson, Inc. (http://www.liveperson.com), its revenue for the second quarter of 2008 reached an incredible $18.6 million. This was partly because of its acquisition of Kasamba, Inc. in October 2007. More importantly, however, its revenue growth resulted from three major factors. First, more and more enterprise customers in the United Kingdom chose LivePerson solutions. Second, high-tech sector companies continued to adopt LivePerson's "proactive chat solution." Finally, more and more small businesses relied on LivePerson products.

Q: Which of the following is correct according to the passage?
(a) LivePerson Inc. acquired Kasamba, Inc. in 2008.
(b) Kasamba Inc. provides proactive chat solutions.
(c) Small businesses became disillusioned with LivePerson products.
(d) LivePerson solutions gained popularity among enterprise customers in Britain.

25. On June 16, 2008, the Bureau of Land Management announced that an excavation team from the Burpee Museum of Natural History had discovered dinosaur fossils in southeastern Utah, near Hanksville. Known as the Hanksville-Burpee Quarry, the site is estimated to be 150 million years old. The excavation team believed that they had found four long-necked sauropods together with two carnivorous dinosaurs and a herbivorous Stegosaurus.

Q: According to the passage, how many dinosaur fossils were found by the excavation team?
(a) Four
(b) Five
(c) Six
(d) Seven

26. According to James Galloway, a professor of environmental sciences at the University of Virginia, nitrogen can be harmful to the environment. Galloway points out that a single nitrogen atom "released to the environment" can cause damage to our ecosystems. In fact, nitrogen is a constituent of nitric acid, which can kill many kinds of animals. Further, many experts believe that nitrogen atoms are partly responsible for red tides and ozone depletion.

Q: Which of the following is correct according to the passage?
(a) James Galloway is an expert in astronomy.
(b) The environment can be negatively affected by nitrogen.
(c) Nitric acid can destroy a variety of plant species.
(d) Red tides and ozone depletion occur mainly because of nitrogen atoms.

27. On August 11, 2008, South Korean Nam Hyun-hee won silver in the women's individual foil at the Beijing Olympics. Nam was defeated by Valentina Vezzali, who led the final match by three points, 3-0. But Nam's counterattacks turned the score around to 5-4. Vezzali continued her attacks and managed to tie the score. With just four seconds left, Vezzali succeeded in breaking the tie and won by one point, 6-5. Given her relatively young age, however, a silver medal is a good start for the South Korean fencer.

Q: Which of the following is correct according to the passage?
(a) Nam Hyun-hee is expected to grow as a fencer.
(b) Valentina Vezzali was defeated by Nam Hyun-hee.
(c) Valentina Vezzali won the final match by three points.
(d) Nam Hyun-hee is much older than Valentina Vezzali.

28. According to existentialism, it is up to individuals to "create the meaning of their lives." Consequently, existentialists do not believe that gods or other forces have the authority to determine the meaning of individuals' lives. This absence of higher authorities implies that individuals are at liberty to do what they want. From an existential perspective, however, such freedom entails personal responsibility which ultimately enables individuals to find universal meaning in this absurd world.

Q: Which of the following is correct according to the passage?
(a) Existentialists are opposed to all religious beliefs.
(b) Existentialists believe that gods can determine the fates of individuals.
(c) Existentialism acknowledges the role of gods in modern society.
(d) Existentialism stresses the importance of individual responsibility.

29. In a controlled trial featured in *The Lancet* in 1990, Dr. Dean Ornish and colleagues tried to prove that lifestyle changes could bring many health benefits such as deterring the progression of coronary artery disease. The changes included stopping smoking, exercising regularly, and eating a vegetarian diet. The results of the trial showed that patients adopting such changes became healthier. Furthermore, their coronary atherosclerosis was reversed to some extent, which meant that the health benefits of lifestyle changes could be much greater than expected.

Q: In the trial mentioned above, which was NOT included in the lifestyle changes?
(a) Working out on a regular basis
(b) Consuming only fruit and vegetables
(c) Stopping drinking
(d) Avoiding cigarettes

30. In 1885, Preston North End won a friendly soccer match with Aston Villa 5-0. Enraged by the result, the fans started to throw a lot of stones at the two teams. Some of them punched and kicked one of the Preston players so hard that he passed out. Since the fans were totally out of control, they were called "howling roughs" by the media. Unfortunately, this was just the beginning of soccer hooliganism in England.

Q: Which of the following is correct according to the passage?
(a) Preston North End was defeated by Aston Villa.
(b) Soccer hooliganism continues to occur in England.
(c) One of the Aston players fainted.
(d) The media was successful in controlling the enraged fans.

31. On April 17, 2008, Tunisia and South Korea agreed to build several air quality monitoring stations in Tunisia in an effort to improve air quality in the African country. The three-year construction project is estimated to cost $2.5 billion, which will be provided by South Korea. At the signing ceremony, Environment Minister Nadhir Hamada expressed his gratitude toward South Korea for its contribution. The minister also announced that he wished to forge close ties with the Asian country with a view to dealing with other issues such as water quality.

Q: Which of the following is correct according to the passage?
(a) Tunisia wanted to form close relationships with South Korea.
(b) The construction project is expected to last for 2.5 years.
(c) Environment Minister Nadhir Hamada attacked South Korea for its arrogance.
(d) Tunisia has been a strong ally of South Korea for many years.

32. The existence and wide use of ghostwriters is a disgrace to modern society, which is supposed to cultivate authenticity and creativity in order to heal its many wounds. In principle, writing should contribute to the "healing" process by allowing individuals to explore their true selves. Further, writing is essentially a creative process requiring you to produce a coherent whole. Nobody can carry out those two interrelated tasks for you; only you can reveal who you really are. Exploiting ghostwriters conveniently caters to greedy celebrities, but ultimately it does a disservice to all of us by depriving us of the chance to be authentic and creative.

Q: What is the author's attitude toward those celebrities who use ghostwriters?
(a) Empathetic
(b) Indifferent
(c) Hostile
(d) Covetous

33. According to the National Institute of Mental Health, patients with borderline personality disorder seem to have defective brain mechanisms, which can lead to impulsiveness, mood instability, and aggression. The patients' neural circuits have great difficulty regulating negative emotion. Neurotransmitters such as serotonin, norepinephrine, and acetylcholine can improve the functioning of these circuits by enabling them to more effectively process emotional stimuli. Behavioral interventions can also help the neural circuits to work properly.

Q: What can be inferred from the passage?
(a) Patients with borderline personality disorder tend to be poised.
(b) Acetylcholine can help control negative feelings.
(c) Defective brain mechanisms can lead to substance abuse.
(d) Behavioral interventions have nothing to do with controlling emotions.

34.

> Thank you for requesting us to express our views on restricting cell phone use while driving. As a nonprofit organization aimed at improving the lives of Boston's citizens, the Boston Council on Citizens and Communities wholeheartedly supports regulations on cell phone use while driving. As is widely known, distractions during driving can lead to serious, or even fatal, accidents, and cell phone use is no exception. Therefore, we can safely draw the conclusion that cell phone use while driving should be completely banned. Such measures are likely to decrease traffic accidents to a great extent.

Q: Which of the following would the writer most likely agree with?
(a) Cell phone use while driving does not lead to distractions.
(b) Her organization has to improve road conditions in Boston.
(c) Cell phone use while driving should be discouraged.
(d) Distractions during driving are not that dangerous.

35. In 1956, George Armitage Miller observed that short-term memory can process about seven elements or chunks. Miller suggested that we can improve our memory by converting information into chunks. Around this period, the field of artificial intelligence emerged through the work of Allen Newell, Herbert Simon, John McCarthy, and Marvin Minsky. In the field of linguistics, Noam Chomsky attacked the behaviorist approaches to language and instead proposed a cognitive approach to studying linguistic issues. All these six scholars helped to establish the field of cognitive science.

Q: What can be inferred from the passage?
(a) George Armitage Miller contributed to the development of artificial intelligence.
(b) The field of artificial intelligence emerged in the 1590s.
(c) Cognitive science is an interdisciplinary field of research.
(d) Noam Chomsky was opposed to conservatism.

36. On October 15, 2007, Doc Burkhart launched the so-called "Wiki Bible Project," whose goal is "to provide a forum for the examination and discussion of The Holy Bible." According to its guidelines, even ordinary people "without qualifications of any kind" can take part in the project. But is this really a good idea? First of all, we need to take into account that translating the Bible requires considerable expertise and dedication. Needless to say, not everyone is an expert in Biblical Hebrew or classical Greek. Further, we need to realize that any mistranslation will lead to severe consequences because the project is concerned with religious and essentially sensitive matters.

Q: What is the author's attitude toward the Wiki Bible Project?
(a) Advocating
(b) Disapproving
(c) Welcoming
(d) Touting

37. Do scientific breakthroughs ensure that humans live happily and meaningfully on Earth? From the scientific viewpoint, how is our existence defined? Are we just an amalgamation of machine-like parts? Or are we intelligent beings who can feel? Does scientific inquiry play a major role in exploring the meaning of our lives? Has science brought positive changes to many parts of the world? What is science? Why do we have to invest our time and efforts in it? Do we really need it to survive? How have scientists contributed to society? Are they conscientious people? Are they avaricious people hankering after fame and mammon? How are science and scientists different? Where is science heading?

Q: What would the author most likely agree with?
(a) Scientists may not be conscientious.
(b) Science brings happiness to the human race.
(c) We must invest more money in science.
(d) Scientific inquiry is worthy of praise.

Part III Questions 38–40

Read the passage. Then identify the option that does NOT belong.

38. Vitamins are essential for the proper functioning of the body. (a) This is largely because they are involved in all the major bodily processes. (b) Each vitamin participates in a particular bodily function. (c) Lipids are instrumental in absorbing fat-soluble vitamins. (d) The classification of vitamins is mainly based on their biological activities.

39. In a paper published in *Annals of Internal Medicine*, Esther Lopez-Garcia, Ph.D., showed that death rates among coffee drinkers are lower than those of non-drinkers. (a) If women drink a couple of cups of coffee every day, they can lower the risk of death from heart disease by 25%. (b) They can also reduce the risk of death from factors other than cancer or heart disease by 18%. (c) Some studies show that tea brings more health benefits than coffee. (d) Lopez-Garcia concluded that coffee consumption generally has a positive effect on human health.

40. It seems that even experts are not sure about how to punish Russia for "invading" Georgia. (a) On the one hand, analysts such as Clifford G. Gaddy are opposed to economic sanctions against Russia. (b) In their opinion, Russia is such an integral part of the global economic system that any economic measures against the country will endanger the whole system. (c) On the other hand, experts such as Jeffrey Garten argue that the global community should impose severe economic sanctions on the Russians to teach them a lesson. (d) Military options are not on the table at the moment.

This is the end of the Reading Comprehension section. Please remain seated until the proctor has instructed otherwise. You are NOT allowed to turn to any other section of the test.

ACTUAL TEST 4

Reading comprehension

Directions

This part of the exam tests your ability to comprehend reading passages. You will have 45 minutes to complete the 40 questions. Be sure to follow the directions given by the proctor.

Part I Questions 1—16

Read the passage. Then choose the option that best completes the passage.

1. Will Kim Jong-il's death ultimately change North Korea? According to some experts, such a drastic change is not likely mainly because of the nature of the North Korean regime. The notoriously cruel regime has just a single goal: Its survival at all costs. The ruling elite has no choice but to stick to its guns so as to prolong its existence. Otherwise, _____.

   (a) the two Koreas would be reunified
   (b) the North Korean regime would become more cruel
   (c) Kim Jong-il would lose more power
   (d) its very survival would be in grave danger

2.
   Dear Mr. Perguson:

   This is Jennifer Palo, from Canada. I got your shipment today and found that you had shipped the wrong book. As you can see from my email to you a few weeks ago, I placed an order for *How the Mind Works*, not for *Current Issues in Linguistic Theory*. I can _____ in no time, and hope that you will ship the right book to me. Your prompt reply would be greatly appreciated.

   Best regards,
   Jennifer Palo

   (a) send the wrong book to you
   (b) sell the wrong book to other buyers
   (c) ship the wrong book to the publisher
   (d) keep the wrong book

3. According to Michael Thun, M.D., estradiol, created by fat cells, tends to make cells divide rapidly and that is why _____. An increase in the rate of cell division may lead to a random genetic error, which could result in cancer. Moreover, insulin and insulin-like growth factors in the blood can be increased by fat accumulated around the abdomen, which contributes to cancer development.

(a) obesity has nothing to do with cancer
(b) obesity results from cancer
(c) cancer affects obesity negatively
(d) obesity increases cancer risk

4. After Charles Darwin published *On the Origin of Species* in 1859, many scientists began to _____. William Thomson was one of them, and he argued that the Earth was not old enough to allow evolution to occur. In other words, the planet had a relatively short period to enable living things to exist and develop. Thomson estimated that the Earth's age ranged from 20 million to 40 million years.

(a) provide evidence to support his theory
(b) question the validity of his theory
(c) copy his revolutionary idea
(d) ruin his reputation as a scientist

5. Running a successful business requires a deep knowledge of business practices and real-life experience in carrying out formidable tasks, which the Syracuse program guarantees to provide for its students. More importantly, this innovative program makes us think about _____. Courses such as *Discovering the Entrepreneur Within* reflect on our identity and innermost desires. Courses such as *Visiting Executives in Entrepreneurship* provide us with golden opportunities to discuss serious matters with successful entrepreneurs.

(a) how to make more profits with less effort
(b) the true meaning of being human
(c) how to contribute to society
(d) the true meaning of running a business

6. When treating someone who gets stung by a box jellyfish, bear in mind that its tentacles can still sting even if they are detached or the invertebrate dies. For this reason, experts recommend that you _____ when getting rid of a box jellyfish's tentacles. In addition, be reminded that vinegar makes it possible to remove the tentacles instantly. The liquid is also useful for incapacitating the box jellyfish's nematocysts which can be harmful to the bloodstream.

(a) protect the jellyfish
(b) use your own hands
(c) avoid touching the patient
(d) use a glove

7. In the Asch conformity experiments, participants were asked quite easy questions. Therefore, without any outside pressure to fit in, the probability of wrong answers was approximately 3%. By contrast, _____, the subjects gave incorrect responses to about 40% of the questions. Further, some 80% of the respondents provided a wrong answer to at least one question. These results clearly showed that groups tend to exert a considerable amount of pressure on individuals to conform.

(a) given the freedom to choose
(b) faced with pressure to stand on your own feet
(c) given the freedom to retreat
(d) faced with pressure to conform

8. Approximately 3,000 years ago, Micronesian and Polynesian people started to settle Nauru. The exact date of their arrival on the island is, however, unknown to historians. Based on the uniqueness of the native language, they assume that the island _____. Its isolation was broken only in the early 18th century, when Europeans reached the island for the first time. In the 1830s, Nauruans had contact with enormous numbers of Europeans.

(a) thrived throughout much of its history
(b) was exposed to many different cultures
(c) remained isolated for much of its history
(d) developed its own unique culture

9. In the summer of 1999, a dead crow was found at the Bronx Zoo in New York City, which marked the first occurrence of West Nile virus in the Western hemisphere. Within three months, many cases of encephalitis, which is usually caused by the destructive virus, had been reported among humans and animals. As the virus continued to spread to other parts of the United States, tens of thousands of birds were killed, which only _____.

    (a) encouraged scientists to develop effective anti-virus vaccines
    (b) added to the infamy of the deadly virus
    (c) prevented the Americans from moving to other countries
    (d) worsened the existing problem of poor sanitation

10. In the first half of the 1920s, influenced by rapid economic growth, a large number of people began to regard Florida as an ideal place for investment. In particular, many investors became interested in Miami's real estate, partly due to Carl Fisher's publicity efforts. Consequently, land prices increased sharply and development projects began. As *Forbes* magazine warned, however, Florida's real estate boom was motivated largely by speculation. In 1925, the inevitable happened and _____.

    (a) the real estate bubble burst
    (b) Fisher left Miami for good
    (c) *Forbes* magazine failed to attract readers
    (d) Miami house prices continued to rise rapidly

11. According to Michael Craig Miller, M.D., we can find out whether someone's smile is sincere or not by checking the existence of wrinkles around his or her eyes. This is mainly because when we give a sincere smile, the muscles around our eyes shrink automatically, forming wrinkles called Duchenne lines. Miller points out that it is _____. After all, only sincere people can give a genuine smile.

    (a) virtually impossible to feign a sincere smile
    (b) always possible to remove wrinkles on your face
    (c) virtually impossible to discern a fake smile
    (d) always possible to contract eye muscles

12. Takaki's arguments are quite persuasive and plausible. After all, education is a process by which a student gets to "see old things in a new way," and such a process is possible only when he or she understands and accepts a different way of thinking. Takaki's arguments hold true for history education as well; in particular, instances involving racial discrimination should be taught as they really happened. This kind of education will enable students to _____.

(a) criticize whites for discriminating against African Americans
(b) perceive American society from a totally different perspective
(c) become law-abiding citizens of our society
(d) understand the long history of racial tension in American society

13. According to Sera Markoff of the Astronomical Institute, University of Amsterdam, black holes, regardless of their sizes, show "very similar" feeding patterns, which helps support the implications of Einstein's theory of General Relativity. One such implication is that the simplicity of black holes can exhibit itself irrespective of environmental differences. Markoff and her colleagues found out that M81's black hole, one of the largest black holes, "feeds" just like stellar mass black holes, relatively small black holes, even though _____.

(a) they exhibit similar properties
(b) Einstein's theory of General Relativity is invalid
(c) their environments are significantly different
(d) their sizes are identical

14.

Dear Editor:

This is Erica Smith, from South Korea. I've happily subscribed to *Newsweek* for two consecutive years and I've always been amazed by your inspiring and enlightening articles from a balanced, global perspective. Recently, however, I've spotted a grammatical mistake in one of your articles. In the article entitled *Conventional Wisdom* of September 15, 2008, you wrote: "At the Republican National Convention, GOP foreign-policy men made recommendations to whomever will be the next American President, on the most pressing issues abroad." Since "whomever" needs to play the role of a subject, not that of an object, in its relative clause, it should change to "whoever." Given the reputation of *Newsweek*, _____.

(a) grammatical matters can be ignored completely
(b) not all reporters are versed in traditional grammar
(c) such grammatical mistakes are completely unacceptable
(d) grammar remains tricky for many writers including journalists

15. According to C. Nandini and C.N. Ravi Kumar, gait identification can become a new branch of biometrics which recognizes people based on how they walk. Individuals have their unique gait types, and a camera with a side view may enable law enforcement agents to identify suspects at a distance. Bill Marshall points out, however, that gait identification systems may fail to recognize individuals. _____, he tries to develop a radar system that helps identify people behaving suspiciously.

(a) Instead
(b) Nonetheless
(c) Likewise
(d) Indeed

16. It is necessary to determine whether we can imagine a situation in which high levels of diffuse support would correlate with high levels of antisystem political behavior. Such a situation is impossible mainly because the concept of diffuse support presupposes support for the existing political system. More specifically, the stability of a democratic society is simply a direct result of diffuse political support for the society. _____, the instability of a democratic society results from lack of diffuse support for the society. Therefore, the concept of diffuse support is useless for specifying major factors in stabilizing a democratic society.

(a) By the same token
(b) On top of that
(c) To top it all
(d) That said

Part II Questions 17–37

Read the passage and the question. Then choose the option that best answers the question.

17. Different scholars have different ideas about what word the term "Baroque" originated from. Some argue that the term came from "barocco," an Italian word meaning "contorted idea." Others claim that the term derived from "barroco," a Portuguese word denoting "irregularly shaped pearl." Merriam-Webster supports the latter view and explains that "Baroque" originated from the Portuguese word.

    Q: What is the passage mainly about?
    (a) Merriam-Webster's explanation of barocco
    (b) The origin of the word Baroque
    (c) Differences between Italian and Portuguese
    (d) Relationships between ideas and pearls

18. In the summer of 2006, "Tim McGraw," Taylor Swift's debut single, was released and she turned into an instant star. Interestingly enough, Swift wrote the song when she was a freshman in high school. She wanted her high school sweetheart to remember her forever and thought of everything that could help remind him of her. She mentioned that what first came to her mind was that Tim McGraw is her favorite country singer.

    Q: What is the best title for the passage?
    (a) Taylor Swift Will Remember Her High School Sweetheart Forever
    (b) Tim McGraw Is Taylor Swift's Favorite Country Singer
    (c) High School Romance Turns into Successful Single Album
    (d) Taylor Swift Earned Her Fame throughout the United States

19. As a long-time teacher and a curriculum developer, I am fascinated by your Phonics and Poetry series. I am particularly interested in making the most of the Benchmark, Decodable, and Nursery Rhymes series. All the series are professionally written, highly engaging, and systematically organized. I firmly believe that they are of the highest quality available in the market.

Q: What is the main topic of the passage?
(a) The author's high qualification as a language teacher
(b) Judgments about some phonics-related materials
(c) How to write professional journals
(d) The changing nature of the market

20. In formulating a theory of justice, Aristotle makes a distinction between general justice and particular justice. General justice is mainly concerned with observing laws. In contrast, particular justice is related to unjust gains from a particular kind of action. Such an action is not vicious in itself; nevertheless, it can be characterized as wicked.

Q: What is the best title for the passage?
(a) Aristotle: The Greatest Philosopher in History
(b) Obeying Laws: The Most Important Purpose of Aristotle's Theory
(c) Two Kinds of Justice: A Foundation for Aristotle's Theory
(d) General Justice: Its Nature and Implications

21. In *The Brothers Karamazov*, the omniscient narrator plays such an important role that his existence compels literary critics to regard the novel as modern. Although the narrator knows what the main characters think, his unique narration enables him to become an important character in the novel. At the same time, his "voices" are often difficult to distinguish from those of the protagonists, adding to the subjectivity of the splendid work.

Q: What is the purpose of the passage?
(a) To maintain that *The Brothers Karamazov* is the best novel ever written
(b) To explain the modern elements of *The Brothers Karamazov*
(c) To suggest that *The Brothers Karamazov* is highly objective
(d) To recommend that modern readers read *The Brothers Karamazov*

22. "Experts" such as Fareed Zakaria seem to believe that a Vice President should be an expert in everything. For instance, criticizing Sara Palin's lack of foreign policy experience, Zakaria even argues that what Palin has to say is "gibberish." I disagree. A good Vice President is not necessarily an expert on everything. What he or she needs to do is to "listen to" experts and make sound judgments that will reflect common sense and traditional values.

Q: What is the purpose of the passage?
(a) To claim that Fareed Zakaria is too arrogant
(b) To argue that a Vice President ought to know everything
(c) To suggest that Sara Palin might become a good Vice President
(d) To contend that Sara Palin is actually a very intelligent woman

23. An actress's tragic death raises a serious question: Is our society a healthy one? In my opinion, it is "sick" in many ways. First of all, so many of us are accustomed to speaking ill of others just because they are "inferior" in some way. For instance, not many of us are willing to accept the simple fact that nobody can be perfect. As a result, when someone fails or makes a mistake, we are ready to hurl abuse at them. Why not try to accept them as they really are? Why not try to let them make a mistake and grow at their own pace? Why not try to embrace them warmly?

Q: What is the best title for the passage?
(a) An Actress's Tragedy: A Symptom of a Sick Society
(b) An Inferiority Complex: A Cause of the Ills of Modern Society
(c) Perfectionism: The Ultimate Cause of Evil
(d) Substance Abuse: A Serious Threat to Modern Society

24. Like many other geologists, Alfred Wegener thought that a "supercontinent" had comprised all the contemporary continents in the Late Paleozoic era. Wegener named the supercontinent "Pangaea." He speculated that the distribution of the present-day continents could be explained by the process called "continental displacement." By this term, he meant that parts of Pangaea had separated from each other over long periods of time. That idea led to the theory of continental drift.

Q: What is the passage mainly about?
(a) The birth of the theory of continental drift
(b) Alfred Wegener's relationship with other geologists
(c) What happened in the Late Paleozoic era
(d) Who coined the term Pangaea

25. According to Marcel Just at Carnegie Mellon University, human thought is mainly concerned with perception and action. As a result, when we think of concrete nouns, areas of our brains responsible for recognizing or operating them are activated. Just takes the example of an apple. When we think about an apple, areas of our brains which take charge of tasting, smelling, and chewing are triggered. Based on this fact, Just says, "An apple is what you do with it."

Q: Which of the following is correct according to the passage?
(a) Concrete nouns are concerned with abstract ideas.
(b) Most people cannot taste, smell, or chew apples.
(c) Marcel Just points out that an apple is what you think about it.
(d) Perception and action constitute human thought.

26.

> To whom it may concern:
>
> This is Kristen Davis, from Togo. My Second Life name is Hayden Dancer. I've had some difficulty utilizing the Second Life Viewer. I have tried all the viewers provided at your website, but nothing has worked. Would you be so kind as to let me know how to fix the problem? For your reference, whenever I try to open the Second-Life viewer, there appears the message telling me "Second Life appears to have crashed." And I need to mention that I use Windows XP as an OS.

Q: Which of the following is correct according to the passage?
(a) The author makes use of Windows Vista as an OS.
(b) The author's Second Life name is the same as her real name.
(c) The author failed to use the Second Life Viewer.
(d) The author is a professional dancer.

27. Over the years, Egypt has been known to be a country "ignorant" of the health risks of smoking. But it is likely to change soon. Starting from August 1, 2008, the Egyptian government will require cigarette companies to attach images of the impact of smoking on health to cigarette labels. These images will include a dying man wearing an oxygen mask and a child suffering from coughing. According to some experts, however, it remains to be seen whether this anti-smoking campaign will succeed.

Q: Which of the following is correct according to the passage?
(a) The Egyptians are well aware of the health risks of smoking.
(b) Egypt's anti-smoking campaign may or may not succeed.
(c) Cigarette companies will be banned from selling cigarettes.
(d) The anti-smoking campaign will begin on September 1, 2008.

28. By arguing that the military forces are the root of violence, idealists only betray ignorance about the roles of social institutions in our lives. Just like other social institutions, the military forces "institutionalize" violence; thus, they prevent unwarranted violence from occurring. Without such social organizations, the world would be filled with uncontrolled violence. Furthermore, the true root of violence is human greed, not an external entity.

Q: Which of the following is correct according to the passage?
(a) Idealists are keenly aware of the roles of social institutions in our society.
(b) The author does not believe that the military forces cause violence.
(c) The author believes that we do not need the military forces.
(d) Human greed does not lead to unwarranted violence.

29. According to Laughter Yoga International, our bodies cannot distinguish between fake and genuine laughter. As a result, even if we fake laughter, we gain the same health benefits. That is the basic principle of Laughter Yoga, which was developed by Dr. Madan Kataria in 1995. Mixing laughter with yoga breathing techniques, this "revolutionary" yoga has attracted tens of thousands of people from more than sixty countries. After all, "laughter is the best medicine."

Q: Which of the following is correct according to the passage?
(a) Our bodies do not respond to fake laughter.
(b) Laughter Yoga is based on an ancient idea.
(c) Laughter Yoga has failed to attract a large number of people.
(d) We can still get health benefits from fake laughter.

30. The film *Shin Suk-ki Blues* explores the theme of transformation from evil to good. By a quirk of fate, the evil Shin Suk-ki switches his body with the good Shin Suk-ki, who is ugly but warm-hearted. Confined in his new body and touched by his admirer Seo Jin-yeong, the wicked Shin becomes a new person and realizes the true meaning of life: To empathize with other people. This superb movie reminds us that love, the ultimate form of empathy, is the driving force behind transformation.

Q: Which of the following is correct according to the passage?
(a) The film *Shin Suk-ki Blues* is mediocre.
(b) Love can lead us to change ourselves.
(c) The theme of *Shin Suk-ki Blues* is hatred.
(d) Love is not capable of transforming people.

31. According to Adrian Furnham at the University of London, creativity does not show a normal distribution. Everyone is understood to have an ample amount of creativity; therefore, people can develop creativity to a great extent. In order to achieve that, however, enormous amounts of effort are required. In this regard, Furnham agrees with Edison that "genius is one percent inspiration and ninety-nine percent perspiration." As Furnham clearly points out, "creatives" are basically "hard-working" people.

    Q: Which of the following is correct according to the passage?
    (a) Not everyone is creative.
    (b) Effort is a requirement of achieving creativity.
    (c) Creatives do not have to work hard.
    (d) Furnham criticizes Edison for misleading people.

32. Does the new SAT writing exam actually measure students' writing abilities? According to some experts, the controversial exam has a number of weaknesses as a measuring instrument. For instance, it often gets students to follow certain patterns of exposition without thinking deeply about the issues given to them. Such weaknesses result from the fact that the SAT writing exam ignores the creative nature of writing which reflects the productive aspect of human thought.

    Q: What is the author's attitude toward the new SAT writing exam?
    (a) Accepting
    (b) Approving
    (c) Negative
    (d) Apathetic

33. In selecting equipment for getting rid of airborne particles from a contaminated airstream, one needs to take into account a variety of factors. Of course, the characteristics of such particles, such as density and corrosivity, ought to be considered. In particular, special attention should be paid to size distribution, which refers to how many different sizes of particles the airstream has. In addition, the characteristics of the airstream, such as pressure and viscosity, must be taken into consideration.

Q: What can be inferred from the passage?
(a) The act of removing airborne particles is a complicated one.
(b) Airborne particles have a number of characteristics like pressure and viscosity.
(c) The characteristics of the airstream can be ignored entirely.
(d) Size distribution does not affect the process of selecting the devices.

34. In his *Newsweek* article of September 15, 2008, Steven Weinberg argues that as science continues to advance, "there will be less room for religion." Unfortunately, however, Weinberg doesn't seem to understand the essential nature of religion. Unlike what he believes, explaining natural phenomena is not the purpose of religion. Rather, explaining the true meaning of our lives is what religion is all about. By providing such explanations, it allows us to go beyond our everyday experience and touch the very heart of our souls. Science can never, ever, do that.

Q: What is the author's attitude toward religion?
(a) Deferential
(b) Censorious
(c) Sneering
(d) Disparaging

35. According to William Fielding Ogburn, social change and cultural progress occur mainly because of what he calls "invention," which takes place when the current cultural elements are combined in an innovative manner. Since many aspects of culture are inextricably intertwined, an invention in a cultural area is likely to affect other areas and require adaptation. When there are delays in adjustments to invention, Ogburn refers to it as "a cultural lag." He explains that cultural lags can sometimes threaten the whole structure of a society.

Q: What can be inferred from the passage?
(a) Some cultural lags do not cause major problems.
(b) Ogburn believes that inventions result from cultural progress.
(c) Inventions rarely occur in modern society.
(d) A cultural lag refers to rapid adjustments.

36. On October 29, 2006, a fire broke out and devastated North County Plating and Polishing, a metal plating company located in California. The cause is unknown, but the blaze left a variety of toxic materials including cyanide and muriatic acid, which prevented firefighters from entering the building. Instead, they tried to protect the surrounding areas, at the same time containing the contaminated water. Because of the plant's lethal materials, the firefighters had no choice but to let the blaze burn out itself. Although the resulting damage was estimated to reach $1 million, no casualties were reported.

Q: What can be inferred from the passage?
(a) The firefighters did not do their best to put out the fire.
(b) The firefighters entered the plant and extinguished the blaze.
(c) The cause of the fire is still under investigation.
(d) The blaze claimed many lives.

37. In the broader sense, the term "Chilkat weaving" refers to any clothing produced by the Chilkat, North American Indians who resided in the northernmost part of the Pacific Coast. In the narrower sense, however, the term denotes the robes knitted by the Indian tribe. Compared with other Native Americans, the Chilkat have produced higher quality robes and their designs have reflected a keener sense of beauty. Interestingly enough, men and women played separate roles in weaving the Chilkat robes. While men produced designs describing living creatures, women attached animal or spirit symbols to the designs.

Q: What can be inferred from the passage?
(a) Chilkat robes were woven by all Native Americans.
(b) "Chilkat weaving" does not refer to outer garments.
(c) The Chilkat are not an artistic people.
(d) The term "Chilkat weaving" has several meanings.

Part III Questions 38–40
Read the passage. Then identify the option that does NOT belong.

38. Guillaume Apollinaire influenced, and was influenced by, a number of artists. (a) For instance, he made his contemporary artists appreciate Henri Rousseau's paintings. (b) He also befriended André Derain and Raoul Dufy, both of whom later became successful painters. (c) Apollinaire actively participated in the avant-garde movements in the 20th century. (d) He even collaborated with Pablo Picasso to establish the principles of Cubism.

39. Nathan Hale's sacrifice is noteworthy, but this alone cannot explain his popularity. (a) In my opinion, most people are moved by Hale's selfless spirit reflected in his final words. (b) This spirit is capable of rekindling patriotism in any serious people. (c) In many ways, his final words sum up what patriotism is all about: The willingness to lay down our lives for our country on which the very foundation of our existence is based. (d) Without our country, we cannot create a meaningful culture or ensure economic prosperity.

40. In an article published in *Nature*, Paul Garrity and his colleagues show that flies have "internal thermosensors" to help them find the best place for survival. (a) Unlike people, flies do not have the ability to control the temperature of their surroundings. (b) As a result, they need to find the ideal place whose temperature is suitable for their growth. (c) The "heat-responsive neurons" found in the brains of flies are capable of spotting such a place. (d) It has been widely known that neural mechanisms are used to ensure the survival of mammals.

This is the end of the Reading Comprehension section. Please remain seated until the proctor has instructed otherwise. You are NOT allowed to turn to any other section of the test.

ACTUAL TEST 5

Reading comprehension

Directions

This part of the exam tests your ability to comprehend reading passages. You will have 45 minutes to complete the 40 questions. Be sure to follow the directions given by the proctor.

Part I Questions 1–16

Read the passage. Then choose the option that best completes the passage.

1. Indiana University researchers Susan Herring and Asta Zelenkauskaite have found that in technology-based communication, women tend to express themselves more forcefully than men. This finding is in stark contrast to previous theories which argue that women are _____. According to the researchers, when text messaging, women are not hesitant about using non-standard language such as abbreviations and emoticons.

   (a) extremely defensive in relationships
   (b) becoming more assertive
   (c) considered linguistically deficient
   (d) generally polite in communication

2. With Obama elected as the next American President, will Washington form a "friendly" relationship with Pyongyang? Some experts have analyzed that such a scenario is unlikely because both of them are _____. Democratic administrations are good at manipulating other countries to their advantage, and the Obama administration is no exception. Pyongyang is also second to none for that matter.

   (a) laissez-faire entities
   (b) Marxist regimes
   (c) tough cookies
   (d) collateral damage

3. As I grew up in a traditionally Japanese way, I firmly believe that people are part of nature and should be in harmony with it. Just like other Japanese people, I also think highly of harmonious relationships among different people. This emphasis on harmony among various things has made me look for every possible way to achieve it. This _____ has also helped me succeed in many different areas of my life.

   (a) hostile attitude toward others
   (b) harmony-seeking attitude
   (c) focus on success
   (d) sustained effort for growth

86

4. Patients with Williams syndrome exhibit various symptoms ranging from _____. Although they seem to command a large vocabulary, their speech often makes no sense. Likewise, even though they appear to make friends with people easily, they display awkward behavior when communicating with others. In addition, cardiovascular problems such as transient hypercalcaemia are common among individuals with the neurodevelopmental disorder.

(a) emotional distress to developmental problems
(b) physical abnormalities to respiratory problems
(c) mental retardation to cardiovascular problems
(d) social isolation to acrophobia

5. Too many companies dare to "guarantee" you can earn lots of money with little effort. Sound too good to be true? Unfortunately, it is, so _____. As an ethical company, we do not promise quick gains. But we can assure you that we will adequately reward your blood, sweat, and tears. In addition, we will provide you with ample opportunities to realize your potential. So, what are you waiting for? Just visit http://www.honestwork.com and find your ideal job today!

(a) be ready to make quick money
(b) learn to be content with your current situation
(c) take ethics classes
(d) beware of those unscrupulous firms

6. Even from today's standpoint, the Shakers were _____. For instance, they interpreted God as having both masculine and feminine features; thus, in referring to God, they used Mother as well as Father. Believing that women are equal to men, they were willing to provide women with leadership opportunities, which provoked suspicion among mainstream Christians in the nineteenth century. Further, supporting racial equality, the Shakers often harbored African-American slaves in order to help them find the freedom they deserved.

(a) "conservative" in every way
(b) "radical" in many ways
(c) "pious" in many ways
(d) "sensible" in every way

7. As Paul Kurtz, chairman of Prometheus Books, clearly pointed out, Uri Geller's alleged psychic powers do not seem to work properly whenever the "psychic" _____. For instance, Geller recently lost a lawsuit against Cindy Hazen and Mike Freeman, who used to own Elvis Presley's pre-Graceland house. Even with his "psychic" powers, Geller couldn't prevent Judge Jon McCalla from ruling against him.

   (a) buys a house owned by a famous singer
   (b) tries to use his powers for financial gain
   (c) comes across Judge Jon McCalla
   (d) tries to prove his supernatural powers

8.
   Dear Christine Pasdar:

   This is Hayden Kring, at Faith International. First of all, I'd like to thank you for coming to the interview for the position of Head Consultant. We were all impressed by your superb analytical skills and extensive experience in the industry. Unfortunately, however, some of us have expressed concern over your over-ambition. It seems to us that you want to assume too many responsibilities at the expense of your private life, which is not _____.
   We firmly believe that your family life is as important as your career.

   (a) governed by our employee manual
   (b) consonant with the current trend
   (c) reflective of your own needs
   (d) compatible with our philosophy of management

9. Based on the advice from our Advisory Panel, we will launch a new line of computers in stages. However, they have expressed concern over whether such computers with simple features are appealing to American consumers accustomed to handling extremely complicated computer work. To overcome this obstacle, they have pointed out that we should _____. That will limit the size of our potential market, but it will ensure we capture a majority of that market.

   (a) reduce costs dramatically at the expense of quality
   (b) launch an aggressive advertising campaign
   (c) target specific customers with specific needs
   (d) release the computers all at once

10. The film *Battle in Seattle* has _____. Some critics commended its coverage of the "criminal" activities of the WTO, and added that the film realistically depicted the changes anti-globalization protesters experienced after the events of November 1999. On the other hand, others pointed out that the film erroneously glamorized a mainstream media figure. According to them, it is well-known that mainstream media gave negative coverage of the protesters, leading to the birth of indymedia.

   (a) been highly acclaimed by all critics
   (b) revealed the negative aspects of globalization
   (c) attracted both praise and criticism
   (d) been warmly accepted by mainstream media

11. When Lê Lợi rebelled against the Ming Dynasty in 1418, many Vietnamese people were hesitant about joining the revolt, largely because they were afraid of the formidable forces of the Chinese dynasty. One of his strategists, Nguyễn Trãi, came up with a political stratagem to _____. His ploy was to spread the legend that a god had given his sword to Lê Lợi for the purpose of helping him defeat the Chinese forces. The ruse turned out to be a success, and more and more people joined Lê Lợi in his fight against the Chinese.

   (a) legitimize Lê Lợi as a resistance leader
   (b) conquer the Chinese territory
   (c) gloss over Lê Lợi's weaknesses as a politician
   (d) preserve oral tradition

12. Dissociative identity disorder (DID) _____. While some psychiatrists believe that the disorder seems to be prevalent in North America, many North American experts doubt the validity of DID, criticizing the subjectivity of dissociation. They point out that DID does not have any objectively observable symptoms. On the other hand, those who accept the validity of DID continue to report cases involving the disorder. Their views are partly supported by psychiatrists in other countries who publish papers dealing with cases of DID.

   (a) is severely criticized by health experts
   (b) continues to be a controversial subject
   (c) is definitely confined to North America
   (d) has many easily identifiable symptoms

13. On April 17, 2007, Zachary Moore took part in a drill led by Allison Gibson, a certified diving instructor in Tuscaloosa, Alabama. Part of the exercise was to descend to a great depth with the help of regulators. Instead of monitoring the participants, Gibson gave a private lesson to Lewis Fitts, with her two unqualified assistants supervising the drill. Unfortunately, after finishing the exercise, Moore lost consciousness and died. His parents accused Gibson of paying no attention to her students and _____.

(a) appointing inexperienced people to look after them
(b) teaching diving to teenagers
(c) making her students compete against each other
(d) forcing Moore to take part in the exercise

14. These days, too many people believe that popular opinions are real solutions to the problems facing our society. What they overlook is that without addressing real issues, popular beliefs often cater down to the public's taste. For instance, in trying to overcome the current economic crisis, many popular politicians advocate protectionism as part of a recovery strategy. The ripple effects of such policies are likely to be injurious to international trade, which will ultimately hurt our domestic economy to a great extent. Thus, in order to effectively tackle our serious problems, we need to _____.

(a) stop voting for popular politicians
(b) make efforts to overcome the current crisis
(c) adopt a more idealistic approach to them
(d) stop confusing popularity with authority

15. As one of the foundations of sociology, microsociology deals mainly with individual social interactions at a micro level. It is generally understood to have originated from the philosophy of phenomenology. _____, macrosociology largely concerns itself with societies and social systems at a macro level. Even when dealing with individuals and families, it approaches them from a broader perspective. It is often the case that macrosociology analyzes large "collectives" such as communities and states.

(a) Generally
(b) Consequently
(c) In contrast
(d) In addition

16. Being a leading advocate of abolition, General David Hunter did not accept the attitude that regarded African-American fugitives as property obtained by Northern forces. Thus, he liberated all the "contrabands" in the Port Royal district. Surprisingly, though, President Abraham Lincoln reproached Hunter for his "premature" measures. This was largely because Lincoln was not ready to implement emancipation of the slaves in the Southern states. _____, according to some historians, he was, at that time, unwilling to consider abolishing slavery in the United States.

(a) In short
(b) For instance
(c) In fact
(d) Nevertheless

Part II Questions 17—37

Read the passage and the question. Then choose the option that best answers the question.

17. According to Dr. Benny Hochner, octopuses are thought to be the most intelligent of the invertebrates in that their brains are relatively large. Interestingly enough, they can even be trained to perform a variety of memory tasks. In fact, they can carry out highly complex learning tasks and compete with advanced vertebrates in learning and memory to some extent.

    Q: What is the passage mainly about?
    (a) The learning and memory abilities of octopuses
    (b) Dr. Benny Hochner's eccentric behavior
    (c) The intelligence of invertebrates
    (d) The importance of memory training

18. In order to effectively develop listening skills, we need to become highly sensitive to the sounds of English, which are radically different from those of the Korean language. Thus, in these programs, we begin our listening components by getting students to pay attention to subtle differences in sounds. It is also advisable to conduct the class without relying on the letters of English, which are not directly related to English sounds.

    Q: What is the main topic of the passage?
    (a) Differences between English and Korean
    (b) The role of listening comprehension in language learning
    (c) The development of the English alphabet
    (d) How a program sharpens listening skills

19. Many theories have been proposed about what causes attention-deficit hyperactivity disorder (ADHD), but none of them has succeeded in finding the real cause of the disease. At least, however, it is fairly clear that ADHD is hereditary. A very high percentage of affected individuals have parents with ADHD, and family members often manifest the symptoms.

Q: What is the best title for the passage?
(a) The Definition and Symptoms of ADHD
(b) How to Treat ADHD
(c) The Percentage of ADHD Patients
(d) What We Know about the Cause of ADHD

20. In 1994, Dave Levin and Mike Feinberg launched KIPP (Knowledge Is Power Program) Academy for fifth graders in Houston, Texas. Before enrolling in the innovative program, most students did poorly in English and mathematics. After attending only one year at the academy, over 90% of the students were able to pass the Texas Fifth Grade Exams in English and mathematics.

Q: What is the best title for the passage?
(a) Dave Levin and Mike Feinberg: The Men Who Changed the World
(b) The Texas Fifth Grade Exams in English and Mathematics
(c) The Extraordinary Success of KIPP Academy
(d) Poor Children in the State of Texas

21. It was once widely believed that Abner Doubleday invented baseball in 1839. There was, however, practically no evidence supporting this claim. For one thing, Doubleday had never claimed that he started the popular sport. In none of his letters and papers did he ever suggest that he was influential in the development of baseball. Similarly, an encyclopedia article dealing with Doubleday did not contain any information about the sport.

Q: What is the best title for the passage?
(a) Abner Doubleday: Baseball's First Real Pitcher
(b) How the Game of Baseball Was Born in 1839
(c) A Popular Myth Surrounding the Origin of Baseball
(d) The Controversy over Who Baseball's True Founder Was

22. Although there are some similarities between flathead catfish and bullheads, there are greater differences between them. For instance, as the name implies, the flathead has a flat head, and its lower lip sticks out farther than its upper lip. In addition, their feeding habits are quite different. Flatheads usually eat living things, whereas bullheads feed on dead fish or other prey. While flatheads generally live in gravel pits, bullheads prefer more brackish areas.

Q: What is the purpose of the passage?
(a) To assert that flathead catfish and bullheads share many similarities
(b) To show the differences between flathead catfish and bullheads
(c) To prove that flatheads are the ancestor of the bullhead
(d) To explain that the names of fish are difficult to memorize

23. As a form of philosophical inquiry, the Socratic Method is aimed at promoting reason in this seemingly irrational world. This dialectical method requires us to painstakingly examine the implications of our "valid" beliefs, thus revealing all the contradictions hidden in our thoughts. In so doing, the critical approach makes it possible to bring rational thinking to our chaotic lives.

Q: What is the main topic of the passage?
(a) Many different forms of philosophical inquiry
(b) The greatness of Socrates
(c) The aims of the Socratic Method
(d) The chaotic nature of our lives

24. According to the Global Amphibian Assessment, amphibian species are disappearing at an alarming rate, which reflects the deteriorating health of the Earth. The study shows that approximately a third of all amphibian species are facing extinction, with 122 species of amphibians already extinct. As is widely known, the state of amphibians is a key indicator of the overall "health" of an ecosystem because their skin is extremely sensitive to environmental changes. Therefore, their steep decline is widely understood to show that the health of the Earth is significantly degraded.

Q: What is the passage mainly about?
(a) The importance of the Global Amphibian Assessment in preventing pollution
(b) Why amphibian species flourished in America
(c) The health of the Earth
(d) The significance of the extinction of amphibian species

25. According to Jessie M. Van Swearingen, Ph.D. and her colleagues, a large number of patients with facial neuromuscular disorders suffer from depressive symptoms. In particular, the risk for depression is increased by a "specific impairment in the ability to smile." Since such patients cannot express positive emotion, they are less likely to receive physiological feedback and emotional support, which can lead to various degrees of depression.

Q: Which of the following is correct according to the passage?
(a) Few patients with facial neuromuscular disorders suffer from depression.
(b) Smiles do not affect human emotion.
(c) Dr. Jessie M. Van Swearingen is a patient with a neuromuscular disorder.
(d) The absence of smiles might lead to depression.

26. As the Earth's only natural satellite, the moon orbits the planet once a month. Interestingly enough, the visible side of the moon was mapped in detail by Galileo in 1609. Using his first telescope, he found that the surface of the moon is not perfectly smooth. We now know that the heavily cratered surface of the moon is a record of the heavy bombardment of asteroids and comets that the moon experienced. Contrary to the Earth, the moon is geologically inactive.

Q: Which of the following is correct according to the passage?
(a) Galileo did not know of the presence of the moon.
(b) Geologically speaking, the moon is dead.
(c) The bombardment of asteroids did not change the surface of the moon.
(d) Geologically speaking, the Earth is inactive.

27. It may sound strange, but I have found many similarities between the Buddha's teachings and Wiccan beliefs. Fundamentally, the two ideas share the belief that you should not do anything harmful to anyone. Unfortunately, some Buddhists have a rigid state of mind and do not tolerate other belief systems, but this is a shame. I don't think such an attitude is in accordance with the Buddha's teachings that emphasize peace, compassion, and wisdom.

Q: Which of the following is correct according to the passage?
(a) The author does not approve of Wiccan beliefs.
(b) The author is tolerant of other belief systems.
(c) Buddhism promotes the use of violence as a means of achieving peace.
(d) We do not have any choice but to harm others.

28. The Autonomous Robotics and Systems Research Team at the University of the Basque Country (UPV/ EHU) is currently working on improving the autonomy of robots. In particular, they are trying to enable robots to explore various places on their own. Instead of relying on GPS navigation systems, the UPV/ EHU researchers take advantage of biomimetic systems in order to develop a robot capable of moving from one place to another without any trouble.

Q: Which of the following is correct according to the passage?
(a) The UPV/ EHU researchers are developing a simpler robot.
(b) The UPV/ EHU researchers prefer to use biomimetic systems.
(c) At present, robots can explore many different places without any trouble.
(d) GPS navigation systems are more efficient than biomimetic systems.

29. On August 10, 1793, the Louvre Museum opened, exhibiting more than 500 paintings. During the latter half of the 1790s, the museum was closed due to defects in its structure. Under the reign of Napoleon, its name was changed to the Musée Napoléon, and at the same time, the collection of the museum was enlarged to a great extent. From that time on, the collection continued to grow, and during the Second Empire, the museum obtained 20,000 new pieces.

Q: Which of the following is correct according to the passage?
(a) The Louvre Museum once changed its name.
(b) At present, the Louvre Museum houses 20,000 pieces.
(c) Napoleon was the founder of the Louvre Museum.
(d) The Louvre Museum has never been closed until now.

30. All these prestigious awards clearly show us that Megan is a natural, a natural singer. I also need to mention that her numerous awards include Award for Avid Readers (October 10, 2007), 1st Place at Newspaper in Education Activities (May 5, 2008), and 2nd Place at School Science Project Contest (June 19, 2008). Even though these subject areas are not directly related to music, Megan and I are fully aware that in order to become a truly great musician, one needs to take interdisciplinary approaches to music. It seems to me that Megan instinctively understands the importance of various disciplines in delving into the essential nature of the human soul.

    Q: Which of the following is correct according to the passage?
    (a) The author thinks highly of Megan.
    (b) Megan is very good at drawing pictures.
    (c) Megan is unwilling to adopt an interdisciplinary approach to music.
    (d) Megan is not a good reader.

31. Even today, rural areas are not perceived as an ideal place for providing economic opportunities mainly because there are still many conditions that cannot be controlled by human efforts. Further, a variety of natural disasters can threaten the very survival of country people. Industrialization has also deprived many rural laborers of work. As a consequence, a large number of people move to the city for the purpose of ensuring their subsistence and seizing economic opportunities.

    Q: Which of the following is correct according to the passage?
    (a) Industrialization has negatively affected rural areas.
    (b) Technology has enabled rural people to conquer nature.
    (c) Rural areas provide many different economic opportunities.
    (d) Rural people are not concerned about their survival.

32. Animal rights activists are strongly opposed to fox hunting, maintaining that all animals should have the right to life and happiness. They are also concerned about the appalling cruelty of the activity on the grounds that it can promote violence toward animals. On the other hand, proponents of fox hunting claim that the "sport" is not as cruel as is generally thought. According to them, foxes are either killed instantly or escape unharmed. They even go so far as to say that fox hunting is a less cruel method of controlling fox populations.

Q: Which of the following is correct according to the passage?
(a) Supporters of fox hunting believe that we need to control fox populations.
(b) Animal rights activists are interested in the history of fox hunting.
(c) Proponents of fox hunting are violent criminals.
(d) Fox hunting does not affect the rights of animals.

33. Cardinal Stephen Kim Sou-hwan passed away on February 16, 2009, leaving tens of millions of Koreans to bring back peace and harmony to their ideologically polarized society. Kim had been instrumental in democratizing his country by criticizing and resisting the military dictatorship in South Korea. Once the East Asian country was democratized, he tried to build social unity through his exceptional humanity. Kim was widely recognized as a sage who could bring the Koreans together; thus, his absence could pose a serious challenge to the unity of his country.

Q: What can be inferred from the passage?
(a) The absence of Cardinal Stephen Kim Sou-hwan poses an economic crisis.
(b) Cardinal Stephen Kim Sou-hwan was influential in reunifying the two Koreas.
(c) Military dictators were hostile toward Cardinal Stephen Kim Sou-hwan.
(d) Unification of the Koreas will be more difficult than before.

34. Contrary to popular belief, the word "man" was not originally gender-biased. It originated from the word "mann," which meant "person." Therefore, the word was widely used to refer to people in general. At the same time, however, "mann" replaced the word "wer," which meant "male." Since the word "man" has these two different meanings, many feminists object to its use as a general term for people. Given the fact that language helps to form human perception, it is advisable not to use the word "man" to refer to the general public. That would make women feel marginalized in our society.

Q: What is the author's attitude toward women?
(a) Insolent
(b) Condescending
(c) Antagonistic
(d) Supportive

35. Professor Lidia Morawska at Queensland University of Technology has revealed the origin of harmful particles released from common laser printers. Professor Morawska stated that the ultrafine particles are a by-product of the printing process. In that process, when toner becomes hot, some compounds "evaporate and condense in the air," thus producing extremely fine particles. While such particles are more likely to be formed by hotter printers, the rate of change of the temperature is also understood to be a contributing factor in producing them.

Q: What can be inferred from the passage?
(a) Various factors influence the emission of ultrafine particles.
(b) Common laser printers are completely harmless.
(c) Hotter printers are generally safer than colder ones.
(d) Professor Lidia Morawska disapproves of the printing industry.

36. According to Kenneth Waltz, the international community is in a state of perpetual anarchy resulting from the lack of a "central enforcer." This is dramatically different from the domestic realm in which every political unit must conform to the rules dictated by the state or government. In many respects, the existence of such entities guarantees law and order in a country. In contrast, since the international realm has no such source of order, each state must secure its survival and prosperity on its own. This ruthless competition for survival necessarily brings anarchy to the international community.

Q: What can be inferred from the passage?
(a) Kenneth Waltz accepts the inevitability of anarchy in the international realm.
(b) All the states in the world should cooperate in order to survive.
(c) The United Nations can be regarded as a "central enforcer."
(d) The international community is more stable than the domestic realm.

37. The age of exploration required Westerners to understand the various peoples of Africa and the Americas. Such understandings often came from Christian missionaries, and one of their study topics was animism. Of course, most missionaries dismissed the belief as "primitive superstition." Some of them, however, approached animism academically and analyzed that it constituted an early form of religion. In their opinion, animism was a lower form of religion, but at the same time, it was a necessary step in the process of developing more sophisticated and complicated belief systems, which came to be known as religion.

Q: What can be inferred from the passage?
(a) Before the age of exploration, Westerners were not interested in religion.
(b) Animism did not play any role in the development of religion.
(c) Some Christian missionaries recognized the importance of animism.
(d) Christianity and animism share the same values.

Part III **Questions 38–40**
Read the passage. Then identify the option that does NOT belong.

38. Many different characteristics are found in chemical compounds. (a) For instance, different compounds have different colors. (b) Compounds are defined as substances composed of two or more different types of atoms. (c) They also have different states of matter: solid, liquid, and gas. (d) While some are of high toxicity to humans, others are useful for everyday life.

39. Abbott Handerson Thayer has been particularly influential in the study of camouflage. (a) In fact, Thayer was the first naturalist to extensively explore cryptic coloration in nature. (b) He paid special attention to countershading, in which an animal's pigmentation is adjusted so that its lower body can become less conspicuous. (c) Further, Thayer was vehemently opposed to the use of military camouflage. (d) His findings were so convincing that they became known as Thayer's Law.

40. Not all critics were impressed by the novel *For Whom the Bell Tolls*. (a) For instance, Edmund Wilson pointed out the archaic nature of Hemingway's novel. (b) In particular, Wilson observed that "a strange atmosphere of literary medievalism" characterized the relationship between Robert Jordan and Maria. (c) Hemingway even depended on foul language to increase the dramatic effects of the novel. (d) At the heart of this criticism lay Hemingway's wide use of archaisms and transliterations.

This is the end of the Reading Comprehension section. Please remain seated until the proctor has instructed otherwise. You are NOT allowed to turn to any other section of the test.

ACTUAL TEST 6

Reading comprehension

Directions

This part of the exam tests your ability to comprehend reading passages. You will have 45 minutes to complete the 40 questions. Be sure to follow the directions given by the proctor.

Part I Questions 1–16

Read the passage. Then choose the option that best completes the passage.

1. Since it was turned down by several publishing houses, Chinua Achebe's novel was _____ the executives of Heinemann. Its value was, however, recognized by Donald MacRae, an educational adviser, who encouraged Heinemann to publish the novel. On June 17, 1958, the publisher published Achebe's novel entitled *Things Fall Apart*, and since then, it has attracted millions of readers.

   (a) regarded as offensive by
   (b) deemed too expensive by
   (c) considered a masterpiece by
   (d) not that appealing to

2. In developing the curriculum for the project, we firmly believe that it is vital to meet the needs and interests of our students. Thus, we need to make sure that they are well prepared for major language tests such as the TEPS. That does not mean, however, that the course materials are primarily aimed at _____. It does mean that they need to offer ample opportunities to hone language skills.

   (a) developing theories of language learning
   (b) developing skills for such tests
   (c) instilling perseverance in our students
   (d) providing highly intriguing content

3. On March 11, 2009, a 30-something man fell into Niagara Falls, and surprisingly survived! For an unknown reason, the man refused rescue attempts, but rescue workers eventually succeeded in pulling him out of the water. He was immediately taken to a hospital. According to Niagara Parks Police Chief Doug Kane, the man "voluntarily" entered the water and resisted assistance. He was reported to _____.

   (a) have recovered fully and thanked the rescue workers
   (b) have suffered from pneumonia
   (c) have attacked the doctors and nurses
   (d) have suffered from hypothermia and a head injury

4. Solar textiles, whose designs have been developed by Sheila Kennedy, are expected to contribute to industrializing solar cell technology. The new materials are capable of transforming sunlight into electricity. If solar textiles become widely available, buildings will be able to _____. Kennedy analyzes that the distinction between traditional walls and utilities is beginning to blur.

(a) reap health benefits from the sun and the moon
(b) provide ventilation for many rooms simultaneously
(c) produce and distribute energy in an efficient way
(d) turn into living organisms capable of photosynthesis

5. Juan J. A. Getino and Alberto Escapa are developing a new model of the movements of the moon for the purpose of facilitating future NASA missions to the Earth's natural satellite. Their research is unique in that it is based on multi-layered theories. In their opinion, the moon is a two-layered system, with a "solid external layer and a fluid internal core." They understand that this approach will make it possible for them to _____.

(a) accurately explain the movements of the moon
(b) earn quick money by offering easy solutions
(c) accurately predict the movements of the Earth
(d) analyze the structure of the Earth

6. Natural selection is one of the mechanisms that can bring about evolution. By the process of natural selection, hereditary traits suitable for survival and reproduction become prevalent in a given population, whereas undesirable traits become rarer. This results from the fact that individuals with desirable traits are _____. Consequently, those traits can continue to be transmitted to future generations. Over time, a combination of random changes in traits leads to adaptations, which are a basis for evolution.

(a) less likely to survive competition
(b) less likely to predominate their groups
(c) highly likely to survive and thrive
(d) highly likely to become extinct

7. For a variety of reasons, elephants can produce sounds with low frequencies. First of all, their large bodies can function as a large resonating chamber capable of creating low frequency sounds. Second, the hyoid apparatus of elephants contains five bones, which are connected with the skull by muscles and ligaments. This makes it possible for the larynx to _____, thus helping produce sounds with low frequencies.

   (a) move much more flexibly
   (b) create high frequency sounds
   (c) become stable
   (d) hinder the movements of the vocal cords

8. Covering an area of 3,468 square miles, Yellowstone National Park boasts lakes, rivers, and canyons. In particular, situated at a high altitude, Yellowstone Lake is centered over the Yellowstone Caldera, which is surprisingly an active volcano. According to geologists, it has experienced several violent eruptions in the last two million years. The constant volcanism accounts for many geothermal features found in the national park. In fact, the land area of Yellowstone is _____.

   (a) covered with lava flows and rocks
   (b) filled with freshwater
   (c) covered with sedimentary rocks
   (d) filled with saltwater

9. According to the Jain theory, what determines the effects of karmas is how intensely engaged we are when we are bound by them. The Jains claim that it can take several lifetimes for the karmas to bear fruit. This does not mean, however, that we cannot change our karmas. When we _____, we can escape from the karmas. For this reason, a life of austerity is highly regarded by the Jains, who have detailed knowledge of the impacts of our karmas on our souls.

   (a) do not believe in Jainism
   (b) accumulate knowledge and power
   (c) purify our conduct and intentions
   (d) achieve an unprecedented success

10. Many types of climates are found in desert fringes, which contain microclimates. Unfortunately, these areas are constantly threatened by human activities, with the land severely degraded. In particular, livestock are likely to decrease the filtration rate of the soil, accelerating erosion on the land. Grazing and firewood gathering also facilitate erosion by _____. A tendency to settle in a single area worsens the situation.

(a) promoting the widespread use of pesticide
(b) getting rid of plants that can bind the soil
(c) supporting the growth of plants that can survive in a desert
(d) depriving people of the opportunity to explore microclimates

11. In the early 12th century, the confederations of Mongol tribes turned into a statehood, forming the Mongol ulus. Khabul Khan, from the Borjigin Clan, became the first "khan" of the country. During his reign, he defeated the invasions of the Jin Dynasty. His successor was Ambagai Khan, from the Taichuud Clan. After he was captured by the Tatars and executed by the Jurchens, Khutula Khan became the third khan of the Mongol ulus and fought many battles with the Tatars _____.

(a) in order to conquer the Jin Dynasty
(b) in support of the Mongol ulus
(c) for the purpose of assassinating his rivals
(d) in revenge for Ambagai Khan's misfortune

12. According to Jean Lhermitte, hallucinations can occur when the sleep-wake cycle is severely disturbed. In order to prove his hypothesis, Lhermitte reported a case of a 72-year-old woman suffering from visual hallucinations. The hallucinations included strange-looking animals and people dressed in costume. He postulated that her hallucinations resulted from _____.

(a) nocturnal depression and claustrophobia
(b) daytime insomnia and somnolence
(c) daytime amnesia and bulimia
(d) nocturnal insomnia and somnolence

13. The Sedna myth is mainly concerned with _____.
In one version of the myth, a shaman travels to the bottom of the sea with a view to meeting Takánakapsâluk, who is the Iglulik equivalent of Sedna. The shaman's mission is to request the sea spirit to show sympathy for his tribespeople and let them live. When the shaman returns to his normal state, he informs the tribespeople that someone ought to confess their "sins" and resolve not to commit the sins again. In this way, the shaman connects the world of gods and the world of humans.

(a) the spitefulness of the sea spirit
(b) the precariousness of tribal life
(c) the role of an altered state of consciousness
(d) the intermediary role of the shaman

14. According to Dr. Eric DeMaria and his colleagues, weight loss contributes significantly to diabetes improvement. While recognizing the role of gastric bypass surgery in the fight against diabetes, they stress that to gain better results, patients need to try to lose weight after surgery. According to Dr. DeMaria, the restructuring of the gastrointestinal tract appears to be associated with diabetes improvement, but weight loss is _____. He mentioned that those patients who "lost the most weight" were the ones who recovered fully from the disease.

(a) not adequately researched by health professionals
(b) the determining factor in overcoming the disease
(c) susceptible to changes in the climate
(d) determined by a variety of factors

15. According to the Food Supplements Directive, all supplements must be proved to be safe. As is widely known, large doses of some vitamins can be harmful to human health; therefore, only safe supplements are made available without prescription. _____, nutritional supplements should offer health claims, not drug claims. However, the regulations governing this matter vary from country to country.

(a) Despite this
(b) In addition
(c) Instead
(d) In the end

16. The theory of American exceptionalism still provokes controversy among intellectuals, with more and more scholars questioning its validity. _____, Leftist theoreticians are strongly opposed to the idea, pointing out the "jingoistic" nature of the claim. Many historians such as Thomas Bender are also concerned about the revival of American exceptionalism, regarding it as the negative legacy of the Cold War. In addition, scholars such as Joseph Lepgold and Timothy McKeown disprove the implication of the theory, observing that US foreign policy shows great similarity with that of other nations.

(a) By contrast
(b) In short
(c) Consequently
(d) In particular

Part II Questions 17—37

Read the passage and the question. Then choose the option that best answers the question.

17. On February 10, 2009, a tornado blew through the small community of Lone Grove, causing widespread damage and claiming nine lives. According to Oklahoma Department of Emergency Management, emergency personnel tried to rescue survivors but had great difficulty because of damaged power lines. Lone Grove is located approximately 100 miles south of Oklahoma City.

    Q: What is the best title for the passage?
    (a) Lone Grove: A Safe Haven for Refugees
    (b) The Geography of Lone Grove
    (c) A Small Town Hit Hard by a Twister
    (d) Oklahoma City: A Symbol of Hope

18. Although it can affect the bowel and the eye, melanoma occurs mainly in skin, causing tens of thousands of deaths each year in the world. It is a rare form of cancer, largely caused by uncontrollable growth of pigment cells. Despite numerous efforts, the only effective treatment is surgical resection of the primary tumor before it becomes thicker than 1mm.

    Q: What is the passage mainly about?
    (a) The danger of skin cancer
    (b) Efforts to cure rare forms of cancer
    (c) The cause and treatment of melanoma
    (d) The abnormal growth of pigment cells

19. In 1704, on the order of King Louis XIV, the brothers Iberville and Bienville LeMoyne set sail to North America for the purpose of protecting French territories on the continent. They reached what is now the Mississippi River and, after sailing upstream, found the ideal place to construct a colony. The LeMoyne brothers called the area Point du Mardi Gras, where a culture of French immigrants came to flourish. This rich culture gave birth to the traditions of Mardi Gras.

Q: What is the best title for the passage?
(a) The Humble Beginning of Mardi Gras
(b) King Louis XIV: An Invincible King
(c) The Mississippi River: Where It Came from
(d) French Culture: The Best in the World

20.

Dear Sylvia,

This is Abigail, at Transnational Publishers. I have read your manuscript very carefully. The general idea behind the story is highly imaginative. The characters are well-conceived and the plot is enticing. I have some concern over the manuscript, though. Your first book is supposed to deal with speech politeness. The manuscript, however, seems to betray its own purpose in that it introduces many offensive words.

Q: What is the purpose of the passage?
(a) To commend the author for her excellent work
(b) To discuss the characters in the story
(c) To express concern over the manuscript
(d) To emphasize the importance of speech politeness

21. According to a new study from the University of Minnesota, non-aggressive males as well as aggressive ones can secure food and females in the world of chimpanzees. The study has found that while larger male chimpanzees tend to depend on force to rule their groups, smaller ones rely on grooming behavior to maintain their supremacy. This is truly remarkable given the fact that the most aggressive males tend to dominate their groups in the world of mammals.

Q: What is the main topic of the passage?
(a) Differences between aggressive males and non-aggressive females
(b) How non-aggressive male chimpanzees rule their groups
(c) The importance of grooming behavior in the world of mammals
(d) How to secure food and females in the world of animals

22. Despite existing at great distances from one another, many petroglyphs exhibit significant similarity, compelling researchers to offer explanations for the extraordinary phenomenon. Some of them argue that it might have been sheer coincidence. Relying on Jungian psychology, others claim that the similarity can be explained by the "genetically inherited structure of the human brain." Still others maintain that while in an altered state of consciousness, shamans in various cultures created petroglyphs.

Q: What is the passage mainly about?
(a) How to apply Jungian psychology to everyday life
(b) The definition of an altered state of consciousness
(c) Various explanations for the similarities between petroglyphs
(d) The nature of an extraordinary phenomenon

23. Modern Chinese literature evolved in the late Qing period, when serious intellectual efforts were made to cope with a national crisis. Many intellectuals believed that Western ideas could provide them with solutions to their country's problems. Naturally, they endeavored to translate Western literature, which in turn stimulated the writing of fiction. Major works of fiction during this period combined the Chinese novelistic tradition and Western narrative styles.

Q: What is the main topic of the passage?
(a) The birth of modern Chinese literature
(b) The influence of Western literature on modern China
(c) Major works of fiction during the late Qing period
(d) The Chinese novelistic tradition and Western narrative styles

24.

Dear Buffy Carpenters:

This is Paget Vangsness, and I am the new deputy director of Hope Foundation. I have heard a lot about your superb service and it is a great pleasure to work with your company. One of my responsibilities is to make sure that we employ highly qualified employees. Thus, if you want to discuss matters with regard to our recruitment process, contact me by emailing me at pagetv@hope.org. As for your inquiry about the preferred date of Ms. Groeller's arrival, we feel that August 23 is most convenient for her. We understand that she will need some time to adjust herself to new circumstances.

Q: What is the purpose of the passage?
(a) To introduce the writer to the reader
(b) To request a meeting with Ms. Groeller
(c) To criticize the reader for her miscalculation
(d) To welcome a new employee

25. The history of Graco has been a victorious one. Since it manufactured the world's first automatic swing for infants, Graco has been one of the most successful infant products companies. In 1987, the firm launched Pack N' Play Portable Playard, which turned out to be a huge success. Graco has recently introduced the Travel System, which enables parents to move their sleeping child to their cars without any trouble. This product is also expected to achieve a tremendous success.

Q: Which of the following is correct according to the passage?
(a) Graco has been prospering as an infant products company.
(b) Graco produced the world's second automatic swing.
(c) Graco manufactured the world's first automatic swing in 1987.
(d) The Travel System has been a tremendous success.

26. According to Professor Talma Hendler at Tel Aviv University, early diagnosis is instrumental in treating people with schizophrenia. At present, identifying mental illness before it manifests is almost impossible. Professor Hendler believes that her revolutionary work on facial recognition and brain imaging will enable doctors to diagnose and tailor treatments for a variety of mental diseases. She adds that if that becomes possible, the lives of those patients will improve greatly.

Q: Which of the following is correct according to the passage?
(a) Professor Hendler recognizes the importance of early diagnosis.
(b) Professor Hendler can diagnose mental illness before it begins.
(c) Professor Hendler has created treatments for mental diseases.
(d) Professor Hendler has been able to improve patients' lives.

27. In 2007, a Neanderthal hyoid bone was discovered, which suggested that Neanderthals may have been able to speak like modern humans. While accepting the possibility that they could produce sounds similar to those of modern language, Richard G. Klein doubts that the Neanderthals developed a completely modern language. Based on his extensive study of ancient stone tools, Klein argues that the Neanderthal brain was not developed enough to create a fully modern language.

Q: Which of the following is correct according to the passage?
(a) The Neanderthals developed a highly sophisticated language.
(b) Richard G. Klein is skeptical of the communication ability of the Neanderthals.
(c) The Neanderthals could not produce human sounds.
(d) Richard G. Klein is an expert on the linguistic abilities of early humans.

28. In her groundbreaking work entitled *A Vindication of the Rights of Woman: With Strictures on Political and Moral Subjects*, Mary Wollstonecraft criticized the narrow-minded theorists of the eighteenth century who objected to education of women. Wollstonecraft's essential argument was that women should be recognized as equal members of society. She stressed that women are human beings, not "property" available to men. Thus, in her opinion, women should be given an education compatible with their position in society.

Q: Which of the following is correct according to the passage?
(a) Mary Wollstonecraft was not aware of the importance of education.
(b) Mary Wollstonecraft was a beloved wife.
(c) Mary Wollstonecraft was a shrewd politician.
(d) Mary Wollstonecraft was strongly opposed to male chauvinism.

29. On February 11, 1942, Secretary of War Henry L. Stimson met with President Franklin Delano Roosevelt to persuade him to intern more than 100,000 Japanese nationals and Japanese Americans residing in California. From the confidential evidence provided by Stimson, Roosevelt concluded that the Japanese in California could be a serious threat to national security. On February 19, 1942, he signed Executive Order 9066, which led to the Japanese American internment.

Q: Which of the following is correct according to the passage?
(a) Secretary of War Stimson did not have evidence against Japanese Americans.
(b) Japanese Americans were interned as a result of Roosevelt's decision.
(c) Secretary of War Stimson failed to persuade Roosevelt.
(d) Roosevelt was a firm supporter of human rights.

30. The Mediterranean Beach Hotel is celebrating its 100th anniversary by offering the discounted rate of $100 per night during the months of March and April. Located on the sandy shores of Flamingo Beach, the luxurious hotel retains a quaint atmosphere, while providing state-of-the-art accommodations. The in-house Corfu Restaurant serves Mediterranean cuisine, exposing you to the many regional variations existing in the areas surrounding the Mediterranean Sea.

Q: Which of the following is correct according to the passage?
(a) The hotel opens only in March and April.
(b) The hotel targets low-income families.
(c) The hotel does not boast any modern features.
(d) You can enjoy Mediterranean cuisine without leaving the hotel.

31. Different scholars have different opinions as to whether or not IQ differences between races can be explained by genetic factors. For instance, scholars such as Charles Murray have supported the genetic explanation, whereas other scholars have sharply criticized their approach. The American Psychological Association has stated that there is no conclusive evidence that IQ is genetically determined. The American Anthropological Association has taken a further step and claimed that the concept of race has no relevance to the discussion.

    Q: Which of the following is correct according to the passage?
    (a) Charles Murray sharply criticizes the genetic explanation.
    (b) Some scholars still believe that IQ is influenced by genetic factors.
    (c) Scholars tend to agree that IQ is genetically determined.
    (d) All psychologists agree that race has no relevance to the discussion.

32. Historically, there were two varieties of Latin: Classical Latin and Vulgar Latin. The former was preferred by the upper class, whereas the latter was adopted by the lower class, used mainly in everyday speech. Even after the demise of the Roman Empire, Vulgar Latin survived as a spoken language and later diverged into different Romance languages such as French and Spanish. Latin also influenced other languages such as English by providing them with advanced vocabulary used in various fields of academic study.

    Q: What can be inferred from the passage?
    (a) Some English words originated from Latin.
    (b) Classical Latin was widely used in everyday speech.
    (c) Classical Latin gave birth to Romance languages.
    (d) Latin-derived words in English tend to be informal.

33. After years of study, a research team led by Joseph Ecker, Ph.D. has found how the ethylene signaling pathway is "regulated." Ecker mentions that EIN2, forming the heart of the ethylene signaling pathway, is negatively affected by protein degradation. As a result, ethylene responses such as flower fading are activated. According to their research, reinforced by ethylene, EIN2 can transmit ethylene signals to various parts of plant cells. When that happens, the physiology of the cells is accelerated, which eventually leads to fruition.

Q: What can be inferred from the passage?
(a) The ethylene signaling pathway is positively influenced by protein degradation.
(b) Ethylene signals decelerate the physiology of the cells.
(c) The research team does not understand how the ethylene pathway works.
(d) Ethylene responses include fruition.

34. It is a misconception that sorority hazing is necessary for developing a strong sisterhood. On the contrary, it is often the case that rifts are formed between different members of a sorority. In many cases, cliques are created and become ingrained in the sorority. To make matters worse, since sorority hazing involves a kind of survival of the fittest, it can frequently lead to injuries and deaths. Therefore, it is urgent that you rectify the misconception that sorority hazing facilitates unity among "sisters."

Q: What is the author's attitude toward sorority hazing?
(a) Complimentary
(b) Apathetic
(c) Censorious
(d) Satiated

35. From 1770 to 1784, the Sturm und Drang movement dominated German literature, marking the beginning of Romanticism. The name originated from the title of a play by F. M. von Klinger, *Wirrwarr; oder, Sturm und Drang*. Partly influenced by Rousseau's ideas, the movement was triggered by the ideas of Herder and Lessing. During the movement, German writers produced works that relied heavily on subjectivity and revealed the inevitable anxiety of modern life. Their literary works were also characterized by their revolt against accepted standards and their genuine fervor for nature.

Q: What can be inferred from the passage?
(a) The Sturm und Drang movement was critical of Rousseau's ideas.
(b) The Sturm und Drang movement had an optimistic view of modern life.
(c) The Sturm und Drang movement did not recognize the importance of nature.
(d) The Sturm und Drang movement disapproved of objectivity.

36. It is generally understood that the ecosystem of ponds is negatively impacted by human activities. In particular, the combustion of fossil fuels causes airborne emissions of harmful compounds, which can lead to acid rain. When it enters lentic systems, the acidic precipitation upsets the pH balance of a pond, thus causing the extinction of many different species. Likewise, phosphorus from wastewater treatment facilities can penetrate into ponds, posing a substantial threat to submerged plant life.

Q: What can be inferred from the passage?
(a) Even submerged plant life is not immune to harmful effects.
(b) It has often been the case that human activities improve ponds.
(c) Acid rain is not capable of penetrating into lentic systems.
(d) The pH balance of a pond does not affect the survival of species.

37. In 1913, Margaret Todd coined the term isotope, which denoted "the homogeneous place" in Greek. Frederick Soddy accepted the term and used it in relation to unstable elements. In the same year, J. J. Thomson succeeded in observing different isotopes for a stable element as a result of his study of the composition of canal rays. In his study, Thomson noticed that in passing through a magnetic field, a stream of ionized neon resulted in two different parabolas of deflection. Thanks to the efforts of these scientists, we now know that both stable and unstable elements contain isotopes.

Q: What can be inferred from the passage?
(a) Margaret Todd was well versed in Greek.
(b) J. J. Thomson observed different isotopes for an unstable element.
(c) Frederick Soddy was keenly interested in the composition of canal rays.
(d) Neon is an example of a stable element.

Part III Questions 38–40

Read the passage. Then identify the option that does NOT belong.

38. Contrary to popular belief, insurance has a long history. (a) In ancient times, some societies had practices similar to modern-day life insurance. (b) Since those societies thought highly of the afterlife, their members needed to prepare for their burial ceremonies and a form of insurance was practiced. (c) Many experts agree that insurance tends to change gradually. (d) In other societies, another kind of insurance was provided to protect cargo owners from losses due to ship accidents.

39. Dr. Walter Willett and his colleagues have concluded that calcium intake is not related to weight gain. (a) Their 12-year study was concerned with approximately 20,000 males of various age groups. (b) When taking into account age and lifestyle factors, there was no correlation between calcium consumption and weight increase. (c) These findings are consonant with the 2005 Dietary Guidelines for Americans, which implies that calcium intake does not lead to weight gain. (d) Those studies found that dairy consumption is conducive to elevated cholesterol levels.

40. Two distinct populations of Canada geese can be found in North America: "Migrant-goose" and "resident-goose" populations. (a) According to Richard A. Dolbeer and John L. Seubert, the overall Canada geese population experienced a fivefold growth from 1970 to 2005. (b) This was mainly because the resident-goose population size increased fifteen times. (c) The geese population was severely hit by industrialization sweeping Canada. (d) In contrast, the migrant-goose population size remained relatively steady.

This is the end of the Reading Comprehension section. Please remain seated until the proctor has instructed otherwise. You are NOT allowed to turn to any other section of the test.

ACTUAL TEST 7

Reading
Comprehension

Directions

This part of the exam tests your ability to comprehend reading passages. You will have 45 minutes to complete the 40 questions. Be sure to follow the directions given by the proctor.

Part I Questions 1–16

Read the passage. Then choose the option that best completes the passage.

1. During the Iron Age, steel and wrought iron were widely used to make various tools and weapons. Steel was used for _____ largely because they were stronger than bronze weapons. In contrast, wrought iron was widely used to make a large number of tools mainly because it was much easier to produce than steel.

   (a) everyday tools
   (b) farming equipment
   (c) ornamental products
   (d) sophisticated weapons

2. A majority of early community colleges _____ in that they were perceived as "an extension of high schools." The primary goal of these community colleges lied in helping students to transfer to four-year colleges. As a result, they placed emphasis on liberal arts education. Traditional values and good citizenship were also focused on by these institutions.

   (a) set clear goals
   (b) focused on traditional values
   (c) lacked a unique identity
   (d) were committed to research and development

3. The United States and the Soviet Union had exactly opposite ideas about the post-World War II world. While the US tried to _____, the Soviet Union promoted Communist revolution in many parts of the world. Their rivalry emerged first in Europe and spread to the other continents. Historians refer to the rivalry as the "Cold War."

   (a) practice imperialism
   (b) stimulate economic growth
   (c) make humanitarian efforts
   (d) contain the spread of communism

4. _____ characterized Yugoslavia in the 1980s. Its foreign debt amounted to almost $20 billion, which forced many companies to restructure their operations. As a result, a large number of people lost their jobs and faced economic hardship. Commodity prices continued to rise rapidly, while living standards continued to deteriorate. These economic situations led to political instability, which jeopardized the poor country.

(a) Cultural diversity and social progress
(b) An optimistic atmosphere
(c) Economic failure and political turmoil
(d) Inept foreign policies

5. Saltation is another way in which _____. Saltation is when sand particles move without touching the ground. When these particles land on the ground, they are combined with other particles. When the wind becomes stronger, the combined particles form sheet flows. Such sheet flows can move sand dunes tens of meters from their initial position.

(a) particles are formed
(b) sand dunes can move
(c) sheet flows are created
(d) deserts spread

6. When bacteria exist in the bloodstream, you can use the term septicemia to describe the condition. Bear in mind, however, that _____. In order to refer to an infection accompanied by the systemic inflammatory response, you need to use the term sepsis. To call a condition severe sepsis, you need to check whether the systemic inflammatory response coincides with organ dysfunction such as encephalopathy.

(a) the term originated from Latin
(b) many people are offended by the term
(c) many doctors no longer use the term
(d) the term is an imprecise one

7. Opinion was divided about Bernhard Schlink. Some critics acclaimed him as a talented novelist, whereas others questioned his ability to convey meaningful messages. At least, the publication of *Flights of Love* seems to have refuted the claim that Schlink is a poor storyteller. This collection of short stories shows that he can tell stories _____. It also tells us that Schlink can reflect deeply on major issues surrounding us.

    (a) that put readers to sleep
    (b) that reveal human nature
    (c) about which readers are concerned
    (d) to which readers can relate

8. Immigration is a heated issue in many developed countries. In the case of Japan, the "traditional" approach was to restrict immigration as much as possible. However, the influences of globalization have compelled the country to abandon its traditional policy. In the case of EU countries, almost no regulation on immigration is _____. In particular, such countries as Italy are faced with too many immigrants from poor neighboring countries.

    (a) helping them to address immigration-related issues
    (b) preventing foreigners from entering the region
    (c) posing a "threat" to the unity of each member country
    (d) promoting economic growth in those countries

9. Of course, the main purpose of homeless advocates is to get rid of homelessness. But there are too many things to be done to achieve this ultimate goal. As a result, many organizations focus on helping homeless people to exercise their rights. Homeless people also play a part by coming up with better ways of addressing their everyday problems. These activities are expected to pave the way for the day when _____.

    (a) homeless people will become politicians
    (b) homelessness is ended once and for all
    (c) homelessness becomes unacceptable to society
    (d) homeless people will vote for Democratic candidates

10. In designing our website, we have made every effort to ensure that you can easily upload your personal data and perform job searches comfortably. Our user-friendly design enables you to edit your job profile with no hassle. Just by clicking the My Career tab, you can do whatever you want with your profile. To search job advertisements, just click the Career Opportunities tab. Our Smart searching program will _____.

(a) automatically find the ideal job for you
(b) realistically determine whether you will be hired
(c) scientifically examine your personality
(d) accurately explain why you will be employed

11. A study by London School of Hygiene and Tropical Medicine blames obese people for _____. The study has found that compared with normal-weighted people, obese people consume approximately 20% more calories. As a result, more food is needed to feed them, which is likely to lead to higher food prices. In addition, obese people tend to depend heavily on transportation, which will ultimately result in more emissions. This will, in turn, bring about climate change.

(a) food crisis and climate change
(b) food consumption and traffic jams
(c) food production and global warming
(d) food crisis and emission reduction

12. Helen Keller was _____ such as suffrage and pacifism. In 1920, she contributed to the founding of the American Civil Liberties Union, whose mission was to defend individual rights and liberties provided by the laws of the United States, including the Constitution. Keller was also a radical Socialist and joined the Socialist Party, advocating the rights of the working classes.

(a) surprisingly a Socialist indifferent to political issues
(b) actively involved in promoting political causes
(c) actually an economist who happened to deal with political matters
(d) originally a scholar who studied political topics

13. A figurine containing an image of a bearded man's head was excavated in the walls around Jerusalem National Park. Dr. Doron Ben-Ami and Yana Tchekhanovets, who jointly directed the excavation, point out that the image on the figurine was meticulously crafted with great attention to detail. According to them, the features of the image seem to have been influenced by Greek culture. They add that the figurine was probably made in the time of the Emperor Hadrian, when _____.

(a) Roman literature was influenced by Judaism
(b) Roman artists paid no attention to detail
(c) the art of Roman sculpture flourished
(d) the Romans destroyed all works of art

14. The publication of the book entitled *Margaret Mead and Samoa: The Making and Unmaking of an Anthropological Myth*, has _____.
Derek Freeman, the author of the book, questions Mead's major findings by asserting that they were based on false information provided by her original informants. His claim seems to be supported by the utterances of Mead's surviving informants. According to them, without doubting the validity of their stories, Mead took them too seriously and believed that they were true. They add that Samoan women are good at joking.

(a) seriously challenged Margaret Mead's status as an influential anthropologist
(b) shed light on how Margaret Mead established the field of anthropology
(c) attracted attention from Samoan women as well as anthropologists
(d) ironically revealed that Margaret Mead was an excellent anthropologist

15. As is widely known, marine mammals have succeeded in adjusting themselves to life in the water. _____, most marine mammals maintain a constant body temperature with the help of blubber. Since it contains large amounts of lipids, blubber is capable of providing the animals with heat and energy. It is noteworthy that polar bears have a "thick layer of fur" in addition to a blubber layer.

(a) Instead
(b) As an illustration
(c) On top of that
(d) Consequently

16. It is generally understood that composting accelerates the process of decomposition largely because of the increased heat produced. The heat encourages microorganisms to exchange the energy and nutrients more actively. This process of composting is sometimes regarded as a kind of automatic process. _____, in order for composting to occur properly, it is important to provide and control the "best possible circumstances." This is largely because uncontrolled heat is likely to fail to trigger the process of composting.

(a) In addition
(b) In short
(c) Likewise
(d) However

Part II Questions 17–37

Read the passage and the question. Then choose the option that best answers the question.

17. Ordinary people and philosophers displayed differences in explaining the origin of gemstones. The general public tended to rely on "divine intervention," whereas philosophers tried to come up with a more "realistic" explanation. For instance, Plato claimed that fermentation in the stars gave birth to gemstones. He also believed that a diamond was an essential element of gold.

    Q: What is the passage mainly about?
    (a) Different explanations of the origin of gemstones
    (b) Plato's erroneous ideas about the origin of diamonds
    (c) Differences between realism and idealism
    (d) Fermentation in the stars

18. In many respects, the term electoral fraud is a vague one. It is generally understood to refer to interfering illegally with an election process. The problem is that the term also applies to "morally unacceptable" acts. They can include a variety of "lawful" activities. As a consequence, there are many cases in which we have difficulty determining whether a specific activity constitutes electoral fraud.

    Q: What is the main idea of the passage?
    (a) The term electoral fraud is not clearly defined.
    (b) There are many different forms of electoral fraud.
    (c) Electoral fraud is morally unacceptable.
    (d) Electoral fraud is a lawful activity.

19. Based on her brain-imaging study, Nicole Speer mentions that reading is a highly active process. When reading a book, readers integrate their background knowledge with the events in the text, "experiencing" what is happening in the textual narrative. Then, brain regions responsible for processing similar data are activated, thus blurring the distinction between reality and imagination.

    Q: What is the main topic of the passage?
    (a) The importance of reading in language learning
    (b) The distinction between reality and imagination
    (c) The active nature of reading
    (d) The joys of reading

20. According to some analyses, Socrates does not clearly define the concept of justice in the book entitled *The Republic*. Rather, he gives us different versions of justice throughout his "dialogues." Partly influenced by the "earthborn" myth, Socrates interprets justice as developing the skills at which one is best. He also points out that justice complements the other virtues such as temperance and wisdom.

    Q: What is the main idea of the passage?
    (a) Justice complements the other virtues.
    (b) There are various versions of justice.
    (c) Socrates tries to avoid examining justice.
    (d) Socrates does not provide a clear-cut definition of justice.

21. The Mini-SAR instrument has made it possible for scientists to explore the craters on the moon, some of which are not visible from the Earth. The aperture radar has already sent its first data to American scientists. The images showed the Haworth crater and the Seares crater. The scientists understand that the bright areas in the images indicate surface roughness. With the help of Mini-SAR, they will find out whether ice deposits exist in the craters on the moon.

    Q: What is the main idea of the passage?
    (a) Mini-SAR helps scientists to study the craters on the moon.
    (b) Mini-SAR sent its first data to the Earth.
    (c) The moon has the Haworth crater and the Seares crater.
    (d) Mini-SAR will enable scientists to explore the stars in the universe.

22. The Great Saltpeter Cave, situated in Rockcastle County in southeastern Kentucky, played a major part in the history of saltpeter production in America. Being a limestone cave, it provided the Americans with saltpeter, which was used to make gunpowder. With the help of torchlights, a large number of workers mined the saltpeter, which was then sent to Lexington, Kentucky. The process of its production was scientifically described by Doctor Samuel Brown in 1806.

Q: Which of the following is correct according to the passage?
(a) The interior of the Great Saltpeter Cave is relatively dark.
(b) Saltpeter is mainly used for peaceful purposes.
(c) Doctor Samuel Brown objected to the use of saltpeter.
(d) The Great Saltpeter Cave is a major tourist attraction in Kentucky.

23. Contrary to popular belief, a large number of weddings occur in the autumn. In fact, autumn weddings account for approximately 25% of all weddings. This is largely because they provide couples with many different advantages. For one thing, a wedding in the fall gives you a beautiful environment. Autumnal flowers and leaves create a romantic atmosphere, which will definitely make your wedding a memorable one. In addition, more wedding venues are likely to be found in the autumn.

Q: Which of the following is correct according to the passage?
(a) In the autumn, it is relatively easy to find a place for a wedding.
(b) Autumn weddings are preferred by the wealthy.
(c) Autumn weddings have too many disadvantages.
(d) In the autumn, few people hold weddings because of the weather.

24. Some scholars argue that cultural imperialism takes two different forms. One is when a powerful country coerces another country into adopting its culture. The other is when a country willingly embraces a foreign culture. In the former case, foreign cultural elements are perceived as a menace to the recipient culture. In the latter case, foreign elements are interpreted as a complement to the original culture. Since these two forms of cultural imperialism are drastically different from each other, many scholars question the validity of the concept.

Q: Which of the following is correct according to the passage?
(a) No country would deliberately embrace another culture.
(b) Cultural imperialism may not be a valid concept.
(c) Cultural imperialism takes too many different forms.
(d) No country can force another country to accept its culture.

25. Professor Daniel Goldman at the Georgia Institute of Technology points out that in order to successfully move on granular surfaces, robots need to "move their legs more slowly." Based on his experiments with SandBot, Goldman has found that on granular media, the fast movement of robot legs tends to result in a much slower motion. His study is expected to shed light on how to improve the movement of robots on sand and other granular media.

Q: Which of the following is correct according to the passage?
(a) Even on granular surfaces, robots need to move fast.
(b) Goldman invented SandBot.
(c) Robots have no difficulty moving on granular surfaces.
(d) Goldman's research is likely to improve the movement of robots.

26. Some accounts claim that between 1560 and 1690, Spanish explorers mined gold in north Georgia. They were allegedly motivated by Native Americans, who told them that large amounts of gold were deposited in the north Georgia mountains. As Yeates clearly pointed out, however, these accounts were groundless in that the Spaniards were not likely to abandon gold mines. If there had been gold in Georgia, the Spaniards would have tried every way to obtain it.

Q: Which of the following is correct according to the passage?
(a) The Spaniards killed all the Native Americans in Georgia.
(b) The Spaniards abandoned gold mines in Georgia in 1690.
(c) Spanish explorers found gold in north Georgia.
(d) The Spaniards did not mine gold in north Georgia in 1600.

27. Last month, the South African government dismissed Deputy-Minister Nozizwe Madlala-Routledge, enraging the international community. Many experts believe that her dismissal resulted from her "rational" approach to the HIV/ AIDS epidemic in South Africa. Unlike Health Minister Manto Tshabalala-Msimang, Madlala-Routledge significantly contributed to the development of a more effective system to curb the HIV/ AIDS epidemic. Her efforts were scorned by President Thabo Mbeki as well as Minister Tshabalala-Msimang.

Q: Which of the following is correct according to the passage?
(a) Deputy-Minister Madlala-Routledge tried to rationally address the HIV/ AIDS epidemic in South Africa.
(b) Deputy-Minister Madlala-Routledge maintained a good relationship with President Mbeki and Minister Tshabalala-Msimang.
(c) The international community was pleased with the dismissal of Deputy-Minister Nozizwe Madlala-Routledge.
(d) Minister Tshabalala-Msimang and Deputy-Minister Madlala-Routledge adopted the same approach to the HIV/ AIDS epidemic in South Africa.

28. Writers International is a unique website that provides you with a powerful tool for becoming a professional writer. In collaboration with thousands of accomplished writers, we offer you ample chances to practice writing various genres of literature. The writers will look meticulously at your manuscripts and provide appropriate feedback. Together with us, they will provide you with various ways of publishing your own books. For more information, visit our website at http://www.writers-in.com.

Q: Which of the following is correct according to the passage?
(a) Writers International is aimed at people who like to write for fun.
(b) Thousands of accomplished writers are opposed to the website.
(c) Writers International helps people create literary works.
(d) Writers International helps people to read books more efficiently.

29. A Rockefeller University study has found that young canaries can learn to sing without any help from neighboring adults. In the study, the birds are exposed to a computer-generated song that is quite different from an adult canary melody. They learn to copy the song, but as time goes by, they turn it into a song typically sung by an adult canary. It is understood that an "innate program" makes it possible for the young canaries to learn to sing like adults.

Q: Which of the following is correct according to the passage?
(a) Young canaries need neighboring adults to learn to sing.
(b) Young canaries can successfully mimic a computer-generated song.
(c) Young canaries have no innate programs to help them to sing.
(d) Young canaries love computer-generated songs.

30.
Dear Tawny Roberts:

It is with great regret that we inform you that we have decided to dismiss you from employment effective May 5, 2009. This decision has not been an easy one and every effort has been made to avoid it. Unfortunately, however, because of our financial difficulties, we have no choice but to let go of contract workers like you. We must mention that it has been a great pleasure to work with you. Your passion and professionalism will be greatly missed. We sincerely hope that you find a financially stable company.

Q: Which of the following is correct according to the passage?
(a) Roberts was a passionate worker.
(b) Roberts did not show professionalism in her work.
(c) The company has no financial difficulties.
(d) Roberts had a strained relationship with the company.

31. A University of Michigan research team has successfully created artificial bone marrow that is capable of producing red and white blood cells. According to Professor Nicholas Kotov, the marrow can reproduce blood stem cells and create B cells, which play a leading role in fighting against diseases. The substance, however, cannot be implanted in the body. Its main purpose is to enable researchers to closely examine immune system defects and test pharmaceutical drugs more easily.

Q: Which of the following is correct according to the passage?
(a) The artificial bone marrow cannot produce B cells.
(b) B cells are essential for combating diseases.
(c) Researchers will implant the artificial bone marrow in the body.
(d) The artificial bone marrow cannot produce red blood cells.

32. Kristen Grunberg is a prolific novelist, who is well-known for her realistic approach to international politics. Last Friday, I attended her lecture on foreign policy recommendations for President Barack Obama. In the lecture, Grunberg emphasized that when dealing with North Korea, the United States should take necessary measures to ensure that her policy does not conflict with the interests of China. Although some members of the audience showed disapproval of her ideas, I was deeply impressed by her expertise on the issue and her keen insight into the nature of international politics.

Q: What can be inferred from the passage?
(a) Grunberg does not write many novels.
(b) Grunberg prefers a hostile approach to North Korea.
(c) The writer thought highly of Grunberg.
(d) Grunberg believes that China is America's worst enemy.

33. According to Dr. Peter Glynn and Dr. Andrew Baker, coral bleaching has negatively impacted marine ecosystems. Coral bleaching is when corals release their symbiotic algae and lose their pigmentation. It is generally believed to be caused by increased ocean temperatures. Dr. Glynn points out that coral bleaching has led to widespread loss of corals. He adds that since it results in the loss of other marine animals, the loss of the corals constitutes an obstacle to the maintenance of biodiversity in marine ecosystems.

Q: What can be inferred from the passage?
(a) Coral bleaching is not associated with the loss of pigmentation.
(b) Coral bleaching negatively affects biodiversity.
(c) Marine animals are not affected by coral bleaching.
(d) Many land animals are killed by increased ocean temperatures.

34. Many experts point out that in order to properly evaluate worker productivity, you should take into account both objective and subjective indicators. As can be easily seen, objective measurements are comparatively easy to make. For instance, you can check how many products have been sold or how many calls have been made. On the other hand, subjective measurements are quite difficult to make. Most experts agree that employee involvement is essential for identifying subjective indicators. This is largely because employees have in-depth knowledge about the everyday operation of a company.

    Q: What can be inferred from the passage?
    (a) Measuring worker productivity is a demanding task.
    (b) Subjective measurements of worker productivity are relatively easy to make.
    (c) Identifying subjective indicators is not a productive process.
    (d) Employees do not know how their company works on a daily basis.

35. Unfortunately, there are too many patients who do not realize the importance of listening to doctors and pharmacists. For instance, when taking antibiotics, they do not follow the instructions given to them. Too often, the moment they feel that they have recovered health, they stop taking the antibiotics. This decision is likely to lead to the worsening of the infection, thus reducing the effectiveness of the medication. Since most doctors and pharmacists give proper instructions about the use of medicines including antibiotics, patients are advised to faithfully follow the instructions for the best results.

    Q: What can be inferred from the passage?
    (a) Doctors and pharmacists should respect patients.
    (b) Today's patients are well-informed about medicine.
    (c) Too many doctors give improper instructions about the use of medicines.
    (d) Antibiotics are used to treat infections.

36. ITV Wales announced that starting on February 9, 2009, it would discontinue sign language interpretation of news headlines. The decision was made without any consultation with the deaf community, which incensed politicians and deaf people alike. Jocelyn Davies, a member of the Welsh Assembly Government, mentioned that the measure would deprive deaf viewers in Wales of the opportunity to watch local news. Eleanor Burnham decried it as an "outrageous decision." The Wales Deaf Broadcasting Council pointed out that the decision was a "severe blow [to the deaf community]."

Q: What can be inferred from the passage?
(a) Many politicians welcomed ITV Wales's decision.
(b) ITV Wales will likely have a stormy relationship with the deaf community.
(c) Not many deaf people had depended on ITV Wales for local news.
(d) ITV Wales frequently discussed matters with the deaf community.

37. According to Juliet Zhu at the University of British Columbia, both red and blue can enhance mental functions. They are, however, different in what brain performance they can boost. When exposed to red, people tend to perform detail-oriented tasks such as proofreading much more effectively. In contrast, blue improves performance on creativity-oriented tasks such as brainstorming. Zhu points out that learned associations can account for those differences, acknowledging the influence of colors on cognitive abilities. These findings are likely to have a profound impact on the field of advertising.

Q: What can be inferred from the passage?
(a) Zhu doubts the influence of colors on brain function.
(b) Advertisers will likely ignore Zhu's research findings.
(c) Novelists will likely benefit from the color blue.
(d) The color red cannot be used in advertising.

Part III Questions 38–40

Read the passage. Then identify the option that does NOT belong.

38. According to Hinduja and Patchin, cyberbullying is defined as "willful and repeated harm inflicted through the medium of electronic text." (a) As such, it can take many different forms. (b) For instance, sending emails with threats is an example of cyberbullying. (c) Spreading a false rumor on the Internet is another example. (d) Children need to report any suspicious emails to the police.

39. Between 1453 and 1566, the Ottoman Empire continued to expand its territory through military conquests. (a) Its disciplined and advanced military greatly contributed to the conquests. (b) The Ottoman navy also played a major part in conquering neighboring countries. (c) During this period, the empire enjoyed political stability and economic prosperity. (d) In addition, the navy successfully defended sea routes used for trading.

40. Despite its sensationalism, the novel *Ravelstein* was not that successful in attracting huge readership. (a) It fictionalized the life of Alan Bloom, who seemed to be conservative in public, but "liberated" in private. (b) His dual identity led to media hype and devastated the conservative circle. (c) Saul Bellow, the author of the novel, committed himself to finding the objective truth about Bloom. (d) Nevertheless, the novel was not so widely read by the general public.

This is the end of the Reading Comprehension section. Please remain seated until the proctor has instructed otherwise. You are NOT allowed to turn to any other section of the test.

ACTUAL TEST 8

READING COMPREHENSION

DIRECTIONS

This part of the exam tests your ability to comprehend reading passages. You will have 45 minutes to complete the 40 questions. Be sure to follow the directions given by the proctor.

Part I Questions 1–16

Read the passage. Then choose the option that best completes the passage.

1. Wendell Cox at the Heartland Institute believes that the general public has a lot to _____. He argues that if America depended more on trucks than on trains to carry its freight, prices would rise and congestion would worsen. On the other hand, better mobility resulting from improving the nation's freight system would lead to higher productivity for consumers and producers alike.

   (a) learn from the sea freight industry
   (b) gain from the rail freight industry
   (c) lose from the air freight industry
   (d) commend about the land freight industry

2.
   Dear Derek Jareau,

   This is Emily Garcia, at Pasada International. I heard from our CFO that you are going to start work with us next Monday. Can you confirm the work schedule? With regard to your housing, you can share an apartment with Jason Greenaway, one of our employees. He is an easy-going person who is wonderful to everybody. I believe he can help you _____. Alternatively, you can find your own apartment, which I think will take some time and effort. Anyway, welcome aboard! I hope you enjoy your work with us and your stay here in Prague.

   (a) learn how to become a good person
   (b) find a good place to stay
   (c) improve your job performance
   (d) adjust yourself to our workplace

3. According to Dr. Fred Schroeder, American society does not _____. For instance, while sighted children have full access to a variety of resources to help them read and write, blind children have only limited access to such resources. As a result, merely ten percent of blind children learn to read Braille. What is worse, only 45 percent of blind children graduate from high school, whereas most sighted children earn a high school diploma.

(a) care about the quality of education for children
(b) pay enough attention to blind children
(c) discriminate against blind children
(d) realize the importance of reading skills

4. One day in 1856, Nongqawuse, a 16-year-old girl, went to look for water near the Gxarha River. On the banks of the river, she allegedly "saw" the deceased ancestors. They told her that if the Xhosa people killed all their cattle, the spirits would expel the British settlers from the land and give the people healthier cattle. Nongqawuse conveyed the message to her uncle, who spread the prophecy to the Xhosa people. At first, the Xhosa were not sure what to do, but later they slaughtered their cattle. Unfortunately for them, however, the prophecy was not fulfilled, _____.

(a) leaving many to starve
(b) enriching their culture
(c) leading them to kill Nongqawuse
(d) resulting in a revolution

5. In *The Media and Body Image*: *If Looks Could Kill*, Maggie Wykes and Barrie Gunter argue that the female images "promoted by the mass media" can contribute to an increase in eating disorders among women. They point out that in order to achieve an idealized femininity in the mass media, women turn to extreme weight loss strategies. Consequently, they suffer from eating disorders much more often than men. The authors lament that the mass media tend to _____.

(a) support such extreme weight loss strategies
(b) cater to the desires of men
(c) focus foremost on women's appearance
(d) overlook the intrinsic value of femininity

6. Supporters of illegal immigration maintain that many states, including California, gain economic benefits from "illegal" immigrants. This is mainly because they contribute significantly to the competitiveness of local businesses. Even though they are paid much less than American citizens, immigrants tend to work really hard. Furthermore, by consuming American products, they help the American economy to grow. It is often the case that their purchasing power helps _____.

   (a) decrease the crime rate
   (b) America reduce its trade deficits
   (c) America become financially responsible
   (d) spur the creation of more jobs

7. Not until the nineteenth century was economics established as an independent discipline. Before that time, scholars from various backgrounds tried to address economic matters. For instance, Aristotle deliberated on whether individuals should possess property. Medieval scholars such as Thomas Aquinas tried to apply ethics to business activities. On the other hand, mercantilist theory prevailed during the Renaissance, arguing that _____. During the Industrial Revolution, Adam Smith contributed to the establishment of modern economics.

   (a) regulations should be imposed to promote ethical business practices
   (b) trade policy should be aimed at promoting the national interest
   (c) agricultural product prices should be determined arbitrarily
   (d) politicians should deal with economic matters more idealistically

8. Anthropologists have postulated that _____. As John C. Caldwell and Bruce K. Caldwell clearly point out, this was partly because increased populations would have led to greater human populations "than now exist." In order to support the postulation, the scholars hypothesize that mortality, together with fertility, had increased substantially. They understand that in the post-Neolithic world, many more people died from epidemic diseases.

   (a) prehistoric populations continued to fluctuate substantially
   (b) prehistoric cultures developed highly advanced medicine
   (c) prehistoric populations remained constant
   (d) epidemic diseases influenced the post-Neolithic world

9. In 1947, Dr. Ethel Percy Andrus established the National Retired Teachers Association (NRTA) in order to meet the needs of retired teachers. A decade later, she founded the American Association of Retired Persons (AARP) by permitting anyone over 50 to join the organization. At present, NRTA makes up part of AARP. In retrospect, unfortunately for Andrus, Leonard Davis invested $50,000 in establishing AARP, predicting that he would benefit greatly from selling medical insurance to senior citizens including retired teachers. Many critics point out that Davis has _____.

    (a) contributed significantly to the commercial success of the organization
    (b) exploited the positive image of the organization for personal gains
    (c) embezzled substantial amounts of money from the organization
    (d) turned the organization into a farce

10. Since released in 1970, the film *The Cruise* has been widely regarded as a magnum opus. The screenplay was co-written by Marek Piwowski and Janusz Głowacki. Basically, the film is a(n) _____. A stowaway gets on a ship, whose captain mistakes him for a Communist Party official. Taking advantage of his new role, the fare-dodger exploits the crew and the passengers. He eventually succeeds in bringing dictatorship to the people.

    (a) parody of the communist system
    (b) diatribe against capitalism
    (c) example of hyperbole about an ambitious person
    (d) satire on the gullibility of the governed

11. In his essay entitled *Politics as a Vocation*, Max Weber defines politics as any activity in which the state may get involved to selectively distribute force. In this respect, politics is closely associated with power, thus requiring politicians to _____. Weber points out that a politician cannot observe the "true Christian ethic." This is largely because such an ethic is understood to be appropriate only for highly religious people. Since politics is radically different from religion, a politician should strike a right balance between ideals and realities.

    (a) adopt realistic approaches to their vocation
    (b) distinguish between politics and religion
    (c) completely disregard ethical principles
    (d) relentlessly pursue the acquisition of power

12. Lawsone is a red-orange dye molecule produced by the henna plant. For thousands of years, people have used lawsone to dye skin and hair because it shows _____. In fact, by way of the Michael addition, lawsone is combined with the protein keratin in skin and hair. When that happens, the skin and hair are fortified with their colors enriched. In addition, lawsone absorbs ultraviolet light to help protect the skin. Interestingly enough, the leaves of the henna plant contain the highest amounts of lawsone.

(a) high absorbability of carbohydrates
(b) low resistance to absorption of keratins
(c) low opposition to transmission
(d) high binding affinity with protein

13. In the field of criminology, the term "criminality" usually refers to the actual characteristics of a criminal. Some experts such as M. Kimberly MacLin, Ph.D., however, use the term to indicate the extent to which we can _____. It is widely known that people tend to make judgments based on a person's appearance, but we know little about the stereotype of criminality. It is necessary to identify "stereotypes of criminal appearance" because they can greatly affect the legal process. Given the fact that many decisions are made based on the appearance of a suspect, measures should be taken to minimize the effects of criminal stereotypes on those decisions.

(a) associate the characteristics of an individual with criminal tendency
(b) create stereotypes of violent criminals
(c) associate the appearance of an individual with criminal behavior
(d) determine the appropriateness of stereotypes of criminal appearance

14. Notoungulates were mammals that originated from South America. They emerged after the extinction of the dinosaurs and evolved into hundreds of species. Unfortunately for paleontologists, all of them became extinct. It is widely believed that most notoungulates disappeared from South America long before primitive people reached the continent. Back then, it was disconnected from Antarctica and North America, forming an island. In addition to the notoungulates, many groups of mammals, including marsupials and rodents, inhabited the continent. Approximately two to three million years ago, South America was reconnected to North America, thus allowing the mammals to migrate between the two continents. As a result, the _____.

(a) notoungulates suddenly vanished from North and South America
(b) types of mammals occupying South America drastically changed
(c) groups of mammals dominated the entire North and South America region
(d) genetic composition of mammals changed dramatically

15. All Americans need passports in order to visit foreign countries, and babies are no exception. _____, even newborn babies are required to have their own passports. The regulations for applying for baby passports are not the same as those for adults. To obtain passports, babies must visit a passport office in person. In addition, both parents or legal guardians ought to be present at the office. They must complete a Form DS-11. The parents should remember to sign the form only after they are told to do so by a passport agent.

(a) Despite this
(b) In fact
(c) By contrast
(d) As an illustration

16. The shopping center is strategically located on Route 37, which is a local highway connecting Villetown to Asheville. Attracting a significant volume of traffic, the property remains a retail hub serving customers in the surrounding communities. _____, the population is expected to grow exponentially, thus promising lucrative business opportunities. Located close to the residential areas, the shopping center also provides easy access to the nearby apartment complexes. Due to the convenience and accessibility of the asset, a large number of buyers are contacting our office. So, if you want to seize a once-in-a-lifetime chance, call us immediately at 1-800-555-2323.

(a) Instead
(b) Generally
(c) On top of that
(d) Consequently

Part II **Questions 17—37**

Read the passage and the question. Then choose the option that best answers the question.

17. According to Zoroastrianism, an individual is expected to be actively involved in the battle between truth and falsehood during his or her life. The individual gets help and protection from his or her guardian spirit called fravashi. Four days after death, the experiences of the individual are recorded for the benefit of the spiritual world. Contrary to Jainism, Zoroastrianism does not adopt the concept of reincarnation.

    Q: What is the passage mainly about?
    (a) Differences between Jainism and Zoroastrianism in understanding reincarnation
    (b) Human life and death according to Zoroastrianism
    (c) The meaning of life according to Zoroastrianism
    (d) The never-ending battle between truth and falsehood

18. Unfortunately, too many people believe that learning literacy skills is the single most important element in early childhood education. In order to "succeed" in school and in society, however, children need to develop other characteristics such as intellectual curiosity and cooperative spirit. These traits are likely to motivate children to learn many different subjects. It should also be noted that the development of the characteristics is greatly influenced by a child's sense of self.

    Q: What is the main idea of the passage?
    (a) Skills other than literacy should also be developed.
    (b) Literacy is the most important element in early childhood education.
    (c) A child's sense of self affects the development of various characteristics.
    (d) Children should be motivated to learn a variety of subjects.

19. On October 20, 2008, Anne Pressly was hospitalized after being beaten by an intruder inside her home. Her family and friends had difficulty understanding why such a terrible thing happened to such a loving person. According to Mallory Hardin, one of her close friends, Pressly had no enemies because she was so kind to everybody, including strangers. The police were trying to find out whether her celebrity status had led to the attack.

    Q: What is the main topic of the passage?
    (a) How popular Anne Pressly was
    (b) Why bad things always happen to good people
    (c) Why popularity can be fatal
    (d) Why Anne Pressly was attacked

20. The Nobel laureate Amartya Sen criticizes the theory of the "clash of civilizations," observing that it inevitably leads to a narrow-minded approach to human identity. Unlike Samuel Huntington, who has developed the theory, Sen pays keen attention to the diversity of human identity. He points out that one's so-called "civilizational identity" does not determine one's true identity and that "civilizational partitioning" does not explain the complexity of the world.

    Q: What is the main idea of the passage?
    (a) Huntington's theory inevitably leads to civilizational partitioning.
    (b) Civilizational partitioning is too simplistic.
    (c) Huntington cannot account for the diversity of human identity.
    (d) Amartya Sen attacks the concept of clash of civilizations.

21. According to Paul Ehrlich at Stanford University, most people are not aware that the human economy relies heavily on the "economy of nature." Without the services it provides for us, we humans cannot maintain normal economic activities. By offering "ecosystem services" such as supplying air and water, nature allows us to enjoy economic prosperity. As Ehrlich has clearly pointed out, however, we actually know little about our "natural capital."

    Q: What is the main idea of the passage?
    (a) Paul Ehrlich is strongly critical of ordinary people.
    (b) People do not realize the importance of natural resources.
    (c) Nature enables us to prosper economically.
    (d) The economy of nature plays a major role in bringing wealth to the country.

22. It is widely acknowledged that digital technologies facilitate learning. Unfortunately, however, they do not seem to make full use of kinesthetic intelligence. Since a great many learners benefit from kinesthetic interaction, a method should be developed to enable computers to understand and respond to human gestures. That will in turn allow people to enhance their intelligence to a great extent, thus making it possible for them to internalize knowledge more effectively.

Q: Which of the following is correct according to the passage?
(a) The importance of kinesthetic intelligence is not fully appreciated.
(b) Kinesthetic interaction tends to hinder learning.
(c) Digital technologies are rapidly improving.
(d) Emotional intelligence is likely to help learners internalize knowledge.

23. Earlier in January, Queen Fabiola of Belgium was given a treatment for a thyroid problem. The Queen was eventually hospitalized on January 16 due to pneumonia. Since her condition was reported to be serious, VRT, the national broadcaster in Belgium, published an obituary of Queen Fabiola on their website. After realizing that they had made a ghastly mistake, state television issued a public apology. The Queen was widely admired for pursuing social causes associated with rural women in developing countries.

Q: Which of the following is correct according to the passage?
(a) Queen Fabiola was hospitalized because of a thyroid problem.
(b) VRT was known for infallibility.
(c) Not many people knew about Queen Fabiola.
(d) VRT once believed that Queen Fabiola passed away.

24. When left with a single "functional heart pumping chamber," the patient needs to go through multiple heart surgeries. One of the most difficult parts of the surgeries, a Fontan procedure connects the veins directly with the arteries that carry deoxygenated blood to the lungs. Consequently, the veins and the arteries form a T-shaped junction, which gets around the heart. When this happens, the single functional chamber is most optimally used.

Q: Which of the following is correct according to the passage?
(a) A Fontan procedure helps optimize a functioning ventricle.
(b) The veins carry deoxygenated blood to the lungs.
(c) The T-shaped junction does not bypass the heart.
(d) A Fontan procedure is the most difficult part of heart surgeries.

25. A piece of land was given to Egyptian soldiers so that they might support their families. After discharged from the military, the soldiers were permitted to own the plot of land. Although exerting considerable influence over political matters, generals were not so influential in military issues as the king. In fact, he exercised complete control over the Egyptian military. The military was also characterized by its recruitment of foreign mercenaries. Their nationalities included Nubian, Libyan, Greek, and Jewish.

Q: Which of the following is correct according to the passage?
(a) Egyptian soldiers fought for their country to the death.
(b) Egyptian kings did not exercise control over political issues.
(c) Private ownership of land was well established in Egypt.
(d) The Egyptian military was characterized by xenophobia.

26. According to the Economic Stimulus Package, the United States will invest more than $16 billion in various forms of research, including biomedical research, in order to provide job security to researchers and boost the nation's economic potential. Pleased with the new funding, Ralph J. Cicerone expected that the science agencies would provide funding for a variety of projects that remained unfunded. He also stressed the importance of distributing the funds fairly with an effort to ensure previous commitments.

Q: Which of the following is correct according to the passage?
(a) Even without sufficient funds, researchers will not lose their jobs.
(b) Ralph J. Cicerone expected too much from the United States government.
(c) The government needs to pay particular attention to biomedical research.
(d) Scientific research is likely to promote economic growth.

27. When disturbances occur around their hive, Africanized bees become agitated and in many cases attack the disturber. Interestingly enough, their agitation can last for days. In an effort to assault the intruder, the killer bees usually sting, which inevitably leads to their death. This is largely because when trying to get away from the victim, they rip their abdomens out. Although they can become highly aggressive, the Africanized bees do not pose a serious threat to humans.

Q: Which of the following is correct according to the passage?
(a) Africanized bees are famous for their peaceful lifestyle.
(b) Humans do not pose a threat to Africanized bees.
(c) For Africanized bees, attacking the intruder means killing themselves.
(d) No animal dares to disturb the hive of killer bees.

28. Experts disagree over whether global warming contributes to the spread of infectious diseases. Eminent health experts such as Donald S. Burke point out that there is no conclusive evidence that climate change can facilitate the spread of many diseases, including dengue fever. On the other hand, medical experts such as Paul R. Epstein argue that since warmer environments are advantageous to various vectors, global warming is a major factor in the spread of contagious diseases, including malaria. They understand that by influencing the environment, "extreme weather changes" affect human health to a considerable extent.

Q: Which of the following is correct according to the passage?
(a) Dengue fever is not an infectious disease.
(b) It is not certain whether weather changes help spread contagious diseases.
(c) Colder environments are proved to be advantageous to many different vectors.
(d) Global warming cannot affect human health.

29. In many respects, Emily Elizabeth Dickinson was an unconventional and extraordinary poet. She disregarded the poetic rules of her time, making use of slant rhyme and "non-standard" punctuation. Consequently, her poems were published only after significant revision. Being a brilliant poet, however, Dickinson addressed a variety of themes including immortality with "extraordinary grasp and insight" as pointed out by Thomas Wentworth Higginson. Maurice Thompson also noticed that her poetry reflected "rare individuality and originality."

Q: Which of the following is correct according to the passage?
(a) Emily Dickinson's poetry reflected her personality.
(b) Emily Dickinson was keenly aware of the importance of convention.
(c) Maurice Thompson rarely recognized the brilliance of Emily Dickinson.
(d) Emily Dickinson's poems required no editing.

30. Many medical researchers believe that using protease inhibitors in conjunction with other anti-HIV medicines may make it possible to completely cure some HIV-positive people. Those patients who manage to maintain a strong immune system have a good chance for a full recovery. Of course, it remains to be seen whether the medicines will actually be effective in treating such patients. It has been discovered, however, that early diagnosis and treatment are important to enable HIV patients to live much longer than previously expected.

Q : Which of the following is correct according to the passage?
(a) Protease inhibitors are effective in treating cancer.
(b) Anti-HIV medicines are likely to cure most HIV-positive patients.
(c) No HIV-positive patients have been found to maintain an intact immune system.
(d) Early diagnosis and treatment can prolong the lives of HIV-positive patients.

31. Cerebral palsy (CP) causes many different diseases including attention deficit disorder. It is estimated that every year, approximately 6,000 patients are diagnosed with CP. Unfortunately, there is no way to completely cure CP; thus, most forms of treatment are aimed at alleviating the symptoms to help the patient to partly recover physical ability. For instance, quite a few patients use physical therapy to reduce muscle spasticity. Other patients turn to the Alexander Technique, which provides them with ample opportunities to practice bodily movements. Many types of drug therapy are also intended to enhance physical ability.

Q: Which of the following is correct according to the passage?
(a) Drug therapies are not effective in relieving the symptoms of CP.
(b) Physical therapy enables patients with CP to fully recover physical ability.
(c) The Alexander Technique improves physical ability.
(d) Each month, approximately 600 patients are diagnosed with CP.

32. On February 9, 2009, three skinheads allegedly assaulted a pregnant Brazilian woman outside of a train station in Zurich. The woman claimed that because of the attack, she miscarried and was scarred with the initials of a Swiss right-wing party. Zurich police approached the case cautiously and mentioned that the details of the assault were not "clear." On the other hand, Brazil's foreign minister strongly suggested that the attack was motivated by xenophobia. Some Swiss politicians, however, said that there might be a possibility that the woman had made up the story. They expected that a forensic investigation would reveal the facts about the assault.

Q: What can be inferred from the passage?
(a) The Brazilian woman disapproved of the Swiss right-wing party.
(b) Brazil and Switzerland have had a tense relationship.
(c) Xenophobic crimes are prevalent in Zurich.
(d) The forensic investigation was criticized by Brazil's foreign minister.

33. Style is an elusive entity, defying a conclusive definition. Most writers, however, seem to agree that it is closely associated with the ability to express meaning in a form that closely reflects it. In other words, a writer with good style can express his or her intention in a clear and comprehensible manner. Thus, some authors even believe that style reflects the "spirit" of a writer. According to them, an author with a strong spirit is likely to prefer forceful style. On the other hand, an author with a weak spirit will likely favor feeble style. Further, it needs to be pointed out that a writer with "poor style" is not capable of revealing his or her spirit in an effective way.

Q: What can be inferred from the passage?
(a) Poor style is likely to be incomprehensible to most readers.
(b) No definitive definition exists for the spirit of a writer.
(c) Feeble style is incapable of conveying the spirit of a writer.
(d) Forceful style is recommended to aspiring writers.

34. Militarily speaking, using cluster bombs might make sense because they can kill a large number of "enemies." The bombs spread widely and, therefore, they are capable of destroying wide areas. When they detonate, an enormous number of fragments will be ejected, creating a lethal zone. Because of the high velocity of the fragments, they are extremely harmful to the human body, causing rupture or explosion of organs. The problem is that they are not a precise weapon. In other words, cluster bombs may not detonate where you want them to. Unfortunately, it is often the case that unexploded cluster bombs pose a serious threat to civilians as well as military personnel. Then, does it really make sense to utilize such a dangerous weapon?

Q: What can be inferred from the passage?
(a) Unexploded cluster bombs are considered hazardous to avian species.
(b) The author questions the desirability of cluster bombs.
(c) No cluster bombs remain unexploded today.
(d) The cluster bombs need to be controlled by the United Nations.

35. In a study published in *The Lancet*, Dr. David Ludwig and his colleagues have found that soft-drink intake increases the risk of obesity. The two-year study tracked 548 children in Massachusetts and concluded that an increased intake of soft drinks could raise the risk of obesity by 60%. Although the researchers cautioned that the link between soft drinks and obesity is independent of other contributing factors, many experts agree that the findings are "enormously important" in that they have clearly shown that consumption of soft drinks is a major factor in causing obesity. Dr. Ludwig has pointed out that extra calories obtained from soft drinks are not likely to be burnt by "cutting back on eating."

Q: What can be inferred from the passage?
(a) Many factors contribute to causing obesity.
(b) Only soft-drink intake can cause obesity.
(c) The link between soft drinks and obesity is tenuous.
(d) Extra calories obtained from soft drinks are burnt by strenuous exercise.

36. In the past, the commercial whaling industry tried to catch as many blue whales as possible because of the large amount of meat and oil. As a result, the population experienced a sharp decline. At present, however, since no business is allowed to commercially hunt blue whales, human threats to them have been greatly reduced. Nevertheless, the blue whale population has not recovered as quickly as expected. According to whale experts, this is mainly because various natural factors make the population vulnerable to decrease in size. For instance, due to its small size, the blue whale population is highly susceptible to stochastic events. In addition, it takes up to three years for blue whales to produce young, which hampers the growth of their population.

    Q: What can be inferred from the passage?
    (a) The meat of blue whales is more delectable than that of sharks.
    (b) Businesses are free to kill blue whales for scientific purposes.
    (c) The blue whale population is not likely to increase sharply in the near future.
    (d) Human activities do not constitute a threat to the blue whale population any more.

37. By the 9th century, the population of the Tang Dynasty had reached an estimated 80 million. This enormous population made it possible for the dynasty to build strong armies and expand its territory. Thanks to its skilled military, the Tang were successful in conquering Inner Asia and securing trade routes, which were later known as the Silk Road. Consequently, many countries in those days had to form unequal relationships with the Tang, some of which became protectorates of the mighty dynasty. In these ways, it achieved political and military hegemony in East Asia. According to historians, it is noteworthy that the Tang Dynasty was also influential in the field of culture. It integrated various cultures and created its own identity, spreading them to adjacent countries such as Korea and Japan.

    Q: What can be inferred from the passage?
    (a) The population growth led to the integration of various cultures.
    (b) The Tang Dynasty was the most hegemonic country in East Asia.
    (c) Korea and Japan were not culturally influenced by the Tang Dynasty.
    (d) The Tang Dynasty was faced with numerous revolts.

Part III **Questions 38–40**
Read the passage. Then identify the option that does NOT belong.

38. Speaking Like an American is an innovative program aimed at enabling you to master spoken English. (a) Unlike other old-fashioned programs, the course motivates and empowers you to improve speaking skills. (b) In fact, American English has many different dialects. (c) Based on the communicative approach to language learning, the program offers you ample opportunities to practice speaking with native speakers. (d) Further, by helping you think just like native speakers, the course will make it possible for you to express your thoughts naturally and confidently.

39. Unlike his contemporary writers, James Russell Lowell did not feel the need to establish "a new national literature." (a) Just like Longfellow, Lowell believed in the universality of literature. (b) This was partly because he was deeply influenced by Swedenborgianism, which allegedly enabled him to see spirits. (c) Lowell advocated the concept of natural literature, which could transcend national boundaries. (d) Consequently, he was deeply concerned that the so-called national literature might hinder the growth of brotherhood among all people.

40. The research findings of University of Utah biologists raise concern that southern right whales may not adapt themselves to new environments in which global warming is prevalent. (a) The study has found that mother southern right whales teach their babies how to find a good place to catch their prey. (b) According to Vicky Rowntree, one of the biologists, the location of their prey will be changed because of global warming. (c) In order to show the relationship between mother southern right whales and their calves, the researchers utilized chemical isotope evidence. (d) Rowntree is concerned that they may not develop the ability to find new places to feed their young.

This is the end of the Reading Comprehension section. Please remain seated until the proctor has instructed otherwise. You are NOT allowed to turn to any other section of the test.

ACTUAL TEST 9

Reading
comprehension

Directions

This part of the exam tests your ability to comprehend reading passages. You will have 45 minutes to complete the 40 questions. Be sure to follow the directions given by the proctor.

Part I Questions 1–16

Read the passage. Then choose the option that best completes the passage.

1. All workout facilities offer weightlifting and cardiovascular equipment, but not all offer vistas like those you'll find at Wooded Valley Gym. Perched atop a cliff overlooking scenic Muir Valley, our floor-to-ceiling windows open onto a breathtaking view. Why stare at televisions while you're working out when you have gorgeous rock formations and lush green trees to look at? We think the choice is obvious, especially when you consider we are situated a mere five minute drive from the center of Watson City. Forget other gyms. Instead, enjoy _____.

   (a) attractively placed outdoor workout equipment
   (b) a better workout with more professional staff
   (c) our unparalleled scenery while exercising
   (d) the benefits of the largest gym in town

2. With very few exceptions, we treat Chinese immigrants unfairly who come into this country under the auspices of learning a trade. Businesses promise them a better life but force them into conditions so bad that they are kept hidden from the native population. Workers suffer from long hours and inhospitable work environments where their eyes and throats burn constantly. Shouldn't the Japanese government have greater oversight on things like this? It is time it stopped _____.

   (a) practicing its immoral business activities
   (b) allowing these crimes against imported labor
   (c) offering government-sponsored trade schools
   (d) being soft on immigrants exploiting the system

3. Attention deficit hyperactivity disorder (ADHD) is a developmental condition which affects approximately 5% of children worldwide. The disorder affects children's home and school life, with symptoms including an inability to focus, forgetfulness, and fidgeting. Studies involving twins indicate that the condition is highly heritable with about 75% of cases due to genetic factors. Treatments for the condition are controversial due to the age of the patients and the fact that they include high dosages of drugs. Altogether, it is _____.

(a) likely to lead to a child's improvement in school
(b) a highly disruptive and controversial condition
(c) cured with early detection in affected children
(d) made worse by the divisive use of drugs

4. Beginning at middle age for humans, cognitive changes take place which alter the speed at which stimuli are processed. Specially designed exercises aimed at improving mental functions may well benefit those whose brains are already in decline. Work with rats yielded results which show intense auditory training was able to improve aural perception among rats which previously manifested common, age-related decline. Thus, with rats, scientists have proven that brain elasticity can continue on through old age. If similar studies were conducted with human test subjects, they would undoubtedly _____.

   (a) elicit slower cortex transmissions, too
   (b) demonstrate improved neural processing
   (c) prove elasticity is actually all in the mind
   (d) find that older people were happier doing it

5. Amandine Dupin was scandalous by 19th century French social standards, yet _____. She wore men's clothing and smoked in public. Such irreverence for social codes granted her entrée into venues from which women were barred. These experiences helped her when she penned novels under the pseudonym George Sand. But having been born into a family of landed nobility, her actions caused her to lose many of the privileges of a baroness. Nonetheless, her mannerisms as well as her novels resulted in her fame across much of the continent.

   (a) commanded respect in high society
   (b) she had no idea of the harm caused
   (c) it led to her eventual renown
   (d) she had a good excuse for it

6. Cuisenaire rods are a set of blocks of differing length and color which have been effectively utilized in language classrooms. The rods were developed to aid in math instruction but were brought into language lessons by Caleb Gattegno. In his view, too many methodologies emphasized the teacher but did not aid in eliciting answers from the students. In attempting to limit the time teachers spent talking and increase student responding time, he invented the use of the colored rods. The rods take the place of lengthy teacher instructions and _____.

   (a) stimulate the student's visual learning
   (b) aid in retention of math concepts
   (c) extensive writing on the board
   (d) allow students to speak more

7. With services starting as low as $100 and just $5/ month afterwards, now is the time to call and _____. A website acts as your company's face, and a slipshod one may lose you business. You need a website that puts your best qualities forward. Media Solutions can build, host, and maintain a website that will guarantee the world sees nothing but your best qualities. We offer packages with basic HTML up to the most intricate JavaScript and Flash applications, tailored to your exacting specifications.

   (a) begin your web design career
   (b) upgrade your payment options
   (c) make your existing finances better
   (d) display your company's finest traits

8. SK has _____. It began as a government-owned telecommunications company in 1984. Known then as Korea Mobile Telecommunications Services Co., the company offered first generation analog phones. Ten years after its formation, the SK Group became its largest shareholder and, in 1997, the two companies formally merged and changed the name to SK Telecom. Since then, the company has broadened its services to include a 3G network, satellite DMB Service, and global roaming. As of 2008, SK Telecom held 50.5% of the mobile market share in South Korea.

   (a) gone through many changes since its inception
   (b) a large effect on Korean telephone customers
   (c) greatly impacted the use of mobile devices
   (d) a history that was not always successful

9.

> Dear Sir or Madam,
>
> Please find attached this month's flyer listing many of the drastically reduced prices on home furniture, fittings, doors, and windows. In order to make room for this year's models, we're extending these sales only to our VIP customers like you. This is your chance to get merchandise from all of the principal designers at a fraction of the regular price. And to further entice you, we've negotiated special rates with the area's top interior decorators and contractors. You're not going to find a better time than this _____.
>
> Sincerely,
> Your Friends at Design Corner

(a) to consider our payment plans
(b) when top goods are being discounted
(c) to sign up as one of our VIP customers
(d) when interior designers will give free advice

10. The French author Balzac is credited with introducing realism to European literature in the 1800s. His perception of the complex moral struggles of man was depicted unflinchingly and realistically in his novels and plays. Balzac's multi-faceted and intricate characters portrayed a rich tapestry of French life immediately following the fall of Napoleon. Even his most minor characters were imbued with complexity. Balzac died in 1850, having lived a complex life himself. He left behind _____.

(a) stories of unique fantasy worlds
(b) a number of philosophical writings
(c) rich and multifaceted tales of mankind
(d) works that contrasted with French realism

11. Hindu yogis _____. They are recognizable by their matted coils of hair, shaggy beards and brightly painted faces. Concerned primarily with achieving the final Hindu goal, liberation, these monks live on the fringes of society, forgoing modern conveniences. To aid themselves towards this goal, yogis smoke a concentrated form of psychotropic drugs for suppressing desires, thereby improving meditation. The yogis are revered by locals who refer to them as baba (father), often attaching the suffix of respect, -ji. Their holiness is believed to help whole villages and, as such, they are sustained by donations from villagers.

(a) undergo punitive action from the state
(b) disapprove of mind-altering substances
(c) adorn themselves in a respectable manner
(d) sacrifice the traditional comforts of society

12. A new find 900 meters from Stonehenge indicates that _____. Using ground-penetrating radar, scientists have discovered the tentatively coined "new henge" without disrupting any of the ground cover. Bearing many similarities to its famous neighbor, the new henge was likely also used for burial purposes as long ago as 2500 BC. But it differs from Stonehenge in one key way—its use of wood instead of stone pillars. As scientists continue to study the area, they hope to gain a greater grasp of what the monuments were used for.

(a) it was built with stone materials
(b) different burial rituals were performed
(c) researchers need not continue excavation work
(d) not everything about the site has been uncovered

13. Taiwanese folk opera is similar to other forms of traditional Eastern opera in that it includes cross-dressing performers. Primarily, the characters are permutations of three main roles: sheng (brave leading man), dan (sentimental female), and chou (male jester). And often women dress like men. The operas are traditionally accompanied by instruments such as the yehu, a bowed string instrument made from a coconut shell. Another unique element of the opera is the symbolic nature of objects used on stage which _____. For example, chairs can variously represent a wall, a boat, and more.

(a) are conveyed by the seven characters
(b) function differently from other Eastern props
(c) serve various functions during the opera
(d) encourage audiences to guess their meaning

14. Congestive heart failure is a serious medical condition _____.
It is generally due to the heart incurring some form of trauma such as heart attack, heart disease, hypertension, etc. In serious cases, the condition can be fatal, with patients dying from cardiac arrest within several months. In cases such as these, a device can be surgically implanted into a person's chest. The device is controlled by a regulator on the patient's waist which continuously pumps blood in place of the heart.

   (a) that for most people leads to death
   (b) which causes the heart to suffer a trauma
   (c) but it is easily fixed with drug treatments
   (d) where the heart is too weak to pump blood

15. If your computer is running slowly or bogging down, it may be time for Express Ltd.'s free PC tune-up. Web pages taking longer than ten seconds to load are a sure sign that your computer has been infected. _____, once you have a virus, a complete shut down of your system or loss of files is more likely. The things on your hard drive are too precious to take any chances when it comes to your computer's defense. To take advantage of our service, just visit www.expressltd.com/tuneup for a complete scan and receive our customized Next Step report.

   (a) Moreover
   (b) In contrast
   (c) Otherwise
   (d) Nonetheless

16. The patent for the first rollercoaster was awarded in 1885 to a carpenter and businessman named LaMarcus Thompson. That rollercoaster was modeled after a gravity-powered coal mining train that took passengers down a hill on a 14km track. Thompson's ride was significantly shorter and consisted of a train car mounted on tracks reachable by climbing a tower. After walking up the steps, passengers would climb into the car and were then pushed down a hill towards the other side. _____, innovations were soon to follow which included a circuit course and the bumps and turns found in modern rollercoasters.

   (a) Of course
   (b) Despite this
   (c) Therefore
   (d) As a result

Part II Questions 17—37

Read the passage and the question. Then choose the option that best answers the question.

17. Management of spent rods after their use in nuclear reactors will be a major initiative for scientists in coming decades. The rods, which are a byproduct of nuclear fission, serve no purpose once they have been used to produce energy. Though the radioisotopes will ultimately decay into non-radioactive elements, the process can take upwards of 17 million years. Discarding this waste requires long-term management and treatment with a view to maintaining a stable biosphere for millennia to come. This means scientists must place the waste in geologically stable regions with lucid signage, legible to future inhabitants of the Earth.

    Q: What is the best title for the passage?
    (a) Energy Byproduct a Bane to Future
    (b) Spent Fuel's Hazardously Long Life
    (c) Immediate Remediation of Nuclear Waste
    (d) Long Term Radioactive Waste Management

18. If you make less than $35,000 per year, you may qualify for a government sponsored grant to continue your education. Many people take a hiatus from schooling due to financial problems or other issues but intend to re-enroll at a later date. The truth is that more than 75% of such people never return due to unforeseen events which make it impractical or impossible. If this describes you, now is the time to act by visiting www.educationgrants.gov to see if you qualify. Statistics show that people who have completed their education bring in significantly higher salaries and display greater job satisfaction.

    Q: What is the announcement mainly about?
    (a) Student loans offered by a company
    (b) The benefits of completing one's schooling
    (c) The right time to continue in higher education
    (d) State funded finance for people resuming study

19. The Second Crusade (1145-1149 AD) was the second major European military campaign to forcibly bring Christianity to the Muslim world. Launched simultaneously by kings in France and Germany, attackers went as far as Jerusalem before being defeated by Seljuk Turks. An eminent historian from the era posits that the Byzantine Empire secretly hampered the Crusaders by giving information to the Turks. Nearly 40 years later Jerusalem fell to a Muslim army after a siege in 1187. This capturing of the Holy Land served as the impetus for the Third Crusade two years later.

Q: What is the main topic about the Second Crusade in the passage?
(a) Theories on why it was unsuccessful
(b) How it soon led to the fall of Jerusalem
(c) Christendom's failure to defeat the Turks
(d) How Seljuk Turks gained victory by chance

20. The fifth annual Maple Creek neighborhood garage sale will be held next Saturday, August 21. With more than 30 households participating—our biggest turn-out yet—you're guaranteed to find those one-of-a-kind deals. Also, the neighborhood association will be hosting a cookout at Wilhelm Park, starting at noon. We will be grilling hamburgers and hotdogs, and there will be softball and volleyball games for you to enjoy. So come out for what will surely be a great time for the whole family.

Q: What is the passage mainly about?
(a) The community's hosting of a cookout
(b) A luncheon for residents of Maple Creek
(c) The biggest ever turn-out for a local event
(d) An annual garage sale for the neighborhood

21. The keeping of pets has long been studied for its benefits on a person's health, longevity, and mental contentment. However, some have speculated that children from allergy-prone families should avoid pets as it may predispose them to developing allergies. In fact, the opposite is true with only 19% of children in homes with a dog developing allergies as opposed to 33% in animal-free environments. Furthermore, pet owners are less likely to develop depression, insomnia, high blood pressure and hyper tension. And echocardiograms generally show that pet owners have less plaque build-up in their arteries, decreasing their chances of heart disease.

Q: What is the passage mainly about?
(a) Influence of pets on childhood development
(b) Health benefits ascribed to pet ownership
(c) Pets' ability to prevent allergic reactions
(d) Pets' effects on mental health

22. Throughout known history, children as young as three have been employed in dangerous jobs, working long and laborious hours. The plight of young workers came to prominence during the Industrial Revolution when children were employed as factory workers and chimney sweeps. The children's diminutive size and minute appendages made them aptly suited for various tasks in which adult bodies were too unwieldy. But mishaps happened regularly, leaving children maimed or worse, leading to a reevaluation of appropriate work for young children. After many decades of lobbying and reforms, international committees set up regulations stipulating minimum age requirements for childhood employment.

Q: What is the best title for the passage?
(a) Industrial Revolution Responsible for Maiming
(b) Committees Worldwide Change Labor Laws
(c) Child Labor Reform During the Industrial Revolution
(d) Industrial Revolution Increased Adolescent Employment

23. The oldest extant examples of Western literature are *The Iliad* and *The Odyssey*, both attributed to the ancient Greek poet Homer. According to legend, Homer was blind and illiterate, requiring that he dictate the epic poems to a third party. But scholars have yet to gain a consensus on whether the man actually lived, stemming from a lack of biographical data passed down from antiquity. They argue that even the writings ascribed to him seem to be culminations of a word-of-mouth history. Meanwhile, others argue that the two works are too stylistically similar to be the work of multiple authors.

Q: Which of the following is correct according to the passage?
(a) Western writing began with Homer's poems.
(b) Homer's writings may have been dictated.
(c) Most scholars doubt Homeric authorship.
(d) Homer's work was by different authors.

24. The mountain range known as the Pyrenees has been a major challenge for riders in this year's Tour de France. Located in Southwest Europe, the mountains form a natural border between the two countries of Spain and France. Riders must suffer up peaks as high as 2,115 km on this first time through the formidable terrain in 100 years. At these altitudes, the weather can transform in the blink of an eye, changing from sun to thick fog or rain. Such conditions have gotten the better of some riders who've reluctantly thrown in the towel on this year's Tour.

Q: Which of the following is correct about the Tour de France according to the passage?
(a) Its route bypasses the Pyrenees this year.
(b) It requires cyclists to ascend great heights.
(c) Its challenge is greater than many competitors.
(d) It causes riders to pause for weather fluctuations.

25. As a Member of Parliament, William Smith O'Brien led a lackluster life before heading up the Young Ireland movement. Its aim was to wrestle control of Ireland away from the British, and its actions culminated with the Young Ireland Rebellions in 1848. O'Brien, along with other delegates, marched from county to county, raising general dissent against the current government and causing riots. Gun battles between police and rebel forces ensued until the insurgency was stopped. For his part in the rebellion, O'Brien was tried for sedition and sentenced to death, though his punishment was later commuted to deportation.

    Q: Which of the following is correct according to the passage?
    (a) Ireland during O'Brien's time was controlled by Britain.
    (b) O'Brien fought for British rule against Irish rebels.
    (c) O'Brien accomplished many things in Parliament.
    (d) Police forces were unable to quell the uprising.

26. Season ticket holders will have all the fun this year when they buy early at 1-800-GET-TIX-1 or visit www.seasontix.com. To our first fifty customers, we're offering a multitude of perks including access to the Player's Lounge and free VIP parking. Add to that the slew of benefits you get as a normal ticket holder and it's a no-lose deal! Season ticket holders gain admission to all regular season home games and discount tickets when your team is on the road. Still not convinced? Now all season ticket holders receive 10% discounts at beverage, concession, and team merchandise stands!

    Q: Which of the following is correct about the season tickets according to the passage?
    (a) There are advantages to early purchasing.
    (b) Access to the Player's Lounge costs extra.
    (c) Away games are covered by season tickets.
    (d) All purchasers are able to get 20% discounts.

27. Semiotics is the branch of philosophy which deals with the use of signs and the meanings embedded within them. The theory was famously propounded by the English theorist, John Locke, one of the prominent Enlightenment thinkers. In his writings, Locke alludes to the nature of all human understanding coming from the manner in which input is perceived. Semioticians have since quantified sign systems into a series of "codes" which range from individual letters to formation of sentences and even body movement. Special attention is further placed on the common inability of the receiver to decode the data as it was intended.

Q: Which of the following is correct according to the passage?
(a) Meaning is derived from interpretation of signs.
(b) Locke was the father of the Enlightenment movement.
(c) Locke failed to arrive at a theory of human perception.
(d) Body movement cannot be classed as a coded sign system.

28. A group of citizens in Italy has formed the Ugly Club as an outspoken alliance against mainstream popular consensus. The club is not a collection of people who are ugly, but rather individuals who strive against the so-called "cult of beauty." Members of the Ugly Club are weary of the constant barrage of exhortations to conform to accepted standards of appearance. These are promulgated via television, movies, magazines, music, and even by members of the highest echelons of politics. The group received accolades from a wide audience after criticizing Prime Minister Silvio Berlusconi for commending a company's hiring of "cute" HR personnel.

Q: Which of the following is correct about the Ugly Club according to the passage?
(a) Members air their grievances publicly.
(b) Only ugly people are allowed to join it.
(c) Individuals in the club oppose mass media.
(d) Audiences have criticized efforts of the club.

29. In 1978, a medical breakthrough was realized in Louise Brown, the first child born through in vitro fertilization (IVF). IVF is a form of conception wherein human egg cells are fertilized outside of the woman and implanted into her uterus. Brown was born to a mother with blocked fallopian tubes who had been unsuccessful at becoming pregnant through nine years of attempts. Public outcries surrounded her birth with many Christian groups heralding IVF as against nature. Thirty-two years later, Brown is now an advert for the effectiveness of the procedure as she leads a completely normal adult life.

Q: Which of the following is correct about Louise Brown according to the passage?
(a) She gave birth to the first IVF baby.
(b) IVF can cause blocked fallopian tubes.
(c) Christian activists continue to hound her.
(d) Her mother conceived her through IVF.

30.
> Dear Unis Plumbing,
>
> I would like to commend your employees on the excellent work performed in installing my new hot water heater. The dump valve on our old system had accidentally been flipped which resulted in gallons upon gallons of scalding water draining into our basement. You can imagine our anguish at the thought of having to discard so many of our family's costly possessions. But your employees were able to remedy the situation, salvaging our carpet and much of the furniture. And the new hot water tank works better than we hoped, delivering sufficient hot water for our family of five.
>
> Keep up the good work,
> Janice Waynewright

Q: Which of the following is correct according to the letter?
(a) The dump valve on the new water heater was faulty.
(b) An accident led to getting a new hot water system.
(c) Many family possessions had to be thrown away.
(d) The family's carpet was irrevocably damaged.

31. Space elevators are a proposed method of transporting people and goods from the surface of Earth without rocket propulsion. Much like an elevator in a building, the space elevator would use a tensile structure (such as steel cable) and a counterweight. The counterweight, rather than moving up and down opposite the cabin, would sit in geosynchronous orbit above a base. Currently, the lack of feasible technology makes such a device impossible on Earth, but it has potential on other celestial bodies. For example, the lower gravity on space entities like Mars or a moon would bring development of a space elevator within reach.

Q: Which of the following is correct according to the passage?
(a) Space elevators need not use a counterweight.
(b) Technology for a space elevator currently exists.
(c) Earth could easily have a space elevator in the future.
(d) Smaller planets make the space elevator more feasible.

32. Upwards of 2,000,000 people bathe in the Ganges River every day due to its religious significance in the region. The level of coliform—the testing standard for water's acceptable purity—makes such practices a serious public health risk. In water, a coliform presence lower than 50 is acceptable for drinking, and it should be below 500 for bathing. However, the Ganges River has a presence of coliform bacteria in excess of 5,500. Feces and sewage deposited into the river are responsible for the high level, as well as the river's status as repository for the deceased.

Q: Which of the following is correct according to the passage?
(a) Every day 2,000,000 people drink from the Ganges.
(b) The acceptable coliform level for bathing is 5,500.
(c) Coliform levels suggest that Ganges water is safe.
(d) Sewage is often deposited in the Ganges River.

33.
> Dear Mr. Mayor:
>
> Homelessness levels in this city, which have reached an all-time high, must be a greater priority for your next term. While 0% homelessness is perhaps an unattainable dream, your aid policies for the city's less fortunate are undeniably lacking. At the very least, you must provide more shelters and more assistance from police officers to get the homeless there. The global recession certainly caused the recent surge in homelessness, but it's too common nowadays for politicians to blame the economy. Instead of excuses, it's time we see some action from our elected leader to help this city's homeless.
>
> Sincerely,
> Concerned Citizen

Q: What can be inferred from the passage?
(a) Sufficient resources have been allocated for the homeless.
(b) Officials sometimes use the economy to justify inactivity.
(c) Homeless policies helped the mayor's reelection.
(d) Shelters exist but people choose not to go there.

34. The soccer ball for this year's World Cup, the Adidas Jabulani, uses many new manufacturing techniques. First, the pieces of the ball are thermally bonded as opposed to stitched, and it is made from only eight pieces. That is down from twelve pieces used to make the ball for the 2006 World Cup and significantly fewer than the 32 of the first ball Adidas designed back in 1970. However, grooves on the ball which were intended to improve aerodynamics have actually made the ball fly unpredictably. Players—goalkeepers especially—have commented that the ball swerves erratically while in flight.

Q: What can be inferred about the Jabulani?
(a) It performs as its designers had hoped.
(b) It isn't better than the original Adidas ball.
(c) Stitching is a better option with eight pieces.
(d) Lab testing resulted differently than actual play.

35. Whether gender roles are merely a social construct or inherent to all cultures is hotly debated among the social sciences. Gender roles refer to the accepted norms of behavior and dress for the sexes by a society in which one lives. In defense of the social construct theory, proponents point to the fact that some cultures allow men to wear dresses. However, anthropologists' cross-cultural studies have found that various gender differences are common to all cultures. But the possibility remains that this too is merely socialization passed down from man's common ancestor, leaving the argument unsettled.

Q: What can be inferred about gender roles from the passage?
(a) Evolutionary heritage plays a major role.
(b) They are related to a culture's religion.
(c) Cultures have historic commonalities.
(d) They result from a child's upbringing.

36. Deforestation in mainland China caused by farming and urban development has pushed Giant Panda populations to the brink of extinction. Populations survive purely as a result of successful conservation efforts, and a paltry 1,590 pandas remain in the wild. To make matters worse, a low birthrate is straining conservation budgets whose purpose is to aid species, not wholly maintain them. While efforts are working, many argue that there is not enough natural habitat to sustain panda populations were their numbers to rebound. As such, 15% of all living pandas now live in captivity, with that number likely to climb.

Q: What can be inferred about Giant Pandas from the passage?
(a) Future pandas will not survive in zoos.
(b) Populations are not increasing as hoped.
(c) Conservationists cannot afford to maintain their efforts.
(d) It would be better to release captive pandas into the wild.

37. Encompassing nearly 500 square kilometers, the Nazca Desert of Peru is home to some of Earth's largest ancient artwork. Using simple excavation tools and surveying techniques, the Nazca people drew stylized images and animals such as monkeys, hummingbirds, and spiders. The high altitude and aridity have perfectly preserved the large drawings, some of which are 200 meters across. By removing the top layer of oxide-covered stone and revealing the light colored earth beneath, the Nazca people created the images to exacting proportions and scale. The accomplishment is remarkable considering the primitive people had no form of aerial support to aid in the construction.

Q: What can be inferred about the drawings from the passage?
(a) The uncovered lines have become oxidized.
(b) The oxidized earth made the artwork possible.
(c) They were laid out with minimal pre-planning.
(d) They require constant maintenance and upkeep.

Part III Questions 38–40
Read the passage. Then identify the option that does NOT belong.

38. Electric cars using rechargeable batteries have many benefits over internal combustion engines, but there are drawbacks, too. (a) Electric cars have amenable acceleration and top speeds, though they are only practical for short trips. (b) The cars have to be recharged and this can take considerable time. (c) Some countries are testing battery swap stations which function similar to a gas station, offering pre-charged batteries. (d) The cars emit no greenhouse gases but the power plants which generate the electricity would produce more.

39. For its wide variety of indigenous plants, Fiji's third largest island, Taveuni, has rightly earned the nickname the Garden Island. (a) The 435 square kilometer island is the outcropping of a massive volcano and is covered in tropical forest. (b) The lush and diverse botanical life on the island is supported by volcanic soil rich in nutrients. (c) It is ideal for coconut plantations and the island's economy continues to rely on the export of coconuts. (d) Visiting the island is like taking a trip back in time, with simple, traditional villages spotting the landscape.

40. Aboard buses making a 30-hour journey, Polish immigrants head to southern England in search of a better life. (a) Most of these immigrants move there for the money, working two jobs and seven days a week. (b) They send money home to their families in Poland where the average yearly income is just over $6,000. (c) Since being granted European Union status in 2004, Polish citizens have the right to work in any other EU country. (d) Though they encounter animosity from some British people, Poles enjoy the employment opportunities and better access to schooling.

This is the end of the Reading Comprehension section. Please remain seated until the proctor has instructed otherwise. You are NOT allowed to turn to any other section of the test.

ACTUAL TEST 10

Reading
Comprehension

DIRECTIONS

This part of the exam tests your ability to comprehend reading passages. You will have 45 minutes to complete the 40 questions. Be sure to follow the directions given by the proctor.

Part I Questions 1–16

Read the passage. Then choose the option that best completes the passage.

1. Copper Canyon in Mexico is just a short train trip away from the quaint old city of Los Mijos. You can see beautiful rocky cliffs in every direction while the mighty Fuerte River rages below. It was 17 million years ago that this river began carving the massive Copper Canyon, which is now 277 miles long and up to a mile deep! With a host of activities ranging from horseback riding to whitewater rafting, there is no shortage of fun and adventure. Come enjoy _____.

    (a) a dinner at the Copper Canyon
    (b) the biggest theme park in Mexico
    (c) a picturesque train ride past the canyon
    (d) the sights of an amazing natural wonder

2. When the Internet started to become widely used, advertisers used a method called pop-up ads. As the site was loading, another small window would "pop up" enticing you to buy some product. That has largely become a thing of the past as all Internet browsers now offer pop-up blocking. The types of advertisements which companies use now are mostly embedded in the content of a web page. But these are largely ignored by consumers. Advertisers have to find a way to make ads effective once again. What they need to do is _____.

    (a) design more attractive pop-ups
    (b) go back to the old ways of advertising
    (c) advertise online rather than on television
    (d) invent new ways to market via the Internet

3. In a groundbreaking study, researchers at Harvard's Wyss Institute have made a device which fuses biological and silicone-based technology. The researchers have successfully mounted membranes on a microchip which can function similarly to a human lung. By simulating a lung membrane, scientists can test the efficacy or harmfulness of new drugs before approving them for human testing. In their laboratory, scientists fed bacteria into one side of the chip and white blood cells into the other. When the device detected bacteria, it opened a channel allowing white blood cells in to fight the bacteria. Thus researchers _____.

(a) will need human subjects for lab testing
(b) are replicating organic processes synthetically
(c) can do computer simulations without the drugs
(d) will soon produce replacement lungs for humans

4. In a report Wednesday, Google has acknowledged China's requests to stop rerouting its customers to Google's Hong Kong site. Until March 2010, Google had adhered to China's censorship policies and censored its content for Chinese customers. Then in March it circumvented censorship by allowing Chinese users to be automatically rerouted to Google's Hong Kong site. This move was not approved by the Chinese government. Because Google hoped to enter new negotiations at the time, it _____.

(a) removed itself from the Chinese market
(b) decided not to censor its Hong Kong content
(c) poured in money to boost its Chinese operations
(d) acquiesced to China's wishes on a temporary basis

5. Unlike larger radios to be used in the home, transistor radios were _____. Much like the ubiquitous iPod of today, they were once the must-have device of young people around the world. What made them a top seller was their mobility at a time when rock music was taking off. Transistor technology made radios small and cheap enough for young people to take anywhere. This mobility drastically changed the listening habits of the populace. Young people could listen to Rock 'n' Roll music anywhere.

(a) based on existing technology
(b) initially unpopular among adults
(c) marketed to a younger generation
(d) cumbersome to most people at first

6. Researchers in the education field are interested in studying kinesics, especially as it pertains to classroom dynamics. The term was first coined in 1952 by an anthropologist attempting to study people's paralanguage, or how they communicate nonverbally. A teacher's posture, body movements, and facial expressions are all perceived and interpreted by students, sometimes unfavorably. Whether or not the teacher's paralanguage is intentional, students notice it and respond accordingly. As such, it is important to define the rules of kinesics in the classroom—just as there are rules for acceptable spoken language—so as to _____.

   (a) identify students' body language
   (b) improve teachers' linguistic skills
   (c) avoid bad feelings or misunderstandings
   (d) aid students in interpreting paralanguage

7. Excelsior's new Red Track laser technology _____. That makes it the most versatile mouse on the market today. It is equally effective on any material, even glass! It is completely wireless too, running on a single battery, and is effective up to ten meters away. Not only that, but the Excelsior comes in three slightly different sizes to take into account the differences in dimensions of people's hands. No longer will small- and large-handed individuals have to struggle with an awkward, one-size-fits-all mouse!

   (a) prevents hand cramps during use
   (b) works from long distances away
   (c) uses less power than other devices
   (d) means it can cope with all surfaces

8. Argentina's history has been a bumpy ride as the country went from dazzling wealth to crushing poverty _____. By the 1920s, it was one of the ten wealthiest nations in the world as a result of its agricultural exports. But 1946 saw the election of General Juan Perón and Argentina's foreign policy became more isolationist. During his tenure inflation went up by 50% and the value of their currency dropped by 70%. The country which had lived well for so many decades now had a populace waiting in bread lines for basic necessities.

   (a) after many years of political conflict
   (b) due to unfavorable political reforms
   (c) because of fewer exported goods
   (d) in spite of high export rates

9.
> To whom it may concern:
>
> I wish to extol my former student, Mr. Zhi Liu, and highly recommend him for acceptance into your Computer Science program. As advisor and mentor of Mr. Liu, I saw how he excelled with the utmost maturity, diligence, and skill. I first met him in the autumn of 2008 when he began his master's work, and he and I worked together closely until he deservedly graduated with honors. Mr. Liu _____. Please contact me if you require any further information.
>
> Sincerely,
> Professor Mark Lee

(a) is exceptionally talented in the field of biology
(b) performed academic work at a high level
(c) aided in the achievements of my work
(d) will be perfect for the position

10. Control of Spain was usurped from the Popular Front government in 1936 during a civil war led by Francisco Franco. Franco's movement was supported by Germany and Italy, and Spain subsequently allied with those countries during World War II. Following the war, Franco set up an authoritarian regime which suppressed opposing ideologies through censorship and coercion. Franco also used concentration camps, forced labor prisons, and the death penalty to dissuade his detractors. This state of affairs did not change until his death in 1975. Soon after that, his _____.

(a) Popular Front regained control
(b) ideological legacy was celebrated
(c) authoritarian dictates were removed
(d) regime installed a leader who was worse

11. The influence of residential mobility on youth has long been studied as a factor in mental health. Scientists have extensively shown that a host of childhood behavioral maladies, including poor school performance, are caused by families moving from home to home often. However, high mobility in early life seems also to be a cause of mental infirmities in adults due to an inability to form quality social relationships. As these relationships are key to life satisfaction, such adults suffer from depression, anger, irritability, and various other neuroses. It seems that frequent moves during one's youth _____.

(a) give a person knowledge and self-confidence
(b) have foreseeable far-reaching consequences
(c) enables kids to form life-long friendships
(d) is not actually a cause of depression

12. The Sistine Chapel is the site of masterpieces that _____.
The chapel contains works by many of the Renaissance's greatest sculptors and painters including Michelangelo, Bernini, and Raphael. Michelangelo disdained the commission at the time, claiming it was merely serving the need of Pope Julius II for gratuitous decadence. However, many of his most famous works can be found there including *The Creation of Adam* and *The Last Judgment.* The latter is a massive fresco covering the entire altar wall of the chapel, controversially famous for its depiction of naked figures in "so sacred a place."

(a) were not what the pope had ordered
(b) Pope Julius criticized for their decadence
(c) were initially surrounded by controversy
(d) Michelangelo did not paint entirely himself

13. The Cold War _____. It was waged between the United States and the Soviet Union, beginning shortly after the conclusion of World War II. The United States advocated democracy, while the Soviet Union embraced communism. The United States went so far as to back a war in Vietnam to stop the spread of communism in Southeast Asia. Each side worked to install their ideas and forms of government in other countries. As another way of showing ideological superiority, each side amassed weapons and developed technologies to outdo the other, an example of which is the Space Race.

(a) did not end with the fall of the Berlin wall
(b) caused far more casualties than people think
(c) was advantageous to the American way of life
(d) occurred because of conflicting political ideologies

14. Quarks are fundamental particles found in all matter and come in the following six varieties: up, down, charm, strange, top, and bottom. Up and down quarks are the most commonly occurring varieties, with the other four existing only for short periods following high energy collisions. Subsequently, particle decay takes place and these other quarks rapidly convert back into up and down. Needless to say, it is difficult to _____.

(a) investigate the behaviors of quarks
(b) observe occurrences of particle decay
(c) clarify what kind of decay takes place
(d) examine the short-lived quark particles

15. The award-winning photojournalism magazine *Architecture Digest* is sure to bring insight and innovation into your life. Each magazine features discerning views on the leading designers from around the world with one year of bi-monthly installments costing only $26.95. If you're an industry mogul, an up-and-coming architect, or merely an aficionado of creative design, the *Digest* will keep you at the cutting edge. _____, whether you are working on a multi-million dollar project or remodeling your bathroom, the *Digest* has all the latest trends. With full-color spreads on the most innovative designs, *Architecture Digest* has it all.

(a) So
(b) Yet
(c) Otherwise
(d) Meanwhile

16. The Internet has been around since the 1960s. _____, the current form got its start in 1990 with the invention of HTML. Designed by Tim Berners-Lee for scientists working at CERN to share documents, HTML dictates much about the look of the modern webpage. HTML allows webpage designers to easily dictate the placement and appearance of such things as headings, links, colors, and fonts using HTML elements. Modern incarnations have allowed for the implementation of HTML languages such as JavaScript which change the behavior of web pages. Today, the world wide web consists almost solely of HTML documents conveyed to the end user via web servers.

(a) Instead
(b) However
(c) Nonetheless
(d) Additionally

Part II Questions 17–37

Read the passage and the question. Then choose the option that best answers the question.

17. All previous solar powered vehicles required constant connection with the sun's rays in order to operate, with even a cloudy day halting movement. This has been a major hurdle to overcome in order for solar energy to become a viable green technology. To that end, researchers in Switzerland have successfully tested a solar powered glider at night, using only solar energy. The craft, dubbed Solar Impulse HB-SIA, was able to charge its 12,000 solar cells and store the energy in high-performance batteries. The glider then embarked on a 26-hour overnight flight, bringing sustainable energy that much closer.

    Q: What is the best title for the passage?
    (a) Solar Energy: a Must for Green Future
    (b) Swiss Engineers Fly Glider for 26 Hours
    (c) Solar Impulse HB-SIA Uses Only Solar Cells
    (d) Glider Uses Solar Power for Breakthrough Flight

18. Televisions are now flooding the market offering 3D viewing of all your favorite TV shows and movies. But what about the movies starring the people and events you really care about? Well, the Zeiss Cyber 3D-R handheld camcorder now brings the power of 3D to your hands, priced reasonably at under $300. Featuring side-by-side 4X optical zoom lenses, your family memories will now be available in the same stunning three dimensions in which you first experienced them. This feature-packed unit also includes a 4.5-inch LCD touch screen, 14-hour battery life, and 1080i HD recording.

    Q: What is mainly being advertised in the passage?
    (a) New low price of a 3D recording unit
    (b) The 3D capabilities of a new camcorder
    (c) Various features offered for video recording
    (d) The different 3D camcorders now on the market

19. Islands are strictly classified as any area of land which is surrounded on all sides by water. However, this classification gets tricky when dealing with large islands such as Greenland and continents such as Australia. The latter, which is the smallest continent, is often referred to as "The Island Continent." It is comprised of 7,600,000 km² of land as compared to the largest island, Greenland, which is 2,130,000 km². Greenland, however, is staggeringly larger than the next largest island (New Guinea at a mere 785,783 km²), but is still not classified as a continent.

    Q: What is the passage mainly about?
    (a) The largest islands around the world
    (b) The sizes of Australia and Greenland
    (c) Australia's classification as a continent
    (d) Categorizations of islands and continents

20. In honor and celebration of the career of Jim Feldman, Glair Technologies will be hosting a farewell banquet aboard the Visions Cruise ship. Feldman, who started the company 34 years ago in a small basement room, will be retiring this month. In his time with the company, he has watched that small company grow into a multinational conglomerate. Without his vision and commanding efforts at the helm, Glair would have been swallowed up in this saturated market. Instead, we are now a global leader. The farewell is at the Minetonka Marina on Saturday the 4th, at 5:00 pm.

    Q: What is the announcement mainly about?
    (a) An award for a Glair Technologies employee
    (b) The retirement of a company's founder
    (c) The success of a once-small company
    (d) An annual staff party aboard a boat

21. Authors who suffer from writer's block are encouraged to seek out online forums for tips on moving forward. While the condition is wholly psychosomatic, it has caused some writers to stop writing for years on end. Some writers have even gone so far as to leave the profession due to an inability to create new work. But many authors attempt to aid their peers by publishing pieces on recovering from writer's block. Many such articles encourage authors to simply press on, with a disregard for the quality of what is being produced.

    Q: What is the passage mainly about?
    (a) Internet articles regarding writing slumps
    (b) Assistance for authors with writer's block
    (c) The psychological nature of writer's block
    (d) An author's incapacity to consistently write well

22. In 1940, a mass execution of Polish nationals by the Soviet secret police was carried out in the Katyn Forest in Poland. The Soviet edict proposed the genocide of all members of the Polish Officer Corp. Due to Poland's conscription system, which required most people to join the armed forces, this group was made up of citizens from all walks of life. The tally of those killed is estimated at 22,000, comprised mainly of Poland's political, intellectual, and business elite. As a result, the country was lacking much more than mere infrastructure following the conclusion of the war.

   Q: What is the best title for the passage?
   (a) Soviet Slaying Has Lasting Effect
   (b) Mass Killing of Poland's Elite Citizens
   (c) Forced Conscription Results in Lives Lost
   (d) Crimes Committed in Poland by Soviet Police

23. Due to widespread famine and unfair division of lands, Chinese peasants backed Li Zicheng in order to overthrow the Ming Dynasty. Li got his start as a meager shepherd and was later publicly displayed in shackles for failure to repay a loan. When a guard who was offering water to the manacled Li was struck by a local official, the townspeople revolted. After freeing Li and proclaiming him their leader, the group successfully supplanted the country's leaders and set up the short-lived Shun Dynasty. Lasting for only two years, Li's government was displaced by the Qing Dynasty in 1645.

   Q: Which of the following is correct according to the passage?
   (a) Chinese peasants ousted the ruling minority.
   (b) Li had worked as a guard for the Ming Dynasty.
   (c) Townspeople revolted after being attacked by guards.
   (d) The Shun Dynasty finally overthrew the Qing Dynasty.

24. As the birthplace of the Olympic Games in ancient times, Greece was the logical host country for the first Olympics of the modern era. Held in the summer of 1896, the choice of the city of Athens was agreed upon unanimously by the organizing committee. Unlike today's Games, all the competitions for this event were held in a single venue, the Panathinaiko Stadium. Boasting the largest ever attendance for a sporting event, the first modern Games was uproariously successful. For the opening ceremony, the stadium was filled with 80,000 spectators from around the world.

Q: Which of the following is correct about the 1896 Olympics according to the passage?
(a) It was the first Olympic Games ever held.
(b) The choice of venue was a contentious issue.
(c) The Panathinaiko Stadium housed all of its events.
(d) Up to 90,000 people attended its opening ceremony.

25. In 1550 BC, Ahmose I became pharaoh in Egypt and began works which would usher Egypt into the era of its highest power. Ahmose I came to power at the age of ten while the country was at war with the rulers of Lower Egypt. His father died during that war and his older brother, who succumbed to unknown causes, reigned only three years. During Ahmose's reign, the rulers of Lower Egypt were defeated and expelled from the country, strengthening Egyptian supremacy in the region. Subsequently, Ahmose ordered many construction projects which increased foreign trade and wealth in his kingdom.

Q: Which of the following is correct according to the passage?
(a) Ahmose I experienced war for his entire life.
(b) Ahmose's father was killed in a war campaign.
(c) Ahmose I was defeated by Lower Egypt's rulers.
(d) Ahmose I closed trade with neighboring countries.

26. Maybe money is too tight for a vacation this year, or perhaps you just can't get away from the office. Whatever your reasons, you can take a virtual vacation with Around the World Ltd. We deliver tour packages that include recipes for local cuisine, CD's of popular and traditional music, and access codes to our website's city attraction panoramas. With our virtual travel packages, you can experience all of the sights, sounds, and tastes of exotic locales from the comfort of your own home. We currently have packages for 26 exciting world locations, with more being added every month!

Q: Which of the following is correct according to the advertisement?
(a) The tour company sends food to your home.
(b) Pictures with panoramic views are available.
(c) Tour packages are complete without web access.
(d) Any country in the world can be visited virtually.

27. The Mary Rose was a 16th century warship used by the English navy in battles against France and Scotland. It featured many advances in weaponry including newly-invented porthole covers for its new heavy guns. The ship was the first known example of a boat that was built strictly for battle, having no history of maritime usage. In addition to being the first of its kind, the Mary Rose is additionally famous for having sunk wholly intact. As a result, historians have received a treasure trove of information regarding 16th century boat building, technology, and weaponry.

Q: Which of the following is correct about the Mary Rose according to the passage?
(a) It was fitted with new inventions.
(b) It had initially been a trading vessel.
(c) When it sunk, it was heavily damaged.
(d) Historians still know little about its design.

28. Post-traumatic stress disorder (PTSD) is a type of anxiety disorder common among soldiers returning from battle. Upon arriving home, many families report that the man who left for war is not the same man that came back. Severe psychological trauma causes biochemical changes in a soldier's brain which manifest in depression, paranoia, and insomnia. Many steps are now taken to alleviate the trauma caused by war including mandatory post-war therapy. Additionally, soldiers now return home with members of their platoon in order to have peers with whom to share the incongruous transition between war and home life.

Q: Which of the following is correct according to the passage?
(a) Soldiers are not commonly afflicted by PTSD.
(b) PTSD can occur among soldiers' family members.
(c) Brain chemical levels account for PTSD symptoms.
(d) Soldiers are encouraged to have time away from peers.

29. The son of a politician, Max Weber got his start in social thought at an early age, reportedly giving historical essays as Christmas presents at the age of thirteen. Those essays dealt with emperors, popes, and the Roman Imperial period, while the essays he wrote a year later made extensive references to ancient authors Homer, Virgil, and Cicero. His historical framework was completed when, while working towards a law degree, he attended lectures on civics and economics. Weber's sociological theories deal mainly with disenchantment in the Western world which coincided with the rise of capitalism, showing the diminishing use of gods and mysticism to explain the world.

Q: Which of the following is correct about Max Weber according to the passage?
(a) He had not been interested in social issues in his youth.
(b) In childhood, he had knowledge of ancient writers.
(c) His formal education consisted of learning the arts.
(d) In later work, he blamed religion for social ills.

30.
To the editor:

I was outraged to read your recent editorial stating that some area teachers are making in excess of $100,000 annually. So while education budgets are being cut around the city, there are teachers sitting around with salaries higher than some business executives. Six-figure teacher salaries are rare elsewhere in the nation and yet this state leads the country in below-average test scores! Couldn't that money be better spent by spreading it around, allowing for more teachers to be hired? Instead of putting a hiring freeze on new teachers and cutting educational programs, let's instead cut back on exorbitant paychecks.

Sincerely,
Aggravated Parent

Q: Which of the following is correct according to the letter?
(a) Teachers are not paid high enough salaries.
(b) Higher paychecks do nothing to raise low scores.
(c) Six-figure salaries are not found in any other state.
(d) Schools need to reduce the number of teachers hired.

31. The genus of primates known as Saadanius is represented by a sole specimen's skull fragment discovered near Mecca in Saudi Arabia. This specimen is a member of the catarrhini order which now includes old world monkeys (such as baboons and langurs) and apes. The skull is presumed to be as much as 29 million years old and has many features common in today's specimens. Presumed to be not far removed from old world monkeys' and apes' common ancestor, the specimen may answer questions about when the two groups split.

Q: Which of the following is correct according to the passage?
(a) Saadanius lived solely in Africa.
(b) Catarrhini does not include the Saadanius.
(c) Baboons, langurs, and apes share a lineage.
(d) Researchers have dated the monkey-ape split.

32. As leaked oil from the Deepwater Horizon continues to wash ashore, scientists are searching for how quickly natural processes will help. Much of the crude oil which drifts onto the shore can be easily skimmed off by clean-up crews. But a great deal more gets pushed deeper into the sand where it cannot be reached. Natural microorganisms feed on this oil, but researchers must find out at what rate these organisms are able to break it down. Once this has been calculated, scientists will have an accurate estimate on when the Gulf's shores will be oil-free.

Q: Which of the following is correct according to the passage?
(a) Crews utilize microorganisms to clean up oil.
(b) Crude oil in deeper sand cannot be broken down.
(c) Scientists do not know what the clean-up rate is.
(d) It is impossible to know when the Gulf will be oil-free.

33.

Dear Dr. Morris,

A recent survey of your patients has yielded an above average approval rating for the services you and your staff provide. We at Prostell Medical Center approve of the work that you do and would like to extend an offer for you to join our team. You will no doubt find that the group of physicians we have assembled are second to none. And our facilities are outfitted with the most up-to-date and cutting edge equipment available in the field today. We hope that you are interested in our offer and we look forward to meeting with you to discuss specifics.

Best Regards,
Dr. Winston Lee

Q: What can be inferred about Dr. Morris from the letter?
(a) His skills would complement Prostell's staff base.
(b) His current salary is more than Prostell can offer.
(c) The equipment in his office is in need of updating.
(d) A number of patients have disapproved of him.

34. HIV infections remain high among women and schoolgirls in sub-Saharan Africa, but researchers have found promising results in a recent study. The two year research project consisted of a group of 889 women who tested the effectiveness of an anti-microbial gel. Women who used the gel frequently were 54% less likely to contract HIV than the nationwide average. The gel, were it to come to widespread use, would be available for a mere 25 cents per application. When these results were presented at a conference in Durban, raucous applause erupted among the scientists in attendance.

Q: What can be inferred from the report?
(a) Sub-Saharan Africa has higher HIV rates than elsewhere.
(b) Not enough women were tested to get conclusive results.
(c) Forty-six percent of woman in Africa contract HIV.
(d) Scientists believe the results hold great promise.

35. After 1945, much of Europe's rail infrastructure was in need of repair and developers seized the opportunity. The existing tracks were not only repaired but extended to include virtually any town with greater than 50,000 inhabitants. Rail service has since expanded to offer several cross-border high-speed rail options with trains that travel up to 320 km/h. And one of the EU's stated goals is to develop a Trans-European high-speed rail network, thus ensuring Europe's high-speed rail options will continue to expand.

Q: What can be inferred from the passage?
(a) Towns with fewer than 50,000 people have poor rail services.
(b) European trains can safely travel faster than 320 km/h.
(c) Damaged rail lines led to today's extensive network.
(d) The EU will connect all cities by high-speed train.

36. As a process whereby species change, evolution was believed to have last occurred among humans in the distant past. But recent findings in Tibet have called that schema into question, as it has been suggested that a Tibetan trait may be a recent evolutionary change. The oxygen content of air in the high mountainous regions of Tibet has forced the Tibetan people to adapt. Comparing human genome sequences, scientists now strongly believe that such a trait could only be the result of natural selection. If they are correct, that means mankind last evolved as recently as 3,000 years ago.

Q: What can be inferred from the passage?
(a) Modern man has now ceased evolving.
(b) People evolve more quickly at higher altitudes.
(c) Evolution can occur within decades in mammals.
(d) Tibetans' high lung capacity began 3,000 years ago.

37. Ash erupting from the Icelandic volcano Eyjafjallajökull shut down air travel throughout the world. It has been estimated that disruption in flights led to as much as $2 billion in losses for the various parties involved. Volcanologists and meteorologists analyzed the data and established three different categories of ash. The first allowed flights to resume as normal without additional precautions, while the third level prohibited jets from taking off. These suspensions were very disruptive, as many of Europe's businesses rely on flights to places near and far.

Q: Which of the following can be inferred from the passage?
(a) Ash flight standards were not in place before the eruption.
(b) Future volcanic eruptions will be equally catastrophic.
(c) Airlines narrowly missed several flight disasters.
(d) Volcanic ash is universally perilous to flights.

Part III Questions 38-40

Read the passage. Then identify the option that does NOT belong.

38. Cows have contributed to climate problems as one of the largest producers of methane, but curry may help. (a) Methane, though less prevalent than carbon dioxide, is 20 times more effective at retaining heat. (b) Methane is produced as a byproduct of cows' digestion which is then released into the atmosphere. (c) Some activists have suggested that people eat less beef in order to curb the effect on the environment. (d) Another group has discovered that adding curry to livestock's feed can kill much of the methane-producing bacteria.

39. For robots of the future to be truly autonomous, they must be able to sustain themselves without human intervention. (a) This does not mean that they need to plug themselves into an outlet so they can recharge. (b) In order to be free from human support, a robot must ingest biomass and generate its own power. (c) As such, researchers are working on an artificial stomach which can convert a sewage mixture into energy and excrete the waste. (d) But some analysts are worried by the ethical implications of creating truly autonomous robots.

40. Throughout history, marriage has served mankind's need for perpetuation of the species, inheritance of property, and bloodline protection. (a) Historical marriages lacked none of the legality, ceremony, and contract of today's marriages but consisted of differing rituals. (b) As for moral aspects, those differed widely based on the beliefs of a culture, with some approving of polygamy or extramarital affairs. (c) Some societies simply allowed men to have access to all of the women without any ritual whatsoever. (d) Polygamous unions were generally the result of one or the other sex consisting in greater number in the society.

This is the end of the Reading Comprehension section. Please remain seated until the proctor has instructed otherwise. You are NOT allowed to turn to any other section of the test.

ACTUAL TEST 11

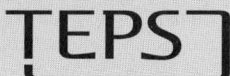

Reading Comprehension

Directions

This part of the exam tests your ability to comprehend reading passages. You will have 45 minutes to complete the 40 questions. Be sure to follow the directions given by the proctor.

Part I Questions 1–16

Read the passage. Then choose the option that best completes the passage.

1. Are you tired of stains ruining your clothes? Don't throw them away because of spilled wine on your favorite blouse, grass marks on your jeans, or coffee stains on your new tie! Try new Oxy Stain Remover for amazing stain removing power you won't believe. Oxy Stain Remover uses oxygen power which gets deep into the stain and removes it. Normal bleach can turn clothes white, making them worse than before, but Oxy Stain Remover cleans clothes naturally, leaving colors bright. Try Oxy Stain Remover today _____.

   (a) for bleach powered stain fighting
   (b) to extend the life of your clothes
   (c) at the great discount price specified
   (d) for greater effectiveness than detergent

2. This year's monsoon season will begin sooner than normal by two to three days on Jeju Island and nine days on the mainland. The Korean Meteorological Association (KMA) also believes this monsoon season will be heavier than usual. As compared to averages from the past three decades, the KMA predicts this will be the worst, as the storm they are tracking has a very distinct shape. The distinct shape is a good indicator of exactly what is coming. The public should _____.

   (a) put its faith in the KMA's forecasts
   (b) not worry too much about this year
   (c) expect a winter that is much the same
   (d) prepare for heavier than normal rainfall

3. Researchers are now trying a new method of hydroelectric power which uses turbines in rivers and oceans, employing the natural flow of currents and tides. These are similar to wind turbines, but much shorter and attached to the bottom of a river. As the river flows, the turbines move and generate electricity just like a dam. This technology is called Kinetic Hydropower and six such turbines are currently being tested in New York's East River to prove the potential of this technology. If it works it will be a new way to _____.

(a) test this technology in New York's East River
(b) use this to clean up all major US rivers
(c) gather energy from the wind turbines
(d) harness water for electrical energy

4. According to a report released by the government today, Americans are eating healthier and living longer. As reported in the *Washington Post*, the government found that Americans are living as much as ten years longer compared to Americans 50 years ago. The increase has been attributed to healthier food choices at the dinner table. The number of fast-food restaurants continues to rise, but government programs have opened people's eyes to the negative consequences of eating foods high in cholesterol and saturated fat. Instead, families are eating more vegetables and whole grains. If we maintain this trend _____.

   (a) the health consequences will be an issue
   (b) the government will enact new food reforms
   (c) people will stop eating unhealthy food entirely
   (d) Americans of the future will continue to live longer

5. *The Karate Kid* is a 2010 remake of a 1984 film of the same name. The original movie featured a boy moving from one American city in New Jersey to another in California. The remake, however, required the main character to move to Beijing, China. The storyline therefore necessitated that much of the movie's dialogue be in Mandarin Chinese with subtitles, a big risk for the producers. Unlike other nations which routinely watch movies with subtitles, America's massive movie industry mainly deals with English-only movies every year. So, American audiences are _____.

   (a) gradually getting used to subtitles
   (b) unaccustomed to reading in cinemas
   (c) unreceptive to watching foreign films
   (d) a major influence on the movie industry

6. The number of people who receive an education online, also known as e-learners, has jumped dramatically over the past decade. For those with a career and family, going to a traditional university, even for evening classes, is too much of a strain. But e-learning gives people a flexible learning alternative. With fewer elective classes required to receive a degree, people can even receive an education much faster than at a four-year college. And the low cost of online universities has led many recent high school graduates to opt for them as well. It seems _____.

(a) degrees from online universities are widely accepted
(b) e-learning is how future generations will learn
(c) an education is within reach for everyone online
(d) this is cheaper but not as highly regarded

7. What would it take to get you to switch auto insurance companies? If you could save $400 a year by switching to Insur-All, wouldn't you make the switch? Well, reach for the phone and start dialing because the average customer who switches to Insur-All saves between $200 and $400 over other leading insurers. Since we provide the same great service with our 24-hour claims hotline and easy-to-use online support, there's no reason not to change insurers! Pick up the phone today and _____.

(a) talk to a claims representative immediately
(b) get advice on auto insurance companies
(c) we will upgrade your present account
(d) get ready to save hundreds

8. The polar ice caps are _____. This has been dramatically illustrated recently. In June alone, ice sheets have receded by 88,000 square kilometers per day, 50% faster than averages of decades past. A decline of such magnitude has already had catastrophic effects on global weather patterns. Changes include increased temperatures in equatorial regions and decreased temperatures augmented by higher rainfall further north. The caps' size has rapidly declined since 2007 and some experts conclude there will be no ice remaining by 2030.

(a) impacting global temperatures and weather
(b) influenced by persistent carbon emissions
(c) maintaining current averages worldwide
(d) set to regain some of the ice sheets lost

9.

> Dear Postal Customer:
>
> The Post Office is currently in possession of mail to be delivered to your household. You processed a temporary hold on your mail to begin on April 15, 2010. Temporary holds generally last for a three month period and that deadline is fast approaching. It is possible to extend the hold, but we must hear from you by July 15, 2010. If we do not receive a reply, all mail will be returned to the senders. Please _____.
>
> Sincerely,
> Mark Agnew
> Postal Services

(a) update us with your current address
(b) inform all contacts of your new address
(c) let us know whether to extend the hold
(d) allow three months for forwarding of mail

10. Born in 1803, Ralph Waldo Emerson was an American lecturer and poet. After receiving a degree in divinity from Harvard, Emerson became a Unitarian minister at the Second Church of Boston. Shortly thereafter, he became disenchanted with the dogmas of the church and left the ministry for a tour of Europe, where he was influenced by many new ideas. Upon his return, he began his career as a lecturer, preaching and writing on transcendentalism, or the belief that man cannot attain truths with his limited senses. Emerson _____.

(a) developed different views to standard religion
(b) incorporated church teaching into his lectures
(c) lectured for years as a Unitarian minister
(d) was a well-respected Harvard alumnus

11. With its first issue printed in 1888, *National Geographic* _____.
Soon just about anyone will be able to own all of the original stories, maps, inserts, and even advertisements. The magazine is making every issue ever printed available on a single 160 GB external hard drive. Owning every issue is no longer just for the richest of collectors. You can see *National Geographic*'s entire history all on your own computer.

(a) is now moving into the digital age
(b) was groundbreaking from the first issue
(c) is one of the world's greatest magazines
(d) has been translated into 32 different languages

12. *Avatar* is a film written and directed by James Cameron. The film was released in December 2009 and went on to become the highest grossing film of all time, passing the 1997 blockbuster, *Titanic*, which was also directed by Cameron. It was one of the first films available in conventional cinematic 2D as well as 3D, IMAX 3D, and even 4D formats. The film was seen by nearly 40 million people worldwide. It is certainly _____.

(a) expected to be in that format soon
(b) a film known for a number of firsts
(c) a controversial issue about the film
(d) not the box office failure predicted

13. By 1658, the Swedish Empire had grown and taken over neighboring countries on all sides. The Swedish army was comparatively small, but the soldiers were well trained and able to maintain a high rate of fire. The branches of the army maintained self-sufficiency by taking over lands and pillaging them. However, when major forces attacked Sweden from three sides, the Swedish army was not able to withstand them. In 1721, Sweden's Empire was defeated. Control of neighboring lands then _____.

(a) was handed over to the Swedish
(b) fell into Swedish troops' hands
(c) reverted to their original occupants
(d) resulted in more pillaging

14. Metabolites are the tiny molecules which cause chemical reactions in a person's body. These range from the 8,000 naturally-occurring metabolites to the more than 6,000 drugs, food additives, and toxins that are generally found in blood and urine tests. Scientists are currently working at a university in Canada to construct a database of these metabolites. Once this information has been collected and is widely available, doctors will be able to diagnose the likelihood of a patient contracting a serious disease based on analysis of a single drop of blood. These scientists _____.

    (a) measured the metabolites in human blood
    (b) may create a database if funds are available
    (c) could change the field of diagnostic medicine
    (d) discovered many new disease causing metabolites

15. The new Nikon E690 DSLR is the latest innovation in camera body technology. Featuring a new molded carbon fiber, it is strong yet lightweight and won't weigh you down on your next trip. The body is comfortable to hold and feels more substantial than other sub-$1,000 DSLR's. Having moved many of the buttons (ISO, white balance, AV value) to the left side of the camera, the camera has a bit of a learning curve but you'll be pleased by the new ease of access. _____, with new dust and water sealing, the E690 is practically airtight.

    (a) Consequently
    (b) Nevertheless
    (c) Furthermore
    (d) Likewise

16. Emotional manipulation is how some people try to get their own way. For example, if an emotional manipulator were to forget an important date, they would passionately show how sorry they were for having forgotten, even to the point of tears. They would repeatedly say what a terrible person they are rather than simply apologizing. This makes it difficult for the person on the receiving end to be angry. _____, they will try to calm down the manipulator. But it is important not to fall for this kind of manipulation.

    (a) Besides
    (b) However
    (c) Similarly
    (d) Instead

Part II **Questions 17–37**

Read the passage and the question. Then choose the option that best answers the question.

17. The vuvuzela is a long plastic horn which is causing quite a stir at the 2010 World Cup matches in South Africa. The horn is played similarly to a brass instrument with the lips creating a buzzing sound. Some speculate that the combined noise of thousands of fans with the instruments is so loud that it may cause hearing damage. The larger problem, however, is that players on the field are not able to hear the referees' whistles. Play continues after a foul or other infraction simply because the players are unaware there was to be a stoppage.

    Q: What is the best title for the article?
    (a) Crowds in Danger of Eardrum Rupture
    (b) Horns Interfering with Soccer Matches
    (c) Players Frustrated by Loud Buzzing
    (d) Vuvuzela Is New Soccer Sensation

18. Get all of the official Major League Baseball sports memorabilia today from Sports Mart. We have your favorite teams' jerseys, hats, gloves, shoes, socks, and nothing but the highest quality sporting equipment. You may not be able to play like the all-stars, but you can sure feel like them by using the same stuff they have out on the field. And we have a special 40% off sale on some merchandise. So get here quick because, at these prices, they won't last long.

    Q: What is mainly being advertised?
    (a) A store which sells equipment for all sports
    (b) Special prices on last year's merchandise
    (c) Sports equipment like the pros use
    (d) A sale of up to 40% off all items

19. The current capital of Russia is Moscow, but St. Petersburg is often referred to as Russia's "Northern Capital." Out of world cities with a population exceeding one million people, it has the highest latitude and is Europe's fourth largest. St. Petersburg served as the capital of Russia for over 200 years and was an important port on the Baltic Sea. The capital moved after 1917 but St. Petersburg remains an important cultural center with its historic section's classification as a UNESCO World Heritage site. In addition to its historic buildings and monuments, St. Petersburg is the site of the world's largest museum.

Q: What is the passage mainly about?
(a) St. Petersburg's location and history
(b) St. Petersburg as a tourist destination
(c) The economic history of Russia's old capital
(d) The background of Russia's largest cities

20. Social psychological research has led to the conclusion that humans are influenced by a phenomenon known as the Bystander Effect. This principle of social influence dictates that people are less likely to react to a stimulus when they are in a group rather than alone. In the most replicable sociological experiments to date, researchers placed subjects in a room with research confederates. Smoke was filtered into the room but the confederates did not respond. The subjects, perceiving the lack of response from the others, assumed the smoke was inconsequential and likewise did nothing.

Q: What is the passage mainly about?
(a) Methods for proving the Bystander Effect
(b) Overcoming the Bystander Effect during hazards
(c) The Bystander Effect and its influence on people
(d) Recognizing the flaws of the Bystander Effect

21. In an address from the Oval Office on Tuesday, President Obama vowed not to stop the cleanup effort until the Gulf Coast ecosystem was returned to its natural state. This is the first speech the President has made from the Oval Office. Many past Presidents have also used this platform for making televised "crisis" speeches. For example, George W. Bush made a speech here after 9/11, President Nixon resigned the presidency from that desk, and it was there that George H.W. Bush made his now infamous "No New Taxes" speech.

Q: What is the passage mainly about?
(a) Crises dealt with by American Presidents
(b) Important addresses from the Oval Office
(c) Oval Office speeches on natural disasters
(d) Obama's vow to clean the Gulf Coast

22. Native Americans once relied entirely on buffalo for their existence. They could make clothes and shelter with the buffalos' skin. They used buffalo tendons for strings on bows. Buffalo bones could be used for spoons or bowls. And of course they could eat the buffalo meat. But this all changed when American settlers realized the value in buffalo skin. A professional hunter could kill many buffalo in a single day, skin them, and leave the carcasses to rot. Native Americans couldn't understand such wastefulness as they watched the population of buffalo shrink to below a few hundred.

Q: What is the best title for this passage?
(a) High Price Paid for American Buffalo Skins
(b) The Many Uses of Buffalo Parts by Native Americans
(c) Native Americans' Reliance on Buffalo for Their Existence
(d) Contrasting Uses of Buffalo by American Settlers and Natives

23. Tenzin Gyatso is the 14th and the current Dalai Lama, who Tibetan people revere as their spiritual leader and believe to be the reincarnation of all previous Dalai Lamas. In 1937, at the age of two, Gyatso—then known as Lhamo Döndrub—was proclaimed as the Dalai Lama. In 1951, Chinese armed forces invaded Tibet and seized control, forcing the Dalai Lama to flee into exile. He is now known as a renowned speaker worldwide and was the first Dalai Lama to travel to the West to spread the teachings of Buddhism.

Q: Which of the following is correct according to the passage?
(a) Gyatso was age two in 1951.
(b) Gyatso became Dalai Lama at two.
(c) Gyatso fought with Chinese invaders.
(d) Gyatso had left for the West before 1950.

24. Generally regarded as one of the best golfers of all time, Arnold Palmer made his final appearance at the US Open Golf Tournament on June 17, 1994. He was not favored to win, though the sentimental crowd wanted to see it happen. He finished at 16 above par and was cheered by fans as he approached the green on the 18th hole. The emotion of the event brought tears to his eyes after sinking the final ball. Palmer went on to compete in the Senior PGA and was one of the main reasons for the league's eventual popularity.

Q: Which of the following is correct about Arnold Palmer according to the passage?
(a) He quit playing golf on June 17, 1994.
(b) He won his final US Open Tournament.
(c) He finished 18 above par at the 1994 US Open.
(d) He continued playing golf in the Senior PGA.

25. Paula Deen is an American cook and author, most famous for her award-winning television show called *Paula's Home Cooking*. Deen ran a small restaurant with her sons in Savannah, Georgia. It featured "down-home" Southern favorites such as creamed corn, fried chicken, and cheesy meatloaf. The restaurant became a local favorite and they were eventually forced to move locations to accommodate a larger kitchen and dining area. She rose to stardom after a magazine named the restaurant the *International Meal of the Year*. As a television personality, Deen is known for her charm, kind personality, and thick Southern accent.

Q: Which of the following is correct according to the passage?
(a) Paula Deen is famous for her cookbooks.
(b) Deen's restaurant offered Southern meals.
(c) Paula Deen opened several large restaurants.
(d) Deen's magazine led to her becoming a TV star.

26. Studying for exams can be hard when you don't understand the subject matter clearly. Why not let the experts at A⁺ Study Center help? Visit our institute and our staff of fully certified tutors can help you study for any subject on a one to one basis or in groups, from English to Physics and beyond. You'll understand those tricky concepts in no time or, if you just need a quiet place free from interruptions, we have many rooms dedicated to quiet study. Studying has never been so easy, so give us a call today!

    Q: Which of the following is correct about the Study Center according to the advertisement?
    (a) Its tutors can come to your home.
    (b) It conducts group learning only.
    (c) Its assistance spans all subjects.
    (d) It will install quiet rooms soon.

27. Known as the Temple Mount to Jews and Mount Moriah to Muslims, one hill in Jerusalem has a storied past. Jews believe the first man was created at the site and built two temples there, the first having been destroyed in the year 586 BC and thereafter rebuilt. However, that temple was destroyed and currently standing is the Muslim temple called Noble Sanctuary. To Muslims, this is where their prophet, Muhammad, ascended to heaven. The place is much disputed as both sides argue over rightful ownership.

    Q: Which of the following is correct about the famous site according to the passage?
    (a) It is known to all as the Temple Mount.
    (b) Some believe mankind originated there.
    (c) Its third temple was destroyed by Muslims.
    (d) People think it is where Muhammad was born.

28. A new computer program has been designed which can identify the location a photograph was taken. The program measures textures, colors, and lines and compares them against a database of six million photographs which have already been tagged. It is successful with famous sites like Tiananmen Square or London Bridge, but it can also identify geographic locations with distinct features. The program currently averages a 16% success rate which its designers say is very good, and that is much higher than an average human. And that rate is sure to rise as more people upload and tag pictures online.

Q: Which of the following is correct according to the passage?
(a) The designers initially tagged ten million photographs.
(b) The program is successful with most geographic locations.
(c) People on average identify fewer than 16% of photographs.
(d) Improving software will improve the accuracy of the program.

29. Vladimir Putin accomplished much for Russian society during his eight years as President. His economic reforms—which included a flat 13% income tax rate and a cap on profits tax—allowed for vast improvements for citizens and brought Russia back from the brink of calamity. His reforms saw average monthly wages increasing from $80 to $640, poverty being cut in half, and the increase of Russia's Gross Domestic Product (GDP) by more than 72%. At the same time, he established greater political stability in the region and reestablished the rule-of-law, cutting crime rates dramatically.

Q: Which of the following is correct according to the passage?
(a) Russia's changes included a 13% profits tax.
(b) Everyone's wages went up from $80 to $640.
(c) Poverty was reduced by half thanks to Putin.
(d) Crime rates have risen despite Putin's rule of law.

30. Lost Dog! A friendly, white Jack Russell Terrier was lost last Saturday, June 6 near Hyde Park. We were having a picnic and realized he was gone upon arriving home shortly thereafter. He is about two feet tall, weighs 35 pounds and has a large brown spot on his back, but he is most recognizable by the distinctive two smaller brown spots on his left cheek. He is a loved member of our family and we miss him dearly. We are offering a $500 reward for any information that leads to his return. Please contact John at 708-226-8484.

Q: Which of the following is correct according to the sign?
(a) The owners lost their dog in Hyde Park.
(b) The dog has been missing a long time.
(c) The dog has easily identifiable marks.
(d) The owners will pay a $1,000 reward.

31. For years, doctors and engineers have worked together to make better prosthetic limbs. Traditional models involve slipping a prosthesis around the severed limb and strapping it to the patient via straps and buckles. But, in order to act more like a natural limb, the prosthetic would ideally be fused to the patient's existing bone. To that end, researchers in the field of osseointegration are working with titanium, a metal which bone cells will attach to rather than reject. Successful trials have been completed in dental implants as well as a full lower-leg implant on a dog in 2008.

Q: Which of the following is correct according to the passage?
(a) Older generation prosthetics are strapped on.
(b) Research in prosthetics is looking at platinum.
(c) Researchers find that bone cells will reject all metals.
(d) Implanted prostheses have yet to be successful in trials.

32. Currently, only about 15% of the world's food is grown in big cities. But in a world switching to lower fuel-consumption options, inner-city farms are on the rise. Large cities have plenty of rooftop space for these farms, which can be configured as multi-tiered greenhouses. Because the food is already in the city, farmers do not require vehicles for transportation, so that results in lower fuel consumption and fewer harmful emissions in the atmosphere. Plus the plant life can improve the air quality in concrete-choked urban centers.

Q: Which of the following is correct according to the passage?
(a) Cities currently support 5% of food production.
(b) City rooftops are not feasible for large farming.
(c) Cities with rooftop farms cause more emissions.
(d) City farms can improve air in a multi-faceted way.

33.
To the editor:

I am frightened by the staggering ineptitude displayed by this city's urban planners and their inability to manage natural resources. Please explain to me why many lots stand vacant while the city rushes to pave over the few green places we have left. Yes, many of the current lots on which buildings have been torn down are in less desirable areas. But those same areas would benefit from the injection of new businesses and housing. Such places could be turned around if the city would give them a chance.

Respectfully,
Judith Wang

Q: What can be inferred about the writer of the letter?
(a) She was once on the city's planning committee.
(b) She lives near one of the city's vacant lots.
(c) She is concerned about the loss of trees.
(d) She is afraid of certain parts of the city.

34. Staphylococcus is a strain of bacteria which is the cause of various maladies, collectively known as staph infections. These infections are particularly troubling in hospitals where one can find patients with open sores or weaker immune systems. To make matters worse, the harsh chemicals used to kill bacteria in hospitals has inadvertently led to a resistant "super strain" of staphylococcus. These strains are impervious to normal antibiotics because they have evolved defenses against them.

Q: What can be inferred about the antibiotic-resistant staphylococcus?
(a) It can develop immunity to any chemical.
(b) It can thwart doctors' treatment attempts.
(c) It leads to death in infected patients.
(d) It targets those in a weakened state.

35. Experts agree that an eruption of Irazu Volcano in Costa Rica is likely to occur within the next decade. They cite as evidence bubbles on the top of Crater Lake and a recent 6.9 magnitude earthquake in the region. Also, the mountain has been steadily increasing in height, which is possibly the result of flowing magma under the surface. The volcano is believed to have last erupted around 946 AD before humans occupied the region. That eruption spread 83 to 117 cubic km of volcanic ash as far away as present-day Brazil.

Q: What can be inferred about Irazu Volcano from the passage?
(a) It will cease growing in about five years.
(b) It is likely that the volcano will settle down.
(c) It could cause a mass catastrophe if it erupted.
(d) It will not erupt to the extent of past eruptions.

36. When an organ is infected by disease-causing bacteria, mass reproduction of the bacteria continues until all cells are infected. The bacteria are signaled to reproduce by a protein called CheW. However, when antibiotics are present, another protein—called RecA—tells the bacteria to stop producing, similar to an army halting their march. The problem is that only the outermost bacteria are affected and, then when the antibiotic is gone, the CheW tells bacteria to resume their assault. Researchers hope to use this information to make more effective antibiotics.

Q: What can be inferred from the passage?
(a) RecA is responsible for the spread of disease.
(b) Current antibiotics are sometimes ineffective.
(c) CheW only operates in organs infected by bacteria.
(d) Antibiotics are sometimes the cause of infections.

37. Many believe "fast food" to be a modern invention, but fast food actually has ancient origins. As the name implies, fast food refers to anything ready-made for quick sale. It is closely tied with urban development. Ancient Rome had street stands which sold bread and wine, and the Middle East had flatbread and falafel easily available in urban centers. Certain West African countries are also known for their roadside stands which sold charred meat on a stick. Fast food has been a staple throughout antiquity for people who needed to grab food quickly.

Q: What can be inferred from the passage?
(a) Rome was where fast food started.
(b) Fast food was common in ancient cities.
(c) People distrusted fast food in ancient times.
(d) Meals from fast food stands are not nutritious.

Part III Questions 38—40
Read the passage. Then identify the option that does NOT belong.

38. In addition to the regular rain and snow which affects us here on Earth, scientists regularly attempt to predict space weather. (a) Space weather refers to the charged particles sent out from the sun as solar flares. (b) Solar flares can damage satellites, endanger astronauts, and even affect power grids on the ground. (c) Scientists are now watching an irregularity on the sun that might turn into a solar flare. (d) Forecasting these solar flares is therefore important to telecommunications companies, space agencies, and power plant operators.

39. NASA's Space Shuttle program is on its way out, but it might see a slight extension in its timetable. (a) Only two launches remain for NASA's historic fleet, which has been vital for space research and exploration. (b) The final flight was scheduled for mid-November 2010 but that may be pushed back to 2011. (c) President Obama has urged a speedy end to the program to free up funds for exploration deeper into the solar system. (d) Also, delays caused by weather and unforeseen technical difficulties may give the program a longer life expectancy.

40. External hard drives have changed a lot since their early days. (a) The original computers had hard drives which were not housed within the computer itself and were therefore "external." (b) Early drives had a capacity of about twenty megabytes, which was considered very large and impressive for the time. (c) When comparing different hard drive models, processing speed is equally as important as storage space. (d) Current drives have the capacity of up to two terabytes, which is the equivalent of over two thousand gigabytes.

This is the end of the Reading Comprehension section. Please remain seated until the proctor has instructed otherwise. You are NOT allowed to turn to any other section of the test.

ACTUAL TEST 12

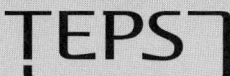

Reading Comprehension

Directions

This part of the exam tests your ability to comprehend reading passages. You will have 45 minutes to complete the 40 questions. Be sure to follow the directions given by the proctor.

Part I Questions 1—16

Read the passage. Then choose the option that best completes the passage.

1. Has the endless stream of new smart phones become overwhelming? A person can play games, check the stock market, change their status on networking sites, track city buses and more! But who cares? Don't you just need to make a phone call? Well, the people at Jog Mobile now offer the Simplicity 1900 cellular phone. It was designed for people who don't need all the fluff. You get simple functionality, easy-to-use menus, and a large screen and keypad. With cell phone plans starting as low as $20 per month _____.

   (a) you pay for only the features you need
   (b) many additional new features are available
   (c) we give you the latest in high-tech gadgetry
   (d) switching phone companies has never been easier

2. In the area of tax reforms, many Americans are adrift in a sea of red tape with no clear way through. As Congress works to pass yet more reforms, it is becoming harder, not easier, for anyone with less than a doctorate in tax code to decipher it. Why is all of this necessary? With a government that claims to be "by the people" and "for the people," the average citizen should be able to understand the laws. It is my opinion that _____.

   (a) all American laws need to be simplified
   (b) tax reforms are going in the wrong direction
   (c) people are too lazy to follow tax codes properly
   (d) the government should educate more tax officials

3. In a recent study, researchers have shown that patients who were HIV positive were able to increase the efficacy of medication by exercising regularly. According to the study, patients who got at least 30 minutes of exercise per day were found to have a higher T-cell count and fewer illnesses than those who did not exercise. It has been known for some time that exercise increases a person's health. However, _____.

   (a) this is the first link between exercise and medication
   (b) researchers hope to test the theory on HIV patients
   (c) people need to get plenty of exercise every day
   (d) exercise is incompatible with some HIV drugs

4. Carbon nanotubes (commonly referred to as Nanoyarn) were invented in 1991 and immediately hailed as one of the most exciting new products. Nanoyarn is up to 100 times stronger than steel and can also be used to conduct electricity. However, the invention has stagnated since then because producing it in large quantities has been a major challenge. That changed recently when a New Hampshire company delivered six miles of Nanoyarn to one of its aerospace clients. This is exciting news. The New Hampshire company _____.

(a) was the first to reap benefits from this invention
(b) is looking into the viability of using Nanoyarn
(c) has shown that Nanoyarn is a viable technology
(d) insists that the price of Nanoyarn is not prohibitive

5. The music industry is undergoing a radical change as _____. New bands produce whole albums in their bedrooms on a computer. Their songs become popular on social networking sites. And without any talk about a record contract, they are booked as headliners at major concert festivals. Fans who had listened to the music online may be shocked by the band's poor performance, but they might be watching the band's first performance for a live audience! Bands don't have years to hone their live show as did bands of the past.

(a) bands go from home to stage much quicker
(b) more attention is being paid to single performers
(c) people no longer need instruments to make music
(d) networking sites are where bands are making money

6. Parents once complained about their child having too little homework. Now students have their normal workload from daytime classes in addition to assignments from two or more academies. With so much work to complete, children have little time to play or talk to their parents which are essential aspects of a child's socialization. Many parents agree that the system needs to be changed but, until widespread reform occurs, parents are forced to comply. They either go along with the system, or risk having their child left behind. Now is the time to act before _____.

(a) many new academies are opened needlessly
(b) today's students get even less homework
(c) policies are made which force a change
(d) more students miss out on their youth

7. Forget reaching for your usual cup of coffee; you need _____.
   If you're tired of feeling sluggish and in need a boost after lunch, then make the switch today to new 6-Hour Energy Shots. Regular caffeinated drinks use a lot of sugar which makes you feel better immediately, but you're left feeling more tired after it wears off. Formulated by scientists, 6-Hour Energy Shots are made with natural ingredients like guarana and taurine to get you going. And with no added sugar, you won't experience the "crash" that is common with other beverages.

   (a) a healthier lifestyle without pick-me-ups
   (b) an energy boost that has extra caffeine
   (c) the coffee that won't leave you tired
   (d) the drink with a lasting effect

8. Comic books made their debut in the early 20th century in America and were seen as _____. Originally used to sell novelty items like whoopee cushions and 3D glasses to young boys, comic books appeared laden with advertisements. Eventually they evolved to deal with more serious subject matter and the standard template of the comic book was reinvented. By the time WWII began, comic books were a form of social commentary aimed at adult readers. The established format by this time was for comics to be drawn in columns of panels and presented in small magazine form.

   (a) not quite a legitimate form of art
   (b) not just for child readers any more
   (c) competing with newspaper comic strips
   (d) following contemporary standards of design

9. Dear Infinity Internet Customers:

   As you have no doubt noticed, your computers are currently not connected to the Internet. We regret to inform you that it will not be available in your homes for the next week. A power surge in your neighborhood has caused a signal increase which has damaged our routers. Technicians will be sent out to replace the damaged routers as quickly as possible. There will be no charge for this service as _____. We apologize for the inconvenience.

   Sincerely,
   Infinity Corporation

(a) surges are common in your neighborhood
(b) we care about providing excellent service
(c) this was not a result of your negligence
(d) your routers simply need to be repaired

10. As a child of a well-known poet, Salman Rushdie was influenced by literature from a young age. Rushdie was born in India and emigrated to England to attend school in his teen years. His first attempt at writing was a fictional narrative based on the mythologies of Christian, Hindu, and Norse religions. But he did not become famous until the release of his second novel, *Midnight's Children*. Among other distinctions, the novel won the 1981 Booker Prize, and it is the only book by an Indian author to make *Time Magazine*'s list of 100 greatest English-language novels. This book _____.

(a) drew world attention to Indian literature
(b) is one of Rushdie's most famous works
(c) sparked a rejuvenation in mythologies
(d) was written with the help of Rushdie

11. The bond between a mother and her child is one of the strongest connections any two humans can share. It starts when the child is in the mother's womb as they are literally connected via the umbilical cord. The relationship continues to be reinforced after the child is born because it wholly relies on the mother for care and sustenance. This bond can continue to strengthen throughout their lives. It is so strong in some cases that women claimed to have known when something terrible happened to their child even before they heard the news. This kind of relationship _____.

(a) is as strong as others experienced by women
(b) happens naturally with little to no effort
(c) lasts only through a child's adolescence
(d) is nothing like those found in nature

12. Anesthesiologists are sometimes faced with the problem of _____.
It is their job to anesthetize the patient before a major operation, but problems are more likely to occur due to anesthetics than the actual surgery. Anesthetics inhibit various bodily functions such as breathing, temperature control, and heart rate, so serious side effects—up to and including death—can occur. And, though patients are required to sign informed consent forms before anesthesia is administered, lawsuit rates are skyrocketing. Insurance companies in turn are being faced with large payouts and are beginning to see anesthesiologists as a bad risk.

(a) patients who are uncooperative in the hospital
(b) anesthetic malpractice lawsuits that are false
(c) insurance companies being hesitant to insure them
(d) doctors who do not respect what anesthesiologists do

13. The tumuli (or burial mounds) found in southern parts of the Korean peninsula were constructed during the Silla Dynasty. After the death of a king or other member of the nobility, their bodies were washed and prepared for burial. Many riches and treasures were placed with them inside a large wooden box. On this box were then piled several tons of rocks in a large mound. Then several feet of dirt and mud was placed on top of the rocks, followed by grass. The rocks prevented the graves from being robbed while dirt and mud facilitated the runoff of rain, and grass prevented erosion. Ancient Koreans were _____.

(a) worried about their dead ancestors
(b) highly concerned with the next life
(c) ingenious in their use of natural elements
(d) influenced heavily by a concern for nobility

14. Magnetic nanoparticles have proven effective in the stimulation of cells and neurons in a recent study conducted at the University of Buffalo. The magnetized nanoparticles can be injected into cell membranes and essentially "remote-control" those cells. This is accomplished via putting a magnetic field around the patient to stimulate the nanoparticles which in turn elicit a response from the cells or neurons. In this fashion, pancreatic cells can be stimulated to release insulin to help a patient suffering from diabetes. The method could eventually be applied to aid in the treatment of certain neurological disorders as well. Thus, researchers believe _____.

(a) cells simply require stimulation
(b) all cells can be remote-controlled
(c) their work has several applications
(d) nanoparticles can do harm to the body

15. Does this sound familiar? You are watching the championship game of your favorite team. You just used the bathroom but already you feel that you might need to use it again. When you can no longer wait, you rush off quickly and come back to see that you missed the crucial moment. Your team has just scored and won the tournament. Don't miss out on any more of life's important moments. _____, consult a physician as this might be a symptom of a urinary tract infection.

(a) Even though
(b) For example
(c) Likewise
(d) Instead

16. Modern Korean weddings are similar to Western weddings in many ways. The groom wears a tuxedo and the bride wears a white gown. Ceremonies are often held in ballrooms or churches. They are followed by a reception and wedding feast. _____, many aspects of the Korean wedding are different from their Western counterpart. For example, many elements of traditional Korean weddings remain, such as the exchange of gifts, cash, and household goods between the two families. Also, the smaller ceremony held between the married couple and their parents is not seen in the West.

(a) Similarly
(b) Regardless
(c) Conversely
(d) Furthermore

Part II Questions 17–37

Read the passage and the question. Then choose the option that best answers the question.

17. A study into what went wrong on BP's oil drilling well in the Gulf of Mexico shows that no-one was really in command on the rig. Interviews with workers yielded different answers to simple questions. One response from a worker is a good example of how things went wrong. He said, "it was generally understood who was in charge." Something so simple as who was the boss on the rig should have been easy to answer. But this gives insight into what led to the worst oil leak in American history.

    Q: What is the best title for the article?
    (a) Workers' Confusion Caused Massive Oil Leak
    (b) Need for Government Oversight on Oil Rigs
    (c) Gulf of Mexico Experiences Worst Oil Spill
    (d) Lack of Leadership Results in Oil Disaster

18. Have you been working long and tedious hours, day after day for too many months with no break? With flights starting at just $85 one-way, Northwest Airlines should be your first choice for that vacation getaway you deserve! Northwest flies into all major US cities at cut rate prices. We're so sure that you'll get the cheapest seat that we offer a price match guarantee on all tickets. Just because there is a slump in the economy doesn't mean you should suffer. Check out our flight options today!

    Q: What is mainly being advertised?
    (a) An airline's price match guarantee
    (b) A special offer which will end soon
    (c) An airline with everyday low-price fares
    (d) A website which compares different flights

19. The Bronze Age was superseded by the Iron Age in the year 12 BC with the invention of new smelting techniques. These allowed for a hotter furnace that made iron, which has a higher melting point than bronze, a workable material. The era saw a mass spread of weaponry and tools as the forging of iron allowed for large scale production. During this period, clan-based societies were subsumed by newly formed sovereign states with more and stronger weapons for use in battles. Ancient cultures were wiped out along with many polytheistic religions.

Q: What is the passage mainly about?
(a) The replacement of bronze by iron weapons
(b) Changes that came with the advent of iron
(c) The correlation between iron and power
(d) Metallurgy after the year 12 BC

20. The Borden Public Library will be holding its annual book auction on Saturday, May 19 at 2:00 p.m. New books as well as many rare and unique books will be auctioned off to benefit homeless shelters in the area. There are plenty of people who need our help, and this is your chance to buy great books for very low prices. The event will end at 8:00 p.m. so you'll have plenty of time to get to it. Also, the library is providing free coffee and punch, so don't miss this chance to help our community.

Q: What is the announcement mainly about?
(a) The types of library books to be auctioned
(b) A library event to help the neighborhood
(c) Helping the homeless near the library
(d) A fundraiser to help the library

21. A recent report about Arlington National Cemetery in Washington D.C. has shown gross negligence in the handling of the deceased. The report found that bodies were in graves which were supposed to be empty, other graves could not be identified, and some cremated remains were simply left on a dirt pile. This is no way to handle the legacy of America's fallen soldiers. The cause was found to be that the cemetery was still using pen and paper rather than computers to keep records. This is not good enough for a cemetery which handles up to 30 burials per day.

Q: What is the passage mainly about?
(a) High workload at a national cemetery
(b) The need for new guidelines at cemeteries
(c) Inadequate processing of soldiers' remains
(d) Overhauling the handling of military records

22. Leaving a career in television journalism, Gordon Brown moved up quickly through the ranks of British politics as a member of the Labour Party. He worked closely with Tony Blair through the latter's ten years as prime minister. When Blair chose to step down, Brown was the logical choice to replace him. In elections, the Labour Party won again and Brown became prime minister on June 27, 2007. It was his dream to retain that office for a long time, but the 2010 election resulted in a hung parliament and Brown eventually resigned as prime minister on May 11 of that year.

Q: What is the best title for the passage?
(a) Gordon Brown's Short Stint in Office
(b) History of the Labour Party in the 2000's
(c) Recent Election Shakes Up British Politics
(d) Run Up to Brown's Election as Prime Minister

23. George Washington Carver was among the few African-Americans to attain a college degree in the early 20th century. Carver always had a passion for learning. He lived with his poor aunt and uncle in order to attend school, and he had to work odd jobs to pay for his books. He had health problems as a child, so he would often work in his house with plants. Neighbors referred to him as the Plant Doctor. He graduated from Iowa State College and became a professor at the Tuskegee Institute where he did his famous research on the different uses of peanuts.

Q: Which of the following is correct according to the passage?
(a) Carver had wealthy relatives.
(b) Carver funded his own education.
(c) Carver worked on a farm for money.
(d) Carver developed a new kind of peanut.

24. For the first time in 49 years, the Chicago Blackhawks have won hockey's most coveted prize, the Stanley Cup. Defeating the Philadelphia Flyers last night by 4-3 in overtime, the Blackhawks bring the trophy back home to Chicago. Fans are elated as they have watched this team go from hated misfits of the sports world to champions in a matter of three years. And they are mostly a young team, with the game-winning goal being scored by a 21-year-old. The future looks bright for this Chicago team.

Q: Which of the following is correct according to the article?
(a) The Blackhawks finally met with defeat last night.
(b) Blackhawks fans were once again disappointed.
(c) Until recently the Blackhawks were disliked.
(d) All Blackhawks players are very young.

25. Born in 1820, Auguste Rodin was a French sculptor who is most famous for his work *The Thinker*, a bronze sculpture of a seated man who is deep in thought. Rodin has been called both "Michelangelo reincarnated" and the creator of modern sculpture. His work emphasized facial expressions and he often would sculpt the head to a slightly larger scale because he felt it was most important. He was praised as having a divine hand for his ability to give life to inanimate objects such as clay and stone.

Q: Which of the following is correct about Rodin according to the passage?
(a) His subjects were mostly animals.
(b) His sculpture is the first modern variety.
(c) He did not pay much attention to bodies.
(d) He worked only with clay and bronze materials.

26. New Wowz Whitening toothpaste takes the whitening power of the dentist and infuses it into your daily routine. In just two weeks you can have teeth which are up to three shades whiter. Forget about high priced dentist visits. The goo-filled trays which dentists cram in your mouth for whitening taste bad and feel uncomfortable. Now you can make your teeth even whiter in your own home. Just brush two times a day and watch those yellow stains disappear. Try new Wowz Whitening toothpaste today!

Q: Which of the following is correct according to the advertisement?
(a) Wowz starts working after only one week.
(b) Dentists use trays when they do whitening.
(c) Wowz whitens almost as well as dentists.
(d) The product must be used three times a day.

27. In the past in America's western state of California, the land was fertile but lacking in water to irrigate that land. With just one small river and an ever-increasing population, Los Angeles was in serious trouble. One man by the name William Mulholland, Los Angeles's Water Superintendent, set out on an expedition to find water for California in the surrounding mountains. He eventually found a water source over 200 miles away. Over the next ten years with more than 5,000 workers, he built the California Aqueduct, saving California's agricultural industry and allowing it to support the state's sprawling metropolises.

Q: Which of the following is correct according to the passage?
(a) California's land used to be more fertile than now.
(b) Mulholland prevented annual water shortages.
(c) Mulholland led an expedition to find water.
(d) California's aqueduct was largely a failure.

28. Seoul's public subway system is unmatched by any other city in the country. Starting with a single line in 1974, engineers have not stopped extending lines and building additional ones. The Seoul Metro now has fourteen separate lines with more construction currently under way. Transporting more than eight million passengers per day, the subway has become the preferred mode of transport for Seoul's residents. The subway trains and stations have the most up-to-date technology and equipment and are constantly being improved.

Q: Which of the following is correct about Seoul's subways according to the passage?
(a) They are unmatched by any other country.
(b) They were mostly completed around 1974.
(c) They transport nine million people daily.
(d) They are updated on a regular basis.

29. In 1873, the Russian author Leo Tolstoy started what was to become one of his most famous works, the fictional novel *Anna Karenina*. Anna, a wealthy young woman with high social standing, leaves her husband and child after meeting the charismatic military officer, Count Vronsky. Unsurprisingly, scandal and devastation ensue over the next 700-plus pages of this weighty book. Considered one of the greatest novels of all time, Tolstoy's dealings with this shocking subject matter garnered him acclaim and much criticism. His unflinching look into our most basic human nature also gives us a glimpse into 19th century Russian aristocracy.

Q: Which of the following is correct according to the passage?
(a) Tolstoy wrote *Anna Karenina* in the 1800s.
(b) Anna left Count Vronsky for another man.
(c) *Anna Karenina* came out posthumously.
(d) Tolstoy was celebrated by all for his book.

30.

> Dear Chartered Bank:
>
> I have not received my new Sky Reward Miles debit card which I ordered from a personal banker at one of your branches. He assured me I would receive it within seven business days, but it has been over two weeks now and I still have no card. I really want to start earning rewards for my purchases, so can you please verify that the card has indeed been sent out? You have mailed things to the wrong address before and I'm starting to worry that it might have happened again.
>
> Regards,
> Judy Winkheimer

Q: Which of the following is correct according to the letter?
(a) Judy does not bank with Chartered Bank.
(b) Judy has waited three weeks for her card.
(c) The bank gave no estimated arrival time for the card.
(d) The bank previously had erroneous information.

31. The Large Hadron Collider (LHC) near Geneva, Switzerland is working to prove the existence of String Theory by smashing atoms together at ultra high speeds. String Theory states that the universe operates on many different plains of existence and is held together by what theorists call "strings." For now, there is no solid scientific evidence to support String Theory but scientists in Geneva hope to change all that. They are trying to catch an atomic particle right at the moment it forms, finally giving credence to the theory and silencing the many naysayers in the scientific community.

Q: Which of the following is correct according to the passage?
(a) The LHC is designed to disprove String Theory.
(b) String Theory is based on LHC atomic research.
(c) The number of plains of existence is inestimable.
(d) Many scientists now disagree with String Theory.

32. Research has shown that seniors who engage their brains have better short-term memory and decreased incidence of Alzheimer's Disease. After retirement, a person has fewer opportunities for problem-solving than do their working counterparts. Studies show that problem solving increases brain activity and improves brain elasticity, or the ability to learn new things. Games like crossword puzzles and brain teasers are effective against many brain ailments which many seniors experience as they settle into a more sedentary lifestyle.

Q: Which of the following is correct according to the passage?
(a) Seniors cannot protect themselves against Alzheimer's Disease.
(b) Puzzles and brain-teasers are best for brain engagement.
(c) Working decreases short-term memory loss in the aged.
(d) Problem-solving does not prevent brain ailments.

33.
> Dear Judge Arroyo,
>
> I would like to take this opportunity to express my utmost appreciation for your work on the case of Kline vs Latimer. Despite a previous arbitration, the parties were still in dispute over the fees paid to a contractor to the sum of $45,000. Were it not for your intervention, the two would likely have ended up in another protracted court battle. My client was wary of anyone previously affiliated with the case, but your participation calmed him and assuaged his fears. Also, your work with the claims adjuster in getting them to pay an additional settlement was brilliant.
>
> Sincerely,
> Walker Reed, LL.M.

Q: Which of the following can be inferred from the letter?
(a) The case was never disputed in court.
(b) Judge Arroyo was not previously involved.
(c) Contractor fees were settled by earlier arbitration.
(d) An insurance company already paid out on the claim.

34. Consistently rated as the best in Bangkok, The Oriental is one of Thailand's premier hotels. Themed rooms pay homage to the famous authors, painters, and politicians who have stayed in the hotel over the past 134 years. In addition to its rich history, the hotel presents daily lectures on Thai customs by esteemed scholars. And the kitchen offers classes on the intricacies of Thai cooking while the massage parlor rubs away the stresses of a day in bustling Bangkok. Not many would visit a city simply to stay at a hotel, but The Oriental is no ordinary hotel.

Q: Which of the following can be inferred from the passage?
(a) The Oriental is part of a worldwide chain.
(b) Tourists visit Bangkok just for The Oriental.
(c) Other hotels in Bangkok offer similar services.
(d) People must be guests at the hotel to attend classes.

35. Ranging from mild to wild, Dogs&Hair can get your dog trimmed up any way you want. Operating in the neighborhood for over 10 years, we're the reliable dog groomers with a proven record of excellence. Whether you want a simple wash, or a full cut and dye, Dogs&Hair can cater to all of your pet's needs. We offer competitive pricing, and check the newspaper for discount coupons. The next time your dog needs a grooming, call us at 630-555-9687.

Q: What can be inferred from the advertisement?
(a) Dogs&Hair is a home business.
(b) Dogs&Hair offers grooming for all pets.
(c) This advertisement was not in a newspaper.
(d) The advertisement is a first for Dogs&Hair.

36. Since global warming has been proven to be an effect of humans, scientists are taking a more proactive approach to reversing this catastrophe. Many activists have propounded ways to decrease greenhouse gases such as driving less and getting rid of aerosol cans. But these do nothing to undo the existing damage. Scientists theorize that we can take steps to reverse the problem. One experimental method involves large offshore towers which vaporize water to make clouds. The clouds shield the earth from the sun's rays and remove greenhouse gases from the atmosphere in the form of rain.

Q: What can be inferred from the passage?
(a) Scientists have no sure way to solve global warming.
(b) Activists think experimental methods will not work.
(c) Having fewer cars can reverse global warming.
(d) Using offshore towers will prove effective.

37. The South American country of Peru is home to one of the world's most important forest preserves. Encompassing the high arid peaks of the Andes Mountains down through low rainforests, the Manu National Park contains more biodiversity than any other park in the world. With more than 1,000 different bird species, 13 species of monkeys, and over 20,000 species of plants, the park is a biology lover's dream! There they can find forms of life that can no longer be found in any other part of the Amazon rainforest.

Q: What can be inferred from the passage?
(a) The Amazon rainforest is only in Peru.
(b) Manu National Park is extremely hard to get to.
(c) Peru opened Manu National Park only recently.
(d) Manu National Park attracts many biology scientists.

Part III Questions 38–40
Read the passage. Then identify the option that does NOT belong.

38. US airports are cracking down on would-be terrorists with new full-body scanners. (a) The new scanners will replace the old metal detectors, but they have their critics. (b) Some experts say they will make it easier to sneak weapons on-board. (c) Metal detectors could detect metal objects but not liquids. (d) Some fear the new machines will not detect explosives in the shape of a bra or girdle.

39. In a meeting with more than 10,000 priests, Pope Benedict XVI reaffirmed the church's commitment to priestly celibacy. (a) This was the largest ever meeting of Roman Catholic priests. (b) Some feared the Pope would change the church's official view. (c) Many have said that celibacy is the cause of recent sexual abuse scandals. (d) But the Pope has upheld tradition stating celibacy is made possible by God.

40. No group has yet claimed responsibility for a car bomb which exploded near a US Army base in western Baghdad. (a) The car was parked near a busy marketplace and the blast killed 10 people and wounded 30 more. (b) Army soldiers, Iraqi militiamen, and many civilians—including women and children—were among the wounded. (c) This is the fourth attack of this type in three months on the base, which has seen increased violence in recent months. (d) Soldiers are switching tactics as they continue to clash throughout the country.

This is the end of the Reading Comprehension section. Please remain seated until the proctor has instructed otherwise. You are NOT allowed to turn to any other section of the test.

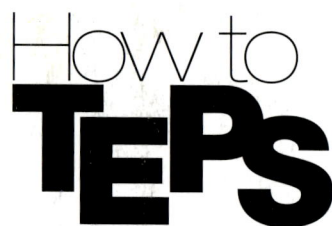

영역별 끝내기

독해

대한민국 TEPS 독해 모의고사 No.1

국내 최다 독해 문제 수록
TEPS 전문가가 소개하는 문제 풀이 비법 공개
책속책 형태로 학습자 편의 도모